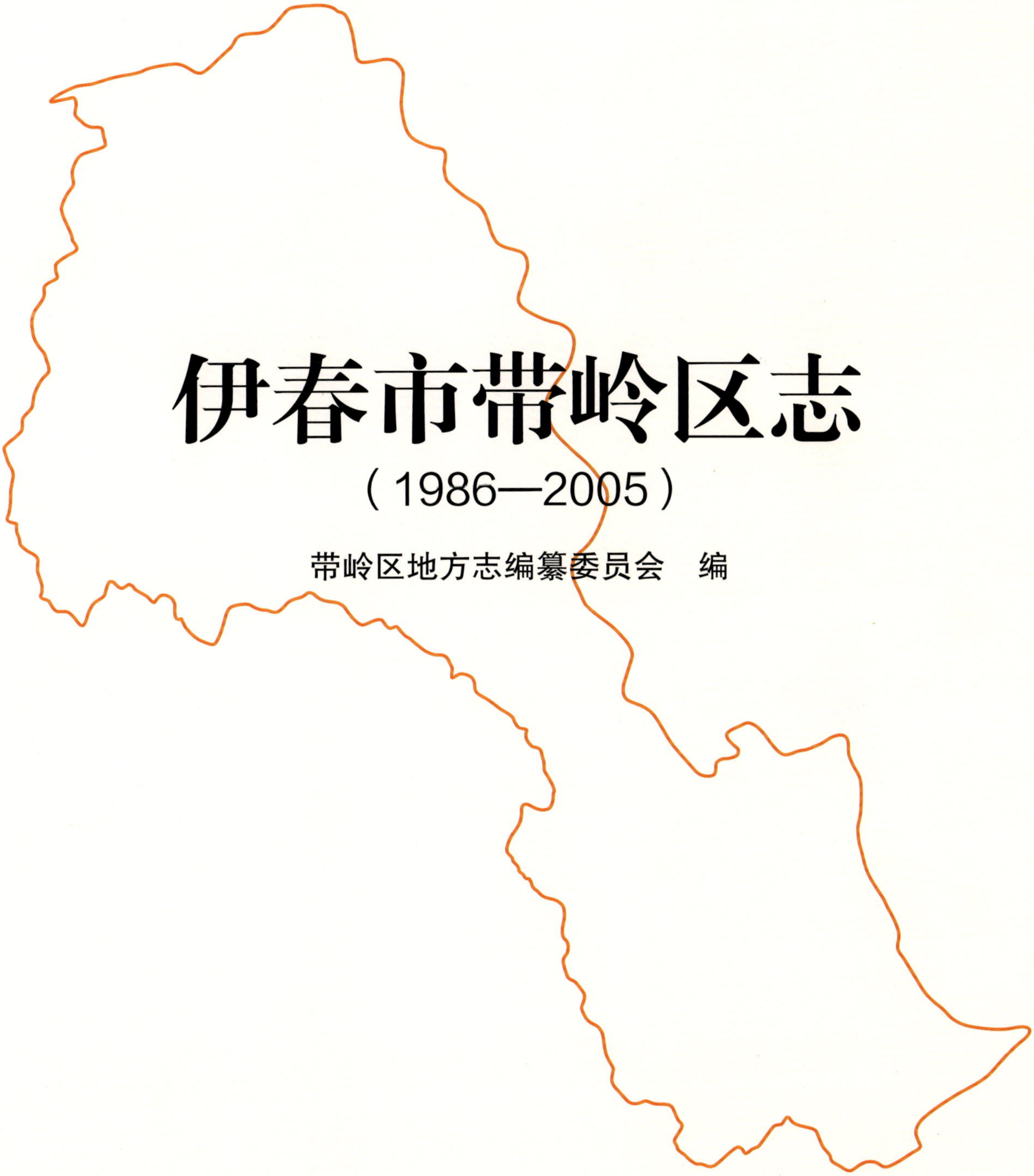

伊春市带岭区志

（1986—2005）

带岭区地方志编纂委员会　编

方志出版社
Publishing House of Local Records

图书在版编目（CIP）数据

伊春市带岭区志. 1986—2005 / 带岭区地方志编纂委员会编. --
北京：方志出版社，2020.8

ISBN 978-7-5144-3454-5

Ⅰ. ①伊… Ⅱ. ①带… Ⅲ. ①区（城市）—地方志—伊春—
1986-2005 Ⅳ. ① K293.54

中国版本图书馆 CIP 数据核字（2018）第 272302 号

伊春市带岭区志（1986—2005）

编　　者：带岭区地方志编纂委员会
责任编辑：张　颢

出 版 者：方志出版社
地址　北京市朝阳区潘家园东里 9 号（国家方志馆 4 层）
邮编　100021
网址　http://www.zgfzcb.cn
发　　行：方志出版社图书经销中心
电话　（010）67110500
经　　销：各地新华书店
排　　版：北京中文天地文化艺术有限公司
印　　刷：廊坊市佳艺印务有限公司

开　　本：889×1194　1/16
印　　张：43.5
字　　数：1283 千字
版　　次：2020 年 8 月第 1 版　2020 年 8 月第 1 次印刷

ISBN 978-7-5144-3454-5　　定价：580.00 元

序　一

贫困问题一直是困扰人类社会发展的重大问题。中国作为世界上最大的发展中国家，为解决贫困问题进行了长期不懈的努力。改革开放以来，特别是党的十八大以来，以习近平同志为核心的党中央把脱贫攻坚作为全面建成小康社会的底线任务和标志性指标，纳入“五位一体”总体布局和“四个全面”战略布局，以前所未有的力度推进精准扶贫、精准脱贫，扶贫开发成就举世瞩目，显著改善了贫困地区和贫困群众生产生活条件，具有重大的现实意义和深远的历史意义。身处中华民族几千年发展历史上将首次整体消除绝对贫困现象的伟大时代，如何更好地发挥地方志的存史、育人、资政的作用，是新时代全国地方志系统必须深入研究和着力解决的重大课题。

党的十八大以来，在党中央国务院的正确领导下，全国地方志系统深入学习贯彻习近平新时代中国特色社会主义思想和党的十九大精神，紧紧围绕党和国家事业发展需要，深入推进地方志改革创新发展，凝心聚力，稳扎稳打，勇于担当，主动作为，全国地方志形势和地方志工作者的精神面貌发生了深刻变化，取得了优异成绩。其中，为贯彻落实《全国地方志事业发展规划纲要（2015—2020年）》，经中国地方志指导小组领导批准，中国地方志指导小组办公室于2015年、2017年先后启动民族地区与贫困地区志书、年鉴出版资助工程（以下简称“志鉴出版资助工程”），对国家级贫困县（区、旗、县级市），中西部地区、少数民族边疆地区面临出版经费困难的志书和综合年鉴给予出版资助。实施志鉴出版资助工程是紧扣时代脉搏、坚持创新发展、传承弘扬中华优秀传统文化的一项创举，不仅有力推动了“两全目标”的实现，而且数十部资助出版的志书、年鉴及时记述了民族地区与贫困地区在全面建成小康社会伟大征程中取得的新成绩和新经验、出现的新情况和新问题、涌现的优秀人物和典型事迹，留住地方文化的“根”和“魂”，为这些地区的经济社会发展、地域文化传播、爱国主义教育、精神文明建设等提供了历史借鉴和智力支持，对全面提升民族地区与贫困地区文化建设水平、确保民族地区与贫困地区和全国其他地区同步全面建成小康社会具有重要意义。

尤为可喜的是，志鉴出版资助工程促成了一批扶贫志书的编纂出版，在文化脱贫攻坚中发挥了独特的作用。例如，《贵州省减贫志》全面系统客观记述了从1978

年至2015年贵州省扶贫、减贫工作的历程及取得的经验，为贵州省实施大扶贫战略提供了有力的资政辅治参考，集中体现了地方志工作因时而动、顺势而为的新作为。前不久，由福建省地方志编委会和人民网共同编纂的《闽宁扶贫协作图志》，是全国首部扶贫协作图志，图文并茂、直观立体、全方位地展现闽宁扶贫协作波澜壮阔的历程，弘扬“闽宁一家亲”“携手奔小康”的深厚情谊和滴水穿石、久久为功的精神，是贯彻落实习近平总书记扶贫工作重要论述精神，服务国家精准扶贫、精准脱贫战略的有力举措。希望各地以此为鉴，编纂出版更多、更好的扶贫志书、年鉴，助力国家精准扶贫、精准脱贫战略的实施，充分展现地方志的独特价值和作用。

当前，我国脱贫攻坚已进入全面决战决胜的关键时期，尚未脱贫的贫困地区集中分布在中西部深山区、极端干旱山区、高寒阴湿地区等，文化建设还比较薄弱，文化产品还不够丰富，文化精品更是少之甚少。同时，这些地区往往是民族文化、历史文化、红色文化、生态文化富集区，具有发展文化旅游、推进文化扶贫的巨大潜在优势，也是繁荣发展地方志事业的巨大文化宝库。要发挥好文化扶贫凝聚人心的优势，善于利用方志文化优势为贫困地区“赋能”，在脱贫攻坚中做出方志人应有的贡献。要发挥好中国名镇志文化工程、中国名村志文化工程的引领作用，大力加强乡镇村志编纂，让百姓记得起乡情、记得住乡愁，凝聚贫困乡镇村庄的强大民心，补齐贫困乡镇村庄的文化短板，以“扶智”的方式“扶志”，践行习近平总书记强调的“扶贫先扶志，扶贫必扶智”的重要理念。

求木之长者，必固其根本；欲流之远者，必浚其泉源。扶贫扶起的是志气骨气，传承的是家国情怀，守护的是绿水青山。扶贫既要富口袋，也要富脑袋。必须坚持文化脱贫和物质脱贫两手抓，筑牢贫困地区文化之基，补足信仰精神之钙，引领脱贫发展之舵。全国地方志系统要围绕中心、服务大局，坚决投入脱贫攻坚这场必须打赢的硬仗，积极参与脱贫攻坚战，发挥优势和特长，深入挖掘文化资源，着力补齐文化短板，努力帮助民族地区与贫困地区的文化建设实现较大的发展提升，在全面建成小康社会、实现中华民族伟大复兴中国梦的征程中贡献方志人的力量。

是为序。

中国社会科学院院长
中国地方志指导小组组长　谢伏瞻

序 二

当前，在以习近平同志为核心的党中央的坚强领导下，全国各族人民正在全面建成小康社会的决胜阶段奋勇向前、阔步迈进。全面建成小康社会，最艰巨最繁重的任务是在革命老区、民族地区、边疆地区、贫困地区。消除贫困、改善民生、实现共同富裕，是中国特色社会主义的本质要求，是中国共产党的重要使命。为了全面实现小康，党中央高度重视扶贫开发工作，全力推进脱贫攻坚工程，实施精准扶贫、精准脱贫。习近平总书记明确提出，全面实现小康，一个民族也不能少，不能落下一个贫困家庭，丢下一个贫困群众。扶贫开发是个系统工程，发展是第一要务，只有发展，因地制宜找准路子，才能最终实现精准扶贫、精准脱贫。“治贫”必先“治愚”，在加强经济和基础设施建设、提高教育水平等方面的同时，扶贫开发还要注重文化扶贫，特别是通过挖掘革命老区、民族地区、边疆地区、贫困地区的文化内涵、历史底蕴、地情资源，让广大干部群众了解地情、了解历史、了解本地区的优势和劣势，在思想上脱贫，尤为关键。

赓续不断地编修地方志是我国独有的优秀文化传统，绵延千年而不断。党中央、国务院高度重视地方志工作，近几年来，习近平总书记、李克强总理、刘延东副总理作出了一系列的重要指示。2015 年 8 月，国务院办公厅印发《全国地方志事业发展规划纲要（2015—2020 年）》（以下简称《规划纲要》），明确要求到 2020 年必须全面完成第二轮修志规划任务，这是全国地方志工作在全面建成小康社会进程中的硬性任务，也是全国地方志系统为全面建成小康社会的献礼。届时，将同步实现省省有省志、市市有市志、县县有县志，这不仅在中国文化发展史上是绝无仅有的，在世界文化发展史上也是罕见的。从目前来看，要实现这一目标任务，还存在不少困难和问题，特别是民族地区与贫困地区，面临着缺乏人才、资金等诸多困难。实现到2020年必须全面完成第二轮修志规划任务，一个省、一个市、一个县都不能少。自 2015 年 8 月，经中国地方志指导小组批准，中国地方志指导小组办公室启动民族地区与贫困地区志书出版资助工程（以下简称“资助工程”），对经国务院扶贫开发领导小组办公室认定的国家级贫困县（区、旗、县级市），中西部地区、少数民族边疆地区、经济欠发达地区存在出版经费困难的省市县三级综合志书进行出版资助。截至目前，已经确定资助两批 20 多部志书。2016 年 4 月，该工程成功入选国家新闻出版广电总局实施的“十三五”国家重点图书、音像、电子出版物出版规划项目。当前正处于全面推进扶贫开发工程的攻坚阶段，深入推进资助工程，是全国地方志系统配合推进精准扶贫、精准脱贫的重要工作，必须引起高度重视。

资助工程是地方志系统的政治工程。革命老区、民族地区、边疆地区、贫困地区蕴含着极为丰富的文化内容，编纂出版志书，对于继承和发扬优秀传统文化、民族文化、革命文化，加强民族团结、促进当地经济社会建设意义重大。革命老区、民族地区、边疆地区、贫困地区的志书是充分展示在中国共产党领导下这些地区经济社会建设取得的巨大成就、各族人民生活幸福安定的历史依据。特别是边疆地区的志书，是历代王朝、社会主义新中国对该地区行使主权的文化宣示，是真实记录边疆地区与祖国一脉相承、荣辱与共的重要载体。《规划纲要》明确要求到2020年全面完成第二轮修志规划任务，是党中央、国务院对各级政府和地方志工作机构的政治要求，必须不打折扣坚决完成，革命老区、民族地区、边疆地区、贫困地区也不能例外。资助工程既是全国地方志系统的文化扶贫工程，又是确保到2020年全面完成第二轮修志规划任务的推进工程，具有重要的政治意义。

资助工程是促进民族地区与贫困地区文化建设的基础工程。地方志书是全面系统地记述本行政区域自然、政治、经济、文化和社会的历史与现状的资料性文献，记述内容包罗万象，记述对象丰富多彩，是对一个地方的文化普查和历史资料的全面梳理。一个地方的经济社会建设，离不开文化支持。发展是硬道理，只有真正实现全面、协调、可持续发展，才能最终实现小康。与此同时，发展也必须是有序的而不是盲目的，必须是实事求是的而不是凭空设想的，必须是因地制宜的而不是照搬照抄的。实践证明，脱离当地的自然条件、历史基础、文化传承、人文习俗等搞所谓的建设，要么是盲人摸象、坐井观天，要么是揠苗助长、掩耳盗铃，要么是削足适履、画蛇添足，最终会落得个水土不服、无疾而终。对于民族地区与贫困地区来说，立足本地的资源、市场、人文旅游等优势，因地制宜找准发展路子，是确保科学发展的首要任务。民族地区与贫困地区，尤其是那些自古以来还没有编修过志书的地区，开展志书编纂既是对当地自然、政治、经济、文化、社会、生态等方面的发展历史、发展脉络、发展规律的全面摸底和调查，又是总结历史经验、汲取历史教训、挖掘历史智慧的全面梳理和探求。通过学习、利用地方志书，让各级领导干部、广大人民群众了解当地的历史、了解实实在在的地情，从历史中汲取营养和智慧为现实提供借鉴和服务，是确保民族地区与贫困地区发展不走弯路、不走冤枉路的有效手段。

资助工程是全国地方志事业协调发展的促进工程。第五届中国地方志指导小组成立以来，一直把走基层、探实情作为一项重要任务，截至目前，已经到30个省（自治区、直辖市）开展了调研。通过座谈、实地考察等多种形式，充分了解了当前全国地方志事业发展面临的主要困难和问题。其中，区域发展不平衡，中西部地区特别是边疆少数民族地区地方志工作与东部地区相比还存在不少差距，是制约全国地方志事业实现全面、协调、可持续发展的瓶颈所在。有的地方甚至出现了花费了大量的人力、物力，经过十余年的艰辛努力编纂出志书，因为缺乏出版经费迟迟未能出版的状况。正是基于以上了解到的情况，中国地方志指导小组及其办公室才下定决心启动资助工程。到2020年全面建成小康社会时，地方志事业区域发展不平衡问题必须得到妥善解决，这也是深入贯彻《规划纲要》的应有之义。而作为主业的修志编鉴，到2020年全面完成第二轮修志规划任务、实现综合年鉴编纂全覆盖的“两全目标”，是中西部地区特别是边疆少数民族地区地方志工作发展的重中之重。从现实意义来说，资助工程对于实现全国地方志事业全面、协调、可持续发展具有重要的促进作用。

在党中央、国务院的高度重视下，全国地方志事业发展迎来重大战略机遇。越是发展的关键时期，越要有大局观，越要从全国一盘棋的角度考虑问题。《规划纲要》作为顶层设计，确定的各项目标任务都要落到实处，而作为“两全目标”之一的到2020年全面完成第二轮修志规划任务，实现省、市、县一个都不能少的目标，是关键中的关键。希望借助资助工程的深入推进，进一步引起全国地方志系统对实现“两全目标”的重视，确保按期保质完成，用志书客观而忠实地记述中国共产党人带领全国各族人民全面建成小康社会的光荣与曲折历程，为全面建成小康社会贡献“志”礼。

是为序。

中国社会科学院原院长
中国地方志指导小组原组长
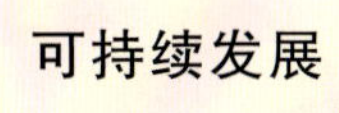

民族地区与贫困地区志书出版资助工程领导小组

组　　　长：谢伏瞻

常务副组长：高　翔

副　组　长：冀祥德

成　　　员：高京斋　邱新立

民族地区与贫困地区志书出版资助工程领导小组办公室

主　任：冀祥德

副主任：邱新立

成　员：于伟平　陈　旭　杨海峰　王丹林　徐　宏

带岭宾馆

带岭街道办事处

带岭区（局）机关办公楼

黑龙江生态工程职业学院带岭分院

黑龙江省带岭林业科学研究所

森警队

2005 年 9 月 1 日黑龙江省省长助理、省森林工业总局党委书记张效廉到带岭调研

带岭区（局）万人誓师大会

带岭区（局）五十年无森林火灾总结表彰大会

1990 年 6 月　东北林学院凉水实验林场

碧水保护区

碧水林场

东山种子园试验林

红松嫁接技术长出的松塔

育苗大棚

带岭高级中学

带岭区大青川学校

带岭区第一小学校

防火巡护

飞机巡航

森防指挥中心

火车站

加油站

客运站

造纸生产车间

贮木场

装大火车

溪水潺潺

永翠河之秋

兴安林海

1989 年 6 月运动会

带岭区体育馆

张子良纪念馆

大箐山风力发电场

桃南公路

秀水大桥

鹿场

养鸡场

猪场

木耳

蘑菇

平贝

伊春市带岭区志历届编纂委员会成员名单

（2004—2008 年）

主　任　陈　耀

副主任　沈　友

委　员　滑福泉　王德福　鲁双菊　张庆良　王殿龙　魏广会
卢洪升　解庆华　王佩儒　孙立国　张晓东　张洪彬
山云岩　张化成　李景彬　高建平　孟令忠　杨春旭
吴兴亮　单德龙　邹继龙　朴志勇　王宝平　杨福林
李　辉　黄跃清　吴延义　王文发　宋　薇　慕秀清
陈　刚　黄　林　文晓彬

（2008—2012 年）

主　任　陈全涉

副主任　沈　友

委　员　张春峰　陈广生　杨海峰　宋　薇　方春彪　魏广会
卢洪升　胡春萍　尚玉森　孙立国　尹庆勋　张洪彬
贾　健　于佩利　李景彬　田宝成　吴延义　杨春旭
侯　威　董家斯　邹吉龙　曹士含　周新生　郝世君
姜鲲鹏　黄跃清　连文岱　韩志龙　何伟平　刘丽萍
王　泉　王文革　文晓彬

（2008—2013 年）

主　任　夏景涛

副主任　门广丰

委　员　黄文镝　秦世成　王庆林　刘基平　赵志刚　何伟平
谷云峰　胡春萍　尚玉森　刘福忠　尹庆勋　张新和
赵庆春　于佩利　李福军　闫文国　吴延义　杨春旭
侯　威　邹继龙　刘宝伦　郝世君　郑海涛　张春友
连文岱　韩志龙　王　霜　卢玉红　王文革　文晓彬

《伊春市带岭区志（1986—2005）》

主　编　门广丰

副主编　郑海涛　刘灿金　李连君

总　纂　李连君

编　辑　付守礼　杨新文　屈春阳

审查验收单位　**伊春市地方志编纂委员会办公室**

审查验收人员　马　燕　闫喜丰　周　尧

凡 例

一、本志以马克思列宁主义、毛泽东思想、邓小平理论、“三个代表”重要思想、科学发展观、习近平新时代中国特色社会主义思想为指导，坚持辩证唯物主义和历史唯物主义的立场、观点和方法。突出时代特点和地方特色，以翔实的资料反映带岭区（局）在改革开放和社会主义现代化建设中的历史风貌。

二、本地区为“政企合一”体制，定名为《伊春市带岭区志》，篇目安排与编写方法兼采县志与企业志两种体例。

三、本志所叙述内容，上限始于1986年，下限至2005年年末。

四、《伊春市带岭区志》在志书篇首设立概述、大事记，为全志之纲。本志单独设篇，下设章、节、目。共设立自然环境、建置·区划、改革开放、林业、科学实验、经济管理、工业、农业、财政·税务、金融、商贸业、交通·邮电、城镇建设·环境保护、中国共产党带岭区（局）委员会、带岭区人民代表大会、带岭区人民政府（局）、政协带岭区委员会、民主党派·人民团体、政务管理、政法·军事、教育、文化·体育、卫生、社会生活、人物和附录26篇89章433节，计120万字。

五、本志除概述、大事记和附录外，为了体现“与时俱进”思想，对首志原有编、章、节、目有分有合，有增有减，做了相应调整。增加了“改革开放”篇；合并了“林业”篇；保留了“科学实验”篇，这也是本志的特色所在。

六、为突出地方特点，本志书中的林业、科学实验、经济管理等篇所述内容，均属林业实验局专业志范畴，亦为本志书之重点篇章。

七、作为一部完整的志书，有些内容难免与首志有重叠现象。如自然环境等虽然在首志中有所记述，但为了保证人们在阅读本志时，对带岭概貌有一个完整认识，并没有舍弃相关内容，这也是文体完整的需要。

八、本志在附录中设有重要文献选辑。对那些推动本区（局）历史发展有重要作用的文件；某些会议上党政领导的重要讲话；经济、政治体制改革出台的重要政策、规定等都予以收录，以期达到以史为鉴，继往开来，推进历史发展的目的。

九、本志根据修志惯例，对人物坚持“生不立传”的原则，志书中记述的人物生平，系对本地经济、社会发展有贡献或有影响者。

十、本志即为续志，有对前志纠错补遗之责，故个别内容超出上下限，以对历史和人民负责。

十一、本志采用篇、章、节、目、体，力求内容完善有序。采用述、记、志、传、图、表、录七种体裁，以志为主并附以照片，以求图文并茂，相得益彰。

十二、本志采用语体文、记述体编纂。语言使用遵照2000年10月第九届全国人大常委会第十八次会议通过《国家通用语言文字法》的规定，使用规范简化文字。编纂严格执行国家《地方志书质量规定》和《黑龙江省地方志编纂行文通则》。在数字用法、标点符号、计量单位用法上，遵照国家有关出版物的相关规定。

十三、本志资料，大部分来自各基层单位和各职能部门提供的史料。一部分源于各级各类档案文献报刊、调查口碑等，经筛选、排比、考证后载入，资料翔实可靠。

目 录

第二篇　建置·区划

第三篇　改革开放

第四篇 林 业

第五篇 科学实验

第六篇 经济管理

第七篇 工　业

第八篇 农 业

第九篇 财政·税务

第十篇 金 融

第十一篇 商贸业

第十二篇 交通·邮电

第十三篇 城镇建设·环境保护

第十四篇　中国共产党带岭区（局）委员会

第十五篇　带岭区人民代表大会

第十六篇　带岭区人民政府（局）

第十七篇 政协带岭区委员会

第十八篇 民主党派·人民团体

第十九篇 政务管理

第二十篇 政法·军事

第二十一篇 教 育

第二十二篇 文化·体育

第二十三篇 卫 生

第二十四篇 社会生活

第二十五篇　人　物

附　录

概 述

（一）

带岭，小兴安岭南麓的璀璨明珠。境内山川秀美，森林茂密，人工林绵亘百里，原始林古木参天。海拔1203米的小兴安岭第二高峰——大箐山巍然高耸，以中华秋沙鸭自然保护区而闻名遐迩的永翠河蜿蜒南流。占地6394公顷的凉水国家级自然保护区位于境内，高等学府黑龙江生态工程职业学院坐落其间。

带岭林区1937年开发，1946年建局，1952年变为林业部直属实验局，1964年政企合一。现在是伊春市的一个行政区，也是黑龙江省森林工业总局直属实验局。体制为政企合一，地处伊春市南部。东与南岔林业局接壤，南与朗乡、南岔林业局相邻，西与桃山、铁力、朗乡林业局毗连，北与乌马河林业局交界。境内有绥佳铁路和桃南公路东西横跨，又有乌带公路和带浩公路南北贯通。

全林区总经营面积96742公顷。山上生长着红松、云冷杉、桦树、刺五加等100余种乔灌木，有黑熊、马鹿、水獭、蕨菜、猴头、木耳等千余种动植物和菌类，藓类资源。主要矿产有白垩土、石英、花岗岩等，品质优良。境内有大箐山、石帽顶子山、炉吹山等5座海拔超千米的高山，风力资源丰富，有“风电之乡”美誉。在大箐山、石帽顶子山上建有风力发电场。境内有永翠河、西南岔河、大青川河3条主要河流，水力资源丰富，属汤旺河水系。水资源总蕴藏量为3.3亿立方米。其中地表水资源约2.5亿立方米。本地旅游资源丰富，凉水自然保护区为国家AAA级旅游风景区，碧水中华秋沙鸭自然保护区为省级保护区。在大箐山主峰西南侧，自然形成的天然“石海”景区，占地1.1万多平方米，巨石林立，怪石峻峭，巍峨壮观。春观鸟、夏漂流、秋看山、冬滑雪是带岭四季旅游的特色品牌。带岭林区森林资源在全省国有林区属于较好的区局之一。林木总蓄积量截至2005年为1015万立方米，森林履被率达94%。20世纪50年代初，逐年营造的人工林已大面积郁闭成林并开始采伐利用。森林资源年总生长量27.6万立方米，木材年产量10.5万立方米，生长量超过采伐量。周恩来总理生前提出的“青山常在、永续利用”的理想已变为现实。

生态学院大部分人员和各系、专业已迁往哈尔滨市，在本区设带岭分院。学院现开设资源环境与城市管理、园林工程技术、绿色食品生产技术、旅游管理、应用电子技术、文秘与办公自动化等30余个专业，在校生有2100多人。

带岭林业实验局为中型企业，担负林业生产和科学实验双重任务。下设12个经营林场和贮木场、造纸厂、科研所等单位。全区总人口36510人，有汉族、满族、回族、朝鲜族、蒙古族5个民族。2005年，全区生产总值达47251万元。

（二）

1986—2005年，正是中国改革开放的头20年，其间经历了由计划经济向市场经济的转轨，经历了体制改革的逐步深化，带岭区（局）也同全国一样，各行各业都发生了翻天覆地的变化。

1987年，带岭局为强化生产和经营管理，借鉴吉林省三岔河林业局经验，进行了“三段式”经营改革，即成立森林经营、木材采运、林产工业和集体企业四大公司。采运公司由原运输管理处、局生产科、贮木场合并而成，局设总调度室。财务科设内部银行，实行企业内部结算方式。1991年6月局恢复生产科，采运公司撤销，变为运输公司，贮木场合并入林产工业公司。

从20世纪80年代末期到90年代，全局进行了“满负荷工作法”、“实施林价制度”、推广“合江模式”、“学清河、学铁力”等多项改革尝试。1987年，带岭局在企业内部推行了利润、成本、减亏、经营、基本建设投资、技术改造等10余种形式的承包责任制。1989年又进一步修改完善了《带岭实验局承包经营责任制实施办法》。各林场、各单位根据不同特点实行了不同的承包形式，商业、地方工业各单位则实行了租赁承包。

1987年，全局推行了“工程造林”改革，按三年合格面积，按定额成本结算承包费用。1993年推行了“上卖青山，下买青苗”的林木商品化经营改革。1998—2000年天然林保护工程实施后，工程造林承包停止执行，实行管护经营责任区的形式。2001—2005年又恢复了工程造林承包办法，并重新修改完善了以前的标准和具体办法。

1994年起，开始了产权制度改革。首先是将林场的汽车、拖拉机、绞盘机等有偿转让给个人，实行民有场营试点。1998年取消原条生产后，全局所有原木运输车辆、大客车等进行出卖，局运输公司改制为民有联营运输公司。2000年，全区（局）国有中小型企业大面积实施产权制度改革。其中，发电厂、物资供应科、林业工程公司等15家企业改为股份制公司，森工产品经销公司、筑路工程公司、餐具厂等11家企业撤销国营执照，燃料公司、食品厂、山野菜厂等13家企业进行了整体出售，陶瓷厂实行了破产。这次产权制度改革是中华人民共和国成立以来带岭区最大的一次改革，改制企业达43家，占全区国有企业的75%以上。即除林场、贮木场以外，各国有企业都实行了改制。

20年间，区（局）机关机构进行了两次大的改革。1997年5月，按照《伊春市政企合一区（局）党政机关机构设置、人员分流方案》的要求，区机关实施机构改革。科室从55个减少为38个，人员从698人减少到249人。2001年年底，根据《伊春市辖区党政机关机构改革实施意见》的精神，区机关机构又进行了重大改革。科室从38个减少为28个，人员从249人减少为208人。

20年间，全区还先后进行了农村经济体制改革，实施了流通体制改革、住房制度改革，社会保障制度改革、医疗保险制度改革和劳动人事、用工、分配制度的改革等一系列改革，这些改革有成功，也有失败，但从一定意义上促进了区域经济的发展和社会进步。曾先后被省政府授予“省级先进企业”“六好企业”，多次荣获林业部、黑龙江省森林工业总局、伊春市“企业管理先进单位”称号。

（三）

1986—2005年，伴随改革开放的进程，全区（局）的林业、科学研究工作也取得了很好的成果。木材生产健康发展，虽然可采资源逐年减少，但始终保持年产18万立方米的水平。1998年，天保工程实施后削减了木材产量，先是削减到15万立方米，2001年后削减到了10万立方米。森林经营方面开展了三、四、五次资源普查，实行了采伐限额管理，保证了资源消长平衡。实行了森林集约经营和分类经营，为全省做出了典范。到 1991 年实现了 50 万亩人工林的目标。1998 年实施了天然林保护工程，停止了红松等珍贵树种采伐，森林资源得到了很好的休养生息。加强了森保工作，到 2005 年实现了 53 年无森林火灾。林区公路总长达 524 公里，平均每公顷林道密度 5.42 米，达到了世界林业经营先进国家水平。林产工业柳暗花明。全民所有制的林产工业由兴到衰，从 20 世纪 80 年代末期的历史最兴盛时期，到 2000 年后全民所有制林产工业企业的彻底解体。随着秀水木材工业小区的建立，个体、私营木业公司、木工厂遍地开花，产品产量也超过了历史最好时期。到 2005 年年末，非国有经济林产工业产值达 1.5 亿元，安排从业人员 2500 多人。

科学研究、生产实验是带岭林业实验局的主要特点，历史较久，科技力量雄厚，具有一批在生产与科研相结合方面有专业技能的人员。局设有林业科学研究所，所内设有种苗、营林、森保等研究室，是一个学科齐全、有足够能力承担国家或跨地区重大林业项目的综合科研机构。20 年来，在专业科研方面先后有 41 项科研成果通过国家、省、市有关部门的鉴定并受到奖励。群众科研方面获林业部、省、市科技进步奖 113 项。先后有 90 多篇论文、译文在国家、省、市学术会议和各级各类刊物上发表。在此期间，全区（局）还进行了引进国外先进设备的生产实验。先后从美国卡特彼勒公司、奥地利斯蒂尔公司引进 518 型轮式集材机、D6D 型推土集材机、950B 型装载机和 KSK/16 型钢架杆集材机等。经过两年多对这些设备各项指标在生产实践中进行测试和考核，1988 年 4 月，总结出引进设备生产实验的经验教训，获得了可靠的数据资料。经过多年的工作，全区科学研究、生产实验工作已经形成一套完整规范的管理体系，且正在健康发展。

（四）

20 年间，带岭区（局）的文化体育事业有了很大发展。1996 年起，全区安装了闭路电视。各林场也相继安装了闭路电视。现镇内覆盖率可达 80% 以上，每天可看到 38 套节目。镇内有文化馆、图书馆、青少年宫、新华书店、老年活动中心等文化娱乐场所。群众性体育活动非常活跃，1997 年获全国群众体育先进单位。成功举办两年一届的全区运动会，有些运动员在省、市赛会上创造了好成绩，一名运动员荣获世界聋奥会金牌。卫生事业健康发展。林业职工医院增添了 CT 机、增强 X 光机等多种先进医疗设备，医疗制度经过改革，保证了职工的公费医疗。群众防病治病意识增强，在 2003 年防“非典”中，采取措施得当，没发生一起病例。教育事业在改革中完善，1986 年以来，先后投资兴建了一中实验楼、高中教学楼等，购置了大量微机等教学设备。鼎盛时期，全区有 1 所高中，1 所职高，3 所初中，1 所中小学合一的大青川学校，14 所小学。随着全区人口数量的逐年减少，中小学生数量也随之减少，到 2005 年，全区已合并成 1 所高中、1 所职高、1 所初中、2 所小学。

20 年间，带岭城镇建设成效显著。昔日迎宾路、育林路两侧的平房早已被高楼林立所取代，镇内和各林场的民房也全部实现了砖瓦化。镇内主要街道铺上了水泥路面，修建了南河大桥。桃南公路和乌带公路先后建成通车，便利了带岭与外界的交通。邮电通信事业日新月异，网通、铁通公司程控电话入户率达 80%，移动、联通手机和互联网已全部覆盖林场、城镇和乡村。

非国有经济异军突起，总产值占了带岭区域经济的半壁江山。其主要产业为林产工业，各种形式的木工厂、木业公司达近百家。产品多以锯材、集成材、细木工板为主，深加工项目以地板块、雪糕板、实木门、菜面板等居多。餐饮服务业和各类商店遍布城乡各地，多达几百家。加上修理业、加工业、运输业等，为活跃带岭经济、方便人民生活起到了积极作用。

集体经济曾一度兴盛。20 世纪 80 年代中期，为解决青年就业问题，各单位、各林场都成立了青年队，主要利用“三个剩余物”搞综合利用和多种经营。1973年，知青办与林产工业科合并成立集体经济管理处。1980年，知青办划入劳资科，集体经济管理处更名为集体企业公司。1984年5月，集体企业公司升格为副处级单位，局木材科、多种经营科、知青办并入集体企业公司。1985年，知青办又划入劳资科。1987年8月，木材科从集体企业公司分出划归林产工业公司。1988年2月，多种经营公司并入集体企业公司，更名为联合企业公司，主要管辖全区（局）集体厂（队），负责知青就业安置管理等工作。联合企业公司机关设六科一办：财务科、人事劳动科、计划科、生产技术科、销售科、安技科和行政办公室。基层主管、协管单位33个，其中直属12个、主管2个、协管19个。主要有桦树液开发中心、大青川综合厂、大青川餐具厂、社会福利厂、翠林福利厂、饮料厂、山野菜厂、刺绣厂、皮毛厂、纸管厂、陶瓷厂、秀水木制品厂、秀水包装材料厂、收购站、物资供应站、集兴楼、四公里大棚、渔场、施工队和各林场、各单位青年队、集体经济管理站等，从业人员多达7000人，仅次于全民职工，总产值占全区总产值三分之一以上。1991年5月，多种经营局成立，联合企业公司又更名为集体企业公司，并与新成立的多种经营局合署办公，一套人马、两块牌子。公司机构设置和管辖权限没变。1995年起，随着改革的不断深入，各林场、各单位青年队相继解体。1996年，大青川综合厂、大青川餐具厂、社会福利厂、翠林福利厂四厂收归林业局管辖。1999年对集兴楼、山野菜厂、秀水包装材料厂等也进行了拍卖。2002年在企业改制中变为成龙木业公司，成为集体企业公司的留守机构。

20年间，还进行了带岭有史以来最大的工程项目造纸厂的建设。带岭林业造纸厂1987年筹建，1991年6月开工，1997年10月竣工验收，1998年投产，耗资1.2亿多元。由于工程协调指挥不当，2年工程拖了7年，投产时已错过了市场最好时期，加之采购的设备不配套、质量差，造成产品质量不好，产品积压，连年亏损，2004年7月上报破产。

电力事业发展迅速。2001年黑龙江电力绥化电业局带岭供电局成立，使国家电网进入带岭，打破了自备电厂独家经营的格局。2004年、2005年，在大箐山和石帽顶子山上，由伊春兴安岭风电公司建设的两个风力发电场相继建成投产，使带岭“风电之乡”的美誉远近闻名。

（五）

1986—2005年，全区（局）生产木材3185066立方米，上缴利费税16995.3万元。2005年，全区生产总值达到47251万元。一个高楼林立、街道整齐的新兴林业城镇已经建成。20年间，全区人民生活水平显著提高，很多人住上了楼房，一部分人拥有了私家车，人们的精神面貌焕然一新，生活观念有了很大改观，大多数家庭达到小康水平。

在党的十一届三中全会以来的路线、方针指引下，带岭林区人民正以昂扬的斗志，崭新的风貌展现在世人面前。他们坚持科学发展观，与时俱进，贯彻以营林为基础的方针，认真实施天然林资源保护工程，努力保护、开发、利用好森林资源，注重提高森林资源的总体生态效益和经济效益，以提高自主创新能力为动力，实施生态立区和工业兴区两大战略。正在构建一个山更青、水更美、资源更丰富、经济更发达、社会和谐平安、人民富裕幸福的社会主义新林区。

大事记

1986 年

1 月 6 日　1985 年度营林生产总结奖励大会在永翠林场召开。

1 月 21—22 日　局第七届职工代表大会第二次会议在小俱乐部举行。全局各条战线 315 名职工代表出席了会议。大会表彰奖励了 1985 年度 329 名劳模和 17 个“六好”先进单位，6 个先进单位，19 个“六好”单位，13 个先进科室，67 个“六好”班组。

1 月 24 日　伐区作业考评验收评比总结会在永翠林场召开。与会的各林场主管生产的副场长和采运技术员参观了南列、永翠林场伐区作业现场。

1 月 27 日　区委、区政府 1985 年度普法总结奖励大会召开。表彰先进集体 19 个，先进个人 205 名。

1 月 28 日　政协带岭区一届十三次常委（扩大）会议召开。

2 月 5 日　区委、区政府在机关大会室召开有各界代表 80 人参加的春节茶话会。区委副书记、区长周永言在会上讲话。

2 月 7 日　副市长刘静一、市总工会副主席李德荣，在区委副书记王乃富、副区长厉春生等陪同下到李廷君、古启毅、韩淑英等教师家慰问，并赠送纪念品。

2 月 18 日　区政府农村干部工作会议召开。

2 月 19 日　全区财贸系统“双佳十好”优质服务、百日活动总结表彰奖励大会在商业科会议室召开。表彰奖励 6 个先进集体和 58 名先进个人。

2 月 24—26 日　全区象棋、围棋赛在文化馆举行。

2 月 25 日　区 1986 年春季绿化工作会议召开。

3 月 12 日　区社会治安综合治理工作会议召开。参加会议的有五大班子领导及各单位负责人 300 余人。副书记王乃富代表区委、区政府同各单位领导签订责任状；副区长孟昭贵部署 1986 年春季防火工作。

3 月 13 日　区委召开了历时两天的思想政治工作会议。大会表彰奖励了 36 名优秀政工干部。

3 月 15 日　区委召开全区党政机关干部端正党风大会。党委书记陈丛礼作了《端正党风首先从机关做起》的报告。

3 月 17 日　经省森林工业总局批准，局森调队在北列林场朝阳沟，对 20 世纪 60 年代营造的落叶松人工林进行轮伐调查设计。

3 月 18 日　森林病虫害防治站召开森林植物检疫工作会议。有 21 名单位领导参加。

4月5日　市普法办一行8人到带岭区对30名副处级以上干部进行以《中华人民共和国宪法》《中华人民共和国刑法》《中华人民共和国经济合同法》《中华人民共和国森林法》《中华人民共和国婚姻法》为内容的法律知识考试并给及格者颁发了普法合格证书。

4月6日　区第八届团代会召开。团市委、区党政、工会、妇联等领导到会祝贺。团区委副书记林森作《团结奋斗、改革创新，为林业现代化建功立业》的报告。

4月10日　局第一季度经济工作会议召开。内容是：深入进行经济体制改革，积极开展增产节约，增收节支运动，落实1986年调整计划，推行全面质量管理。

4月18日　市第一条彩色釉面砖生产线，在大青川陶瓷厂建成投产。市委常委、副市长罗树清，市政协副主席赵显廷等到厂考察。

4月19日　区护林防火誓师大会召开。会后举行了游行宣传活动。

4月21日　政协带岭区第一届委员会第五次会议在机关大会议室召开。下午，区第八届人民代表大会第五次会议召开。

4月23日　区委端正党风工作会议在小俱乐部召开。参加会议的有400余人。

5月4日　近百名机关干部到基层37个单位参加劳动。

5月8日　本区遭受历史罕见的冻害，大棚秧苗大部分被损害。灾后，区、乡政府组织农民抢栽秧苗。

5月17日　法中友协观鸟团以毛利斯为首的一行10人抵达带岭进行旅游观鸟活动。

5月22日　林业部部长杨钟和中央书记处农林改革研究室主任吴项一行9人到带岭考察工作。

7月5日　区职工物价监督站成立。

7月10日　区人参田间管理现场会召开。市与南岔药材公司的领导出席会议并作现场技术指导。

7月14日　区黑豆果生产现场会召开。省多种经营局领导及区党委书记陈丛礼参加会议并到现场参观指导。

同日　法国木材家具研究中心主任阿曼博士到带岭参观考察。

7月18日　区委组织工作会议召开。会议表彰奖励15个先进党支部和82名优秀党员。

7月23日　市消防工作会议在本区召开。副市长罗树清到会并作了重要讲话。市公安局局长董国顺、副局长陈志平和市消防支队领导参加了会议。会后参观了区公安局消防中队营区建设及车辆保养情况。

7月25日　团市委副书记王淑珍向被授予“先进团委”光荣称号的带岭区团委授旗并讲话。

7月27日　应林业部邀请，美国陶氏化学公司罗伯特·费尔斯一行3人到带岭考察森林防火工作。

8月5日　区妇联、区工会在机关大会议室召开“带岭区家庭教育研究会”成立大会。区委政法委书记魏福，区委常委、党委办主任马义良到会并讲话。

8月7日　区委、区人大、区政府、区政协主要领导及银行、税务、工商、防疫站、机关各科室负责人应邀参加桦树液系列饮料品尝会。

8月9日　局春季护林防火总结奖励大会在凉水林场（东北林业大学凉水实验林场）召开。大会对10个林场、4个联防区、2个话务班及报警扑救有功人员进行表彰奖励。

8月13日　区税务工作会议召开。贮木加工厂等3个纳税先进单位及25名先进办税会计员、15名先进个体纳税户和8名先进办税人员受到表彰奖励。

8月19日　联邦德国劳兰特一家抵达带岭观光旅游。

8月20日　以副主席吕会令为首的市总工会“职工之家”验收小组一行5人到带岭区检查验收并颁发“职工之家”合格证。

8 月 20 日　联合国采运专家罗道夫夫妇抵达带岭参观考察。

同日　加拿大阿尔伯塔省韦格勒维尔市环境中心史蒂·大卫博士抵达带岭考察食用菌的开发和利用。

8 月 21 日　瑞典专家文瑞克抵达带岭参观考察。

同日　区“严厉打击严重刑事犯罪分子大会”召开。杀人犯曹某某、抢劫杀人犯袁某某被判处死刑。

8 月 22 日　区（局）公路修复改造会战现场会在东方红林场召开。

8 月 25 日　日本造纸专家大礼江三郎抵达带岭参观考察。

9 月 12 日　由市妇联组织的普法工作现场经验交流会在带岭区召开。全市各区（局）妇联主任和妇女干部 100 余人参加了会议。

9 月 14 日　加拿大国际开发研究中心霍夫曼博士抵达带岭考察。

9 月 16 日　市政府副秘书长、市护林防火指挥部副总指挥丁增林，市防火办副主任王文信到带岭区检查秋防工作。

9 月 22 日　区普法工作会议召开。副区长厉春生、政法委书记魏福就综合治理、秋防、普法等项工作讲话。

9 月 23 日　区人大常委会召开第三次人民代表活动经验交流会。会上表彰奖励了 6 个人民代表小组和 39 名积极分子。

9 月 20—26 日　省全面质量管理验收组一行 10 人到带岭局进行全面质量管理验收。

10 月 11 日　应中国林业科学研究院邀请，联邦德国林业遗传育种研究所所长麦尔修教授抵达带岭参观考察。

10 月 18 日　区第四届妇女代表大会在机关大会议室召开。市妇联、区委、区人大、区政协领导到会祝贺。区妇联主任姜乃心作《改革创新奋发自强，为林业现代化建设建功立业》的报告。

10 月 30 日　区 1986 年税收、财务、物价大检查工作会议召开。

11 月 3 日　全市教育战线思想政治工作经验交流会在贮木加工厂俱乐部召开。市委宣传部副部长尹维岭、市教育局领导张中秋应邀出席了会议。

11 月 8 日　区政府在加工厂俱乐部召开严打斗争第三战役第三仗动员大会。副区长厉春生作动员报告。大会对侦破重大案件有功人员进行了表彰奖励。

11 月 15 日　市少年棋类赛在本区举行。8 个代表队 32 名运动员参加。

11 月 29 日　中共带岭区第七次代表大会召开。党委书记陈丛礼、纪委书记吴炳佳分别作了《加强党的建设、深入搞好改革，为推进我区两个文明建设而奋斗》和《维护党纪、从严治党，努力实现党风持续稳定好转》的报告。会议选举产生了中共带岭区第七届委员会和纪律检查委员会。

12 月 6 日　政协带岭区委员会召开一届十九次常委（扩大）会议。

12 月 23 日　区政府召开 1986 年护林防火总结奖励大会。

12 月 25 日　区体委、工会、团委、教育科联合举办青少年速滑比赛。

12 月 26 日　团区委、文化科举办中小学生书法、绘画、集邮作品展览。

12 月 27 日　局机械设备管理总结奖励会议在红光林场召开。

12 月 30 日　区政府举行地面卫星接收站落成剪彩仪式。

1987 年

1 月 9 日　财务科发生一起特大盗窃案，60 万元国库券、3000 余元现金被盗。

1 月 12 日　市委副书记印廷文到带岭区了解“1·9”案件，区委、区政府领导作了汇报。

1月13日 区科协、教育科联合举行中小学语文、数学笔试竞赛。第二中学、第一小学分别获中学组、小学组团体总分第一名。

1月17日 区委组织部、宣传部、区纪委联合举办“党的基础知识”答题比赛。

1月19—20日 副区长厉春生率领由党委、人大、政府、政协、妇联、科协、民政、大兴乡等机关抽调人员组成的联合慰问团，走访8个村屯、57家贫困户，并发放补助款。

1月21日 局职工医院“胃双对比造影”试验获得成功。

1月24日 区党政领导到离退休老干部、老红军、老抗联及烈士家走访慰问，并到医院、养老院看望孤寡老人。

2月5日 市委整党办到带岭区（局）检查验收村屯整党工作。

2月10日 市森警支队“警校共建精神文明”现场会在带岭宾馆召开。市“五四三”办公室主任孙福春、森警中队政治部副主任孙宝山、省军民共建精神文明办公室副主任梁洪斌等出席会议并讲话。会上收看了带岭区第二中学与森警大队精神文明活动录像。

2月11日 晚9时许，带岭发生一起持枪凶杀案。12日晨，公安人员将犯罪嫌疑人张兆发捕获归案。

2月20日 区政府召开各基层领导和街长100余人参加的计划生育工作紧急会议，区（局）领导张喜珍总结部署下步工作。

同日 全区1986年交通安全先进集体、先进个人总结表彰奖励大会在东方红林场召开。大会向5个先进集体颁发了奖状，向7名管车干部、42名优秀驾驶员颁发了奖品。

2月23日 区政府邀请政协常委、党外人士召开座谈会，就1987年工作征求意见。

2月25—26日 局第七届三次职代会和1986年度先进集体、先进个人表彰奖励大会在小俱乐部举行。

2月28日 省森林工业总局在带岭召开“桦树液饮料系列产品鉴定会”。带岭局森林饮料厂生产的五味子、桦树汁等4个品种通过了鉴定。

3月3日 中共伊春市委组织史资料编纂研讨会在带岭宾馆召开。市委常委、秘书长王家骥等出席会议。

3月7日 区召开庆祝“三八”国际劳动妇女节大会。

3月15日 市农牧渔业局畜牧总站家禽繁育体系研讨会在带岭召开。

3月19日 区委召开党政领导会议。听取赴省参加第六届人代会第五次会议的代表仇元胜、赵玉英的汇报。

3月21—25日 国家红松种子园攻关课题组工作会议在带岭举行。来自东北三省、市林科所领导及科技人员参加了会议。省林科院育种研究室副主任“2.5级课题”负责人潘本立、市林木种子站站长张青云特邀出席会议。会议收到国家“2.5级合同”负责人沈煦环从东京发来的贺信。

3月25日 区人大召开第八届人民代表大会第六次会议。副区长孟昭贵代表区政府作《政府工作报告》。

3月26日 市中级人民法院在带岭区召开宣判大会。依法判处杀人、强奸犯唐某某死刑。

同日 中国植保学会鼠害专业委员会东北林区鼠害防治组成立会和“林区鼠害生态控制技术与方法的研究”课题协作会在带岭召开。

3月30日 区委、区政府召开计划生育工作会议。区委副书记王乃富出席会议并讲话。

4月1日 区委召开常委扩大会议。讨论“三段式”即木材采运、森林经营、林产工业公司改革方案。

4月3日 区委、区政府召开城镇防火工作会议。市城镇防火检查团领导参加了会议并讲话。

4月4日 日本丸子株式会社大阪营业所部长丘村一路一行2人抵达带岭洽谈木材出口贸易问题。

4月5日 瑞典山特维克公司技术考察组兰丁一行3人抵达带岭推销油锯。

4月9日 区服装厂发生火灾，烧毁1栋砖瓦房舍。

4月15日 局营林工作会议召开。区（局）领导，各基层党、政、工负责人和机关各科室负责人参加了会议。

4月16日 区综合治理工作会议召开。兑现1986年综合治理合同，并签订1987年综合治理工作责任状。

4月17日 区委召开端正党风工作会议。区纪委书记吴炳佳总结1986年带岭区端正党风工作情况并部署1987年端正党风工作任务。

4月21日 市科委组织的微机应用软件鉴定会在带岭宾馆召开。带岭区的"干部档案管理""造林成活率、保存率统计"两项课题通过了鉴定。

4月22日 带岭区科研人员研究的"桦树液采集工艺""红皮云杉高苗不防寒"两项课题，通过市级鉴定。

4月28日 局1986年冬运安全生产竞赛总结表彰大会召开。表彰29个基层单位，同27个生产单位签订了1987年安全生产责任状。

5月6日 市委书记张惠芳到带岭考察，听取了区（局）领导关于"三段式"（即成立木材采运、森林经营、林产工业公司）改革的汇报。

5月12日 局护林防火现场会在东方红林场召开，对32名扑火有功人员给予表彰奖励。

5月15日 区委召开基层支部书记会议。部署募捐任务（支援大兴安岭受灾群众）。

5月17日 以匈牙利森林、木材工业局局长基拉依艾尔南为团长的匈牙利林业代表团一行5人到带岭参观考察。

5月20日 带岭区为大兴安岭灾区捐款45136元、粮票2870公斤、衣服6060件，并于当日寄往灾区。

5月22日 带岭区幼儿园、小学低年级组、小学高年级组赴市参加儿童少年智力决赛，均获第一名。

5月29日 区委、区政府领导与回民一起欢度"开斋节"。

6月1日 美国林业代表团一行7人到带岭参观考察。

同日 区举行第十一届田径运动会。区党政领导及市委领导到会。

6月16日 瑞典鸟类工作者奥尔松一行2人到带岭观鸟。

同日 区委宣传部召开"张子良精神"研讨会。

6月24日 省森林工业总局鼠害防治培训班在带岭开学。

6月27日 区宣传部、工会、共青团、妇联、科协、广播电视局、教育科、文化科联合举办"带岭区读书知识竞赛"。

7月1日 区委召开先进党支部、优秀党员表彰奖励大会。16个先进党支部和68名优秀党员受到表彰奖励。

7月2日 省森林工业总局人工林透光抚育现场会在带岭召开。会议期间，全省各林管局、林业局营林抚育工程技术人员参观了带岭局落叶松人工林、红松人工林，并观看了割灌机手的表演。

7月15日 市农机安全检查团到本区检查工作，带岭区被评为农机管理一级单位。

7月24日 林业部副部长杨延森到带岭考察工作。

7月25日 市委、军分区组织的英模报告团一行7人到带岭区作报告。

7月28日 市科委、林管局生产局组织的木材生产新技术推广现场会在带岭召开。带岭局的地衡木材重量检验法和背负式半挂车两项技术得到肯定，并决定在全市推广。

8月1日 区委、区政府在武装部北列民兵训练基地举行纪念“中国人民解放军建军60周年”座谈会。会后进行实弹射击比赛。

8月3日 区委召开由政协常委、党外人士参加的座谈会。讨论区九届人大和区政府、检察院、法院领导候选人问题。

8月6日 局召开质量成果发布会，并向优秀质量管理小组颁发了奖状。

同日 林业部劳动保护研究所孟兆臣等一行3人到带岭搞劳动保护试验。

8月8日 区委七届二次全委扩大会议召开。

8月9日 局第七届职工代表大会第四次会议召开。

8月13日 日本华侨王淑芬（古来代子）及儿女等一行4人到寒月林场回访。

8月14日 带岭局实施“三段式”改革方案，成立林产工业公司。

同日 省人大常委会副主任陈元直、市人大副主任李林茂、市人大秘书长刘玉和到带岭考察工作。

8月18日 市人大常委会副主任迟金声一行8人到带岭区检查待业青年安置情况。

8月19日 省森林工业总局党委书记余弘达，副总局长孙丕文，市委副书记、副市长印廷文等一行8人到带岭局考察工作。局党委书记陈丛礼、局长周永言向总局及市委领导汇报工作。

8月20日 东北林学院副教授祝宁为区机关干部和林干院、水文站、科研所有关人员作赴美考察报告。

8月23日 局企业管理委员会会议召开。讨论带岭局对总局和对各公司、基层单位承包方案。

8月26日 上海杨浦区党政代表团在市政府秘书长宁士敏等人陪同下参观带岭局人工林和原始林。

8月29日 以名誉教授佐佐木为团长的日本京都大学林业考察团一行10人抵达带岭参观考察。

9月1日 公安部在带岭召开侦破金库撬盗案研讨会。14个省、5个院校的侦破专家60余人参加会议。

9月11日 以宋文和副厅长为首的吉林省林业厅代表团一行7人到带岭考察。

同日 市档案工作会议在带岭区召开。

9月16日 市物价会议在带岭区召开。

9月17日 市委副书记魏秉仁等到带岭区检查工作。

9月20日 省森工系统集体经济经营管理座谈会在带岭宾馆召开。各林管局多种经营局局长、省森工系统集体经济典型单位负责人40余人参加会议。

9月22日 中国科技电影制片厂编导王岳、张力等一行4人到带岭拍摄木材生产新闻片。

9月24日 市小学语文、数学教学大纲研讨会在带岭宾馆召开。

9月25日 区人大召开第九届人民代表大会第一次会议。会期两天。

9月29日 陕西省太白林业局焦局长等一行7人到带岭考察职工教育工作。

9月30日 市1987年人口抽查审核结束。带岭区获得五项指标第一名。

10月1日 美国俄勒冈大学教授费尔、加拿大蒙特利尔大学教授韦尔伍德抵达带岭参观考察。

10月2日 以霍夫斯塔为首的东北林业大学外教参观团一行12人抵达带岭参观考察。

10月8日 区政府召开实现35年无森林火灾动员誓师大会。近万人参加大会，局长周永言、副局长夏永昌到会并讲话。

10月11日 联邦德国林业经济专家福克贝尔根教授一行3人到带岭参观考察国有林经营管理情况。

10月13日 联邦德国下萨克森州林业专家一行4人到带岭进行林业经济考察。

10月14日 以贵州省黔东南自治州副州长姚茂森为团长的参观团一行38人到带岭参观。

10 月 15 日 省森林工业总局政研室副主任王景坤一行 4 人到带岭传达总局关于带岭“三段式”改革试点的批示。

10 月 19 日 区政协第二届委员会第一次会议召开。

10 月 21 日 全国人大办公厅联络处处长刘兆民等一行 3 人到带岭参观。

10 月 23 日 区委“反对官僚主义整顿党风党纪大会”召开。

10 月 24 日 省森林工业总局副总局长王长福到带岭考察工作。

10 月 23—25 日 以市公安局副局长张武为组长的检查组一行 3 人到带岭区检查清理“柈子城”情况。

10 月 26 日 日本东野株式会社东野晃三到带岭购买特级水曲柳板材。即带岭局第二次向日本外商直接出口板材。

10 月 27 日 加拿大国际援助开发署西达公司计划组组长巴格、佛斯特、爱迪森到带岭参观考察。

10 月 28 日 省农业银行会计处处长唐林森到带岭检查工作。

10 月 29 日 副省长靖伯文、省森林工业总局副局长徐衍东、副市长赵凤来、教育局局长张仲秋到带岭区检查教育工作。

10 月 30 日 市政府副秘书长韩长林等一行 5 人到带岭区检查市场管理工作。

同日 北山公园开始修建。

11 月 2 日 带岭区野生动植物保护协会成立大会在明月林场召开。

11 月 4 日 区社会窗口大赛总结表彰会召开。表彰奖励 7 个优胜单位、41 名先进个人。

11 月 4—8 日 中国农业电影制片厂一行 15 人在带岭拍摄电视剧《森林的眼睛》。

11 月 5 日 区委宣传部召开“三套集成”（民间故事、民间谚语、民间歌谣）表彰奖励大会。

11 月 8 日 省森林工业总局审计局千淳鹤等一行 2 人到带岭检查审计工作。

11 月 17 日 省政协委员、科研所原所长武占元在机关大会议室作赴日考察报告。

11 月 18 日 省森林工业总局资源局副局长杨洪山等一行 3 人到带岭筹备全省森工系统资源管理会议。

11 月 19 日 带岭区 45 名新兵应征入伍，晚 8 时乘专列赴锦州。

同日 省森林工业总局副总局长王长福等一行 3 人到带岭检查营林生产工作。

11 月 21 日 省森林工业总局原副局长宫殿臣等一行 3 人到带岭考察木材综合利用工作。

11 月 23 日 局冬季安全生产及透光伐现场会在朝阳林场召开。

11 月 26 日 省森林工业总局“林产工业双增双节经验交流会”在带岭召开。省森林工业总局林产工业局局长杨玉潜主持会议。

11 月 26—28 日 省森林资源工作会议在带岭召开。各林管局局长、林业局局长、林政科科长、资源科科长、森调队队长、省林科院、带岭林干院等 130 余人参加了会议。林业部有关领导出席会议。省森林工业总局副局长王长福作报告，省政府副秘书长全玉祥到会讲话。

11 月 29 日 副市长罗树清等一行 2 人到带岭视察工作。

12 月 1 日 市城镇中心区规划研讨会在带岭召开。市规划局局长章子文到会讲话。

12 月 7 日 “带岭区星期日科技人员之家”成立。

12 月 9 日 市老龄工作、老干部思想政治工作座谈会在带岭召开。市委、市老龄委员会顾问曹福田，市委副书记张金凯等出席座谈会。

12 月 15 日 吉林省森林防火考察团到带岭考察森林防火工作。

12 月 16 日 区政府召开 1987 年储蓄工作总结奖励大会。

12 月 23 日 带岭秀水大桥竣工。

12 月 27 日 市总工会、区体委在带岭举行青少年速滑比赛。

12 月 28 日 市长聂秉林等一行 10 人到带岭考察。

1988 年

1 月 1 日 区祭祀堂交付使用。

1 月 4 日 市防火论文研讨会在带岭召开。

1 月 7 日 区妇联、区工会女工部联合举行“女能人”报告会。

1 月 9 日 局 1987 年安全工作总结奖励大会召开。23 个先进单位受到表彰。

1 月 12 日 以市综合治理办副主任祖述科为团长一行 4 人到带岭检查综合治理工作。

1 月 15 日 吉林省八家子林业局体改办李龙源等一行 4 人到带岭了解“三段式”改革情况。

1 月 19 日 区政府召开兑现 1987 年计划生育合同、部署 1988 年计划生育工作会议。

1 月 20 日 省森林工业总局木材调运局局长吴庆海等一行 5 人到带岭检查 1987 年木材运输合同兑现情况。

1 月 22 日 省森林工业总局党委统战部部长王修贵等一行 2 人到带岭检查统战工作。

同日，局 1987 年机械车辆管理总结表彰奖励大会在红光林场召开。

1 月 25 日 区委、区政府召开“严打”工作会议。党委书记陈丛礼、副书记王乃富、政法委书记魏福、公安局局长部长贵、人民法院院长郝德生及有关人员参加了会议。

1 月 30 日 市资源局张局长等一行 5 人到带岭，处理带岭与朗乡两局林界纠纷事宜。

1 月 31 日 省森林工业总局劳资处处长黄玉明等一行 4 人到带岭检查劳动工资工作。

2 月 9 日 区委召开七届三次全委扩大会议。传达了全省森工工作会议和市委全委会议精神，区党委书记陈丛礼作了报告。

2 月 10 日 局第八届职工代表大会第一次会议在小俱乐部召开。

2 月 23 日 广西壮族自治区植物保护总站站长甘铁军等一行 3 人在省植物保护总站站长李国忠陪同下到带岭共同研究鼠害防治项目。

2 月 27 日 省林业设计院副总工程师徐宝儒等一行 13 人到带岭研究造纸厂设计事宜。

2 月 28 日 省森林工业总局生产局局长朱贵春等一行 5 人到带岭检查公路、进口机械使用及贮木场管理等项工作。

2 月 29 日 区社会福利生产工作会议在区机关大会议室召开。副区长夏永昌、区工会主席刘忠和等出席会议。

3 月 3 日 市科技工作会议在带岭宾馆召开。副市长宁士敏参加会议。

3 月 8 日 区庆祝“三八”国际劳动妇女节大会召开。

3 月 10 日 市青少年举重比赛在林产工业公司俱乐部举行。

3 月 12 日 区召开民兵工作会议。表彰奖励 6 个先进连和 10 个武装助理。

3 月 14 日 市人大代表魏秉仁、刘玉和到带岭考察。

3 月 15 日 局召开安全生产、森林防火工作会议。

3 月 23 日 区政府召开春季城镇防火工作会议。区领导与各基层单位领导签订了城镇防火责任状。

4 月 5 日 区召开为时两天的“宣传贯彻档案法”工作会议。

4 月 6 日 区 300 余名共青团员、青年在北山公园参加义务植树活动。

4月14—15日 区人大举行第九届人民代表大会第二次会议。

4月18日 区（局）召开实现35年无森林火灾表彰奖励大会及春季护林防火誓师大会。

4月19日 区工会召开第十四届七次全委扩大会议。表彰奖励工会积极分子797名，优秀财会工作者60名，先进工会15个，“六好”工会小组39个，优秀工会工作者17名。

4月20—22日 林业部引进采运设备试验总结会议在带岭举行。

4月23日 区教育科、文化科联合举办第二届中小学生文艺会演。

同日 区幼儿园1500平方米教学楼破土动工。

4月27日 区召开普法总结大会。市人大法制办、普法办领导参加了会议。会上表彰奖励了22个普法先进集体和125名先进个人。

4月28—29日 区工会在区大俱乐部举行第二届“职工之声”文艺会演。

4月30日 区召开欢送第一批赴大兴安岭采伐火烧木职工大会。

5月4日 区教育科及区科协在第二小学召开中小学第四次小论文、小创作表彰奖励大会。

同日 区举办第五届中小学生书法、美术展览。市文化局局长王治文，市艺术馆长崔正植、小兴安岭油画研究会会长王金元观看展览。

5月14日 林业部副部长梁昌武等一行3人到带岭考察工作。

同日，在市职工篮球赛桃山赛区的比赛中，区男女篮球队分获第一、二名。

5月16日 区政府召开打击破坏森林资源、盗伐、倒卖木材专项斗争总结表彰大会。

5月18日 区工会、妇联、团委、财务科联合举行第六届职工珠算技术比赛。

5月19日 局更新造林工作总结表彰大会在大青川林场召开。区（局）党政领导陈丛礼、周永言、贾琪功等出席会议。

5月20日 瑞典旅游观鸟团一行13人抵达带岭旅游观鸟。

5月21日 应省森林工业总局邀请，台湾联合木业公司总经理候万松到带岭考察。

5月30日 哈尔滨话剧院到带岭拍摄4集电视剧《在这片林子里》。

6月3日 日本北海道岩见泽市文化经济考察团一行18人到带岭参观考察。

同日 新疆林业参观团到带岭参观林产工业公司、资源馆等单位。

6月5日 瑞士在台留学生汉斯等一行3人抵达带岭观光旅游。

同日 副市长宁士敏等一行5人到带岭检查广播通信工作。

6月13日 局育苗工作技术研讨会在朝阳经营所召开。

6月14日 区党政领导为大青川餐具厂剪彩。

6月15—17日 省森林工业总局在带岭召开带岭林业实验局“三段式”经营体制改革评审和省森工企业经营机制改革经验交流会。副市长印廷文参加会议。

6月28日 区政府召开防汛工作会议，并与各单位签订防汛责任状。

7月3日 带岭区秋丰、金星等7个村遭受冰雹袭击。受灾面积2885亩，绝产面积1125亩。

7月8日 翠峦、乌马河、带岭三区书法、美术、摄影作品联展在带岭闭幕。市文化局局长王治文和3个区的党政领导出席了闭幕式并观看了展览。

7月9日 区政府召开税务工作会议。表彰了6个纳税先进集体和73名先进个人。

7月14日 市电影发行放映承包任务双过半新闻发布会在带岭宾馆举行。省电影公司副经理林道西及市有关领导参加。

7月19日 市委宣传部工作会议在带岭召开。

7月21日 省森林工业总局财务工作会议在带岭召开。

7月30日 湖南省林业厅、贵州省林业厅11人到带岭参观学习。

8月1日 区党政班子领导到森警大队慰问。

8月3—5日 四川省亚安地区林业考察团24人到带岭参观考察。

8月6日 省森工系统技工校招生录取工作会议在带岭召开。

8月7日 省委副书记周文华到带岭考察工作。

同日 在伊春市参加国家社会科学研讨会的会议代表200余人到带岭参观。

8月12日 市政府副秘书长王希文等一行6人到带岭区检查教育工作。

8月17日 区集体经济工作会议召开。

8月22日 市信访工作会议在带岭召开。

8月26日 联邦德国巴特维尔东根市友好访华团抵达带岭参观考察。

8月30日 市首次计划生育技术学术研讨会在带岭宾馆召开。副市长宁士敏出席会议并讲话。

9月6日 区妇联、区工会联合举办家庭道德知识竞赛。

9月7日 局1988年采种工作会议在红光林场召开。

9月8日 副市长朱宝等一行5人到带岭考察工作。

9月10日 美国、加拿大、芬兰3国和国内50余名代表组成的国际北方森林经营管理学术考察团到带岭参观考察。

9月13日 四集电视剧《在这片林子里》在带岭举行首映式。

9月16日 市青少年科技辅导协会第二届代表大会在带岭召开。市委副书记魏秉仁、市教委副主任张仲秋出席会议。

9月19日 省森林工业总局副局长宫殿臣等一行7人到带岭了解林业经济体制改革情况。

9月24日 区委、区政府召开《中共中央关于控制我国人口增长问题致全体共产党员共青团员的公开信》发表8周年纪念大会。

9月25日 云南省昆明市森林防火考察团一行13人到带岭考察森林防火情况。

9月28日 科研所人工饲养麝鼠成功。

10月2—4日 新疆林业参观团一行14人到带岭参观凉水、苗圃、资源馆等单位。

10月11日 区委召开组织工作会议。组织部部长姜彦亮就党员发展、干部教育、党费收缴等有关事项作了部署。

10月16日 中日技术合作黑龙江木材综合利用研究项目考察团雨宫礼等抵达带岭参观考察。

10月19日 区举办“敬老周”活动报告会。

10月22日 区召开财务、税收、物价大检查会议。

10月28日 局召开冬运安全工作会议。

同日 区消费者协会成立。

是月 城镇房屋产权登记工作开始。

11月7日 哈尔滨铁路局、佳木斯铁路分局“冬季运输补机”问题大会在带岭宾馆召开。

11月9日 区政府召开“社会窗口同行业大赛”总结表彰大会。向8个优胜单位、16个单位领导及52名先进个人颁发了奖状、奖品。

11月10日 省森工管理干部学院师生隆重集会，庆祝建院35周年。

11月15日 市委原书记、省政协常委马景林和市政协领导到带岭考察工作。

11月17日 区1988年农业工作会议召开。

11月18日 区委召开七届四次全委扩大会议。

11月20日 全区土地申报登记工作结束。

11月25日 联邦德国巴特维尔东根市市长为团长的友好访问团一行9人到带岭进行友好访问。

12 月 10 日 伊春市集体经济局在带岭召开明星企业家评选活动大会。来自 27 个区（局）厂集体经济管理处的领导参加了会议。

12 月 28 日 局召开木材生产年终总结会议。副局长吴炳佳作总结报告。

12 月 29 日 区召开城镇防火总结表彰奖励大会。区领导向 1988 年防火工作中涌现出的 1186 名先进个人、48 个先进单位、16 个先进集体、4 个先进联防区颁发奖状和奖品。

1989 年

1 月 6 日 省森林工业总局科技处、资源局在带岭召开“森林资源档案及动态管理系统”鉴定会。东北林业大学、船舶工程学院的专家和教授参加了会议。

1 月 11 日 局召开交通安全百日活动竞赛表彰大会。汽管处物运段等 70 个先进单位、发电厂等 45 个无事故单位受到表彰奖励。

1 月 18 日 局召开设备管理工作会议。表彰了运输管理处等 6 个优胜单位，奖励了 14 个优秀设备管理干部和 99 台红旗设备的 144 名操作人员。

1 月 22 日 晚 6 时许，带岭区发生一起特大凶杀案，百货商店经理刘斌忠、更夫孙学波被害。

2 月 4 日 区委、区政府举行“迎新春茶话会”。区党政领导和 80 余名各界人士参加了会议。

2 月 12 日 副局长吴炳佳等一行 2 人赴澳大利亚考察林业。

2 月 19 日 区委宣传部、文化科、计划生育办联合举办计划生育宣传灯谜晚会。

2 月 22 日 区政府召开农业工作会议。表彰农业战线的先进集体和先进个人。

2 月 26 日 国家科委、农村开发技术中心、农业部、城建部、省科委、省森林工业总局和市科委联合投资兴办的“山珍开发技术股份公司”首届董事会在带岭召开。

3 月 1—2 日 市委书记杨光洪等一行 5 人到带岭先后考察了环山经营林场、大青川筷子厂、青川村、双兴村、贮木加工厂、木材综合利用厂等单位。

3 月 3 日 区委、区政府召开乡镇企业工作会议。

3 月 18 日 区（局）党政领导、林干院领导及 5000 余名职工走上街头宣传计划生育工作。

3 月 22 日 副省长戴谟安等一行 22 人到带岭检查工作。

3 月 30—31 日 局第八届职工代表大会第二次会议和 1988 年度先进集体、先进个人表彰奖励大会在小俱乐部举行。

是月 市政府集资 20 万元，在带岭局技工校建立电教录制中心，为全市的电化教学创造条件。

4 月 1—3 日 省森林工业总局审计处主持的全省森工系统审计工作会议在带岭举行。

4 月 6 日 市委领导和局领导前往朝阳林场观看快速扑火队实地表演。

4 月 10 日 省技术监督局、省森林工业总局评审组一行 3 人到带岭进行为期 4 天的二级计量复核验收。

4 月 14 日 区委、区政府召开地方工业工作会议。

4 月 25 日 区政府召开春季护林防火城镇防火誓师大会。

同日 共青团带岭区（局）第九次代表大会召开。团区委书记周新民作题为《继往开来，艰苦奋斗，为振兴带岭贡献青春》的工作报告。

4 月 27 日 区政府召开绿化工作现场会。与会人员参观了一小、二中、永翠、南列等绿化先进单位，并进行现场经验交流。

4 月 29 日 中国建设银行伊春市分行带岭办事处成立。区党委书记林则仁和区长周永言为建行开业剪彩。

5月4日 团区委召开“纪念五四运动”70周年大会。区党政领导出席了大会。会议上，环山林场等10个直属团总支，东方红林场营林段等19个基层团总支、支部，36名优秀团干部、130名优秀团员受到表彰奖励。

5月7日 以斯希尔德亚哥为团长的芬兰合作建立示范林场专家组一行3人抵达带岭，就合作建场问题与局领导进行了洽谈。

5月11日 区政府召开纪念“5·12”国际护士节大会。表彰了9名优秀护士。

5月13日 中德经济混合委员会农林粮食工作组一行3人抵达带岭就狩猎问题进行实地考察。

5月18日 区青少年科技活动表彰大会在第二小学召开。

5月19日 市政府确定带岭区商业科为统管社会商业试点单位。翌日，区商业科改为区商业局。

5月24日 芬兰制材技术设备考察组尤沃思·雷斯多等一行3人到带岭参观考察。

6月1日 带岭区第12届田径运动会和庆祝“六一”儿童节大会在带岭第三中学举行。

6月2日 局幼林抚育现场会在寒月林场召开。

6月5日 省森林工业总局财务处处长王希文、省财政厅王廷平到带岭搞承包调查。

6月6日 省森林工业总局劳动服务公司在带岭召开各区（局）劳动服务公司经理会议。省森林工业总局副局长徐衍东参加会议并讲话。

6月22日 区妇联召开家庭教育研讨会。党委常委、党办主任马义良及各单位妇女干部110人参加了会议。

6月23日 苏联哈巴罗夫斯克家具生产联合公司经济合作代表团一行3人抵达带岭，就双方合作问题与局领导进行了洽谈。

6月24日 区政府召开防汛工作会议。

6月28日 大兴乡秋丰村遭冰雹袭击。受灾面积达660亩，绝产276亩，经济损失达万余元。

6月29日 区委、区政府召开计划生育工作会议。有关人员150人参加，并与82个基层单位、8个村屯签订了计划生育责任状。

6月30日 区政府召开民政工作会议。党委书记林则仁、区长周永言等出席会议。

同日 区职工医院被省卫生厅命名为省级文明医院。

7月1日 区委举行“中国共产党成立68周年纪念会”。

7月10日 区召开企业管理工作会议。

7月12—13日 区委召开七届五次全委扩大会议。审议并通过林则仁代表常委所作的工作报告，听取了周永言关于经济工作的报告。

7月19日 大兴乡靠山村农民张维锋为抢救石丹等两名落水儿童，英勇献身。

7月25日 市城镇集体企业职称改革办在带岭举办为期10天的工程、统计两个系统培训班。

7月26日 区人大召开第九届人大第三次会议。

7月28日 区党政领导前往老红军、军烈属、伤残军人家走访慰问。

7月30日 历时6天的市青少年棋类比赛在带岭结束。带岭区选手张玉发、耿东敏分别获得中国象棋第一名和第二名。

8月8日 市中级人民法院调研工作现场会在带岭召开。全市21个基层人民法院主管调研工作的院长参加了会议。

8月15日 局召开安全工作会议。副局长吴炳佳到会并讲话。

8月17日 省曲艺团首次到带岭演出。著名相声演员师胜杰表演了节目。

8月22日 区政协第一届委员会第一次会议召开。

8 月 29 日 区政府召开多种经营、集体经济工作会议。

9 月 4—7 日 省森林工业总局第二次经济统战工作经验交流会议在带岭宾馆召开。省侨务办副主任、省森林工业总局统战部部长王修贵等出席会议。

9 月 9 日 省森林工业总局党委书记潘恒祥到带岭检查工作。

9 月 12 日 区委副书记孙福春等党政领导一行 10 人走访慰问几位高龄老人。

9 月 15 日 区政府召开安全防火誓师大会。

9 月 19 日 林业部节能办在带岭召开“采伐剩余物气化技术与经济的研究”技术鉴定会。

9 月 25 日 区委、区政府召开中央“公开信”发表 9 周年纪念大会。

同日 区政府召开打击刑事犯罪分子大会。5000 余人参加了大会。

10 月 5 日 区委、区政府召开中、小学思想政治工作研讨会。10 所中小学及技工校领导参加了会议。

10 月 9 日 局营林公司在东山、东北沟等林地实施飞机撒药灭虫。

10 月 10 日 省森林工业总局副局长王长福等到带岭检查森林、城镇防火工作。

10 月 11 日 区委召开各有关单位党政领导会议。部署清理不合理占用公房等项工作。

10 月 17 日 省森林工业总局营林局在带岭召开林木鼠害综合治理试点单位协作会议。

11 月 9 日 省人大常委会副主任赵清景、市人大副主任丁增林等一行 10 人到带岭考察。

11 月 15 日 区委、区政府召开基本建设单位反贪污、受贿动员大会。

11 月 22 日 省森林工业总局副局长徐衍东、副市长宁士敏等一行 150 人到带岭参观成人培训中心学校。

同日 带岭区工会暨带岭林业分区工会第一次女职工代表大会召开。

11 月 25 日 苏联森林工业部麦德维杰夫率领的苏联森林工业代表团一行 5 人到带岭参观考察。

11 月 28 日 局在明月经营林场召开野生动物保护管理工作会议。会议决定禁猎 3 年。

12 月 2 日 区计划生育协会成立大会召开。党政领导参加了大会。

12 月 3 日 全区“社会窗口”优质服务竞赛总结大会在机关大会议室召开。区（局）领导向参赛的优胜单位和先进个人颁发了奖状和奖品。

12 月 4 日 省森工系统省级青工技术比赛在带岭举行。

12 月 6 日 市自然保护区、土地环境管理会议在带岭召开。市环保局副局长徐凤森、市土地局副局长宋常山参加了会议。

12 月 9 日 中国共产党带岭区第八次代表大会在宾馆会议室召开。会期 3 天。

12 月 20 日 局召开发电厂技术改造第三期工程总结大会，区委书记林则仁、局长周永言为 2 号、4 号汽轮发电机组并网发电剪彩。

12 月 30 日 区委、区政府在小俱乐部召开整治社会治安有线广播大会。副区长孟昭贵主持会议，林则仁到会并讲话。

1990 年

1 月 9 日 区人民检察院召开反贪污反受贿斗争总结表彰大会。表彰了破获杨广德、丁开新重大行贿案的有功人员。

1 月 11 日 区政府召开严厉打击严重刑事犯罪分子大会。市中级人民法院判处杀人犯徐某某、于某某、程某某死刑。

1月22日 区委统战部召开有各界人士参加的献计献策座谈会。区委书记林则仁、区（局）长周永言出席了座谈会。

1月24日 区政府召开1989年社会治安综合治理总结表彰大会。

2月21日 省计划生育工作质量联合检查团一行6人到带岭检查工作。

2月22日 由南岔区、金山屯区、西林区和带岭区组成的市森林防火第四联防区工作会议在带岭召开。

同日 区委、区政府召开各界有关人士“为四化做贡献”表彰大会。100余人参加。

3月8日 区妇联召开“纪念‘三八’国际妇女节80周年”大会。区委、人大、政府、政协、工会、团委、妇联的领导和全区各单位妇女代表参加了会议。

3月9日 省农业系统宣传中心主任杨海和等一行3人到带岭参观考察农业立体开发模式试验项目。

3月22日 局第九届职工代表大会第一次会议在小俱乐部召开。会议对在1989年工作中做出成绩的32个先进单位、24个先进科室、91个先进班组、309名先进个人进行了表彰奖励。

3月24日 区政府召开实施“383”工程及农业工作会议。区委副书记王乃富主持会议，代区长赵宇国、副区长夏永昌等到会并讲话。

3月31日 日本北海道林业考察组一行4人抵达带岭参观考察。

4月3日 区委召开八届三次全委（扩大）会议，讨论修改局治危兴林方案和区委关于加强同人民群众联系的实施方案。

4月5日 区政协第二届委员会第三次会议开幕。区委、区人大、区政府领导应邀参加了会议。

4月7日 区九届人大四次会议闭幕。会议期间听取审议并通过代区长赵宇国作的区人民政府工作报告和带岭区“治危兴林”方案，听取审议通过了区人大常委会主任侯金山作的区人大常委会工作报告，区人民法院院长郝德生作的区人民法院工作报告，区检察院检察长王毅作的区人民检察院工作报告。

4月12日 韩国大斧公司业务代理林秀丽抵达带岭洽谈木材出口贸易。

4月13日 区委、区政府召开1990年计划生育工作会议。区政府同各单位签订了1990年计划生育工作目标管理责任状。

4月14日 局召开春季更新造林绿化植树工作会议。区委书记林则仁、区长赵宇国参加了会议。

4月19日 以省森林工业总局管理处副处长王杰为组长的省级先进企业评审验收组一行8人到带岭评审验收企业升级工作。

4月24日 区城镇防火指挥部组织专业消防队和义务消防队举行实战演习。

4月25日 区政府组织4000多人走上街头，宣传计划生育。

4月28日 局召开1989年冬运安全生产工作总结奖励大会。

5月10日 香港龙辉产业公司经理李永祥抵达带岭参观考察桦汁液采集工艺。

5月24日 区抓党风反腐败办公室召开有各单位党总支、支部书记及有关科室领导参加的“关于清理纠正上学私费公拿问题”会议。党委副书记孙福春、纪委书记姜彦亮、监察局局长张忠和参加了会议。

是月 带岭区清理纠正党政干部住房建房不正之风工作结束。收缴违纪款13.2万元，收回不合理占用公房13户。

6月3日 区教委在幼儿园举办贯彻幼教法规培训班。镇内各校学前班及集体、个体幼儿园教师、保育员40余人参加了培训。

6月4日 南朝鲜外商洪凤基抵达带岭考察山野菜的采集和加工情况。

6月11日 区委召开学哲学经验交流会。区委副书记王乃富、组织部部长马义良到会。

6月16日 区公安分局召开严厉打击刑事犯罪定点揭露返赃大会。

6月18日 区教委、教育协会召开全区第二届教学经验交流会。区委副书记王乃富、副区长张喜珍到会并讲话。700余名教师参加会议。

是月 经第十一届亚运会组委会集资部批准，带岭饮料厂生产的桦树汁系列产品为第十一届亚运会指定饮料之一。

7月1日 第四次全国人口普查登记工作于即日零时开始。

7月2日 市教育工作会议在带岭宾馆召开。省教委主任张惠芳、市委书记杨光洪等有关领导参加会议并讲话。

7月25—28日 第一届国际森林土壤学术交流会在带岭宾馆举行。50余名国内外土壤专家出席了会议。

7月30日 区政府召开“清理流动人口”动员大会。

同日 市政府在区公安局召开表彰奖励侦破两起长途电话线被盗案有功人员大会。市政府、市保护线路领导小组向带岭区公安局授锦旗并发给奖金500元。

8月11日 以全国人大常委会委员、人大财经委员会委员吴文祥为组长的视察组，在省、总局、市领导陪同下到带岭视察林业“两危”情况。

8月14日 区政协召开常委扩大会议，研究贯彻全国统战会议精神。

8月24日 区委、区政府隆重举行“亚运之光”火炬接力赛传递活动。

8月25日 台湾客商曹国华抵达带岭就胶合板生产合作项目进行洽谈。

8月29日 日本岩井株式会社中山秀岩会长等一行6人到带岭参观考察刺五加产地并洽谈出口贸易事宜。

9月11日 区召开工商联合会成立暨第一次会员大会。选举产生了第一届工商联合会执委会。

9月28日 省质检所一行3人对带岭局生产的省优质产品汽车材进行质量抽查。抽查结果表明，该产品质量合格，可继续使用优质产品标志。

同日 美国鸟类保护协会主席、鸟王旅行社经理抵达带岭观鸟。

10月10日 区（局）党政领导与群众一起走上街头，宣传护林防火。

10月15日 全区26674名选民参加区召开的选举大会。

10月20日 市委副书记张金凯、市政法办主任范传兴一行在区党政领导陪同下到带岭职工医院探望与犯罪分子搏斗中英勇负伤的民警赵成臣。

同日 局召开1990年冬运安全生产工作会议。副局长贾琪功到会并讲话。

10月22日 区委宣传部和邮电局联合召开报刊发行会议。第一中学、林产工业公司等29个单位受到表彰。

10月26日 区党政领导走访了老红军黄正举及4位高龄老人，并向他们祝贺“老人节”。

10月30日 副局长夏永昌随同中国黑龙江国际经济技术合作公司苏联贸易部总经理张永隆等一行5人对苏联哈卡斯森林燃料工业联合体的采伐基地现场进行实地考察，并与苏方就森林采伐问题进行了洽谈。

11月7日 区人大召开第十届人民代表大会第一次会议。

11月10日 区政府召开冬季征兵工作会议。

同日 政协伊春市中医中药研讨会在带岭召开。

11月14日 市计划生育委员会副主任孙景林陪同省计划生育检查团一行10人到带岭北列林场进行入户检查。

11 月 15 日 在市首届教学基本功大赛中，带岭区有 18 名教师获奖。

12 月 1 日 局召开标准化、全面质量管理工作会议。

12 月 5—6 日 区人大常委会组织居住在带岭区的省、市、区人大代表视察。

12 月 15 日 市集中办学食宿管理现场经验交流会在带岭宾馆召开。副市长宁士敏到会。

12 月 19 日 区委、区政府召开表彰奖励大会。区领导向公安分局刑警队颁发“忠诚的人民卫士”的锦旗，向赵成臣颁发一等功臣荣誉证书并发给 500 元奖金。

12 月 21 日 中国民主建国会伊春市带岭区第一次会员大会在林产工业公司会议室召开。市委统战部副部长白永春、市民建副主委董世长出席会议并讲话。

12 月 24 日 市纪委书记唐永旭到带岭检查工作。

12 月 25 日 带岭局新建职工浴池竣工并交付使用。

1991 年

1 月 1 日 带岭局全面推行林价制度，实行林木商品化改革。

3 月 8 日 带岭区妇联组织走访贫困妇女 28 人次，送去慰问金 7400 元。

3 月 16 日 中共带岭区（局）八届三次全委（扩大）会议召开。区委书记林则仁作了《振奋精神，坚定信心，全面夺取我区各项工作的新胜利》的工作报告。

3 月 26—27 日 带岭局在小俱乐部召开第九届职工代表大会第二次会议。出席会议代表 350 人，局长赵宇国作《行政工作报告》，党委书记林则仁出席并讲话。

4 月 9 日 政协带岭区委员会第三届常委会第三次会议召开。讨论区政协三届二次会议期间提出的建议、意见、问题和答复。

同日 带岭区第十届人民代表大会第二次会议召开。出席会议代表 121 人，列席会议代表 36 人，会议听取审议了《政府工作报告》《人大常委会工作报告》。

4 月 23 日 带岭区东山发生山火，局造纸厂基干民兵连等单位参与扑救。

5 月 南列林场创办文学刊物《东风文学》，主编王大伟，刊物为 3 个月一期，共出版 5 期，32 开本，每期 20 页。

6 月 1—4 日 带岭区第十三届田径运动会在第三中学举行。有 40 个单位 628 名运动员参加，本届运动会有 12 人次打破 9 项纪录。

6 月 13 日 带岭造纸厂建设正式开工。

9 月 5 日 林业部在带岭局召开东北内蒙古国有林区实施林价制度 9 个先行局汇报会，局长赵宇国在会上作了《关于实施林价制度情况汇报》。

10 月 18 日 带岭区（局）在小俱乐部召开实现 50 万亩人工林、科研所建所 30 周年庆祝大会。省森林工业总局及各处局领导，各管局及兄弟区局领导，带岭区（局）领导，林业功臣、优秀科技工作者、有关部门负责人参加了大会。

11 月 9 日 政协带岭区委员会第三届常委会第七次会议召开。讨论“十年规划”、“八五”计划纲要。

11 月 14 日 中共带岭区（局）八届四次全委（扩大）会议召开。区委书记林则仁作了工作报告。

12 月 带岭区委宣传部下发了《今冬明春开展计划生育宣传活动》通知。

1992 年

1 月 9 日 政协带岭区委员会第三届常委会第八次会议召开。会上，学习江泽民在政协座谈会上的讲话，讨论区政协工作总结。

3 月 3 日 中共带岭区（局）八届五次全委（扩大）会议召开。区委书记林则仁作工作报告。

21 时 大青川综合厂三板车间着火，4 日下午 4 时将火扑灭。出动公安干警 65 人，车辆 5 台，起火原因是锅炉房烟囱飞火。

3 月 19—20 日 带岭区（局）召开第十届职工代表大会第一次会议。出席会议代表 430 人，局长赵宇国作《行政工作报告》，党委副书记王宝璋出席并讲话。

3 月 26—28 日 带岭区第十届人民代表大会第三次会议召开。出席会议代表 109 人，列席会议代表 6 人，会议听取审议了《政府工作报告》《人大常委会工作报告》，补选 2 名区十届人大常委会委员。

4 月 29 日 林业部副部长刘广运率林业部森林防火检查组到带岭检查防火工作。

6 月 1 日 带岭局被列为黑龙江省 57 户放开经营的“10 自立”试点企业之一。

6 月 5 日 带岭区妇联召开“带岭区学法用法经验交流会”。有 50 名妇女干部参加培训。

6 月 29 日 伊春市经济研究中心主任杨清河到带岭调研。

7 月 16 日 共青团带岭区第十次代表大会召开。王佩儒当选为书记，吴文良当选为副书记。

7 月 20—22 日 带岭区（局）召开深化改革减亏增盈汇报会。

11 月 26 日 政协带岭区委员会第三届常委会第十四次会议召开。协商区委九次党代会报告，对区委、区纪委人选进行协商。

12 月 9—10 日 中共带岭区（局）第九次代表大会召开。出席会议代表 128 人，列席会议代表 29 人，特邀代表 10 人，会议听取审议了党委书记林则仁所作的工作报告，这次会议选举产生了中共带岭区（局）第九届委员会和纪律检查委员会。

是月 带岭局实现了 40 年无森林火灾的目标。

1993 年

2 月 26 日 中共带岭区（局）九届三次全委（扩大）会议召开。区委书记林则仁作了《抓住有利时机，加快改革开放步伐，努力完成 1993 年各项工作任务》工作报告。

3 月 16 日 政协带岭区委员会第三届常委会第十五次会议召开。协商讨论《政府工作报告》，李景芳向常委会提出辞去带岭区政协主席职务。

3 月 17—18 日 带岭局第十届职工代表大会第二次会议召开。出席会议代表 328 人，列席会议代表 33 人，局长赵宇国作《行政工作报告》。

3 月 25—26 日 带岭区第十届人民代表大会第五次会议召开。出席会议代表 112 人，列席会议代表 9 人，听取审议了《政府工作报告》《人大常委会工作报告》。

4 月 21 日 带岭局批准南列林场为局转换经营机制综合改革试点单位。

是月 全区窗口行业开展了第三届“四职三优”竞赛评比活动。

5 月 27 日 带岭区妇联开展岗位读书活动。

6月1—3日 带岭区第十四届田径运动会在第三中学举行。有33个单位408名运动员参加，本届运动会有21人次打破8项区纪录。

是月 伊春市邮电局为带岭区邮电局引进一台法国EWSD型容量为500门的程控电话交换机，安装开通后，带岭实现国内、国际直拨。

7月26—30日 中共中央原总书记赵紫阳偕夫人、子女及随行人员20人到带岭参观考察。

8月1日 历时三天的带岭区（局）召开经济工作会议结束。局长赵宇国在会上作了“认清形势，继续前进，为实现全区经济持续稳定协调发展而努力”的讲话，党委书记林则仁作总结讲话。

是月 带岭局制定了《带岭局省级改革试点企业方案》。

9月 带岭局印发了《营林商品化经营管理暂行办法》和《实施细则》。

10月7—8日 带岭区第十一届人民代表大会召开。出席会议代表123人，列席会议代表26人，会议听取审议了《人大常委会换届选举工作报告》，会议选举产生了区人大常委会主任1名、副主任4名；选举产生了区政府区长1名、副区长6名；选举产生了区法院院长1名、区检察院检察长1名；选举产生了人大常委会委员10名。

10月16日 带岭局向林业部报送了《上卖青山，下买青苗是森林经营机制改革的重大突破》报告。

12月4日 政协带岭区委员会第四届常委会第一次会议召开。常务委员由17人组成。主席王乃富，副主席姜彦亮、孙廷芳、李庭军、李春野。

是月 报审《推广营林村模拟或发展股份合作制林场立项研究报告》。

1994年

1月6日 副局长马义良主持召开了房产改革领导小组会议。局长赵宇国、党委书记林则仁等领导参加了会议，研究公有住房出卖问题。

3月1日 中共带岭区（局）九届四次全委（扩大）会议召开。区委书记林则仁作工作报告。

3月8日 带岭区妇联举办妇女干部业务知识答卷，有100多名妇女干部参加。

3月16—17日 带岭局第十一届职工代表大会第一次会议召开。出席会议代表365人，局长赵宇国作《行政工作报告》。

3月24日 政协带岭区委员会第四届常委会第二次会议召开。研讨召开区政协四届二次会议有关事宜。

3月30—31日，带岭区第十一届人民代表大会第二次会议召开。出席会议代表120人，列席会议代表40人。会议听取审议了《政府工作报告》《人大常委会工作报告》，补选人大常委会委员2人。

4月1日 带岭局召开严厉打击盗伐林木、盗窃木材违法犯罪分子大会。局长赵宇国到会讲话。

5月12日 局起草《带岭局改组有限责任公司（国家独资）试点方案》。

7月30—31日 国家教委副主任周远清、东北林业大学党委书记李希明、东北农业大学校长、林业部教育司王建子等一行到带岭，先后考察了带岭第一小学、幼儿学校、资源馆、苗圃和凉水国家级自然保护区。

8月9日 带岭区召开科技工作会议。

9月 在全局各林场对运输汽车民有场营改革试点推广实施。

12月28日 政协带岭区委员会第四届常委会第四次会议召开。讨论通过区政协1994年工作总结。

1995 年

1 月 17 日 中共带岭区（局）九届五次全委（扩大）会议召开。区委书记林则仁作《解放思想，振奋精神、为实现翻两番奔小康的战略目标而奋斗》的工作报告。

3 月 14—15 日 带岭局第十一届职工代表大会第二次会议召开。局长吴炳佳作《行政工作报告》，党委副书记王宝璋出席会议并讲话。

3 月 28 日 政协带岭区委员会第四届常委会第五次会议召开。听取区政协四届三次会议筹备情况汇报。

4 月 4—5 日 带岭区第十一届人民代表大会第三次会议召开。出席会议代表 124 人，列席会议代表 43 人，听取审议了《政府工作报告》《人大常委会工作报告》，选举产生区政府区长 1 人。

4 月 29 日 带岭局召开多种经营工作会议。

是月 带岭区计划生育开展了“少生快富宣传月活动”。

5 月 4 日 带岭区妇联举办全面实施《小公民道德建设计划》活动。

6 月 1—3 日 带岭区第十五届田径运动会在第三中学举行。有 36 个单位 445 名运动员参加运动会，本届运动会有 2 人次打破 2 项区纪录。

是月 加拿大自然资源部阿尔伯·西马尔博士到带岭参观考察。

7 月 21 日 带岭区人民法院召开公判大会，王某某、崔某某、郭某某被判死刑。

8 月 德国柞树专家弗里茨·罗伊特到带岭参观考察。

9 月 带岭局出台《局经营林场深化改革实施方案》。

10 月 30—31 日 带岭局召开集体经济分块搞活办公会议。局长吴炳佳主持，党委书记刘喜魁参加。集体企业公司及所属的 13 个单位作了经营情况汇报，总经济师王瑞芳作总结发言。

11 月 10 日 带岭局造纸厂开始试生产。

11 月 15 日 政协带岭区委员会第四届常委会第八次会议召开。学习中共中央十四届五中全会文件，传达市政协六届十三次常委（扩大）会议精神，研究下步工作安排。

1996 年

2 月 5 日 中共带岭区（局）九届六次全委（扩大）会议召开。会期两天，区委书记刘喜魁作了工作报告。

3 月 6 日 永翠林场和平沟发生火警，全区组织 4 个林场和局防火办扑火大队前往扑救，此次火警烧毁皆伐迹地约 2 公顷。

3 月 8 日，带岭区妇联召开妇女干部座谈会，表彰优秀妇女干部 10 名。

3 月 19—20 日 带岭局第十二届职工代表大会第一次会议召开。出席会议代表 256 人，列席会议代表 60 人，局长吴炳佳作《行政工作报告》。

3 月 20 日 人民武装部收归军队建制。军地签订交接议定书，副区长马义良、伊春军分区军事部负责人李富荣分别在议定书上签字。

3 月 25 日 政协带岭区委员会第四届常委会第九次会议召开。听取区政协四届四次会议筹备情况汇报。

3 月 29 日 带岭区第十一届人民代表大会第四次会议召开。听取审议了《政府工作报告》《人大常委会工作报告》。

4 月 带岭区开展婚育新风进万家“关爱女孩行动”“创建优质服务区”等活动。

是月 落实总局“六包三挂钩”经营目标。对局所属 20 个基层单位实施委托经营，对股级以上干部实行风险抵押，并签订承包经营合同。

是月 下发带局发〔1996〕20 号文件，关于印发《带岭局学邯钢，抓管理、促增盈活动方案》。

是月 红光林场职工张德出席全国劳模会，荣获全国“五一劳动奖章”。

6 月 红光林场副场长解金国等 11 人到赤道几内亚，劳务输出两年。

7 月 29 日 带岭境内永翠河、西南岔河流域连降大雨，带岭林区遭受历史罕见的山洪暴发灾害。

8 月 带岭开始安装有线电视，当年安装 1000 户。

是月 日本森林利用学会常务理事、农学博士酒井秀夫到带岭参观考察。

9 月 带岭区在职工俱乐部举行大型赈灾文艺演出，捐款 10 万元。

10 月 16 日 政协带岭区委员会第四届常委会第十次会议召开。学习中共中央十四届六中全会文件，传达区委十五次扩大会议精神。

10 月 29 日 带岭区召开防汛筑堤大会。

1997 年

3 月 13 日 政协带岭区委员会第四届常委会第十一次会议召开，讨论政协常委会工作报告。

3 月 17 日 带岭局第十二届职工代表大会第二次会议召开。出席会议代表 266 人，列席会议代表 97 人，局长吴炳佳作《行政工作报告》。

3 月 19 日 带岭区第十一届人民代表大会第五次会议召开。出席会议代表 122 人，列席会议代表 50 人，听取审议了《政府工作报告》《人大常委会工作报告》。

4 月 25 日 带岭区妇联在 5 个村屯传播 18 项农业技术，培训了 230 多名妇女。

5 月 9 日 碧水中华秋沙鸭自然保护区评审会在伊春市环保局举行。副局长韩振华等参加，会议通过专家鉴定，同意上报。

5 月 12 日 省森林工业总局局长王长福在省林干院作报告，带岭部分领导干部参加了报告会。

5 月 28 日 带岭区委、区政府（局）进行重大机构改革，机构由 41 个减为 30 个。

是月 碧水中华秋沙鸭自然保护区被批准为省级自然保护区。

6 月 1—3 日 带岭区第十六届田径运动会在第一中学举行。有 21 个单位 276 名运动员参加，本届运动会有 36 人次打破 12 项区纪录。

7 月 1 日 为庆祝香港回归，带岭区在区机关门前广场举行大型文艺演出活动。演员 400 多人，观众达万人。

7 月 26 日 中共带岭区（局）九届七次全委（扩大）会议召开。区委书记刘喜魁作《坚持两手抓、两手都要硬的方针，努力促进我区两个文明建设持续健康发展》的工作报告。

10 月 29—31 日 带岭区第十二届人民代表大会第一次会议召开。出席会议代表 127 人，列席会议代表 43 人，会议选举产生了区人大常委会主任 1 名、副主任 4 名；选举产生了区政府区长 1 名、副区长 5 人；选举产生了区法院院长 1 名、区检察院检察长 1 名；选举产生了区人大常委会委员 12 名。

11 月 19 日 政协带岭区委员会第五届常委会第一次会议召开。常务委员会由 13 人组成，主席李春野，副主席姜彦亮、李廷军、孟宪福。

1998 年

1 月 带岭区推行“双文明”目标责任制管理办法。

2 月 24 日 中共带岭区（局）九届八次全委（扩大）会议召开。区委书记刘喜魁作工作报告。

3 月 8 日 带岭区妇联、工会、共青团联合开展“文化、科技、卫生”三下乡活动。

3 月 13—14 日 带岭局第十三届职工代表大会第一次会议召开。出席会议代表 263 人，列席会议代表 50 人，局长吴炳佳作《行政工作报告》，党委书记刘喜魁出席会议并讲话。

3 月 25 日 带岭区第十二届人民代表大会第二次会议召开。出席会议代表 119 人，列席会议代表 41 人，听取审议了《政府工作报告》《人大常委会工作报告》。

是月 带岭区街道办事处成立武装部。

4 月 带岭局成立民有联营运输公司，隶属局运输公司领导。

6 月 18—19 日 中共带岭区（局）第十次代表大会召开。出席会议代表 135 人，列席会议代表 81 人，特邀代表 10 人。会议听取审议通过了党委书记刘喜魁所作的工作报告，会议选举产生中共带岭区（局）第十届委员会和纪律检查委员会。

7 月 1 日 带岭区开始发放“低保”。

8 月 1 日 带岭区各界集会，庆祝“八一”建军节。

11 月 10 日 12 时 03 分大青川餐具厂着火，11 日 16 时大火被扑灭，出动车辆 5 台，公安干警参战 57 人，火灾原因是电焊火花落在可燃物上，造成火灾。

1999 年

1 月 20 日 中共带岭区（局）十届二次全委（扩大）会议召开。区委书记刘喜魁作了《贯彻十五大精神，抢抓历史性机遇，努力开拓我区双文明建设工作的新局面》工作报告。

3 月 11 日 带岭区第十二届人民代表大会第三次会议召开。出席会议代表 113 人，列席会议代表 39 人，听取审议了《行政工作报告》《人大常委会工作报告》。

3 月 12 日 带岭局第十三届职工代表大会第二次会议召开。出席会议代表 272 人，局长吴炳佳作《行政工作报告》，党委副书记苏喜廷出席会议并讲话。

是月 黑龙江省森林工业总局授予带岭林业实验局 1998 年度森林防火先进单位。

4 月 20 日 带岭区妇联组织开展义务造林活动。有 860 名妇女参加，营造“三八林”16 亩，植树 7000 多株。

4 月 29 日 共青团带岭区第十一次代表大会召开。唐海军当选为书记，宋薇当选为副书记。

是月 带岭局对小造纸厂实行股份制经营，对机修厂等实行租赁经营，房地局变为物业股份有限责任公司。

5 月 28—30 日 带岭区第十七届田径运动会在第一中学举行。有 29 个单位 322 名运动员参加，本届运动会有 24 人打破 9 项区纪录。

6 月 带岭区开展进行避孕节育措施知情选择试点工作。

8 月 3 日 带岭区召开厂务公开工作会议。

8 月 5 日 带岭区召开环境保护工作会议。

8月27日 带岭区召开科技工作会议。

是月 伊春林业文工团到带岭演出。

9月1日 伊春市政府秘书长到带岭检查“双拥”工作。

9月20日 带岭区政协召开庆祝政协成立50周年座谈会。

9月21日 带岭区召开“双拥”工作会议。

9月28日 带岭区举行“迎国庆，庆回归”环城赛。

10月11日 以国家林业局计资司司长单志儒为组长的国家林业局“天然林资源保护工程”实施调研组到带岭调研。

10月18日 带岭局造纸厂再生纸分厂落成投产。

10月26日 带岭区召开组织工作会议。

10月27日 伊春市扶贫解困检查组到带岭区检查考核扶贫解困工作。

11月2日 带岭区召开严厉打击盗窃林木盗窃木材专项斗争大会。

11月4日 国家信达金融资产管理公司驻黑龙江省办事处副主任刘一昶到带岭考察造纸厂。

11月5日 带岭区召开冬季城镇防火工作会议。

11月8—9日 带岭区举行“婚育新风”知识竞赛。

11月11日 带岭区召开“十星”级文明户创建工作会议。

11月16日 带岭局召开“规范企业用工，明晰劳动关系”工作会议。

11月26日 带岭区召开“为经济建设服务，树行业新风”最佳最差单位测评大会。

11月29日 9时20分，带岭区职工俱乐部着火，下午5时扑灭，出动车辆5台，公安干警70多人参战。

12月30日 带岭区召开“迎新千年”座谈会，区委副书记苏喜廷主持会议，区长吴炳佳致贺词。

2000年

1月5日 带岭区区级领导班子和领导干部“三讲”教育学习正式启动。

1月27日 中共带岭区（局）十届三次全委（扩大）会议召开。区委书记刘喜魁作了《认清形势，把握机遇，努力开创2000年各项工作新局面》工作报告。

1月29日 政协带岭区委员会第五届常委会第十次会议召开。协商讨论区政协五届四次全委会有关事宜。

3月3日 带岭区第十二届人民代表大会第四次会议召开。出席会议代表127人，列席会议代表44人，听取审议《政府工作报告》《人大常委会工作报告》。

3月7日 带岭区妇联组织妇女干部深入学校讲解《中华人民共和国妇女权益保障法》。

3月9—10日 带岭局第十四届职工代表大会第一次会议召开。出席会议代表263人，局长吴炳佳作《行政工作报告》，党委书记刘喜魁出席会议并讲话。

4月 伊春市委、市政府授予带岭“伊春市（香港、广州）产品展示、展销即经贸洽谈会优秀成果奖”。

6月 国家林业局授予带岭局2000年全国营造林工作先进单位。

6月23日 寒月林场前进沟发生火警，烧毁疏林草塘0.7公顷。

是月 实施国有中小企业产权制度改革，共44家企业。

10 月 13 日　带岭区第十二届人民代表大会第五次会议召开。出席会议代表 104 人，列席会议代表 42 人，会议选举产生了区政府区长 1 名，区检察院检察长 1 名。

12 月 20 日　中共带岭区委召开思想政治工作会议。

2001 年

1 月 4 日　黑龙江省森林工业总局工会主席到带岭慰问贫困户。

1 月 8 日　伊春市副市长李醒峰到带岭走访。

1 月 18 日　带岭局召开森林资源分户管护经营工作会议。

1 月 19 日　中共带岭区（局）第十届委员会第四次全委扩大会议召开。区委书记刘喜魁作了《以发展为主题，以调整为主线，以双文明建设为主旋律》工作报告。

3 月 10 日　带岭区第十二届人民代表大会第六次会议召开。出席会议代表 114 人，列席会议代表 36 人，会议听取审议《政府工作报告》、补选人大常委会副主任 1 名。

3 月 11 日　带岭区召开全区工作会议。

3 月 19 日　带岭局第十四届职工代表大会第二次会议召开。出席会议代表 251 人，局长陈耀作《行政工作报告》，党委副书记苏喜廷出席会议并讲话。

是月　根据省民政厅 50 号文件精神，大兴乡政府撤销，职能纳入区农委和带岭街道办事处。

是月　黑龙江省政府授予带岭局 2000 年度全省造林绿化竞赛一等奖。

是月　黑龙江省政府授予带岭局 2000 年度全省造林绿化竞赛先进单位。

5 月 8 日　翔达热电有限责任公司成立，区委书记刘喜魁等领导参加改制典礼。

5 月 22 日　带岭区高级中学晋升为黑龙江省森林工业总局重点高中。

5 月 30 日　伊春市交易团授予带岭区第十二届哈尔滨经济贸易洽谈会优秀组织奖。

6 月 7—8 日　带岭区第十八届田径运动会在第一中学举行。有 23 个单位 237 名运动员参加。

6 月 24 日　带岭区委在凉水举行新老党员重温入党誓词活动，区委书记刘喜魁出席。

6 月 29 日　带岭区召开“七一”表彰大会。

7 月 12 日　带岭区召开“三个代表”重要思想学习教育活动动员大会。

7 月 27 日　带岭区召开国防教育大会。

7 月 31 日　带岭区召开上半年经济工作会议。区（局）长陈耀出席并讲话。

8 月　原 19 个居民委员会合并为 9 个社区，隶属带岭街道办事处管辖。

9 月 28 日　带岭区举办了社区文艺晚会、歌咏会等活动，开展爱祖国、爱人民、爱社会主义教育。

10 月 19 日　政协带岭区委员会第五届常委会第十九次会议召开。学习《中共中央关于加强和改进党的作风建设的决定》。

是月　黑龙江省森林工业总局授予带岭局“全省森工科技先进集体”称号。

12 月 10 日　伊春市委书记吴杰凯到带岭检查工作。

是月　红光林场战春等人去刚果出劳务一年。

2002 年

1 月 25 日　中共带岭区（局）十届五次全委（扩大）会议召开。区委书记刘喜魁作了《统一思想，与时俱进，转变作风，扎实工作，把我区的改革发展稳定工作不断推向新阶段》工作报告。

是月 国家林业局科技司授予带岭局在2001年度社会林业工程项目研究与实施工作中荣获一等奖。

是月 国家林业局科技委授予带岭局中国社会林业工程示范单位。

3月6日 伊春市委巡视组到带岭检查工作，区委书记刘喜魁、区长陈耀作了工作汇报。

3月10日 带岭区第十二届人民代表大会第七次会议召开。出席会议代表104人，列席会议代表28人，会议听取审议了《政府工作报告》《人大常委会工作报告》。

3月13日 带岭局召开第十五届职工代表大会第一次会议。出席会议代表261人，列席会议代表30人，局长陈耀作《行政工作报告》，党委副书记屈慧彬出席会议并讲话。

是月 国家林业局授予带岭局1989—2000年度全国森林防火工作先进单位。

是月 黑龙江省森林工业总局授予带岭局2001年度全省森工系统设备管理优秀单位。

4月1日 带岭区召开“三个代表”重要思想回访复查动员大会。

4月2日 带岭区召开“两防”工作会议。副市长安荣俊到带岭检查防火工作。

4月3日 伊春市委常委、宣传部部长华景伟到带岭检查防火工作。

4月12日 带岭区委书记刘喜魁到哈尔滨参加黑龙江省森林工业总局召开的劳模会。

4月22日 带岭区委书记刘喜魁到哈尔滨市参加黑龙江省第九次党代会。

4月24日 伊春市委副秘书长孟力到带岭检查稳定工作。

6月12—15日 区委书记刘喜魁、区长陈耀到哈尔滨市参加中国哈尔滨国际经济贸易洽谈会。

8月12日 伊春市委考察组到带岭考察领导班子工作。

8月14日 伊春市委组织部副部长马福临到带岭参加区委班子民主生活会。

8月15日 带岭区组织100人参加的方队到伊春市观看中央电视台“心连心”艺术团演出。

8月16日 黑龙江省委副书记刘东辉，在伊春市市长李延芝、市人大常委会主任关庆波的陪同下到带岭考察工作。

8月21日 带岭区召开双文明重点工作即财源建设推进会议。区委书记刘喜魁到会并讲话。

同日 带岭区召开非国有经济工作会议。

8月26—27日 伊春市五大班子领导到带岭凉水开展中心组学习和民主生活会。区委书记刘喜魁、区长陈耀等领导陪同。

是月 黑龙江省委书记徐有芳、省长宋法棠到带岭凉水考察工作。

是月 带岭区职工医院实施精减缩编，医疗经费逐步实现自负盈亏。

是月 残疾青年史册参加全省残疾人运动会，获乒乓球单打第一名。

11月2日 带岭区第十三届人民代表大会第一次会议历时三天结束。出席会议代表127人，列席会议代表46人。会议选举产生区人大常委会主任1名、副主任4人；选举产生了区政府区长1名、副区长3人；选举产生了区法院院长1人、区检察院检察长1人；选举产生了人大常委会委员14人。

2003年

2月24日 政协带岭区委员会第六届常委会第三次会议召开。研究区政协六届二次会议有关事宜。

2月25日 中共带岭区（局）十届六次全委（扩大）会议召开。区委书记刘喜魁作工作报告。

3月1日 带岭区第十三届人民代表大会第二次会议召开。出席会议代表124人，列席会议代表

43 人，会议听取审议了《政府工作报告》《人大常委会工作报告》。

3月7日 带岭区召开“纪念‘三八’妇女节暨表彰奖励大会”。有14名“双学双比，巾帼建功、五好五创”先进个人和“五好文明家庭”受到表彰。

3月20日 带岭局第十五届职工代表大会第二次会议召开。出席会议代表261人，局长陈耀作《行政工作报告》，党委副书记屈慧彬出席会议并讲话。

是月 黑龙江省政府授予带岭局2002年度全省造林绿化竞赛一等奖。

是月 国家安全生产监督管理局授予带岭局2002年度全国“安康杯”竞赛活动中优胜企业称号。

4月4日 带岭区（局）召开庆祝连续50年无森林火灾总结表彰大会。伊春市委书记吴杰凯、市长李延芝、省森林工业总局副局长李作文、省林业厅副厅长王英忱、伊春市人大常委会主任关庆波、市政协主席孟宪彬、市军分区政委王贵谦等领导出席了大会。总局有关部门，市委、市政府有关部门的领导，国家、省、市十几家媒体的领导和记者出席了会议。区委书记刘喜魁主待会议，区长陈耀在大会上讲话。34名森防模范，57名森防标兵，先进单位、先进集体代表参加了大会。

4月20日 开始防“非典”工作，处理突发事件6起，隔离人员1511人，发放宣传单16000张。

是月 为庆祝带岭局50年无森林火灾，举办了3场文艺演出，观众达两万人。

5月 翠林福利厂进行股份制改造，成立了有限责任公司。

7月29日 带岭区五大班子领导到北列民兵训练基地打靶，开展“爱军习武日”活动。

9月 残疾青年史册参加第六届全国残疾人运动会，获乒乓球女单、女双、女团第一名。

10月22日 新任带岭区委书记付俊卿到带岭工作，沈友任带岭区（局）常务副区长，刘喜魁调省总局资源局副局长，白波调新青局任区（局）长。

11月19—20日 中共带岭区（局）第十一次代表大会召开。出席会议代表138人，列席会议代表70人，特邀代表4人。会议听取审议通过了区（局）党委书记付俊卿所作的工作报告，会议选举产生了中共带岭区（局）第十一届委员会和纪律委员会。

12月2日 带岭区召开森林资源林政管理专项治理“绿剑”行动动员大会。

12月4日 带岭区委书记付俊卿带队到友好、上甘岭、新青、五营考察。

12月26日 政协带岭区委员会第六届常委会第六次会议召开。讨论《资源优化配置调研报告》和2003年区政协工作总结。

2004 年

1月6日 国家林业局科技司授予带岭2003年度社会林业工程项目研究与实施工作一等奖。

是月 带岭区实施殡葬改革，成立了殡葬服务中心。

3月5日 中共带岭区（局）十一届二次全委（扩大）会议召开。区委书记付俊卿作《抢抓机遇，开拓创新，为全面建设林区小康社会开好局起好步》工作报告。

3月10日 政协带岭区委员会第六届常委会第七次会议召开。讨论区政协六届三次全会筹备事宜。

3月17日 带岭区第十三届人民代表大会第三次会议召开。出席会议代表107人，列席会议代表47人，会议听取审议了《政府工作报告》《人大常委会工作报告》。

3月18日 带岭局第十六届职工代表大会第一次会议召开。出席会议代表221人，列席会议代表32人，局长陈耀作《行政工作报告》，党委副书记屈慧彬出席会议并讲话。

是月 伊春市总工会授予带岭区全市职工自营经济金牌单位。

4 月 27 日 伊春市委书记杨喜军到带岭进行工作调研。

6 月 12—14 日 带岭区第十届田径运动会在第一中学举行。有 41 个单位 331 名运动员参加，本届运动会有 5 人次打破 2 项区纪录。

7 月 4 日 带岭区为纪念邓小平诞辰 100 周年举行了大型文艺演出。

8 月 1—17 日 带岭区委书记付俊卿随伊春市委组织的考察团到广东省考察。

8 月 24 日 桃南公路带岭大桥开始动工修建。

8 月 26 日 中共带岭区（局）第十一届三次全委扩大会议召开。区委书记付俊卿作《强化加快发展的历史责任感和紧迫感，为再造山川秀美，人民富庶的带岭新林区而奋斗》工作报告。

9 月 15 日 全市党委办公系统调研成果暨表彰奖励会议在带岭召开。

9 月 17 日 伊春市委政策研究室第三次到带岭调研。

10 月 25 日 共青团带岭区第十二次代表大会召开。宋薇当选为书记，张锐当选为副书记。

10 月 26—27 日 伊春市委书记杨喜军在市委常委、秘书长李洪斌陪同下到带岭调研。

11 月 24 日 带岭区（局）领导收听收看全省领导干部会议。会议内容为传达贯彻国务院召开的振兴东北地区等老工业基地座谈会精神。

12 月 1 日 带岭区妇联开展科普之冬活动。

12 月 2 日 带岭区召开全区领导干部会议。区委书记付俊卿到会并讲话。

是月 伊春市公用事业管理处授予“带岭 2003—2004 年度全市市容环境卫生先进单位”称号。

2005 年

1 月 25 日 中共带岭区（局）十一届四次全委扩大会议召开。区委书记付俊卿作《统筹兼顾，务实创新，不断推动我区（局）经济和社会发展再上新水平》工作报告。

1 月 26 日 带岭区委召开保持共产党员先进性教育动员大会和督导及领导骨干培训会议。

是月 残疾青年史册在澳大利亚墨尔本举行的第二十届聋奥会乒乓球比赛中，获得女子单打三块金牌、两块银牌，并被授予“中国体育代表团优秀运动员”称号。

2 月 3 日 带岭区第十三届人民代表大会第四次会议召开。出席会议代表 119 人，列席会议代表 49 人，会议听取审议了《政府工作报告》《人大常委会工作报告》。

2 月 8 日 带岭区妇联发放《中华人民共和国妇女权益保障法》1800 余册。

2 月 25 日 带岭区委召开保持共产党员先进性教育活动分析评议阶段动员会。

2 月 28 日 带岭局第十六届职工代表大会第二次会议召开。出席会议代表 213 人，列席会议代表 17 人，局长陈耀作《行政工作报告》，党委副书记屈慧彬出席会议并讲话。

4 月 经国家旅游局评审考核，批准凉水晋升为国家级旅游风景区。

是月 碧水中华秋沙鸭自然保护区晋升为副处级单位。

5 月 21 日 13 时 40 分带岭社会福利厂着火，22 时 23 分将火扑灭，出动消防车辆 5 台，公安参战 88 人。

是月 带岭大箐山风力发电工程建设正式启动。

是月 翠河湾景区—带岭宾馆的 9 公里永翠河漂流河段被批准为省级漂流河段。

是月 新汽车客运站落成开始使用。

6 月 9 日 晚 8 时许，带岭碧水大桥垮塌。该桥位于带乌公路 20 公里处，横跨永翠河上，为 61 米长石砌拱桥，始建于 1979 年 9 月。

是月 个人投资100多万元建成翠河湾度假村。

是月 农村开始实施农村部分计划生育家庭奖励扶贫制度。

是月 伊春市交易团授予带岭区第十六届中国哈尔滨国际经济贸易洽谈会先进单位。

7月19日 哈尔滨工业大学理工学院与带岭局建立科技和社会实施基地揭牌。

7月23—25日 全国人大常委会副委员长、农工民主党中央主席蒋正华一行到带岭，视察了带岭森林资源馆、大箐山风力发电和凉水自然保护区，并题词："红松千丈锦带岭，清波十里凉水河。"

8月17日 中共带岭区（局）第十一届五次全委扩大会议召开。区委书记付俊卿作《坚持科学发展观，加快经济转型步伐，全力推进和谐社会建设进程》工作报告。

9月1日 黑龙江省省长助理、省森林工业总局党委书记张效廉到带岭进行工作调研。区委书记付俊卿、区长陈耀进行工作汇报。

10月 桃南公路带岭大桥剪彩通车。

12月17日 大箐山风力发电项目竣工仪式在带岭宾馆举行。

12月31日 老红军黄正举逝世。

第一篇

自然环境

带岭区位于小兴安岭南麓，总面积 104137 公顷（包括凉水自然保护区）。据地理资料记载，带岭在远古时期（约 8 亿年前）就已经变为陆地。后经地壳变迁，形成现在的地貌轮廓。

带岭属于小兴安岭的达里带岭山脉，位于新华夏构造体系，第二隆起带西部，境内大量分布的主要是海西花岗岩，均为第四纪地层覆盖，并成为冲击类型，全区分为永翠河流域的北部山地和大青川河流域的南部山地，海拔 1000 米以上的有大青川、老荒山等 5 座高山。

境内土壤分为 4 个类型，山地暗棕色森林土、草甸土、沼泽土和石质土。带岭地处北温带，属大陆性季风气候。因受西伯利亚冷空气和太平洋季风气候的双重影响，冬季漫长且干燥、寒冷，夏季湿润而温暖，年气温变化较大，年平均降水量最大值为 836.5 毫米。

带岭境内溪流众多，地下水资源丰富。有永翠河、西南岔河、大青川河 3 条主要河流，属汤旺河水系。

带岭土地资源的构成，林业用地面积为 92918 公顷，非林业用地面积为 3824 公顷，林地面积大，是本区土地资源构成的显著特色和优势。

带岭属长白植物区系，小兴安岭地区，生物资源极为丰富。林木共有 22 科、100 多种乔木和灌木，另有其他植物 450 多种，菌类 497 种。

第一章　地质　地貌

第一节　地　质

带岭早在远古时期（约 8 亿年前）就已变为陆地。后经多次地壳升降运动，陆海变迁，在燕山运动和喜马拉雅山运动之后，形成现在的地貌轮廓。而后长期受外力作用，逐渐发展到现在的形状。

带岭地质多为褶皱，从横断割面看，折曲线多为北东—西南向，西南局部地区有微型断层。

第二节　地　貌

带岭按河流走向分为永翠河流域的北部山地和大青川河流域的南部山地。按地貌成因类型可分为剥蚀堆集地形，坡积裙和堆积地形，河漫滩。

带岭地域均为第四纪地层覆盖。上部以亚黏土为主，下部碎石增多。该层花岗岩为假整合接触，分布于河漫滩地带的岩层，分为亚黏土、中细沙、砾石和卵石。

带岭北部山地河深沟窄，地势平缓。有海拔 1090 米的芦吹山，山地起伏量 120～173.2 米，5 度以下的平坡为 10.8%，缓坡为 88.4%，陡险坡为 0.8%。南部山地沟宽河浅，地势高低相差悬殊，海拔 1000 米以上的有大箐山、老荒山等 4 座高山。山地起伏量 143.8～182.2 米，5 度以下的平坡占 17.2%，缓坡占 74.6%，陡险坡占 8.2%。虽有多处高坡地段，但未形成中高山区域。

一、大箐山

大箐山又名鸡冠山。位于小兴安岭南麓，主峰在区址西南，地理坐标为北纬 46° 56′45″，东经 128° 59′28″，东西宽 7 公里，南北长 7.5 公里，主峰海拔 1203 米。

大箐山上林木茂密，山的中上腹部生长着亚高山岳桦林，下腹部是针阔混交林。山势南坡平缓，北坡陡峭。南坡盘山公路可达山顶，北坡有输电线路通到山上。大箐山山顶平坦开阔，山高风大，平均气温比山下低 10 度左右，无霜期只有 60 多天。山顶背阴处常年积雪不化。每当夏季，山顶经常云遮雾罩。而此时也正是下雨的预兆。故带岭人有“大箐山上云戴帽，十有八九雨来到”之说。黑龙江省和伊春市在大箐山上建有广播电视转播台和微波站。山上建有森林防火瞭望塔。伊春兴安岭风力发电有限公司在山顶建有发电场。

二、石帽顶山

石帽顶山位于带岭境内的南部，山脊东西走向，海拔 1040 米。山势平缓，林木葱茏，因山的形状像一顶帽子而得名。

三、庙山

庙山位于带岭区南部，西南岔河畔，介于带岭镇与大青川林场之间。该山上曾有一座庙宇，故名“庙山”。该山势突兀陡峭，怪石嶙峋，远望状似驼峰，故又名“骆驼山”。

带岭境内多为丘陵山地。耕地、田园、沼泽、水域和工厂散布全区各地。林业用地占全区总面积的95.9%，其他只占全区总面积的4.1%。

第三节　河　流

带岭属于松花江流域汤旺河水系，境内雨量充沛，溪流众多，地下水资源丰富。北部寒月林场为小兴安岭径流高区。流经和发源于境内较大的河流有永翠河、西南岔河、大青川河3条主要河流。境内还有月牙泡、榆树泡等河道变迁形成的天然水泡。

一、永翠河

永翠河发源于环山林场的翠岭南麓，属松花江流域，汤旺河水系。汇水面积677平方公里，它汇集松岭沟、凉水沟、老三场沟、北列水沟、南列水沟、翠源沟6个沟系的支流，蜿蜒曲折，总长约70公里。于带岭镇东南部与西南岔河汇合，注入汤旺河，流进松花江。

永翠河属山溪性河流，其经流受洪水和暴雨影响较明显，水位暴涨暴落，汇集时间较短，流速较大，最大流速每秒4.27米。永翠河流经区域多为森林所覆盖，河床底部多为卵石沙砾，河水清澈见底，平均河底坡度4.2‰，平均河宽50余米。每年11月中旬结冰，4月中旬解冻。永翠河水力资源丰富，年均流量每秒7.74立方米，最大洪峰流量分别发生于1968年7月27日和1996年7月29日，每秒流量均在800立方米左右。河里主要鱼类有细鳞、鲇鱼、柳根、泥鳅等。新中国成立前，永翠河是木材流送的主要河流。

二、西南岔河

西南岔河发源于铁力境内的界山，流经小白、朗乡等地后进入带岭境内。西南岔河属山溪性河流，受洪水暴雨影响，水位变化较明显。水资源丰富，适于农田灌溉。西南岔河于带岭东部汇合永翠河后继续东流，注入汤旺河，流入松花江。

三、大青川河

大青川河（原名木曾河），发源于境内南沟东方红林场3个沟系，属山溪性河流。河道蜿蜒狭窄，河水清澈见底，在大青川东部汇合于西南岔河后，注入汤旺河，流入松花江。

第二章　气候　水文

第一节　气　候

带岭地处北温带，属于大陆性季风气候。受西伯利亚和太平洋季风的双重影响，冬季长且干燥、寒冷、少风多雪，夏季湿润而温暖。年气候变化较大，全年平均气温 1.4℃，月平均气温为 -19.4℃，年最低气温天气在 1 月，最低可达 -40℃，月平均最高气温为 20.9℃，年最高气温天气在 7 月，最高可达 37℃。全区无霜期 115 天左右，一般初霜在 9 月 14 日以后，终霜在翌年 5 月 20 日前，但也有到 5 月还未发生冻害的年头。

带岭的地理位置，决定了地方时差和昼夜的长短。带岭区（局）址（北纬 47° 2′32″）的正午太阳高度，冬至为 19° 32′7″，春分、秋分为 42° 58′28″，夏至为 66° 24′49″。一年之间，带岭正午太阳高度在 19° 32′7″ ～ 66° 24′49″ 之间变化。带岭与“北京标准时间”的时差，按局址东经 129° 0′43″ 的地方计算，要比北京时间早 36 分钟多，即带岭的日出、日落时间要比北京早 36 分钟多。

带岭的日出、日落时间和昼夜长短变化，冬至白昼长约 8 个小时（不包括日出、日落半光照时间），夏至白昼时间长约 16 个小时。按带岭地方时间与“北京时间”的时差来计算，冬至早 7 时太阳从东南方向升起，约 16 时左右在西南方向降落；夏至早 4 时从东北方向升起，19 时左右在西北方向降落。夏季日照时间较长，可充分利用太阳光照，为生产生活服务。

带岭冬季多刮西北风，春夏多刮西南风。平均风速每秒 1.38 米，最大风速每秒 10 米，刮大风的季节多为春季的 4 月、5 月。

全年日照时间为 2156 小时，6 月日照时间最长，1 月日照时间最短。由于冬季寒冷，每年土壤 11 月中旬封冻，翌年 4 月中旬解冻。1 月冻层最厚，最深达 2.15 米，4 月上旬开始解冻。因受气温与深层地温影响，冻土上层与下层同时解冻，但上层解冻速度较快，到 6 月，大部分地区尚能全部解冻。有部分阴坡和塔头桦林地带，出现岛状多年冻土和永冻层，冻土改变了土壤的水分条件，保证了春季土壤有较好的墒情。

1986—2005 年带岭区（局）气象观测统计表

表 1-1

年份 项目	1986	1987	1988	1989	1990	1991	1992	1993	1994	1995
年平均气温（℃）	0.7	-0.2	0.9	1.7	2.9	1.1	0.8	1.1	1.0	1.9
最高气温（℃）	6 月 32.8	6 月 31.9	8 月 34.8	8 月 32.5	7 月 32.6	8 月 32.4	8 月 34.6	7 月 30.7	8 月 33.6	7 月 33.6

续表 1-1

年份 项目	1986	1987	1988	1989	1990	1991	1992	1993	1994	1995
最低气温（℃）	1 月 −40.3	1 月 −40.4	2 月 −38.2	12 月 −36.4	1 月 −41.9	1 月 −34.6	1 月 −35.4	12 月 −35.5	1 月 −39.6	1 月 −34.7
年积温（℃）	2520.6	2455.7	2636.9	2604.7	2609.3	2580.9	2719.3	2542.8	2710.9	2628.4
降水量（毫米）	653.6	729.5	718.8	481.5	650.9	633.0	591.6	708.6	1040.6	497.7
蒸发量（毫米）	978.2	1016.2	878.2	1016	999.5	940.3	955.7	929.9	919.2	921.1
年日照（小时）	2346.2	2206.6	2140.8	2410.6	2214.6	2156.0	2242.3	2185.0	2060.9	2223.4
最大风速（米 / 秒）	20.3	20	14	18	22	10	8	8	8	11
无霜期（天）	126	107	124	115	120	125	136	116	136	115
晚霜	5 月 25 日	5 月 30 日	5 月 23 日	5 月 28 日	5 月 24 日	5 月 27 日	5 月 12 日	4 月 29 日	5 月 19 日	5 月 21 日
早霜	9 月 29 日	9 月 15 日	9 月 26 日	9 月 21 日	9 月 22 日	9 月 28 日	9 月 28 日	9 月 26 日	9 月 21 日	10 月 3 日
最大冻土深度（米）	1.44	1.80	1.31	1.24	1.31	1.65	1.66	1.41	1.56	1.43
最大降雪深度（厘米）	19	18	23	22	27	14	18	25	22	17
年份 项目	1996	1997	1998	1999	2000	2001	2002	2003	2004	2005
年平均气温（℃）	0.5	1.4	2.0	0.6	0.6	0.9	1.0	1.8	1.5	—
最高气温（℃）	7 月 32.7	8 月 35.2	8 月 32.6	8 月 33.9	7 月 36.0	7 月 36.2	6 月 33.7	7 月 33.2	7 月 33.4	—
最低气温（℃）	2 月 −36.6	1 月 −39.1	2 月 −36.5	12 月 −35.8	1 月 −42.2	1 月 −41.4	2 月 −34.9	1 月 −35.5	2 月 −36.4	—
年积温（℃）	2534.6	2544.1	2927.9	2689.8	2746.3	2745.2	2568.4	2679.2	2637.2	—
降水量（毫米）	655.6	765.2	621.9	512.7	550.3	282.9	495.9	727.8	619.3	—
蒸发量（毫米）	911.9	917.1	948.7	953.5	999.0	1113.0	909.8	1015.2	985.9	—
年日照（小时）	2169.5	2235.0	2163.9	2168.6	2353.0	2499.1	1886.7	2054.7	2314.9	—
最大风速（米 / 秒）	8	9	9	8	7	7	11	9	10	—
无霜期（天）	129	126	114	102	134	124	119	146	105	—
晚霜	6 月 5 日	5 月 8 日	4 月 25 日	6 月 6 日	5 月 9 日	5 月 19 日	5 月 23 日	4 月 21 日	6 月 7 日	—
早霜	9 月 14 日	9 月 22 日	9 月 12 日	9 月 22 日	9 月 17 日	9 月 21 日	9 月 21 日	9 月 20 日	9 月 15 日	—
最大冻土深（米）	1.59	1.27	1.73	1.55	1.62	1.89	1.40	1.68	1.39	—
最大降雪深度（厘米）	30	33	24	22	21	21	13	20	26	—

第二节 水 文

带岭水文站，隶属黑龙江省水文总站伊春水文勘查大队，主要担负永翠河流域的水文测报实验任务。主要观测点有两处。一处在寒月林场，该地设有 3 处流量观测断面，12 个雨量观测点；另一处是简易气象场，观测的内容有降水量、蒸发量、水位、流量、水温，其他还有树冠截流、冻土、土壤蒸发、土壤含水率、空气湿度、风速、日照等。另外的观测点在永翠河下游，观测的主要项目有水位、流量、雨量、水情、水温等。

水文站在带岭有一座200平方米的办公楼，在寒月林杨有一栋120平方米的办公室。此外，各断面还有4座砖瓦结构测验用房，近100平方米。水文站的常规测量仪器有经纬仪、水准仪、平板仪、流速仪，水位和雨量的测量已全部自动化。

带岭全年平均降雨量为661毫米，年降雨量最大值836.5毫米。降雨期全年为130天，多集中在7月、8月、9月3个月，占全年降水量的一半以上。1—2月降水量偏少，一般在44～46毫米，7—8月降水量偏大，一般在160.5～174.8毫米。冬季多雪，积雪层从11月逐渐加厚，翌年3月末开始融化。最大积雪厚度有时超过100厘米。

第三节 浮 尘

浮尘天气是细微沙尘均匀地浮游在空气中，使水平能见度小于10公里的现象。多为远处沙尘暴经上层气流传播而来，由扬沙出现后尚未下沉的细微浮尘弥漫在空中而成。本区20世纪90年代末开始出现，最严重的2003年春季曾出现浮尘天气32次。

每当浮尘出现，天昏地暗，空气混浊，能见度很低，室外露天之物和外业工作人员身上，都会蒙上一层细细的浮尘物质。因此，每逢浮尘天气，外业人员大都必备帽子、口罩和风镜，车辆行驶更需注意安全。

第三章　土壤　植被

第一节　土　壤

带岭地处小兴安岭南坡，境内土壤分为 4 个类型，即山地暗棕色森林土、草甸土、沼泽土、石质土。

暗棕色森林土，是境内分布最广、面积最大的地带性土壤，发育在花岗岩沉积、坡积和冲积母质上。分布在海拔 200～700 米之间山地不同坡度、坡位和各种林型下。暗棕色土壤面积为 86502 公顷，占总面积的 88.5%。

草甸土，多分布在河流两岸，冲积平原，河成阶地和山间低平处，草甸植被和草甸疏林植被下。因草甸土自然肥力较高，故多垦为农田，占总面积的 0.77%。

沼泽土，多分布在本地山前洼地、沟谷盆地、冲积扇前、地表排水不利，土层中有季节冻层或永冻层，水分不能下渗的地方，发育于淤积黏土母质上，占总面积的 5.45%。

石质土，分布在本地海拔较高的山顶沉积母质或跳石塘地带，占总面积的 5.28%。

第二节　植　被

带岭林区位于小兴安岭南坡，境内山峦起伏，生物资源丰富，植被区属于温带针阔叶混交林区域。植被特点是森林植物占绝对优势，原始林主要是以红松为优势的针叶林或针阔混交林。以及红松纯林、红松阔叶林、云杉、冷杉混交林、杨桦柞林分类型为主的次生林。

红松纯林。红松立木蓄积占总蓄积的 11% 以上。在主林层中混生籽椴、色、榆、枫桦；林中下木稀疏，有榛子、青楷槭、刺五加、山梅花、黄花忍冬等。林中下草有毛缘苔草、羊胡苔草、小叶芹、蚊子草等。常见的藓类有万年藓、提灯藓等，这一类型森林现在已为数不多。

红松阔叶林（阔叶红松林）。红松为优势树种，混有云杉、冷杉、籽椴、春榆、枫桦等，林分下木非常繁茂，除红松纯林中常见的下木外，还有珍珠梅、狗枣子等，林中下草有荨麻、白花菜、山茄子、铁线蕨等喜温植物，塔藓、万年藓较丰富。

云冷杉混交林。以云杉、冷杉为主。林中下木有山高粱、蓝靛果忍冬、山莓等，数目不多。林中下草多为耐阴喜湿品种，有尖齿蹄益蕨、升麻、唐松草、蚊子草、大叶樟、小叶樟等。苔藓植物种类多且厚，塔藓、万年藓等覆盖度在 90% 以上。

杨桦柞天然次生林。红松阔叶林是经过火烧或人为采伐之后生长而成的。该林区天然次生林基本是以杨、桦、柞树为主的林相，林下灌木以毛榛子为主，还有山梅花、山高粱、胡枝子等。草本植物以四花苔草、毛缘苔草为主。

带岭局在认真保护、巩固自然植被的同时，大力扩展人工植被。首先，大力营造人工丰产林，到2005年，全局已经郁闭成林33088.4公顷。未成林571公顷，经过常年更新造林、补植造林，不仅使皆伐迹地遍布新林，而且使很多林中天窗、荒山秃岭披上新绿。使森林覆盖率由建局初期的86%上升到2005年的94.1%。其次，大搞城镇绿化。经过多年来群众性的栽花种草和绿化植树，使带岭镇内和各场区的绿地面积年年扩大。

第四章　自然资源

第一节　森林资源

带岭林区总面积为96742公顷，活立木总蓄积10249899立方米。其中有林地面积91025.2公顷，蓄积9967498立方米。按林龄分布为幼龄林33460公顷，蓄积2568872立方米；中龄林面积29915.5公顷，蓄积3475813立方米；近熟林面积19184.5公顷，蓄积2622510立方米；成熟林面积7878.2公顷，蓄积1196983立方米；过熟林面积587公顷，蓄积103320立方米。另有疏林地面积140公顷，蓄积7363立方米。散生木275038立方米。

按林分区划，天然林蓄积6787844立方米，人工林蓄积3462055立方米。具体蓄积分布是禁伐林区3006010立方米，限伐林区3997818立方米，商品林区3231121立方米，其他14950立方米。

第二节　土地资源

根据1996年全区土地详查报告，带岭区的土地总面积为1562423.8亩。其中林地面积1498901.8亩，占全区土地总面积的95.9%；耕地面积29600.5亩（含个人小开荒），占全区土地总面积的1.9%；园地面积504.6亩，占全区土地总面积的0.03%；居民点及工矿用地面积11751.2亩，占全区土地总面积的0.8%；水域面积7818.3亩，占全区土地总面积的0.5%；未利用土地总面积6687.6亩，占全区土地总面积的0.4%。

一、已利用土地

全区已利用土地（含耕地、林地、园地）面积1529006.9亩，占全区土地总面积的97.8%。由于耕地中低产田是瘠薄型、渍涝型和缺水型，土地生产力过低。林地由于过量采伐，可采资源锐减，营林生产力水平较低。

二、建设用地

全区建设用地（含居民点及工矿用地、交通用地）总面积18911亩，占全区土地总面积的1.2%，人均用地面积121平方米，超过了国家和省规定的标准，城镇内存量土地潜力很大。

三、未利用土地

全区未利用土地6687.6亩，占全区土地总面积的0.4%。这些未利用土地，只有荒草地可作为宜农宜牧的后备土地资源，沼泽地根据国家环保要求不能开发他用。

四、土地资源利用潜力

已利用农用地潜力 全区农用地面积 1529006.9 亩，占全区土地总面积的 97.8%。其中包括耕地面积 29600.5 亩，园林绿地面积 504.6 亩，林地面积 1498901.8 亩。中低产田是瘠薄型、渍涝型和缺水型，土地质量差，土地生产力低。林地由于采育比例失调，森林资源破坏严重，生产力水平较低。因地制宜地农用地加以改造和深度开发，将显著提高增产潜力。

建设用地潜力 全区建设用地面积为 18911 亩，占全区土地总面积的 1.2%，包括居民、村民点及工矿企事业用地面积 11751.2 亩、交通用地面积 7159.8 亩，人均用地面积 121 平方米；农村村民点人均用地面积更大些，人均用地标准都超过国家和省规定的标准。城区内存量土地面积很大，是今后城乡建设用地内部挖潜的主要部位。

未被利用土地 这部分未被利用的土地中，只有荒草地可作为宜农宜牧的后备土地资源，沼泽地根据国家环境保护的要求不宜再开发利用。因此全区后备土地资源开发潜力不大。

五、土地利用存在的问题

全区土地资源开发利用虽然取得一些成效，但由于种种历史客观原因，在土地开发方面还存在令人不可忽视的问题。

土地利用结构和布局不合理 带岭区是一个以林业木材生产为主，农业、牧业、渔业等为辅的资源型林区。林业经营区划面积 99926.8 公顷，土地利用结构以林地为主，农业、牧业、渔业等用地开发程度不高，质量差，农业生产率较低，区域经济发展不平衡。由于林业生产过去重采轻育，造成采育失调，林木资源危机，林地水土流失，林地利用整体效益不高。同时，生态环境也受到一定影响。

土地投入较少 由于林区经济危困，对土地开发利用投入少，地力下降。根据有关部门资料显示：耕地土壤肥力呈逐年下降趋势，造成农业生产率不高，总产不稳。农业耕地的肥料投入、机械化水平、有效灌溉面积等都很低，根本谈不上农业耕地集约经营问题。

后备土地资源开发利用难度大 经过多年开发利用，宜农地逐年减少，且大部分都分布在河流沿岸的河谷地带，土壤质量差，开发利用难度大。

建设用地管理粗放带岭地处山区，相对来说土地面积大而人口较少，建设用地使用与管理比较粗放。人们节约利用土地的意识较低，不论建房还是修路总是愿多占土地，特别是农村的村民自用地远远超过省政府规定的标准。

带岭区（局）土地利用现状分类面积统计表（一）

表 1-2 单位：亩

序号	项目 / 单位	土地总面积	耕地	园地	林地
1	环山经营林场	100682.2	193.4	—	99721.5
2	寒月经营林场	155915.1	537.9	80.0	154010.3
3	朝阳经营林场	77008.5	320.7	—	75962.4
4	北列经营林场	82427.6	548.5	—	80658.6
5	南列经营林场	182331.2	893.4	—	179859.9

续表 1-2 单位：亩

序号	项目 单位	土地总面积	耕地	园地	林地
6	碧水经营林场	52848.1	47.5	—	51727.5
7	红光经营林场	90625.1	282.8	—	88198.1
8	明月经营林场	76670.2	440.3	56.3	74610.4
9	永翠经营林场	95472.6	895.2	—	92482.1
10	中心苗圃	46301.4	351.5	—	44072.1
11	秀水经营林场	41143.9	36.2	—	40484.8
12	大青川经营林场	151940.7	1945.4	—	146104.3
13	东方红经营林场	282025.5	3806.6	142.0	275624.7
14	凉水自然保护区	95719.4	275.3	—	94054.8
15	带岭街道办事处	2054.6	1632.5	13.5	110.7
16	武装部	74.1	27.8	—	—
17	林达运输公司	92.8	48.9	—	—
18	林业科研所	1215.7	—	—	1191.1
19	联合企业公司	205.3	23.1	—	0.9
20	黑龙江生态工程职业学院	862.5	823.7	—	27.0
21	消防队	112.5	101.1	—	—
22	兵团	121.2	—	—	—
23	森警队	112.8	112.8	—	—
24	基建工程处	384.2	—	—	—
25	贮木场	177.1	—	—	—
26	燃料公司	66.2	—	—	—
27	伊春电视差转台	46.5	—	—	—
28	带岭区建筑工程公司	150.9	47.1	—	—
29	带岭城区其他企事业单位	6393.6	—	—	—
30	国有后备	94.6	—	—	—
31	永兴村	4572.2	4326.8	—	0.6
32	金星村	1737.2	1008.1	—	—
33	双兴村	3754.9	2860.8	93.1	—
34	青川村	2808.1	2510.9	—	—
35	红星村	5023.0	4350.0	119.7	—
36	松青	1252.3	1152.2	—	—

带岭区（局）土地利用现状分类面积统计表（二）

表 1-3　　单位：亩

序号	项目 单位	城市居民点及工矿用地	交通用地	水域	未利用土地
1	环山经营林场	163.0	325.1	226.4	52.8
2	寒月经营林场	215.6	545.0	471.6	54.7
3	朝阳经营林场	170.1	284.0	250.7	20.6
4	北列经营林场	148.4	284.4	523.8	263.9
5	南列经营林场	184.6	615.1	550.6	227.6
6	碧水经营林场	—	264.4	356.8	451.9
7	红光经营林场	110.1	333.1	150.3	1550.7
8	明月经营林场	281.5	394.7	685.1	201.9
9	永翠经营林场	248.8	456.2	975.0	415.3
10	中心苗圃	224.7	603.2	956.2	93.7
11	秀水经营林场	80.0	118.2	279.1	145.6
12	大青川经营林场	1261.4	1465.1	756.3	408.2
13	东方红经营林场	596.0	1013.4	604.7	238.1
14	凉水自然保护区	293.5	303.0	275.3	517.5
15	带岭街道办事处	—	39.7	194.9	63.3
16	武装部	46.3	—	—	—
17	林达运输公司	14.2	3.8	25.9	—
18	林业科研所	—	12.9	11.7	—
19	联合企业公司	1.3	2.0	178.0	—
20	黑龙江生态工程职业学院	—	11.8	—	—
21	消防队	—	—	5.0	4.2
22	兵团	118.4	1.8	1.0	—
23	森警队	—	—	—	—
24	基建工程处	359.3	1.3	23.6	—
25	贮木场	168.7	5.8	2.6	—
26	燃料公司	42.9	4.5	18.8	—
27	伊春电视差转台	46.5	—	—	—
28	带岭区建筑工程公司	101.8	2.0	—	—
29	带岭城区其他企事业单位	6270.0	24.5	99.1	—
30	国有后备	—	—	94.6	—
31	永兴村	170.4	16.2	—	58.2
32	金星村	57.7	8.3	—	663.1
33	双兴村	27.5	9.6	—	763.9
34	青川村	14.0	2.7	—	280.5
35	红星村	315.8	5.8	19.8	211.9
36	松青	18.7	—	81.4	—

第三节 野生动物资源

根据东北林业大学生物系、带岭林业科研所、带岭森林资源馆的观察研究资料及收藏的鸟兽标本，并参照中国科学院的文献资料记载，在本区范围内鸟类、兽类、爬行类和两栖类动物有300多种，其中国家一级保护动物2种，二级保护动物8种，其余为黑龙江省国有林区保护动物。

一、兽类资源

带岭现有兽类6目16科48种，占黑龙江省兽类种数的55.2%。其中，食虫目4种，占带岭兽类种数的8.3%；翼手目5种，占10.4%；食肉目14种，占29.2%；兔形目4种，占8.3%；啮齿目16种，占33.4%；偶蹄目5种，占10.4%。由此可见，带岭林区兽类资源以啮齿类目占优势，其次为食肉目，食虫目和兔行目种类最少。

紫貂和东北虎属国家一级保护动物，占带岭林区兽类的2.1%，黑熊、棕熊、青鼬、水獭、猞猁、原麝、马鹿、青羊8种属国家二级保护动物，占带岭兽类的16.7%；另有24种属黑龙江省国有林区保护动物，占带岭林区兽类的61%；其余15种属非保护动物，占带岭林区兽类的31.2%。

依据调查结果进行综合分析，带岭林区兽类可划分为四级。

一级数量相对多，分布广，能经常见到实体足迹的兽类。如马鹿、棕熊、野猪、狍子、野兔、黄鼬等。

二级数量少，不常见到，但偶有发现实体或足迹的兽类。如貉、麝、青鼬等。

三级濒危野生动物，数量减少到不易发现的境地。如猞猁、青羊、水獭、紫貂等。

四级曾有过分布的野生动物，现在已经绝迹的动物。如东北虎、狼等。

带岭林区主要经济兽类资源比较丰富，在全林区13个林场（所）均有分布，同时存在着较典型的区域分布。马鹿主要分布在环山、红光、东方红、大青川等场（所）；棕熊、黑熊主要分布在环山、寒月、朝阳、南列、大青川、东方红、红光等场（所）；野猪主要分布在朝阳、南列、东方红、红光等场（所）；狍子分布在环山、南列、东方红；野兔、黄鼬在带岭林区分布比较均匀。

二、鸟类资源

带岭鸟类共16目46科234种，占全省鸟类种类数的69%。其中，种类数最多的是雀形目，共有113种，占带岭林区鸟类总数的48.3%；非雀形目鸟类15类121种，占带岭林区鸟类总数的51.7%。在234种鸟类中，候鸟（夏候鸟、冬候鸟、旅鸟）190种，占带岭林区鸟类总数的81.2%。其中夏候鸟132种，占候鸟总数的69.5%；旅鸟42种，占候鸟总数的22.1%，冬候鸟16种，占候鸟总数的8.4%。留鸟44种，占带岭林区鸟类总数的18.8%。

三、爬行类

带岭林区的爬行类动物较少，仅有游蛇科、蛙科2种。

四、两栖类

带岭林区的两栖类动物较少，有尾目、小鲵科、极北小鲵、两蛙科、东北两蛙、蛙科、黑龙江林蛙、黑斑蛙、粗皮蛙、中国林蛙。

第四节 植物资源

带岭植物区属于长白植物区，系小兴安岭地区。

辖区野生植物（不包括真菌）科属较多，种群面积较大，蓄积量丰富。共有 139 科 1737 种，21 个变种，6 个变形分布。

木本植物主要有臭冷杉、兴安落叶松、日本落叶松、长白落叶松、鱼鳞云杉、红皮云杉、红松、樟子松、山杨、香杨、大青杨、钻天柳、沼柳、细柱柳、杉柳、谷柳、蒙古柳、越桔柳、暗顺柳、五蕊柳、细叶蒿柳、大黄柳、粉枝柳、伪蒿柳、卷边柳、波纹柳、绢柳、崖柳、水曲柳、黄波罗、胡桃楸、枫桦、黑桦、白桦、卵叶桦、岳桦、蒙古柞、春榆、家榆、裂叶榆、山槐、暴马子、紫椴、糠椴、紫丁香、花楸、色木、青楷槭、花楷槭、地榆、白花榆等。

草本植物主要有兰茧草、猫眼草、腺毛虎耳草、大叶章、小叶草、唢呐草、龙牙草、蚊子草、翻白蚊子草、粗根老观草、毛蕊老观草、鼠掌老观草、线裂老观草、灰白老干草、柳兰、深山露珠草、水珠草、益母草、大花马鲜蒿、马先蒿、黄花香、聚花风铃草、紫斑风铃草、黄花蒿、万平蒿、牡蒿、苦菜花、凤毛菊、宽叶返魂草、狗舌草、荩草、狼尾草、龙常草、单蕊草、野稗、芦苇、栗草、小画眉草、垂臭草、羊胡子草、乌苏里苔草、大穗苔草、大针苔草、四花苔草、长嘴苔草、毛缘苔草、宽叶苔草、麻根苔草、阿穆尔苔草、少囊苔草、塔头棉花莎草、灯芯草、地杨梅、舞鹤草、草花子兰、羊耳蒜、长距豆、绶草、蜻蜓兰等。

药材植物主要有人参、党参、黄芪、五味子、刺五加、穿地龙、百合、木贼、冬青、茗荞麦、山红花、睡莲、芍药、平贝、胡枝子、白芷、独话、柴胡、防风、黄连、丁香、龙胆、黄芩、益母草、艾蒿、忍冬、车前子、沙参、半边莲、桔梗、万年蒿、苍术、黄花、凤毛菊、蒲公英、三棵针、苍耳、泽泻、天南星、灯芯草、天冬、顶冰花等。

第五节 山特产品资源

山野菜有蕨菜、猴腿、黄瓜香、刺嫩芽、燕尾、柳蒿芽、老山芹、大蓟、掌叶蜂斗菜、刺五加叶、蒲公英、山萝卜、山菠菜、小根蒜、山韭菜、黄花菜、猫耳菜、线菜、马齿苋等。

可食菌类有猴头、榆黄磨、榛蘑、元蘑、油蘑、木耳、花脸蘑、草菇、香菇等。

可食浆果有山葡萄、草莓、兴安猕猴桃、山樱桃、稠李子、兴安玫瑰、山荆子、山里红、蓝莓、山茄子等。

可食坚果有榛子、松子、山核桃等。

第六节 矿产资源与水资源

带岭地壳稳定，岩浆活动微弱，不具备各种高品位富矿形成条件，矿产资源比较贫乏，主要有一些规模不大的非金属矿。花岗岩储量较多，南北沟均有大量分布，可作建筑材料用。白垩土（高岭土，又名陶土），分布在红光林场境内，20 世纪 80 年代曾开采用于制瓦和釉面砖生产。石墨主要分布在带岭南山；石英石各沟系均有分布，北沟碧水林场较多。

带岭区（局）地水资源较为丰富，总蕴藏量约为3.3亿立方米，其中地表水资源2.5亿立方米，地下水资源0.8亿立方米。辖地水文地质条件较为复杂。由于本地岩石分布以花岗岩为主，还分布有沉积岩和永久冻土带，因此，地下水成因主要是基岩裂隙水，其次是孔隙水和冻土带地下水，埋藏较浅，大多在地下50米以上。地下径流受褶皱构造影响，沿自然坡向流动，所以在向斜构造区形成较丰富的地下水聚集区。受气象和下垫面条件的综合影响，地下水在地区分布上存在一定的规律和差异性。

第七节　旅游资源

一、凉水自然保护区

凉水国家级自然保护区距带岭局址约25公里处，总面积为6394公顷，南北长11公里，东西宽6.25公里，系东北林业大学的实验林场，教学、科研实验基地，是我国现存的较大片原始红松林之一。这里山清水秀、古树参天、花红草绿、风光秀美，森林类型多样，物种十分丰富。

保护区为典型的低山丘岭地貌，海拔高度在280～707米之间，区域内的主要河流为凉水河，由北向南贯流全境，于保护区西南汇入永翠河，这里具有明显的温带大陆性气候特征。冬长夏短，夏季温凉多雨，冬季严寒干燥而多风雪。

保护区自然环境得天独厚，初春是观鸟的最好季节；盛夏是避暑度假胜地，金秋可欣赏到五花山的绚丽美景；隆冬可领略到冰封雪裹的壮丽景观。区内特色景点众多，是真正的生态家园，防火瞭望塔高37米，天然林内曲径通幽，500年树龄的红松三人不能合抱。木屋、松房、环形长廊、湿地野餐厅、黑熊洞等特色景观，令人目不暇接、流连忘返。2005年，经省旅游局批准为国家AAA级旅游景区。

二、永翠河漂流

永翠河是带岭的母亲河。发源于带岭环山林场翠源沟的深山幽谷中，穿流于绿树芳草间。溪水汩汩、碧浪银沙、清澈见底。盛夏时节，从翠河湾乘皮筏顺流而下，可饱览大自然的无限风光。但见翠河两岸苍松翠柳，芳草野花，荡漾在河面之上，时而水平如镜，时而急流险滩，惊险刺激，悠闲自得，令人心旷神怡，惬意无比。

三、带岭森林资源馆

该馆建于1984年，坐落在镇内北山坡上，面积2000平方米。馆内分设3个展厅，即动物厅、植物厅、多种经营厅。其中动物厅仿原始森林地貌，共展出兽类、鸟类标本61种；植物厅中陈列植物标本216种，木材标本35种；多种经营厅展出了集成材、地板块、卫生餐具、箱板纸、山野菜、北药、食用菌、森林饮料等多种经营产品，充分展示了林区替代产业方兴未艾、蒸蒸日上的美好前景。

四、大箐山风景区

大箐山位于带岭局址西南，海拔1203米，是小兴安岭的第二高峰。山上地势平坦。由伊春市兴安岭风电公司投资1.6亿元兴建，塔高55米，19台桨叶26米长的进口风电机组高耸入云，迎风呼啸，蔚为壮观。在主峰西侧，天然形成的“石海”景区，占地1.1万多平方米，怪石嶙峋，巨石峻峭，置身其中，心旷神怡。

山上还建有省广电局和伊春市广电局的广播电视转播台和微波站，带岭局的森林防火瞭望塔等人文景观。

五、翠河湾山庄

翠河湾休闲山庄，位于带岭北 8 公里的永翠河畔，依山傍水，风景秀丽，也是永翠河漂流的下水码头。山庄建有占地 400 平方米的接待大厅、别墅等，是集旅游、休闲、度假、餐饮、住宿、漂流、垂钓、娱乐于一体的综合性度假胜地。

六、碧水中华秋沙鸭自然保护区

该保护区位于带岭林区北部中心地带永翠河两岸，总面积 25.35 平方公里。北部与凉水国家级自然保护区相邻，东、南、西分别与带岭局永翠、明月、碧水、北列林场接壤。主要保护对象是世界濒危动物中华秋沙鸭及其栖息繁殖的针阔混交林溪流生态系统，属森林和野生动物类型的自然保护区。

中华秋沙鸭是国家一级保护动物，生长在无污染的林区溪流中，以小溪中的鱼虾为食，是环境指数重要标志动物，被誉为活体环境探测仪。

保护区在碧水林场有森林公园 1 处，依山傍水，环境幽雅，景色宜人。公园设有凉亭、长廊、游艺厅、秋沙鸭展厅、野餐厅等，是垂钓、划船、观鱼、观鸟、采集生物标本、野外聚餐的好地方。

七、宾馆森林标本园

带岭森林标本园坐落在永翠河东岸、带岭宾馆南侧。占地面积 48706 平方米。标本园建于 1954 年，南北长 343 米，东西宽 146 米。园内人工栽植的林木，都是从山上移植的各种各类林木标本，共 110 种 5390 余株，基本囊括小兴安岭林区所生长的树木。在标本园北端所建的宾馆，是一座二星级旅游接待宾馆。坐北朝南，砖混结构的三层建筑，面积 2330 平方米，可容纳 100 多人同时食宿。

带岭标本园独特的科研价值和带岭宾馆幽雅舒适的居住条件，吸引国内外嘉宾到此参观考察。已接待美国、日本、俄罗斯、德国、法国、芬兰、新西兰、澳大利亚、丹麦、瑞典、瑞士、挪威等 20 多个国家的林业考察团和观光团体。1980 年以来，每年平均接待外宾和港澳同胞 450 人。林业部、国家林业局和省森林工业总局曾多次在此召开全国、全省性大型专业会议。乔羽、唐弢等许多著名作家、诗人以及我国各条战线的专家、学者、知名人士等均在此留下足迹。刘少奇、朱德、董必武、赵紫阳、王任重、刘澜涛等党和国家领导人视察带岭时也在此留住。

第五章　自然灾害

第一节　低温霜冻灾害

1986—2005年，带岭频频发生低温霜冻灾害。1986—1995年发生低温霜冻灾害4次；1996—2005年发生霜冻灾害有5次之多，约占总年数量的45%。每逢低温霜冻年景，造林地块的干土层达10厘米厚不见湿土，给营林和农业生产造成严重损失。以2000年为例，由于低温少雨，霜冻十分严重，虽采取保湿剂、深挖坑等措施，但都无济于事，造成全局37852亩苗木冻死，苗圃培育的云杉幼苗也未能幸免，造成绝产，直接影响了全局造林，不得不去外地买苗造林。2003—2004年春季的低温霜冻灾害，也给全局营造林工作造成严重影响。尤其2004年6月7—9日的霜冻灾害，造成苗木大批死亡，近2米高的水曲柳、黄菠萝树都被冻死，受害面积有万亩以上。

第二节　干旱灾害

20世纪80年代中叶至90年代末，带岭林区15年间发生春旱5次、秋旱2次，约占总年份的47.5%。进入2000年，春旱和秋旱连续发生，给营林工作造成重大损失。2000年，由于春旱严重，不仅造成当年所植苗木大部分旱死，而且使1998—1999年营造的25159亩苗木大面积死亡，全部进行了重造和补植。其中重新造林地块6660亩，其余面积经过细微补植后才达到造林标准要求。2001—2003年又是连续3年春旱，每年都得对当年和往年的造林地块进行一遍补植，其面积都在万亩以上，造成了资金、苗木和劳力的巨大损失。

第三节　洪涝灾害

20年来，虽然每年都降大雨或暴雨，但真正形成洪涝灾害的是1996年7月29日。当天，永翠河和西南岔河流域连降大暴雨，日降水量达180毫米。两河流源头至带岭镇汇水面积约1500平方公里，总径流量达7.2亿立方米。是日深夜23点50分至次日零点20分约半小时内，山洪暴发，西南岔河河堤全线决口，主流改道。从秀水林场、带岭至大青川的绥佳铁路南侧，南山、庙山之间10多公里的居民区一片汪洋，工厂、农田、贮木场、学校平均水深2～3米，造成5人死亡，4人下落不明，造成直接经济损失6400多万元。这次洪灾为带岭50年不遇的特大洪涝灾害。

第二篇

建置·区划

带岭历史由来已久，根据其历史沿革，建置大体可分 3 个时段。从有文字记载到正式命名为第一时段。据《黑龙江省志》等文献记载，带岭这片土地早在先秦时期，就是我国少数民族肃慎族（满族前身）活动生息的地方。唐、宋、元、明、清各朝代，都隶属不同地方政权所辖。

从“带岭”正名到伪满洲国垮台为带岭建置第二时段。1941 年日伪报刊和《满洲年鉴》始见“带岭”之名。设置伪汤原县带岭村公所，1943 年带岭村公所改为带岭街公所。

1945 年抗日战争胜利后，带岭建置进入第三时段。初始，成立带岭维持会，1948 年成立合江省汤原县南岔第五区带岭村。1952 年，伊春县成立，带岭从汤原县划出，改称“伊春县带岭第三区”。以后虽然称谓几经变化，但隶属于伊春市辖的行政区划始终没变。

在管理体制上，1964 年，带岭实行政企合一体制。1986—2005 年这种体制未发生变化。

第一章　区　域

第一节　区域位置

带岭区位于小兴安岭南麓，其称谓因地处达里带岭山脉而得名，其版图轮廓呈纺锤形，南北长，东西窄，北大南小，南北高，中间低。最北端位于环山林场东北部（北纬 47° 21′32″），最南端位于东方红林场与南岔、朗乡交界处（北纬 46° 50′8″）。最东端位于东方红林场的东南角,（东经 129° 17′50″），最西端位于南列林场与朗乡、桃山局交界处（东经 128° 37′46″），带岭区东与南岔区相邻，西与朗乡林业局胜利林场、铁力林业局茂林林场、桃山林业局圣浪林场接壤，南与朗乡局东风林场、南岔局浩良河经营所毗连，北与乌马河林业局向阳经营所交界。

带岭区东西距离：北部 29 公里，南部 16 公里，中部 8 公里，南北相距 76 公里，总面积 104 137 公顷（含国家级凉水自然保护区）。

第二节　历史沿革

带岭开发已有 70 年的历史。城区建置经历了伪满洲国、中华人民共和国两个历史时期，各时期行政区划的大体情况是：1940 年，伪满洲国设置伪汤原县带岭村公所，伪带岭村公所辖南岔、晨明、靠山、复兴、朗乡、小白等 7 个屯子和带岭街。1943 年 10 月，南岔另行建置，带岭村公所改称为带岭街公所，辖带岭街、靠山屯、复兴屯、朗乡屯、小白屯。1945 年抗日战争胜利后，一度成立维持会，管理带岭街和靠山、复兴、胜利、朗乡、小白 5 个屯子的事宜。1948 年，成立合江省汤原县南岔第五区带岭村，带岭村仍辖带岭街和靠山、复兴、胜利、朗乡、小白 5 个屯子。

1952 年 12 月，伊春县成立。带岭村由汤原县管辖范围划出，改为伊春县带岭第三区。带岭第三区政府设在带岭镇，辖木曾村（现为松青归南岔区管理）、朗乡村（现为铁力县朗乡镇）、双兴村、新兴村、靠山村、带岭村。

1953 年，带岭区辖带岭、朗乡、小白 3 镇。镇下设村，带岭镇东部为爱林村，西部为带岭村。此外还有双兴村、木曾村、三合村。朗乡镇沟里设育林村，小白沟里设护林村。

1955 年，带岭区改为伊春县县辖镇。1957 年，带岭镇再次变为带岭区。与此同时，朗乡、小白两镇和木曾村相继划出。带岭区辖镇，镇以下设工农街、制材街、森铁街、建设街、爱林街、新兴街、双兴街、靠山街、护林街、朝鲜街 10 条街道。1958 年秋，成立带岭人民公社，公社下属永兴、双兴、金星、红星 4 个农业生产大队。各大队从街道中划出。

1960 年，带岭区下设红旗、双兴、东风 3 个管理区。1962 年成立街道办事处。1964 年 9 月，带岭区与带岭林业实验局实行“政企合一”，镇内设10个街道，南北沟各林场以场名定街，均属于行政区划范围之内。

1980年，经伊春市政府批准，大青川成立街道办事处，各林场成立居民委员会。林场既是生产单位，又是区政府下设的基层政权机构。1984年4月24日，原大兴公社撤销成立大兴乡政府，大兴乡辖永兴、双兴、金星、红星等7个村。带岭镇归区直辖，下设永胜、永忠、永红3个街道办事处。

1985年，开展地名普查，整顿并命名。带岭镇内设有育林路、迎宾路、局址路、运材路4条主要道路。另设靠山街、宾北街、大兴街、五一街等25条街道和永翠、明月、环山、寒月、东方红等13个林场居委会。

第二章　区　划

第一节　行政区划

1986 年，带岭区大兴乡政府辖 8 个村，即永兴、靠山、双兴、金星、红星、青川、秋丰、良种村。带岭街道办事处辖 19 个居民委员会，即制材、永胜、大兴、育西、育红、康安、迎宾、团结、双兴、工厂、福兴、林铁、五一、宾北、建材、工农、铁南、永兴、新兴街。另外，13 个林场（村）设有街道办事处，含凉水保护区，主任由场长兼任，下设居委会。

2001 年 3 月，根据省民政厅〔2001〕50 号文件精神，大兴乡政府撤销，职能纳入区农委等有关部门和带岭街道办事处。原 8 个村并为 5 个村，即秋丰村与红星村合并，村名定为红星村；良种村与双兴村合并，村名定为双兴村；靠山村与永兴村合并，村名定为永兴村；青川村、金星村保留，村名不变。

2001 年 8 月，原 19 个居民委员会合并为 9 个社区，即制材街与永胜街合并为永胜社区；育西街与育红街和五一街一部分合并成育西社区；迎宾街和团结街合并成团结社区；双兴街与工厂街、福兴街合并成双兴社区；林铁街与五一街合并成林铁社区；宾北街与建材街、永兴街、工农街合并成宾北社区；铁南街与永红街、新兴街合并成铁南社区；康安街与育西街一部分合并成康安社区；大兴街变为大兴社区。合并后的 5 个村和 9 个社区均隶属带岭街道办事处管辖。另外，各林场街道办变为居委会，仍归林场管理。至 2005 年带岭街道办事处仍辖 5 个村和 9 个社区，行政区划没有变化。13 个林场（村）仍设居委会。秀水林场位于镇内，不单设居委会。

第二节　林业区划

1986 年带岭林业实验局共有 13 个林场（村），分别为寒月、北列、南列、碧水、红光、明月、永翠、秀水、大青川、东方红林场和环山、朝阳、黎明村。

1987 年 8 月，环山、朝阳村分别恢复林场建置。

2005 年 3 月，局撤销朝阳林场建置，经营区划并入北列林场，朝阳林场变为朝阳村。2005 年 3 月，局撤销中心苗圃建置，其经营区划并入秀水林场。

截至 2005 年，带岭区行政区划总面积为 103136 公顷（包括凉水自然保护区）。

第三节　企事业单位

区（局）所属单位：

国有企业，有永翠、碧水、北列、寒月、环山、南列、红光、东方红、明月、朝阳、秀水、大青川林场、贮木场等。

改制企业，有造纸厂、翔达热电公司、林达运输公司、正业建筑公司、兴林机修厂、广益外贸公司、兴业物资公司、富达商贸中心。集体企业公司，有区建筑公司、筑路公司、社会福利厂、翠林福利厂、餐具厂等。

事业单位和行政单位：区第一中学、区第一小学、区第二小学、区职工医院、区环卫处、区自来水公司、区公安分局、区检察院、区法院、带岭街道办事处等。

省属单位：黑龙江生态职业技术学院、东北林业大学凉水自然保护区管理局、黑龙江省带岭林业科研所、省广播电视局大箐山广播电视转播台和微波站等。

市属单位：带岭交通分局、带岭征费所、带岭技术监督分局、带岭国土资源分局、带岭广电网络分公司、工商银行带岭分行、建行带岭办事处、农业银行带岭分行、带岭信用社、带岭国税局、带岭地税局、带岭人寿保险公司、带岭财产保险公司、带岭工商分局、带岭粮食分局、带岭邮政局、带岭联通公司、带岭网通公司、带岭移动公司、带岭铁通公司、绥化电业带岭供电局、带岭森警中队、带岭水文站等。

第四节　林场街道村屯简介

一、大青川经营林场

大青川经营林场位于带岭区东南 5.7 公里处。南与东方红林场接壤，北与秀水林场连接，东与南岔林业局交界，西与朗乡林业局相毗邻。施业区内有大箐山，海拔 1203 米。

全场施业区总面积 10267 公顷。其中有林地面积为 9456 公顷，森林总蓄积量 1204229 立方米，年木材采伐量 1 万立方米左右，年更新造林量 600 亩左右。西南岔河与永翠河交汇流经此地，哈佳铁路东西贯通，桃南、带浩公路经于此地，构成了连接四方的公路网络。

大青川林场始建于 1954 年，曾因木曾河流经此地而取名木曾河经营所。1957 年因地势平缓，河流清澈而取名为大青川林场。1985 年场街分设，街道办事处独立办公，下设青峰、青松、青云、青河 4 个居委会。大青川林场主要以木材生产、营林生产和管护经营为主，1986—2005 年累计生产商品材 147369 万立方米，更新造林 60652 亩。1986—2003 年，大青川林场设有带岭局木材经销分库大青川贮木场，共经销木材 14 万立方米，2003 年取消经销分库后，林场生产的短材直接运往带岭贮木场。2002 年 7 月场街合一，取消街道办事处，设街道负责人，4 个居委会合并为青峰、青松两个社区。现有常住人口 806 户 2117 人，其中男性 1172 人、女性 945 人，有汉族、满族、回族、朝鲜族 4 个民族，汉族占 99%，少数民族占 1%。2003 年，先后撤销小材车间、贮木场分库，多种经营段合并到营林段。林场和社区合置设总支委员会，下设 5 个党支部，有党员 78 人。2005 年，大青川林场辖区有青川校、青川派出所、餐具厂、盛海木业、松林木业有限公司、佳家即食、青川村、红星村等经济组织。

林场实行场长负责制，设场长 1 名（兼街道办事处主任），设副场长 3 名，街道办事处副主任 1

名。场党总支委员会设书记1名，工会主席1名，妇联主席1名，共青团总支书记1名。

林场设置林政防火办公室，防火队长1名，防火值班员1名，专职护林员10名，在青山沟口、北大翁沟口设置林政防火检查站各1处。

林场有局办学校1所，即大青川学校，有学生81名、教职员工28名。

设场办卫生所1处，所长1名，医务人员2名。

二、东方红经营林场

东方红经营林场地处带岭区（局）施业区的南端。经营面积为19085公顷，林地面积18984公顷。区域位置位于带岭局东南13.9公里处，东与南岔区三岔河林场接壤，南与铁力市朗乡林业局毗邻，北与带岭局大青川林场相连，带浩公路途经于此。林场有长河、黎明、红卫等6个沟系，无霜期为110天。在黎明沟有石帽顶子山，2005年在此筹建风力发电站1处，黎明上游河流经东方红注入大青川河。

1986年，林场有人口1660人，户数420户，全民职工410名，合同制工人69名，青年130名。到2005年人口达到1008人，户数376户，全民职工346人，青年378人。

林场实行场长负责制，设场长1人，副场长3人，工会主席1人，场党总支设书记1人。林场设有财务股、生产股、材料股、后勤股、政工股、生产股。生产股下设生产段和营林段。1994年实行分沟治林，生产段和营林段取消段长设置，由副场长和技术员主管生产。1999年生产段、营林段两段合一，由生产副场长和技术员主管，农业和多种经营由1名副场长主管。

2000—2004年林场投入80万元，建林蛙养殖场6个，并计划投资20万元在黎明修建一所圈养林蛙养殖场。林场有商饮服务点8个、鹿产品经销部1个。

林场文化娱乐设施。1990年增设了有线闭路电视，建游艺室1个、图书室1个。1993年，在场区东南侧修建老年休闲娱乐公园1处；1997年，组建了秧歌队；2005年，在场区外修建文化娱乐休闲广场1500平方米，设有健身器材3套、四季常青的云杉球坛3个，为职工群众创造了优良的生产和生活环境。

三、环山经营林场

环山经营林场位于带岭区西北部42公里处，是带岭区（局）最北部的林场。北部与乌马河林业局交界，东、南部与寒月林场为邻，西部与铁力林业局、带岭区（局）的朝阳林场接壤。1965年，带岭区（局）在环山林场建一所环山林校，并建筑250平方米的砖瓦房1栋，“文化大革命”期间被撤销。环山林场始建于1973年年底，当时名叫“曙光林场”，“文化大革命”后恢复环山场名。1984年，林场建制撤销，改为寒月林场所属的环山村。村下设营林段、生产段、青年队。1986年面积10790公顷，人口436人，其中职工107人、青年122人。有汉族、满族2个民族，其中汉族占93%，满族占7%。林场为科级单位，党支部书记1人，场长1人，副场长2人，工会主席1人，妇女和共青团、计划生育设兼职负责人。林场下设财务、安全、调度、计划生育、营林段、生产段、青年队等股室。有公办小学1所、商店1个。林场小学于2000年撤销。2005年，环山林场在籍132户387人，其中居住在环山林场的有90户264人，在这些人员中，职工73户214人，青年17户50人。职工107人，退休职工4人，青年22人。1987年7月恢复环山林场建制。带乌公路贯于林场，场辖各沟系均有林业公路相通。1991年5月，林场自筹资金6万元，安装了闭路电视，可以接收8套电视节目。林场还设有修理部。

环山林场建场以来，共生产主伐木材26万立方米，抚育伐材10万立方米。工程造林31658亩，抚育森林158290亩。

四、寒月经营林场

寒月经营林场始建于1951年春，又称“牛奶作业所”，位于永翠河源头，带乌公路34公里处。东与南岔林业局石头河子经营所接壤，东南毗邻红光经营林场，南邻凉水国家级自然保护区，西与北列林场相连，西北与环山林场相邻，北与乌马河林业局前进林场相交。施业区面积为10521公顷，森林蓄积1239608立方米，有林地面积10226公顷。

林场为科级单位，设党支部书记1人，场长1人，副场长2人，工会主席1人，妇女和共青团、计划生育均设兼职负责人。场有财务室、调度室、安全技术室、计划生育室、工会等，林场设有修理部1处，护林队11人，扑火抢险队25人，普通扑火队35人，固定检查站2个。

林场全民职工60人，合同制工人89人，青年31人，家属57人，总计劳力237人。居民分布于老三场沟口，占地16.7公顷，家属住户115户，总人口371人，家属住宅区有4条主街道，带乌公路贯穿场区。家属住房砖瓦结构，总面积6500平方米，产权私有，林场办公用房2800平方米，现已有2000平方米用于职工发展多种经营生产。林场在街道建有休闲广场、球场、图书室、游艺室，有闭路电视和有线广播，丰富了职工群众文化生活。

1986—1998年，林场设有木材生产段和营林段。1999—2005年，随着改革的不断深化，林场各项生产实行了承包责任制，营林生产以工程承包为主，实行家庭和联营承包，采取“一条龙”式验收负责制，木材生产实行工序承包，对采、打、集、清、装各工序分项承包，责任明确，注重质量，并与责、权、利挂钩。

五、北列经营林场

北列林场位于带岭区址西北22.9公里处。东靠凉水林场，南邻南列和碧水林场，西与桃山和铁力局接壤，北与环山和寒月林场相连，施业区面积10595公顷。1956年时，依北列河流经此地称“北列水施业区”，1958年改为北列林场。1968年改为朝阳林场，1972年分出北列林场，1976年在带乌公路27公里处建场，称北列林场。1984年4月两场合并到北列林场，1987年7月又分出朝阳林场，于2005年4月又合并到北列林场，朝阳为行政村，归属北列林场。2005年，林场有居民115户304人，其中职工193人、青年74人。

林场为科级单位，设党支部书记1人，场长1人，副场长2人，工会主席1人。妇女、共青团、计划生育员均为兼职。林场设两个短材段，两个营林段，同时设有财务室、安全教育室、调度室、计划生育室、青年队及防火专业组织。

1986—1997年，林场以原条生产、短材生产和营林生产为主，1998年实施天保工程以来，以短材生产、森林经营、管护经营和多种经营为主。带乌公路从场区通过，场辖区各沟系有林业公路相连，交通方便。

六、南列经营林场

南列经营林场位于带岭区址西北30公里处。东与碧水林场接壤，南与朗乡毗邻，西与桃山分界，北与北列林场相连。

全场施业区总面积12084公顷。林场地势丘陵连绵起伏，坡度下缓上陡，平均坡度在10～20度之间，平均海拔高度344米，南列河发源于林场境内的老东风沟，全长22公里，自西北向东南蜿蜒折回转向东北流经辖区，于带乌公路23公里处汇入永翠河。林场气候夏季湿润，温凉多雨，冬季干燥寒冷，少风多雪，无霜期为110天。

南列经营林场始建于1956年，因南列河流经此地，故命名为南列施业区。1959年改为南列林场，

1968年改称东风经营林场，1981年恢复南列经营林场名称。2005年有居住人口446人，居民160户，职工总数186人，其中全民固定职工56人，合同制职工131人，青年124人，由汉族、满族等民族构成，其中汉族占98%，少数民族占2%，林场交通便利，各沟系均有公路相连。

林场为科级单位，设有党支部书记1人，场长1人，副场长2人，工会主席1人，妇女、共青团、计划生育员均为兼职。

林场设有生产段、营林段、修理部、山地苗圃1处、安全教育室、林政防火办公室、林政防火检查站1个、扑火队1个、街道防火监督检查员、计划生育办公室、卫生所、广播室、闭路电视室。

1964年，林场建南列学校1所，2001年解体。1989年10月1日，林业局为林场增加资源监督员编制，成立了林场资源监督站，配备科级资源监督员1人。

七、朝阳经营林场

朝阳经营林场位于带岭区址西北41公里处。西与铁力林业局丰林林场接壤，南与北列林场相接，东与寒月林场相连，北与环山林场毗邻。

1958年8月带岭局建立北列林场，1968年改为朝阳林场。1972年北列从朝阳林场分出，1976年在带乌公路27公里处建北列林场。1984年4月朝阳林场合并到北列林场，1987年7月又分出朝阳林场。

1985年，朝阳林场住宅面积4600平方米，居民86户。2005年4月，朝阳林场又合并到北列林场，朝阳改为北列林场的一个行政村，设村主任1人。现朝阳行政村有29户人家84人。

朝阳经营林场存在期间，林场为科级单位，设党支部书记1人，场长1人，副场长2人，工会主席1人，妇女、共青团、计划生育均为兼职。林场设有财务、调度、安全技术、防火办公室、生产段、营林段、修理部、医务所、商店等。

八、碧水经营林场

碧水经营林场位于带岭局北部，场部距带岭局址20公里，始建于1974年。地势南高北低，属大陆季风气候。东与永翠林场相接，南与朗乡林业局相连，西与南列林场交界，北与凉水国家级自然保护区毗邻。施业区面积3591公顷。碧水施业区内有4个沟系，碧一沟、碧中沟、碧二沟、碧三沟，平均海拔570米。夏季多雨湿润，冬季寒冷干爽。无霜期为110天，平均降雨量680毫米，土壤为暗棕色森林土，地形比较复杂，多为缓坡，平均坡度在8～18度之间，沟系上部有25度以上陡坡，有3条河流分布在碧一、碧中、碧二、碧三，最后汇入永翠河。带乌公路从林场穿过，场辖各沟系均有林业公路相连，交通十分方便。全场职工人数123人，其中固定职工54人、合同制职工69人，有汉族、满族、朝鲜族3个民族，其中汉族居多。

林场为科级单位，设党支部书记1人，场长1人，副场长2人，工会主席1人，妇女、共青团、计划生育均为兼职。此外，林场还设有财务、调度、安全、生产段、青年队、卫生所、商店、修理部、碧水学校。随着改革的深化和实际工作的需要，生产段、青年队和学校被撤销。现只下辖林场居民委员会，场部办公室900平方米。1987年，家属区统一安装了集中供热，1989年安装了自来水，1994年安装了有线电视，自来水和集中供热于1999年取消。2003年9月至2004年9月，林场场部进行了维修，维修后，黑龙江碧水中华秋沙鸭自然保护区管理局在林场设立办公室。

九、红光经营林场

红光经营林场位于带岭区址西北部28公里处。东北部和南岔区石头河子林场毗邻，南靠明月林场，西邻凉水自然保护区和寒月林场交界。林场地势北高南低，南北约13公里，东西约7公里，林场地域属于大陆季风气候，夏季短促多雨湿润，冬季漫长寒冷干燥，年平均气温零度，平均降水量

598 毫米，无霜期为 98 天，明月河在此发源并流经本场全境。土壤为暗棕壤森林土带，森林由红松、云杉、冷杉、落叶松、桦树、水曲柳、杨树等 20 多种乔木组成。

林场始建于 1973 年，设有党支部书记 1 人，场长 1 人，副场长 2 人，工会主席 1 人，妇女、共青团、计划生育员均为兼职。场部设有财务、调度、安全技术、生产段、营林段等科室。1991 年，局向红光林场派驻资源监督员。林场设置了专职安全员，1998 年起林场成立防火专业队，设有专职防火队长一名。2005 年，林场居民区修建了一座 800 平方米的休闲广场。

2005 年，林场居住人口 278 人，全民职工 127 人，大集体职工 19 人，住户 78 户。设有居民委员会 1 个，下设 5 个居民小组。1973 年设有林场学校，2000 年山上小学集中到山下办学，林场学校从此撤销，林场设卫生所 1 处，卫生员 1 名。1990 年，林场建有一座容纳 400 人的林场俱乐部，1991 年安装了有线电视，可收看 8 个频道的电视节目。林场职工住房 4500 平方米，人均 18.4 平方米，1998 年全部出售给职工个人。

1986 年，红光林场管理干部为 20 人，2005 年为 12 人。生产也由单一的木材生产向营林和多种经营方向发展，推进了林场科学管理的进程。

十、永翠经营林场

永翠经营林场位于带岭区址西北部，永翠河下游 8.1 公里处。东南与南岔区接壤，南与秀水林场毗邻，西与铁力市朗乡林业局分界，北与明月林场相连。林场地势处低山地带，山峦起伏不平，地形较复杂，多为缓坡，平均坡度在 8～15 度之间，平均海拔 242.6 米，夏季短促多雨、湿润、温凉，冬季漫长寒冷、干燥、少风、多雪。无霜期为 110 天。永翠河自西北向东南流经辖区林场的沟系有清水沟、和平沟、明水沟，各沟均有林业公路相通，乌带公路从场区通过，交通十分方便。

1956 年始建永翠施业区，1959 年变永翠经营所，1975 年成立永翠林场。林场设有党支部书记 1 人、场长 1 人，1986—1990 年设副场长 1 人，1990 年后设副场长 2 人、工会主席 1 人，妇女、共青团、计划生育员均为兼职。林场还设有财务、调度、安全技术、生产段、营林段、防火专业队、专职安全员等。1991 年，局向林场派驻资源监督员。全场现有住户 258 户，山下住户 153 户，汉族占 98%，少数民族 6 户，设有居民委员会 1 个，下设 4 个居民小组。全场现有职工 158 名。1984 年永翠林场和明月林场合并时，设有学校，永翠、明月各 1 所，有教师 19 名，学生 180 多名，两林场各设有校长 1 名，1988 年合并到带岭第一小学，林场学校撤销。林场还设有医务所，有医务人员 1 名。1980 年，林场建有一座容纳 500 多人的俱乐部，面积 300 多平方米。1991 年，林场安装了有线电视，可收看 8 套电视节目。林场职工住房面积为 5830 平方米，全部砖瓦结构，人均住房 19.8 平方米，现已全部出售给个人。1986 年林场管理干部为 22 人，2005 年为 11 人。

十一、明月经营林场

明月经营林场位于带岭局址北部 12 公里处。东与南岔接壤，西与凉水国家级自然保护区相连，南靠永翠经营林场，北与红光经营林场毗邻。面积 5119 公顷，人口 99 户 533 人，其中职工 148 人、青年 88 人、退休职工 46 人。有汉族、满族、朝鲜族 3 个民族，其中汉族居多，占 99%，少数民族占 1%。

林场始建于 1956 年，因地处明月沟命名。山势平缓，丘陵连绵，平均坡度在 8～15 度之间。夏季湿润，温凉而多雨，冬季干燥寒冷，少风而多雪，无霜期为 110 天。明月河流经本场并注入永翠河，带乌公路从林场穿行，各沟系均有林业公路，交通十分方便。

1984 年，明月曾与永翠林场合并，称为明月村。1987 年两场分开，恢复明月林场建置。林场为科级单位，设党支部书记 1 人，场长 1 人，副场长 2 人，工会主席 1 人，妇女、共青团、计划生育员均为兼职。林场设有财务、安全技术、调度、生产段、营林段、青年队、集体企业队、家属生产队、卫生所、商店、明月小学等。随着改革的深化和工作的需要，段队撤销，卫生所和商店与林场脱离，实行自主经营，明月小学也于2000年因全局集中办学而撤销。现在林场下设林场居民委员会。1998年，林场筹集资金12万元建成闭路电视。改革推进了林场的现代化进程，使林场的非生产人员由过去的33人缩减为22人。作业方式和管理都有了很大改变。

十二、秀水经营林场

秀水经营林场位于带岭区址北1.5公里处。林场东邻南岔区，南靠大青川林场，西与朗乡林业局分界，北与永翠林场毗邻。林场地处低山丘陵地带，主要经营带岭区址附近的森林，坡度较缓，平均坡度在8～15度之间，夏季湿润，温凉而多雨，冬季干燥寒冷，少风多雪。无霜期为110天。施业区总面积6547公顷，其中苗圃地总面积40.5公顷，有南、北两大苗圃，南苗圃面积20公顷，已改制经营。北苗圃又称中心苗圃，面积20.5公顷，是国有大型标准化苗圃。林场总人口387人，分散居住在镇内各个社区，职工121人，职工中大专以上学历的有21人，中专学历的有18人，有高级技术职称的1人，中级技术职称的8人。有汉族、满族、朝鲜族3个民族，其中汉族占98%，少数民族占2%。林场为科级单位，设党支部书记1人，场长1人，副场长2人，工会主席1人，妇女、共青团、计划生育设兼职负责人。林场还设有财务、安全、调度、生产段、营林段、育苗段、护林队。

1987年7月，带岭局将东山、西山、北山共3775公顷林地划给中心苗圃经营，92名集体工人一同调入中心苗圃参加营林生产。

2005年3月，局中心苗圃和秀水林场合并，场名定为秀水经营林场，原局中心苗圃取消，场址设在原局中心苗圃。

十三、带岭街道办事处

带岭街道办事处成立于1962年。1966—1970年曾变为永忠、永胜、永红3个管理站。1971年成立带岭镇革命委员会，行使带岭街道办事处职能。1979年，撤销了带岭镇，又改为带岭街道办事处。2000年，根据上级文件撤乡并村，带岭区大兴乡编制被取消。乡政府职能被分解，一部分并入区农委，一部分纳入带岭街道办事处。由此，带岭街道办事处职能扩大，组织机构，人员编制相应增加。2001年，其所属城区相继成立了9个社区，并管理带岭周边5个农业村屯的所有事宜。

（一）永胜社区

永胜社区位于带岭镇中部。北到兴林街，南至育林东路，西与迎宾路为邻，东以贮木场南和运材路东为界。

社区共有居民1624户3844人，其中男性1822人、女性2022人。划分为40个居民小组。

社区组织设党支部书记、主任、副主任各1名，居委会委员1人。外聘治安员2名。驻辖区单位有省林业生态学院、农行、武装部、林政局、贮木场、木材销售科、检验科、商贸中心等9个单位，另有97个商饮服店铺和1个个体木材加工厂。

（二）育西社区

育西社区位于带岭镇西部。北以凉水居民小区为界，南至工商银行，西至原第二中学山后居民区，东与迎宾路为界。

社区常住人口1325户3460人，其中男性1640人、女性1820人。流动人口45户75人。退休职工216人，下岗人员708人，低保户148户339人。划分为35个居民小组。

社区组织设党支部书记、主任、副主任各1名，居委会委员1名，治安员、民警各1名。驻辖区单位有凉水办事处、营林科、建设银行、工商银行、森调队、粮食局、财保公司、网通公司、邮局、工商局、消费者协会、兽医站、交通局、征费所、人大、政协等。另有个体商店 112 家、饭店 28 家、旅店 1 家。

（三）团结社区

团结社区位于区机关一带。东起运材路，西至一小迎宾路，北与康安街迎宾路衔接，南与兴林街为邻。

社区常住人口 972 户 2451 人，其中男性 1219 人、女性 1322 人。在职党员 214 人，退休党员 112 人。划分为 30 个居民小组。

社区占地面积 16 公顷，其中绿化带 2500 平方米、绿地 2488 平方米。有青少年宫 1 座、健身场地 1 处、停车场 1 处。地上建筑总面积 85764 平方米。其中居民住房 14 栋，居民楼 23 栋，办公大楼 5 座。

社区组织设党支部书记 1 名，主任 1 名，副主任 1 名，委员 1 名，治安员 2 名。驻辖区单位有区机关、幼儿学校、第一小学、广播电视局、正大建筑公司、社会福利厂、绥化电业带岭供电局等。

（四）双兴社区

双兴社区地处带岭镇东南。东至青川大桥，西到电厂道口至桃南公路大桥，北临永翠河，南以西南岔河为界。

社区常住人口 931 户 2644 人，其中男性 1374 人、女性 1270 人。划分为 22 个居民小组。

社区组织设党支部书记 1 名，居委会主任 1 名，副主任 2 名，治安员 1 名。驻辖区单位有翔达热电公司、造纸厂、森警队、筑路公司等。

（五）林铁社区

林铁社区位于火车站前一带。东至迎宾路，西至西山道口，南至铁道线，北至育林西路。

社区常住人口 941 户 2458 人，其中男性 1207 人、女性 1251 人。非农业户 899 户 2353 人，农业户 42 户 105 人。划分为 19 个居民小组。

社区组织设党支部书记 1 人，主任 1 人，副主任 2 人，居委会委员 1 人。另有 2 名治安员。驻辖区单位有带岭公安分局。辖区内从事种植、养殖、运输、服务、医疗、加工、娱乐等个体从业者 111 户。

（六）宾北社区

宾北社区位于永翠河东北。与永兴村相连，乌带公路贯穿于宾北社区。成立于 2001 年 8 月。

社区常住人口 1513 户 3480 人。其中男性 1808 人、女性 1672 人。

社区组织设党支部书记 1 人，主任 1 人，副主任 2 人，工作人员 1 人。驻辖区单位有秀水林场、宾馆、高级中学、消防队、工程公司等。

（七）铁南社区

铁南社区位于火车道南一带。北临铁路线，南至西南岔河，东到电厂道口至南大桥，西至秀水屯。

社区常住人口 1690 户 4911 人（含自流户 110 户 365 人），其中男性 2934 人、女性 1977 人。划分为 37 个居民小组。

社区组织设党支部书记 1 人，主任 1 人，副主任 1 人，居委会委员 3 名，治安员 2 名。驻辖区单位有翠林福利厂、交警大队、华龙木业、成达木业等 8 家企事业单位和从事商业、餐饮、服务、运输、养殖、加工等个体从业者 100 户。

（八）康安社区

康安社区位于迎宾路以北。东起永翠河（北大桥），西至一中西居民区西侧，南以迎宾路为界，北括所有居民区。

社区常住人口746户1853人，其中男性987人、女性866人。划分为15个居民小组。

社区组织设党支部书记1名，主任1名，副主任1名，委员1名，治安员2名。驻辖区单位有医院、养老院、水文站、科研所、检察院、法院、一中、进修校、资源馆、防疫站、成龙木业11个单位。

（九）大兴社区

大兴社区位于带岭中部。南以铁路为界，北至育林东街，西至迎宾路，东到运材路、电厂道口。

社区常住人口536户1497人，其中男性707人、女性790人。划分为14个居民小组。

社区组织设党支部书记1名，居委会主任1名，副主任1名，委员、治安员各1名。驻辖区单位有信用社、兴业物资公司、自来水公司、环卫处、地税局、技术监督局、招待所、迎宾派出所等。

十四、大青川街道办事处

1985年，大青川街道办事处独立办公。下设青峰、青松、青云、青河4个居委会。2002年7月场街合一，林场场长兼街道办事处主任，并设一名主管街道工作的副主任。大青川街道办事处原4个居委会合并为青峰、青松两个社区，每个社区设党支部书记1人，社区主任1人，两个社区共有工作人员14人。现有常住人口806户2117人，其中男性1172人、女性945人。有汉族、满族、回族、朝鲜族4个民族，汉族占99%，少数民族占1%。

十五、村屯

（一）永兴村

永兴村隶属于带岭街道办事处领导，村委会成立于1984年5月，2003年3月原靠山村合并到永兴村。永兴村位于带岭翠河桥东侧至北5公里自然屯，有8个村民小组，274户930人。村设党支部书记1人，委员2人，村主任1人，出纳、妇女主任、计划生育员均为兼职。

1983年土地分包到村民小组，1984年土地分包到户。1984年全村第一轮土地承包时，土地面积为2794亩，205户970人，人均土地2.88亩。1998年1月，按照有关大稳定、小调整的文件精神，进行了第二轮土地调整，全村土地面积2645亩，人口938人，人均土地面积2.8亩。

2005年有蔬菜种植大户12户，养殖大户5户，多种经营户22户。人均收入由1986年的510元增长到2005年的3278元，20年人均收入增长6倍多。

（二）金星村

金星村位于带岭区址西端，西南大桥附近。1986—1989年有人口582人，居民184户。1990—2005年有人口390人，居民150户。1986—1996年全村有耕地面积1260亩，1997—2005年为669.5亩。村设党支部书记1人，村主任1人，会计、出纳、妇女主任、共青团书记、计划生育员均为兼职。经过1986—2005年的两轮土地承包之后，人均土地2.6～4.8亩不等。村民们以种植业和养殖业为主，1986年人均收入610元，2005年人均收入3197元。

（三）双兴村

双兴村位于带岭区址东南，1984年5月成立村委会，2000年1月良种村合并到双兴村。现有人口260户704人，有17个村民小组。现有耕地面积1200亩。村设党支部书记1人，委员2人，村主任1人，委员3～5人。妇女、共青团、计划生育员、会计、出纳均为兼职。

1983年第一轮土地承包时，有土地1518亩，有人口143户493人，人均耕地3.08亩。

1998年第二轮土地承包时，有土地1200亩，有人口180户504人，人均耕地2.38亩。

村民主要从事种植、养殖、多种经营业，人均收入从1986年的600元上升到2005年的3238元。

（四）青川村

青川村位于桃南公路88公里处，村委会成立于1986年，村党支部成立于1973年。现有人口168户458人，有耕地1444亩。村设党支部书记1人，委员2人，村主任1人，村委员3～5人。妇女、共青团、计划生育员、会计、出纳均为兼职。

土地经过两轮承包后，人均土地3亩左右。村民主要以种植和养殖为主，1986年人均收入605元，2005年人均收入3205元。

（五）红星村

红星村位于带岭区址东南10公里处，村委会成立于1985年，2000年秋丰村合并到红星村。现有土地2851.5亩，人口176户570人。

村设党支部书记1人，委员2人，村委会主任1人，村委员3～5人。妇女、共青团、计划生育员、会计、出纳均为兼职。

经过两轮土地经营承包，人均土地4～5亩。村民主要经营种植、养殖、农机运输业。1986年人均收入420元，到2005年人均收入3194元。

第三篇

改革开放

1986—2005 年，在改革开放的 20 年间，带岭也和全国一样经历了计划经济向社会主义市场经济的转轨，特别是经济体制改革，发生了深刻的变化，逐步向现代企业制度迈进，这种裂变，使国有企业充满了活力。

1987 年，带岭局在改革开放中探索企业发展的新思路，按照林业部的要求，借鉴吉林省三岔河林业局的经验，开展了林业经营“三段式”改革。成立了森林经营、木材采运、林产工业和集体企业四大公司。采运公司由局生产科、贮木场、运输管理处组成，局设总调度室。1991 年 6 月，采运公司被撤销，变为运输公司，局又恢复了生产科，贮木场并入林产工业公司。局财务科设内部银行，实行企业内部结算方式。

20 年间，带岭局先后进行了“满负荷工作法”“实施林价制度”“推广合江模式”“学清河学铁力”“学邯钢”“推行双文明目标责任制”等多项改革尝试。1987 年，实行了基层单位厂（场）长任期目标责任制。企业内部推行了利润、成本、减亏、经营、基本建设投资、技术改造等 10 种形式的承包责任制。1989 年，带岭局又进一步修改完善了《局承包经营责任制实施办法》。各单位实行了不同形式的承包责任制。

第一章　农村经济体制改革

第一节　家庭联产承包责任制

1986 年，带岭农村有耕地面积 11887 亩。1996 年，因洪水毁田，实有土地 9812 亩。到 2005 年土地达到 10017.3 亩。随着全国农村经济体制改革的深入，带岭农村于 1984 年春开始实行家庭联产承包责任制，即“家庭承包经营”。也就是把生产队的土地按户、按等级分给农户由一家一户承包经营，土地所有权仍属于村集体所有，使用权归农户所有，村与农户签订土地承包合同。根据中央土地承包 15 年不变的政策，到 1997 年年底第一轮土地承包期满。1998 年春，党中央确定了第二轮土地承包期再延长 30 年不变的政策。带岭区 8 个村于 1998 年年初顺利完成第二轮农村土地承包工作。给农民吃了定心丸。农村经济体制改革使农民人均收入逐年递增，以红星村为例，1986 年人均收入 420 元，到 2005 年人均收入 3194 元。家庭联产承包责任制为全区的农村经济带来了活力。

第二节　个体规模经营

农业经济的振兴，带动了个体经营的发展，农民不再单纯地犁地种田，他们在积极探索科技种田，向科学成果要效益的同时，目光已由农业转向运输、养殖业、商饮业。1987 年，全区农村多种经营产值达到 394 万元。到 2004 年，农村的多种经营产值达到 1999.5 万元，同时也拉动了全区多种经营业的发展。20 世纪 90 年代初，永兴村的大棚蔬菜生产非常红火，涌现出刘乃奎、庄步富等蔬菜种植大户，区政府每年春季都要召开一次表彰大会，对养猪能手、养牛能手、种菜能手等进行表彰奖励，同时还召开现场会，让养殖、种植能手介绍经验。永兴村是农村多种经营产业发展较快的村。2000 年年初，在区政府的大力支持下，永兴村农民田喜茂、张大臣办起了半亩地的日光温室大棚，即节约能源，提高了棚温，也促进了作物早熟。冬季也可看到当地的新鲜蔬菜上市，而且价格适中。育苗大户宋德贵、徐淑芳，每年培育的秧苗都供不应求，深受农民的欢迎。随着国家对农业政策的倾斜，农民种地得到了实惠，也涌现出许多种粮大户，如红星村的黄豆种植大户李士爰，每年种植黄豆 200 亩，年收入十分可观。随着农业机械化水平的提高和农业运输工作的需要，农村还出现了农机大户，他们农忙时种地，农闲时运输，成了农村中的佼佼者。养牛大户姚永宽在秀水林场养牛 200 头，肉山羊养殖大户姜永存在东方红林场养殖肉山羊 500 只，双兴社区的富珍在双兴社区养猪年产量 1000 头。到 2005 年，全区有肉牛养殖大户 4 家、山羊养殖大户 4 户、猪养殖大户 6 户、林蛙养殖大户 6 户、肉蛋鸡养殖大户 16 户、狍子养殖大户 1 户、貂养殖大户 2 户、獭兔养殖大户 18 户、蜜蜂养殖大户 5 户、火鸡养殖大户 2 户、非洲雁养殖大户 3 户、鱼养殖大户 6 户、鹿养殖大户 12 户、雉鸡养殖大户 3 户、榛鸡养殖大户 1 户、野猪养殖大户 2 户、熊养殖大户 1 户等。这些养殖大户随着市场变化而变化，没有固定数量，依据市场需求变化而变化。

第三节　社会化综合服务体系

1986 年，带岭农村的农用物资主要靠“五站一社”来完成，即大兴乡种子站、带岭农机站、带岭区农业技术推广站、水产站、畜牧兽医站和农业银行带岭信用社。其次，永兴村商店、双兴村商店也出售部分农用物资。20 世纪 90 年代，农村经济发生了深刻变化，农民不再单纯靠种田吃饭，而是工业、食品加工、畜牧业、建筑业、运输业、商饮业一起上。1990 年，全区农村多种经营总产值达到 501 万元，到 2005 年增长到 2075 万元。除以上叙述的“五站一社”加大对农村的工作力度外，与承包经营、目标管理有很大关系。如大兴乡种子站，实行个体经营后，依靠农村市场需求，大力引进优良品种，及时购进农民所需物资如化肥、棚膜、种子等。农业银行带岭信用社也早早深入到农村农民家中，调查摸底，把为农业服务放在工作的首位，促进了农村工作开展。此外，个体为农村服务的行业也迅猛发展，如长富农机配件商店，永富农机配件商店，林区农业综合服务站，金河、鑫发兽医药店，农机修理部等雨后春笋式地发展起来。带岭邮政局、科研所、非国有经济办公室等单位和部门也纷纷办起了对农村服务业务。带岭技术监督分局、带岭工商局、带岭街道办事处（农村），每年也多次深入到各村检查指导工作，打击不法商贩对农村经济的破坏，保障了农村经济在健康的道路上发展。

1997 年，带岭区机关进行改革，成立农业办公室。2000 年，带岭区农业办公室主编了一份简报《农业多种经营信息简报》，每月一期。主要刊登农业种养技术、科技信息、农药开发、病虫害防治等内容，发至全区 5 个村和各林场多种经营部门帮助指导农村经济发展。2000 年 1 月，大兴乡撤销后，农村工作合并到带岭街道办事处管理，区农业办公室在负责全区农业工作的同时，对农村工作也有帮助指导作用。

第四节　乡镇企业

1993 年 5 月，中共伊春市委、伊春市人民政府为加快乡镇企业的发展，出台了 32 条优惠政策。据此，带岭区委、区政府破除计划经济、林业经济的传统思维和“大农业、小乡企”“大林业、小乡企”的旧观念，转换脑筋，把发展乡镇企业放到全区经济的主体地位，采取措施，促进了全区乡镇企业发展。

制定优惠政策　在区乡镇企业工作会议和有关文件中规定，村或农民个人自愿创办合作企业，可直接到工商部门登记，不必经任何其他部门审批。对新办股份制企业，工商管理部门可在备案后允许其从事经营活动，不发照，不收费，待条件成熟后再进行登记注册，对所需土地，管理部门应优先给予办理手续；对发展乡镇企业所需资金，除按上级有关规定从每年扶持地方工业周转金和知青周转金拿出一块，企业从每年销售收入中提取 1%～2% 的新产品开发基金用于发展乡镇企业；对新办乡镇企业，从投产之日起，免征 3 年所得税、产品税、增值税和营业税，减免税款可留作企业发展基金；乡镇企业在厂区内进行生产和生活福利设施建设，免征城市规划费，土地占用税；凡乡镇企业开发荒山、荒坡、荒地兴办“绿色集体企业”所生产的产品，从有收入之年起，免征 3 年所得税和农林特产税；对选派、招聘到乡镇企业工作的人员，要在工资、住房、子女就业等方面给予优厚待遇；支持科研、事业单位和国有企业技术人员及职工，在完成工作的前提下，利用业余时间为乡镇企业服务创收，离退休人员接受乡镇企业聘任，原有离退休待遇不变；工商监督纪检部门要减少对乡镇企业的检查审计，并要为其保驾护航、推进乡镇企业有一个较快的发展。

扩大乡镇企业规模 各经营林场的新办集体经济，个体企业、联户企业、私营企业和地方企业等，统一纳入乡镇企业范畴，如区建筑工程公司，林场青年新办集体经济，家属生产队开办的采沙场、机械修理等都纳入了乡镇企业的统计范围。

形成齐抓共管的态势 全区各单位、农业各村屯普遍把发展乡镇企业纳入重要议事日程，投放一定人力、物力、财力利用闲置房舍大力兴办乡镇企业。在全区初步形成乡镇企业协作、优势互补、以乡促企、以企带乡、协调发展的格局。

据带岭区历年《经济和社会发展计划》显示，从 1992 年开始，乡镇企业产值逐年递增，分别为 1992 年 51 万元、1993 年 270 万元，1995 年增至 1650 万元，最高的 1997 年乡镇企业产值达到了 4600 万元。

第五节 村务公开制度

带岭区村务公开工作是 1998 年开始的，到 2005 年，经过 7 年的运行，各村的村务公开工作已经基本形成了制度化、规范化、民主化。通过村务公开制度，融洽了村干部和村民的和谐关系，做到了“还老百姓一个明白，还村干部一个清白”，促进了农村的社会稳定，促进了农村经济发展。

村务公开的内容：村集体经济收入情况；村财务预算、决算执行情况；农村人均收入情况；村干部工资及奖金发放情况；村级债权，债务情况；农村养老保险收缴、发放情况；农村救灾、救济、困难补助情况；计划生育指标分配情况；农业灾情及农业税减免情况；录用干部、发展党员及评优选模情况；其他需随时公开的内容。

村务公开的形式：为了使村务公开达到预期的效果，各村的公开形式也多种多样，以公开板的形式进行定期公开。各村设立了村务公开板，把需定期公开的内容在公开板上定期公开，使村民及时了解村内的情况。公开板上的内容同时在公开簿上登记存档备查。利用广播随时公开。对随时发生的事项，随时用广播公开。以召开会议的形式具体公开。有些公开的内容需召开会议与村民商议后公开。以发放“明白卡”和传单的形式系统公开。有的公开内容需发放到户，做到家喻户晓，人人皆知。

村务公开的时限：村务公开时限主要采取随时公开、季度公开、本年公开和年末公开。对临时性随时发生的事项进行随时公开，如救济救灾、困难户补助的发放等；对阶段性、季节性工作实行季节公开；对跨年度较大的工作可本年或年末公开。公开时间每次不少于 7 天。

村务公开的程序：在公开前由村委会召开会议，整理出公开内容，然后由村民理财小组审核并加盖印章后，上报主管部门审核备案后方可公开。对群众关心的热点、焦点和涉及村民切身利益的问题，采取事前事后双公开。

为了使农民充分行使自己的民主权利，充分发挥“民主选举、民主决策、民主管理、民主监督”的作用，使 4 个民主落到实处，各村都建立民主管理组织机构监督村委会的工作。村民代表会议制度，村民代表由村民选举产生，每 10 户村民选举一名代表，组成村民代表会议，村内有重大事项可随时召开村民代表大会讨论决定；村民大会制度，村民大会由本村 18 周岁以上的全体村民组成，有重大事项或涉及村民切身利益的大事必须经村民大会讨论，有三分之二的村民通过才有效。实行民主理财制度，村民成立民主理财小组，理财小组成员由 3～7 人组成，由村大会或村民代表会议选举产生。理财小组有权参与制定本村的财务账目，有权否决不合理的开支，村级财务账目必须经理财小组审核盖章后方可入账，否则不予入账，充分履行民主监督的职能。

第六节　农民素质教育

1986年，带岭区大兴乡和农业科学技术推广站联手，在区科委的支持下，举办农民科学种田培训班8期，培训240人，印发科技资料500份，举行广播讲座7次，现场答题8次。农民对参加科技培训热情十分高涨，有父子同桌，三代同堂，曾一时在大兴乡传为佳话。1996年，带岭区举办了5期农民科技培训班，培训了420人，播放科技录像9场，印发科技资料500份，举办广播科技讲座2次，办科普板报3期，举办现场答题5次。这些科技活动大多都是应季开展，如冬季开展农村科普之冬活动，农业科技人员深入到农民家里放映科技幻灯、科技录像等。春播季节，科技人员深入到田间地头等发放科技宣传单。蔬菜生长季节举行现场会，科技人员到现场讲解病虫害防治和先进科技成果的管护方法等。2005年，带岭区共举办农民科技培训班6期，培训农民350人，播放科技录像6场，印发科技资料5000份，举办广播讲座2次，办科普板报5次，举办现场答题2次。农民科技素质的提高，推动了科学种田工作的开展。

第二章　企业制度改革

第一节　党委领导下的厂（场）长负责制

1987年1月，带岭局为了深化改革，全面贯彻中共中央、国务院颁布的国有企业深化改革的“三个暂行条例”，相应制定了“三个实施细则”。实行了党委领导下的厂（场）长负责制。

基层厂（场）长的产生，由局长提名，党委组织部考核，局党委讨论，局长任命。厂长实行任期制，每届任期3年，具备条件可以连任。厂长任期内，实行目标责任制，厂长应根据国家要求，社会需要，结合生产建设实际，提出森林培育，技术发展，效益发展，职工福利等长远发展目标和实现其目标的任期责任目标，经工厂管委会和职工大会讨论通过，并报林业局批准后组织实施。任期责任目标的实施情况作为对厂长考核、监督、奖罚和是否连任的主要依据之一。

厂长任期内离职或届满前，由林业局进行全面考核，并提请局审计部门进行审计评议。根据厂长在任期内的实绩，以及审议评议，在听取职工大会（职代会）意见的基础上做出连任或离任的决定。厂长在任期内要求辞职，必须向林业局提出书面申请，经局批准后方可离任。职工大会（职代会）提出要求罢免厂长建议时，应报请林业局10天内调查处理完毕。厂长确因能力不胜任或有严重失职行为，林业局有权免除其职务。

厂长的职责，厂长要认真贯彻以营林为基础的方针，走以林为主、综合利用、多种经营、全面发展的道路。根据国家计划和市场需求，结合任期目标，提出工厂年度经营目标和发展方向。组织全厂各方面力量，保证完成国家计划。厂长应注意市场信息，搞好市场调查，不断开发新产品，降低生产成本和费用，增强工厂的应变和竞争能力。要注重产品质量，抓好技术改造和技术进步，积极改善职工劳动条件，高度重视安全生产和文明生产；抓好社会治安和防火工作。同时，要抓好精神文明建设，思想工作和文体活动，不断提高职工群众的综合素质。充分发挥各职能部门在三个文明建设中的作用。

厂长的权限，厂长有经营管理的决策权和生产指挥权；有提名工厂副职和行政股段级干部任命权；有对特殊贡献职工奖励晋级和对触犯劳动纪律职工的处分权。厂长有权拒绝企业外部任何组织和个人抽调、借用本单位人员，无偿占用本企业资金和物资及对本企业摊派劳务和费用。

厂长在工作中成绩显著，具有下列情形之一者，给予荣誉奖励、物质奖励和晋级奖励：主要经济技术指标达到国际先进水平或全国同行业水平，在管理升级中取得显著成绩；新产品开发成绩显著，产品有竞争能力，为企业提高经济效益做出较大贡献；主要产品被评为市优、省优、部优、国优、社会经济效益显著；推行技术改造和技术进步成绩显著；有重大技术突破；在科研中取得重要成果；推行现代管理取得显著成果。

厂长由于工作过错，发生下列情形区别情况给予处分：违反法律法规和规章制度，损害国家、企业、职工、用户或消费者利益；连续两年完不成国家指令性计划；不能履行经济合同，造成重大经济损失；忽视环境保护，造成严重污染；发生严重质量事故、重大机械、人身伤亡事故和火灾事故，使国家和人民生命财产造成重大损失，以及犯有其他严重错误者。

厂长以权谋私、违法乱纪、弄虚作假、骗取荣誉或经济利益，区别情况给予处分，触犯刑律的，依法追究刑事责任；对厂长的奖惩、调资、晋级由林业局决定。

为保证党委领导下的厂长负责制顺利实施。对全民所有制工业企业的基层党组织工作也制定了实施细则，要求各单位党组织坚持四项基本原则，积极改革创新，紧紧围绕在经济建设和本单位业务活动开展工作。同时，要积极支持厂长正确行使权力，支持群团组织发挥各自的作用，推进社会主义物质文明和精神文明建设不断发展。

实施党委领导下的厂（场）长负责制，对基层职工（代表）大会也制定实施细则。要求实行厂（场）长负责制的同时，必须建立健全职工代表大会制度保障与发挥工会和职工代表在审议重大决策，监督行政领导，维护职工合法权益的权力和作用。职工代表大会实行民主集中制。其职权包括：定期听取厂（场）长的工作报告，审议本厂生产计划，节约挖潜、技术革新、劳动竞赛、职工培训方案。决定职工住宅、工资调整、资金分配、体制改革方案。评议、监督各级行政领导干部，并提出奖惩的任免建议。职工代表大会根据主管机关部署，可以民主推荐厂（场）长人选，也可以民选厂（场）长，报主管机关审批。厂（场）职工代表大会对厂长在其职权范围内决定问题有不同意见时，可以向厂（场）长提出建议，也可以报告上级工会。

第二节　森林经营、采运、加工“三段式”经营改革

“三段式”改革是1986年8月在国有林区经济体制改革座谈会上提出来的。原林业部以〔1987〕21号文件把带岭局确定为“三段式”经营的试点局。省森林工业总局、中共伊春市委相继提出了具体要求。局于1987年7月出台了“三段式”总体改革方案，“三段式”经营所要解决的中心问题一是深化森林资源培育，确定营林工作在森工企业的中心地位，把一切工作纳入以营林为基础轨道。二是试行林价制度，实行营林生产商品化经营。三是在企业内部按专业化生产，商品化管理，企业化经营的原则。进行管理体制改革，使企业由生产型向经营型转变。四是实行分级分权管理，深化企业改革，完善承包经营责任制。根据以上具体任务，带岭局成立了森林经营公司、采运公司、林产工业公司和多种经营集体企业公司。

一、森林经营公司

该公司由当时的营林处及其所属单位苗圃、经营所等基层营林生产单位组成。行使营林处全部职能，统一管理全局的营林验收，育林基金使用，营林成本核算，营林经济承包责任制。承担全局抚育伐，营林公路养护，护林防火和营林安全生产任务。经销林木种子、绿化树苗、透光抚育伐剩余物和小木制品业务、统管本公司业余教育、计划生育等工作。公司总定员2707人。

二、采运公司

该公司由局生产科、木材检验队、运输管理处、贮木场、机修厂及山上林场组成。其职权范围：行使局木材科和木材检验全部职能。负责全局伐区、公路、木材检验、汽车运输、贮木场管理。承包全局主伐木材生产三大工序和抚育伐产品运输、全局机械设备大中修理、木材生产公路养护和简易桥

梁改造、客货运等任务。核算全局木材生产成本利润，以及安全生产、防火保卫、业余教育、计划生育工作。全公司定员 1394 人。

三、林产工业公司

林产工业公司由当时林产工业科、林产品经销公司、制材厂、胶合板厂、带岭木材综合利用厂、社会福利厂、大青川细木工板厂等组成。其职能范围：行使局林产工业产品的设计、质量标准、计量检测、产品验收，核算林产工业产品成本、资金占用和利润。承担全局锯材、箱板纸、胶合板等生产任务，经销非统配材和综合利用产品以及安全生产、防火保卫、计划生育等工作。总定员 3793 人。

四、集体企业公司

该公司由当时的集体企业公司、多种经营公司、工业科和其所属企业组建而成。其职能范围：行使农牧科、土地办、水利、农机、乡镇企业科、工业科以及青年集体企业公司的职能。统一管理全局多种经营的种植业、采集业、养殖业、加工业、采掘业和集体的商业、饮食、服务业。负责全区（局）的农业、地方工业、多种经营的产前、产中、产后服务，规划协调指导全局综合开发，承担全区（局）农业、多种经营、地方工业的产值、产品质量、利润计划的组织实施，收购经销全区（局）多种经营产品和本公司的防火保卫、计划生育等工作。本公司共有管理干部 65 人，较过去 108 人减少了 43 人。下设 11 个科室，管辖 11 个附属单位，4 个直属厂，4 个地方企业。

通过“三段式”经营改革，森林覆盖率由 1986 年的 77.43% 提高到 1990 年的 81.91%，人工造林达到 3 万亩，成林抚育 6 万亩，实现 50 万亩人工成林，30 万亩成林抚育，企业由省级先进企业提升为国家二级企业。承包期内，实现无森林火灾和重大经济火灾，无重大伤亡事故。精神文明建设上档次、上水平，实现承包期内社会效益、生态效益和经济效益同步提高。

第三节 企业内部承包经营责任制

1987 年 7 月，带岭局为了深入贯彻国务院关于深化改革、增强企业活力的部署，在全局推行以建立承包经营责任制为标志的企业内部改革。

建立承包责任制以国家给予搞活林区优惠政策为活力，以包干指标和企业管理升级为目标，以搞好配套改革和完善经营机制为内容，以发展生产力和提高经济效益为中心，以局和总局签订的承包考核指标为主体，指标考核，按项奖罚，超收节支分成，歉收超支自补，一人牵头，党政工领导集体承包。

承包经营一包全面完成国家考核指标；二包森林资源增长；三包资源消耗和国家统配材任务；四包技术改造，新产品开发，固定资产增值，到期基建和技改贷款偿还；五包减员增效；六包企业管理升级；七包防火和安全，承包期内无森林火灾，无重大经济火灾，无重大伤亡事故；八包债权债务清理，自我处理历史挂账；九包上缴包干利润基数；十包精神文明建设。

承包经营的配套改革，试行林价制度，实行森林资源有偿消耗；核定流动资金占用额，超额申请贷款有偿占用；福利基金实行各单位自提自用，包干使用，超支自支自补；核定车间经费和机关行政管理费，一定四年不变；物资供应按价收费，实行企业化经营；改革全局两级管理机制，大力精减非生产人员；建立局和公司的企业内部银行，进一步加强企业的财务管理。

承包经济责任制规定基层单位正职领导干部任期和承包期一般为 4 年，在任期内原则不予调动，一旦调动按离任审计制度进行审计考核。

各基层单位领导干部承包经营责任制由任期目标和年度经济责任状两部分组成，经济责任状为承包期内第一年度的指令性指标，必须年年达到。经济责任状由局体改办，会同计划、财务、劳资等部门，于每年1月同各单位签订。经济责任状的主要指标考核采取统计、会计、业务考核与年终检查4种形式进行。

第四节　以场自立，以户自立改革

根据黑龙江省森林工业总局推广合江林区经验，实行“以场自立，以户自立”的统一部署，1992年8月，带岭区改革经营体制，提出要以“两自立”为中心，搞好治危兴林工作。以场自立就是把林场作为二级模拟法人，实行场自为战，充分利用本地资源，劳力优势，充分利用森工扶持政策，放开经营、独立核算、自负盈亏、定额上缴。在完成木材、营林生产任务的同时，大搞多种经营，综合利用及其他第三产业，形成经济规模效益，达到自我积累、自我发展、自负盈亏、自我约束。所谓“以户自立”就是以每个职工家庭为经济单位，不依靠或不完全依靠林场统一组织生产劳动的工资收入，利用本地优势，发挥个人专长，发展家庭经济的收入。或者从林业生产中分离出来，靠从事其他产业获得的收入，以达到林区中等家庭正常生活水平，以分担企业困难。带岭局实行“两自立”的优势主要是森林资源大有潜力可挖，其多样性、立体性、再生性特点，提供了开发利用森林资源的有利条件。劳动潜力大，有近2000名富余人员可向“两自立”企业进军。科技人才多，为开发非林产业提供了技术保障。交通方便，为推行“两自立”提供了比较好的自然地理、经济条件。

为了稳妥地实施“以场自立”“以户自立”经营体制改革，带岭局先在部分林场搞试点，然后在全局铺开。

第五节　承包责任制的发展完善

20世纪90年代起，随着森林资源的减少以及计划经济弊端的制约，带岭局和其他林业企业一样，面临资源危机、经济危困的严重局面。“两危”状况促使林业局不断深化改革，加强企业管理，在全局实行了承包经营责任制。1992年，局和基层36个单位签订承包责任状，承包率达100%，实现了全员、全过程、系列化承包。被黑龙江省人民政府列为全省57户“十自主”试点企业之一。

1993年，带岭局在总结上年改革成果的基础上，继续发展和完善承包经营责任制，签订承包责任状。带岭局对各林场、中心苗圃和森林经营公司，实行委托生产，营林生产成果商品化经营管理。上卖青山，下买青苗，定价收购。木材生产单位，实行个人“三挂钩”承包责任制。据各单位工资水平，自行消化医疗费超支部分，从职工组成结构等实际情况出发，对各单位医疗费包干额作了规定。各林场按工资额5%、山下各生产经营单位按6%、企业管理费和劳务外开支单位按7%比例提取留用。实行提取基数包死，节约留用，超支从单位包干结余或年终分成奖中弥补。对运输公司实行运材立方米公里成本，客货运亏损，车间经费递减包干的承包责任制。对招待所、宾馆、公用事业管理处等单位实行收支差额补贴（上缴），超支自补、节约留用的财务包干承包责任制。对森调队实行经费包干，外业补贴和完成合格调查工作量挂钩的承包责任制。对公安局、广播局、农委、街道办事处、林政科等单位，实行事、费挂钩的经费和工作目标责任制。对经销公司实行运输总量、木材售价、经销费差额、联营点利润、销售业务费包干的营销承包责任制。

深化企业改革，不断完善承包责任制的运行机制。推行活性工资制，采取多种形式的单位工资总量和经济效益挂钩，完善承包经营的利益激励机制，推行全员风险抵押。完善承包经营自负盈亏约束机制，推行固定员工合同化管理，建立劳务市场、培训中心、劳务仲裁机制，完善经营承包的风险机制，推行委托生产，指标承包，工人“三岗制”和生产资料商业化经营，完善经营承包的竞争机制。

坚持责、权、利统一，不断扩大基层经营单位自主权。基层生产经营单位行政副职，由厂（场）长、书记联合提名，主管局长推荐报党委批准。股段级干部由厂（场）长任命，报局备案。对各单位新增职工和节约性用工、转业复员军人和大中专毕业生分配除外，经劳资科推荐，由单位择优录用。实行工资总额和经济效益挂钩，局按挂钩指标审批工资，内部分配自定。各单位包干结余，在优先处理历史挂账、潜亏损失前提下，可按资金分配自定在林业局编制确定的非生产人员限额内，有权决定单位内部机构设置和人员配备。对供应科分配的质次价高物资，有权拒绝接受。对生产资料和短缺材料，经供应科审查批准，可自行采购，财务科在资金上给予必要保证，对供应科超过局规定加价率的物资有权拒付。除木材由局统一销售外，其他产品不得高于局最低保护价，单位有权对职工除开除外的处罚，但必须报人事科和劳动工资科备案。基层有权用上年度包干结余发展多种经营、兴办第三产业，改善职工集体福利设施。有权拒绝各种不合理摊派。

第六节　林场产权制度改革试点

东方红林场早在1990年就开展了“以农补林、以副养主”，推广“合江林业模式”改革试点，推行了“工资田”承包发展庭院经济，巩固了场营人参、养鹿等多种经营基地，初步形成林农复合型林场产业结构，实施了“工程造林”，林价制度，立方米产值承包的林木商品化经营，采取了包、租、股、卖的方式，进行非生产人员的分流、分离。实现了后勤服务和福利设施产业化经营，无偿改有偿，暗补改明补，官营改民营，探索了所有者、经营者、劳动者三位一体。油锯、牛马畜力、运输汽车生产资料实行民有场营，司机承包的产权制度改革。随着改革的深入，形成了产权制度多元化，产权结构多样化，分配制度多种化的混合经济格局。围绕全局改组国有独资公司的改革总体目标，按照总体推进、重点突破、循序渐进、上下同步的原则，1998年8月，带岭局在东方红林场实施了产权制度改革试点。

深化产权制度改革，推行“民有场营”经营制度。其特点是产权明晰、劳动者所有；管理科学，生产设备劳动者自有自用；强化激励机制，劳动者可以从劳务、资产、燃材料节约、技术贡献等获得多种收益；三者利益兼顾，减少了林场资产投入实现分配向关键岗位倾斜。

改造混合经济，发展林场经济。林场既是林业局的生产车间，又是发展多种经营、综合利用、第三产业相对独立的经济实体。

推行内部委托生产，促进转换经营机制。内部委托生产实现了管理层和作业层分离，扩大了作业层自主权；推行了生产作业成本大包干，改革了产权制度和分配制度；实行了劳动优化组合。

引进市场机制，完善生产服务体系。林场材料供应实行商业化管理，修理部实行企业化经营，庭园经济的流通和销售实行保本有偿服务，民有生产资料林场内部转让，各项林业生产任务逐年推行招标承包。

为保证试点工作顺利进行，制定了相应政策。产权制度改革后，对东方红林场原条采伐生产实行内部委托生产，生产成本大包干，承包费计酬。材料配额实行“三包”制度。供应科如提供质次价高物资，林场有权拒付，并实行包修、包换、包赔政策。为保证安全生产和生产任务完成，对生产设备实行强制保养，停产后中修，每两年进行一次大修。大修费用实行实耗配件费用和定额工时费用收费。对大中修费用按日按标准提取，并实行单本专户存储，节约归己，超支自补。因工资调整，易耗配件涨价，对工价和台班消耗费用定额，实行一年调整一次。实行两级成本管理。局对林场的成本是全年，全部伐区设备的平均成本，林场应对包车组的成本，按伐区小号或装车场为对象，进行单车重新核定，林场应提留 10%。台班消耗费用，用于燃材料损耗、后勤人员年终分成奖等。

随着产权制度改革的不断深化，在东方红林场还实行了伐区木材内部委托生产管理办法。林场伐区木材生产相对稳定，依据生产实行定产定车，保证木材生产相对稳定。依据林场的森林经营方案，由资源、计划、生产等部门，规划 5 年限额期的主伐原条产量，并保证年度期间木材生产任务相对稳定。然后标定单机日产量，按生产期，每月出勤台班，计算单机年产量，按总任务和单机台年产量核定转让设备数量，并按 10%～20% 产量幅度，配备备用设备，实行租赁经营，利益兼顾，资产转让合理定价。作价的原则是按国家统一标准重估后的资产净值加上中修设备改造费用，并适当考虑设备现有状态。租赁设备的租金为资产重估值的年折旧费加资产净值的利息，租赁期为一个大修期，退租时须进行设备大修，费用由承包者自付，使设备达到完好标准。优化劳动组合，鼓励股份合作制。为了提高劳动效率和经济效益，产权转让的所有者和作业工序的劳动者实行合伙出资、利益共享、风险共担、建立新型的劳动和资本合作的作业层股份合作制。

为了保质、保量、保安全地完成木材生产任务，强化伐区木材生产管理。在伐区设计上，由主管生产场长、采运技术员、生产段长、安全定额员、财务人员进行伐区准备作业工程设计的现场复查。准备作业工程要按照设计标准施工，实行预算包干，质量检查验收，工程合格后支付全部费用。编制生产作业计划，依据伐区生产设计资料，设备台班产量，编制油锯、拖拉机、绞盘机的单车（机）月份生产作业计划和旬进度生产计划。对完不成作业计划的包车组，要给予一定的经济处罚。加强生产现场指挥，主管木材生产的职能人员要深入一线现场指挥，上山补贴由按日补贴改为产量、质量、安全挂钩的奖罚办法。严格伐区作业质量验收。各项作业质量要符合伐区验收标准，达不到验收标准不得搬入新伐区。对伐区各工序生产实行质量优劣的奖罚制度，质量不合格要责令停产返工，对造成经济损失的要给予一定的经济处罚。严格执行安全生产操作规程，实行安全岗前教育，持证上岗，坚持设备维修和保养制度，保证安全生产。对油锯、拖拉机和绞盘机实行定额机保工资，修理部企业化管理，修理工全员承包，以收抵支、工资浮动、自负盈亏。建立设备定期查评制度，对取得带岭局红旗设备的司机给予奖励。加强材料配件供应工作。对质次价高的物资，林场应对司机实行保退、保修、保赔，并要追究材料员的经济责任，对计划内急缺配件，林场可自行购买，但不准增加机械操作人员负但。加强材料单车核算，进一步建立和完善物资领用制度。按照内部委托生产，由财务部门统一负责单车核算和劳动者收益分配。委托生产费的结算，按局返回的原条和枝丫产量，依据场额定的单位生产成本，与包车组进行每月收入结算。收入分配原则，在扣除场部代付的燃材料配件费用、修理工时费以后，剩余部分实行按劳，按资分配。

为适应产权制度改革的需要，林场对主要生产设备 J–50 集材拖拉机、装车机实行民有场营，内部委托生产权转让经营体制。为责权明确，有章可依，林场与经营者（司机）签订“产权转让书”。

第七节　全民所有制企业股份制改革

1994 年 9 月，带岭局在各经营林场进行运输汽车民有联营改革试点推广实施工作。1998 年成立了民有联营运输公司，隶属带岭运输公司管理。1999 年，带岭小造纸厂实施股份制经营，对宾馆、招待所、机修厂、客运站、运输公司实行租赁经营。原房地局变为物业股份有限责任公司。

2000年6月实施国有中小企业产权制度改革，共有42家。其中，改为股份有限责任公司的有15家，即带岭发电厂、木材综合加工厂、机械修造厂、运输公司、运输公司客运中心、商贸总汇、物资供销公司、林业工程公司、人民政府铅印室、废品回收公司、种子经销公司、大青川青峰木棉制品加工厂、对外贸易公司、集体企业公司、第一招待所。撤销的企业有11家，即运输公司汽车修配厂、新华书店、康乐药店、森工产品经销公司、乡镇工业小区、林产公司种禽厂、文化馆歌舞厅、宾馆商店、糖化饲料厂、筑路工程公司、餐具厂。撤并的企业有2家，即金属回收站、秀水木制品厂。出售的企业有13家，即林业地区燃料公司、服装厂、食品厂、人民饭店、双乐商店、无鸣商店、冰棍厂、星火商店、繁华商店、集兴楼饭店、山野菜加工厂、纸制品包装厂、综合社。破产的企业1家，即带岭陶瓷厂。

第八节　股份合作制企业

2001年4月26日，经股份制改造，原基建工程处更名为正业建筑有限责任公司，开始挂牌营业。改制前，基建工程处有139名职工，经过两次一次性安置和离退休等，正业建筑有限责任公司有职工33人。在改制过程中，召开了股东大会，讨论通过了《公司章程》和《募股方案》，职工入股500元至4万元不等，赢利年底分红，颁发了股份权证，行使股东权力，选举产生了公司董事会、监事会成员。公司成立后，设生产部、财务部、计统部、销售部等。改制后的正业建筑有限责任公司，激发了广大职工积极性和工作热情，彻底改变了没活干的被动局面。2001—2005年，仅建筑楼房面积就达3万平方米。团结社区的1～4号民有住宅楼和局址路的经济适用住宅楼都是他们承建的，此外他们还承包了食宿办、带岭高中等公用楼房建筑。企业建筑有限责任公司还走出家门参加了哈尔滨冰雪大世界的建筑、大连的休闲别墅建筑和依兰县的巴兰河大桥建设。

2001年4月22日，翔达热电有限责任公司召开成立大会，大会由30名原发电厂职工作为发起人成立股东会，依法召开股东会议。股东会通过了《公司章程》《募股方案》，选举了董事会、监事会成员。股东会通过了设立公司组织管理机构方案：公司设三部一办（财务部、物资部、安全技术部、办公室）和3个分公司（热电生产分公司、电力分公司、热力分公司）。

2004年4月18日，公司召开了第二次股东会第一次会议，选举第二届董事会、监事会，修改了《公司章程》。改制中进行了两个置换，原发电厂职工进行了一次性安置，资产依法评估，全部出售给职工。实行股份制经营之后，极大地调动了职工的工作积极性，对机、炉等设备进行了大修和技改，安装了先进的反渗透水处理设备，进行了供热分户改造，更新部分高、低压线路，对部分严重腐蚀供热管网进行更新，更换了耗能型变压器，为全区供电用户安装了电子电表。从而稳定了生产，减少了能耗，提高了供电、供热质量，增加了热、电费收缴率。

1986—2000年，带岭局物资始终坚持“统一计划、统一分配、统一采购、统一调度、统一管理”的“五统一”管理办法。其间，也在积极探讨物资管理的改革措施，1990年取消分库，物资管理权限下放到各生产单位，但不到一年时间，物资储备资金上升165万元，材料消耗也不断增加，1991年下半年带岭局决定收回物资管理权限，由物资供应科集中管理。1992—2000年，对物资科实行委托经营，对内供应，对外销售。2001年4月改为股份制经营，资产和人员全部从国企中分离，面向社会全面放开经营，局物资供应科从此更名为伊春市带岭兴业物资经销有限责任公司。改制后撤销了驻外采购机构和物资股、配件股等原有业务科室，面向市场，对外销售。人员也由原来的150人减少到53人。

第九节　个人业主合伙制企业

为营造更加宽松的创业环境，鼓励创业者创办小企业，带岭区制定了包括项目审批、财政金融、人才引进、税费减免、信息咨询、土地征用、闲置资产流转、原料销售等10个方面的优惠政策。区建有创业基地，基地占地面积44.66万平方米，厂房面积73045平方米，现有入驻企业26户，安排从业人员2315人。到2005年，在基地内新创办小企业11户，安置就业人员851人。新创办的小企业主要从事食用菌生产、山野菜加工、果仁加工、天然饮料和木材精深加工。产品主要有山狗牌山野菜系列、桦树汁系列、松仁、细木工板、复合地板（半成品）等。为解决创业者创业初在资金上的困难，在创办小企业过程中除了帮助创业者小额创业担保贷款外，大多数是创业者自筹资金，或者与人合作创办小企业。有规模、上档次的合伙制企业就有18家。如成达木业股份有限公司、和兴木业股份有限公司、顺发木业有限责任公司、千利木业股份有限公司、环昊食用菌开发股份有限公司等。这些是带岭比较大的个体经营企业。

此外，还有众多的个体业主合伙制小企业，合了分，分了合，不断解体，也不断出现。仅以南列经营林场为例：1992年，林场职工那万良与亲属合伙集资在大青川村创办清泉饮料厂，投资3万元，从业人员近10人，生产桦树汁、蜜桃露、北五味等碳酸饮料在带岭、松青、小白等地畅销，于1996年6月停产。1996年10月，林场职工李春吉与绥化客商齐某、带岭社会福利厂职工柴树合伙开办南列鞋楦厂，安排林场富余人员7人，产品销往山东省等地，1999年5月停产。1997年5月，林场干部盛明山、李宝诗等5人合伙集资12万元，创办了南列泡沫厂。同期，林场干部邱凤歧、退休职工于井彬等5人集资10万元，创办伊春市带岭区南列鸿运公司，主产品木珠、木衣夹等远销浙江、辽宁海城等地，于1999年停办。1998年4月，林场干部王大伟与大连市客商林波合伙经营，在带岭3公里外的窑地租赁场地，创办炭棒厂，用锯末烧制木炭棒，产品远销大连等地，于2000年停办。像南列林场这样的个体合伙经济在全区有很多，虽然有些个体合伙经济半途而废，但为股份经营奠定了基础。

到2005年，全区非国有经济产值超百万元的有44户，超500万元的有11户，非国有经济户有2043户，从业人员5425人。主要从事工业、建筑、交通运输、批发零售、贸易、旅游、饮食和服务行业。个体合伙企业成了带岭区非国有经济重要组成部分，推动了带岭区经济建设快速发展。

第十节　建立现代企业制度

按照“产权清晰、权责明确、政企分开、管理科学”的原则和《中华人民共和国公司法》的规定，积极搞好建立现代企业制度试点工作。带岭林区从1980年经济体制改革，实施了放手、放权、放活、致富基层的战略，尤其从1987年实行“三段式”改革试点，先后建立了林产品经销公司、林产工业公司、多种经营公司、森林经营公司、建筑工程公司、物资供应公司，经历了经济责任制、承包责任制、委托生产制的不同阶段，推行了内部法人、内部市场、内部银行、内部利润制度。改革的运行轨迹逐步转入解决深层矛盾、产权制度创新的新阶段。1990年，国务院批准在东北、内蒙古国有林区实行林价制度。带岭林区从1991年开始实施林价制度试点，以林场商业民有民营为起点，国有商业产权制度改革打响了企业内部产权制度改革第一炮。推动内部委托生产制，产生了民有国营产权制度。所有者和劳动者合一，劳动者以自有的生产资料，参加社会化大林业生产，这是林区特色的民有国营产权制度。1993年，在南列林场进行了运输汽车民有场营改革试点。同时进行了营林生产成果商品化试点，率先探索了资源性资产产权制度改革途径。4月下发了《转换经营机制综合改革试点方案》，12月报审《推广营林村模式发展股份合作制林场立项研究报告》。到1993年年末，全局3000户公有住宅已有1500户实现了私有化，销售旧房收入达到690万元。1994年，在东方红林场开展了拖拉机、绞盘机作业层股份合作制试点，积极探索了林场生产资料产权制度改革的途径和方法。“上卖青山、下买青苗”推行商品化经营，突破了资源性资产产权制度改革的禁区。1994年6月起草了《带岭林业实验局改组有限责任公司（国家独资）试点方案》，1995年9月出台了《带岭林业实验局经营林场深化改革实施方案》。尽管建立现代企业制度遇到了政企分开等问题，但建立现代企业制度的步伐一天也没有停止过。1996—2003年，全区已有44家国有中小企业进行了剥离改制，组建了16家股份制企业，盘活闲置资产955万元。

第三章　人事劳动制度改革

第一节　全员劳动合同制度

1986年7月，国务院就发布了《国营企业实行劳动合同制暂行规定》。1987年2月，黑龙江省森林工业总局印发了《黑龙江省森林工企业劳动制度改革实施办法》，本办法一直在带岭区（局）得以贯彻实施。

第二节　用工招聘制度

为贯彻国务院国发〔1986〕77号文件和“四项暂行规定”，带岭局于1986年10月开始实行劳动制度改革，在所招工人中普遍履行劳动合同制。改革过去单纯用行政手段分配和录用职工的办法，实行职工和企业互相选择、平等协商，通过劳动合同形成，用经济、行政和法律手段来确定调节企业和职工之间的劳动关系。

改革招工制度。实行面向社会招工的择优录取的办法，取消了过去“子女顶替”和“内招职工子女”的办法。赋予企业辞去违法乱纪职工的权力，整顿和加强劳动纪律，使劳动力管理有了很大的改善。

建立社会保险制度。解决职工待业救济和养老保险问题，对新招合同制工人，实行社会养老保险制度。由企业和职工按期缴纳养老保险金，由企业缴纳待业保险金。两项基金设专户存入银行，由劳动部门统一管理，专门用于保险事业。通过制度改革，消除过去劳动制度中统包、统配和固定过死的弊病。做到了统筹就业、择业录用、灵活调节、能进能出，促进了劳动力合理流动和合理使用，逐步实现劳动力管理社会化。是年，带岭技工校在往届和应届初中毕业生中定向招收营林工80人。

第三节　人才劳动力市场

1987年12月7日，带岭区科委成立带岭区星期日科技人员之家，这是带岭区人才市场的雏形，它为充分发挥一技之长人员的作用奠定基础。1997年5月，带岭区人事局和劳动局合并为带岭人事劳动局。同时，带岭区（局）成立人才中心机构，具体办事机关设在带岭区（局）人事劳动局。出台了带岭林业实验局实行聘任制干部管理暂行办法，开始实行聘用制干部管理，到2005年，带岭全局共有聘用制干部165人，按聘用、聘任制干部的有关规定在聘期内享受干部待遇。

为招商引资，广招人才，带岭区（局）出台了一些政策。大专以上毕业生到带岭区（局）工作的，可直接办理转正定级，本科以上毕业生在带岭区（局）工作的可直接享受知识分子待遇，可以破格晋升职称。对到带岭区（局）投资办企业的管理人才，可提供厂房、场地等待遇，并且享受相关的免税政策。到2005年，已有大箐山风力发电等4名管理人才到带岭区（局）投资办厂并享受到了相关优惠政策。

带岭区就业局前身是带岭局劳动工资科所属的劳动服务公司，成立于1986年，其职能是企业劳动服务、社会保险、青年就业和拓展就业领域等工作。2003年1月成立了带岭区就业局，隶属带岭区人事劳动局管辖。2003年3月开始安排下岗失业人员再就业培训，全区有下岗失业人员5000多人，每年培训400多人，到2005年年底培训率在95%以上，主要开展技能、种植、养殖、公益性工作、外出劳务常识的培训，合格率在90%以上。2003年以来，发放再就业优惠证2552人。安排再就业人员5000人，主要从事建筑业、小区环境卫生、中草药种植、家政服务、商店、饭店、加工业等。2004年，先后与无锡市远征物流有限责任公司、青岛木业签订劳务输出合同，输出劳务120人。2005年，与鹤岗市火锅城、哈尔滨亚麻厂、伊春粮友饭店签订劳务输出合同，输出劳务44人。同时，还向俄罗斯、赤道几内亚、刚果输出劳务40多人。此外，带岭区就业局认真落实下岗再就业的一些优惠政策，先后为40岁、50岁人员安排公益性岗位的工作，为46人解决了小额贷款，贷款额有90多万元，为1138人进行了社保补贴，并积极鼓励下岗失业人员开展个体经营业，有再就业优惠证的个体经营业者实行免税免费，个体兴办的企业职工30%以上有再就业优惠证的也给予免税。

为了扩大再就业的信息量，满足再就业工作的需要，带岭区就业局于2004年建立了“金保”工程，可以从网上获取再就业信息，也可以把本地的信息在网上发表，为再就业者拓宽了就业渠道。带岭区下岗失业人员再就业工作实行三级管理，即带岭区就业局（17人），带岭街道办事处劳动保障办事处（3人），各社区、林场劳动保障工作站（每个社区、林场各1人），每个工作站配备了1台计算机、1台打印机，实现了办公自动化，促进了下岗失业人员再就业工作的开展。

第四节　分配制度改革

1987年，带岭按照林业部和黑龙江省森林工业总局的要求，进行了分段经营模式试点，组建了森林经营公司，实现设计、计划、承包、验收、结算一体化管理。1988年4月，推行了造林、抚育、管护“一条龙”承包，推行了工程造林，分户承包，按三年合格率保存面积承包费计酬分配制度。1990年，带岭是黑龙江省森林工业总局批准的、唯一的林业承包经营财务核算试点单位。带岭打破“两统一”的（统收统支、统负盈亏、基层单位吃林业局大锅饭）的核算体制，推行“三内一自”（内部法人、内部银行、内部利润成本包干、自负盈亏）的理财机制，完善企业内部财务包干承包经营责任制。当年全局基层单位实现包干结余32万元，1991年达到78万元。控制了企业留利和福利费赤字，由每年递增300多万元减少到30多万元。每年减少“两金一费”100多万元。承包计酬打破了铁工资，实行单位集体计件，工资全额浮动。1991年，带岭局实行林价制度试点，推行了林价成本包干，节约留用、超支自补和伐区短材立方米产值包干，超计划奖励的“双保一挂”责任制。实行林价支出拨改赁，按人工更新造林合格保存面积，分不同迹地类型、不同树种、不同栽植密度定价收购。1992年，带岭局在集体企业公司、胶合板厂全面推行领导干部招标承包制，干部聘任制、职工合同制、工资浮动制试点。1997年，带岭局建立、完善了接近市场的制衡机制。对林产工业单位实行销售产品的工资含量开支，对生产工人实行岗位技能工资，对销售人员实行销售收入提成工资，进一步改革工资分配制度，减少死工资，增加活工资，实行奖金和经济效益挂钩，运用工资分配的经济杠杆作用，不断完善接近市场的利益激励和风险约束机制。

第四章　政治体制改革

第一节　政府机构改革

带岭区委、区政府按照中央关于地方机构改革的方针和政策，伊春市政企合一区（局）党政机关机构设置、人员分流方案，先后于1997年5月18日和2001年11月对带岭区（局）党政机关机构进行了改革。

1997年，带岭区政府将计划委员会与统计局合并，组建计划统计委员会；文化局与体育运动委员会合并，组建文化体育委员会；人事局与劳动局合并，组建人事劳动局；安技科职能并入人事劳动局，挂安全办牌子；物资科建制变为经济实体，成立物资经销公司，其行政职能并入经贸委；畜牧科、农机科变为事业单位，改称“畜牧站”“农机站”，其行政职能并入农业工作办公室，并隶属农业办公室；撤销水利局，职能并入农业办公室；撤销人防办公室，职能并入政府办公室；撤销老龄工作委员会，职能并入民政局；撤销民族宗教局，职能并入政府办；乡镇企业局在农业工作办公室挂牌子，保留原机构职能；物价局、矿产资源管理办公室为二级机构（副科级），隶属计划统计委员会；撤销环保局，职能并入建设委员会，成立公共事业管理处，由政府职能转变为事业单位；撤销房地局，职能并入建设委员会，成建制转为经济实体，成立房地产物业公司；撤销外贸科，职能并入经贸委，成建制转为经济实体，成立外贸公司；撤销商业局，职能并入经贸委，成建制转为经济实体，成立商贸总汇。

调整后，政府机构设置有20个，即区政府办公室（包括法制、侨务、外事、人防、民族、宗教等工作）；区计划统计委员会（归口管理物价局、矿产资源管理办公室）；区经济贸易委员会（包括内贸、外贸、经协、商业、物资等工作，地方经济发展局与经贸委合署，原经贸委工作职能不变）；区建设委员会（包括城市规划、公用事业、房地产及房改、质检等工作）；区教育委员会（包括招生、成人教育等工作）；区科学技术委员会（包括科协、地震等工作）；区文化体育委员会（归口管理文化馆、书店等工作）；区农业工作委员会（包括畜牧、农机、水利等工作，防汛办设在农业办公室，多种经营局与农业工作办公室合署，加挂乡镇企业局牌子）；区监察局（与纪检委合署）；区民政局（包括老龄、残联、殡葬工作）；区财政局；区审计局；区人事劳动局（机构编制委员会办公室与人事劳动局合署，加挂安全办牌子）；区技术监督局；区土地管理局；区林政局（森林防火指挥部与林政局合署）；区卫生局（包括医疗保险、合作医疗、地方病防治及爱卫会日常工作）；区计划生育局；区信访办公室；区公安局（编制另设）。

林业局机构设置有6个，即企业管理科（体改办与企管科合署），生产技术科（林产工业科与生产技术科合署），森林资源管理科，机电科，营林科，木材科。

人员分流实施按照市委、市政府、市编委制定的机构、人员编制，首先确定了带岭区（局）机关机构，人员编制。本着党管干部的原则，由党委组织考核和确定各部门、科室主要领导，政府部门的主要领导可由党委推荐人选，由人大按照法律程序确定或批准。各部门、科室领导确定后，可按编制指数确定副职，一般由主管战线领导、部门、科室主要领导推荐，由党委考核确定。各部门、科室领导确定后，由部门、科室领导按照新编制确定部门、科室人员。按领导编制超领导职数，但不超科室、部门人员编制的原科室、部门领导可退长还员（保留原职级）。政事、政企不分的单位，根据上级文件精神能分则分，可成建制整体转移的要整体转移。机关工作人员实行内部调整，确实把表现好、能力强的人员调整到重要工作岗位上来（也可采取先进后出的办法）。可按年龄段使一部分科级干部和一般工作人员离岗、退养（副科级以上的干部年龄，男性1943年12月31日前出生，女性1948年12月31日前出生；一般工作人员，男性1945年12月31日前出生，女性1950年12月31日前出生劝其离岗、退养），离岗待遇按照中共带岭区委1996年第17次常委（扩大）会议纪要的规定执行；退养待遇按照1996年7月1日下发的《关于企业职工退养的暂行规定》执行。各部门、科室减下来的人员，副科级以上干部，可由组织部门重新安置（下基层），一般工作人员由人事劳动局根据其本人的特长、专业、能力和水平安排到各基层单位。有针对性地培养一些德、才兼备的年轻人到基层锻炼和重用。鼓励机关一部分人员停薪留职、请长假、从事第三产业，机关停薪留职、请长假五年以上的人员，可一次性补发一年工资（1997年5月20日以前停薪留职，请长假人员不享受此待遇）。1997年5月机关实施体制改革后，科室从55个减少为38个，人数从698人减到249人。

2001年11月，带岭区按照市委、市政府的要求，对区（局）党政机关再次进行改革。

改革后的区政府序列设置为政府办公室（外事、宗教、人防、侨办、法制），计划统计委员会（含物价、项目办），经济贸易委员会（含企管、体改、外经贸、商业、物资、信息产业），安全技术监察办，建设局（城乡规划、城市行政执法、城市公共事业），教育局（含成人教育、招生办、各中小学），文化体育局（含文化馆、文化稽查、书店），农业委员会（含农机、水产、防汛、畜牧、多种经营局），民政局（老龄办、残联、殡葬），财政局（含收费局、拍卖行、财务中心），审计局，人事劳动局（含社会保障、目标办、就业指导中心），林政局（含森林防火指挥部、森林管护大队），卫生计划生育局（含爱卫办、红十字会），司法局（含公证、“两劳”办），公安局。

林业局序列有资源科（含资源馆），营林科（含绿化办），生产机电科，科技科。

这次改革区（局）机关定编210人，人员分流安排对未达到离退休年龄的机关工作人员，按省市规定，男性1948年12月31日前（含12月31日），女性1953年12月31日前（含12月31日）出生的科级（含科级）以下工作人员，不再安排机关职务。可选择办理提前退休或离岗休养手续。1944年12月31日前（含12月31日）出生的正副处级干部，按省、市规定，不再安排机关职务任职，可选择提前办理退休或离岗休养。1946年12月31日前（含12月31日）出生的正副处级干部，不再安排处级领导职务任职，如果安排处级非领导职务，可不占处级非领导职务职数。

党政机关工作人员中（含领导干部）在2003年12月31日前（含12月31日）连续工龄满28年或者男性满52周岁、女性满47周岁，本人自愿，组织批准，可提前办理退休或离岗休养手续。符合上述条件人员，提前办理退休和离岗休养的比例原则上控制在20%以内。提前退休人员，比国家规定的退休年龄提前1年不满3年的，可按现行工资上调一级企业工资，提前3年不满5年的，可上调二级企业工资，提前5年以上的，按现行工资上调三级企业工资。提前退休人员的工资，由企业在管理费中列支，并确保在机构改革期间予以兑现。提前退休人员按规定缴纳养老金，待达到法定退休年龄时，按新办法计发退休金，另外加上这次机构改革时所增长的工资额，再进入社会统筹。

离退休人员，职务免除，保留原职级待遇，纳入机关退休人员管理。机关调整工资时，按原职级调整工资档次，并按规定缴纳养老金，待达到国家规定的退休年龄时，再办理正式退休手续。退出工作岗位年限可与以前的工龄合并计算。在提前离岗休养期间，每人每月发给20元补助费，直至达到退休年龄为止。

现年满 53 周岁、51 周岁以上，分别担任副处级、副科级职务 8 年以上，符合提职条件的，提前离岗休养或提前退休后，可相应享受正处级、正科级工资，住房和医疗待遇、机构改革期间拟提高待遇人员，按干部管理权限履行报批手续。所有分流人员一律保留原干部和原职务级别，分流人员不再安排机关工作。已办理提前退休和离岗休养手续人员不再返聘。

人大、政协领导班子的处级领导干部，按市规定执行政策。

机关及附属部门分流人员确定后，具体走向充实基层生产单位，以工代干人员原则上返回工人岗位。这次机关改革于 2001 年 12 月末结束。

第二节　依法监督

带岭区人大常委会、人民代表大会每年都要举行一两次例会，听取区政府工作报告，代表提案解答报告及区政府财政等方面的报告，依法审议区政府的工作，并对区政府的下步工作提出意见和建议。区人大常委会还不定期召开会议，听取区政府组成人员、区政府各职能部门的述职报告，依法监督区政府，区政府组成人员、区政府各职能部门的工作。有时还要针对群众反映的热点难点等问题听取政府有关部门的报告。区人大的各项会议之后，区人大组成人民代表视察团深入到全区各基层单位，视察区政府工作的落实情况，把存在的问题和矛盾及时反映给区政府。如每年的春、秋两季的防火工作、春节期间的市场物价及商品质量、学校的素质教育等工作，区人大常委会都要组织人民代表视察团开展视察工作，以保障区政府依法治区方案的顺利实施。1998 年，办理人民代表提案 64 件，接待人民群众来信来访 1042 件次。2004 年，办理人民代表提案 23 件，接待人民群众来信来访 1150 人（件）次，为区政府工作的顺利实施，提供强有力的法律保证。

作为政企合一的带岭区（局），每年都要依法召开一次职工代表会议，听取局长行政工作报告和职工代表的提案解答报告，监督企业依法办事，依法行政。此外，区政府设有法制办公室，含在区政府办公室内，20 世纪 80 年代，法制办公室主任和副主任由区政府办公室主任副主任兼任，20 世纪 90 年代后，设有专职法制办公室副主任，主抓区政府的法制工作。区政府法制办公室每年都要举办培训班，请专家讲授行政法、行政诉讼法等行政法律法规，到 2005 年，全区所有有行政执法权的部门成员都经过了行政法规培训，培训行政执法人员 400 多人。此外，法制办公室还负责审议区政府文件的下发，区政府行政执法的一些有关事宜。

通过普法工作，人民的法律意识有了明显提高，“一五”普法以来，全区共印发普法学习手册 38000 册，参加普法受教育的人数达到 36000 多人次，经伊春市普法领导小组考核验收，有 1900 人次获得结业证书，占普法对象的 95%，普法工作连续三年受到黑龙江省和伊春市普法部门的表彰奖励。

第三节　民主监督

20 世纪 90 年代以来，区政协通过调研，对城镇周边的森林管护、改制企业的运作、居民的烧柴调查等，提出了许多合理化意见和建议。区政协还经常召开提案解答通报会，及时反馈情况。区政协还就群众反映的热点、难点问题，节日市场的商品质量、物价等问题进行专题视察，会同政府有关部门现场办公，现场解决问题。区政府十分重视政协、民主党派和人民团体及社会各界在政治协商、民主监督中的作用，广泛听取各民主党派、科学工作者和党派人士的意见和建议。1993 年，共办理政协委员提案 30 件，接待人民来信来访 170 件。2004 年，共办理政协委员提案 88 件，接待人民群众来信来访 623 人次。2003 年，提供“148”法律热线咨询服务 98 次，受理区长专线电话 46 起。对群众通过区长热线提出来的问题，区政府办公室都认真登记在册，并督促催办有关部门认真落实解决。

职代会对职工代表提出来的问题，经局办公室选出有代表性的问题进行认真解答，对职工代表提案解答报告的形成，局主要领导认真听取汇报，并由常务副局长做职工代表提案解答报告，把职工代表提出来的问题落到实处。20 世纪 90 年代，带岭区（局）制定实施了厂务公开制度，厂务公开每年实施两次，特殊情况例外。主要是选人用人公开，财务账目公开，此外，还有捐赠公开、救灾救济款项公开等。重大问题、重大项目都要通过区长办公会议商讨解决，增加了决策透明度。同时，区政府一班人还通过不定时的民主生活会、重大事情听证会等形式，广泛开展民主参政议政。

1999 年，带岭区纪委开展了“为经济建设服务，树行业新风”，最佳最差单位评议活动，全区有 23 个窗口行业部门参评。到 2001 年，参评单位扩大到 39 个部门。2003 年，带岭区纪委在全区建立“六项制度”，进一步优化了服务环境，即首问负责制、服务承诺制、限时办结制、失职追究制、否定备案制、无偿代办制。基本建立了办事高效，服务周到，行为规范，运转协调的优质服务长效机制，促进了民主监督工作的开展。

第四节 监察工作

1993 年，带岭区纪委、区监察局合署办公。1995 年，带岭区纪委、监察局对企业贯彻执行《中华人民共和国公司法》、《全民所有制工业企业转换经营机制条例》《中华人民共和国统计法》及带岭区制定的《区整治社会治安奖惩办法》《关于进一步加强木材管理的规定》等法律法规进行了执法监察。开展了“反拖拉、反梗阻、反刁难、反勒卡”监察，对企业提出整改意见 16 条，促进了企业依法行政，提高了工作效率。1996 年，区纪委、区监察局先后对木材销售、建筑项目及“六个一”管理制度实行专项监察，对违反财经纪律的人和事进行了查处。1997 年，区纪委、监察局对农业农村政策、企业转换机制的执行情况，进行了执法监察和效能监察。1998—1999 年，区纪委、区监察局对木材生产、销售、管理及预算外资金情况进行了执法监察。纠正了坐收坐支问题，收缴违规资金 10 万元，对 3 个林场违章采伐、偷拉私运木材进行了严肃查处，追究了主要领导责任。同年，对亏损严重的区联合企业公司山野菜厂、热电公司供电营业处进行效能监察，纠正企业在经营管理中存在的问题和严重违纪问题，提出了 16 条整改意见，追究了两个单位主要负责人的责任。2000 年，区纪委、区监察局对社保资金、“天保”工程资金使用情况进行执法监察，从而保证了两项资金的正确使用。同时，对亏损严重的林产工业公司进行剖亏工作，查清因盲目上项目，乱摊成本费用、赊销货款过多、管理不善而严重亏损，对违反财经纪律的公司负责人给予党纪政纪处分。2001 年，区纪委、区监察局组织体改委、审计局、财政局等有关部门对改制企业进行效能监察，开展整顿木材检验和木材销售秩序的执法监察，对林场多种经营产值指标和职工收入指标完成情况进行效能监察，为基层单位经济工作创造了良好环境。进一步加强木材经销领域执法监察力度，派出监察组驻贮木场进行现场办公，及时查处违纪案件，为企业挽回了经济损失。2005 年，区纪委、区监察局重点开展林政管理专项执法监察。在木材生产期间，组织区机关各科室领导干部轮换到各木材检查站值班，对来往的木材车辆进行了严格检查，对违纪的林场领导进行认真处理，真正发挥了监察部门为经济建设保驾护航的作用。

第五章　开放搞活

第一节　招商引资

1999 年，带岭区按照伊春市大力开展招商引资的要求，设立了带岭区招商引资办公室（含在带岭区计划统计局），开展招商引资工作。

2002 年 4 月，引进资金 400 万元，由大庆客商投资，成立了伊春市带岭松林木制品厂，到 2005 年年底，年产值由初期的 300 万元达到 500 万元，安置人员 50～70 人，目前企业生产状况良好。

2003 年 5 月，引进台湾资金 200 万元，投资者吴嘉明，成立永森发有限责任公司，主要生产椴木刨切单板（半成品），公司运营状况良好，2005 年因故停产。

2004 年，引进日本千利株式会社资金 360 万元，成立合资企业，伊春千利木业有限责任公司，这是带岭区引进的第一家外国资金，该企业年产值 850 万元，安置就业 75 人。

2004 年，引进由北京龙源电力集团公司、绥化丰源投资有限公司、英属雄亚维尔京公司 3 家共同投资建设带岭大箐山风力发电工程。之后，成立了伊春兴安岭风力发电有限公司。伊春兴安岭风力发电有限公司属中外合资企业，其中中方绥化丰源投资公司占 45% 的股份，龙源电力集团公司占 30% 的股份，外方雄亚（维尔京）投资有限公司占 25% 的股份。

2005 年 3 月 1 日，带岭大箐山风力发电场建设一期工程动工，10 月 30 日竣工并网发电。该工程总装机容量 1615 万千瓦，安装 19 台 850 千瓦的风力发电机组，年发电量 3468 万千瓦时，建设工期 7 个月，该工程总投资 28950 万元，年发电销售收入 2512 万元。二期工程带岭石顶山风力发电场建设将在 2006 年 3 月动工建设。还要在带岭东山开辟风力发电场建设等。

带岭大箐山风力发电场建设项目的成功引进和建设，开创了小兴安岭利用风力发电清洁能源的先河，对于调整产业结构，发展区域经济具有里程碑的意义。

第二节　劳务输出

1992 年，带岭区建筑工程公司、基建工程处、筑路队先后在吉林省珲春市承揽了建筑工程，兴办了砖厂，承包了哈伊公路部分工程。大青川餐具厂积极进行“嫁接”改造，局还积极参与全国改革试验区共同创办的中国华凯股份有限公司的活动，商业局还在黑河建立办事处等。

1995 年，带岭经济处于低谷，带岭区委、区政府从摆脱困境着眼。成立了对外劳务输出办公室。1996 年春节，由东北林业大学一名教授搭桥，带岭区派人，与香港阳光公司和北京科智公司，联合成立华科洋公司，洽谈到非洲赤道几内亚开发采伐森林事宜，并草签两年开采合同。这是带岭区首次公派出国劳务。1996 年 3 月，首批 12 人在队长解金国的带领下开赴赤道几内亚，后来又去两批，共 46 人，工作了两年零三个月，于 1998 年 10 月回国。此次出国劳务共开采了 7 万公顷林地，收到了良好的经济效益。

1999 年 4 月 8 日，带岭区委、区政府成立了区（局）对外劳务输出办公室。

1999 年 9 月 16 日至 9 月 30 日，带岭局派贾琪功、尤永江、许云平与省森林工业总局海外开发办的有关人员赴俄萨哈林岛（库页岛）进行考察。带岭局局长吴炳佳与长春富凯经贸公司法人程权分别在合同上签字。

1999 年 11 月 2 日，带岭局与长春富凯经贸公司在带岭宾馆签订了赴俄森林采伐劳务合同。合同规定由长春富凯经贸公司经营，带岭局派人赴俄罗斯萨哈林州（库页岛）采伐森林。

2000 年 1 月 22 日至 2001 年 10 月，先后分多批次赴俄罗斯 28 人，有 23 人在俄罗斯正常工作，在俄罗斯期间，生产等内原木近万米，2002 年 5 月 20 日赴俄罗斯人员 20 人返回国内，剩余人员 9 月回到国内。

2001 年 12 月，带岭局与华润公司签订了到非洲刚果森林采伐合同，时间为一年，开发采伐面积 12 万公顷，由解金国任队长，共 18 人，2002 年 12 月回国。

1996—2005 年，带岭局一直有人在赤道几内亚、刚果从事森林采伐工作。在出国劳务输出的同时，带岭局还先后在珲春、绥芬河、黑河等地开展木材加工等工作，仅在绥芬河从事木材加工业的就有二三十家，有千余人在绥芬河从事木材加工工作。出国劳务输出为后来者迈出山门、走出国门奠定了坚实的基础。

第三节　改革综合试点

1993—1998 年，带岭局是原林业部林业分类经营改革试点单位，开展了按公益林、商品林、兼融林区划分类的森林经理调查，积极探索分类区划的原则、标准、方法和经营内容、经营技术、经营措施、经营规程等问题进行良种培育，无性系繁殖、地膜覆盖、大垄整地等林业科研成果推广工作，编制了“天保”工程可研报告和实施方案，为“天保”工程实施做了比较充分的前期准备工作。1998 年，带岭局开始全面启动实施天然林资源保护工程。及时组建了“天保”工程领导小组，下设天保办公室，定岗定编，专职专责，负责全局“天保”工程的计划编制、调查研究、规范管理、统计信息等项工作；在基层单位配专兼职管理人员 21 人；经常开展“天保”工程宣传教育活动，以电视、板报、橱窗等为载体，在显著位置设立永久性标语牌，形成了实施“天保”工程浓厚的舆论氛围。制度规范，汇集编制了国家林业局、省森林工业总局和伊春市的天保工程各项制度，制定了林业局《加强天然林资源保护工程基础管理工作暂行规定》《森林资源管护文件资料汇编》，修改完善了工程调查设计规程，对管理人员进行业务培训，把天保工程纳入了横向到边、纵向到底的双文明目标考核体系，作为“天保”工程实施单位领导业绩的主要考核指标，实行一票否决。工程设计全部由省规划设计院承担，完成人工林、人工促进天然更新、森林抚育和封山育林建设任务 517628 亩，完成投资 3152.1 万元；改革了财务管理体制，推行会计委派制和财务报账制，建立了会计管理中心，完善了林业局驻场验收员、林场的三级检查验收体系；林场实行计算机动态管理，台账、卡片、凭证、账簿、报表实现了数字化管理，保证了天保工程的顺利实施。木材产量由天保工程实施前 1997 年的 19.5 万立方米，调减到 2002 年的 10.5 万立方米，减产幅度为 46%；2002 年实际生产木材 10.2 万立方米，为计划产量的 97%。从 1998 年起，林业局终止了机械化常年流水作业，实行以畜力集材为主、以冬季生产为主、以抚育伐和择伐为主、以原木为主的“四为主”木材生产方式，有效地保护了林地植被和森林生态环境。根据禁伐区、限伐区和商品林区分类经营利用要求，对采伐比例进行“三减三增”调整，减少天然林产量，增加人工林产量；减少皆伐产量，增加择伐产量；减少主伐产量，增加抚育伐产量，缓解了单纯取材和保护资源的矛盾。截至2002年年末，带岭局落实森林管护面积92956公顷，占应管护面积91638公顷的101.4%；共区划2346个管护责任区，签订承包合同1925份。

带岭局结合管护经营，加快了对林下资源的合理开发利用，成为职工分流致富的主渠道。远封近分，合理区划。经过细致的资源调查，在管护区内区划刺五加、五味子等山草药培育基地4600公顷，老山芹、刺嫩芽等山野菜培育基地3800公顷，红松种子林定向培育基地4000公顷，根据立地条件，采取透光抚育、移植扶壮等集约经营措施进行重点改培。多种经营，以林养人。依托资源优势，大力发展林下种养项目，全局养牛2060头、养羊3689只、养猪6152头、养鹿362头、养鸡15万只、林蛙300万只、挂袋木耳60万袋、平贝211亩，初步形成了林区多元化的经济格局。落实责任，加强管护。根据管护面积大、人员少的特点，将管护责任人编成联防、联管、联营“三联”小组，做到有分有合，形成整体优势统一防范。对管护责任落实情况进行动态考核，与发放管护费挂钩，形成了有效的激励与约束机制。

富余人员分流安置是“天保”工程建设任务的重要组成部分，是关系到工程能否顺利实施和林区稳定的大事。实施天保工程以来，林业局累计减少木材产量31.7万立方米，减少销售收入约1.4亿元。1998—2005年，营林生产人员由2523人减少到965人，富余1558人；木材采运人员由4728人减少到1693人，富余3035人；林产工业人员由709人减少到125人，富余584人；社会性人员由2249人减少到2200人，富余49人。带岭局始终把富余人员分流安置工作作为重点任务来抓，做到“两同时”，同时制定天保工程规划，同时落实富余人员分流安置计划，成立了专业管护队，实施林下资源管护，利用一次性安置政策，积极稳妥地分流安置富余人员。截至2002年年末，全局累计安置富余职工4225人，其中，专业管护人员316人，负责林政和森防巡护，为保护资源发挥了重要作用；管护经营1447人，从事林下资源管护开发，向以林养林的目标迈进；根据黑森劳字〔2000〕416号文件精神，积极开展一次性安置工作，分三批共安置企业富余人员2462人，共发放一次性安置费3800多万元，减轻了企业就业压力。

实施“分户经营、分块搞活”。1990年起带岭局就在东方红、大青川、南列3个林场进行了改革试点工作。特别是1995年下半年以来，根据省森林工业总局和市政府实施“分户经营、分块搞活”的战略部署，制定了“分沟治林、综合开发、联产承包、分户作业”的改革总体思路。实施了“两开”（开发森林资源、开发土地资源）、“两补”（以工补费、以农补资）措施。

推行了内部委托生产，承包费计酬。经省财政厅批准，在带岭局木材生产单位，推行了内部委托生产、生产成本包干、承包费计酬的改革试点工作。这一改革，融用工制度、分配制度、病伤保险制度于一体，是局、场、职工利益分配重大调整。实行了松散型用工制度，以户为主体，委托生产任务，实行职工、青年、家属同工同酬。实行分配制度改革，推行承包费计酬，局按合格实物量结算定额成本，扣减生产燃材料费用消耗，剩余部分为职工收入，鼓励职工采取降耗的办法增加收入。实行委托生产后，营林工具、牛马畜力、采伐机械、运输汽车等生产资料民有化，企业减少了投入，林场节约了成本，职工从劳务、燃材料节约、资产成本等多条渠道取得了收益。

进行了分沟治林、以农补林试点。东方红林场原有林场土地实行了“工资田”承包，同时大力发展多种经营，分流职工青年89人，增加了职工收入，减少了林场经营费用；大青川林场推行了分沟治林，全场经营面积10267公顷划分为4个经营区，每个经营区面积2000～3000公顷，按规划年度经营工作量承包，安排劳力248人，占林场生产工人总数329人的75.4%。分沟治林、联产承包是20世纪60年代营林村模式的继承和发展，有利于森林资源所有权和经营权分离，实行了固定沟系、固定人员，实现了林有主、主有林，增加了营林工人责任感和长远经营的责任性；有利于培育和保护森林资源，实行了采、造、抚、管、护“一条龙”承包；有利于以沟系为基础，发展农业生产，充分利用农副产品，发展壮大集体经济，增加职工非林收入。

推行了“上卖青山，下买青苗”林木商品化经营。从 1987 年起，带岭局推行了工程造林，按三年合格保存面积，按定额成本结算承包费用；1991 年，全局按照林业部林价试点的统一部署，实行按伐区采伐蓄积，按国家林价标准计入木材生产成本，实行森林资源有偿消耗；1993 年，制定了营林生产成果商品化经营管理办法，实行了按内部营林生产成果价格收购合格营林工作量，积极探索了森林经营产业化的途径和办法。

开展了民有场营，作业层股份合作制改革试点。1993 年，在南列林场进行了运输汽车民有场营改革试点；1994 年在全局大部分林场推广实施。1994 年，在东方红林场开展了拖拉机、绞盘机作业层股份合作制试点，通过试点，积极探索了林场生产资料产权制度改革的途径和方法。到 2005 年，全局 13 个林场的汽车、拖拉机、绞盘机等生产设备全部实行了民有场营。

第四篇

林　业

带岭林区是政企合一体制，林业是林区的主产业。无论经济建设和社会生活，林业都占有重要的地位。它是全区的经济支柱，其他行业也都是围绕林业的兴衰而发展变化。

1986—2005 年，随着改革开放各阶段的政策变化和经济体制结构的变化，林业中各行业也发生了较大的变化。

1998 年以后，随着天保工程的实施，采伐方式由过去的皆伐、择伐、抚育伐改为大面积低强度的择伐；生产作业方式由过去的机械集原条改为畜力集原木；运输方式由运原条改为运原木。林区公路总长达 524 公里。

20 年间，全区（局）生产木材 3185066 立方米，生产枝丫材 501498 层积立方米 202349 吨，起到了林业经济主导地位的作用。

第一章　森林调查

第一节　机构设置

带岭局林业调查设计队在20世纪80年代中期有职工50人，从90年代初人数渐增，到2005年有职工70人。大队下设5个外业小队、1个技术组、1个质检组和1个内业组，并设有后勤和财务室。承担全局木材生产、营林生产调查设计及运材岔线的选设任务。1989年晋升为省一级调查设计队，1991年，获黑龙江森林工业总局核发的丙级林业调查规划设计证书。

第二节　伐区调查设计

20世纪80年代初，伐区调查设计执行林业部颁发的《东北内蒙古林区企业采伐营林调查设计规程》，1988年开始执行林业部颁发的《东北内蒙古国有林区采伐更新调查设计规范》。1998年国家在重点林区实施天然林保护工程，将林业用地划分为生态公益林和商品林两类，其中生态公益林又划分为重点公益林和一般公益林。此后，在森林分类经营区划的基础上，根据《森林采伐更新管理办法》《东北内蒙古国有林区采伐更新调查设计规范》进行伐区调查设计。

为便于森林资源管理和生产作业管理，在分类经营区划的基础上，实行林班、作业区、小班三级区划，严禁作业小班跨林班或森林分类经营区区划。现地采用罗盘仪进行导线测量，电子求积仪求积。按照《黑龙江省森工国有林区林业调查设计管理办法》规定，从2004年起对每个作业小班进行现地GPS定位并在图上标注。

各项调查设计，以小班为单位进行。采伐作业方式按照分类经营、分区施策的要求确定：生态公益林禁止一切商业性采伐调查设计，一般生态公益林只允许进行抚育和更新性质的采伐调查设计，商品林区可进行主伐、抚育伐、其他采伐（散生木采伐）调查设计。伐前蓄积量调查：皆伐实行全林每木检尺；择伐、间伐、抚育伐、其他采伐（更新采伐、散生木采伐）均实行机械抽样调查方法，抽样比不小于小班面积的4%，样地面积0.01公顷。采伐木调查实行全林每木检尺、挂号（胸径、树腿处双挂号）。

1986—2005年带岭区（局）伐区调查设计任务统计表

表4-1　　单位：立方米

年度	合计	主伐	抚育伐	年度	合计	主伐	抚育伐
1986	170000	155000	15000	1996	223990	161703	62287
1987	171900	150000	21900	1997	194975	—	—

续表 4-1

单位：立方米

年度	合计	主伐	抚育伐	年度	合计	主伐	抚育伐
1988	188000	155000	33000	1998	160000	—	—
1989	181954	151000	30954	1999	155000	—	—
1990	182000	149000	33000	2000	122000	—	—
1991	179978	136857	43121	2001	113000	—	—
1992	179974	145936	34038	2002	105000	—	—
1993	179960	143252	36708	2003	105000	—	—
1994	179980	139927	40053	2004	105000	—	—
1995	179962	136576	43386	2005	105000	—	—

第三节　营林调查设计

营林调查设计包括更新造林调查设计、人工林透光调查设计、母树林抚育调查设计、低产林改造和有林地排水调查设计等。设计依据是《东北内蒙古国有林区采伐更新调查设计规范》和《黑龙江省国有林区营林技术标准》。

1986—2005 年带岭区（局）完成各类营林调查设计任务统计表

表 4-2

单位：亩

年度	更新造林	森林抚育	母树林培育	排水双培	改培丰产林
1986	25000	19365	1290	2050	4275
1987	25000	61725	2065	450	—
1988	26734	67200	2970	—	—
1989	26617	76385	3060	—	—
1990	25000	79165	1935	—	—
1991	26224	86874	1935	8262	1623
1992	26968	104789	2895	9467	4527
1993	25840	116071	3248	12027	3199
1994	28449	128121	3705	16589	5034
1995	30000	151039	3812	8172	5117
1996	25680	150602	2530	2400	3302
1997	25632	164285	5828	10367	5022
1998	46683	153484	3990	9293	5279
1999	68319	133965	—	—	845
2000	27544	35900	—	—	—
2001	10034	55089	3000	5000	5000
2002	7044	55012	3014	2000	—

续表 4-2

单位：亩

年度	更新造林	森林抚育	母树林培育	排水双培	改培丰产林
2003	6039	49123	1400	—	1013
2004	6125	30075	1019	—	1006
2005	2602	30000	1000	—	1000

1998 年，完成天保工程公益林建设项目调查设计 1.86 万公顷。其中人工造林 0.14 万公顷，封山育林 0.52 万公顷，森林抚育（包括透光、间伐）1.06 万公顷，人工促进天然更新 0.14 万公顷。

2001—2002 年，完成全局 1958 户共 94322 公顷森林分户管护经营区划工作。

2004 年秋，完成全局森林分类区划现地落界工作，对全局重点生态公益林、一般生态公益林和商品林进行了现地区划定界，并对部分地段使用 GPS 进行定位。

第四节　其他设计

2002 年，参加由市交通局牵头组织的大青山公路线路改造 10 公里。

2004 年年末，北京龙源电力集团与绥化丰源公司在带岭投资兴建风力发电站，带岭林业调查设计队组织技术人员，完成了一期工程大青山电站 2.1 公里风机路的现地勘测，并参与了 19 个风机的定位工作。

2005 年 4 月和 10 月，为风力发电二期工程石帽顶子山电站选设公路 6.8 公里。

2005 年 5 月，为配合区生态林场建设，完成了环山、寒月、北列、碧水、永翠、大青川林场的场区勘测任务。同年 9—10 月，完成了永翠、秀水（含中心苗圃）、大青川、东方红林场的林地清查（农村及多种经营用地清查）工作。

1973—2005 年，共完成全区简易运材岔线选设 210 公里。

第五节　森调内业

1985—1986 年，带岭林业调查设计队与东北林业大学共同开发了《伐区计算机辅助设计系统》软件，并通过了省科技成果鉴定。1987 年该软件投入使用，实现了伐区调查设计内业计算机化。同年 10 月，该软件被评为省优秀软件三等奖。1990 年开始在外业小队配备 PC-1500 便携式计算机进行外业数据处理。1998 年重新编制了主伐、抚育伐调查设计软件，开发了更新造林调查设计软件并投入使用。至此，森调设计内业从数据输入、数据处理到报表输出全部实现计算机化管理，提高了计算精度和工作效率，得到了上级主管部门的充分肯定，使带岭局伐区调查设计水平在全省一直处于领先地位。

2004—2005 年黑龙江省森林资源管理局采伐管理处编制了《黑龙江省森工国有林区林木采伐管理信息系统》。该软件分 4 个部分：（1）林业调查设计管理系统；（2）审批发证管理系统；（3）调查设计质检及伐区拨交验收管理系统；（4）伐区调查设计及作业质量监督检查管理系统。2004 年，全省森调系统开始在伐区调查设计中应用《林业调查设计管理系统》，森工总局资源局应用《审批发证管理系统》进行伐区审批。2005 年，省及局森林资源管理部门开始应用《调查设计质检及伐区拨交验收管理系统》和《伐区调查设计及作业质量监督检查管理系统》，进一步提高了林木采伐管理的自动化程度。

2005 年，带岭林业调查设计队开发了《更新造林调查设计管理信息系统》，当年秋季在伊春林管局所属各林业局推广应用。

第六节　森调管理

森林调查设计是林业局贯彻执行《中华人民共和国森林法》，实施天保工程，控制“三总量”的关键，也是组织林业生产、编制企业计划的依据，是一项极为重要的基础工作。

根据《森林法》《森林法实施条例》《东北内蒙古国有林区采伐更新调查设计规范》及资监函〔2001〕10 号文件《国家林业局森林资源管理司关于加强重点国有林区伐区调查设计和作业质量检查验收管理工作的通知》精神，制定了《带岭林业实验局采伐更新调查设计细则》和《带岭林业实验局森林调查设计质量管理办法》，建立了技术员、质检员、小队长和内业员岗位责任制，制定了《调查设计质量奖罚标准》。实行小队自检、大队抽检和大队联检验收三级验收制度。

按照《黑龙江省森工国有林区林业局林业调查设计队目标化管理办法》的要求，以提高调查设计质量为宗旨，加强队伍建设，改善技术装备。每年定期对职工进行业务培训，定期进行业务考核，全面提高了调查设计人员的政治素质和专业技术理论水平。全队现有高级工程师 2 名，工程师 5 名，助理工程师 5 名，技术员 6 名，技师 17 名。具有大专以上学历 18 人，占职工人数的 25%。全面更新了技术装备，现有复印机 1 台，晒图机 1 台，GPS6 台，计算机 8 台，PC-1500 便携式计算机 6 台。还有经纬仪和水准仪各 1 台。

第二章　森林经营

第一节　森林资源状况

一、施业区

1986 年，全局总经营面积为 97743 公顷，其中林业用地面积 92554 公顷，占总面积的 94.7%；非林业用地面积 5189 公顷，占总面积的 5.3%。林业用地中有林地 75680 公顷，占林业用地的 81.8%；疏林地 4509 公顷，占林业用地的 4.9%；未成林造林地 6840 公顷，占林业用地的 7.4%；无林地 5436 公顷，占林业用地的 5.9%；苗圃地 46 公顷。森林覆盖率为 77.43%。

1990 年年末，全局总经营面积为 96742 公顷，林业用地面积 92640 公顷，非林业用地 4102 公顷，天然林面积为 51131 公顷。人工林总面积为 21785 公顷，森林覆盖率为 82%。

1995—2005 年，全局总经营面积没有变化，但林业用地和天然林、人工林面积有了较大变化，天然林经多年采伐，面积及蓄积量不断减少，人工林经不断培育，面积及蓄积量逐年增多。

1995 年，林业用地面积为 93077 公顷，非林业用地面积 3665 公顷。天然林面积为 48581 公顷，人工林面积为 36692 公顷，森林覆盖率为 87%。

2000 年，林业用地面积为 93075 公顷，非林业用地面积 3667 公顷。天然林面积为 35181 公顷，人工林面积为 50711 公顷，森林覆盖率为 89%。

2005 年，林业用地面积为 95055 公顷，非林业用地面积 1687 公顷。天然林面积为 57967 公顷，人工林面积为 33287 公顷，森林覆盖率为 94.3%。

二、有林地公顷面积蓄积量

1986 年，有林地天然林面积 56417 公顷，蓄积为 860 万立方米；有林地人工林面积为 19263 公顷，蓄积 126.2 万立方米。

1995 年，有林地天然林面积 48581 公顷，蓄积 608.1 万立方米；有林地人工林面积为 36692 公顷，蓄积 39.1 万立方米。

2005 年，有林地天然林面积 57967 公顷，蓄积 646.4 万立方米；有林地人工林面积 33287 公顷，蓄积 283.4 万立方米。

三、森林生长量

1986 年，全局活立木总蓄积 986.2 万立方米，按 1985 年第四次森林经理复查，各龄组生长率计算，年总生长量为 37.7 万立方米，其中天然林 27.5 万立方米，人工林 10.2 万立方米。

1995 年，全局天然林生长率利用“黑龙江省森工系统天然林各林分净生长率表”计算，人工林生长率仍用 1985 年资源复查时的人工林各龄组净生长率表计算，本年度活立木总生长量 36.3 万立方米。其中用材林活立木生长量 32.2 万立方米。

2005 年，全局生长量计算方法与 1995 年相同，本年度总生长量为 25.43 万立方米，其中限伐林区 18.88 立方米，禁伐林区生长量 6.48 万立方米，其他林区生长量 729 立方米。

四、用材林林龄组成

1986 年，全局有用材林 67809 公顷，蓄积 804.5 万立方米。其中，幼龄林面积 13543 公顷，蓄积 45.2 万立方米；中龄林面积 24789 公顷，蓄积 221.4 万立方米；近熟林面积 20154 公顷，蓄积 339.4 万立方米；成熟林面积 8277 公顷，蓄积 172.1 万立方米；过熟林面积 1046 公顷，蓄积 26.4 万立方米。

1995 年，全局有用材林 75669 公顷，蓄积 785.6 万立方米。其中，幼龄林面积 22706 公顷，蓄积 104.8 万立方米；中龄林面积 33717 公顷，蓄积 353.3 万立方米；近熟林面积 14946 公顷，蓄积 244.9 万立方米；成过熟林面积 4300 公顷，蓄积 82.6 万立方米。

2005 年，全局有林地面积 91254 公顷，蓄积 963.73 万立方米。其中，幼龄林面积 33419 公顷，蓄积 220.5 万立方米；中龄林面积 29946 公顷，蓄积 347.25 万立方米；近熟林面积 19309 公顷，蓄积 264 万立方米；成熟林面积 7993 公顷，蓄积 121.52 万立方米；过熟林面积 587 公顷，蓄积 10.46 万立方米。

第二节　森林资源管理

一、第四、五次森林资源复查

1986—2005 年共进行了两次森林经理复查。

1993 年，第四次森林经理复查由省第一林业调查规划设计院承担。经查，带岭局总经营面积 96742 公顷。其中，林业用地面积 93017 公顷，占 96.15%；非林业用地面积 3725 公顷，占 3.85%。在林业用地中，有林地 85540 公顷，占 91.96%；疏林面积 593 公顷，占 0.64%；未成林造林地 5892 公顷，占 6.33%；无林地 886 公顷，占 0.95%；苗圃地 59 公顷，占 0.06%；亚乔林地 43 公顷，占 0.05%；灌木林地 4 公顷。森林覆盖率 88.53%。

全局活立木总蓄积 998.5 万立方米。其中有林地蓄积 901.8 万立方米，疏林地 3.1 万立方米，散生木 93.6 万立方米。

在天然林 785 万立方米蓄积中，有林地蓄积 717 万立方米，疏林地蓄积 3 万立方米，散生木蓄积 65 万立方米。在人工林 213.5 万立方米蓄积中，有林地蓄积 184.8 万立方米，疏林地蓄积 0.1 万立方米，散生木蓄积 28.6 万立方米。

2004 年 8 月进行了第五次森林经理复查，复查数据于 2004 年 12 月提交。经查，带岭局总经营面积 96742 公顷。其中，林业用地面积 92837 公顷，占 95.96%；非林业用地面积 3905 公顷，占 4.04%。在林业用地中，有林地 91254 公顷，占 98.29%；无立木林地 813 公顷，占 0.88%；疏林面积 140 公顷，占 0.15%；苗圃地 59 公顷，占 0.06%；未成林地 571 公顷，占 0.62%。森林覆盖率 94%。

全局总经营面积 96742 公顷。其中，禁伐区 27446 公顷，限伐区 38042 公顷，商品林 28763 公顷，其他 2491 公顷。

全局活立木总蓄积 993.6 万立方米。其中，有林地蓄积 963.7 万立方米，疏林地蓄积 0.7 万立方米，散生木蓄积 29.2 万立方米。

根据“黑龙江省森工系统天然林各林分净生长率表”及“人工林各龄组净生长率表”计算，2004 年度带岭区（局）森林生长量为 25.47 万立方米，其中限伐林区 18.9 万立方米，禁伐林区 6.5 万立方米，其他林区 700 立方米。

二、森林经营区划

1994 年，带岭局在进行了第四次森林经理复查的基础上，针对现实森林资源利用不尽合理以及营林产品结构性供给不足现象，为更加明确森林培育方向，合理调整营林产品结构，实现对森林资源的有效经营，进行了森林经营区划。

这次区划在原三块经营区区划基础上，又以气候条件、立地条件，经营方向、经营措施等因子为标志，采用主导因子归纳法，对集约经营区、常规经营区重新进行了区划。

（一）大径材培育基地

包括红光、环山、寒月 3 个林场的集约经营区和常规经营区，该区年平均气温在 –1℃～ –5℃以下，无霜期在 100 天以下，降水 722 毫米以上，年积温在 1955℃以下。由于气温偏低，适合培育长轮伐期的大径材，该基地今后将承担全局主要木材生产任务。

（二）中径材培育基地

包括碧水、南列、北列、朝阳 4 个林场的集约经营区和常规经营区。该区年均气温 –1℃左右，无霜期 100 天左右，降水量 700 毫米左右，年积温 1955℃，由于地理位置适中，适合发展以中径材为主的中轮伐期效益林。

（三）小径材培育基地

包括明月、永翠、秀水、苗圃、东方红和大青川 6 个林场的集约经营区和常规经营区。该区年均温度 0℃，无霜期 100 ～ 115 天，降水量 650 ～ 700 毫米，年积温 2150℃，该区气温较高，无霜期稍长，地势相对平缓，具备林木生长发育需要的较好水、热条件，适合培育短轮伐期、高效益的小径材林，依靠现代林学技术和密集的资金投入，用集约化方式建立产品收获均衡的小径材基地。

按上述区划标准，区划结果为，大径材基地、中径材基地、小径材基地面积比为 3 : 3 : 4。

其次，为更合理有效地配置生产要素，在垂直方向上又根据坡度不同在大、中、小径材区划的基础上将集约区又分为集约经营亚区和次集约经营亚区。

以上区划，从改善森林成熟结构入手，在充分尊重森林资源固有特性的基础上，有效优化了生产要素的配比关系，从而在布局上形成了人、天复合式（立地、树种、经营措施）更高层次的森林镶嵌结构，在结构上形成了以小径纤维材为“龙头”，大、中、小材种比例适宜，长、中、短优势互补的森林经营格局。

三、采伐限额计划管理

1986—1995 年，根据《森林法》“用材林的消耗量低于生长量的原则，严格控制森林年采伐量”的规定，在保证森林资源永续利用的前提下，确定采伐限额年产量为 17 万立方米。其中，主伐 12 万立方米，占总产量的 70.6%；补充主伐 3 万立方米，占总产量的 17.6%；抚育采伐 2 万立方米，占总产量的 11.8%。森林资源总消耗量控制在 28 万立方米（1 : 1.65）。定产 17 万立方米。

1993 年带岭区（局）各类土地面积统计表

表 4-3

单位：公顷

统计单位	总面积	林地及宜林地																	非林地
		林地及宜林地	有林地					疏林地	亚乔林	灌木林	新植林地		苗圃地	无林地					
			合计	林分															
				用材林	防护林	特用	经济				未成林	林冠下造林地		合计	荒山荒地	采伐迹地	火迹烧地	宜林沼泽	
全局合计	96742	93017	85540	77488	6241	1804	7	593	43	4	5892	4756	59	886	460	195	—	231	3725
集　约	21200	21200	19786	19786	—	—	—	120	6	—	1069	940	4	215	90	73	—	52	—
常　规	66910	63371	57709	57702	—	—	7	414	31	4	4652	3410	40	521	259	122	—	140	3539
保　护	8632	8446	8045	—	6241	1804	—	59	6	—	171	406	15	150	111	—	—	39	186
环　山	6624	6544	6164	5939	225	—	—	31	25	—	290	87	—	34	19	8	—	7	80
寒　月	10521	10369	9572	9272	220	80	—	47	—	—	670	349	—	80	64	16	—	—	152
朝　阳	5109	5026	4779	4213	506	60	—	6	—	—	216	245	—	25	11	7	—	7	83
南　列	12084	11840	10637	9648	989	—	—	42	—	—	1015	186	—	146	14	38	—	94	244
北　列	5486	5357	4664	4133	494	37	—	57	12	—	569	94	—	55	33	—	—	22	129
永　翠	6383	6114	5341	5108	199	34	—	56	—	—	641	359	—	76	47	2	—	27	269
碧　水	3591	3499	3093	2746	186	161	—		—	—	351	—	—	55	1	54	—	—	92
秀　水	2791	2550	2448	990	836	622	—	26	6	—	47	48	19	4	4	—	—	—	242
东方红	18984	18340	17330	15835	1440	55	—	154	—	—	590	1151	15	251	142	62	—	47	644
苗　圃	3755	2913	2692	1959	76	650	7	39	—	4	129	204	20	29	28	—	—	1	842
明　月	5119	4954	4596	4429	82	85	—	44	—	—	278	120	—	36	36	—	—	—	165
红　光	6027	5959	5237	5237	—	—	—	43	—	—	628	180	—	51	41	8	—	2	68
大青川	10267	9552	8987	7979	988	20	—	48	—	—	468	1733	5	44	20	—	—	24	715

1993 年带岭区（局）森林面积蓄积统计表

表 4-4

统计单位	活立木总蓄积量（立方米）	有林地												疏林地		散生木蓄积（立方米）
		合计		幼龄林		中龄林		近熟林		成熟林		过熟林		面积（公顷）	蓄积（立方米）	
		面积（公顷）	蓄积（立方米）	面积（公顷）	蓄积（立方米）	面积（公顷）	蓄积（立方米）	面积（公顷）	蓄积（立方米）	面积（公顷）	蓄积（立方米）	面积（公顷）	蓄积（立方米）			
全局合计	9984821	85533	9018244	24563	992646	37069	3826284	18068	3008183	5302	1049045	531	142086	593	31781	934796
天然林	7849503	55088	7169873	3130	146547	31916	3317288	14979	2620936	4566	946207	497	138895	575	31021	648609
人工林	2135318	30445	1848371	21433	846099	5153	508996	3089	387247	736	102838	34	3191	18	760	286187
一、常规区	6649786	57702	5977845	17229	665178	25053	2594443	11916	2005402	3327	666954	177	45868	414	23345	648596
天然林	5340243	37804	4853757	2310	111543	22246	2313685	10201	1778198	2870	604463	177	45868	408	23275	463211
人工林	1309543	19898	1124088	14919	553635	2807	280758	1715	227204	457	62491	—	—	6	70	185385
二、集约区	2125138	19786	1878614	6413	292817	8978	904619	3397	497137	946	173488	52	10553	120	6644	239880
天然林	1456262	11143	1299479	728	32069	7456	757378	2236	364775	705	137895	18	7362	113	6084	150699
人工林	668876	8643	579135	5685	260748	1522	147241	1161	132362	241	35593	34	3191	7	560	89189
三、保护区	1209897	8045	1161785	921	34651	3038	327222	2755	505644	1029	208603	302	85665	59	1792	46320
天然林	1052998	6141	1016637	92	2935	2214	246225	2542	477963	991	203849	302	85665	54	1662	34699
人工林	156899	1904	145148	829	31716	824	80997	213	27681	38	4754	—	—	5	130	11621
林场（所）	—	—	—	—	—	—	—	—	—	—	—	—	—	—	—	—
环山	834191	6194	784553	2036	141112	2100	326502	1622	242564	406	74375	—	—	31	1351	48287
寒月	1155600	9572	1013807	2820	103329	2873	224937	3354	573640	445	85501	80	26400	47	5711	136082
朝阳	555579	4779	494216	1655	84480	1643	174604	1220	175204	227	56737	34	3191	6	132	61231
南列	1190751	10637	1103912	4564	173658	2827	257522	2840	575045	375	89529	31	8158	42	2397	84442
北列	298407	4664	366524	2036	75315	1557	122282	750	108912	284	48656	37	11359	57	2199	29684
永翠	652067	5341	557717	1649	80510	2450	259799	1073	191136	169	26272	—	—	56	2932	91418
碧水	491310	3093	464143	541	7295	923	82329	262	47897	1086	246804	281	79818	—	—	27167
秀水	372070	2448	363154	158	6049	1166	134422	572	102068	520	112459	32	8156	26	779	8137
东方红	2066934	17330	1840379	2902	96381	10685	1172657	2962	442073	745	124264	36	5004	154	6772	219783
苗圃	304857	2685	280308	564	28665	1211	115834	575	85700	335	50109	—	—	39	1529	23020
明月	557219	4596	480062	1111	53052	2271	240955	990	146510	224	39545	—	—	44	2215	74942
红光	553727	5237	496067	1355	12099	2646	276285	943	150541	293	57142	—	—	43	4364	53296
大青川	852109	8987	773402	3172	130701	4717	438156	905	166893	193	37652	—	—	48	1400	77307

2004年带岭区（局）森林经营区划表（一）

表 4-5

统计项目	经营总面积（公顷）	活立木总蓄积（立方米）	有林地												疏林地		亚林乔木地（公顷）	灌木林地（立方米）	未造成林林地（公顷）	苗圃地（公顷）	无林地（公顷）	散生木蓄积（立方米）	非林地（公顷）
			合计		幼龄林		中龄林		近熟林		成熟林		过熟林										
			面积（公顷）	蓄积（立方米）	面积（公顷）	蓄积（立方米）	面积（公顷）	蓄积（立方米）	面积（公顷）	蓄积（立方米）	面积（公顷）	蓄积（立方米）	面积（公顷）	蓄积（立方米）	面积（公顷）	蓄积（立方米）							
全局合计	96742	9984821	85533	9018244	24563	992646	37069	3826284	18068	3008183	5302	1049045	531	142086	593	31781	43	4	5899	59	886	934796	3725
一、常规区	66910	6649786	57702	5977845	17229	665178	25053	2594443	11916	2005402	3327	666954	177	45868	414	23345	31	4	4659	40	521	648596	3539
大径材培育基地	19937	2214737	17900	1991661	5212	208620	6414	716775	5220	868454	1054	197812	—	—	109	10939	25	—	1494	—	109	212137	300
1. 天然林	12879	1883018	12336	1714134	505	28905	6018	681717	4759	805700	1054	197812	—	—	109	10939	25	—	—	—	109	157945	300
2. 人工林	7058	331719	5564	277527	4707	179715	396	35058	461	62754	—	—	—	—	—	—	—	—	1494	—	—	54192	—
中径材培育基地	18692	1721687	16149	1574090	6819	244995	4919	451771	2994	538751	1276	297709	141	40864	86	3812	6	—	1792	—	148	143785	511
1. 天然林	9097	1261572	8346	1173690	727	34930	3992	352410	2299	455776	1187	289710	141	40864	86	3812	6	—	—	—	148	84070	511
2. 人工林	9595	460115	7803	400400	6092	210065	927	99361	695	82975	89	7999	—	—	—	—	—	—	1792	—	—	59715	—
小径材培育基地	28281	2713362	23653	2412094	5198	211563	13720	1425897	3702	598197	997	171433	36	5004	219	8594	—	4	1373	40	264	292674	2728
1. 天然林	20371	2195653	17122	1965933	1078	47708	12236	1279558	3143	516722	629	116941	36	5004	213	8524	—	4	—	40	264	221196	2728
2. 人工林	7910	517709	6531	446161	4120	163855	1484	14633	559	81475	368	54492	—	—	6	70	—	—	1373	—	—	71478	—
二、集约区	21200	2125138	19786	1878614	6403	292817	8978	904619	3397	497137	956	173488	52	10553	120	6644	6	—	1069	4	215	239880	—
大径材培育基地	2682	258830	2548	236920	878	43329	960	92136	610	82249	100	19206	—	—	7	252	—	—	83	—	44	21658	—
1. 天然林	1247	152853	1196	137404	50	2393	774	71172	280	46091	92	17934	—	—	7	252	—	—	—	—	44	15197	—
2. 人工林	1435	105977	1352	99516	828	40936	186	21150	330	36158	8	1272	—	—	—	—	—	—	83	—		6461	—
中径材培育基地	4948	474339	4591	427747	1819	91510	1568	130564	819	126159	333	68961	52	10553	7	469	6	—	253	—	91	46123	—
1. 天然林	2539	313653	316088	289118	307	12943	1224	98769	565	102256	321	11555	18	7362	7	469	6	—	—	—	91	24066	—
2. 人工林	2409	160686	2156	138629	1512	78564	344	31795	254	23903	12	1176	34	3191	—	—	—	—	253	—	—	22057	—
小径材培育基地	13570	1391969	12647	1213947	3706	157978	6450	681919	1968	288729	523	85321	—	—	106	5923	—	—	733	4	80	172099	—
1. 天然林	7705	989756	7522	872957	371	16730	5458	587623	1391	218396	302	52478	—	—	99	5363	—	—	—	4	80	111436	—
2. 人工林	5865	402213	5125	340990	3335	141248	992	94296	577	72301	221	33145	—	—	7	560	—	—	733	—	—	60663	—
三、保护区	8632	1209897	8045	1161785	921	34651	3038	327222	2755	505644	1029	208603	302	85665	59	1792	6	—	171	15	150	46320	186

表 4-6

2004 年带岭区（局）森林经营区划表（二）

统计项目	经营总面积（公顷）	活立木总蓄积（立方米）	有林地												疏林地		亚林乔木地（公顷）	灌木林地（公顷）	未造成林地（公顷）	苗圃地（公顷）	无林地（公顷）	散生木蓄积（立方米）	非林地（公顷）
			合计		幼龄林		中龄林		近熟林		成熟林		过熟林										
			面积（公顷）	蓄积（立方米）	面积（公顷）	蓄积（立方米）	面积（公顷）	蓄积（立方米）	面积（公顷）	蓄积（立方米）	面积（公顷）	蓄积（立方米）	面积（公顷）	蓄积（立方米）	面积（公顷）	蓄积（立方米）							
全局合计	96742	9984821	85533	9018244	24563	992646	37069	3826284	18068	3008183	5302	1049045	531	142086	593	31781	43	4	5899	59	886	934796	3725
一、大径材培育基地	22619	2473567	20448	2228581	6090	251949	7374	808911	5830	950703	1154	217018	—	—	116	11191	25	—	1577	—	153	233795	300
1. 天然林	14116	2035871	13532	1851538	555	31298	6792	752703	5039	851791	1146	215746	—	—	116	11191	25	—	—	—	153	173142	300
2. 人工林	8498	437696	6916	377043	5535	220651	582	56208	791	98912	8	1272	—	—	—	—	—	—	1577	—		60653	—
二、中径材培育基地	23640	2196026	20740	2001837	8638	336505	6487	582335	3813	664910	1609	366670	193	51417	93	4281	12	—	2045	—	239	189908	511
1. 天然林	11636	1575225	10781	1462808	1034	47876	5216	451179	2864	558032	1508	357495	159	48226	93	4281	12	—	—	—	239	108136	511
2. 人工林	12004	620801	9959	539029	7604	288629	1271	131156	949	106878	101	9175	34	3191	—	—	—	—	2045	—	—	81772	—
三、小径材培育基地	41851	4105331	36300	3626041	8904	369541	20170	2107816	5670	886926	1520	256754	36	5004	325	14517	—	4	2106	44	344	464773	2728
1. 天然林	28076	3185409	24644	2838890	1449	64438	17694	1867181	4534	733150	931	169117	36	5004	312	13887	—	4	—	44	344	332632	—
2. 人工林	13775	919922	11656	787151	7455	305103	2476	240635	1136	153776	589	87637	—	—	13	630	—	—	2106	—	—	132141	—
四、保护区	8632	1209897	8045	1161785	921	34651	3038	327222	2755	505644	1029	208603	302	85665	59	1792	6	—	171	15	150	46320	186

表 4-7

2004 年带岭区（局）森林经营区划表（三）

统计项目	经营总面积（公顷）	活立木总蓄积（立方米）	有林地												疏林地		亚林乔木地（公顷）	灌木林地（公顷）	未造成林林地（公顷）	苗圃地（公顷）	无林地（公顷）	散生木蓄积（立方米）	非林地（公顷）
			合计		幼龄林		中龄林		近熟林		成熟林		过熟林										
			面积（公顷）	蓄积（立方米）	面积（公顷）	蓄积（立方米）	面积（公顷）	蓄积（立方米）	面积（公顷）	蓄积（立方米）	面积（公顷）	蓄积（立方米）	面积（公顷）	蓄积（立方米）	面积（公顷）	蓄积（立方米）							
集约区	21200	2125138	19786	1878614	6403	292817	8978	904619	3397	497137	956	173488	52	10553	120	6644	6	—	1069	4	215	239880	—
一、集约亚区	19104	1928606	17738	1708958	5644	275406	8202	833246	3026	441805	814	147948	52	10553	87	4724	6	—	1064	4	215	214924	—
天然林	10174	1291363	9879	1151745	661	29546	6723	688094	1904	314388	573	112355	18	7362	80	4164	6	—	—	4	215	135454	—
人工林	8940	637243	7859	557213	9879	245860	1479	145152	1122	127417	241	35593	34	3191	7	560	—	—	1064	—	—	79470	—
二、次集约亚区	2086	196532	2048	169656	7859	17411	776	71373	371	55332	142	25540	—	—	33	1920	—	—	5	—	—	24956	—
天然林	1307	164899	1274	147734	67	2523	733	69284	332	50387	142	25540	—	—	33	1920	—	—	—	—	—	15245	—
人工林	779	31633	774	21922	692	14888	49	2089	39	4945	—	—	—	—	—	—	—	—	5	—	—	9711	—
另：一、大径材培育基地	2682	258830	2548	236920	878	43329	960	92136	610	82249	100	19206	—	—	7	252	—	—	83	—	44	21658	—
1. 集约亚区合计	2358	226908	2229	205736	721	41846	926	87442	502	61701	80	14747	—	—	7	252	—	—	78	—	44	20920	—
天然林	1071	122602	1030	107891	42	1909	740	66292	176	26215	72	13475	—	—	7	252	—	—	—	—	44	14459	—
人工林	1287	104306	1199	97845	679	39937	186	21150	326	35486	8	1272	—	—	—	—	—	—	78	—	—	6461	—
2. 次集约亚区合计	324	31922	319	31184	157	1483	34	4694	108	20548	20	4459	—	—	—	—	—	—	5	—	—	738	—
天然林	166	30251	166	29513	8	484	34	4694	104	19876	20	4459	—	—	—	—	—	—	—	—	—	738	—
人工林	158	1671	153	1671	149	999	—	—	4	672	—	—	—	—	—	—	—	—	5	—	—	—	—
二、中径材培育基地	4948	474339	4591	427747	1819	91510	1568	130564	819	126159	333	68961	52	10553	7	469	6	—	253	—	91	46123	—

续表 4-7

统计项目	经营总面积（公顷）	活立木总蓄积（立方米）	有林地												疏林地		亚林乔木地（公顷）	灌木林地（公顷）	未造成林林地（公顷）	苗圃地（公顷）	无林地（公顷）	散生木蓄积（立方米）	非林地（公顷）
			合计		幼龄林		中龄林		近熟林		成熟林		过熟林										
			面积（公顷）	蓄积（立方米）	面积（公顷）	蓄积（立方米）	面积（公顷）	蓄积（立方米）	面积（公顷）	蓄积（立方米）	面积（公顷）	蓄积（立方米）	面积（公顷）	蓄积（立方米）	面积（公顷）	蓄积（立方米）							
1. 集约亚区合计	4701	449105	4344	405308	1778	90824	1417	119743	793	120533	304	63655	52	10533	7	469	6	—	253	—	91	43328	—
天然林	2364	291770	2260	270030	289	12316	1111	89582	550	98291	292	62479	18	7362	7	469	6	—	—	—	91	21271	—
人工林	2337	157335	2084	135278	1489	78508	306	30161	243	22242	12	1176	34	3191	—	—	—	—	253	—	—	22057	—
2. 次集约亚区合计	247	25234	247	22439	41	686	151	10821	26	5626	29	5306	—	—	—	—	—	—	—	—	—	2795	—
天然林	175	21883	175	19088	18	630	113	9187	15	3965	29	5306	—	—	—	—	—	—	—	—	—	2795	—
人工林	72	3351	72	3351	23	56	38	1634	11	1661	—	—	—	—	—	—	—	—	—	—	—	—	—
三、小径材培育基地	13570	1391969	12647	1213947	3706	157978	6450	681919	1968	288729	523	85321	—	—	106	5923	—	—	733	4	80	172099	—
1. 集约亚区合计	12055	1252593	11165	1097914	3145	142736	5859	626061	1731	259571	430	69546	—	—	73	4003	—	—	733	4	80	150676	—
天然林	6739	876991	6589	773824	330	15321	4872	532220	1178	189882	209	36401	—	—	66	3443	—	—		4	80	99724	—
人工林	5316	375602	4576	324090	2815	127415	987	93841	553	69689	221	33145	—	—	7	560	—	—	733	—	—	50952	—
2次集约亚区合计	1515	139376	1482	116033	561	15242	591	55858	237	29158	93	15775	—	—	33	1920	—	—	—	—	—	21423	—
天然林	966	112765	933	99133	41	1409	586	55403	213	26546	93	15775	—	—	33	1920	—	—	—	—	—	11712	—
人工林	549	26611	549	16900	520	13833	5	455	24	2612	—	—	—	—	—	—	—	—	—	—	—	9711	—

1986—1995 年带岭区（局）采伐限额年产量统计表

表 4-8

采伐量 采伐方式	采伐资源		年采伐量		
	面积 （公顷）	蓄积 （万立方米）	面积 （公顷）	蓄积 （万立方米）	商品材 （万立方米）
合计	27810	506	2787	27.8	17.0
一、主伐	9323	199	955	18.4	12.0
皆伐	7458	159	764	16.3	11.0
择伐	1865	40	191	2.1	1.0
二、补充主伐	5329	168	528	5.7	3.2
三、抚育伐	13158	139	1304	3.7	1.8

1986—1995 年，根据第四次森林经理复查的结果，为改变森林结构，分别经营区、优势树种和林分状况确定了各采伐方式的采伐强度、出材率、采伐周期及适宜林分。确定采伐限额年生产木材 16.84 万立方米，消耗蓄积 30.11 万立方米。消长比为 1∶1.25，产消比为 1∶1.79。

1986—1995 年带岭区（局）木材产量按采伐方式构成统计表

表 4-9

采伐方式	采伐面积（公顷）	采伐蓄积（万立方米）	出材量（万立方米）
局计	2698	25.1	16.84
一、主伐	1453	15.7	10.76
皆伐	700	10.7	7.38
择伐	735	5.0	3.38
二、抚育伐	1214	3.2	2.02
人工林	664	1.4	0.93
天然林	550	1.8	1.09
三、补充主伐	49	6.3	4.06
散生木采伐	—	6.0	3.91
疏林地采伐	49	0.3	0.15

四、森林集约经营与分类经营

（一）森林集约经营

为了促进林木速生丰产，带岭局于 1994 年 9 月改革经营模式，实行森林集约经营，速生丰产，定向培育，林纸结合。按照总体规划，分步实施，一坡一沟，集中连片，梯次经营，循环作业的经营模式，用 20 年时间营造 2 万公顷速生林丰产商品林基地。

经营计划要求各林场及中心苗圃每年 2 月提出年度森林集约经营作业计划，其中包括经营林地的林班、小班位置；经营前的林分类型和立地条件；经营项目、工作量；经营时间及经营措施。如有科学试验和科技成果推广项目，应与集约经营计划同时提报，然后由局森林集约经营办会同营林公司等有关部门提出意见和建议交由各单位制定措施，抓好落实。

为保证集约经营作业质量，确保集约经营目标的实现，调查设计以部省现行规程为指导，按 23 种林分类型进行设计，区划作业小号以不同经营措施为界限；集约经营区内的近成过熟林，除石塘、陡坡、单层林应设计伐区，对霸王树、病腐木、枯立木和非目的树种，应全部伐除；集约区内的各项作业，必须进行土壤、植被等因子的调查；积极引用先进经营技术，推广良种育苗，推广容器苗造林、地膜覆盖造林。

核定各项作业成本，以局和上级有关定额为依据；实行调查设计责任制和费用承包制；凡木材生产“一本账”的伐区要申请“采伐许可证”，集约经营设计应提前半年提出，不经设计，均不许作业。

生产管理和总要求是：集约经营的计划统计，调查设计，成本核算，工程验收，生产组织单独划块管理，纳入营林生产的总体计划、总费用。各林场、苗圃森林集约经营期间的工作重点是：制订落实集约经营作业计划；开展群众性科学试验和科技推广活动；开展集约经营专业队伍岗位培训；检查指导集约经营各项作业；进行安全教育，组织工程验收，填写集约经营卡片。各集约经营领导小组成员要经常深入生产实践，指导生产、总结经验，树立典型，推动工作。机关各有关部门也要各司其职，推进做好集约经营工作。

集约经营的成本费用包括劳务费、材料费、苗木费、车间经费、企业管理费、质量奖和经营留利 7 个部分。各项生产项目实行单独核算成本，各项作业预付款均按局“人工造林承包办法”执行。其检查验收实行工段检查、林场普查、局抽查三级检查验收制度。

森林集约经营要推广科技成果，依靠科技进步，力争科技含量达 30% 以上。各林场结合营林“六大工程”，积极开展以“两论一化”理论为重点内容的科学试验活动，在种苗、培育、整地、排水、造林等方面推广应用先进科技成果。

集约经营要求建立健全原始记录。其中包括：年度森林集约经营费用；调查设计和科技推广计划；年度责任状，集约经营内部委托协议书；合格产品验收单，调查设计资料和审批文件，年度总结等。集约经营实行单独签约，单独评比，单独兑现奖罚。其奖罚单位和额度由局森林集约经营领导小组确定。

1989 年 9 月，局印发了《森林集约经营管理办法》，要求认真实施，全面执行，使集约经营逐步实现规范化和制度化。办法共 11 章 53 条。

（二）森林分类经营

根据林业部科技司林科成〔1992〕第 34 号文批复，中国林科院林业经济研究所在带岭林业实验局进行了“两论一化”理论体系推广试点。按照林业分工论的基本理论，进行了以森林分类为重点，以建立两大体系为目标的林业发展模式探索。

森林经理调查理论的重大突破。这次经理调查按森林功能区划森林，走功能性大分工道路，根据经济与社会发展的需要，将有林地划分为专门解决木材和其他产品供给问题的商品林和专门解决生态问题的公益林，以及以生态和经济功能并重，根据不同地区的实际需要选择侧重点的兼融林。

研究制定了三种林区划标准。采取功能利用和经营措施相结合的区划分类方法，把全局林业用地区划为商品林和公益林，商品林又区划为集约经营区和常规经营区。

森林资源分类经营区划成果。以土层厚度、坡向坡度、森林类型为基本条件，以道路交通、经营半径、劳力资金为保障条件，将现有的林地区划为公益林、商品林和兼容林。

积极开展和推广“两论一化”工作，重点抓了三项工作，推广营林村模式；开展森林资源资产化管理试点；发展林场股份合作制经济。按照林业部提出的“三种林”区划标准和局第五次经理复查时运用的区划标准，在“九五”期间，将 93077 公顷的林业用地，区划为公益林 8446 公顷、商品林 21200 公顷、兼融林 63431 公顷。到 2000 年，有林地面积 85261 公顷；森林覆盖率 88%，活立木总蓄积 1052 万立方米；采伐商品材 85 万立方米，年均产量 17 万立方米。

五、森林资源档案管理

1986 年，森林资源档案工作在保管原来森林调查和复查资料、专业调查资料、年度资源统计资料、每年的三类调查资料、造林设计资料的基础上，增加了省森调一大队的资源复查数据，其中包括二类调查内业计算形成的小班数据软盘。

1987 年 8 月，局资源科与东北林业大学共同开发研制了“森林资源档案及其动态管理系统”软件。从小班生长量计算到汇总林班、林场以及林业局的森林资源统计汇总表实现自动程序控制，使档案管理工作实现程序化、科学化。1988 年，局资源科按照编排程序，应用软件进行了当年的森林资源统计工作。该程序的使用提高了计算的精确度，减少了工作量，满足了上级的各种森林资源报表的需要，为本局的经营管理、伐区安排、幼林抚育和造林提供了科学依据。

到 2005 年，局资源科与营林处、生产科、各林场全部实现计算机联网，局有森林资源档案管理人员 3 名，各林场共设有专职资源档案员 13 名。

六、伐区拨交验收管理

带岭局的伐区拨交验收工作一直严格执行上级有关伐区管理文件规定，按照（林业部 1981 年 10 月 7 日林木字 26 号文颁发的）的《东北、内蒙古林区林业企业伐区拨交验收办法》和《东北、内蒙古林业企业抚育间伐质量检查验收办法》的质量要求进行检查验收，检查面积达 100%。

1986 年，资源科根据林业部制定的伐区检查验收办法，结合本局实际情况，制定了相应的伐区验收办法，并对打分标准进行了修订。部颁伐区验收 85 分合格，局定为 95 分合格。该办法实施后，提高了伐区作业质量。

1988 年，为保证伐区作业质量，规定财务、劳资部门应根据资源部门签发的“伐区验收证”方可结算各单位和个人的伐区生产各项费用及人员工资。为了使伐区管理更加规范化、制度化，满足森林采伐管理的需要，2002 年 10 月，局又出台了《带岭局加强林木采伐管理责任追究制度实施细则》使伐区拨交管理工作又步上一个新台阶。林业局资源部门根据 1985 年第三次、1993 年第四次、2004 年第五次森林经理复查方案和林业部、省资源局下达的木材蓄积量采伐限额，对伐区进行踏查，并由森调队提出伐区调查设计资料，上报省森林工业总局生产局申请采伐许可证。已审批的伐区实行总局、林业局和林场三级拨交制度。资源科根据各林场的资源分布、劳力配备、机械状况下达生产任务。生产作业前，由资源科依据省森林工业总局批拨的“林木采伐许可证”，开具“林木采伐作业证”林场方可采伐作业。

20 年来，全局的伐区管理工作多次受到省森林工业总局的表彰，伐区作业质量在全省 40 个林业局中一直名列前十位。

第三节　营林生产

一、机构

1986—1987 年，局设营林处，营林处下设生产、财务、验收队、种子站、气象站、森保站，负责全局营林生产。基层设各经营林场和苗圃等。1987 年成立营林公司，2000 年撤销营林公司，变为营林科，仍负责全局的各项营林生产工作。1986—2005 年，营林机构虽几经变革，但管辖范围和管理的业务没有变化，始终是负责全局的各项营林生产。

二、育苗生产

1986—2001 年，带岭区（局）有三处育苗苗圃，即中心苗圃、秀水苗圃、东方红苗圃。其中中心苗圃为原部级标准化苗圃，秀水苗圃为省级标准化苗圃。圃区总面积 761 亩，其中中心苗圃面积

307 亩，秀水苗圃 298 亩，东方红苗圃 156 亩。2002 年经黑龙江省森林工业总局批准，将东方红苗圃变为带岭林业科学研究所的种苗试验基地。2002 年，局中心苗圃被国家林业局命名为“全国苗木质量信得过苗圃”。

自 2002 年开始，林业局对中心苗圃和秀水苗圃进行了不同形式的经营机制改革。秀水苗圃实行租赁承包制，自负盈亏，全面推向市场。对中心苗圃实行“滚动式承包”，对任务、质量、成本等项指标，一年一核定、考核，一年一签订承包合同。

1986—2005 年带岭区（局）育苗产量一览表

表 4-10

项目 年份	育苗面积（亩）	总产苗量（万株）	产成苗（万株）
1986	363.5	3742.0	708.9
1987	388.5	3934.0	909.3
1988	384.8	3899.0	1301.7
1989	447.0	3871.0	963.0
1990	487.5	4778.0	1148.0
1991	506.8	5640.1	1065.0
1992	490.4	5864.5	960.0
1993	501.6	5139.4	999.1
1994	519.3	4782.2	1113.4
1995	431.9	3691.4	1392.0
1996	311.9	3500.0	1000.0
1997	257.7	3357.0	707.0
1998	246.7	2823.0	594.0
1999	237.9	3469.3	313.5
2000	245.0	2313.2	574.5
2001	245.4	1968.2	434.6
2002	240.6	1918.4	535.4
2003	142.2	2235.7	228.5
2004	149.4	1660.8	225.7
2005	129.0	1216.6	253.4

三、更新造林

（一）整地

1987 年，营林处在永翠林场试验推广了利用小地形进行整地的办法，即在阳坡利用鱼鳞坑整地，在其他地块则采用块状整地法，各方法由营林现场员根据山场地形灵活采用。

1988 年秋季，营林公司生产科在各林场推广了吉林省临江林业局的保土防冻整地方法。即在皆伐迹地上沿着山坡的走向搂出 70 厘米的条带或同样尺寸的穴，清除上面的草皮子，达到保墒，提高造林成活率的目的。

2002 年，林业局实行暗穴整地，即搂除草皮，然后刨 60 厘米穴，深 25 厘米，打碎土块再将土送回穴内。此方法有力地解决了春旱、苗木成活不高的问题。此整地方式被省森林工业总局列入《国有林区更新造林技术规程》，在全省森工林区实施。同年，红光林场结合整地方式的改变，发明了多用整地镐，提高了整地效果。1986—2005 年，全局共整地 477634 亩。

（二）造林

1984 年，环山林场营林技术人员从实践中摸索出“平斜式”造林方法，即在刚刚化冻 5 厘米的山坡上用镐搂出一条沟，将苗木的根部平斜地栽到山坡上。这种方法在生产中得以应用，它提前了造林时间，使造林当年成活率和 3 年保存率均达到设计要求。

1987 年，大青川林场在青山沟进行了天然杨、桦林补植造林试验，选出 5 年生的云杉苗 2000 余株，补植在杨桦林内的“天窗”中，造林成活率达 94%。

1988 年，营林公司总结营林生产承包的经验教训，借鉴基本建设战线工程承包经验，制定了“工程造林”承包办法，由过去验收造林地改为验收青山。该办法经省森林工业总局批准后，于同年 4 月试行。“工程造林”办法将造林保存率与个人经济利益挂钩，使造林成活率在 90% 以上。

1991 年，明月林场在更新造林中推行“一条龙”承包办法，坚持“谁整地、谁造林、谁抚育”的原则，并在承包户组内按序号作业。以后又增加了“谁防治”，并总结出“按序号作业法”，1994 年在全局推广。

1991 年 7 月，带岭局“工程造林”经营承包办法以局文件形式正式下发。

1986—1997 年，林业局的更新造林全部为国营造林，实行工程造林承包形式。1998—2000 年天保工程实施，工程造林承包停止实行。2001—2005 年又实行工程造林承包形式。恢复了“工程造林”承包办法，并重新修改、完善了以前的标准和具体办法。

带岭区（局）“工程造林”工作分别于 2000 年、2001 年、2002 年获得国家林业局授予带岭林业实验局“全国营造林工作先进单位”、黑龙江省人民政府授予带岭林业局“2000 年度全省造林绿化竞赛一等奖”、黑龙江省人民政府授予带岭林业局“2002 年度全省造林绿化竞赛先进单位”，并于 2003 年得到省森林工业总局 20 万元奖励。

1986—2005 年带岭区（局）更新造林情况统计表

表 4-11　　　　单位：亩

年度	总面积（国营、工程）	其中		成活率（%）	保存率（%）	迹地更新率（%）
		义务林	自费林			
1986	25000	—	—	—	—	—
1987	25025	—	—	—	—	—
1988	25084	—	—	—	—	—
1989	25062	—	—	—	—	—
1990	25013	—	—	—	—	—
1991	26224	—	—	—	—	—
1992	26968	—	—	—	—	—
1993	25840	—	—	—	—	—
1994	28449	—	—	—	—	—
1995	30000	—	—	—	—	—
1996	25680	—	—	—	—	—
1997	25632	—	—	—	—	—
1998	46683	—	—	—	—	—
1999	68319	300	—	—	—	—

续表 4-11 单位：亩

年度	总面积（国营、工程）	其中		成活率（%）	保存率（%）	迹地更新率（%）
		义务林	自费林			
2000	27544	2009	—	—	—	—
2001	10034	2022	—	93.9	95.6	—
2002	7044	1024	—	90.7	86.3	—
2003	6039	1002	294	—	—	—
2004	3125	1000	—	90.3	90.0	100
2005	2601	—	—	—	—	—

四、森林抚育

（一）幼林抚育

幼林抚育是保证造林成活的重要措施，依据《黑龙江省国有林区营林技术系列标准》的规定，更新造林后应立即进行抚育。第一次在更新造林后立即进行，第二次抚育在 7 月末前完成。抚育顺序是先抚育头年造的，后抚育当年造的；先抚育高生长、短促型，后抚育持续型；先抚育针叶树种，后抚育阔叶树种；先抚育小苗，后抚育大苗；先抚育杂草多的，后抚育杂草少的。抚育时对目的树种天然幼苗、幼树同时抚育。

1988 年 6 月，营林公司技术人员在秀水林场南山造林抚育时，采取踏草抚育的方法，组织人员将树周围的杂草踏倒、踏死，保证幼树生长。当年参加抚育人员 20 余名，抚育面积 20 公顷。

同年，营林技术人员在各林场推广了镐抚的抚育方法，即用镐在造林地的低洼地一侧挑沟，提高苗木栽植点，起到了排水保苗的作用。

1988—1989 年，营林技术人员先后在大青川、南列、朝阳等地利用草甘膦进行化学除草抚育，抚育面积 40 余亩。草甘膦一次施用的亩成本为 8 元左右，由于成本较高，这种抚育方法未能普及推广。

1986—2005 年全局幼林抚育情况统计表

表 4-12 单位：亩次

年份	抚育面积	年份	抚育面积
1986	103045	1996	121875
1987	105786	1997	122136
1988	111651	1998	122739
1989	123050	1999	139917
1990	109567	2000	104940
1991	100065	2001	101415
1992	112545	2002	79878
1993	122730	2003	34120
1994	121215	2004	37727
1995	123765	2005	31624

（二）成林抚育

间伐抚育。1986 年，朝阳林场搞了 10 公顷落叶松人工林的带状轮伐抚育，采用两种轮伐的尺寸，一种是伐 10 米林带，保留 10 米林带；另一种是伐 20 米林带，保留 20 米林带，同时还在间伐过的林带上，营造了红松、云杉、落叶松和水曲柳，进行更新试验。试验结果表明，水曲柳的更新试验效果较好。间伐抚育的主要目的是针对人工林密度大、影响生长的情况，采取伐小留大、伐劣留优、伐病留良、伐弯留直、伐密留稀等方式进行，以确保人工林的速生丰产。

透光抚育。1988—1989 年，营林公司的技术人员在大青川林场和朝阳林场，用进口药物威尔泊进行透光抚育试验，试验时用喷药枪将药物打到需要透光的树木根部，每次药物注射剂量 5 厘米，通过注射药物，杀死了非目地树种，达到了透光的目的。为了达到试验的目的，透光抚育面积为 10 亩左右。

透光抚育工作还有清除病腐木、枯立木（站杆），砍去“霸王树”，为林木生长创造优良环境。在进行幼林抚育和成林抚育的同时，还根据不同年份的需要进行母树林培育和有林地排水等工作。

1986—2005 年带岭区（局）森林抚育情况统计表

表 4-13　　单位：亩

年度	总面积	其中				母培	改培	排水双培
		人工林		天然林				
		透光	生长	透光	生长			
1986	15090	6570	—	—	8520	1290	4275	2050
1987	61725	30000	—	—	31725	2065	—	450
1988	67200	28100	2300	—	36800	2970	—	—
1989	76385	28000	2800	—	45585	3060	—	—
1990	79165	25000	17565	—	36600	1935	—	—
1991	86874	41428	4751	3855	36840	1935	1623	8262
1992	104789	63208	6463	12138	22980	2895	4527	9467
1993	115774	65269	4908	13180	32417	3248	3199	12027
1994	128121	54057	12088	27154	34822	3705	5084	16589
1995	151039	57905	8684	39107	45343	3812	5117	8172
1996	150602	60577	16328	20004	53693	2530	3302	2400
1997	164285	55132	10069	26500	51367	5828	5022	10367
1998	153484	103470	6662	24988	18364	3990	5279	9293
1999	133875	54070	8547	31896	39362	—	845	—
2000	35900	35900	—	—	—	—	—	—
2001	55089	39679	5326	5042	5042	3000	5000	5000
2002	55012	35794	4591	5019	9608	3014	—	2000
2003	49123	30013	1499	—	17611	1400	1013	—
2004	30075	14440	1097	789	13749	1019	1006	—
2005	30000	10000	10000	2000	8000	1000	1000	—

五、林木种子采集

林木种子采集工作随着每年林木结实情况而定。采集种子的种类主要有红松、云冷杉、落叶松、樟子松、水曲柳等。

1986年，林业局营林处维修了北山防空洞内的地面和洞外晒场，将其改建为种子库，种子库面积800平方米，晒场面积2000平方米。

1988年，树木种子大丰收，林业局营林公司组织召开各林场营林技术员会议，统一向采种人员发放采种证。1988—1989年，种子站先后收购种子达12.5万公斤。

林业局营林公司还在北列、朝阳、寒月、碧水林场划出红松天然林、母树林309公顷，在东方红、大青川林场划出落叶松人工林、母树林92公顷，对种子林进行定向培育。

2003年，由于更新造林面积逐年减少，加上北山山洞种子库湿度大，鼠害严重，为减少林木种子损失，经总局批准，将林木种子寄存于伊春林管局种子公司贮存库。每年节约管护费、维修、晾晒及人员工资等费用5万多元。

1986—2005年林木种子采集、贮存统计表

表4-14 单位：公斤

项目 年份	红松	云杉	水曲柳
1988	44951.5	2250.0	251.0
1989	83121.5	1208.5	10.0
1997	3498.5	—	—
2002	—	1000.0	—
2003	15987.5	—	—

第四节 “天保”工程

一、机构

为全面实施天然林资源保护工程，更好地培育森林资源，1998年局成立了天然林资源保护工程办公室，具体负责全局的天然林资源保护工程年度计划编制、调查研究、统计信息等工作，承担工程领导小组临时交办的工作。

二、实施方案

2002年12月，黑龙江省林业设计研究院设计编制了《黑龙江省带岭林业实验局天然林保护工程实施方案》，实施方案共分10章，分别从带岭林区的基本情况及工程实施的必要性、工程实施两年来的试点情况与基本经验、工程实施的基本思路与主要目标、森林分类区划与木材产量调减、森林资源管护、商品林基地建设及产业发展规划、富余人员安置与企业养老保险社会统筹、工程资金投入估算与效益分析、工程组织管理与保障措施、问题与建议等方面进行了详细的论述。

三、管理制度

为使“天保”工程得到有效实施，1998年9月，局制定了《关于加强天然林资源保护工程基础

工作管理的暂行规定》。共十一条，主要内容摘要如下：

第一条　森林分类标准。林业分类经营是在社会主义市场经济条件下，根据社会对林业生态和经济的两大需求，按照森林多种功能主导利用的不同，相应地将森林划分为公益林和商品林，分别按照各自特点和规律运营的一种新型林业经营管理体制和发展模式。根据环境建设的要求，把以生态利用为目的的森林划为公益林，根据市场经济的原则，把以直接利用为主要目的的森林划为商品林。

第二条　经营规划。天然林资源保护工程是一项跨世纪的伟大工程，一期工程从1998—2000年，二期工程从2001—2010年，总工期为13年。

第三条　作业设计。要严格执行《东北内蒙古国有林区采伐更新调查设计规范》《黑龙江省林区营林技术标准》《黑龙江省森工企业营林调查设计规程》和有关规定。营林作业设计是森工企业实施天然林资源保护工程的法定性文件，是编制计划、合理组织指挥生产的科学依据，是营林作业质量检查验收、森林资源管理和考核营林财务成本的基础。

第四条　质量标准。林木种子质量标准、上山成苗质量标准、人工更新造林质量标准、人工林透光、人工林生长伐（间伐）、天然林透光伐、人工促进更新。

第五条　工程承包。国家对国有林区天然林保护工程营造林项目实行工程化管理，即按项目投资，按工程管理，按设计施工，按标准检查，按进度拨款，按验收结算，推行项目法人责任制，工程招标制、质量监理制，建立和完善局、场、工组、家庭四级承包责任制。

第六条　现场管理。营林生产季节性强，经营周期长，生产点多、线长、工序标准复杂，加强现场管理，是适时、按质、按量完成各项营林生产任务的主要保证。

第七条　检查验收。实行上级、局、场三级检查验收制度。检查验收的主要内容有：检查验收项目，检查验收方法，检查验收程序，验收质量逐级考核制度。

第八条　统计报表。天然林资源保护工程按基本建设管理，执行基本建设统计报表制度。

第九条　财务核算。天然林保护工程营造林项目是指在森工国有林区内使用天然林保护工程专项资金从事生态公益林、商品林培育和管理的事业。实行单独管理、单独核算。

第十条　经营档案。营林生产具有周期长的特点，为了加强作业项目验收、工程预拨款和费用结算、考核经营成果、兑现承包合同，要建立完整的经营档案。主要包括：小班经济台账，内业验收资料，区划规划文件，资源信息管理。

此外，林业局还印发《森林资源管护文件资料汇编》。形成一整套“天保”工程管理制度。做到制度健全，目标明确，责任到人。林业局与林场签订目标责任状，实行工程事故责任追究制度。

四、专项资金

“天保”工程实施以来，局各有关部门从思想认识上、工作安排上、企业管理中一直将培育和恢复森林资源、管好用好天然林资源保护工程财政专项资金当作第一位的任务。一是严格财务制度，加强资金管理。对“天保”工程资金实行专户存储、专款专用、单独建账和核算，任何单位不得挤占、挪用、强行划转或抵扣各种贷款本息、税金、各种债务等。二是严格按财务规定实行定期审计制度按时上报资金使用情况，接受上级主管部门监督以及审计部门审计。

五、公益林建设

公益林建设主要包括人工造林50052亩，人工促进天然更新34538亩，森林抚育246751亩，封山育林186287亩。加强了公益林建设作业质量管理，实行局验收队、局驻场验收员、林场验收员三级检查验收制度。

1998—2005年带岭区（局）"天保"财政专项补助资金统计表

表4-15

单位：万元

年份	合计	财政专项补助资金							公益林资金						
		小计	管护费	养老统筹	教育经费	公检法司安经费	医疗卫生经费	政府经费	小计	人工造林	人工促进更新	森林抚育	封山育林	苗圃设施	防火设施
1998	1876.0	627.0	86.6	233.8	175.0	70.1	61.3	—	1249.0	122.0	7.8	817.0	7.9	294.3	—
1999	3649.5	2228.8	172.0	640.0	315.8	146.4	125.4	829.2	1420.7	299.0	113.0	719.0	214.8	59.3	15.0
2000	3683.3	3200.8	317.4	678.1	825.4	423.0	95.6	861.2	482.5	248.0	234.5	—	—	—	—
2001	3188.3	3188.3	315.1	678.1	814.4	423.0	95.6	862.2	—	—	—	—	—	—	—
2002	4266.1	3188.3	315.1	678.1	814.4	423.0	95.5	826.2	—	—	—	—	—	—	—
2003	3230.8	3230.8	315.1	678.1	844.4	423.0	95.5	874.7	—	—	—	—	—	—	—
2004	3339.1	3339.1	322.6	678.1	874.5	440.9	135.3	874.7	—	—	—	—	—	—	—
2005	3188.3	3188.3	315.1	678.1	814.4	423.0	95.5	962.2	—	—	—	—	—	—	—

说明：1. 2005年财政专项补助资金为本年计划数；
2. 2002年财政专项补助资金合计包括一次性安置费1077.8万元

六、"天保"工程档案

为确保"天保"工程的有效实施，加强天保工程档案管理，主要包括：小班经济台账、内业验收资料、区划规划文件、资源信息等方面的资料搜集、整理、立卷、归档等项工作，做到档案齐全，各项建设项目分类保管，单独成册，专柜保存。为作业项目验收、工程预拨款和费用结算、考核经营成果、兑现承包合同等项工作提供了基础资料。

七、规范现地标识

一是在作业现场设立标识牌，公告作业项目、林班小班、作业标准、承包期限、四周边界、承包人、现场员、注意事项等内容；二是设立提示板，公布各作业小号出勤人员、生产进度、质量检查情况。

八、后备森林资源培育

1996年，带岭局被确定为分类经营试点单位，按森林资源立地条件划分了重点公益林15936公顷，商品林27928公顷，一般公益林50389公顷。制定了《森林资源分类经营管理办法》。森林资源培育向集约经营、定向培育转变。更新造林推行工程化管理（即按项目投资、按工程管理、按设计施工、按标准检查、按验收结算），定向培育工业用材林和经济林，对有发展前途的人工林、天然幼壮林，通过集约化的人工培育措施，改培成速生丰产林，提高林地的生产力和后备森林资源持续增长速度。

九、封山育林

封山是恢复森林植被、保护自然环境及生物多样性的重要手段，将暂不经营的山林通过人为封禁措施保护起来，使之向正向演替，以达到森林面积增加，森林植被，生态环境得到相应改善的目的。1998年实施"天保"工程以来，到2005年已封山育林12420公顷。

第五节 森林保护

一、机构

带岭区设有森林防火指挥部和林政局。区公安局设有森林保护科。中国人民武装警察部队设有带岭森林中队。局营林公司设有森保站，负责森林病虫鼠害防治工作。森林防火指挥部总指挥由区（局）长担任，常务副总指挥由主管森林防火的副区（局）长担任，政委由区（局）党委书记担任。森防指挥部下设办公室，办公室与林政局合署办公，一套人马、两块牌子。森防办（林政局）设局（科）长1名，副局（科）长2名，下设林政稽查队，队长1名，队员6名，办证人员3名。森防办下设快速扑火大队，有队长1名，副队长2名，专业扑火队员50名。全区（局）建有半专业扑火队12支225人，义务扑火队10支300人，巡护队伍12支133人。

二、管理与指挥系统

1987年4月，区（局）森林防火指挥部根据本局实际情况，制定《森林防火管理责任制》，对防火工作实行目标管理。1998年3月，又制定《森林防火责任制汇编》，对领导、宣传、火源控制、检查巡护、请示报告等制度进行了详细的规定，主要有干部“四包”责任制、目标管理岗位责任制和奖惩制度等。此外，每年春、秋两季防火期都召开誓师大会。各单位、各中小学生游行宣传，达到了家喻户晓。在森林防火基础设施方面，有气象站1处，林政防火检查站6处，防火瞭望塔4座，联网计算机6台，短波电台2部，通信中继台3部，台式对讲机43部，手持对讲机183部，可确保通信网24小时畅通。到2005年年底，已配置指挥车4辆，运兵大客车2辆，待命运输车15辆，发电机2台，风力灭火机135台，防火2号工具220套，水枪15支，帐篷50个。并配备了传真机、计算机、GPS卫星定位仪等现代化设备。并已实现了53年无森林火灾的目标。

三、防火研究

1986年12月，森防办工作人员撰写的《浅析当前林火管理的必要性及其基本方法》等4篇论文，先后在省森林消防协会学术会上进行交流，并发表在《森林防火》杂志上。1987—2005年，全区森防战线的领导和工作人员共撰写论文17篇，并在省、市学术会议上交流。

1987年春，红光林场改制了拖拉机防火罩，把排气管改到驾驶室后侧，有效地控制了拖拉机喷火造成的火险隐患。

1989年3月，南列林场研制了扑火专用工具铁扫帚，经试验扑火效果较好，并在全市推广使用。

四、林火扑救

1986年5月13日，北列林场127林班发生一起由高压线脱落引起的荒火，火情发生后，北列林场出动30名扑火队员将火扑灭。此次林火燃烧草塘面积1亩左右。

1987年5月23日，东方红林场鸡爪沟456林班发生雷击火警。东方红林场组织40余名扑火队员迅速奔赴现场将火扑灭。此次火警烧荒山面积1亩。

1992年，全区（局）实现了40年无森林火灾。1993年春，区（局）召开总结表彰大会，表彰了先进单位、先进集体和85名先进个人。

1996年3月6日，永翠林场和平沟发生火警，全区组织了4个林场和局防火办扑火大队前往扑救。此次火警烧皆伐迹地约2公顷。

2000 年 6 月 23 日，寒月林场前进沟发生火警，经扑救烧毁疏林草塘 0.7 公顷。

2002 年年底，全区实现了 50 年无森林火灾。2003 年 4 月 4 日召开庆祝连续 50 年无森林火灾总结表彰大会。会上，表彰了 3 个“森林防火标兵单位”，17 个“森林防火先进单位”，23 个“森林防火贡献奖单位”，14 个“森林防火先进集体”，34 名“森林防火模范个人”，164 名“森林防火先进个人”。

五、林政管理

带岭区林政稽查大队于 1994 年成立。10 年来，认真执行省、市下发的文件精神和有关规定，在林政管理方面狠抓落实，取得了成绩。

各林权单位都成立了护林队，对辖区的林木进行看护，在沟口设置了索道和固定岗，在干线设置流动哨，对林班实行管护经营，林政局对各林权单位进行指导、监督、检查。林权单位同森侦大队、林政稽查大队、派出所、刑警队形成举报网络，做到及时发现，以“快”取胜，有效地保护了森林资源。

各检查站的工作人员 24 小时对过往车辆进行检查登记，严把木材运输关。对秀水、大青川、五公里 3 个木材检查站安装了监控系统，有效控制了偷拉私运现象发生。

加强了木材加工小区管理，对不具备生产规模和收“黑材”的木工厂给予取缔，对符合规定的木工厂办理了“木材经营加工许可证”并建立了木材进材销售台账。各木工厂在办理外运木材证时，凭台账、木材原始发票或外运证、木材检疫、打号单办理外运手续，防止了盗伐木材外运。

林政、森侦大队经常组织木材领域专项打击，2003 年冬季开展了“绿剑”行动，对案件高发地带加大巡护密度，制定严密防范措施，抓获和打击了一批不法分子。

六、森林病虫害防治

（一）病害防治

1989 年 5 月，东方红、北列林场 10 年树龄的树木发生了红松疱锈病，有病株率 0.9%，病情指数为 0.8，各场及时组织人力，对患病的树木采取深埋或烧毁的处理方法，先后出动 200 多人次进行防治，控制了病害的蔓延。

翌年 5 月，森保人员观测调查发现，带岭东山又有红松疱锈病发生，病情指数为 1.4。中心苗圃先后出动 150 余人次，把患病的树木及时伐掉并深埋于地下，防治面积达 1700 余亩。

（二）虫害防治

1988 年 6 月，朝阳林场尖山沟发生杨干象甲虫害，发生株率为 18%，该场先后出动 250 人次对虫害较轻的树木涂抹了杀虫药物“杀虫快”。对虫害较重的树木采取了伐倒和烧毁的措施，防治面积达 1700 亩。

1991 年 4 月，大青川林场人工林发生了较重的松毛虫害，虫口密度达 12.6 只 / 株，森保站及时通报各林场，组织人力进行防治，先后出动 200 多人次，喷撒了 10 公斤的灭菌脂，防治面积达 1065 亩。

同年 6 月，朝阳林场尖山沟的杨干象甲虫再次发生，有虫株率 8.9%，林场及时进行防治，先后出动 150 余人次，防治面积达 1770 亩。

1996 年松毛虫大发生。4 月 5—8 日，全局每天出动 160 多人用毒绳防治，共防治 5580 亩，防治效果 91.3%。省森林工业总局于 6 月在带岭局召开了松毛虫毒绳防治现场会。

（三）鼠害防治

1986 年，带岭南北沟施业区内鼠害发生的频率较高，开始，森保人员用铁夹捕捉，捕获率达

36%，各林场也先后出动了2600多人次上山灭鼠，人工防治面积达3.69万亩。根据鼠害发生的范围较大，难以控制这一实际情况，局又采取了飞机撒药的办法，先后投放9吨灭鼠磷，飞机防治面积达9.27万亩。

1989年，施业区内林木害鼠的平均日捕获率达35.6%。局采取了飞机撒药和人工撒药相结合的方法进行防治。飞机共飞行13个架次，近30个小时，飞防面积达11.14万亩。人工防治6000多人次，防治面积8.14万亩，投放毒鼠磷药物14吨。同年，明月林场有536亩林地因没有采取防治措施，林木被害率达80%。

1990年，施业区内林木害鼠的捕获率为15.6%，共投放3.3吨毒鼠磷，防治面积达4.8万亩。2001年，在永翠、环山等林场进行了高山鼠兔防治试验，共防治870亩，防治效果达91.7%。

多年以来，全局以化学防治、生物防治和招引益鸟、仿生形式进行了病虫鼠害的防治工作，每年都取得了较好的效果。2000年，局森保站被国家林业局确定为国家级首批森林病虫害测报点。

1986—2005年带岭区（局）森林病虫鼠害防治情况统计表

表4-16　　单位：公顷

年度	合计	病害	虫害	鼠害	防治措施		
					病害	虫害	鼠害
1986	9034.60	234.60	164.60	8635.40	—	人工剪除	化学
1987	2960.80	52.00	20.00	2888.80	—	—	化学
1988	1641.20	133.30	—	1507.90	—	—	化学
1989	13250.20	95.00	118.00	13037.00	病木伐出	人工伐除堵孔	化学
1990	3305.90	110.00	179.00	3016.90	病木伐出	绑绳堵孔伐出	化学
1991	3509.90	62.00	1540.90	1907.00	病木伐出	化学	化学
1992	7129.50	163.00	434.00	6532.50	病木伐出	化学堵孔伐出	化学
1993	5615.70	—	735.00	4880.70	—	喷雾伐除堵孔	化学＋森抚
1994	3665.87	—	118.00	3547.87	—	人工伐除堵孔	化学
1995	3953.90	—	265.00	3688.90	—	人工防治	化学
1996	4398.80	—	490.00	3908.80	—	绑绳堵孔伐出	化学
1997	3152.00	—	520.00	2632.00	—	喷雾伐除堵孔	化学
1998	3342.00	—	228.00	3114.00	—	人工伐除堵孔	化学
1999	5150.00	—	228.00	4922.00	—	人工伐除堵孔	化学
2000	3191.80	—	228.00	2963.80	—	人工伐除堵孔	化学＋仿生＋森抚
2001	3706.40	55.00	115.00	3536.40	人工剪枝	人工伐除堵孔	化学＋黄鼬招引
2002	3830.50	—	366.00	3464.50	—	人工伐除堵孔	化学＋仿生
2003	1429.00	55.00	115.00	1259.00	人工剪枝	人工伐除堵孔	化学＋仿生
2004	3383.60	—	115.00	3268.60	—	人工伐除堵孔	化学＋仿生＋森抚
2005	115.00	—	115.00	—	—	人工伐除堵孔	—
合计	85766.47	959.90	6094.50	78712.07			

七、野生动物保护

带岭局认真贯彻落实《中华人民共和国野生动物保护法》，对野生动物实行“加强资源保护，积极驯养繁殖，合理开发利用”的总方针，保护珍贵、濒危的野生动物。1987 年 3 月，带岭就在秀水 313 林班、312 林班、311 林班 518 公顷的林地上建立了鼠害生态控制实验基地。把野生动物保护经营纳到了治危兴林的整体方案中。

为了充分发挥野生动物资源的生态效益、社会效益和经济效益，在现有林场区划的基础上，考虑野生动物种类多少、种群大小、分布密度、自然环境和社会经济条件，以及林业发展等多种因素，实行合理布局、全面区划、科学管理，将位于带岭林区北部边缘的红光林场、南列林场、朝阳林场、寒月林场和环山林场划为狩猎生产区；位于带岭林区北部和南部活动较少的北列林场、明月林场、东方红林场（除 465 ～ 474 林班）、碧水林场，及国家级凉水自然保护区划为繁育保护区；位于带岭中部，居民点密集，人员繁杂的永翠林场、秀水林场、大青川林场划为禁猎区；位于繁育区内的东方红林场 465 ～ 474 林班，1572 公顷林地划为对外旅游狩猎区。

1987 年 8 月 20 日，带岭局曾决定在北沟红光、寒月林场部分沟系，南沟东方红林场以长河沟为中心建立狩猎场。计划各狩猎场建宿营房舍 50 平方米，共备猎具枪 10 支。后因诸多因素影响，未能全面实施。

1988 年起，实施天保工程，全局开始全面禁猎。同时，公安部门根据上级对社会治安的要求，收缴一切枪支，也使野生动物得以休养生息。

1997 年，在距局址 9 ～ 25 公里的永翠河两岸，以碧水林场为中心建立了中华秋沙鸭自然保护区。

第三章　木材生产

第一节　机构设置

带岭局从事木材生产的部门和单位主要有生产科（调度室）、各林场、运输公司和贮木场等。

1986 年，全局从事主伐生产作业的有寒月、北列、碧水、红光、永翠、南列、东方红 7 个经营林场。

1987 年 7 月，环山经营林场恢复建制后，成为全局规模较大的主伐生产林场。

1988 年 4 月 30 日，局在大兴安岭西林吉林业局建立岭西林场。该场是本局在施业区外兴建的唯一一处林场。建场两年间，该场共采伐运输火烧木 4.5 万立方米。1990 年 4 月 25 日，岭西林场撤销。

除主伐林场外，全局还有大青川、秀水、明月 3 个经营林场。大青川林场在 1986 年由主伐林场改为经营林场；秀水林场于 1987 年与南苗圃合并，由过去以营林为主，改为以育苗为主。明月林场于 1984 年与永翠林场合并，1987 年 8 月恢复明月林场建制、恢复朝阳林场建制。2005 年 3 月，局撤销朝阳林场建制并入北列林场，撤销中心苗圃建制将其并入秀水林场。

第二节　木材生产变化

一、木材生产总量变化

木材总量按国家计划来分，分为由国家统一调配的统配材和企业自主销售的非统配材。1986 年前，全局生产的木材全是统配材，后来给企业小量非统配材，直至 1992 年统配材仍占 14 万立方米，非统配材只有 4 万立方米。随着社会主义市场经济的发展，于 1994 年国家取消了统配材。木材总量按采伐经营方式，分为主伐与抚育伐。但木材生产总量受国家严格控制，不管是主伐生产的木材，还是抚育森林下来的木材，以及车立柱、枯立木等都纳入国家一本账总量计划之内。特别是从 1990 年起，国家对木材实行限额生产，不准超计划生产，生产总量只允许比国家下达的计划少。因此木材生产总量的缴库数比企业计划数略少。

1986—2005 年带岭区（局）木材生产总量统计表

表 4-17　　单位：立方米

年度 单位	1986	1987	1988	1989	1990	1991	1992	1993	1994	1995
全局	173272	187921	189647	181954	181954	179978	179975	179960	179980	179961
环山	—	5317	19691	25166	24510	23452	18880	19466	20678	20144

续表 4-17 单位：立方米

年度/单位	1986	1987	1988	1989	1990	1991	1992	1993	1994	1995
寒月	39455	32678	21673	18985	19906	19941	21579	21546	20272	21539
朝阳	—	—	1623	4121	2035	3801	4161	4529	4782	4461
北列	14675	15644	19857	15099	13965	13434	16015	16504	15717	16488
南列	27692	28318	27926	24800	24418	18196	23456	23726	23672	24180
碧水	6094	7630	7649	7000	13278	12274	11252	12928	13430	16428
红光	20674	24277	26200	27602	23959	24735	22847	20322	20106	19260
明月	—	—	3176	2593	3403	6572	5163	7632	10059	7425
永翠	25037	28334	24676	19050	20285	16216	17843	16459	14674	9179
苗圃	—	8	849	1872	2311	5553	2078	1566	2112	4149
秀水	1066	1611	1232	2584	1217	2321	2613	5540	4398	4224
大青川	16900	14842	8883	6560	5443	7829	5677	5016	5379	4692
东方红	21679	29262	26109	26522	27224	25654	27859	24615	24530	27711
其他	—	—	106	—	—	—	552	111	171	81

年度/单位	1996	1997	1998	1999	2000	2001	2002	2003	2004	2005
全局	223990	194974	159998	150230	122328	113254	101862	101157	100665	102005
环山	22783	18775	12358	9691	11056	10643	10443	10250	9675	11371
寒月	27738	25281	18804	17739	14016	12748	11361	10502	11751	12387
朝阳	7079	5369	5589	5606	3763	2674	2662	3280	4976	—
北列	12448	23779	8152	5107	3099	3631	3419	5265	5493	9853
南列	23892	10006	18872	21477	19435	19568	13637	12011	10800	9898
碧水	22833	22173	12331	5927	5761	5414	2188	1778	2323	—
红光	23267	23064	18775	11766	12094	7864	7795	9728	7768	9824
明月	14221	11853	13625	19598	9160	7676	9217	7755	8725	8200
永翠	12063	12505	10298	11994	11672	10063	9316	7796	6583	4957
苗圃	6099	1829	3338	3148	1465	1556	2118	2438	4770	—
秀水	8752	5260	3753	5174	1590	1441	1785	3184	705	3008
大青川	9819	7457	6335	9685	8413	10637	8912	9415	11117	11728
东方红	32574	26599	27637	23318	20804	19339	19009	17755	15979	20779
其他	422	1024	131	—	—	—	—	—	—	—

说明：1986 年因全局有 5000 立方米枯立木缴到非统配材，局财务部门上报数为 178272 立方米

二、枝丫生产的变化

为了充分利用森林资源，力争把有利用价值的伐区剩余物全部集运下山，局采用高于实际生产所需的成本价向林场收购枝丫材，使林场生产枝丫材有利可图，鼓励林场多生产枝丫材（上级对生产枝丫材不作限制）。特别是从1985年四季度以后，变人工用尺检量为地衡称重检量（针叶330公斤为一层积立方米，阔叶385公斤为一层积立方米），消除了人为检量误差，使枝丫生产量比过去大幅度提高。在1995年第四季度造纸厂建成投产后，为防止生产单位与接收单位因质量标准与检验数量的矛盾，局规定径级自4厘米以上、长50厘米以上无腐朽枝丫、梢头木等伐区剩余物均为枝丫材，把计量单位由“层积立方米”变为“吨”，同时相应地调整了针、阔叶枝丫的收购价。由于有统一的标准、公平的检验和优惠的收购价，大大地调动了各林场生产枝丫的积极性。尽管伐区作业条件一年比一年恶劣，集枝丫越来越困难，但年年超计划完成任务，而且把所有枝丫材全部运到木材综合利用厂（后改为造纸厂）。保证了有利用价值的伐区剩余物全部集运下山，做到了既充分利用了森林资源，又提高了伐区作业质量。

1986—2005年带岭区（局）各林场枝丫产量统计表

表4-18　　单位：层积立方米、吨

年度 单位	1986	1987	1988	1989	1990	1991	1992	1993	1994	1995
全局	62410	58601	46591	53619	54199	40927	57208	40258	41947	45738
环山	—	—	2806	3663	7025	2375	5022	3134	4856	3495
寒月	9590	6987	6461	8379	7297	5180	5091	4206	3680	4965
朝阳	—	—	1211	2533	1710	1101	1815	1333	1646	1490
北列	8271	6510	5331	3806	2254	3054	4550	3153	1864	2514
南列	12561	12123	9484	8819	11659	6327	9801	5916	5260	5091
碧水	501	500	334	1410	3315	4968	4423	2710	2873	4817
红光	8940	8590	5182	9138	4812	4995	8782	5672	3087	5036
明月	—	93	788	2219	1698	3392	2376	3561	2575	2046
永翠	6509	6340	4552	3784	4389	2479	3078	1355	8659	6224
苗圃	—	1714	1596	1433	690	357	613	335	654	1199
秀水	3322	6920	497	783	427	648	762	845	1063	914
大青川	2637	318	—	—	—	—	531	1074	235	2431
东方红	10079	8506	7490	7201	7319	6051	10364	6964	5495	5516
其他	—	—	859	451	1604	—	—	—	—	—
年度 单位	1996	1997	1998	1999	2000	2001	2002	2003	2004	2005
全局	27404	18645	19779	23580	16785	16510	28138	15438	18749	17321
环山	1770	1037	252	1022	1538	1496	1859	1523	950	1632
寒月	2964	3168	2380	2214	1418	1812	2302	1373	2482	2058
朝阳	672	870	2021	2993	509	513	657	523	1174	—
北列	1214	746	1173	969	233	442	1118	824	1056	1815
南列	3249	2621	1016	896	1251	2576	2445	1946	2428	1910

续表 4-18　　单位：层积立方米、吨

年度 单位	1996	1997	1998	1999	2000	2001	2002	2003	2004	2005
碧水	1768	487	586	945	948	572	823	328	542	—
红光	1414	116	627	1414	1253	1071	4363	1209	1507	1710
明月	2749	2286	2945	2961	2110	2077	3749	1418	1979	1613
永翠	4002	2738	2883	3171	4403	2651	5288	1224	1394	997
苗圃	803	13	16	405	21	19	—	49	80	—
秀水	1144	1119	1074	897	249	295	549	467	135	107
大青川	774	321	401	1361	813	702	1481	1458	1721	1984
东方红	4881	3123	4405	4332	2039	2284	3495	3096	3301	3495

说明：枝丫材计量单位 1995 年以前为层积立方米，自 1996 年后改为吨

三、其他木材生产

（一）车立柱生产

由于外调木材装大火车的需要，每年按计划从伐区剩余物与天然林抚育的剩余物中挑选出部分径 8～12 厘米、长 3～3.2 米的桦木等硬阔叶作为车立柱，其数量完全由装大火车需要而定，但全部纳入林业局一本账总产量之内。随着装大火车数量的减少，车立柱产量也大大减少。

（二）枯立木生产

林业局不下达枯立木生产计划，但给林场一定优惠政策。各林场根据本场资源情况与生产能力，每年生产一部分病死、枯立木、风倒、风折木。但生产前必须报资源部门检查核实同意，并且把产量纳入局一本账总产量之内。木材由林业局统购统销，利润为林业局。这样既充分合理利用了森林资源，降低了可采资源的消耗，又给林场带来一定效益。

第三节　伐区作业

一、生产经营方式的变化

过去生产木材几乎完全依靠对森林主伐，后来增加少部分的抚育出材。1986 年后，主伐出材比例逐年减少，抚育出材比例逐年增大，在森林经营方式上变生产木材为主改为抚育森林为主，由主伐出材逐步走向抚育出材。

1986—1998 年木材总产量中主伐与抚育伐比例一览表

表 4-19

年　度	1986	1987	1988	1989	1990	1991	1992
主伐所占比例（%）	90.85	85.70	84.17	83.32	85.85	75.67	80.45
抚育伐占比例（%）	9.15	14.30	15.83	16.68	14.15	24.33	19.55
年　度	1993	1994	1995	1996	1997	1998	
主伐所占比例（%）	78.84	77.15	75.89	72.19	63.90	13.82	
抚育伐占比例（%）	21.16	22.85	24.11	27.81	36.10	86.18	

二、采伐方式的变化

林业局由于天然成过熟林的比重较大，过去的采伐方式以小面积皆伐为主，采育择伐为辅。如1986年冬运中皆伐面积占72.96%。随着林相的变化与上级部门的要求和对森林生态效益的重视，皆伐比重逐年下降，择伐比重大幅度增加，1992年冬运，皆伐面积占13.94%，而择伐面积占86.06%。1998年第四季度以后，开始实施天然林保护工程，对森林经营取消了主伐与抚育伐之分，而且天然林基本上取消了皆伐，木材生产全部采用大面积低强度择伐。

三、生产作业方式的变化

自1952年起，流水作业一直是全局木材生产传统的作业方式，其木材生产效率高，资金周转快，具有一定的优点。但也存在着一定的缺点，如受伐区生产作业条件的限制、机械集原条易损坏保留木，且破坏林地严重，易造成水土流失。用畜力集原木与机械集原条相比，其优缺点正相反。因此过去主伐生产一般采用原条机械化流水的生产作业方式，而抚育伐则采用畜力集原木的生产作业方式。随着经营方式、采伐方式及伐区作业条件的改变，和人们对保护森林、保护林地意识的加强，生产作业方式也逐步开始改变。1986年，90%以上的木材生产依靠原条机械化流水作业，只有小量的抚育伐采用畜力集原木的作业方式。1988年开始，小部分主伐伐区也采用畜力集原木的作业方式。以后，拖拉机集原条的作业方式逐年减少，畜力集原木的作业方式越来越多，到1998年3月末，全局结束长达46年之久的原条机械化流水作业的生产方式，从此以后，全部采用畜力集原木的生产作业方式。

1986—2004年带岭区（局）原条方式与原木方式的产量比例统计表

表4-20

年度		1986	1987	1988	1989	1990	1991	1992	1993	1994	1995
原条方式	数量（立方米）	157412	161052	149745	143715	145788	102943	117258	108496	103078	95532
	比例（%）	90.85	85.70	78.96	78.98	80.12	57.20	65.15	60.29	57.27	53.08
原木方式	数量（立方米）	15860	26869	39902	38239	36166	77035	62717	71464	76902	84429
	比例（%）	9.15	14.30	21.04	21.02	19.88	42.80	34.85	39.71	42.73	46.92
年度		1996	1997	1998	1999	2000	2001	2002	2003	2004	2005
原条方式	数量（立方米）	100428	72332	22108	—	—	—	—	—	—	—
	比例（%）	44.84	37.10	13.82	—	—	—	—	—	—	—
原木方式	数量（立方米）	123562	122643	137890	150230	122328	113254	101862	101157	100665	102005
	比例（%）	55.16	62.90	86.18	100	100	100	100	100	100	100

说明：1. 原条数为造材后的商品材数；
2. 原木数中包括主伐原木、抚育伐原木、车立柱及枯立木等

四、木材生产规模的变化

随着木材生产经营方式与作业方式的变化，生产规模也发生下列变化。

（一）全局由几个主伐林场生产木材变为13个经营林场或多或少都生产木材。主伐时间长的有环

山、寒月、北列、南列、碧水、红光、永翠、东方红 8 个林场，其生产规模大、配备机械设备多（全局共配 J–50 履带拖拉机 38 台、美国卡特彼勒 518 轮式拖拉机 6 台），主要是做原条生产。1988 年以后 13 个林场都变为经营林场，原来的经营所也用畜力生产木材。

（二）由工段（队）规模较大的集中生产变为小规模家庭承包户分散作业。1998 年第四季度后，全局各林场先后都取消了木材生产段，全局木材生产任务都靠一家一户小规模分散作业来完成。

（三）原木生产由委托社队套户生产变为林场职工养牛养马自己生产。过去，林场几乎没有畜力集材的能力，原木生产任务都是由外委农业社队完成，1986 年后，局认清木材生产的前景，鼓励扶助林场职工自己养牛养马搞畜力集材与家庭承包生产。现在各场都有畜力集材能力，木材生产任务不须任何外委，防止了生产资金与工资外流。

五、木材生产各工序的变化

（一）伐木

无论是原条或原木方式都采用油锯伐木，但使用的油锯由单一的国产 051 型高把油锯变为德国的斯蒂尔 040 低把锯与 051 型油锯并用；原木生产方式和山上造材与伐木工序一样均采用油锯造材。

（二）打枝

多年一直采用大斧打枝。

（三）集材

原条集材传统的采用 J–50 履带拖拉机集材，1986 年后采用 J–50 为主与 518 轮式拖拉机为辅的机械集材。由于 518 轮式拖拉机驾驶条件好，速度快、效率高，深受林区广大职工欢迎。对集材距离远的伐区则上段用 J–50 集材，下段用 518 接力，搞二段式集材；原木集材均采用畜力集材。

（四）归山中楞

原条作业时都是流水作业，不归山中楞。原木生产方式一般都是用人力归山中楞。

（五）清林

传统的人力用斧，弯把锯和镰刀手工清林，伐区剩余物由拖拉机或畜力集下山。

（六）装车

伐区原条装车一直沿用单卷筒绞盘机依靠回空锤重力回空的双架杆爬杠装车法。1986 年，环山、寒月两个林场试用美国卡特彼勒公司 950B 轮式装载机装原条，只要装载机司机一人就可装原条车，速度快、效率高，且安全可靠，打破了传统的架杆爬杠装车法，深受职工欢迎。后因装载机被调到山下其他单位使用，1994 年、1996 年，永翠、环山两场先后停止了装载机装原条；原木装车一般采用 J–50 履带拖拉机背人字形架杆装车法和人力装车法，一直沿用至今。

六、伐区作业条件的变化

（一）伐区准备作业工程费用大幅度增加

1986 年冬运，全局伐区准备作业费用只有 254172 元，平均每立方米商品材只需 1.8 元；到 1992 年冬运，主伐伐区准备作业费用已达 1548630 元，平均每立方米商品材达到 9.56 元，而 1997 年冬运主伐伐区准备作业费用高达 3139602 元，平均每立方米商品材高达 21.74 元。这里除了物资涨价和人工工资提高的因素外，最主要的还是伐区条件越来越恶劣造成的。1986 年伐区准备作业不需要破岩与切填方工程，而 1997 年就破岩填方所需的费用高达 1223422 元，这一项费用就是 1986 年全部准备作业费用的 4.8 倍。

（二）作业区（装车场）面积、出材量及公顷出材量的变化

由于大面积成过熟林逐年采光，剩下的成过熟林可采资源多分布在远、陡、散的边缘地区，且由于每公顷出材量变少，完成同样的任务所需作业区的数量就增多，采伐面积大幅度增加。1986 年冬运，全局总共只有 26 个作业区（装车场），总采伐面积只有 1260.9 公顷，总出材量为 140854 立方米。平均每个作业区的采伐面积 48.5 公顷，平均每个作业区的出材量达 5417.5 立方米，平均每公顷出材 111.7 立方米。个别大的一个作业区采伐面积可达百公顷以上，个别出材量高的一个作业区就可出材万立方米以上。

1992 年冬运，全局主伐就有 86 个作业区，总采伐面积为 3466 公顷（比 1986 年翻了一番），总出材量 161955 立方米。平均每个作业区的采伐面积 40.3 公顷，每个作业区的出材量下降到 1883.2 立方米，而平均每公顷出材量只有 46.7 立方米，比 1986 年少了一半多。1997 年冬运，全局主伐作业区共 82 个，总采伐面积 2818.9 公顷，总出材量只有 144401 立方米。平均每个作业区的采伐面积 34.4 公顷，每个作业区出材量 1761 立方米，每公顷出材量 51.02 立方米。

1998 年冬运以后，全局全面采用大面积低强度择伐，作业区超过上百个，作业区面积大小不等，个别小的一个作业区面积不到 1 公顷。出材量也大幅度下降，正常情况每公顷出材不超过 20 立方米。

（三）采伐木树种与平均单株材积的变化

在 20 世纪 80 年代到 90 年代中期，采伐木是以红松、云杉、冷杉的针叶树为主，枫桦、杨木、椴木、榆木、色木、水曲柳等阔叶树为辅的天然成过熟林，只有少量的人工落叶松小杆。随着时间的流逝，红松资源的大量过量采伐，使红松的比重逐年下降，阔叶特别是枫桦比重大幅度上升，针阔叶比重发生明显变化。到 90 年代后期，红松资源枯竭，大径的云冷杉与椴木、榆木、水曲柳也明显减少，而在 50 年代造的人工落叶松逐渐成熟，因此枫桦、杨木、中小径的云冷杉及人工落叶松成为全局主要的采伐树种。2004 年，为保护宝贵的红松资源，伊春市政府下令，从 2004 年起，整个伊春林区禁止采伐红松。

（四）木材生产树、材种变化

在 20 世纪 80 年代到 90 年代中期，尽管伐区作业条件恶劣，但由于高山帽的树种与材质较好，因此树、材种变化不大。到 90 年代末，全局的资源枯竭，树、材种发生了明显的变化，红松及特等、一等优质材明显减少，原木的径级也变小。

对于其他特殊材材种的生产是根据市场需要而定。1996 年前后，市场对红松根节与级径在 30 厘米以上的椴木、枫桦十分畅销，尽管其心腐等木材缺陷已降等到二等材的标准，但只要按客户的需求去选，其售价可达到，甚至超过一等材的价格。因此在国家的木材标准外，企业自己制定了“特选原木”标准，生产了一部分特选原木，提高了企业的经济效益。另外，还根据个别客户的特需，生产小部分定制材，如 8 米长的红船材、9 米长的落叶松电柱等，但数量不多。

第四节 劳动组织

1998 年，实行原木生产方式后，取消了木材生产段，各林场不分生产、营林、原木生产、营林生产全部由林场统一组织。伐区生产实行工组工序承包，并制定了《木材生产工序承包管理办法》，即伐区生产推行工组工序、计件承包管理的方式，取消过去一个人承包的模式。为保证“天保”工程的顺利实施，生产技术管理的重点：一是取消原条机械化作业；二是伐区的劳动组织改革；三是贮木场的技术改造，进一步降低了生产成本，保证连年木材生产任务的顺利完成。1998 年四季度，

取消了伐区原条机械化作业后，在红光、明月林场试点推行伐区生产工组工序承包模式，实行采、打、集、清、装“一条龙”作业。劳动组织是工组联包，工种独立作业，混合计件，工组计酬，由工组长“组阁”，以小集体计件代替个人计件。工资分配是以工组为单位，根据工种和个人出勤，联系产量多劳多得，不劳不得。在组织生产中，制定了一系列管理制度，管理人员认真监督管理。主管生产副场长负责全场原木生产各项经济技术指标与任务指标；技术员负责木材生产作业质量与技术指导，负责管理现场员、量材划尺员，包伐区作业质量（采伐限额、合理造材、打集清等）；段长负责劳动力管理（工组建设）、协助技术员管理伐区作业、包安全生产；安全员负责安全生产；生产调度负责全面质量管理、装车场产品质量验收与检尺员管理等工作；以上人员各负其责，完成指标同奖金挂钩，实行立方米补贴制度。建立风险抵押与预交作业质量保证金制度。对木材生产管理人员实行缴纳风险抵押金制度，缴纳标准：主管木材生产副场长、技术员与段长1000元，调度员、现场员、量材划尺员、安全员500元，承包班组500元，集材套子300元，以上人员交纳的风险抵押金，待生产任务与经济技术指标完成再退还给本人。承包工序预留作业质量保证金标准（每立方米）：采伐、造材1.5元，清林3.5元，集材5元。生产效率比个人计件时提高15%，综合成本下降20%。

第五节　木材运输

一、运输

从1986年开始到1998年3月末取消原条生产为止，原条运输全部采用预装架装车，由运输公司的11台瑞典进口“斯康尼亚T–112H”运材车运输，其效率高、成本低，各项技术经济指标均在全省森工系统名列前茅。

1994年，局对南列、东方红两场的原木运输车进行作价出卖，实行“民有场营”改制试点。先由林场自运，1998年冬运起，推行原木生产，取消原条生产。全局对所有原木运输车辆进行出卖，局运输公司改为林达运输公司，改制为民有联营运输公司，重新修订了各项规章制度。全局的原木运输也由林达运输公司统一负责调配车辆运输。

二、公路

2005年，带岭林区有公路524.01公里。主要干线99.84公里，支线81.84公里，岔线324.33公里，镇内公路（包括周边区域）18公里。为了加强公路管理，全面推行公路养护管理制度。为了保证冬运木材生产期间安全运输，木材生产前对全局公路实行按季签订《公路养护承包合同》。一是按月按实际工作量验收制度；二是对全局主要干线、支线和其他生产用公路，实行定路段、定人员、定养护成本、定养护质量、按验收合理里程、按公里工资含量计酬的承包责任制；三是对冬季公路除雪防滑实行按路面防滑质量、按验收合格里程结算防滑料；四是公路用料推行备料土方成本包干的承包费计酬责任制。通过采取有效的管理措施，全局公路质量逐步提高，年养护费用不超标。

带岭林区公路一览表

表 4-21

类别/名称	干线		类别/名称	岔线		类别/名称	岔线		类别/名称	岔线	
	数量	等级		数量	等级		数量	等级		数量	等级
乌带	50.0	国二级	前进线	6.5	林四级	松岭岔二	2.65	林四级	北大瓮线	5.45	林四级
带浩	26.2	国二级	前进二线	0.55	林四级	松岭岔三	1.7	林四级	跃进线	2.86	林四级
桃南	13.54	国二级	老山场线	14.4	林四级	松岭岔四	3.07	林四级	201 线	6.95	林四级
旅游线	10.1	国二级	母树林线	1.0	林四级	松岭五线	2.54	林四级	201 小岔	0.49	林四级
类别/名称	支线		二十万线	6.15	林四级	松五二岔	0.88	林四级	青山线	12.87	林四级
	数量	等级	永续线	3.03	林四级	香一线	2.9	林四级	猪场沟线	4.0	林四级
朝阳	6.14	国三线	鹿鸣线	9.98	林四级	岔五线	0.65	林四级	长河一线	11.6	林四级
桦林	20.3	国三级	鹿鸣二线	2.51	林四级	香三线	2.6	林四级	长河二线	1.25	林四级
香阳	28.0	国三级	鹿鸣森铁线	2.31	林四级	香三二岔	0.3	林四级	长河三线	0.73	林四级
秀水	2.7	国三级	桦林一线	1.14	林四级	松七线	0.68	林四级	长河四线	1.2	林四级
黎明	14.7	国三级	桦林二线	1.09	林四级	红叶正北线	5.54	林四级	长河五线	1.44	林四级
类别/名称	岔线		桦林三线	1.07	林四级	红叶岔二线	3.42	林四级	长河六线	1.03	林四级
	数量	等级	桦南线	4.02	林四级	红叶岔三线	1.5	林四级	平顶新线	3.27	林四级
参观线	1.3	林四级	桦南二线	0.75	林四级	长兴线	1.7	林四级	平顶老线	7.84	林四级
胜利线	7.14	林四级	二千七线	5.0	林四级	清水一线	5.28	林四级	小岭线	4.5	林四级
胜利岔一线	1.1	林四级	老东风线	9.64	林四级	清水二线	0.9	林四级	黎明西线	3.9	林四级
环峰线	4.3	林四级	桦东线	1.2	林四级	清水三线	1.55	林四级	黎西二线	0.9	林四级
西沟线	1.82	林四级	五十四线	5.28	林四级	清水四线	0.4	林四级	黎新一线	2.82	林四级
老胜线	5.85	林四级	五十四二线	2.31	林四级	明水一线	2.6	林四级	黎新二线	0.76	林四级
新胜线	0.58	林四级	五十四三线	0.6	林四级	明水二线	3.22	林四级	黎新三线	0.88	林四级
翠源沟线	9.5	林四级	冬运一线	3.33	林四级	和平沟线	8.85	林四级	地衡线	0.2	林四级
翠源一线	1.9	林四级	安全沟线	6.6	林四级	东南沟线	2.9	林四级	苗圃线	0.6	林四级
翠源二线	0.97	林四级	安全一线	1.61	林四级	和平森铁线	1.5	林四级	东山线	0.6	林四级
翠源三线	0.28	林四级	碧水一线	5.48	林四级	永农线	1.7	林四级	南岭线	0.65	林四级
翠源四线	1.41	林四级	碧水二线	4.45	林四级	东北沟线	5.33	林四级	分水岭线	2.7	林四级
翠源五线	0.4	林四级	碧水三线	5.85	林四级	东山线	9.25	林四级	红卫线	4.07	林四级
翠源六线	1.0	林四级	碧水中线	4.0	林四级	科研线	2.28	林四级	母树林线	1.8	林四级
翠源七线	3.14	林四级	碧水五线	3.75	林四级	工区线	1.0	林四级	镇内公路	18.0	林一级
青林沟线	4.75	林四级	松岭一线	3.25	林四级	回春岭线	1.25	林四级			

第六节　贮　木

一、卸车

用 3 组起重量为 20 吨的固定型缆索起重机。因 T-112H 运材车载量大，超过了缆索起重机的设计负荷，为确保卸车安全，卸原条车采用分钩卸车法（即一车原条分两次卸完）。原木也采用该缆索起重机卸车。从 2003 年冬运起，改缆索卸车为人力卸车，直到 2005 年全部采用人力卸原木。

二、造材

原条造材全部用电锯造材。1998 年一季度末停止了原条生产，贮木场到材全是原木，取消了造材工序。

三、选材

用两条各 3 节长 800 米的钢索输送机（传送带）。2003 年夏，第三节传送带被拆除改建成公路，也作为人力卸车线使用。

四、归楞、装大火车

使用 20 台架杆绞盘机和一架 1985 年建成的起重量为 7 吨、跨度为 60 米的桥式吊（龙门吊）进行归、装作业。2003 年夏，拆除了桥吊，全部采用架杆绞盘机装车。

第四章　林业基本建设

第一节　组织管理

一、机构

1986 年，基建科为加强基本建设管理工作，先后制定了基建工程施工标准，外委工程管理标准，工程预、决算管理标准，工程调查设计标准等，并在工程建设中实施。

1987 年 11 月，基建科成立质量监督站，配备两名质量检查员，深入现场，检查质量，及时处理发现各种质量问题，同时，基层施工单位也配备了质量检查员，进行自检。

1990 年，成立区基本建设委员会，基本建设委员会与基建科合署办公。有 15 名工程设计和管理人员，其中设计室有高级工程师 2 名、工程师 3 名、技术人员 4 名。

1991 年 7 月，带岭区房地产交易所正式成立。

1997 年 5 月，区将原规划环保局、房地局的业务（含房地产交易所）划归区建设委员会管辖，下含设计室和质监站，并负责全区的住房基金管理。

2001 年 11 月，区建设委员会更名为建设局。

二、工程单位简介

（一）基建工程处

1994 年更名为林业工程公司，全民企业，国家三级施工资质等级，1990 年左右有固定资产 120 多万元，职工 380 名，青年 480 名，下设财务股、材料股、生产股、安技股、保卫股、办公室和施工一队、二队、三队、运修队、水电队、木工车间、砖厂、采石场、预制件厂等。各种机械设备 42 台套，其中汽车 7 台、推土机 4 台、装载机 2 台、搅拌机 4 台、制砖机 2 套和龙门吊 4 套等。

2000 年，林业工程公司改制为股份公司，更名为正业建筑公司。1986—2005 年，基建工程处、林业工程公司、正业建筑公司先后承建了一小教学楼、营林公司办公楼、电厂扩建、加工厂干燥车间、秀水大桥、医院、一中实验楼、工商银行、发发市场、液化气站、寒月桥、浴池和家属楼、商住楼、珲春住宅楼、绥芬河水暖安装等 50 多项规模较大的工程项目，总建筑面积达 10 万平方米，累计创产值 5800 余万元。其中，秀水大桥、一中实验楼等获省森工系统“优质工程”。

（二）工程队

1988 年，经上级批准改为带岭区建筑公司，集体企业，林业三级施工资质等级。1986—2000 年，工程公司先后承建了建行办公楼、农行综合楼、商贸中心、信用社综合楼、镇内家属楼、西钢、伊春、珲春住宅楼等工程。2000 年后，由于基本建设疲软，该公司没有再承担建筑工程。

（三）筑路队

1994 年更名为筑路公司。集体企业，林业四级资质等级。1986—2005 年。先后承建哈伊公路、桃南公路、桦南二支线、翠沅支线、平顶支线、东北沟支线、大青山公路、自来水工程、镇内下水工程等。

第二节 基本建设投资

1986—2005 年，全区（局）基本建设投资大体经历了 3 个阶段：一是计划控制，有序进行的兴盛时期；二是以建造纸厂为主的重点建设，大规模投资时期；三是经济危困，修修补补的低谷时期。

第一阶段（1986—1990 年），党的十一届三中全会后，拨乱反正，经济建设走上正轨，带岭局被列为林业部林业现代化综合试验基地。基本建设投资来源主要有：基地建设投资、森工国投、更新改造资金、大修理基金等。

第二阶段（1991—1997 年），国家实行了"拨改贷"，带岭除大规模建设造纸厂外，其他各项投资来源主要有更新改造资金、育林基金、大修理基金、城建维护费等。这一阶段由于协调指挥不当，造纸厂边设计、边预算、边施工，预算无底洞，工程马拉松，预算 8000 万元结果花了 1.2 亿多元，2 年工程 8 年才建完，使带岭经济从此一蹶不振。

第三阶段（1998—2005 年），由于经济危困，8 年中没能建设与人民生活相关的基础设施，除外地开发商开发临街的几栋商品楼外，只是修修补补，维持现状。直到 2005 年才争取到贷款和非经营性投资建了桃南公路带岭南大桥，镇内迎宾路改扩建和高中教学楼等。

第三节 林场建设

一、道路修筑

1986—2005 年，特别是 20 世纪 80—90 年代，为了搞好木材生产和营林生产，做好森林防火工作，达到沟沟有路，形成林区公路网的要求，全局加强了道路建设。这期间的主要资金来源一是道路延伸费；二是营林三项经费。20 年间共修筑公路 90 多公里，截至 2005 年，全林区公路总长已达 524 公里，平均每公顷林道密度达 5.42 米，居世界先进行列。

1986—2005 年带岭区（局）林区公路建设一览表

表 4-22

年份＼项目	公路名称	长度（公里）	投资额（万元）	施工单位
1986	南列桦南二支线	5.08	30.90	筑路队
1987	东方红平顶支线 秀水支线 老三场岔线	2.34 1.60 2.00	28.27	筑路队 筑路队 运管处
1988	翠源岔线 桃南公路	1.00 2.67	74.28	运管处 筑路队
1989	平顶支线 明水岔线	3.27 2.28	36.49	筑路队 筑路队
1990	翠源支线	3.14	21.60	筑路队

续表 4-22

项目 年份	公路名称	长度（公里）	投资额（万元）	施工单位
1991	北河堤路	2.80	7.00	筑路队
1992	秀水支线	4.00	25.00	筑路队
1993	东北沟支线	5.00	40.00	筑路队
1993	营林路	16.20	81.00	各林场
1994 1994	东北沟支线 营林路	7.00 18.10	85.00 58.80	筑路公司 各林场、筑路队
1995	东北沟支线	5.00	40.00	筑路公司
1995	营林路	42.20	118.60	各林场
1996	桦林支线	20.50	20.50	筑路公司
1996	黎明支线	13.10	13.10	筑路公司
1996	营林道路	9.50	66.40	各林场
1997	营林路	87.70	86.70	各林场
1997	水毁工程	—	169.00	筑路公司、工程公司
1998	营林路	35.50	89.50	运输公司
1999	营林路	110.00	110.00	运输公司
2000	路面升级	43.00	60.20	运输公司
2005	大青山公路	11.00	200.00	筑路公司

二、生产用房、职工住宅

20世纪80—90年代，全区（局）加强了林场基础设施建设，随着林区公路的逐步延伸，建设了砖瓦结构的永久性工区道班房，为了促进营林事业发展，建设了砖石结构的苗木窖，林场职工生活也逐步得到了改善，全区采取危房改造，以木换房，大修翻建等多条渠道建设林场职工住宅。到2000年，全区（局）各林场生产用房和职工住宅全部告别了木刻楞和板夹泥，实现了砖瓦化。

1986—2005年带岭区（局）林场生产用房、职工住宅建设一览表

表 4-23

建筑年份	工程项目	建设单位	工程量（平方米）	投资额（万元）
1987	苗木窖 职工住宅 职工住宅 职工住宅 职工住宅 职工住宅	秀水林场 东方红场 红光场 南列场 寒月场 工程处	300 400 200 500 250 370	4.5 5.6 2.8 7.0 3.5 6.8
1988	苗木窖 职工住宅 职工住宅 职工住宅 职工住宅 职工住宅 职工住宅	东方红场 北列场 永翠场 东方红场 大青川场 红光场 南列场	200 1000 300 300 300 200 750	4.0 14.3 4.5 4.5 4.5 3.0 8.5

续表 4-23

建筑年份	工程项目	建设单位	工程量（平方米）	投资额（万元）
1989	职工住宅	永翠场	600	6.0
	职工住宅	寒月场	300	4.5
	职工住宅	东方红场	1000	16.0
	道班房	大青川	300	4.8
	道班房	环 山	400	6.4
	道班房	寒 月	200	3.2
	道班房	红 光	305	5.3
	道班房	运管处	100	1.6
1990	道班房	秀水工区	50	1.5
	道班房	带岭工区	50	1.5
	道班房	环山工区	250	7.5
	道班房	红光工区	250	7.5
	道班房	碧水工区	300	9.0
	道班房	永翠工区	300	9.0
	道班房	明月工区	55	1.7
1990	职工住宅	寒月场	250	7.5
	职工住宅	红光场	200	6.0
	职工住宅	北列场	250	7.5
	职工住宅	东方红场	1100	33.0
1991	道班房	寒月工区	250	7.5
	道班房	环山工区	250	7.5
		永翠工区	300	9.0
		明月工区	300	9.0
		北列工区	100	3.0
		带岭工区	100	3.0
		碧水工区	100	3.0
	苗木窖	东方红等 5 场	1000	35.0
1992	道班房	青川工区	200	8.0
	道班房	东方红工区	300	12.0
	道班房	黎明工区	300	12.0
	道班房	红光工区	200	8.0
	苗木窖	中心圃、秀水	500	16.8
1993	道班房	东方红工区	200	8.0
	道班房	黎明工区	200	8.0
	道班房	青川工区	100	4.0
	道班房	寒月工区	250	10.0
	道班房	北列工区	250	10.0
	苗木窖	苗 圃	500	20.0
	药品及材料库	苗 圃	500	20.0
	锅炉房	东方红、寒月	120	5.0
1994	道班房	带岭工区	40	5.0
	防火检查站	青川、环山、东方红	110	4.4
	苗木窖	东方红苗圃	250	10.0
	锅炉房及锅炉	大青川林场	—	12.0
	营 房	森警队	1000	50.0
	仓 库	东方红、北列	650	32.5
	车库修理部	红 光	400	20.0
1995	苗木窖	寒月、红光	550	11.0
	种子站库房	种子站	600	40.0
1996	房 舍	苗圃多种经营	3400	68.0
	锅炉房	苗圃多种经营	104	4.2
1997	种子处理室	秀水圃	30	1.2
	苗木窖	寒月林场	300	12.0

第五章　林业机械

第一节　机构设置

1986—2000 年，局设机电能源科，由副局长、总工程师主管机电能源工作，机电能源科主管全局机电能源管理。基层单位有设备管理委员会或领导小组。建立了自上而下的三级设备管理体系，业务由省森林工业总局机电局负责指导。2001 年，机电能源科与生产科合并，组建成生产机电科。基层管理机构基本解除。

第二节　机械设备

1986 年，主要生产设备 275 台，年末闲置设备 3 台，封存 7 台。设备固定资产原值 2246 万元，设备固定资产净值 2236 万元。设备固定资产创净产值率 65%。当时用于营林生产的机械；喷灌机、灭火机、割灌机等；用于木材生产的机械：集材 –50 拖拉机、集材 –80 拖拉机、装车用的 2–1/3–1 双筒柴油绞盘机等；用于木材运输的机械：斯康尼亚 LT110 型、112 型载重汽车太 T–15 吨双轴汽车拖挂车等。同时配属了 47 台 CA–10B 型、CA–1091 型解放牌载重汽车分布在木材生产、文教、基本建设、商业等单位，肩负全局枝丫运输、接送山上林场职工上下班，以及日常生活等；制材加工机械有 60 跑车带锯机 2 台、大带锯 2 台、小带锯 13 台；机械修造方面有车床 27 台、钻床（不含台钻）18 台、镗床 2 台、牛头刨床 10 台、大型机床 2 台；发电机械有汽轮发电机组 3 台，装机容量 6000 千瓦，发电锅炉 3 台，装卸桥、变压器等；纸浆机械 1 套，能力年产 3000 吨；公路运输机械拥有 DD680G 黄海大客车 2 辆，龙江客车 4 辆承担旅客运输任务；其他机械消防车 6 辆、燃油运输车 2 辆、筑路机械 T–54/75 推土机 12 台、压路机 2 台等机械设备。

当年从美国及其他国家引进 12 台机械化生产设备。总原值 350 万元，进口机械有集材 –518 轮式集材机 6 台、D6D 链轨式推土机 2 台、120G 轮式平路机、钢架杆机等。这部分机械主要充实在木材生产、道路修护等环节。

同时从国外引进“集成材”设备，委托林业部国际合作公司和中国机械进出口公司订货，代理商为香港金田有限公司，生产厂家为西德顶持公司，总金额 125 万元。机械有半自动板材指榫接生产线、万用研磨机、重型四面刨、自动多片开斜锯、重型滚筒式板材切割机等，主要用于细木生产加工。

1987 年，主要生产设备 343 台，年末闲置机械 4 台，年末封存机械 6 台，设备固定资产原值 2665 万元，设备固定资产净值 1999 万元，固定资产创净产值率 76.1%，主要生产设备原值为 1356 万元，净值 1036 万元。在上年基础上根据全局营林生产、木材生产，以及各条生产战线的结构需要，新购进主要生产设备：DD680G 黄海大客车、DD650G 黄海大客车 6 辆，集材 -50A 拖拉机、载重 CA141 解放牌汽车、EQ140 消防车、电动绞盘机、发电机组、发电锅炉、L30 型轮式装载机等。同时为中小学购进教学用具电子琴、钢琴，为林政防火部门购进对讲机等。

当年由于部分机械的技术状态下降，虽经修理或更换零部件，但耗油量仍超过国家定型出厂标准规定值 15%，有的机械严重损坏，大修费为新车价格的 50%，机型老化，使用多年的进口机械或国家非定型机械，已无配件来源，对技术状况低、不宜再修复的机械按着上级的规定程序进行了报废处理。首先由使用单位提出申请，经有关技术部门复查鉴定，根据全局生产布局确定需报废的机械。并向本企业法人提出申报后领导同意，会同局财务部门前往省森林工业总局机电局、财务处审核同意后经省国有资产管理局严密审核合格后下达批文。由局机电部门、财务部门清理固定资产账面。局机电部门负责监督各单位将报废机械送往物资回收部门，经三方验收后残值由财务部门收回入账。机械报废总台数 113 台，总金额 195 万元，净值 20.5 万元，残值 3.5 万元。其主要生产设备 22 台，有集材机械、推土机械、木材加工机械及锅炉等。

1988 年，主要生产设备 376 台，年末闲置设备 2 台，年末封存设备 8 台，设备固定资产原值 3300 万元，设备固定资产净值 2024 万元，固定资产创净产值率 93.6%。主要生产设备原值 1737.5 万元，净值 1065.7 万元。在上年度基础上主要生产设备由于产品技术性能不断的改进和提高，新工艺、新技术、新材料、新结构不断地发展和采用，对设备要求也越来越高，从而与当前设备陈旧、精度日趋下降的矛盾也越来越突出，迫切要求进行设备改造和设备更新。当年购进部分机械同时也报废一部分机械。新购生产机械：取暖锅炉 6 台、集材 -50 拖拉机 3 台、小四轮车 8 台、客货车 2 辆，同时为非生产购进医疗设备。其他机械：电子琴、管道输送机、摩托车等。1988 年，赴大兴安岭火烧木生产运输机械：CA-141 解放载重汽车 3 辆、集材 -50 拖拉机 4 台、EQ-140 汽车等进入局固定资产。

同时进行第二次机械报废处理，其中主要生产设备有 CA-340 自卸车、CA-10B 载重汽车、取暖锅炉、柴油电站、集材 -50 拖拉机、喷灌机等机械。报废机械总原值 61.6 万元，净值 9.3 万元。为全局提高设备新度系数打下良好基础。

1989 年，主要生产设备 348 台，年末闲置设备 4 台，年末封存设备 9 台，设备固定资产原值 3400 万元，设备固定资产净值 2100 万元，固定资产创净产值率 103%。主要生产机械原值为 1823.6 万元，净值 994.5 万元，在上年度基础上机械变化不大。1989 年增加了集材 -50 拖拉机 2 台、HK348T 大客车 1 辆。

1990 年，主要生产设备 356 台。年末闲置设备 2 台，年末封存设备 10 台。设备固定资产原值 3922 万元，设备固定资产净值 1981 万元。固定资产创净产值率 109%，主要生产机械原值 1893 万元，净值 1030.2 万元。在上年度基础上增加部分机械同时也报废处理一部分机械。新增营林机械：喷灌设备、圃区整地机械、牵引机械、集材机械、运输机械等。总台数 50 台，主要生产设备 20 台，设备总金额 87.8 万元，净值 4.6 万元，残值 1.5 万元。

1991 年，主要生产设备 378 台，设备固定资产原值 3580 万元，设备固定资产净值 2555 万元，其中主要生产机械原值 1933.7 万元，净值 896.1 万元。在上年度基础上由于燃料处液化气站开始运作，配备了一定数量附属设备，如车间采暖锅炉、备用发电设备、液化气贮存罐及输汽设备，为全区居民生活用气提供了方便。同时，购进医疗设备 CX-110 型 B 超、取暖锅炉 4 台、小四轮车 12 台、现代办公设备等。对不适应现实生产要求的机械进行第四次机械报废处理，报废总台数为 226 台，总金额 283 万元，净值 19.4 万元，残值 2.5 万元。其中含有主要生产机械为载重汽车、推土机械、圃区喷灌机械、修造机械、发电机械、木材加工机械及供暖机械等。

1992 年，主要生产设备 364 台，设备固定资产原值 3535 万元，固定资产净值 2121 万元。其中主要生产机械原值 1994.4 万元。净值 864.4 万元。在上年度基础上新购进取暖锅炉 5 台、对讲机 25 台，同时购进集材－50A 拖拉机 4 台、CA1091L_3 载重汽车、客货车 2 辆、HK348T 大客车、2020S 型吉普车等主要生产机械。当年又进行第五次机械报废处理。总台数 203 台，设备总原值 190.1 万元。净值为零，残值 2.5 万元。这次报废的主要生产机械：机动车 18 辆，铁牛－55 胶轮拖拉机 2 台，集材机械 5 台，营林机械 3 台，取暖机械 5 台，装卸、推土机械 2 台。

1993 年，主要生产设备 28 台，设备固定资产原值 3498 万元。设备固定资产净值 2349 万元。其中主要生产机械原值 1965.2 万元，净值 868.7 万元，由于当时经济状况较好，对报废的机械进行设备更新。新增主要生产机械：CA－1091 载重汽车 14 辆、集材－50A 拖拉机 4 台，主要充实木材生产。报废的主要生产机械有取暖锅炉 3 台，客货车 4 辆，小四轮拖拉机 4 台，空压机、压路机、削片机、吉普车等。

同时进行第六次机械报废处理报废机械总台数 333 台，设备总原值 594 万元，净值 106 万元，残值 29.9 万元。主要生产机械有木材生产机械集材－50 拖拉机 13 台，3－1/2－1 柴油绞盘机 7 台，40 千瓦柴油发电机 10 台，营林机械、木材加工机械 2 台，60′ 带锯机 3 台，跑车带锯机 3 台，J23A、HJ30 型电动绞盘机 19 台，8 吨汽车起重机、运输机械如 CA－1091 载重汽车 11 辆、大客车 4 辆等。

1994 年，主要生产设备 210 台，设备固定资产原值 5317 万元，设备固定资产净值 3190 万元。主要生产机械原值 1904 万元，净值 785.1 万元。在上年度基础上新增四平 6140 大客车、CA1041 客货车、BJ2020S 吉普车及办公设备等。

1995 年，主要生产设备 214 台，设备固定资产原值 6000 万元，设备固定资产净值 3800 万元，主要生产机械原值 2187 万元，净值 1034 万元。在上年度基础上增加了环保机械、客货车、SXZ285D 垃圾车，同时又购进取暖锅炉、计算机等。

1996 年，主要生产设备 223 台，设备固定资产原值 6261 万元，设备固定资产净值 3714 万元，主要生产机械原值 2343 万元，净值 930 万元。在上年度基础上投入了一定数量资金，购置 CA1111K_2LW 载重木材运输汽车 5 辆、T－15 吨双轴拖车 3 台，同时为带岭区有线电视开播投入了 95.4 万元有线电视设备。

1997 年，主要生产设备 193 台，设备固定资产原值 6530 万元，设备固定资产净值 1140 万元，主要生产机械原值 8343 万元，净值 6382 万元，在上年度基础上为了进一步提高公路路面质量，购进松江－180 拖拉机 6 台、伊－12 型拖拉机 2 台。为了提高木材利用率，购进液压拼板机及其一些附属机械。同时又增加吉普车、轿车等。

1998—2000 年期间在上年度基础上增加消防机械、环境保护机械、现代化办公设备，如消防车、自卸翻斗车、装载机、T150B 型推土机、传真机、密码机、计算机等。在此期间，机械发生较大的变化。一部分资产进行租赁，有偿转让，产权由国有转变成私有。出售的资产有载重汽车、集材机械、金属切削机械、木材加工机械、筑路机械等。

随着改革不断深入，对一部分单位实行了改制，由国有变私有。单位有发电厂、机修厂、物资供应科、燃料处、工程公司等。其设备由上级拍卖，局评估后资产开始转移（大部分机械已于 2000 年报废），局体改部门呈办。2000 年，局财务部门对国有资产进行报废，参与机械报废的有发电厂、红光林场、环山林场、大青川林场、东方红林场、南列林场、永翠林场、朝阳林场、明月林场、运输公司、机修厂、贮木场、环卫处、工程公司、林产公司、物资供应科、北列林场、寒月林场、碧水林场、中心苗圃、秀水林场、大兴乡、公安局、林政科、营林公司、宾馆、房地局、局机关 28 个单位（科室）进行了机械报废。报废总金额 1229 万元，净值 242.9 万元，总台数 471 台。报废主要机械有发电机械、集材机械、推土机械、装车机械、木材运输机械、筑路机械、金属加工机械、基本建设机械、木材加工机械、油料贮存设备、营林生产机械等。

2001 年，设备拥有量 529 台，设备价值量 1857.7 万元，净值 812.7 万元。新增轿车 2 辆和用于教学方面的计算机等。

2002年，设备拥有量574台，设备价值量1909.9万元，净值862.6万元。在上年度基础上购进装载机、计算机、轿车等。

2003年，设备拥有量597台，设备价值量2060万元。净值932万元。2003—2005年，在2001年的基础上增加了轿车、吉普车、医疗机械、计算机等机械设备。

第三节 机械检修

机械检修是针对生产工艺要求，恢复机械各部分精度、性能和效率。十几年来由于检修采用了新技术，推动了检修社会化、高产化。1986—2000年，机械检修主要由4个单位组成检修体系，完成每年机械大修任务。

一、机修厂：由于各单位机械机型繁多，结构复杂，检修机械质量要求高等特点，大部分机械大修由机修厂来完成。机修厂设有机加车间、修理车间、铸造车间、锻压车间、钳工车间等构成完整的检修体系。（1）机械加工车间拥有大型机床如车床、龙门刨、普通车床、刨床、钻床、铣床、插床、平面磨床、曲轴磨床、液齿机等机械。（2）修理车间拥有马力试验台、镗瓦机、镗缸机、液压机、钻床、机油泵及高压油泵试验台、电气试验台、水箱修理安置、天吊等。（3）铸造车间拥有铸钢炉、模具等。（4）锻造车间拥有100吨摩擦压力机、空气锤、红炉等。（5）钳工车间拥有各种测量用具、平台等。由几大车间协调有序地进行工作，以及拥有技术性强、工作经验丰富、素质好的检修工作者，保质保量完成检修任务。每年承担30～50台机械大修任务。主要检修的机械有：集材拖拉机、柴油绞盘机、柴油发电机、轮式拖拉机、各种汽车等。由于严密的检修管理，机械大修时，必须保持行驶状态入厂，装备齐全；待装配的零件，必须经过质量检验，确认合格后方准装配；装配的总成，要由质量检验员验收，合格后，方可往设备上组装；设备竣工后，由局指派验收员会同检修单位、送修单位共同进行验收，合格后方可出厂。

二、发电厂：由于发供电设备的复杂特殊性，检修人员长期与设备的接触，积累了一定的宝贵经验以及熟悉设备的性能和原理，大修规程。所以发电锅炉、汽轮机、发电机、变压器等设备大修工作，都由发电厂设备检修人员自己完成。

三、运输公司：该公司具备一定的检修能力，拥有一定数量的机械加工设备。如车床、刨床、钻床、空压机、电焊机、油泵试验台等。主要承担进口运材汽车、推土、刮路机等检修，每年有3辆运材汽车大修任务。同时每年承担15台双轴拖挂车的大修，并取得了很好的效果，保证了全局木材生产运输。

四、林产公司：该公司承担木材加工机械的大修任务，如带锯机、桥吊、缆索吊、输送设备等。

1999年后，发电厂、机修厂、运输公司等单位实行改制，体制发生变化，以往机械计划检修到此终止。对现有机械少部分外委，一部分进行维护、换件，或是维持现状，最后更新。

第四节 机械管理

一、机械管理

1986年，全局坚持设备管理方针、政策，建立健全了设备管理各项规章制度和办法。管理部门认真负责，机电战线职工群众积极努力工作，加强设备管、用、养、修。坚持抓好管、用、养、修工作，提高设备综合效能。把设备管理工作的重点放在抓好管、用、养、修上，采取有效措施，提高设备完好率、运用率，降低消耗，增加效益。全局机械战线广大职工积极努力，保质保量完成设备大修任务，各基层单位在夏季停产中，将所有设备全部彻底保养，维修一遍，恢复设备现状。支持抓好设备评优活动，促动设备升级。把设备评优活动作为一项重要工作来抓，设备的完好率、利用率逐年提高，涌现出许多先进集体模范人物，每年评出设备管理优秀单位，同时评选红旗设备。加强设备基础工作，加强职工培训，提高技术素质。建立健全各项规章制度，进行标准化管理。健全机械档案、设备台账、设备卡片、设备动态记录等工作。结合生产实际，举办不同类型的技术岗位学习班 10 期 557 人次。为提高操作者的技术水平，提供各类设备操作规程和保养手册供操作者在实际工作中掌握和运用。1995 年起，由于企业改革，林场机械设备产权变更卖给个人，直到 1999 年全区各单位机械设备全部卖光。根据上级有关设备租赁要求，于 1998 年由运输公司实行机械租赁，将 4 辆运材汽车、2 辆长箱汽车、6 辆客车进行租赁，运行一段后将设备有偿转让，产权私有。2001 年，根据国有中小企业产权制度改革有关规定，对物资供应科、发电厂、机修厂、局工程公司等单位进行产权改革，资产出售转让。

在这 20 年间，带岭区（局）在机械管理上先后两次获得全国设备管理优秀单位，5 次获得全省设备管理优秀单位。

第五篇

科学实验

带岭局在 1952 年被林业部定为直属实验局后，结合生产实际开展了科学实验活动。及时总结、推广、应用实验成果，促进了生产的发展。1979 年，国家农委、林业部把带岭定为林业现代化综合实验基地，科学研究被纳入重要日程，实验项目被列入国家计划，全区（局）性的科学研究、学术交流等活动广泛开展起来。

1986—2005 年，全区（局）专业科研方面先后有 41 项科研成果通过国家、省、市有关部门的鉴定，并受到奖励。其中，部级二等奖 2 项、三等奖 7 项，省级二等奖 1 项、三等奖 5 项，省森林工业总局一、二、三等奖 22 项，市级一、二、三等奖 4 项。群众科研方面获林业部科技进步奖 15 项，省政府科技进步奖 10 项，省森林工业总局科技进步奖 55 项，市科技进步奖 33 项。

1986—2005 年，全区（局）科技人员先后撰写 90 多篇论文、译文，先后在国家、省、市等学术会议和各级各类刊物上发表。

为了搞好全区（局）的科技事业，区（局）还先后制定了一些科技方面的管理办法，使科技工作有章可循。

经过 50 多年的工作，全区科学研究、生产实验工作已经形成一套完整规范的管理体系，且正在健康发展，为全省、全国林业起着典型示范作用。

第一章　科学研究

第一节　机构设置

1982年，带岭林业实验局成立科技科，负责全局科技管理工作以及群众“双革”、技术引进、科技业务管理、科技成果鉴定及职称管理工作，同时科协、技术监督工作也含在科技科。1985年，科协、技术监督局单独设立，科技科增加科学技术委员会名称。1997年，林业局机构改革，将科技科与科协合并，科室人员由13人减为3人。2001年，市政府机构改革，将伊春市各区（局）科技科（科委）全部与经贸委合并，改名为经科贸委，而带岭区科技科依据黑龙江省森林工业总局意见，科技科没有合并，依然是独立科室。2000年，带岭林业实验局被国家林业局社会林业研究中心命名为全国社会林业试点单位。

黑龙江省带岭林业科学研究所成立于1961年，是以营林科学技术研究为主的公益型研究机构。1965年，林业部决定将在哈尔滨的木材采运研究所和木材工业研究分所迁到带岭，同带岭林业科研所三所合一，成立了东北林业科学研究所。第二年“文化大革命”开始，东北林业科学研究所解体。1972年，经省批准恢复为带岭林业科研所。2005年，升格为正处级单位，隶属省森林工业总局。目前所内设有种苗、营林、森保、开发、情报5个研究室。已发展成为集林业科研、科技开发、技术推广、咨询服务于一体的综合林业科研机构。

第二节　科研项目

一、专业科研部分

（一）红松种子园经营管理技术

该项目是原林业部“七五”科技攻关课题，经过十几年的研究，初步揭示了红松原始群体生长发育规律，提出了适于红松特点的育种资源选择方法和成功的嫁接、修剪、保护等整套建园技术。较为全面地研究了红松形态地理变异，划分为上、中、下果位、皮型等20余种类型与两种气候生态模型。创建了性状与材积相关模型。创建了贴接技术，解决了“愈合瘤”控制修剪流脂，使嫁接成活率在95%以上。摸清了3～5年周期性结实规律。应用该技术建立红松种子园可以减少投资三分之一，缩短育苗周期10～20年，种子产量可提高2～3倍。

（二）万亩落叶松短轮伐期纤维原料林营造技术研究

该项目是原省科委1990年下达的课题，共完成造林面积21433亩，造林5年后，树高3.03米，胸径2.08厘米，保存率90%。在原料林营造过程中，采用了优良种源、立地选择、密度控制、火烧清理林地、机械带状整地等配套集约栽培措施，尤其林龄5年的落叶松原料林主要测树因子达到并部分超过黑龙江省丰产林标准，具有新突破。

（三）黑龙江省林木鼠害测报及综合防治技术研究

该项研究历经十多年，摸清了林木鼠害防治对象时间及危害树种等基本情况，首次在我国发现了小型鼠类3年周期波动与林木受害一致性规律，应用多种测报方法，以害鼠数量为基数，建立测报模型，测报期提前4个月至1年以上。数量与测报级符合率85%，以生态学理论为指导调节林分结构、选择性造林、林药复合及按种群数量配置投药等综合防治技术措施，鼠害发生率控制在5%以下，有效地控制了林木鼠害的发生，促进了生态平衡，提高了森林数量与质量。

（四）桦树汁开发利用与小白桦树汁饮料产品

桦树汁是一种营养价值很高的天然饮料，富含18种氨基酸与人体所必需的微量元素，带岭林科所1986年在国内首次开发利用成功，并对桦树汁的营养成分进行了全面分析，首次在国内制定了桦树汁采集工艺与技术标准、桦树汁的原汁标准、小白桦树汁饮料的标准，并将该产品推广到东北各地及南方部分省、市，连续3年出口到韩国、新加坡、缅甸等地。此产品多次获国家金奖、两次纳入国家“八五”星火计划。

（五）北方高寒林区栽桑养蚕试验研究

丝绸是我国传统的出口商品，栽桑养蚕主要集中在长江以南。黑龙江省带岭林科所利用4年时间试验栽植桑树优良品种，探索出一套栽植密度、肥、培管理，剪伐及桑叶合理收获技术。并创新出一套就地取材的木制台育设备，使养蚕获得成功，将我国桑树栽培及养蚕的区域扩展到高寒林区。

（六）北方林区大棚工厂化容器育苗配套技术推广

在实验计划的3年里，培育容器苗200万株，完成容器苗造林7500亩，设立固定样地43块，进行调查研究，在相同的产苗量下，容器苗节省种子一倍以上，缩短育苗周期1～2年。营造容器苗丰产样板林11块，面积1178亩，3年造林保存率在98%以上，达到预定指标。在带岭、伊春、牡丹江和松花江等林区10个林业局21个林场、经营所进行推广，8个迹地类型，4个树种，造林7500亩。

（七）林木鼠害微机测报系统

系统是由1个主控程序和4个子程序组成，4个子程序就是用4种不同方法对所调查的鼠害数据进行分析，从而综合评判某年鼠害的发生程度及发生级，通过鼠害测报，准确率达85%，发生级95%。为鼠害的测报提供了科学的方法。使林木鼠害预测预报时间提前4个月至1年以上。

（八）红松人工林改建无性系商品种子园

该项目是1997年原黑龙江省科委下达的课题。优良树种选择：根据红松攻关结果，带岭优良种源遗传增益为20.7%。园址选择：选择最有利于红松生长的立地，气候环境、设置密度为800～1000株/公顷，可提高早期结实量。人工林不规则，用不同颜色油漆林行，无性系配置随机排列，创造了兜围裙嫁接发穗，便于管理作业。高产无性系评选：高产无性系结实量比平均结实量高出44.4%。嫁接树修剪，连续修剪3年，成活率高。

（九）蒙古栎种源选择及栽培技术的研究

该项目是1997年黑龙江省森林工业总局下达的课题，该项目5年来依据树木选择原理在东北三省按地理经纬度和山脉走向布点共搜集25个种源，在3个试验点育苗，4个试验点造林2公顷。选优树100株，嫁接6000株，建园2公顷。苗期试验，各种源间差异显著，最佳种源高于最差种源一倍；解决了蒙古栎嫁接不易成活的难题，成活率提高了50个百分点；选择优良种源苗木造林，高生长提高10%，通过修枝幼树高生长提高60%；在不同立地条件、不同密度、不同抚育方法进行试验，制定出科学的培育技术；通过采伐木选择，保留不同密度株数及切根和施用植物激素促进结实，制定出蒙古栎母树林管理措施。该项目种源选择在国内尚属首例，嫁接技术是一项新突破。

（十）木醋液的收集、精制技术引进课题

此项目是带岭林科所承担国家林业局 2001 年引进国际先进农业科学技术项目（948）计划。木醋叶面肥配方的选定与命名；木醋叶面肥的中试；成立有限责任公司，合资生产叶面肥；制定木醋 948 叶面肥企业产品标准；申请“黑森”牌商标的使用权。在 2003 年 4 月前完成的主要项目有生产设备的选型订货、安装调试、木醋液的精加工处理、辅助材料购进、包装物进货等。

（十一）桦树液精加工技术的引进

该项目是 2003 年带岭林科所承担国家林业局第二个 948 研究课题，2003 年是实施计划的第一年，8 月中旬在郑州与国家林业局科技司签订合同，经过上百次实验，终于取得成功。不但完成了项目的工艺流程与技术、配方的设计，而且对产品的外观设计也取得了可喜的成果。2004 年上半年在科研所种子园采集新鲜桦树液 10 吨，试制天然桦树汁饮料 828 箱，试制桦树液蓝莓酒、桦树液蓝莓干红、桦树液五味子酒 3 个品种 200 多箱，作为向第十五届“哈洽会”献礼的项目。

（十二）笃斯越橘丰产栽培技术的研究

该项目是 2003 年带岭林科所承担的黑龙江省科技厅项目。2004 年上半年进行了播种育苗。种子处理：笃斯越橘直接播种不易出苗，必须进行种子处理。经发芽试验分析，初步总结出笃斯越橘种子处理的最佳方法，发芽率达 30%。2004 年总计播种育苗 40 平方米，最佳处理出苗率达 90%，成苗在 2 万株以上。

（十三）黑龙江省主要用材林树种、经济林树种扦插育苗技术研究

该项目是 2001 年带岭林科所承担的省森林工业总局项目。建立 20 平方米插穗贮藏窖 2 座，全光喷雾试验场和根培试验室，力争解决 3～5 个树种的生根问题。扦插育苗与播种育苗相比可缩短成苗期 1～2 年，用遗传品质优良的繁殖材料扦插，林木生长量可比同龄实生苗高 10%～30%，扦插可培育大苗。

（十四）花楸无性系种子园建立及繁殖育苗配套技术

该项目是 2002 年带岭林科所承担的黑龙江省森林工业总局项目，花楸无性系种子园建立技术包括选优、定砧、嫁接及种子园管理技术；花楸实生苗培育技术；花楸扦插育苗技术；利用组培繁育花楸苗木技术。嫁接培育的花楸苗，比天然实生苗提前 7～12 年结实。花楸的组织培养，是更为快速繁殖苗木的新方法，它的经济效益会更高一些。

（十五）黑龙江省几种野生观赏植物驯化与繁育

该项目是 2003 年带岭林科所承担的黑龙江省森林工业总局项目。扦插育苗技术：分蘖育苗技术、播种育苗技术、播种技术及播种时间的确定。修剪技术：通过修剪可达到叶、花、果、冠相互协调及补充的目的，也可由此控制花期、植株高矮度及进一步提高观赏效果。苗期管理技术：研究如何培育株形丰满的壮苗。在园林绿化中的具体应用。

（十六）水曲柳无性系种子园建立

该项目是 2003 年带岭林科所承担的黑龙江省森林工业总局项目，水曲柳优树选择标准和方法。水曲柳嫁接技术的推广。采用大砧高接和接后的技术管理，提高了成活率和保存率，使成活率和保存率由 61.1% 提高到 95.1%，结实期提早 4 年。采取多次全面抚育，改善根系土壤环境等技术措施，使种子园提早进入结实期，从而产生明显的社会效益和经济效益。

二、群众科研

（一）原条合理造材、计算机软件的研究

1991 年 11 月，局与东北林业大学森林工程系（现为东北林业大学工程学院）签订了共同研究“利用优化理论结合计算机来实现原条合理造材”的课题。东北林业大学森林工程系负责原条造材优化理论的研究和计算机软件的开发，带岭局负责收集各树种原条根腐直径与深度规律及计算机软件的调试和使用。经过一年多的共同协作研究，于 1993 年 2 月完成了课题研究任务。该课题根据原条根腐规律的有关数据，利用数理统计的方法来统计分析不同树种原条的根腐直径与腐朽深度的规律，利用网络技术搞出原条量材优化设计理论，用 BASICA 和 FORTRAN 语言编制了计算机软件。在生产中使用该软件，只要把树种根腐直径等有关数据输入计算机，就会马上得出最佳的量材设计方案，按此方案造材，就能获得最大的经济效益。该研究在 1993 年 4 月获得了省级鉴定。

把这项科研成果运用于生产实际，即使是没有经验的量材员，用该软件也能把每根原条设计出最佳（售价最高）的造材方案，为准确量材设计，搞好合理造材创造了条件，给企业带来较大的经济效益。但该软件需在造材台现场配备计算机，而且当时计算机需电源、相对体积较大的主机与显示器，携带很不方便。如把原条一根一根按到计算机房输入计算机后，再去量材造材也不切合实际。故该课题虽研究成功，后来未能在生产实践中应用。

（二）回转式原条预装架的生产试验

1991 年，黑龙江省林科院采运研究所黄晓山等设计成功“回转式原条预装架”到碧水林场进行生产试验，在林场的积极配合下，把试验与生产紧密结合起来，并为试验创造良好条件，共生产试验了 50 天，使该项目顺利地获得了省级鉴定。

（三）山中楞原木装车设备与工艺革新

1993 年，全局山上原木生产数量已超过 7 万立方米，伐区生产急需装原木的设备。而传统的采用 J–50 拖拉机背人字形架杆装车法效率较低、稳定性差，冬季需机库取暖费用高，在公路上行驶破坏路面，且大马拉小车不经济。采用人力装车效率低、劳动强度大，且不安全，当时没有较理想的山上原木装车设备。

1993 年 4 月，朝阳林场常铁石等人革新成功“松江 –180A 型拖拉机装车法”（小四轮拖拉机装车法）。用小四轮拖拉机的动力输出作动力，通过带有万向节的传动轴把动力传递到绞盘机上（采用废旧的 J–50 型拖拉机绞盘机上一个简易的底座、操纵杆、座椅和安全防火罩），驱动架杆起重索吊原木捆即可装车。

用小四轮拖拉机装车法结构简单，操作方便，比 J–50 型拖拉机背架杆装车与人力装车具有效率高、成本低、安全可靠，且不破坏公路，综合效益好等优点。但其必须预先埋好架杆、绷根，其受中楞位置、场地面积与装车场到材量的限制，如一个中楞到材小于 500 立方米就不太经济。后来由于作业区分散，每个装车场的出材量太少，不适合小四轮拖拉机装车法装车，因此未全面推广。

（四）集枝丫工艺改革

1995 年冬运，造纸厂建成投产，需大量的枝丫材作造纸原料。为提高集枝丫效率，降低集枝丫成本并把径 4 厘米、长 50 厘米以上的短细小枝丫也集下山利用，红光林场解金国等研制成“集枝拖斗”，碧水林场刁云志等成功地改革了集枝工艺，采用“双杆捆拖式集枝丫”新工艺，都取得了较好的效果，达到了预期的目的。但由于伐区作业条件的恶化，生产作业方式的改变，采用大面积低强度择伐和畜力集材，因此这两种用拖拉机集枝丫的方法与新工艺都不能适应，因此没得到推广应用。

（五）贮木场卸车设备设施的改造及原木车辆绳索开闭器的革新

1998 年冬运，全局停止了原条运输，全部采用原木运输。贮木场的卸车方式由缆索起重机卸原条改为缆索起重机卸原木，同时取消了贮木场造材工序。到 2003 年夏，三组架杆缆索起重机已使用多年，架杆腐朽，缆索磨损严重，需要更换，且动力设备特勒 –3 绞盘机早已被我国淘汰，无法更替，如再继续使用该缆索起重机卸原木车则直接威胁作业人员的安全。因此，局决定拆除架杆缆索起重机，改造卸车线与造材台，变缆索起重机卸车为人力卸原木车。同时为了确保人力卸车的安全，贮木场尹庆勋等革新成功新的原木车辆绳索开闭器为“档把式”绳索开闭器。卸车人员可在距离原木车辆

1米远以外较安全的地方打开绳索开闭器卸下原木，提高了人力卸车的安全性。局把这项改革作为一个安全措施，在全部运原木车辆上推广应用。从2003年冬运起，运原木车全部采用“档把式”绳索开闭器和人力卸原木车，提高了卸车效率，降低了卸车成本，且保证了卸车作业人员的安全。

第三节 科研成果

一、专业科研

1986—2005年，带岭林科所先后有41项科研成果通过国家、省、市有关部门的鉴定，并受到奖励。其中获国家林业局科技进步奖9项，获黑龙江省科技进步奖6项，获黑龙江省森林工业总局科技进步奖22项，获黑龙江省伊春市科技进步奖4项。2003年，《红松用材林优树选择技术》《水曲柳用材林优树选择技术》及《兴安落叶松、长白落叶松技术规程》三项省地方标准，在总局技术监督局主持下通过鉴定，三项都达到国内领先水平。

1986—2005年带岭区（局）专业科研成果获奖项目一览表

表5-1

获奖时间	获 奖 项 目	获奖等级	获奖级别
1986	林业土壤普查	3	部级
1987	国产拖拉机的应用	3	部级
1987	利用益鸟防治害虫	3	总局
1987	幼林抚育剩余物防御鼠害	3	总局
1988	桦树液的开发与利用	3	总局
1991	红松种子园建立技术	2	部级
1991	维持提地肥力与红松营养诊断	3	总局
1992	偃伏来木引种驯化及繁殖技术的研究	3	省级
1992	红松、樟子松、落叶松速生丰产林栽培技术的研究	3	省级
1992	推广应用40%氧化乐果乳油防治松梢象甲	3	总局
1992	红松种子园计算机信息管理系统	3	总局
1993	红松育种资源选择及促进结实研究	2	部级
1993	桦树液开发利用与白桦树汁饮料产品	3	部级
1993	东北山区林木鼠害生态控制技术方法	3	部级
1993	落叶松球果害虫的研究	2	总局
1993	水曲柳无性系种子园建立技术的研究	2	总局
1993	红皮云杉种子园营建技术与管理的研究	3	总局
1993	水曲柳无性系种子园建立及促进结实技术研究	2	市级
1994	林木鼠害微机预测预报系统	3	部级
1994	落叶松选择育种及其促进结实技术的研究	3	总局
1994	应用微机进行林业气象报表管理	3	总局

续表 5-1

获奖时间	获 奖 项 目	获奖等级	获奖级别
1995	带岭林区立体林业经营试验	3	部级
1995	水曲柳、落叶松、云杉、樟子松种子园建立技术	3	部级
1996	黑龙江省林木鼠害测报及综合防治技术的研究	2	省级
1997	高效复合颗粒杀鼠毒饵的研究	3	总局
1998	万亩落叶松短轮伐期纤维原料林营建技术的研究	1	市级
1999	人工红松林杈干原因与控制	1	总局
1999	红松无性系种子园优良育种材料选育与树体管理	2	总局
1999	红皮云杉扦插繁殖育苗技术	2	市级
1999	栽桑养蚕技术推广	3	市级
2000	北方林区大棚工厂化容器育苗造林配套技术推广	3	省级
2000	红褐林蚁生物学特性及引放技术	2	总局
2000	生态经济型红皮云杉人工混交林培育技术的研究	3	总局
2001	蒙古栎种源选择及栽培技术的研究	3	省级
2001	人工红松果材兼用林培育技术的研究	2	总局
2001	红松人工林改建无性系商品种子园	3	总局
2002	桦树果酒系列产品的研制与开发	2	总局
2003	小黑杨引种及大面积山地速生丰产栽培技术	2	总局
2003	2MPC-1.1 型平筑床联合机的研制	3	总局
2003	“天达 -2116”植物细胞膜稳态剂技术推广	3	总局
2004	结构效益示范林营建技术	3	省级

二、群众科研

带岭区（局）部分年份获林业部科技进步奖项目一览表

表 5-2

获奖项目	年份	获奖项目	年份
国产营林拖拉机的开发应用	1987	桦树液开发利用与白桦树汁饮料产品	1993
带岭森林土壤	1988	东北林区林木鼠害生态控制技术与方法	1993
国有林区林业企业经济责任制问题	1988	林木鼠害微机预测预报系统	1994
土壤施肥及土壤养分平衡	1990	带岭林区立体林业经营试验	1995
红松种子园的研建	1991	红松苗木形质指标化学控制技术的研究	1995
稀土在林业育苗上施用技术与效应研究	1991	水曲柳、落叶松、红皮云杉、樟子松种子园建立及经营管理技术研究	1995
林业化学除草实用技术体系研究	1991	山杨纸浆材良种选育的研究	1997
红松育种资源选择及促进结实研究	1993		

带岭区（局）部分年份获省政府科技进步奖项目一览表

表 5-3

获奖项目	年份	获奖项目	年份
带岭森林土壤	1986	黑龙江省林木鼠害测报及综合防治技术的研究	1996
《大面积森林火灾》译著	1988	北方林区大棚工厂化容器育苗配套技术的研究	1997
伐区调查计算机辅助设计系统	1988	北方林区大棚工厂化容器育苗造林配套技术推广	2000
偃伏来木引种驯化及繁殖技术的研究	1992	蒙古栎种源选择及栽培技术的研究	2002
红松、樟子松、落叶松速生丰产栽培技术的研究	1992	结构效益示范林营建技术	2004

带岭区（局）部分年份获省森林工业总局科技进步奖项目一览表

表 5-4

获奖项目	年份	获奖项目	年份
抚育剩余物防御林木鼠害的研究	1987	黑龙江省带岭林区立体林业经营技术	1994
利用益鸟防治落叶松害虫的研究	1987	山杨无性繁殖配套生产技术研究	1994
解放 ZB-7 型半挂枝丫运输车	1987	红松苗木形质指标化学控制技术的研究	1994
水曲柳无性系种子园营建技术研究	1988	落叶松选择育种及其促进结实技术的研究	1994
森工企业经营管理模式的研究	1989	林业管理及运行机制的研究	1994
桦树液采集工艺	1989	应用微机进行林业气象报表管理	1994
不同材料对苗木防害效果的研究	1989	林价管理及运行机制的研究	1994
果尔在森林苗圃除草中的应用	1990	黑龙江省林区标准化苗圃标准制定的研究	1994
土壤施肥技术与养分平衡研究	1990	林业苗圃喷灌技术的研究	1996
稀土在林业育苗上施用技术与效应研究	1991	林业企业木材检验微机管理系统的研究	1997
森林资源档案动态管理系统	1991	高效复合颗粒杀鼠毒饵的研究	1997
维持土地肥力与红松营养诊断	1991	人工红松林叉杆原因与控制	1999
牛蛙北引饲养技术的研究	1992	红松无性系种子园优良育种材料选育与树体管理	1999
红松种子园计算机信息管理系统	1992	人工红松林镶嵌自然带天然更新阔叶树营造技术	1999
两种新型苗圃机械的试验研究	1992	北方林区大棚工厂化容器育苗造林配套技术推广	2000
白桦糕点食品签	1992	红褐林蚁生物学特性及引放技术	2000
圆头咖啡棒	1992	生态经济型红皮云杉人天混交林培育技术的研究	2000
推广应用 40% 氧化乐果乳油防治松梢象甲	1992	汽站蒸汽自动流量计量补偿	2000
森林土壤与营造丰产林的研究	1992	蒙古栎种源选择及栽培技术的研究	2001
红松种子园建立技术	1992	人工红松果材兼用林培育技术	2001
樟子松种源选择的研究	1992	红松人工林改建无性系商品种子园	2001
京岛汽车改装生产线	1992	桦汁五味子酒的研制	2002
林木鼠害微机预测预报系统	1992	结构效益示范林营建技术	2003
落叶松球果害虫的研究	1993	小黑杨引种及大面积山地速生丰产栽培技术	2003
水曲柳无性系种子园建立技术的研究	1993	2MPC-1.1 型平筑床联合机的研制	2003
带岭森林鼠害综合防治技术应用的研究	1993	“天达 -2116” 植物细胞膜稳态剂技术推广	2003
黑龙江省林区杨树新品种区域栽培试验研究	1993	榆黄磨系列即食产品的开发	2005
红皮云杉种子园营建技术与管理的研究	1993		

带岭区（局）部分年份获伊春市科技进步奖项目一览表

表 5-5

获奖项目	年份	获奖项目	年份
解放 ZB-7 型半挂枝丫运输车	1987	MX240-6 型圆棒机	1995
红松苗木再生长的研究	1987	红皮云杉扦插繁殖育苗技术	1995
桦树汁系列产品	1987	高寒地区培育落叶松丰产配套技术措施的研究	1995
造林成活率、保存率微机统计系统	1987	SHL 给煤系统改造	1995
抚育剩余物防御森林鼠害的研究	1987	DB-1 型精量点播器研制与应用	1996
兴安落叶松丰产林栽培技术的研究	1988	PZ-4 型喷散装置的研究	1997
水曲柳无性系种子园营建技术的研究	1988	万亩落叶松短轮伐期纤维原料林营林技术的研究	1998
稀土在林业育苗上施用技术与效应研究	1988	红皮云杉扦插繁殖育苗技术	1999
两种新型苗圃机械的试验研究	1991	高寒地区培育落叶松丰产苗配套技术措施的研究	1999
红松种子园计算机信息管理系统	1991	汽站蒸汽自动流量计量补偿	1999
CA141 载重汽车大箱底板指接材	1991	栽桑养蚕技术推广	1999
工艺漆木碗	1993	红皮云杉扦插造林技术研究	2000
北五味桦树汁饮料	1993	北方大棚容器育苗定量喷灌技术的研究	2001
水曲柳种子园建立及促进结实技术研究	1993	生态经济型红皮云杉人工林、天然林混交林培育技术	2001
樟子松种源选择研究	1993	蒙古栎种源选择及栽培技术的研究	2002
小型原木装车设备	1993	绿色蔬菜即食系列产品开发	2005
杨树新品种区域栽培试验	1993		

获带岭区（局）部分年份科技进步奖项目一览表

表 5-6

获奖项目	年份	获奖项目	年份
胃双对比造影	1990	烟囱灰内燃烧砖法	1990
运材拖车丝杠架改造	1990	干部基本档案管理系统	1990
LHF-I 型锅炉除垢剂推广	1990	京岛汽车改装生产线引进开发	1992
苗圃土壤施肥效应及养分平衡的研究	1990	腰椎穿刺针在心包积液中的临床应用	1992
落叶松人工林短轮伐期经济效益的探讨	1990	丰产素推广应用	1992
瓜类乙烯利处理	1990	微机在林木鼠害预测预报中的应用	1992
森林资源档案及其动态管理系统	1990	推广应用 40% 氧化乐果乳油防治松梢象甲	1992
地中衡重量法检尺	1990	用液化石油气代替乙炔进行金属切割与焊接	1992
ZFJH-400 型具空自吸式液肥喷洒车	1990	面取机刨盒改进	1992
泌尿系结石的研究	1990	原煤滚动筛	1992
延长运材简易路（冻板道）使用期	1990	AZD 型炉二次风改造	1992
环路载波机永久性备用电源	1990	简易养路刮道机具	1992
2MS-200 型深松犁的研究	1990	保护地夏菜病虫害综合防治	1992
高栈桥运输线	1990	山莨菪碱辅治疗小儿肺炎	1992
红松枯梢发生原因与防御技术措施的研究	1990	野生动物保护和经营方案	1992
二千七沟公路改线设计	1990	“间密补稀”生态高产林的研究	1992
利用灰喜鹊防治森林害虫的研究	1992	中草药引种栽培技术的研究	1999
伊春林区白皮柳、龙须柳绿化树苗培育技术	1992	四轮刮道机	1999

续表 5-6

获奖项目	年份	获奖项目	年份
锯屑风力除尘装置	1992	玉米大垄双行履膜栽培技术	1999
自制可调式图锯机和四面刨压料辊改进	1992	马铃薯丰产栽培试验	1999
XC-2 型雪糕扳机	1992	营林多功能修枝工具	1999
供热系统循环水泵叶轮的修正	1992	白泥洗涤系统改进	1999
送风机风道改造	1992	天削卫生筷生产设备及工艺的研究	1999
强力二次风在工业锅炉上推广应用	1992	失水对苗木生理指标的影响	1999
集成菜板开发与研制	1992	四季白菜引种与推广	1999
氧化法浅色再生胶制品	1992	水稻综合高产技术研究	1999
脱毒种薯推广与扩繁	1992	新型步道犁研制	1999
山杨组培苗造林配套生产技术	1994	J50 集枝拖斗	1999
SHL 型锅炉给煤设备改造	1994	双杆捆拖式集枝丫	1999
高寒林区果树引进与栽培	1994	F11H 汽车油箱卡子改造	1999
带岭镇内环境噪声区划	1994	BX1710 型盘式削片机离心式分离筛	1999
大面积推广经济作物甜菜	1994	推广大豆优良品种	1999
推广饲养迪卡鸡	1994	纵向绳式滚轮支承原木输送机牵引构件改造	1999
计算机更新造林施工辅助设计系统	1994	用鸡粪代替猪饲料效果试验	1999
BQ1820 型无卡轴旋切机应用与改造	1994	载波机电源的改造与保护	1999
多茬次高效益栽培模式的研究	1994	中国林蛙人工保护性放养	1999
干扰素小剂量穴位注射治疗慢性乙型肝炎	1994	地栽黑木耳栽培技术推广	1999
医用压舌板	1994		

第二章　情报交流与技术引进

第一节　情报机构

2005 年，科研所情况研究室有人员 5 人，负责课题计划管理、资源交流、图书管理、科技档案整理及打字复印。

第二节　情报交流

科研所情报室自 1986—2001 年共编辑出版《林业科技资料》21 期，先后发表《红松树皮类型数量形状划分标准》《黑龙江省林区天然林资源现状经营原则及技术措施》等 230 余篇有关种苗、营林、森保、采运、机械、多种经营等方面的论文和译文，总字数达 100 万字。

《林业科技资料》每期印数为 400 册，外发交流 350 册，存档 40 册，情报室与中国林科院情报室、东北林业大学图书馆等 100 多个单位建立了情报交流关系。1986—2001 年，情报室工作人员共整理分类图书 2500 余册、科技资料 1500 余册，为各研究室及局各单位提供了大量的科技情报和科技资料。

第三节　论文辑录与科技译著

1986—2005 年，科技人员先后撰写了 90 多篇论文，这些论文发表在国家、省、市各级有关刊物上。

带岭区（局）发表在国家、省、市科技学术论文篇目一览表

表 5-7

论文名称	作者	发表时间	学术会议名称
红松苗木再生长的研究	周荫祥	1987 年	省、市林学会
落叶松苗的切根与换床	周荫祥	1987 年	市林学会
早春苗床光照温度的变化与红松苗木的越冬保护	周荫祥	1987 年	市林学会
关于营林体制改革与承包问题的初步探讨	周荫祥	1987 年	市林学会
人工红松杨树混交林剖析	周荫祥	1990 年	市林学会
沼泽地排水后土壤演替规律的研究	赵玉英	1990 年	国际森林土壤学术会议
小兴安岭林区立体林业综合经营的研究	颜廷峰	1990 年	中国立体农业学术讨论会

续表 5-7

论文名称	作者	发表时间	学术会议名称
大青杨基因库建立技术	王 冰	2002 年	省自然科学学术成果评审会
蒙古栎保护与经营	王 冰	2002 年	省林业科协学术交流会
蒙古栎良种选育水平及发展策略	王 冰	2003 年	省林学会
天然次生林的特点及经营技术	商永亮	1999 年 12 月	省天保工程学术研讨会
加快恢复阔叶红松林的途径与方法	商永亮	2000 年 9 月	省林业科协学术交流会
带岭科研所树木改良工作综述	商永亮	2003 年 12 月	省林学会
试论红松优良种源区的建立	王国义	2003 年	东北内蒙古遗传育种研讨会
红松种子园花粉活力测定	张淑华	2003 年	国家林业局科技司
实施天保工程，合理培育利用现有森林资源	王 宏	2002 年 10 月	省推进六大工程学术研讨会
商品林集约经营与培育技术探讨	闫红霞	2000 年 9 月	省科协学术交流会
对实施森林分类经营现状的探讨	闫红霞	2000 年 9 月	省科协学术交流会
GGR 与 ABT 对树锦鸡儿扦插育苗生根效果的影响	闫红霞	2004 年 1 月	国家林业局 ABT 系列研究会议
林业分类经营与管护技术	滑福建	2004 年 1 月	国家林业局社会林业会议
提高大树移植成活率技术措施	于学军	2004 年 9 月	市林学会

带岭区（局）发表在省、市级刊物学术的译文一览表

表 5-8

论文名称	作者	发表时间	刊物名称
冬季运材道的使用期	金万俊	1989 年	大兴安岭林业科技
从理论到实践的锯机动态设计	徐忠义	1989 年	森工科技教育
瑞典制材设备的发展动向	徐忠义	1989 年	森工科技教育
土路基的施工工艺	金万俊	1990 年	国外林业
松白小卷蛾生物特性的研究	刘益康	1988 年	昆虫知识
灰喜鹊的人工饲养	刘益康	1988 年	动物学杂志
招引益鸟治虫的问题与思考	刘益康	1988 年	中国林副特产
牛蛙在高寒地区养殖	刘益康	1989 年	林业月报
松梢象岬的综合防治	刘益康	1990 年	林业月报
建立水曲柳无性系种子园几项技术的研究	姚盛智	1989 年	东北林业大学学报
促进水曲柳种子园结实技术的研究	姚盛智	1990 年	林业科技
机械化是加速更新造林的必由之路	陈瑞贤	1986 年	林业机械
林分结构对红松分杈的影响	方春子	2000 年	东北林业大学学报
黑龙江杨树引种与发展乡土树种大青杨展望	方春子	2001 年	林业科技通讯
红松直播在营造接近自然林中的作用	方春子	2000 年	林业科技通讯
红松人工幼龄林调控技术的研究	周荫祥	2000 年	东北林业大学学报
浅谈龙江森工人工林经营成绩及发展思路	周荫祥	2000 年	省森工管理干部学院学报
充分利用天然更新，加快“天保工程”建设	周荫祥	1998 年	黑龙江林业报
红松容器育苗的培育技术	李继成	2000 年	东北林业大学学报
红松容器育苗的造林技术	李继成	2000 年	东北林业大学学报
黑龙江主要阔叶树种绿枝扦插效果初步分析	于树成	2003 年	省林业勘察设计

续表 5-8

论文名称	作者	发表时间	刊物名称
黄菠萝休眠枝大棚雾插试验初报	于树成	2002 年	省森工学报
柞树种源苗期试验初报	王　冰	2000 年	省林业科技
大青杨基因库建立技术的研究	王　冰	2001 年	省林业科技
阔叶红松林的伴生乡土杨树——大青杨	王　冰	2003 年	省林业科技
落叶松丰产林的培育技术	商永亮	1996 年	省森工研究
浅谈针叶树宽行距更新	商永亮	2000 年	省森工管理干部学院学报
从红皮云杉针阔混交林多样性指数探讨生态林培育	商永亮	2000 年	省森工管理干部学院学报
对伊春林区建立无污染食品基地的思考	王建光	1998 年	省森工管理干部学院学报
林区气象站微机制表管理系统	王建光	1999 年	省森工管理干部学院学报
林业科研生产成果演示系统	王建光	2000 年	省森工管理干部学院学报
红松优树子代测定综合分析	王国义	2000 年	东北林业大学学报
红松改良代种子园建立技术	王国义	2000 年	东北林业大学学报
试论红松人工林改良种子园必要性和可行性	王国义	1994 年	东北林业大学学报
红皮云杉嫁接试验	王国义	1994 年	省林业科技
试以多样性指数评价生态系统稳定性	王　宏	2003 年	省森工管理干部学院学报
采用“径距法”求争阔叶树与红松之间关系的论述	王　宏	2003 年	省林业勘察设计
不同皮型红皮云杉生长特点	伊洪彬	1997 年	省森工研究
天然红皮云杉速生性状选择方法	伊洪彬	1997 年	省森工研究
红松优树自由授粉优良家系初评	伊洪彬	1998 年	吉林林业科技
提高红松嫁接效果的技术分析	宁依萍	1993 年	省林业科技
红松优树子代树高生长的遗传变异	宁依萍	1999 年	省林业科技
红松人工林改建无性系商品种子园的嫁接效果分析	宁依萍	2001 年	省林业科技
微机在计划生育档案管理方面的应用	魏淑杰	2000 年	省森工管理干部学院学报
林木鼠害预测预报系统	魏淑杰	2003 年	省森工管理干部学院学报
计算机在森林防火中的应用	魏淑杰	2004 年	省森工管理干部学院学报
柞树的嫁接技术	张桂芹	2001 年	省林业科技
发展柞树大有可为	张桂芹	1999 年	省森工管理干部学院学报
高寒地区开发绿化树锦鸡儿、鸡树条荚蒾的可行性	刘宏伟	2003 年	省森工管理干部学院学报
科技与林业的关系	闫红霞	2000 年	省森工管理干部学院学报
北五味子绿枝大棚雾插试验初报	闫红霞	2002 年	省森工管理干部学院学报
实行林药间作开发中草药资源	闫红霞	2003 年	中国可持续发展林业研究
红松种子园花粉发芽试验初报	金继华	2001 年	吉林林业科技增刊
红松坚果园建立优树选择方法	金继华	2003 年	省森工管理干部学院学报
紫椴休眠枝正交设计扦插试验	金继华	2004 年	省森工管理干部学院学报
垂杨嫩枝扦插试验	张淑华	2000 年	省森工管理干部学院学报
改变红松嫁接方法试验	张淑华	1999 年	省森工管理干部学院学报
红松经济林建立技术	陈志成	2004 年	省森工学报
浅谈建立文献检索题录卡	王建平	2004 年	省森工管理干部学院学报
利用幼林剩余物防御森林鼠害	舒东辉	2004 年	省森工管理干部学院学报

续表 5-8

论文名称	作者	发表时间	刊物名称
植物调节剂对鸡树条荚蒾扦插育苗生根效果的影响	滑福建	2003 年	森工管理干部学院学报
几种北方野生观赏植物驯化与繁育试验初报	李建新	2003 年	省森工管理干部学院学报
浅谈红松大青杨混交林的培育	周建宇	2004 年	省森工管理干部学院学报
蒙古栎扦插试验结果分析	徐冰玉	2004 年	省森工管理干部学院学报

第四节　技术引进与生产实验

一、518 轮式集材机的生产实验

由于对这种新机械缺乏了解，没有生产实践经验，于是先投入 3 台在永翠林场搞试验，逐步摸索机械性能，及时总结经验教训，取得初步成果后，于 1986 年 5 月将 6 台 518 轮式集材机分给永翠林场 2 台、红光林场 1 台、南列林场 3 台，用于实际生产，在木材生产中考核，把试验与生产密切结合起来，取得了有效的数据。

适应性

对气候条件完全适应。对其爬坡性能进行多次详细测试考核，如提前搞好准备作业，在雪被多次碾压后，无防滑链能顺利通过 15.5 度的逆坡。安装上防滑链后，则爬坡性能更强。在集材时，前面遇到倒木等障碍物，可用排障器清理，不影响集材。如伐区条件好，机械能到原条跟前，则可用抓钩抓集十分方便。但伐区内有跳石塘则不太适应。总之，只要提前搞好准备作业，一般伐区均能适应。

可靠性

该机质量好，性能可靠，在较恶劣的伐区条件下工作也没有太大的故障，能保证正常生产。其经济性与传统的集材机械 J-50 对比，功率大、行驶速度快，集材效率高，是 J-50 的两倍，除了其整机价格比 J-50 贵、大修理预提费高以外，其每立方米的燃材料、工资与修理费均比 J-50 经济。同时，对远距离集材试用了两种机型分段接力集材，上段配 2～3 台 J-50 把原条集到主道旁，下段用 1 台 518 轮式集机材接力，这种远距离接力集材比单一机型集材更为经济。

二、KSK/16 钢架杆集材机的生产实验

用钢架杆集材我国还没有先例，如何用钢架杆集材一点经验都没有。首先选择碧水林场搞试验，由于架设经验不足，生产效率很低，且冬季气温低，钢架杆机不能进库，不宜生产作业。1987 年 4—7 月的春季与夏季在碧水林场碧中沟岔线上搞逆坡集材生产实验，1988 年 3—6 月在北列林场鹿鸣沟搞陡坡顺坡集材试验。由于经验不足，架设费时、单根集材，生产效率低。整机价格昂贵，生产成本很高，且由于集材距离远，超过钢架杆机集材的能力（最远只能集 600 米以内），冬季严寒，钢架杆机难以适应。尽管用这种钢架杆集材不能适用于带岭局木材生产实际，但也填补了我国用钢架杆集材的空白。

三、950B 装载机生产实验

用 950B 装载机装原条车，打破了传统的单卷筒绞盘机利用回空锤重力回空的双架杆有爬杠装原条车的方法。两台 950B 装载机分别在永翠林场清水沟和环山林场翠源沟做生产实验。由于该机型性能好，质量可靠，不久，技术工人就熟练掌握了用 950B 装原条车的方法，并创造了一套 950B 用预装架装原条车的方法（只需埋设一根起吊原条捆的架杆），该机一直作为永翠、环山两场唯一的装原

条车机械，直到 1996 年由于局整体利益的需要，把 950B 调到其他单位作为工程机械使用，停止了用 950B 装载机的装车作业。

用 950B 装载机装原条车与绞盘机架杆爬杠装车法相比较，具有装车效率高和人员少等特点，如司机熟练只需 950B 司机一人，从卸拖车，搞预装到装完原条车一般只需 20 分钟左右。驾驶舒适，操作方便，装车作业安全可靠，且能一机多用，深受林区广大职工群众的欢迎。

四、D6D 推土机与 120G 平路机的生产实验

1985 年 11 月开始，这两种国外引进设备开始进入生产实验，经两年多的生产实验应用考核，于 1988 年 4 月，林业部邀请有关部门、单位及部分林业局的专家到带岭参加“国外引进设备生产实验总结会”。部领导高度评价带岭局的生产实验工作，总结出引进设备生产实验的经验教训，获得了可靠的数据资料，为木材采运机械的技术进步和领导决策提供了可靠的宝贵资料。这些引进设备在生产实验结束后，除钢架杆机不适应本局的木材生产外（后被改装为运材汽车），其余所有的引进设备一直在本局的木材生产、筑路养路、刮道除雪以及其他工程建设等多方面得到广泛应用，取得了较好的经济效益。

第三章　科研设施

第一节　实验室

20 世纪 60 年代，带岭林业科研所有 2 个实验室（土壤实验室、生理生化实验室），80 年代又建立了苗木组织培养实验室。实验室工作主要进行土壤化验分析、菌根组织分析、食用菌培养、杨树苗组织培养、花楸苗组织培养等。

第二节　种子园

带岭林科所林木选育工作开展较早，自 20 世纪 60 年代初，就根据本区域树种特点及国内外良种选育发展水平，应用先进的科学技术建立了林木种子园。在育种资源选择收集利用、引种、种源试验及无性系选育等方面取得了一定成绩。对黑龙江省乃至东北三省、内蒙古部分地区的良种基地建设起到了指导和推动作用。带岭林科所林木良种基地，在 1973 年由林业部拨款建园，原有面积 43.6 公顷，共有 10 个树种，在此基础上，又在东山种子园扩建了 16.4 公顷。带岭局十分重视良种基地建设，在经费上给予了大力支持。自 1985 年以来，由最初拨款 3 万元，增加到十几万元。截至 2005 年，种子园树木均已进入初期开花结实，为生产提供了一定数量的优良林木种子。随着树龄的增加并采取一定的技术手段和方法，种子产量逐年提高。红松、落叶松、水曲柳、云杉 4 个树种种子园生产的种子通过国家林业局优良品种认证，并颁发了证书。

第六篇

经济管理

带岭局的企业管理起步较早，基础好。早在 20 世纪 70 年代就被评为“大庆式企业”，1984—1986 年曾连续三年被省政府授予“六好企业”先进称号。1990 年，局成立企业管理科。企业管理科根据上级精神和全局管理工作的具体情况，先后制定了《管理标准》29 部分 131 项,《工作标准》两部分 1200 项。使全局基本成型的管理制度、办法、岗位责任制得到进一步的改善和充实。

1986—1990 年，计划部门根据本区（局）生产建设的需要，从实际出发，确定各行业的发展目标，相应地制订出长期（15～20 年）、中期（5 年）的计划指标和年度计划。综合全区（局）木材生产、林产工业、营林、基本建设、多种经营、地方工业及科研、文教等各方面情况，确定各项具体经济技术指标，以各项指标的实现保年度计划，以年度计划指标保总目标的实现。

2001 年，局物资供应科改制为兴业物资经销有限责任公司，物资管理职能随之取消。各单位物资采购全部走向市场。

20 年间，审计、物价、工商行政管理等部门，认真贯彻经济管理方面的法律法规，恪尽职守，依法履行监督职能，为经济建设保驾护航，保证了全区经济工作的健康发展。

第一章　计划管理

第一节　机构设置

1986—1990 年，全区（局）的经济计划指标由计划统计科制订。计划统计科还承担全区内外横向经济联合的协调组织工作。

1990 年年初，根据上级文件精神，计划统计科除保留原来机构名称外，又增加了计划委员会和统计局的牌子，人员未增，但业务范围扩大，负责组织、协调、制订和实施全区经济计划和开展全方位、多层次的统计工作。

1998 年，随着国家天然林保护工程的实施，局成立了天然林资源保护工程办公室，设在计划统计科内。具体负责全局的天然林资源保护工程年度计划编制、调查研究、统计信息等项工作。同年，区项目办公室成立，负责对项目考察、立项、可行性研究和报批等前期工作。矿产资源管理由资源科调整到计划统计科。

2001 年进行机构改革，计划委员会和统计局两块牌子合二为一，即计划统计局。同年，区普查中心成立，是统计局的内设机构。

2004 年，根据工作需要，区成立了招商引资工作办公室，具体负责招商引资工作的组织和实施。

第二节　计划编制

计划部门根据国家的总体发展要求和本区（局）经济和社会发展的需要，从实际出发，确定各行业的发展目标，相应制订出中长期和年度计划。

中长期计划。每隔 5 年计划部门就后 5 年的总体发展目标、任务、空间布局、战略措施制定出发展规划，并展望后 10 年。

年度计划。每年年初计划部门要综合全区（局）木材生产、森林经营、农业生产、林产工业、多种经营、基本建设、环境保护、劳动工资、文教卫生等专业计划，进行全面统筹，科学计划，合理安排，编制当年全区（局）的经济建设和社会发展计划。以各项经济技术指标的实现，保证年度计划总发展目标的实现。年度计划中的各项指标根据发展要求不断调整。定期对计划的执行情况进行监督检查，对计划的完成情况进行分析。

第三节 统计工作

1986—1990年，本区（局）的统计工作一直由计统科负责，从管理经济的职能出发，科学、准确、全面、及时地向领导和有关部门提供翔实可靠的统计信息数据，并按上级主管部门要求，制发各专项报表，由区（局）各基层单位按期上报年、季、月统计报表。

1990年统计局成立后，改变了过去条块分割，统计单一以对上专业统计为主的局面，为达到全面反映区（局）情目的，认真贯彻《中华人民共和国统计法》和《黑龙江省统计处罚条例》，主抓工业、商品流通、地方劳资、人口科技和综合统计等工作，并核转森林工业劳动工资、建筑业、机电能源、建筑业、固定资产投资、农业等项目，其专业范围扩大到全区各领域，统计范围以块为主，统一组织、领导、管理和协调本辖区统计工作。对市统计局和省森林工业总局计划处提供报表。1992年，开始进行国民经济核算工作，全区的经济运行情况全部反映出来。1998年，基本建设统计归口统计局。2001年，机电能源报表归口统计局。由于统计工作成效显著，1998年被评为全省统计工作先进单位。

随着改革的不断深入，国有经济大量退出，非国有经济比重明显增加。为适应新形势，不断提高源头数据质量，准确掌握区域经济总量，2002年对统计调查方法和范围进行调整，规模以上企业由本单位统计人员向统计局提供各种报表，规模以下企业和个体工商户由所辖社区按行业类别提供统计数据。

为加强资料管理，便于领导掌握情况，每年编制统计资料手册，5年形成一部综合性统计资料手册。

为提高统计工作科学性和时效性，2001年，与市统计局实现计算机联网，通过“飞扬”网用电子邮件形式报送报表。

按上级部署开展了各类普查和调查工作。1987年，根据上级部署，计统科抽调专人开展人口抽样调查，此次调查在全市评比中获得第一名；1988年，对带岭林业实验局的生产经营情况进行了第一次投入产出调查，此项工作受到省森林工业总局的表彰；1990年，根据国家的统一部署，开展了第四次人口普查，此次普查以全市第二名的成绩评为省级第四次人口普查先进单位；1991年，开展了第三产业普查；1993年，对带岭林业实验局生产经营情况进行第二次投入产出调查，此次调查被评为省级第二次投入产出调查先进单位；1996年，进行了第三次工业普查和农业普查；1997年，进行了第一次基本单位普查和旅游资源普查；1998年，对带岭林业实验局生产经营情况进行了第三次投入产出调查，此次调查被评为全国第三次投入产出调查先进单位；2000年，根据国家的统一部署，开展了第五次人口普查，此次普查被评为全国第五次人口普查先进单位；2002年，开展了第二次基本单位普查，此次普查被评为省级基本单位普查先进单位；2003年，开展的第四次投入产出调查被评为省级投入产出调查先进单位；同年开展的国防动员潜力调查被省森林工业总局评为先进单位；2004年的重点企业调查被省企业调查队评为先进单位，同年开展的第一次经济普查被评为全国经济普查先进单位。

第四节 项目管理

一、加强项目库建设

带岭区（局）先后编制了《再生胶厂可行性研究报告》《种禽厂可行性研究报告》《泥塑防水卷材厂可行性研究报告》《炉渣空心砖厂可行性研究报告》《皮毛加工厂可行性研究报告》《葡萄生产基地项目可行性研究报告》《人参生产基地可行性研究报告》《榆黄蘑工厂化生产线可行性研究报告》《饲料加工厂可行性研究报告》《养鱼基地可行性研究报告》《制氧厂可行性研究报告》《养鹿场可行性

研究报告》《食用菌加工厂可行性研究报告》《玻璃纤维加工厂可行性研究报告》《花园水电站可行性研究报告》《佳—带—哈客运线项目可行性研究报告》《桦树液饮料厂项目可行性研究报告》《扩建多种经营综合加工厂项目可行性研究报告》《塑料打包带厂工程可行性研究报告》《花岗岩材厂可行性研究报告》《电厂集中供热节能项目可行性研究报告》《扩建一万吨牛皮箱板纸工程项目可行性研究报告》《新建日产三十五吨带岭纸板厂工程项目可行性研究报告》《扩建石油液化气贮备站工程可行性研究报告》《餐具厂扩建可行性研究报告》《刺绣厂扩建可行性研究报告》《草酸厂扩建可行性研究报告》《红松基因库建设工程可行性研究报告》《新建二十万立方米釉面砖生产项目可行性研究报告》《扩建森林旅游区可行性研究报告》《热电厂炉渣二次燃烧节能技术改造工程可行性研究报告》《废纸再抄瓦楞原纸生产线工程可行性研究报告》《新建局址职业高中学校项目可行性研究报告》《带岭天箸木业有限公司项目可行性研究报告》《改建职工医院住院处可行性研究报告》《水灾房屋改造可行性研究报告》《铁南小区给水工程可行性研究报告》《废纸再抄涂布二次加工生产线可行性研究报告》《林场集中办学扩建工程可行性研究报告》《林场子弟寄宿式小学可行性研究报告》《高级中学改扩建项目可行性研究报告》《带岭区红星村乡村公路和桥梁建设可行性研究报告》《初级中学集中办学改扩建工程可行性研究报告》《水曲柳、黄菠萝、胡桃楸（三大硬阔）良种基地改扩建工程可行性研究报告》《红松果兼营林建设工程项目可行性研究报告》《森林公安看守所改扩建项目可行性研究报告》《优良林木（红松）采种基地建设项目可行性研究报告》《职工医院改扩建工程可行性研究报告》《局址给水工程可行性研究报告》《供热管网改造项目可行性研究报告》《镇内道路工程建设可行性研究报告》《西洋参生产基地建设可行性研究报告》《五味子种植、栽培 GAP 基地建设项目可行性研究报告》《东方红至带岭公路工程可行性研究报告》《带岭局给水厂及水源地改造工程可行性研究报告》。

二、积极开展对上争取

1994—2005 年，对上争取基础设施建设投资项目 9 项，计划总投资 3025 万元，其中国家投资 1992 万元，自筹 1033 万元。先后争取到职业高中新建项目、林场小学集中办学项目、初级中学集中办学项目、职工医院住院处改扩建项目、局址给水工程项目、铁南小区给水工程项目、职工医院改扩建项目、高级中学改扩建项目和水源地及水厂改造项目。

2002 年参与报批了《黑龙江中华秋沙鸭自然保护区建设工程可行性研究报告》，2004 年协助报批了《大箐山风力发电项目可行性研究报告》。

三、招商引资工作

2002 年制定出台了《带岭区招商引资奖励办法》和《带岭区鼓励外来投资优惠政策》，在全社会掀起招商引资的热潮，先后引进了大箐山风力发电项目、伊春发达纸业有限公司、伊春环浩食用菌有限公司、伊春大森林饮品有限公司、千利木业有限公司、松林木制品加工厂、台湾独资永森发木业有限公司等项目，引进国内资金 17613 万元，引进外资 2002 万元。投资 16150 万元的大箐山风力发电项目的成功引进，不仅开创了小兴安岭风力发电的先河，同时也成为拉动全区工业及相关产业发展的新亮点。

在大箐山风力发电项目并网发电的同时，又通过优惠政策吸引石帽顶子风电项目落户，在十六届“哈洽会”上签订了投资 30018 万元项目合同。

为加大带岭的宣传力度，扩大带岭的知名度，2002 年 7 月制作了带岭林业实验局网页链接在森工信息港，对全局的概况、木材生产、林产工业、山特产品、生态旅游等方面情况进行了介绍；2005 年 11 月，带岭经济信息网站正式开通，为带岭与外界交流开创了一条新渠道。

2004 年，外贸进出口实现零的突破。顺发木业的集成材和千利木业的复合地板表板等产品行销日本等国家。

第二章　生产管理

第一节　管理体制

1986年至1989年6月，全局木材生产由局生产科统一管理。1989年6月局搞“三段式”改革，成立了采运公司，木材生产由采运公司管理，生产科变为总调度室。1991年6月，局恢复了生产科（采运公司变为运输公司），仍由局生产科负责全局木材生产的技术管理与调度指挥工作。

第二节　营林生产管理

一、管理机制

1986—1989年，营林管理机构为营林处，下设生产科、财务科、验收队、种子站、气象站、森保站，负责全局的各项营林生产。1986年年底开始进行“三段式”改革试验，成立了森林经营公司。下设党委、群团和各职能科室，属半全能机构，机构庞大，科室管理人员多达108人，仍然是主管全局的各项营林生产。2000年撤销营林公司，又变为营林处，人员大量精减，2002年缩编至营林科，编制为6人，下附验收队、种子站、气象站、森保站附属单位，财务科取消，归属区财政局（财务科）。

二、管理制度

随着营林生产的发展，上级对营林生产的检查验收越来越严格，陆续下发了一系列规章制度。根据国家林业局和省森林工业总局的文件要求，局每年都针对营林生产的实际，完善和修改各项生产的技术规定、检查验收办法。制定了《清林整地作业质量验收办法》《更新造林（补植）作业质量检查验收办法》《幼林抚育作业质量检查验收办法》《森林抚育作业质量检查验收办法》《驻场验收员检查验收办法》《森林鼠害防治检查验收办法》《营林调查设计审查（复查）及计划调整的有关规定》《“工程造林”经营承包办法》《公路两侧造林技术要求及检查验收办法》《定向培育试验技术要求及检查验收办法》《采伐迹地整地及造林技术要求》《林下造林整地技术要求及检查验收办法》《带岭局关于造林质量事故行政追究责任制实施细则》《带岭局关于营林生产承包管理实施细则》《营林生产各项指标考核管理办法》《育苗生产新播》《换床质量检查验收办法》《育苗生产苗木质量考核验收办法》《营林商品化经营管理办法》和《实施细则》等一系列地方法规。

第三节 伐区管理

一、伐区调查设计与拨交

伐区由局森调设计队统一进行调查设计。森调设计队每年根据局企业计划的安排部署与各林场森林资源的具体情况，提前一年把全局各林场的伐区调查设计完毕，并概算出伐区木材生产的直接成本。每年7月末前后，由局主管领导组织森调、资源、生产、营林、工资、财务等有关部门对伐区调查设计资料进行共同会审，然后由资源科会同森调设计队把所有伐区设计资料上报省森林工业总局审批。总局资源局对所有伐区调查设计资料详细分析检查，并到带岭实地抽查核对，认为调查设计符合要求，开伐区拨交证，同意按调查设计进行采伐作业。

伐区调查设计资料总局审批后，生产、营林与资源部门一起，分别与各林场协商，具体安排各季节作业伐区，算出各林场的准备作业工程量。每年8月末到9月上旬，局召开伐区拨交与准备作业会，由资源部门把全年伐区拨交给各林场并开具伐区拨交证，生产科对全年的准备作业具体安排部署。各林场领导与技术人员对各伐区进行详细勘查，发现问题，及时提出，如无问题，则按调查设计资料提前进行准备作业工作。

二、伐区生产管理与验收

对于原条方式的伐区，由各林场每年自己组织生产。对于原木生产的伐区林场委托给承包户进行生产，并提前签订委托生产合同，把产量、伐区作业质量及伐区生产成本都签到合同内，由劳动工资、生产、营林等部门审查盖章同意后，进行生产。

在采伐作业前，林场到资源管理部门开准采证，才允许进行采伐作业。在作业时，生产科人员深入伐区作业现场对各工序安全生产和作业质量进行检查指导。在每一个伐区即将结束前，林场组织自检，认为合格后报请局验收。每一个伐区结束后，由资源科牵头，会同生产、营林部门对伐区作业质量进行验收，如合格，则开具验收证，准许开采下一个伐区（开下一个伐区的准采证）；如不合格，下令林场返工。

第四节 木材生产计划运输

一、木材生产的计划管理

1986—2005年，木材生产始终按企业计划进行。每年企业计划确定后，生产科就做出具体的安排。当冬运生产即将来临时，生产科会提前安排好整个冬运的木材生产计划。每月25日，召开有关科室与基层单位参加的生产计划会，部署下个月各单位的木材生产计划，生产科编制好全局的木材生产计划，具体安排好全局各场（厂）、队（公司）的月、旬、日木材产量与运材对次计划。会后，各林场、运输公司、贮木场做好具体落实，并编制出各单位自己的木材生产计划，及时报计划、生产、劳资、财务等有关科室部门，按计划生产。

局调度对生产计划做到日查旬、旬分析、月总结，对进度计划拖欠的单位，令其找原因，想办法赶上进度，如确有特殊原因，无法完成计划的，局调度视具体情况，调整进度快的单位超产一点，把欠产单位的计划补上。这样以日保旬，以旬保月，以超补欠确保全局作业计划顺利兑现。

二、运输管理

木材运输是装、运、卸三大工序的关键环节，林业局值班调度的日常工作之一就是通过“运行图”来强化运输管理，指挥正常的木材生产。通过对运行图的分析，随时掌握有否等装待卸现象及运材车辆故障情况，以便及时与有关单位沟通，保证三大工序紧密衔接。通过每天对运行图的总结了解各林场，运输公司、贮木场日计划对次的完成情况。原条生产中，为便于及时掌握运材车辆动向，运输公司在贮木场造材台旁设立站务所，人员昼夜值班，对各运材车辆的发到时间与去往林场及时报告局调度室与运输公司调度室，同时也通过站务所来指挥运材司机的工作。1998 年 3 月末停止原条生产后，运输公司撤销了站务所，其职能由局生产科设在贮木场造材台的生产调度所代替。

为加强木材运输管理，林业局于 1999 年 10 月制定《加强木材生产运输管理的补充规定》，进一步完善运材车的管理。原木运输车辆实行“四个统一管理制度”，即“一票一证一检一验”的木材运输内部“运行图”管理制度。局编制汽车月份计划，然后运输公司按照各林场生产任务分配车辆，各林场按旬按日将生产指标分配到各装车组。一般生产任务在 1 万立方米左右的单位，组建 1～2 个装车组，1.5 万立方米以上的单位，组建 2～4 个装车组。各林场生产调度根据月份生产任务，核定日间对次、运距、配车数、作业天数、时间以及劳力分配、汽车保养、检修安排、综合成本与单位成本等，并按日、按时、按车次落实。对下运原木车辆实行“运行图”管理与原木产品录入计算机管理。各林场在前一天下午 3 时向局生产科总调度室预报下运计划，局值班调度平衡全局的日下运计划，并及时下达给各林场与林政检查站。各林场按局批准的日下运计划组织生产，正常情况下，在当日晚 7 时前全部运到带岭。对没有下运计划的原木，不准下运，林政检查站不予放行。

第五节　原木质量管理

一、1990 年以前山上林场原木生产的造材，产品质量与管理

1990 年以前，全局主要采用原条机械化流水作业的方式进行木材生产，只有小量的抚育伐采用原木生产方式。只注重原条到贮木场后的合理造材工作，而忽视了山上原木生产的合理造材工作。山上林场既没有懂合理造材技术的量材检验员，又没有专门的量材工具，山上林场的造材就是承包原木生产的“套户”用粗劣的量具（架条、锯把等）无论原条质量的好坏，全部截成 4 米长一段的原木就称为造材了。因此优材劣造，长材短造普遍存在，超长短尺，坏材带好材和“三伤”现象十分严重，原木产品质量低劣，运到贮木场的原木有的在山下重造，造成了很大损失。而且局对林场的原木生产一律按完成任务的数量来付给木材生产成本。这种粗放型的管理方式，降低了全局的经济效益，一直延续到 1990 年。

二、“立方米产值交接”办法的产生

1989 年，山上原木生产的数量增加，已超过 3.6 万立方米，占一本账总量的 20% 以上，趋势是山上原木生产数量逐年增加，势必影响原木售价与企业的效益。为了解决这个问题，局生产科等部门一起研究制定出对山上原木生产试用“立方米产值”交接的办法。1990 年在东方红、明月两场进行试点，取得了明显效果，1991 年在全局主伐林场推广。1992 年以后，全局各林场无论是主伐原木，还是抚育伐原木，全面推广“立方米产值交接”办法。

三、“立方米产值交接”办法的完善

山上林场原木生产管理实行“立方米产值交接”的办法就是林场不仅要完成局下达的计划数量，更主要的是要达到一定的质量标准与局下达的每立方米木材平均产值与总产值（按国家原木统配价计算的售价，在企业内未销售的为产值，卖给客户后为售价）。对原木质量合格、平均立方米产值与总产值超过局下达无计划产值的，局把超过计划总产值部分的 15% 用现金作为“超产值分成奖”奖给场领导与有功人员，对原木产品质量不合格、立方米产值与总产值达不到局下达计划产值的林场，则同样按欠总值部分的 15% 罚场领导，奖罚每年兑现一次。这办法大大调动了场领导、现场员、量材员、造材工等积极性，使他们努力想办法提高原木产品质量，搞好合理造材，千方百计提高原木的产值。生产科技术人员又刻苦钻研，编制成产值计算软件系统。把森调资料的树种出材量数据输入计算机，计算、打印出各林场的原木产量产值表。既简便，又科学，速度快，又准确，完善了立方米产值交接的办法，使其得到顺利推广应用。

四、“立方米产值交接”管理办法的效益

1992 年全面实行“立方米产值交接”办法后，每年冬运期间都签订原木产值承包责任状，把原木生产的任务、成本、作业质量、原木产品质量与产值具体落实到责任状内。局还举办多次培训班，培训场领导、现场员、量材员，使他们懂检验、会管理。同时又规定了统一伐木、统一量材工具、统一量材造材，为合理造材创造条件，生产、检验部门经常去现场检查指导，使立方米产值交接工作开展顺利，取得了很好的效益：一是原木产量质量大幅度提高，材长合格率从过去的 80% 提高到 97% 以上，锯伤、锯偏、劈裂现象明显减少；二是特级原木与 6 米长材数量大幅度增加；三是合理造材水平逐年提高，坏材带好材数量明显减少；四是伐区原木生产的产值大幅度提高，原木售价提高，增加了全局的经济效益，仅推行立方米产值交接办法这一项，全局每年多创收上百万元；五是培训了一大批原木生产管理人才，从过去的不懂、不会管理到各场都懂、都会管理原木生产，为搞好原木生产的管理打下了良好的基础。

这种管理办法在 1997 年 5 月全省森工木材生产现场会议上作典型经验材料介绍，又在 1998 年 4 月全省森工企业生产科长培训班上作了介绍。

第六节　木材检验管理

1984 年前，全局的木材检验工作统由贮木场检验员负责，局生产科只是职能指导。1984 年局生产科成立检验队，负责全局木材入库的交接检验，双方交接公正检验以及全局木材生产检验的监督、检查、指导工作。1989 年 6 月，局成立采运公司，变生产科检验队为采运公司检验科，行使生产科检验队职能。1991 年 6 月，变采运公司为运输公司，局在采运公司检验科的基础上，成立局检验科，负责交接对检、公正检验、监督、检查、指导等工作。

一、原条检验

自 1985 年地衡建成使用后，直到停止原条生产为止，各林场的原条产量、运输公司完成的任务量均以地衡称重换算后的立方米数为准。各场自检数只作为场内管理参考。

地衡先后为局生产科、采运公司检验科、局检验科直接领导。

二、原木检验

1997 年前，各林场生产的原木由林场自己的检验员检径级尺寸，不定等级，其径级尺寸用蜡笔色描号，只作参考，或作为各“套户”的产量。各林场完成的产量不以林场自检数为准，而以运到贮木场（或其他接收点）由局检验科（队）接收检验数为准。1998 年 1 月起，各林场生产的原木由局检验科（队）派驻到各林场的检验指导员负责径级检量、等级评定及规范描号工作，林场检验员配合检验指导员工作。局检验科经常派质量检验员到各场山中楞进行抽查等级、径级合格率。

原木的最终检验以贮木场楞区楞位上的入库检验数为准。1997 年 12 月前，对到楞的原木逐根重检描号，记账入库。1998 年 1 月后，对到楞后在山上描号的原木进行复检记账入库，如描号有误，需检验科质检员核查同意后改号。

枝丫检验一律以地衡称重检验数为准。

第七节　木材产品管理

一、山中楞半产品管理

为强化山中楞管理，便于装车下运及原木的分流管理，要求山中楞必须达到半清归，即分清材长（山上合理造材后有 2 米、3 米、4 米、6 米长的原木分别归楞），分清针叶、阔叶，分清经济材与次小薪材。另外个别专用加工原料（如筷子料等）单归楞。同时要求设“楞位”，建楞卡，每个中楞有专人负责，每天木材进出中楞有账，防止木材在山中楞流失。

二、山上原木装车下运、接收与分流管理

为防止木材在下运过程中流失，避免在正常生产中出现林政事件，原木下运由林政科配合生产科管理。

从林场下运原木的车辆必须经局批准的运材车辆，下运原木时需随车携带装车检验“三联单”野账。从 1998 年 1 月山上原木检验工作改革以后，林场按局要求做到清装下运，装车时必须由林场检验员规范地填写原木交接三联单野账，账货相符必保 100%，但只查根数，不须计算整车材积。装完车，装车检验员留下第三联交林场，第一、二联交运材司机随车携带。运材车到林政检查站时必须停车接受检查，并把随车携带的交接三联单野账交林政检查员盖章，林政检查员做好登记以备查，手续齐全后才能通过林政检查站。

运原木车到带岭后，必须首先到局设在贮木场旁的生产调度所报到登记，并把三联单野账交给生产调度所的值班调度，调度做好登记，并在野账上盖上调度所专用章，签写到材时间与接收单位后交回给运材司机。运材司机必须服从分配，把原木运到指定接收单位后卸车。

一般情况下山上原木都进入贮木场，但局为扶植林产工业的发展，允许一部分加工原料从林场直接运到造纸厂、餐具厂等。这种加工原料分流直供管理办法是，局允许直接到材的厂先到局木材科预先交款，开调令写清树材种与数量交到局生产科，生产科按木材科调令告诉调度所，调度所的值班调度看山上运下来的是什么材，不是直供原料进贮木场，若是直供原料，则在三联单交接野账上签上到材单位，司机把野账交检验科检验员核对账货相符情况，签名后计算机员录入计算机，打印出一式两联的“原木到材验收单”交给运材司机，司机把原木运到指定的接收单位卸完车后，留下第二联野账，并在“原木到材验收单”上盖接收人及局驻点接收检验员名章承认接收。然后司机把“原木到材验收单”交回生产调度所盖专用章，上联给林场作为局已接收依据，下联留调度所备查。

林场下运的枝丫材先到局检验科地衡称重检量开三联票，一律运到造纸厂，厂与局接收检验员盖章承认接收，造纸厂留下第二联，给林场一联，检验科一联输入计算机，作为林场产量。

每天局值班调度与调度所值班调度以及林场调度核对下运与接收到材情况，如发现有原木或枝丫丢失现象立即告诉林政科查办。

三、原木产品的计算机联网管理

1998 年，林业局把生产科、检验科、经销公司及生产调度所、贮木场、大青川林场贮木场等有关单位的计算机联网，自编成功原木交接入库、库存管理与出库销售管理软件，自编联网程序。利用现代化手段来管好每一根原木，由多个科室部门和单位共同管好每一根木材。运用计算机联网管理做到了数据准确，报表及时，查询方便。科室单位之间协调配合、互相制约，强化了各部门的管理，有效地防止了木材的流失，使全局的原木产品管理达到了新高度。

第八节　生产调度指挥

生产调度指挥工作直接关系到全局能否顺利完成木材生产计划。局调度室既是全局木材生产指挥的中心，又是协调装、运、卸三大工序紧密衔接的纽带，也是实现文明生产，均衡到材保流水作业线畅通的关键。局调度室是以指挥木材生产为主，具有综合职能的机构，隶属局生产科。局通过调度室来组织、安排具体指挥日常的木材生产工作。

局调度室既是生产指挥中心，也是全局的信息中心。以前，局调度室用无线电台与省森林工业总局调度每天定点联系，及时上报木材生产信息，接受总局的指示；调度室通过调度电话与各基层生产单位联系，基层也可用调度电话直接与局调度对话，也可通过局调度与其他生产单位取得联系，局也采用调度电话会议分机召开电话会议。地方通信发达后，局先后取消了无线电台与调度专线电话，直接使用地方网电话与各单位联系。

1988 年二季度，在省森林工业总局统一安排下，调度室购进计算机，用于处理文字材料与报表，为林业局领导与有关部门提供数据准确，文字清晰的文字材料与报表。

1998 年四季度取消原条机械化生产，实行了原木生产后，推行计算机联网，形成了内部局域网络。2004 年 9 月，在原有基础上，对计算机网络又重新编制程序框架和设计方案，组织有关人员进一步完善了应用软件，使其更适合生产实际。10 月，全区相继建成了“数字林业网、运贮销监控网和政务信息平台”。

第九节　贮木生产管理

一、贮木场设置

1986 年，贮木场为贮加合一的“贮木加工厂”；1987 年试行“三段式”，归属林产公司；1989 年采运公司成立，并入该公司；1992 年又重新划归林产公司所属。

1998 年，林业局决定“贮加分立”。贮木场从林产公司分出，组建局贮木场，场区占地 12 万平方米，承担全局卸车、分选、检验、归楞、贮存、拨付、装车等项生产任务。年吞吐量 105000 立方米，短材生产日产可达 120 车，产量千余立方米。

二、商品化管理

1985 年，贮木加工厂自行设计安装了钢梁桁架式归装桥吊，用于原木归装，为贮木场商品化管理提供了有力保证。商品化管理始终是贮木场工作的重点，始终坚持“三清一化”的管理目标，后来发展到“五清二化”（“五清”即用途清、树种清、材长清、等级清、径级清。“二化”即商品化、数字化）。

1998 年始，贮木场加大了“五清二化”的管理力度，取得显著的成果。当年被评为省森林工业总局“优秀贮木场”，1999 年、2000 年被评为省森林工业总局“最佳贮木场”，2001 年、2002 年、2003 年、2004 年荣获省森林工业总局“标兵贮木场”称号。

三、木材检验监督

为加强贮木场的木材检验、监督工作，1998 年后，在原区域检验及台口入场对检的基础上，又增设了复检队，对所有装车的木材进行复检，相继又设立审核组，对出入场木材进行审核盖章加以确认，护厂队方可放行。2004—2005 年，为加强管控力度，区派出了由区纪委牵头，有公安局、木材科、检验科、贮木场参加的联合工作组。

在此期间，区纪委宣布了对两起在木材流通领域违纪行为的处理决定。受到处分的有贮木场、检验科的相关检尺员和相关人员。

四、场区封闭式管理

1998 年贮加分立，局推行原木生产方式后，对贮木场实行了封闭式管理。为了降低贮木场成本，加强管理，2000 年清除了厂区内两个木材加工单位，即胶合板厂和林产公司青综厂。并于 2001 年全部拆除了胶合板厂厂房设备和林产公司青综厂厂房设备，两单位也随之解体。2003 年，拆除了造材台卸车架杆缆索装置和厂区内的“归装桥式吊车”。拆除了第三节两条并行传送带。随着木材外调的减少，2002 年拆除了北道国铁木材装车专用线 2 公里，2004 年又拆除了南道国铁木材专用线 600 延长米，从此贮木场的机械化卸车、归楞、装火车业务宣告结束。2005 年，区建高级中学后，拆除了原造材台全部，在一节传送带剩余部分建南北 6 个台面卸车台，用以保证传送带选材应用。

原条生产改为原木生产后，为适应新形势，贮木场对原木生产工艺实行了变革，设立东、西两区，西区为传送带分选区，东区为人力分选区，同时还设有落叶松区和林副产品区，全部实行人力卸车。同时根据新情况，及时制定“带岭局木材入库、出库工作程序”与“木材出库送货制度”等一系列管理制度与制约机制，堵塞了可能发生的漏洞。

第三章　财务管理

第一节　机构设置

1986—1989 年，局财务管理部门为局财务科。1990 年年初，根据上级有关文件规定，财务科更名为财政局。区政府序列为财政局，林业局序列为财务科，一套人马、两块牌子，合署办公。

1987 年 9 月，局实行“三段式”经营改革，在企业内部试行内部银行结算方式。1988 年 1 月 1 日内部银行正式运转。

内部银行与局财务科合署办公，行长由主管财务的副局长兼任，副行长由财务科负责人兼任。内部银行发行内部银行转账支票和现金支票，实行柜台办公。各单位也都建立了相应的机构，开办各项业务。

为了进一步加强企业管理，1998 年，局成立了财务管理中心，将全局各单位财会人员的人事权统由财务中心管理。

2000 年，成立伊春市拍卖行带岭分理处和伊春市收费局带岭收费分局，隶属财政局领导。

第二节　资金管理

一、固定资产

1986—2005 年，全区（局）的固定资产经历了一个由少到多，又由多到少的变化过程。前 10 年逐年增加，后 10 年逐年减少。1986 年以来，由于技术改造项目增加、山上林场房舍的修建。新上投资项目和机电设备的购入，使固定资产额逐年上升。由 1986 年的 8682 万元上升到 1997 年的 26675 万元。1998 年起，由于产权制度改革，先是变卖各单位汽车、拖拉机，随后又大规模拍卖各单位设备、厂（场）房，致固定资产急剧下降。先是由 1997 年的 26675 万元降至 1998 年的 15851 万元，以后逐年降低。到 2005 年，固定资产原值降至 12815 万元，相当于 1990 年的水平。

二、专用基金

（一）更新改造基金与基本折旧基金

1986 年，全区（局）的更新改造基金按木材产量提取，原木每立方米提取 13 元，小薪材每立方米提取 5 元。全年可提取更改基金 230 余万元。1987 年，以木材产量提取的更新改造基金改为全部提取基本折旧基金。根据国务院发布的《国营企业固定资产折旧试行条例》，执行分类折旧率的办法。以原值为计算依据，根据平均年限法按月计提固定资产折旧基金。企业报废固定资产的变价收入，调

1986—2005年带岭区（局）固定资产一览表

表6-1 单位：万元

年份＼项目	固定资产原值	固定资产净值	其中			
			生产用固定资产	非生产用固定资产	土地占用	林区公路占用
1986	8681.9	7526.0	4040.7	2557.5	9.6	2074.1
1987	9966.6	7414.0	4253.3	3507.2	12.8	2193.3
1988	10840.8	8044.0	3876.9	4584.8	12.8	2366.3
1989	11715.2	8431.1	2926.0	6102.9	12.8	2673.5
1990	12178.3	8724.0	4246.7	5269.7	12.8	2649.1
1991	12679.7	9050.4	4178.3	5741.5	12.8	2747.1
1992	13046.7	9110.9	4505.3	6174.7	12.8	2353.9
1993	13813.5	10231.9	4641.8	6387.8	12.8	2771.1
1994	15640.0	11528.9	5731.4	7120.2	12.8	2775.6
1995	23566.7	19461.3	14198.2	6522.7	12.8	2833.0
1996	23839.8	17323.9	14012.2	6984.6	12.8	2830.2
1997	26675.0	21501.3	16798.0	7034.0	12.8	2830.2
1998	15851.0	10653.1	6487.2	6520.8	12.8	2830.2
1999	16133.9	10307.6	6579.9	6711.0	13.8	2830.2
2000	16097.9	11565.4	4853.2	6543.7	1870.8	2830.2
2001	12942.5	9496.2	2318.3	5923.2	1870.8	2830.2
2002	11371.6	8461.8	1593.0	5123.1	1870.8	2784.7
2003	11864.2	8885.2	1593.0	5615.7	1870.8	2784.7
2004	12632.9	9258.6	5734.8	2242.6	1870.8	2784.7
2005	12815.0	9018.0	5834.5	2282.3	1870.8	2827.4

出固定资所得的价款以及固定资产租金收入和固定资产遭受非常损失所收到的赔款等，都转入固定资产折旧基金。

（二）大修理基金

1986年以来，局按照国家规定的大修理基金提存率计算提取大修理基金，房屋建筑物年度提存率为3.5%，机械设备年度提存率为8%，林区公路、土地不计提大修理基金。该部分基金全部留给企业使用。

（三）企业留利

1986年，局继续实行企业留利，提取标准和5项基金比例不变。1987—1990年，林业企业实行财务包干，定额上缴，超利分成的办法。企业留利分成改为四项资金，其中，生产发展基金50%、后备基金10%、职工福利基金20%、职工奖励基金20%。1990年，省森林工业总局和省财政厅在带岭局进行财务改革试点，实行承包费计酬，成本费用大包干，企业不再提取留利的改革办法。

（四）育林基金

根据林业部、财政部有关规定，带岭局从1987年1月1日起，育林基金按21%的比例从木材销售收入中提取。所提取资金全部留给企业专款专用。属于固定资产性质的支出，按基本建设程序管理。

1986—2005 年带岭区（局）育林基金提取使用一览表

表 6-2

单位：万元

项目 / 年份	上年结余	本年提取	本年支出	其中			
				上缴总局	营林支出	核销基本建设	转作流动资金
1986	168.0	266.9	358.9	—	268.4	90.5	—
1987	119.0	642.6	623.9	—	623.9	—	—
1988	119.0	647.7	666.5	—	666.5	—	—
1989	156.1	729.4	697.7	—	697.7	—	—
1990	227.2	779.6	825.9	—	725.9	—	100.0
1991	255.8	1702.4	1349.4	—	1249.4	—	100.0
1992	615.8	1424.1	1643.2	—	1543.2	—	100.0
1993	411.4	1756.7	2067.7	—	1967.7	—	100.0
1994	107.4	2901.7	2276.6	—	2276.6	—	—
1995	739.5	2223.9	2108.8	125.0	1983.8	—	—
1996	861.6	1697.7	2273.5	—	2273.5	—	—
1997	285.8	1872.0	1871.2	—	1871.2	—	—
1998	286.6	1585.5	1336.3	100.0	1236.3	—	—
1999	535.8	1498.5	1374.2	50.0	1324.2	—	—
2000	647.7	1146.4	1261.0	—	1261.0	—	—
2001	533.1	1175.1	1498.4	—	1498.4	—	—
2002	209.8	1094.3	1274.5	—	1274.5	—	—
2003	80.3	1011.1	1401.3	360.0	1041.3	—	—
2004	−463.3	1196.8	848.2	—	848.2	—	—
2005	−63.1	1466.0	541.9	—	541.9	—	—

第三节 经济指标

一、成本指标

1986年至2005年的20年中，木材生产单位成本最低的年份是1986年，每立方米成本为66.83元，最高的年份是1994年，达到315.59元。1998年实施天保工程后，取消了原条生产，实行畜力集材，短材运输，使木材生产单位成本大幅度下降，2002年下降到112元。锯材单位成本最低年份是1986年，每立方米成本为217.57元，单位成本最高的年份是1993年，达到每立方米成本925.05元。

1986—2005年带岭区（局）木材产品生产成本统计表

表6-3

年份	木材成本			锯材成本		
	产量（立方米）	总成本（万元）	单位成本（元）	产量（立方米）	总成本（万元）	单位成本（元）
1986	174906	1194.0	66.83	50583	858.1	217.57
1987	187921	1452.4	77.29	50272	1547.2	305.00
1988	189649	1633.1	86.11	50550	1389.0	274.78
1989	181954	1694.1	93.10	45550	1217.1	267.21
1990	181955	2017.1	110.86	48944	1519.2	310.39
1991	179978	3948.0	219.36	40010	1851.8	462.85
1992	179974	4009.7	222.79	26201	1438.4	549.00
1993	179959	3995.5	222.02	17119	1583.6	925.05
1994	179980	5679.9	315.59	16778	1384.8	825.37
1995	179962	4635.5	258.03	14732	1314.7	892.40
1996	223990	4576.7	204.32	9459	812.6	859.08
1997	194975	4524.4	232.05	7050	548.8	778.44
1998	159996	3031.1	189.45	3978	282.5	710.16
1999	136559	2719.1	199.12	—	—	—
2000	100795	1284.6	127.45	—	—	—
2001	113254	1324.0	116.91	—	—	—
2002	101861	1140.3	111.95	—	—	—
2003	101158	1157.1	114.39	—	—	—
2004	100665	1224.8	121.67	—	—	—
2005	102005	1388.0	136.07	—	—	—

二、销售利润指标

1986—2005年，全局产品销售收入总额为164552.5万元，产品销售成本总额为151281万元，产品销售利润总额为5289万元，产品销售税金总额为7982.5万元。1986—2005年，木材销售数量为3149380立方米，锯材销售数量为386674立方米。

1986—2005 年带岭区（局）产品销售、利润统计表

表 6-4

年份	产品销量		产品销售收入总额（万元）	产品销售成本总额（万元）	产品销售利润总额（万元）	产品销售税金总额（万元）
	木材销售量（立方米）	锯材销售量（立方米）				
1986	178870	53341	3602.0	3061.0	249.8	291.2
1987	188953	53878	5287.1	4268.6	599.8	418.7
1988	194517	43948	5804.3	4677.7	656.3	470.3
1989	178907	51279	6206.8	5151.3	472.7	582.8
1990	174226	42853	6799.4	5933.9	225.8	639.7
1991	199373	37180	9821.1	9117.6	132.5	571.0
1992	177954	33388	9930.0	9166.0	205.1	558.9
1993	136624	17080	11070.6	10277.9	201.4	591.3
1994	182537	9794	14405.6	13492.1	301.7	611.8
1995	223796	13549	15924.2	14960.9	307.0	656.3
1996	209356	13594	15109.9	14360.5	338.1	411.3
1997	197777	11291	15433.4	14547.5	340.6	545.3
1998	139641	5409	8459.7	7867.4	231.0	361.3
1999	140851	90	7620.5	6956.7	307.1	356.7
2000	123286	—	6013.5	5500.3	220.4	292.8
2001	105342	—	4402.1	4017.6	163.8	220.7
2002	95663	—	4360.2	4089.9	62.3	208.0
2003	94468	—	3888.8	3677.8	16.6	194.4
2004	105099	—	4602.9	4451.7	151.2	—
2005	102140	—	5810.4	5704.6	105.8	—

说明：1998 年后全民所有制锯材停产，2004 年起国家免收农林特产税

1986—2005 年带岭区（局）上缴利税一览表

表 6-5　　单位：万元

年 份	税 金	利 润	管理费	育林基金	福利费	合 计
1986	472.6	—	—	57.9	—	530.5
1987	551.0	133.0	13.8	—	—	697.8
1988	580.4	135.3	14.0	—	—	729.7
1989	215.7	217.2	7.0	—	—	439.9
1990	633.7	30.0	31.4	—	—	695.1
1991	565.2	50.0	36.1	—	—	651.3
1992	618.0	80.0	41.5	—	—	739.5
1993	357.9	80.0	18.7	140.4	—	597.0
1994	857.4	80.0	78.9	—	—	1016.3
1995	1059.4	80.0	83.9	125.0	—	1348.3
1996	517.2	100.0	84.0	—	—	701.2
1997	553.4	100.0	64.0	—	—	717.4

续表 6-5 单位：万元

年 份	税 金	利 润	管理费	育林基金	福利费	合 计
1998	553.8	110.0	100.0	100.0	—	863.8
1999	424.6	320.0	103.0	50.0	—	897.6
2000	500.1	110.0	272.2	—	152.9	1035.2
2001	236.3	224.9	283.5	—	158.7	903.4
2002	541.9	150.0	339.8	—	158.7	1190.4
2003	243.6	150.0	393.2	360.0	169.0	1315.8
2004	33.2	3.6	431.0	—	169.0	636.8
2005	520.7	117.0	722.0	−71.4	—	1288.3

第四节 清理“小金库”工作

1995 年 6 月 20 日，带岭区政府转发国务院办公厅国办发〔1995〕29 号文件。文件的主要内容是财政部、审计署、中国人民银行《关于清理检查“小金库”的意见》。区政府〔1995〕23 号文件要求各单位组织有关人员认真学习，按通知精神彻底清查、纠正本单位的“小金库”问题。并尽快实事求是地上报区财政局，对隐瞒不报、弄虚作假，经区或上级查出，要追究当事人和单位领导责任。通过这次清查使全区各单位树立遵纪守法的观念，坚决杜绝“小金库”的出现。同时，带岭林业实验局也以带局办发〔1995〕16 号文件下发了《关于开展清理检查“小金库”自清自查工作的通知》，指出：这次清查“小金库”是维护经济秩序，加强廉政建设，深入开展反腐败斗争的一项重要措施。各单位要引起高度重视，积极配合支持自清自查阶段的工作。清查结束后将汇总整理后的情况上报局财务科。

第四章　审计管理

第一节　机构设置

1986—2005年，区审计局机构设置未有变化。内部审计工作人员有增有减，审计项目不断增加，审计内容不断细化，审计方法不断更新，审计制度不断完善。

1986年，区审计局有审计干部6人；1990年，有审计干部8人；2001—2005年，有审计干部4人。设局长1职，副局长若干职。局长负责审计局的全面工作；各副局长分别分管财务收支审计、其他各种专项审计、审计监督、经济责任审计、年验审计、验资等项工作。

第二节　审计项目与审计监督

一、审计项目

1986—2005年，区审计局先后开展的审计项目有财务收支审计、经济责任审计、租赁承包审计、其他各种专项审计、主要领导干部离任、任职届满审计等。

二、审计监督

1986—1988年，审计工作人员在全区（局）各基层财经独立核算单位审计工作中先后采取定期审计、财务收支审计、经济责任审计、租赁承包审计、专项审计等多种方法，查出了一些违犯财经纪律现象，及时采取了相应的措施对相关的人和事进行处理。

1989年，区审计局在审计监督过程中发现带岭林业实验局的一个基层单位的育林基金使用有问题，进行立案专项审计。对该单位将排水管道、渗水井工程非营林项目款2.1万元列入育林基金费用核销一事，予以纠正处理。

同年，区审计局对土地管理部门的年度土地使用征收费和使用管理情况进行了全面审计。审计中发现该土地管理部门截留1989年土地申报费2262.13元和土地管理费银行存息款403.15元，决定将这两项款额全部上缴区政府财政局。同时，区审计局对一些个别财经独立核算单位进行了财务收支审计。

1990年，区审计局重点抓了对租赁承包企业合同终结的审计工作。与此同时，对带岭区36个财经独立核算单位全部实行按月定期送达审计，审计覆盖面达100%。同年对个别单位除进行租赁承包企业合同终结审计外，还对其固定资产、库存产品、材料消耗等进行了清查，重点审查了实现利润的真实性和遵守国家财经政策、法令法规情况。经审计查出一些个别单位非法截留利润资金4976.67元，少提折旧、漏摊技术转让费等违反财经纪律金额1.27万元。区审计局将上述非法违规获利款从这些单位的利润中予以剔出。同时，审计局在对全区（局）各财经独立核算单位的审计中，共查出财经违纪金额280万元。其中在总违纪金额中截留各项收入的为3.2万元，计划外基本建设的为109万元，乱挤乱摊成本的为77.2万元，请客送礼的为3.5万元，挪用占用公款的为2.4万元，其他违反财经纪律的为84.7万元。区审计局对违反财经纪律的金额均按相关规定做了相应处理。其中上缴区政府1.3万元，上缴区财政局5万元，其他归还原资金渠道，进行调账处理。

1990—2005年，对主要领导干部离任和任职届满专项审计共审计了237人次，租赁承包企业合同终结审计共审计了23户次，其他各种专项审计共审计了118户次，财务收支审计共审计了314户次。

第三节　案件查处与大要案节录

一、案件查处

1997年，区审计局在实施审计工作中，查出1名某公司会计员变相侵占该公司款近3万元，并将审计结果书面报告给区委和区政府的纪检、监察部门，这名会计员受到相应的处分，并被调离会计岗位。同时，追缴其被侵占的近3万元。

1998年，带岭区（局）先后有14名厂（场）长、经理任职调动，在他们离任前，区审计局派员对他们进行离任审计，查出违反财经纪律总款额达102万元。其中某经营林场场长挪用、侵占公款50余万元。这名场长受到党纪政纪处理，后被司法部门处理。还有1名厂长，在其单位生产经营亏损的情况下，利用单位公款10余万元欲购买自住商品房，单位职工群众反响极大，经过区审计局对其审计后，该厂长交回了这10余万元的欲购房款，挽回了其在职工群众中的不良影响，减少了经济损失。

1998年，区审计局的工作人员在对一家连职工工资都发不出来濒临倒闭的企业进行财经审计时，发现这家企业年招待费竟达10余万元。区委主要领导作出决定，在全区（局）基层领导干部大会上对这家企业的主要领导进行了通报批评。

2000年，区审计局在审计基层单位财务收支过程中，发现某单位厂长挤占挪用公用资金30余万元，单位的全年经费半年时间用光。经过审计工作人员的详细调查，该厂长确实在企业管理过程中大手大脚，乱用经费。区委主要领导就此事两次在全区（局）基层领导干部大会上进行严肃的通报批评。为国家挽回了经济损失，同时也再次严肃了财经工作纪律。

2004年，区审计局在对全区（局）基本建设管理部门的财务收支审计中，发现违反财经纪律的款额达20万元。经区审计局教育后，该部门将这20余万元的公款上交到区财政局。

二、大要案节录

1997年，带岭林业实验局某经营林场场长被区审计局立案审查。追缴其违纪款额达30万元。该人受到党纪、政纪处分，后被司法部门处理。

1998年，带岭林业实验局某经营林场场长被区审计局立案审查。其违纪款额达50万元。其中，挤占资金20万元，挪用资金10万元，挥霍浪费损失资金20余万元。该人受到党纪、政纪处分，后被司法部门处理。

1999年，带岭林业实验局某厂厂长被区审计局立案审查。追缴其违纪款额达33万元。该人受到党纪、政纪处分。

2005年，带岭林业实验局某经营林场场长被区审计局立案审查。追缴违纪款额达10万元。该人受到行政免职处分。

第五章　物资管理

第一节　机构设置

物资供应科于 1954 年成立，担负全局的物资供应。随着经济体制改革的不断深入，1992 年经局务会讨论通过，成立带岭林业实验局物资供销公司，和物资供应科一套人马、两块牌子，对内供应，对外销售。内部成立钢丸厂、石油门市部、木材经销站、驻哈经营部。2001 年 4 月彻底改制，成立伊春带岭兴业物资经销有限责任公司，实行股份制经营，走向市场，对外销售。物资股、配件股等业务股室全部撤销，人员也由原来的 150 多人降到 53 人。

第二节　物资计划

1986—2001 年，物资供应始终坚持统一采购，每年 3 月、4 月召开物资计划会，根据各分库提交的物资计划汇总形成本年的物资计划，考虑利库数量后，编制出全年的物资采购计划。

第三节　物资进货

按物资采购计划进行物资采购进货。1986—1998 年，煤炭、钢材、水泥、玻璃等主要物资由省森林工业总局物资局按计划供应，不足部分通过协作渠道解决，先后同勃利县物资供应公司、辽阳小屯水泥厂、福州湾盐场、大庆市石油公司等单位建立了协作关系；机械配件按实际需要计划供应；二类机电产品由东北一级站按需要供应；三类物资分别由市商业局各专业公司按月份计划供应，其中劳保用品则由局安技科提出计划并提供样式、价格，由供应科负责到生产厂家采购（一部分由供应科被服厂加工）。成品油由伊春石油公司代管并按核定的基数供应，年供应量 1960 吨，不足部分通过协作和市场采购来解决。1990 年，成品油由伊春代管改为省森林工业总局直接供应，供应指标未变。其他物资逐步加大市场采购量。

第四节　物资储备

加强仓库设施建设。1988 年，物资供应科投资 20 万元，对油库进行改造，改建了输油管道和自动计量设备。1992 年，投资 11 万元新建机油库 270 平方米，围墙 80 延长米。还购置一台计算机。1993 年，投资 53.2 万元，在东油库安装两座容积为 500 立方米立式油罐。1993 年 7 月，投资 21.84 万元在交警队南侧、带浩公路西侧建南加油站，占用土地 2430 平方米。

在进行物资验收时，首先按计划进行核对，看是否是计划内采购的物资；其次核查采购物资的渠道是否合理；再次核对采购物资的数量和质量是否与计划相符；上述几项指标核对无误后进行验收，厂家进货加价 20%，二级站进货加价 10%，市场采购不加价。1991 年 1 月，推行 ABC 管理法，实现物资管理科学化。年消耗额在 7000 元以上的为 A 类物资，有 92 个品种，占全部品种的 3%，金额 953 万元，占全部消耗的 73.7%；年消耗额在 2000～7000 元的为 B 类物资，有 120 个品种，占全部品种的 4%，金额 211 万元，占全部消耗的 16.3%；年消耗额在 2000 元以下的为 C 类物资，有 2827 个品种，占全部品种的 93%，金额 1281 万元，占全部消耗的 9.9%。

为减少库存占用，合理使用有限资金，每年 5 月、6 月都要对库存物资进行清查盘点，充分利库，对超储物资进行调剂，对积压物资进行削价处理，使采购计划更加科学合理。

对物资进行四号定位，五五摆放，实现了商品化管理。物资按计划储备，贮存有限定时间，出入库有严格手续，亏损报废经领导审批。多年来，每季度开展仓库管理业务竞赛，对加强仓库管理起到推动作用。

1986—1998 年，物资统计既要直接对省森林工业总局物资局提供各种物资报表，又要向区政府统计部门报送有关数据。1999 年，省森林工业总局物资局改制，对下属物资部门不要求报表，物资统计直接对区政府统计部门。

第五节　物资供应

1986—1998 年，物资供应是物资部门按定额、生产任务核定计划，月份按定额核定供应。1999 年以后，随着市场经济发展，生产方式的改变及企业产权制度改革的深化，物资部门的职能受到冲击，很多生产单位自行采购量加大，只有一些国家控制的物资，如煤炭、成品油等主要物资，生产单位才会到物资部门领购，其他物资基本都是到市场直接采购。

1986—2001 年，物资供应货款结算都是物资供应科按生产单位领取物资的金额，开具内部物资调拨单；生产单位按内部调拨单入账，月份按消耗额开具内部转账支票，局财务科将其计入木材生产成本；局根据物资采购计划拨款进行物资采购。

第六节　储备资金

1986—2001 年，储备资金实行包干使用，节奖超罚的管理办法。按生产任务量、作业条件及储备定额，把储备资金核定到基层，实行统一使用，分级管理。为调动各级管理人员的积极性，节奖超罚的标准不断提高，1986 年每节约万元奖 1.5 元，每超储万元罚 0.5 元，到 1995 年每节约万元奖 10 元，每超储万元罚 5 元。实行月检查、年终兑现的方法。物资部门定期进行库存结构分析，从中查找资金超占用的原因，并采取相应措施，加快资金周转。

1986—1994 年带岭区（局）物资储备资金占用情况统计表

表 6-6 单位：万元、次

项目 / 年度	计 划	实际平均占用	周转次数
1986	420	434	2.24
1987	440	256	3.24
1988	420	376	3.11
1989	460	375	3.05
1990	540	502	2.63
1991	490	667	3.25
1992	700	648	2.98
1993	720	706	3.01
1994	820	750	3.73

第七节 物资定额

1988 年，根据省森林工业总局指示精神，物资部门采用写实查定法对全局的物资消耗定额进行修订，使定额更加趋于科学合理。随着生产作业条件的变化，1990 年、1991 年又重新编制了带岭林业实验局森工生产、基本建设物资消耗定额，全局木材生产、营林、林产工业、多种经营等行业的主要物资消耗定额覆盖面达 95%，从而有效降低了生产成本，提高了经济效益。

第八节 能源管理

1986 年以来，物资部门十分重视能源管理工作，尤其注重油类、煤炭的节约和管理。在购进汽油、柴油时，尽量从大庆炼油厂等国营大的炼油厂进货，一方面保证物资质量，另一方面降低进货成本。在使用方面，每月按消耗定额严格组织供应，坚决杜绝损失浪费。在保管方面，加强油库和加油站管理，一方面加强设施建设，1988 年投资 20 万元对油库输油管线进行改造，1993 年投资 53.2 万元在油库新建了两座 500 立方米的立式油罐等；另一方面加强内部管理，对油库主任、加油站站长、加油工等关键岗位实行轮换制度，有效遏制了成品油跑、冒、滴、漏现象发生。在购进煤炭时，尽量从双鸭山煤炭供应公司等国营煤矿进货确保物美价廉。在供应方面，对生产用煤坚持按生产任务量和消耗定额进行供应，既满足生产，又不造成损失浪费；在生活用煤管理方面，严格执行局的有关规定，在取暖期按每户 0.5 吨的标准组织供应。在煤炭保管方面，淡季少储或不储，保证了煤炭质量，减少了损失。

第九节 修旧利废

1986 年成立金属回收站，配备 3 名工作人员负责废金属回收工作。1987—1994 年，物资部门本着勤俭节约的原则，对有修复价值的物资进行维修。

1986—1994年带岭区（局）废金属回收情况一览表

表6-7

单位：吨

年度	计划	实际完成	完成程度（%）
1986年	200	301	150.5
1987年	200	253	126.5
1988年	200	200	100.0
1989年	200	201	100.5
1990年	200	210	105.0
1991年	200	206	103.0
1992年	100	175	175.0
1993年	150	162	108.0
1994年	150	200	133.3

第十节　物资经营改革

一、经营方式

1986—1991年，物资供应科行使全局的物资管理职能，负责全局木材生产、营林、林产工业、多种经营、基本建设等生产的物资供应。1992—2000年，局对其实行委托经营，对内供应，对外销售。2001年4月，物资供应科改制，实行股份制经营，资产和人员全部从国企中分离，面向社会，全面放开经营。

二、“五统一”管理体制

1986—2000年（除1991年外），全局物资始终坚持“统一计划、统一分配、统一采购、统一调度和统一管理”的“五统一”管理办法，由物资供应科对全局生产所需物资行使管理职能。这一办法的实施对降低生产成本、提高企业经济效益起到了一定的促进作用。由于物资管理工作成效显著，1990年，局物资供应科被林业部评为物资管理先进单位。

三、放开经营与集中管理

1986—2000年，全局的物资管理基本是由物资供应科进行管理。但1990年取消了分库，物资管理权限下放到各生产单位。不到一年的时间，物资储备资金上升165万元，材料消耗也不断增加。1991年下半年，局决定收回物资管理权限由物资供应科集中管理，一直持续到2001年4月物资供应科改制。

四、经营管理制度

林业局十分重视物资管理工作，不断加强制度建设。1990年为实现物资管理标准化，修改和完善了一系列规章制度，制定了《物资供应管理办法》《能源计量管理制度》《财务管理制度》《信息反馈管理制度》《物资供应计划制度》《用户访问制度》《仓库管理制度》《对外签订合同管理制度》《工作标准》《管理标准》《技术标准》等。1995年，局下发了《物资采购管理办法》，共6条。

全局物资采购权必须由供应科统一管理，各基层单位无权自行采购。局有关部门要密切配合，严禁乱采乱购，杜绝主管部门为下属单位硬性送货。特种专业物资需基层采购的须经供应科审核批准后，定采购路线、定地点、定时间、定人员、定品种、定规格、定数量、定金额，方可按合同采购，到货后由供应科进行实物验收入账，其采购费用由供应科承担。对未经批准、挪用其他资金擅自购买材料，一经查出，视情节轻重，追究其单位领导和经办人的责任，局财务部门不予付款。

供应科进行物资采购要本着“多渠道、少环节、物美价廉、就地就近尽量降低进货费用”的原则，选择最佳采购方式和进货渠道，以厂家进货为主，以二级站进货为辅，以市场零星采购为补，积极组织适销对路的商品，满足生产建设的需要。如采购的物资质次价高，经技术部门鉴定属实的，要实行包退包换，对直接责任者进行经济处罚。

供应科采购人员外出订货、采购、退货、催货时，需经主管计划员安排，请示主管科长批准。地区和省内采购要由供应科主管科长批准，省外采购要由主管局长批准，当地临时采购也要在计划员的安排下进行。

采购人员必须认真遵守党政干部为政清廉的有关规定，不得借采购之机图谋私利，不得借采购之机游山玩水。公出住宿严禁超过标准，禁止乘坐出租汽车。严禁接受“回扣”“提成”“酬金”等好处费，违反上述规定一经发现除追缴非法所得外，视情节轻重给予党纪政纪处分。

采购工作由专职采购人员承担，实行计划与采购相对分离，建立互相监督的制约机制，其他人员未经领导批准严禁代替采购。采购人员必须熟练掌握专业知识，做到信息灵通、了解行情，熟悉进货渠道，认真执行采购计划。

物资计划员和采购员要经常深入基层单位，听取使用单位对采购中的质量及规格型号的信息反馈，采购的物资是否对路，同时了解生产急需情况，保证生产需要，做好“三个面向”，为生产服好务。

第六章　产品销售管理

第一节　机构设置

1986 年，局产品销售部门为木材科，贮木加工厂从事产品销售的部门为调运股。

1987 年 8 月，林业局进行“三段式”改革。新成立的林产工业公司设立产品销售科，与原局木材科的经销人员合并一起办公。1988 年 1 月，成立了局森工产品经销公司，即对内为林产工业公司产品销售科，对外为森工产品经销公司，一套人马、两块牌子。下设产品销售科和联营科两个业务科室，还有财务室和办公室。由销售科办理统配材经销业务，联营科办理非统配材的联营经销任务。外地设大连、邢台、沧州、德州等联营点。后又在定州、金州、燕郊、泰安、淄博建过联营点。

1992 年 6 月，联营科取消，各联营点也先后撤销，直至 1993 年 6 月各地联营点撤销完毕。

1997 年 11 月起，森工产品经销公司撤销，恢复为局木材科，仍负责全局的木材经销业务。

第二节　木材销售

1986—1995 年，木材科经销的木材为两大类，一类是统配材，另一类是非统配材。国家统配材订货会议每年召开两次，第一次是在每年的 11 月下旬，第二次是每年的 5 月下旬。非统配材的订货会议每年召开一次，一般在 11 月中旬，非统配材在会后订货。

1996 年，木材放开经营，取消了统配材，也不再召开订货会议。2001 年后，林产工业公司改制解体，全民企业也不再生产锯材。木材运输方面，局木材运输计划每月编报一次，报送哈尔滨铁路局，经该局审阅后批给车皮计划。计划内每月的车皮一般为 300 ～ 400 个，追补计划（计划外）车皮 20 ～ 30 个。随着公路运输的发展和木材产量的减少，1998 年后，铁路发运木材数量锐减，到 2002 年贮木场拆除国铁木材专用线，彻底结束了 60 多年装大火车的历史。

1986—2005 带岭区（局）年木材经销一览表

表 6-8

年　度	原木平均售价（立方米 / 元）	木材销售收入（万元）	锯材平均售价（立方米 / 元）	锯材销售收入（万元）
1986	93.61	1591	259.50	1300
1987	155.00	2867	380.90	1905
1988	162.00	3045	401.00	2005
1989	200.00	3640	385.04	1850

续表 6-8

年　度	原木平均售价（立方米 / 元）	木材销售收入（万元）	锯材平均售价（立方米 / 元）	锯材销售收入（万元）
1990	210.00	4410	437.89	2060
1991	257.66	5496	546.44	2032
1992	328.57	5847	578.93	2034
1993	450.00	8100	869.38	1764
1994	611.38	12654	958.75	939
1995	527.13	11797	915.86	1241
1996	493.76	10337	714.54	971
1997	505.00	9235	861.00	798
1998	480.00	7680	725.00	1450
1999	541.00	7620	—	—
2000	487.77	6013	—	—
2001	417.40	4508	—	—
2002	455.79	4376	—	—
2003	411.60	3890	—	—
2004	438.00	4603	—	—
2005	551.60	5638	—	—

第三节　联营销售

1988 年起，木材科即森工产品经销公司先后与德州物资供应科、沧州市物资局和邢台地区物资局劳动服务公司建立了联营销售关系，设立了 3 个木材销售点，由木材科根据当地对木材需求情况发运木材，所得利润收入由双方按协议规定分配。

1989 年，产品经销公司与河北沧县木材公司建立了联营关系。次年在大连与大连陆军学院通信大队建立了联营关系，并在河北沧州搞了一个自营销售点。1989 年，产品经销公司联营科还在河北定州市和三河县燕郊镇建立了两处联营点，燕郊联营点由于经济效益差，于 1990 年 10 月撤销。

1990 年 8 月，木材经销公司与泰安市木材公司、淄博市木材厂建立了销售联营关系。这两处联营点局不派销售人员，只发给木材，由对方经销，亏损自负，盈利局按 40% 分红。

1988—1993 年，各省、市的联营点，对缓解林业局一个时期的木材滞销情况起到了一定的作用。1992 年以后由于木材销售市场情况好转，各联营点相继撤销。

第四节　促　销

一、联营销售

带岭区（局）在河北、山东、辽宁等地建立了多个联营点，并规定联营点销售利润与林业局以四六比例分成；联营点完成局规定的利润基数，超过部分可提取 20% 的销售费用和奖金；各联营点经局批准可以聘请农村或外省的推销人员推销积压产品，其销售价格超过企业价格部分，扣除税金后提取50%作为推销人员收入；各联营点经营非统配积压产品，经局批准可实行远期（一年内）付款、买方付息的办法，解决由于资金短缺造成的产品销售不畅问题。

二、支持鼓励扩大产品销售

实行销售费用包干。非专业销售人员，推销落叶松小杆，非统配材小板方、胶合板、卫生筷子、特级原木、非统配锯材等临时库存积压产品，按合同规定承付货款，货款结清后，经局财务科批准，可按销售收入提取1%的销售费用；专业人员推销积压产品，销售收入在50万元以上部分，可按5%提取销售费用，在车间管理费或企业管理费中列支（包括联营点推销人员）。对非专业销售人员介绍用户到林业局定购积压产品，经财务科批准，按定购合同承付货款额的1%～3%比例支付推销服务费，在管理费中列支。开展以货易货经营。为减少经营交往中所引起的拖欠货款现象，经局和工商部门批准，可实行以货易货换回本单位所需的生产生活资料，允许采取一事一批的办法，突破经营范围，但要按税法规定，照章纳税。

三、价格下浮优惠销售

1995年秋至1996年，为了吸引资金，缓解流动资金紧张局面，林业局出台价格下浮优惠措施，即一次性预交木材款在100万元、200万元以上的客户，可按现行木材价格实行5%～10%不等的下浮优惠，这项措施在一定程度上缓解了全局资金紧张局面，同时由于多人合伙交款分散发车，也给林业局造成一定的经济损失。

四、竞价销售

1998年以后，由于实行天然林保护工程，全国性木材减产，木材及其产品买方市场又转入了卖方市场。为了提高木材售价，林业局采取用竞价方法提高售价的措施。成立木材竞价领导小组，由区纪委、监察局、公安局、林政局、木材科、检验科、贮木场等单位组成，具体竞价工作由木材科主持。对畅销木材，一律实行竞价销售。根据市场行情不定期进行，公开树、材种、底价，分档加价（每档10元），每100米交押金2000元。并规定，木材竞价销售买主必须在3人以上，畅销材单次竞价数量不得超过500立方米，竞价成功客户，按竞成数量、价格开调令，签合同，没成交者退还押金。

竞价采取投标方式进行，自竞价公告发布日至开箱前为止。竞价箱配两把锁，区纪委、局木材科各一把，开箱时竞价小组成员单位全到场，由纪委、木材科同时开箱，并当场验标，出价最高者成交，出价相同竞标者优先供给精深加工企业，有经营许可证的粗加工客户及其他客户，当场公布结果，之后履行售货手续。

第七章 技术监督

第一节 机构设置

1986年1月，区成立质量管理科，把标准计量、质量管理等工作从科委划出，纳入该科领导。

1986年3月，成立全面质量管理委员会，下设办公室与质管科合署办公，配备3名工作人员，负责全面质量管理工作。

1989年10月26日，区质量管理科更名，成立技术监督局。主要负责全局的标准化、计量、计量器具检测、质量监督管理等项工作。

1990年4月，林业局成立企业管理科，全面质量管理由企管科负责。1997年5月，质量管理由经贸委负责。

1999年8月机构上收，垂直管理，隶属市技术监督局。2000年3月，财务上收市质量技术监督局管理。2001年4月，将劳动局的锅炉压力容器、特种设备管理职能划到技术监督局，负责全区特种设备安全监察管理工作。2003年1月三权上收。

第二节 全面质量管理

1986年1月23日，林业局以带局发〔1986〕6号文件印发《带岭林业实验局全面质量管理暂行办法》，共12章49条。林业局属单位相继成立38个全面质量管理领导小组和15个全面质量管理办公室，有关科室和基层单位的股段、班组均配备了专兼职质量管理人员，全面形成完整的质量管理网络。同年10月20日，经省森工系统全面质量管理验收组检查审核，被评为全面质量管理三级合格单位。1990年11月30日经验收，被评为全面质量管理二级合格企业。1990年年底，全局有QC小组233个，参加小组活动1870人次。

在开展全面质量管理工作中，木材综合利用厂造纸车间、大青川综合厂餐具分厂的全面质量管理小组，获省级“优秀QC小组”称号。林产工业公司的提高锯材合格率QC小组，发电厂锅炉QC小组，分别获省森工系统质量管理一、二、三等奖。

林业局全面质量管理办公室，在抓质量审核和质量成本管理中，先后在采运公司、营林公司、林产工业公司、林场等主要生产单位的关键工序上，建立22个质量管理点，把工序质量表、作业指导书，质量特性分级表等现代管理方法应用到生产中。定期对产品质量、工序进行审核，使产品质量和作业质量明显提高。经检查审核，1990年，原木合格率达98%，锯材规格、等级合格率分别为93%、98%。更新造林3年保存率达96.4%。林产工业公司等单位还建立了质量成本台账，设立相应科目。企管科根据上级精神和全局全面质量管理工作的具体情况，在上级主管部门的指导下，参照各兄弟区（局）制定的各项标准和经验，结合带岭局的特点，采取由下而上，职能科室与基层单位共同起草，反复修改，先后制定《管理标准》29 部分 131 项、《工作标准》2 部分 1200 项。使全局已基本成形的管理制度、办法、岗位责任制得到了进一步的改善和充实，企业的全面质量管理工作步入现代化、科学化、系统化的轨道。

第三节 林木产品检验监督

一、木材检验科

1984 年 10 月成立局生产科产品检验队，1989 年 6 月，局成立采运公司，原局生产科产品检验队归属采运公司领导，更名为产品检验队。1992 年 8 月成立木材检验科（队），下设 3 个木材检验段，统计划拨股、质量检查股、地衡股、财务股和办公室。对下负责全局木材检验工作的监督、检查和指导。对上是林业局的一个基层单位，行使木材检验的工作职能。重点工作任务是负责全局合理造材的指导、木材验收缴库、拨付木材的稽查检尺、木材生产和销售工作的统计以及全局木材检验员业务培训等项工作。

二、产品检验

自 1989 年 6 月成立采运公司产品检验科后，建立了产量一本账和产品明细账。产量一本账记录主伐和抚育伐产量，明细账汇总下运材的树种、材种、材长、等级、径级和数量，避免数出多门。检验科统计划拨股每月定期把当月的生产数上报局生产科、财务科、木材科、计划科、资源科、营林处和专员办。1994 年实行计算机管理，试行内销划拨一年，由内业人员手工分项计算，计算机汇总，1995 年对珍贵树种端头编号管理一年。检尺员验收缴库只在原木端头写编号，将验收野账交内业，并输入计算机。出库时，检尺员只报编号，由内业输出材种及等级。目的是加强珍贵树种管理，避免经济效益流失。经过不断的探索，从 1998 年起，木材生产和销售全面实行计算机管理，计算机从 1998 年的 4 台增加到 6 台。生产科、木材科、检验科、贮木场和大青川林场全部实行计算机联网。为保证计算机联网，对检验机制进行了改革，下运材一律实行三联野账制，在木材下运时，司机带检尺三联野账，台上检验员经复检无误后交内业输入计算机，销售出库时，检验科和贮木场检尺员将检尺野账交联合办公室（木材科、检验科和贮木场），在两份检尺野账基本相等的情况下，输入计算机并打出出车小票给经销公司，由贮木场开出门证。检验科稽查组以复检无误后在出门证上盖章，贮木场门卫才能放行。2005 年起，检验科计算机与局和省森林工业总局程序联网，每天由局生产科将当天的木材销售数据传给省森林工业总局。

在木材拨付方面，由检验科和贮木场共同在现场检尺装车。检验科的主要职能是监督装车原木是否账货相符，在贮木场楞区对装车检验工作进行稽查。在门卫设有稽查小组，再次进行稽查，检查账货相符情况，及时纠正和处理违纪违法行为。

三、产品创优与合理造材

合理造材工作始终由检验科负责。在 1997 年原条不下运之前，重点负责山上各林场和贮木场台上的合理造材工作。1997 年 1 月原条停运后，成立了检验三段，根据每年的市场需求，制定合理造材指导原则和合理造材标准。检验人员在冬运之前进驻山上各林场，在正式生产前组织由量材员、现场员、油锯手和主管生产的副场长参加的合理造材短训班，重点结合当年冬运木材生产的重点，组织他们学好“原则”及“标准”，便于在生产周期内更好地工作。驻场合理造材指导人员主要负责合理造材的检查监督和原木评等检径描号工作，并在原木端头加盖责任锤。

立方米优质材提成奖励以森调设计队伐区出材率和售价为依据，每超过部分的10%奖励有关人员。

第四节 标准化工作

1990年5月23日，林业局成立标准化委员会，下设标准化办公室。同年，在开展企业标准化定级工作中，成立标准化领导小组和以总工程师、技术监督局为主的“技术标准”编写小组；以总经济师、企业管理科为主的“管理标准化”“工作标准”编写小组。制定和收集各类技术标准247项26.2万字，其中采用国家标准89项、行业标准82项、地方标准6项、企业标准70项。技术监督局配合企业管理科，以各行业、工序、管理层次为主，运用系统工程原理，制定出26个部分，131项，81.5万字的企业“管理标准”。还制定出经济责任制、岗位责任制与工作标准相结合的“工作标准”1300项196万字。使企业经营管理活动走向了标准化管理的轨道。

1990年12月12日，省森林工业总局标准化验收组，按照《黑龙江省企业标准化管理办法》对带岭林业实验局标准化水平进行了考核验收，达到了黑龙江省三级标准化合格企业标准。

1998年，带岭区被列为全市首批5家消灭无标生产试点区之一。根据上级要求，开展消灭无标生产试点工作。通过一年的试运作，1999年4月经省考核验收合格，使全区消灭无标生产工作取得了阶段性成果。标准覆盖率由试点前的66.7%提高到100%。工业产品质量和经济效益明显提高。林产公司生产的汽车材被评为省优质产品，餐具厂生产的卫生筷子被日本国指定为出口免检产品。

2004年3月，带岭技术监督局对带岭区生产企业产品执行标准情况再次调查，带岭区共有企业30家，执行着45项标准。其中，国家标准14项、行业标准9项、企业标准22项，这些标准的采用和制定，在企业生产中发挥着重要作用。

2005年5月，带岭技术监督局帮助伊春市大森林天然饮品有限公司通过了国家有关部门质量管理体系认证和食品安全管理体系认证，即ISO 9001和HACCP双认证，结束了带岭区无任何产品认证的历史。2005年9月，伊春市和兴木业有限公司采用了细木工板国际标准，实现带岭区采用国际标准零的突破。伊春市环淏食用菌有限公司被批准为区级农业标准化示范区。

第五节 计量监督

1986年，伊春市带岭区质量技术监督分局有计量管理负责人1名，下设计量检定测试所，工作人员3人。负责对辖区内计量器具进行监督管理，确保量值传递准确可靠。

1990年9月，黑龙江省技术监督局和黑龙江省森林工业总局委托伊春市技术监督局对带岭区二级计量进行复核验收，确认已经达到二级计量标准，并获得二级计量合格证书。1990年10月，林业局木材综合利用厂经市技术监督局考核验收，被评为三级合格单位。1991年，按照国家技术监督局、国家物价局、财政局联合发布的《计量收费项目及收费标准》（技监局法发〔1991〕323号文附件）收费。

1996年，与物价局共同组织了计量、物价信得过单位评比，挂牌2家。2003年通过省质量技术监督局法定技术机构考核，具有法定技术资质，对外开展检测工作。计量检定人员每年参加上级部门举办的计量人员培训，核发检定员证，持证上岗。由于加强了计量管理，计量器具受检率在95%以上，计量标准器受检率为100%。

第六节 质量检验监督

1987—1990年，带岭区食品检验主要进行质量监督检查，未采取有效管理措施。1991年起，开展“质量信得过”活动，经过市质量监督局考核验收，有两家单位成为市级质量信得过单位。1998年，开展“购物放心店”活动，五金商店首批获得“购物放心店”称号。2000年，进行市“名牌产品”评选活动。2002年，成达木业实木菜面板产品获得“伊春市名牌产品”称号。2001年，参加黑龙江省名牌产品“三满意”企业评比，林业造纸厂获得伊春市“质量信得过企业”称号，五金商店获得伊春市“购物放心店”称号。2002年，环山食用菌QC小组获得“质量管理先进集体”称号。

2003年，对带岭区内年销售收入超过500万元的生产企业首批实行市场准入制度的五类食品的生产企业1家，进行全面质量管理，建立质量档案。2003年10月，举办了推行全质管理基础知识培训班，共有11家企业100名员工参加了培训。

第七节 行政执法与打假活动

1987—1989年，进行质量检查232人次，被检单位133家，产品品种365种，总价值6.5万元。

1990—1998年，主要对市场进行质量执法检查。其中1990—1995年进行质量执法检查700人次，被检单位532家，检查产品品种174种，没收销毁伪劣商品1243件。1996—1998年监督检查企业200个，开展质量检查30余次，检查商业网点80多家，检查商品15类150余种，共收缴、销毁不合格商品1000余件，检查商品1568批次。

1999年行政权力上收到省质量技术监督局后，加大了执法力度，重点打击制假售假不法商贩，净化市场环境，维护企业和消费者利益，重点对流通领域内的商品进行专项打假，查封黑窝点2处，立案25起，结案率100%。2000—2001年，把流通领域和建筑工程危及消费者反映问题较多的商品作为监督检查重点，加大打假力度。查处黑窝点5处，查处各类案件172起，千元以上案件9起。2002年，加大从源头查质量的工作力度。查处3家粮食批发店经销的山东聊城泰丰面粉厂生产的特精粉，山东临邑鸿泰制粉有限公司生产的环宇特一粉过氧化苯甲酰超标案，建筑工地使用不合格钢筋案，运输车辆伪造生产日期、伪造检验报告等案。全年组织执法检查36次，受检单位210家检查产品九大类120批次，查处违法案件90起，端掉黑窝点4个。2003年，对辖区内医药经销企业、食品加工企业、饮料白酒等生产企业进行综合执法检查，对与“非典”有关联的消毒液、口罩等商品彻底进行清查，及时处理检查中发现的问题，保证抗击“非典”工作的顺利进行。全年共组织执法检查70次，受检单位330家，检查商（产）品七大类90批次，查处违法案件46起，端掉黑窝点2个。2004年，开展专项打假和集中整治活动。对辖区内所有的生产加工企业进行摸底调查，全面掌握了企业的性质、规模、产品种类、执行标准和质量状况等基本情况。划分打假责任区，并确定具体责任人，消除制假、售假的盲区和空白点。2005年，开展防治禽流感、查处劣质奶粉、五类食品市场准入、农资专项打假、建材市场专项整治等6个专项战役和节日市场监督检查，有力打击了制售假冒产品违法行为，为消费者营造一个安全放心的购物环境。全年共组织执法检查70余次，受检单位280家，检查产（商）品十大类90批次，查处违法案件18起，端掉黑窝点2个。

第八章　物价管理

第一节　机构设置

1986年，带岭区物价科下设物价检查所，所长由物价科科长兼任。

1990年，物价科更名为物价局。此时，物价局下设物价检查所、价格认证中心，内设商业、农林、非商品3个检查组、财务组和综合组，有管理人员11名。

1993年5月，带岭区价格调节基金领导小组成立，办公室设在物价局，由物价局长兼任办公室主任。

2003年，物价局下设的物价检查所更名为物价检查分局，其原职能未变。

2001年12月，带岭区机关实施机构改革，物价局归口于计划统计局，独立挂牌，物价局局长同时兼任计划统计局副局长职务，物价局的业务工作接受伊春市物价局指导。带岭区物价局负责全区的价格监督检查、价格认证和价格调节基金管理使用等项工作。截至2005年年底，有管理人员4名。

第二节　物价检查

1986年起，带岭区物价科除重点抓好重大节日的物价监督检查外，平时经常对国营、集体、个体商店，集贸市场商户、商贩的商品价格进行检查。年末联合相关部门进行一次“财、税、价”大检查。到1990年年底，区物价局共检查商户、商贩和行政事业性收费单位1.7万户次。其中查出违价900多户次，占被检查户次的5.2%，其收缴罚没款36.9万元；同时，查出假冒“双狮”牌日历手表3块，假冒“中华”“555”“红塔山”等名牌香烟70余条，假花椒面、五香面2186盒，变质罐头5箱，非法出版物1760套册，自制衡器21件，并将上述物品集中在永翠河大桥附近当众销毁；共检查出百元以上案件163起，千元以上案件39起，万元以上大、要案件3起。

1991年起，随着改革开放的逐步深入和市场商品价格和服务收费价格逐步放开管理，全区大部分商品价格和服务收费价格区政府不再限定，商品价格和服务收费价格，大都按经济发展自然规律形成的市场价格执行。物价局的工作主要是以宏观调控为主，保证市场物价稳定，商品和服务收费明码标价。

2000年起，区物价局每年都对“敏感”价格，人民群众反映强烈的热点进行专项检查和治理，重点检查整治了人民群众比较敏感的教育乱收费、看病难、买药贵等问题。2000—2005年，共查出教育和医疗收费不合理问题30余起，收缴医疗违价金额2000余元，清退教育乱收费款4

万余元。

至2005年，区物价局共检查商户、商贩和行政事业性收费单位4000余户次。其中查出违规商户、商贩和行政事业性收费单位150户次，占被检查商户、商贩和行政事业性收费单位户次的3.7%，共收缴罚没和退回多收款价14.8万余元；共查出百元以上案件78起，千元以上案件45起。

1986—2005带岭区（局）物价检查情况一览表

表6-9 单位：千元

类别 / 数量 / 年份	国营		集体		个体		合计		应占检查面（%）	百元以上案件（起）
	户次	收缴额	户次	收缴额	户次	收缴额	户次	收缴额		
1986	82	21.65	163	0.19	572	0.20	817	22.04	18.70	13
1987	349	86.50	698	20.80	2447	0.95	3494	108.25	52.60	10
1988	395	0.32	790	0.15	2765	0.21	3950	0.68	51.90	5
1989	384	5.97	750	1.90	2644	3.68	3778	11.55	59.97	23
1990	391	2.25	914	1.25	2784	3.00	4089	6.50	60.80	19

第三节 物价监督

1986年7月18日，区成立职工物价监督站，由32名兼职物价监督员组成。1988年8月9日，区街道办事处成立街道群众价格监督站，由45名街道群众价格监督员组成。1990年9月，区成立14个职工物价监督分站，共由52名兼职物价监督员组成。这些兼职的物价监督员和街道群众价格监督员经常深入到全区的各商店和商贸、农贸市场及行政事业性收费单位进行物价价格监督检查，发现问题及时向区物价管理部门反映，并提出他们的处理建议。

1995年，区职工物价监督站和街道群众价格监督站先后撤销。1998年，全区商业物流市场价格、服务收费价格和行政事业性收费价格基本放开。价格监督检查职能转变为以商品价格、服务收费价格明码标价和行政事业性收费价格的监督检查为主，特别是对人民群众反映强烈的乱收费行为监督检查。

为便于人民群众对有关价格和行政事业性收费价格及相关问题的举报，1998年，物价局成立价格举报中心，公布价格举报电话。价格举报中心负责接待人民群众对涉及商品价格、服务收费价格和行政事业性收费价格及相关问题的举报处理与反馈工作。2003年，伊春市统一开通全国一致的价格举报电话号码“12358”。2004年，根据上级有关文件要求，区物价局开展“价格进万家活动”。在全区9个社区共设8块“涉民价格和服务收费公示板”，使全区人民群众明明白白消费。

2005年，价格举报中心共接待人民群众举报案件70余起，其中涉及商品价格、服务收费价格和行政事业性收费价格及相关问题60余起，全部得到圆满处理。9月，市政府提出在全市实施“价格阳光工程”。按照有关文件要求，区建立了社区价格监督网络。带岭街道办事处成立带岭区社区价格义务监督站，设站长1名，辖区（即社区）负责人3名，区物价联络员1名。全区9个社区居民委员会共推选出义务价格监督员21名，负责社区的价格监督工作。

第四节 物价管理

1989年年初，为繁荣市场，控制物价上涨，保证商品有效供给，黑龙江省委、省政府提出在全省实施“383工程”。即通过保重点，保证人民群众的基本生活必需品和农业生产资料的生产、开发和供应，增加商品有效供给，进而繁荣市场，控制物价。为贯彻落实省委、省政府提出的“383工程”，区成立了实施“383工程”指挥部，下设办公室。区长周永言任总指挥；副区长夏永昌任副总指挥，并具体抓“383工程”实施。办公室设在区物价科。

1989年4月12日，带岭区政府印发《带岭区落实“383工程”严格控制物价上涨调控方案》。方案从4个方面提出控制全区物价上涨的调控措施。强化物价调控工作，保证控制目标的实现。伊春市列入“383工程”的商品种类共有310种。其中国家定价的164种，国家指示价的54种，市场调节价的92种。针对不同的价格与经营形式，采取相应的措施，切实加强管理，严格控制物价上涨。进一步强化物价监督检查、依法治价。凡列入“383工程”中的商品均为物价监督检查的范围和对象。突出市场调节价检查所提出的重点抓好与人民群众生活关系密切的7类56种品类所包括的商品价格。建立一些切实可行的规章制度。对国家定价、指导价、市场调节价的3种价格形式，在商品出售时不论国营、集体、个体商业都必须明码标价，不明码标价的视为违价。凡区内集体、个体经营商点由外地进货的，都必须归口由区商业（科）局、物资供应科作价后方可销售，不进行作价经营者按违价处理。各经营店点之间只准一次批发。发挥群众监督作用，增强透明度。坚持“治理、整顿、改革”的方针，全面落实国务院《关于加强物价管理严格控制物价上涨的决定》，综合治理，强化控制，严肃物价纪律，适当疏导少数价格，使上涨的物价逐步回落。发挥工商行政管理、税务、公安、卫生、质量技术监督、街道办事处、物价、工会等职能部门的监督检查作用。开展“383工程”宣传监督工作，设立“物价监督网络”“公平尺”“公平秤”“举报电话”“价格标签”“群众物价监督簿”等。方案采取网络图、方框示意图表等形式，使此项工作条理化、规范化。同时，区物价局会同区各有关科室签订“双保”（保供给、保调控）合同书。全区实施首长负责制，一把手负全责，主管领导负主责。6月，政府召开实施“383工程”阶段性工作会议。会议肯定“383工程”已在全区全面实施，并取得明显的阶段性成果。商业、粮食等部门积极组织货源，保证市场商品供应。社会商品零售额比1988年同期有较大幅度增长。对1988年涨价的215种商品和1989年6月以前涨价的48种商品，已经逐品种进行了清理，降低了226种商品价格，商品价格下调金额达3.6万余元。

1990年2月，为进一步贯彻实施“383工程”，区“383工程”指挥部的领导班子进行了调整，区长赵宇国任区“383工程”指挥部总指挥，下设的办公室成员也相应进行了调整。在实施“383工程”的两年中，区政府以扶持、倾斜、让利、补贴等各种形式，共拿出补贴款30余万元平抑物价；物价部门对物价实行层层把关，有效地控制了物价上涨，使全区物价上涨幅度控制在4%左右。在重点贯彻《黑龙江省罚没集资管理条例》过程中，清理了罚没集资管理和严格了收费执行标准。全区共有收费性单位31家，其中行政性收费单位14家、事业性收费单位17家，处罚7个收费性单位，罚没金额5000元。

1992年后，物价实行重大改革，市场商品价格和服务收费价格放开幅度较大，物价管理部门的工作重心由制定、监督、检查价格的职能转变到宏观调控上来，为政府管理好经济运作。1995年后，市场商品价格和服务收费价格基本上全部放开，区物价局对人民群众基本生活必需品中30种商品实行价格监测制度。每月调查监测3次人民群众基本生活必需品的市场价格情况，并及时上报伊春市物价局。

1993年9月，为更好地落实国家价格宏观调控政策，根据黑龙江省人民政府相关文件和伊春市人民政府令的要求，带岭区成立价格调节基金领导小组，价格调节基金领导小组负责具体实施价格基金的征集、管理和投放工作。价格调节基金的征集遵照“取之于民，用之于民”的原则，在人民群众基本生活必需品的粮油商品和主要副食商品价格波动时，根据具体波动情况，政府确定一定数量的价格调节基金投放市场，以平抑物价，确保人民群众正常生活。

1996年7月29日晚，带岭区遭遇史无前例的特大洪灾，灾后区政府及时拨出50余万元价格调节基金投放到了带岭区的粮油商品市场和主要副食商品市场，平抑了人民群众基本生活必需品的价格。1998年5月，《中华人民共和国价格法》颁布实施，国家经济活动中的价格运作走上了法制轨道。从此，市场商品价格、服务收费价格和行政事业性收费价格及其相关问题的管理有法可依。

2000年，国家经济活动中的价格管理工作有了新变化，增加了价格服务的新内容。物价管理部门的价格认证中心除为司法部门提供赃物价格评估认证外，还为贷款用户提供抵押物品的价格评估认证服务。物价管理部门的价格举报中心负责接待人民群众对价格举报的来信、来电、来访处理工作。全区设立价格应急处理网络。如“非典”“禽流感”期间及时启动价格应急预案。2003年，在建立价格预警制度的同时，带岭区物价局为整顿全区市场价格秩序，开展“价格信得过单位”“价格诚信单位”“百城万店无假货”等多种形式的价格诚信活动；还开展以药品经销店点为主的明码标价“示范店点”活动；严厉打击了价格暴利和价格欺诈行为，推动全区商品价格诚信活动和明码标价工作深入开展。全区商品物流市场价格环境秩序优良，物价平稳，民心安定，社会稳定。

1993年9月至2005年2月底，全区共征集价格调节基金300余万元，用于重要重大节日和救灾等项目投放市场，调节市场粮油和主要副食品价格100余万元，平抑了市场物价，稳定了人心，稳定了社会。

第九章　工商行政管理

第一节　机构设置

1986 年 1 月—1989 年 10 月，伊春市工商行政管理局带岭分局隶属伊春市工商行政管理局。

1989 年 10 月，伊春市工商局带岭分局下放给带岭区，称伊春市带岭区工商行政管理局。其业务上接受伊春市工商行政管理局指导。

1991 年 10 月，带岭区工商局上收回伊春市工商局，为伊春市工商局带岭分局。

1986—1998 年，工商带岭分局内设机构有市场管理股、个体管理股、合同管理股、法制股和纪检股等，1999 年调整为三股一办，即登记股、监督股、法制股和办公室。

1986 年，工商带岭分局有职工 10 人。2005 年年底有职工 19 人。其中职工人数最多的年份是 1991 年，多达 31 人。

第二节　市场管理

1986 年，带岭区仅有两处露天地摊式市场，即农贸易市场和轻工业产品市场。

1999 年春，在育林路东段（育林东街）开设露天地摊式早晚综合市场。这个综合性市场于同年 5 月正式开张运营。由区市政城管监察大队、工商带岭分局、物价局、公安局、卫生防疫、质量技术监督、动物检疫检验等有关部门协调管理。

至 2005 年年底，全区有各类市场 6 个。即迎宾（发发）市场、商贸中心大楼轻工业产品市场、早晚综合市场、工商带岭分局居址后院轻工产品市场、原物资供应科西安全道口农贸市场、翠湖农贸市场。带岭区工商带岭分局本着发展地方经济，活跃城乡市场的原则，实施市场管理工作。按照国家政策及时给工商户办理营业执照或更变营业执照等管理业务。起初对各市场商贩的管理费收缴实施日收，后来实施月收。针对个别商贩的不法交易、超范围经营及欺行霸市等行为分别根据政策进行说服教育、责令限期改正和严厉打击。经常与公安部门一起检查和维护市场秩序。1986—2005 年，全区共查处各类市场违章违法案件百余起，其中对数名违章违法情节严重的商贩进行治安处罚，共处罚金 1 万余元。1986—2005 年，全区收缴市场管理费 242.9 万元。

第三节 个体工商户管理

1986年，工商行政管理带岭分局工作人员在实施经济检查过程中，发现一些个体工商企业经营违价现象比较严重，对78户进行了批评教育，并责令限期整改，维护了消费者的利益。1988年，工商行政管理工作人员在检查工作时查出2户个体工商户超越范围经营，对其实了罚款处理。

1989年，工商行政管理工作人员在公安、林政等有关部门配合下，对全区个体私营木材加工厂点进行了一次大检查，取缔了9户无照营业和非法经营的木材加工厂点。

1990年，工商行政管理工作人员在大青川经营林场场部驻地查出非法经营假冒花生罐头个体私营业户1户，当即将2箱假冒花生罐头就地销毁，并对经营者进行批评教育，没收其所得经营收入。同年，取缔了1户非法经营的个体印刷厂点。

据1990年年底统计，全区有个体私营工商企业673户，其中商业352户、建筑业5户、交通运输业56户、工业123户、餐饮业59户、服务业36户、修理业38户、其他个体私营工商企业4户。各业从业人员达1152人。个体工商户共缴纳管理费7.65万元。

1991年以后，根据上级有关文件要求，工商带岭分局在每年年初对个体私营企业的营业执照进行一次验照检查，发现问题及时处理。平时，在简化办理证照程序，严格手续的同时，对个体工商企业的经营状况采取随时随地抽查的方式进行查验，取缔无照和非法经营现象；对超范围、违法经营或欺行霸市等个体私营工商企业予以批评教育、经济处罚或立案处理。

1996年，根据上级要求，工商行政管理带岭分局对全区的建筑业市场进行全面清理整顿，取缔了所有无资质的个体私营建筑业户。

截至2003年，全区出现个体私营信息传输业、计算机服务业和计算机软件制作业等3户。工商行政管理带岭分局在积极为其简化办照程序，严格办照手续的同时，切实实施行政监督、行政服务、行政管理的职能，使其上述行业市场发展平稳有序。

1991—2005年，全区共查处违法经营的个体私营工商企业301户。其中取缔无照营业的99户；予以经济处罚的52户，共收缴没款额103681元；批评教育的150户。

2005年，全区有个体私营工商企业710户。其中商业332户、工业85户、餐饮业80户、服务业66户、交通运输业60户、修理业30户、娱乐业30户、其他个体私营工商企业27户。从业人员1930人。

1986—2005年带岭区（局）个体私营工商企业发展变化情况一览表

表6-10

单位：户

年份＼行业	商业	工业	饮食业	服务业	交通运输业	建筑业	修理业	娱乐业	网络服务业	其他
1986	128	116	29	10	20	2	25	—	—	6
1987	244	121	26	17	34	5	21	—	—	10
1988	273	173	53	38	85	14	36	—	—	7
1989	307	124	50	48	46	7	23	—	—	8
1990	352	123	59	36	56	5	38	—	—	4
1991	352	120	55	36	50	5	38	—	—	21
1992	350	120	55	35	50	—	38	—	—	18
1993	355	121	59	35	51	—	39	—	—	25

续表 6-10 单位：户

年份＼行业	商业	工业	饮食业	服务业	交通运输业	建筑业	修理业	娱乐业	网络服务业	其他
1994	360	121	59	35	50	—	39	—	—	28
1995	366	120	59	30	50	—	39	—	—	30
1996	350	121	55	30	51	—	38	—	—	55
1997	440	121	55	30	51	—	38	—	—	59
1998	500	200	59	30	51	—	39	—	—	60
1999	658	225	72	244	120	—	40	—	—	77
2000	478	145	73	170	95	—	38	—	—	30
2001	462	120	73	145	50	—	37	—	—	30
2002	380	110	90	170	90	—	30	—	—	30
2003	350	86	70	50	61	—	20	20	3	25
2004	340	80	75	60	66	—	22	22	6	23
2005	332	85	80	66	60	—	30	30	7	20

第四节　工商企业登记

1986—1990 年，全区登记注册的工商企业 200 户。其中国有（全民）企业 75 户、集体企业 125 户。其间，工商带岭分局对违法、超范围经营、长期停产停业、经营状况不佳的企业给予注销工商登记，共注销工商登记的有 7 户。

1991—1998 年，工商带岭分局每年对全区国有、集体工商企业进行清理整顿，对长期停产停业、违规生产经营或生产经营不景气的企业给予注销登记。同时，对符合条件申请登记注册的工商企业及时予以办理登记手续。

1999—2003 年，随着企业改革的深入发展，企业产权和所有制形式等都发生了根本性变化，一些国有和集体企业实现了转制重组，优化了资源配置和产业结构。全区共有 65 户国有或集体企业成功地实现了转制重组。

2005 年，全区登记注册工商企业 45 户。其中国有工商企业 7 户、集体工商企业 29 户、各类公司工商企业 9 户。同年，工商带岭分局对 35 户违法、超范围经营及长期停产停业和生产经营状况不佳的工商企业办理了注销工商登记手续。

1986—2005 年带岭区（局）工商企业登记注册情况一览表

表 6-11 单位：户

年份＼行业	国有	集体	工矿业	商业	农林业	饮食服务业	建筑业	其他
1986	44	113	48	80	1	16	5	7
1987	54	142	63	90	1	22	6	14
1988	61	159	71	100	1	23	6	19

续表 6-11

单位：户

年份＼行业	国有	集体	工矿业	商业	农林业	饮食服务业	建筑业	其他
1989	61	122	63	84	1	11	5	19
1990	75	125	69	93	2	10	6	20
1991	75	125	69	90	2	10	6	23
1992	76	124	70	90	2	9	5	24
1993	70	120	70	86	1	9	4	20
1994	70	120	70	85	1	8	4	22
1995	65	115	65	80	1	7	4	23
1996	60	110	60	70	1	6	4	29
1997	59	100	50	40	1	3	4	60
1998	50	48	46	10	1	3	4	34
1999	45	30	35	5	1	3	4	27
2000	45	31	35	5	1	4	4	27
2001	17	29	15	—	1	—	4	26
2002	17	29	15	—	1	—	4	26
2003	1	29	15	—	1	—	4	26
2004	7	29	15	—	1	—	4	16
2005	7	29	3	—	1	—	4	29

第五节　经济合同管理

1989 年，工商带岭分局在全区范围内开展了“重合同，守信誉”活动。

1990 年，带岭区有 13 户企业单位建立了经济合同领导小组，自上而下地形成完整的经济合同管理体系。

1986—1990 年，工商带岭分局共受理签约合同 117 份，金额达 121 万元；已签证的 29 份，金额达 80 万元；履行经济合同的 97 份，金额达 102 万元，履约率达 91%。

2003 年 10 月 1 日，黑龙江省工商行政管理部门实施《黑龙江省合同格式条款监督条例》，加大对经济合同管理的力度，预防了利用经济合同格式条款的不规范而欺诈的行为发生。

1991—2005 年，工商带岭分局共受理签约合同 183 份，金额达 281 万元；已签证的 68 份，金额达 179 万元。由于经济合同监督管理体系的不断完善，经济合同的履约率达 100%，杜绝了利用经济合同进行诈骗和其他违法活动。

2005 年，带岭区有 40 户企业单位被评为“重合同，守信誉”的先进单位。

第六节　商标管理

1986年以后，带岭区区街工业公司食品厂生产的“甜”字牌糖果商标和“益丰”牌月饼商标、带岭林业实验局饮料厂生产的“翠花”牌等系列饮料商标、带岭区街工业公司服装厂生产的“季季红”牌系列服装商标、带岭区区街工业公司木器厂生产的“飞跃”牌木制系列家具商标、带岭陶瓷厂生产的“青山”牌平瓦（陶土瓦）商标、带岭区区街工业公司综合厂生产的“林海”牌菜刀商标等都延续使用多年。由于这些注册商标的产品质量好、信誉高，有的畅销伊春市场，有的远销省外及港澳地区，有的打入哈尔滨市场，还有的销往西班牙等国家。其间，也有一些新的产品商标注册，如“康佳”牌酱油、“小白桦”牌系列饮料、“冰凌花”牌系列饮料等。

进入20世纪90年代，随着企业改革的逐步深化，大多数持有注册商标产品的企业相继转制或破产，致使一些原来有注册的商标，并享有盛誉的名牌产品不再生产，持有的注册商标不能再沿用。一些新型企业由于生产项目短时多变，且产品不定型而无法办理产品的商标注册；即使一些产品办理了商标注册，商标最多也只能延续使用两三年。各类生产企业均处在变革过程中，大都生产项目不固定，产品不定型。

截至2005年年底，带岭区有产品商标注册的企业4家：1999年2月，带岭林业造纸厂生产的“劲松”牌箱板纸商标注册；2004年，伊春大森林饮品有限公司生产的“桦树汁”牌系列饮品商标注册；2005年1月，成达木业有限责任公司生产的“成诚”牌系列菜、面板商标注册；2005年4月，“晋福源”牌服务商标注册。

2005年是知识产权保护年，工商带岭分局加大注册商标使用权的保护工作，严打侵害知识产权行为，严肃查处两起注册商标侵权案，并将仿冒商品没收销毁，罚款500元。

第七节　经济检查

1986年，工商行政管理带岭分局的工作人员在实施经济检查过程中发现一部分工商企业违价经营现象严重，对国有和集体性质的工商企业进行了经济处罚；先后对78户个体私营工商企业进行了批评教育，并责令限期整改，维护了消费者的利益。

1988年，工商行政管理带岭分局查出国有、集体和个体私营企业共10户超范围经营，对其进行了罚款处理。

1989年，由林政、工商、公安等有关部门组成的检查组对全区的国有、集体、个体私营木材加工厂点进行了一次大检查，共取缔了12户无照经营和非法经营的木材加工厂点。

1986—1990年，工商带岭分局在实施经济检查的过程中，共查处经济违法案件5起，依法立案查处5起；总计收缴罚没款2000元。

1994年，工商行政管理带岭分局组织人员，在公安、林政等有关部门的配合下对全区所有的国有、集体、个体私营木材加工厂点进行了一次经济检查，对6户无照经营与非法经营的厂点进行了取缔并予以经济处罚。

2004年，工商行政管理带岭分局在一次对全区修理行业进行经济检查时，发现宾北社区一个修理企业私自拆解报废汽车，根据国家《报废汽车拆解管理办法》的规定，工作人员对其立案查处。这家修理企业被罚款4000元，并没收其正在拆解的报废汽车的全部零件。

1986—2005年，工商行政管理带岭分局在对全区各类工商企业实施经济检查中共查处经济违法案件45起，收缴罚没款12万余元。

第八节 管理费征收

1986—2005年，全区工商行政管理费的征收大体分为两部分：一部分是分散在全区每一个角落的个体私营工商（户）企业的工商行政管理费；另一部分是集聚在区址中心的几个主要市场内的个体私营工商户的工商行政管理费。

工商行政管理带岭分局对易于掌握的个体私营工商企业的工商行政管理费按着规定标准进行征收。商业按营业额的0.5%～1.5%征收工商行政管理费；手工业、服务业、修理业按营业额的0.5%～1.6%征收。

由于个体私营工商业户的经营灵活多变，其营业额是个变数，经营者本身亦难以预测。因此，工商行政管理部门在征收管理费的实际操作中很难掌控大多数个体私营工商业户的营业额情况。鉴于此，工商带岭分局根据上级工商行政管理部门的有关文件规定，结合实际对全区大多数个体私营工商业户的工商行政管理费采取按照同等行业同样标准定额的办法按月进行征收。这种办法使工商行政管理费的征收做到了基本合理，既按时如数地征收了工商行政管理费，又促进了个体私营工商企业的发展。

1986—2005年带岭区（局）带岭区工商行政管理费征收情况一览表

表6-12

单位：元

类别 金额 年份	分散个体私营工商户	商贸市场个体私营工商户	年合计征费额
1986	21368.23	24131.40	45499.63
1987	28613.55	27288.97	55902.52
1988	29535.13	32592.67	62127.80
1989	82450.45	48346.39	130796.84
1990	76552.45	49980.45	126532.90
1991	107316.86	64297.40	171614.26
1992	90489.81	62154.50	152644.31
1993	307919.58	103096.00	411015.58
1994	316047.08	139549.00	455596.08
1995	319283.44	103489.50	422770.94
1996	254582.65	123003.50	377586.15
1997	234130.50	202285.00	436415.50
1998	302202.00	261259.00	563461.00
1999	338816.00	224658.00	563474.00
2000	321145.00	177818.00	498963.00
2001	459990.00	221110.50	681100.50
2002	456808.00	219184.00	675992.00
2003	422745.00	122080.00	544825.00
2004	377945.00	120654.00	498590.00
2005	284035.00	102466.00	386501.00

第九节　个体劳动者协会

1986—2005 年，带岭区个体劳动者协会，在工商带岭分局和带岭区工商业者联合会的指导下，依据《黑龙江省个体劳动者协会章程》开展各项社会活动。

带岭区个体劳动者协会设在工商带岭分局内，该协会设一名副会长主抓日常工作。

带岭区个体劳动者协会自觉接受党和政府的领导，向全体会员和广大个体劳动者进行热爱党、热爱社会主义、热爱祖国的思想教育，要求全体会员确立依法诚信为国家和社会多做贡献的经营理念；组织全体会员学习、传达党和政府的方针、政策、法令、法规，检查督促全体会员贯彻执行党和国家的方针、政策、法令法规，教育全体会员树立依法、诚信、勤劳致富的职业道德；组织全体会员和广大个体劳动者学习科学文化和经营方面的业务知识，开展技术培训和经验交流活动，不断改进与提高自己的企业经营管理水平；组织开展“优质服务”“群众满意商店”等活动，提高服务质量；维护个体劳动者的合法权益，及时向区人民政府及相关部门反映全体会员和广大个体劳动者的合理意见和要求，帮助个体工商业户解决生产、经营中遇到的困难；协助工商带岭分局检查个体工商业户的生产、经营活动，承办区政府及相关部门交办的工作；组织开展各种形式的社会主义劳动竞赛活动，并总结推广先进典型经验。

1994 年以来，国家实施“扶贫解困工程”，全区先后开展了 3 轮“扶贫解困献爱心”“一帮一”活动。广大个体工商业户在依法生产经营和纳税为国家做贡献的同时，在带岭区个体劳动者协会的领导和带岭区工商业者联合会的指导下，积极参加扶贫解困以及社会公益事业建设。个体劳动者协会会员和个体劳动者协会慷慨解囊，捐助贫困学生，赞助社会公益事业。截至 2005 年年底，全区参加“扶贫解困工程”活动的个体工商业者 264 人。其中个体劳动者协会会员 13 人、其他个体劳动者 251 人。帮助贫困家庭的 145 人次，救灾解难的 261 人次，资助贫困学生完成学业的 315 人次，赞助社会公益事业的 8 人次。

第十节　消费者协会

1988 年 10 月 28 日，带岭区消费者协会成立，初称“消费者监督联合会”。该协会设在工商带岭分局内，设一名副会长主抓工作。1989 年，带岭区消费者协会正式运作。

16 年来，带岭区消费者协会共接待消费者投诉 208 起，为消费者挽回经济损失 10 余万元，开办各种宣传和咨询活动 310 余次。

在每年的 3 月 15 日“国际消费者权益日”到来前夕，带岭区消费者协会都组织人员走上街头宣传《中华人民共和国消费者权益保障法》和开展相关的法律咨询服务活动；通过电视、标语、传单、板报等宣传媒体向广大消费者宣传识别伪劣假冒商品知识；在技术质量监督和卫生防疫部门的配合下，展示真伪商品，组织广大消费者实地学习掌握鉴别真伪商品的方法，提高了广大消费者识别伪劣假冒商品的能力；在公安、物价、技术质量监督、卫生防疫等相关部门的配合下，组织消费者代表对坑害消费者、损害消费者利益的不法商贩，轻者予以严肃批评教育，重者予以处罚，并销毁假冒伪劣商品。

带岭区消费者协会设立了消费者投诉热线“12315”，随时解决消费者购买商品和消费过程中的投诉问题，切实保护了消费者合法权益，维护了消费者的切身利益。

第七篇

工　业

1986—2005 年，全区的地方工业、区街工业、乡镇企业在国家经济转制、社会发展变革过程中发生了根本性的变化。由全民所有制国家经营和集体所有制集体经营的工业企业转变为股份制企业股东经营和私有制企业个体经营；也有相当部分的区街工业、乡镇企业破产；没破产的区街工业、乡镇企业的生产经营项目、方式等也都较以前发生了变化。同时，也有一些新兴的非国有工业企业和产业出现。

20 年间，林产工业柳暗花明。带岭局林产工业从 20 世纪 50 年代到 90 年代末，始终是林业局支柱产业之一。总产值、销售收入及销售利润等指标仅列于木材生产之后。1986—2005 年，带岭局全民所有制的林产工业经历了一个由兴到衰的过程。这期间，在 2000 年以后，林产工业企业进行了彻底改制，改制后的林产工业企业统属非国有经济范畴。随着秀水木材工业小区的建立，个体、私营木业公司、木工厂遍地开花，产品产量也超过了历史最好时期，出现了柳暗花明的局面。

到 2005 年年末，非国有经济林产工业产值达到 1.5 亿元，其中精深加工 6600 万元，实现利润 1045 万元，安排从业人员 2500 多人。

第一章　地方工业

第一节　建材业

1986—2005 年，全区建材生产主要有红砖、陶土瓦、各种预制构件、沙石、水泥瓦、镁石瓦、瓷砖等。各种建材生产产量根据建筑市场的需求变化而变化。

红砖生产大量的供给区内建筑市场及民用市场，仅有少量的供给外地建筑市场。陶土瓦生产除了少量的供给区内市场及民用市场外，大量的销往外地建筑市场。沙石生产基本上全部供给区内建筑市场及民用市场。预制构件生产大都供给区内用户。还有一些集体厂点和个体私营业户零星生产经营些水泥瓦和镁石瓦，仅供区内民用。

一、砖瓦生产

1986—1996 年，全区红砖建材生产厂点有两家。一是带岭林业实验局基建工程处（1993 年 12 月改称带岭林业实验局工程公司，2001 年 3 月剥离改制后称带岭区正业建筑有限责任公司）建材厂；二是带岭区建筑工程队（1988 年改称带岭区建筑工程公司）砖厂。前者是全区红砖生产的主要厂点，红砖生产高峰年可达 1000 万块以上，由于建筑市场的变化，从 1991 年起红砖生产逐年减少，于 1996 年停产；后者红砖生产始于 1989 年，只生产了 4～5 年，年产量仅在百十万块以内，也由于建筑市场的变化，生产红砖量逐年减少，于 1994 年停产。2002 年，此砖厂由个人承包经营，时产时停，年产量很小，产砖仅供区内民用和用量少的施工建筑。

1986—1995 年带岭区（局）红砖建材生产情况一览表

表 7-1　　　　单位：万块

年　份	生产单位	产　量	说　明
1986	带岭林业实验局基建工程处建材厂	800	—
1987	带岭林业实验局基建工程处建材厂	900	—
1988	带岭林业实验局基建工程处建材厂	1000	—
1989	带岭林业实验局基建工程处建材厂	950	—
	带岭区建筑工程公司砖厂	90	—
1990	带岭林业实验局基建工程处建材厂	1000	—
	带岭区建筑工程公司砖厂	100	—
1991	带岭林业实验局基建工程处建材厂	500	—
	带岭区建筑工程公司砖厂	90	—

续表 7-1

单位：万块

年份	生产单位	产量	说明
1992	带岭林业实验局基建工程处建材厂	300	—
	带岭区建筑工程公司砖厂	60	—
1993	带岭林业实验局工程公司建材厂	300	—
	带岭区工程公司砖厂	30	—
1994	带岭林业实验局工程公司建材厂	250	个人承包经营
1995	带岭林业实验局工程公司建材厂	200	个人承包经营

二、陶瓦

陶土瓦生产全区只有一个生产厂家，即带岭陶瓷厂。带岭陶瓷厂的主产品有陶土瓦和各种样式规格的民用缸、坛及花盆。后期转产的瓷砖，因生产工艺不过关而停产。陶土瓦产品销往省内外建筑市场，供不应求。后来，由于国家城市开发建设事业的发展，建楼房多，建平房少，1992 年始陶土瓦销售市场疲软，带岭陶瓷厂陶土瓦生产逐年减少，于 1995 年停产。1997 年 6 月 2 日，带岭区人民政府行文宣布带岭陶瓷厂破产。

1990—1994 年陶土瓦生产情况一览表

表 7-2

单位：万片

生产单位	年份	产量	说明
带岭陶瓷厂	1990	350.0	—
	1991	141.0	—
	1992	231.0	陶土瓦销售市场开始疲软
	1993	90.0	—
	1994	7.6	—

三、预制构件生产

1986—2005 年，带岭区正业建筑有限责任公司（带岭林业实验局基建工程处、带岭林业实验局工程公司）预制构件厂的生产情况如下：1986 年生产楼用空心板 800 块，西南岔河上的带岭秀水大桥桥面砼预制材料 750 件。1987 年生产楼用空心板 700 块，市政排水沟盖板 500 块。1988 年生产楼用空心板 1200 块，手工制作步行道板 4000 块。1989 年生产楼用空心板 600 块，手工制作步行道板 6000 块。1990 年生产楼用空心板 400 块，马葫芦盖板 90 块。1991 年生产手工步行道板 1000 块。1992 年生产楼用空心板 500 块，市政排水沟盖板 400 块。1993 年生产楼用空心板 400 块，市政排水沟盖板 300 块。1994 年停产。1995 年生产楼用空心板 400 块。1996 年生产市政排水沟盖板 300 块。1997 年生产马路牙子 1500 块，花池砖 3000 块。1998 年生产人工步行道板 5000 块。1999 年生产楼用预应力空心板 2000 块。2000 年开始生产机制彩色步行道板，当年生产机制彩色步行道板 6 万块。2001 年生产机制彩色步行道板 8 万块，楼用空心板 500 立方米。2002 年生产机制彩色步行道板 10 万块。2003 年生产机制彩色步行道板 10 万块。2004 年生产机制彩色步行道板 11 万块。2005 年生产机制彩色步行道板 20 万块。

四、沙石生产

全区沙石生产主要有两家场点。一是带岭林业实验局基建工程处（带岭林业实验局工程公司）沙石场。二是带岭区建筑工程队（带岭区建筑工程公司）沙石场。这两家建筑工程单位的沙石生产主要是供给各自的施工现场，一般不对外出售。还有一些个体私营采沙场点，生产的沙子供区内小型施工队施工现场及民用市场，生产量很小。

1986—1995 年带岭区（局）正业建筑有限责任公司沙石生产情况一览表

表 7-3　　单位：立方米

年 份	石 头	沙 子	说 明
1993	3500	2100	—
1994	3520	2500	—
1995	2300	1900	—
1996	1200	1700	—
1997	1800	2100	—
1998	1900	2000	—
1999	2100	2000	—
2000	2200	2000	—
2001	6000	4000	—
2002	1900	3100	—
2003	2100	—	沙材生产未统计
2004	2500	—	沙材生产未统计
2005	2500	—	沙材生产未统计

第二节 机电设备修理业

1986—1999 年，全区各种机电设备修理与零部件加工，由带岭林业实验局机械修理厂和改革开放后陆续出现的个体私营机电设备修理厂点承担。其间，由于林木可采资源大量减少，带岭林业实验局的木材生产任务逐年大幅调减，主要的集材、运材生产机电设备先后出售给职工个人，加之林业企业的机械修理厂的生产方式、经营机制的不适应，社会上的大量机电设备修理与零部件加工业务逐步转向个体私营机电设备修理厂点，致使其机电设备修理的生产任务逐年减少，生产经营形势不景气。

改革开放后陆续出现的个体私营机电设备修理厂点，起初大都只能承接一些机电设备修理业务，而不能加工出相关的机电设备零部件，靠经营相关的机电设备零部件的商店或客户自备相关的机电设备零部件承接机电设备修理业务。随着个体私营机电设备修理厂点的不断发展壮大，1996 年后部分的个体私营机电设备修理厂点修理设施日渐齐全，具备了加工相关机电设备零部件的生产能力，修理技术日益提高，修理范围不断扩大。

2001 年始，全区机电设备修理与零部件加工由股份制企业带岭林业实验局兴林机械修造有限责任公司（即原带岭林业实验局机械修理厂改制后企业）和个体私营机电设备修理厂点承担。

一、股份制机电设备修理业

2001年，全区有股份制机电设备修理企业1家，即带岭林业实验局兴林机械修造有限责任公司。

1986—1993年，带岭林业实验局机械修理厂年均有职工110余人，生产项目主要是为带岭林业实验局的营林生产和木材生产服务，以集材拖拉机、运材汽车修理为主，另外还承揽一些外部的散、杂修与机电设备零部件加工业务。由于带岭林业实验局各经营林场（所）的集材拖拉机和运材汽车及其他机电设备到山下机械修理厂修理影响木材生产，因此各经营林场（所）不断强化自己的修理能力，逐渐实现机电设备中、小修不出场（所），只是大修的机电设备到山下机械修理厂进行修理。可采林木资源减少，木材生产任务逐年减调，生产机电设备逐年减少，是导致使带岭林业实验局机械修理厂的生产任务与其饱和度距离逐年拉大的根本原因。

其间，带岭林业实验局机械修理厂的生产经营项目比较齐全，除电气、汽车、拖拉机等机电设备修理外，还具备铸造、机械制造、各种机电设备零部件加工、车辆组装等生产能力。但机械修理厂年仅修理各种车辆、拖拉机七八十台次，其他生产经营项目很少，年产值仅达百余万元，大量维修生产设备、设施搁置，人员富余，企业生产经营步履维艰。

机械修理厂在生产经营形势每况愈下的情景下，与北京、青岛有关车辆制造厂家联营组装“京岛”牌轿货车。生产几辆“京岛”牌轿货车后，由于组装生产技术不高和车辆销路不畅等原因而停产。

1994年，带岭林业实验局机械修理厂并入带岭林业实验局运输公司，称带岭林业实验局运输公司修理厂。此时，全厂有职工70余人。由于带岭林业实验局木材生产任务的不断减调和企业内部改革的不断深入，集材拖拉机和运材汽车（原木运材车）先后出卖给职工个人（由个人维修使用），致使修理厂的机电设备维修业务及相关生产任务大量减少。1995年年底，除原条运材车以外，其他木材生产机电设备（山上经营林场、所的）全部出卖给职工个人。1999年，带岭林业实验局运输公司修理厂仅承接运材汽车（原木运材车）大修理任务10余台次，集材拖拉机大修理任务等基本没有。此时，带岭林业实验局木材生产停止了原条生产方式，全部采用原木生产方式，不再使用拖拉机集材，各经营林场（所）全部采用畜力和人力集材。

2000年开始，带岭林业实验局木材生产使用的运材车等机电设备的修理不再到其运输公司修理厂修理，修理厂的生产任务全部面向社会，结束了几十年的计划经济下的生产经营模式。

2001年3月，带岭林业实验局运输公司修理厂在企业改革中第一批被剥离改制成为股份制企业，称带岭林业实验局兴林机械修造责任有限公司。由于汽车大修理等生产经营项目基本停止，公司只能承接一些社会上的零散杂修和加工一些机电设备零部件业务，企业生产经营基本陷入困境。大部分厂房、场地、维修、加工等生产设备闲置。2000年和2001年，大部分职工被“一次性安置”，公司只有职工10余人。2001年后，公司仅靠对外承接零散杂修、加工机电设备零部件业务和出租、出包厂房、场地、维修与加工设备维持生存。

二、个体私营机电设备修理业

1986年，全区有成立比较早的个体私营机电设备修理厂点3家。一是东风车辆维修部，二是利民汽车修理部，三是春华电气修理部。1986—1994年，该3家机电设备修理厂点由于各自承修能力不同，因此各自的承修量也不同，年产值也不一样，但有一个共同特点就是年产值不高。其间，随着时间进程而各自的年产值逐年不同程度增加。年产值最低的年份在4万～8万元左右，最高年份在12万～20万元左右。

其他个体私营机电设备修理厂点是在1994年以后陆续出现的。其中2000年以后开办的为数最多。由于这些个体私营机电设备修理厂点机电设备维修与零部件加工能力差异甚大，故它们之间的各自年产值差别较大，有的可高达几十万元，有的仅几万元。

2005 年年底，全区有个体私营机电设备修理与零部件加工厂点 10 余家。个体私营机电设备修理业在全区地方工业中呈强劲发展态势，在全区经济社会发展中发挥着重要作用。

三、黑白铁加工业

（一）黑铁加工

1986 年，全区有黑铁加工厂点 7 处。即带岭区区街工业公司综合厂黑铁社，系区街工业集体企业；永兴村、金星村、双兴村、青川村、红星村各有一处烘炉，系农村村有集体企业；此外，永兴村还有一处个体私营黑铁加工点。随着全区农村农业系列化改革的逐步深入，耕地全部承包到户，农业生产机械化程度大幅提高，大多数农户都采用农用拖拉机耕作田地或运输，畜力生产方式基本上退出了农业生产、运输的历史舞台，只有冬季参加林业木材生产的少量役畜需要钉掌，使各村办集体烘炉几乎失去役畜钉掌业务，仅能靠承揽一些零散小活维持生计。因此，各集体村办烘炉于 1988 年前后相继破产。同时，各农业行政村先后出现了个体私营烘炉点，这些个体私营烘炉点只能冬季给参加林业木材生产和个别运输的役畜钉掌，其他时间停产。

1990 年后，带岭区经济委员会综合厂（原带岭区区街工业公司综合厂）黑铁加工生产开始处于停产半停产状态，于 1997 年 4 月停产。2005 年年底，全区有黑铁加工厂点 8 处，经常开火的 3 处。

（二）白铁加工

1986 年，全区的白铁加工厂点只有区街工业公司综合厂白铁社 1 处。承揽加工炉筒子、水桶、水舀子、洗衣盆、洗浴盆、喷壶、水落管、育苗罐、民用土锅炉等业务，产值最高的年份不过 3 万～4 万元。1990 年后，承揽加工业务逐年减少，于 1997 年停产。同时，带岭林业实验局物资供应科、带岭区城镇建设管理处各有一处白铁加工点。这两处白铁加工点系企、事业单位内部为经营管理便利而自设的白铁加工点，不对外承揽加工业务。

1997 年后，全区先后陆续出现林兴铝焊白铁铺、青城白铁社、庆岭木工白铁社、银山铝焊白铁铺等多家个体私营白铁加工厂点。这些白铁加工业不仅是承揽加工白铁业务，还可承揽白铁与黑铁、白铁与铝、白铁与木结合的器件加工业务，铆、焊、砸等经营项目比较齐全；有的不仅加工生产民用土锅炉等设备，同时还从事这项经营业务。2005 年年底，全区有白铁加工生产或经营厂点或店点 8 家。

四、摩托车修理业

摩托车修理业是 20 世纪 90 年代初兴起的行业。此前，全区人民群众摩托车持有量很小，摩托车修理主要靠集体或个体自行车修理铺点或企业、个体私营机电设备修理厂点承修。企业机电设备修理厂点修理的属非经营性质的，自行车修理铺和个体私营机电设备修理厂点的修理属经营性质的。专业的摩托车修理铺点没有。

1990 年后，全区人民群众摩托车持有量大幅度增加，促使摩托车修理业兴起。全区先后陆续出现个体私营摩托车修理铺点，有精工摩托车修理、金顺摩托车修理、宏达摩托车修理等 10 余家。这些摩托车修理铺点大都从事修理兼经营摩托车配件业务。

第三节 酿造业

一、集体酿造业

1986 年，带岭林业实验局开始开发利用桦树液。带岭林业科学研究所组织技术人员在东方红经营林场施业区内的长河沟系采集桦树液。同年，带岭林业实验局饮料厂开始以桦树液为主要原料生产饮料。此前，带岭林业实验局饮料厂生产的各种饮料未以桦树液为原料。

1987 年开始，带岭林业实验局饮料厂先后与多家联营生产桦树汁系列饮料。同年，与哈尔滨木器制造厂联营，生产桦树汁系列饮料 500 余吨。1988 年与哈尔滨森然饮料厂联营，开发生产的桦树汁系列饮料有桦汁露、桦汁蜜桃、桦汁可乐、五味子桦汁等 10 余种。1988—1989 年，带岭林业实验局联合企业公司先后在辽宁省锦西（葫芦岛）市、大连市、秦皇岛市和黑龙江省哈尔滨市 4 地与相关企业建立了 4 家饮料生产联营厂，并提供饮料生产技术和主要原料桦树液。共派出了饮料生产管理人员 10 名，向各联营厂点累计提供桦树液原料 45 吨，投入资金 40 余万元。

1988 年 10 月，带岭林业实验局成立“桦树液研究开发中心”，配备 5 名专职人员。在带岭林业实验局“桦树液研究开发中心”成立前后，先后研发出桦汁露、桦汁蜜桃、桦汁可乐等 10 余种品牌产品。

1990 年，带岭林业实验局累计采集桦树液 590 吨，加工成糖桦汁 488 吨，贮存鲜桦汁 190 吨，生产桦汁系列饮料 1238 吨，其中消耗和销售糖桦汁 300 余吨、鲜桦汁 27 吨。

1993 年，带岭林业实验局饮料厂因厂址处水源水质问题，全厂搬迁至带岭区商业局肉食加工厂院内。年均生产桦树汁系列饮料 300 吨，生产经营状况日渐下滑。1998 年始，实施委托经营，集体承包。2001 年，饮料生产停止。

二、股份制酿造业

1986 年，带岭林业科学研究所有关科学技术人员，初步研发成功利用桦树液为主原料酿造各种饮料技术。2002 年，带岭林业科学研究所的桦树液开发利用研究项目获黑龙江省森林工业总局科技进步二等奖。2003 年，桦树液精深加工技术研究被列为带岭林业科学研究所承担的国家林业局引进“948”国际先进林业科学技术研究项目之一。2004 年，上述研究项目初见成效。研发成功的系列果酒产品有桦汁五味子酒等 4 种，研发成功的系列饮料产品有天然桦汁饮料等 7 种。同时，带岭林业科学研究所成立了伊春龙辉山特产品有限责任公司，其负责以桦树液为主要原料和其他相关山特产品为配原料的各种果酒和饮料的生产经营活动。

三、个体私营酿造业

1986—2000 年，在全区的个别居民社区或农业村屯出现过数家个体或企事业单位个体承包土法酿造白酒的厂点。这些白酒酿造厂点大都因酿造技术、产品质量、生产环境和其他相关条件等不合格或未办理生产经营证照等原因被区工商行政管理部门和质量技术监督部门及时取缔。同时，也有的因生产经营亏损而停产。

2001 年，伊春市粮食局带岭分局白酒厂转为个人经营。名称改为带岭区岭泉白酒厂。该厂主要以玉米和稻壳为酿酒生产原料，基本上能常年生产。

1990—2004 年，全区先后陆续出现清泉饮料厂、冰凌花饮料厂等多家个体私营饮料生产经营厂点。这些个体私营饮料厂点大都因产品质量档次低、经营不畅、生产经营亏损等因素而只生产经营三四年便停产。唯有冰凌花饮料厂生产经营的时间较长，但也于 2004 年年底停产。

四、中外合资股份制酿造业

2004 年 4 月，伊春大森林天然饮品有限公司成立。该公司系中外合资股份制企业。投资主体中方为伊春市森林饮料有限公司，外方为日本大新通商有限会社。双方总投资额为 162.5 万元，中方伊春市森林饮料有限公司投资额为 90.8 万元，占总额的 56%；外方日本大新通商有限会社投资 950 万日元，占总投资额的 44%。公司厂区面积近 6000 平方米，厂房建筑面积 1600 平方米，位于黑龙江省伊春市带岭区育林东街东端南侧（黑龙江省带岭林业实验局原物资供应科院内）。公司的主要产品是利用带岭林区天然桦树液为主原料，经过独特配方和工艺加工而成的桦树汁系列饮料。由于桦树液中含有钾、钙等多种微量元素和赖氨酸、谷氨酸等13种氨基酸及脂肪酸，还含有VC等多种维生素，是一种极富营养价值的理想天然饮品，深受广大消费者的欢迎。公司投产试销的原料产品有桦树液原汁、桦树液浓缩汁、桦树汁饮料基料；饮料产品有纸塑方盒碳酸型桦树汁饮料、桦树汁原味饮料、桦树汁原汁饮料、北五味桦树汁饮料、双口味桦树汁饮料五大类15个品种。

2004年5月，外方日本大新通商有限会社将桦树液原料带回日本进行检验，结果各项有关指标完全符合日本对食品饮料质量的市场准入标准。同年6月，公司将试产品带到“哈洽会”、“上海国际发明展览会”、“长春2004年全国糖酒订货会”、哈尔滨市主办的“香港订货会”、“伊春森林生态旅游节”等节会上进行展销，产品质量受到好评，香港客商订购了部分产品。产品除销往香港、北京、上海、天津、江苏、浙江、大连、长春、黑龙江等地外，还远销日本和欧洲。该公司达产后，年产桦树汁系列饮料2000吨，销售收入达1010万元（不含桦树液原料销售收入），可安排下岗人员100人就业。

2004年8月，该公司被伊春市人民政府认定为民营科技型企业。同年9月，被黑龙江省绿色科技研究会评为优秀绿色科技单位。

第四节　食品加工业

一、面点、糖果加工业

（一）集体面点、糖果加工

1986年，面点、糖果加工业全区只有一家。即带岭区区街工业公司食品厂，是集体经济性质企业。同年，该厂建立了面包生产车间。面点生产主要有面包、各式样饼干、月饼、炉果、西洋糕等。糖果生产主要有各种散包糖块和纸包糖果。同年，该厂与山东省青岛市食品研究所联营生产可可酥糖果，年产量在5吨左右。

1989年10月，带岭区区街工业公司改称带岭区经济委员会（简称“区经委”），原带岭区区街工业公司食品厂隶属带岭区经济委员会。同年，带岭区食品厂从哈尔滨市引进法式面包生产技术和南北风味月饼生产技术，并开始生产法式面包和南北风味月饼。1990年7月，该厂与哈尔滨市老鼎丰食品厂联营，引进哈尔滨市老鼎丰食品厂月饼生产技术，先后生产了川酥、娃娃乐等16个品种的月饼。生产的月饼除满足本地供应外，还销往外地市场。

1990年1月—1991年6月，带岭区食品厂有职工78人，实施租赁经营。面点、糖果生产主要有各式面包、饼干、炉果等和各种散包、纸包糖果。面点生产年产量60～65吨，各种糖果生产年产量在10吨左右。由于市场变化，企业以销定产，生产经营费用与利润持平，生产处于停产半停产状态，企业开始不景气。全厂30%的职工无薪放假，另70%的职工从事生产经营。1991年7月—1993年12月，企业改租赁经营方式为全体员工集体承包经营方式。企业生产仍处于停产半停产状态，以销定产，只有30%的职工上班从事生产经营，另70%的职工无薪放假。

1994年1月后，企业彻底停产，职工全部无薪放假。

1995年3月4日，带岭区人民政府下发文件宣布：带岭区经济委员会隶属的带岭区食品厂关停并转。

1998年1月，企业开始出售厂房、场地及生产经营设备。本厂职工可优先购买，剩余的面向社会。2000年年底，该厂的厂房、场地及生产经营设备全部售理完毕，至此具有近50年历史的食品厂最后解体。

（二）个体私营面点、糖果加工

1986—2005年，全区曾出现过50余家个体私营面点食品加工生产与经营一体化的厂点。20年间，在市场经济条件下，有存有亡。2005年年底，全区有红福蛋糕城、美食西饼屋、荣盛蛋糕城、吉百利蛋糕西点、姐妹饼店、老式面包坊等和一些时生产经营时不生产经营麻花、馒头、花卷等的业户30余家。

20年间，个体私营糖果加工生产与经营厂点和摊位销售也曾出现过，但生产经营的家数甚少，只有偶尔年份的春节期间出现个体私营加工生产与经营销售糖果者一两家，多数商贩经营的糖果均系外进。

二、肉食加工业

1986年，全区有商业科肉食加工厂和个体私营肉食加工生产与经营销售一体化的厂点50余家。1995年春季后，区商业肉食加工厂停止了肉食加工生产。

1986—2005年，全区的个体私营肉食加工生产与经营销售一体化的业户有进有退，同时加工生产与经营销售的业户数量也经常变化，有多有少。2005年年底，全区有个体私营肉食加工生产与经营销售一体化的厂点20余家。生产经营效果好的，年产值可达数十万元；生产经营状况差的，年产值可达数万元。

三、酱菜加工业

（一）集体酱菜加工

1986—1989年，带岭区食品厂每年加工生产豆瓣酱60～70吨，加工生产酱油800～1000吨，还加工生产少量咸菜。1989年后，随着时间的延伸，上述加工生产的产品逐年减少。每年仅加工生产豆瓣酱30～50吨、酱油500～800吨，基本上停止了咸菜的加工生产，1997年停止了各类酱菜加工生产。

（二）个体私营酱菜加工

1986年，全区出现数家个体私营酱菜加工厂点。这些个体私营酱菜加工厂点主要加工生产酱和酱油及各类咸菜。其中有3～5家作坊式的酱菜加工厂点专门生产加工各类小咸菜，而不加工生产酱和酱油。到2005年年底，全区个体私营酱菜加工厂点较成型的有两家，一家是坐落在带岭区大青川的带岭区清香酱菜厂，另一家是坐落在带岭区址内团结社区的香大酱油厂。这两家酱菜厂，主要以生产和经营酱油为主。带岭区清香酱菜厂生产的“康佳”牌酱油系列产品不仅在本地畅销，还销往外地。

四、豆制品加工业

（一）集体豆制品加工

1986—1993年，带岭区食品厂每年加工生产几吨以大豆腐为原料的腐卤和臭豆腐。其间，有的年份还不加工生产。1994—1997年上述两种豆制品加工基本停产。

（二）个体私营豆制品加工

1994年4月以前，全区居民群众食用的水豆腐和干豆腐均由商业和粮食部门联合负责票据制定、确号定量、原料供给，并由个体加工点（豆腐坊）加工制作，加工制作者凭票销售，居民群众凭票购买。个体豆制品加工生产点（豆腐坊）的确定，由带岭区商业和工商行政管理带岭分局、带岭区卫生等有关部门认可。

1994年4月起，由于粮食供应逐步开放，豆制品原料大豆不再定量供应，豆制品供应市场放开，居民群众食用豆制品不再凭票。同时，居民群众食用酱豆供应也放开。此时，豆制品加工生产点（豆腐坊）数量增加，由原来的10余家增加到30余家。全区几乎每个山上经营林场（所）和农村村屯至少有一个个体私营豆制品加工点（豆腐坊）。

2005 年年底，全区有豆制品加工生产点 30 余处。其中经常加工生产豆制品的有 20 余家，时产停的有 10 余家。前者每天消耗大豆 25～50 公斤，后者每天（次）消耗大豆 25 公斤。豆制品加工生产业户的生产经营方式均为生产经营一体化。

五、挂面加工业

（一）集体挂面加工

1986—1996 年，粮食带岭分局青年队曾经加工生产过挂面，由粮食带岭分局的各粮油供应店供给居民，并从居民细粮面粉供应定量中扣出。此间，挂面加工生产并不经常，时产时停。1996 年年底，粮油供应彻底放开后，粮食带岭分局青年队不再加工生产挂面。

（二）个体私营挂面加工

1996 年年底，由于国家粮油供应彻底放开，全区先后陆续出现数十家个体私营挂面加工生产与经营销售一体化厂点。2000 年，全区有近 40 家。其间，年均面粉消耗量在 200 吨左右。

2000 年后，由于挂面需求市场的变化，加工生产与经营销售挂面一体化的厂点逐年减少，到 2004 年年底不足 20 家。

2005 年年底，全区有个体私营加工生产与经营销售一体化的挂面厂点 10 余家。

第五节　粮油、饲料加工业

1986 年，全区有个体私营粮油和饲料加工厂点 10 余家。起初，这些加工厂点生产项目比较单一。能加工生产米的，不能加工生产面（白面除外）。

1996 年后，绝大多数个体私营粮油和饲料加工厂点先后增置了粮油和饲料加工机电设备，提高了加工生产能力，扩大了加工生产项目。一些个体私营粮油和饲料加工厂点不仅能待料加工生产，而且还能购料加工生产，改变过去只能从事待料加工生产，项目单一的局面。

2005 年年底，全区有个体私营粮油和饲料加工厂点 6 家。其中 2 家是加工生产与经营销售一体化的厂点。

第六节　针织被服业

一、集体针编被服业

（一）针编刺绣

1986 年以前，带岭林业实验局青年综合厂（后称“带岭区社会福利厂”）在加工生产以木材为主原料的各种木制品的同时，开展了脱木产品针织生产项目——机械加工生产线手套。1986—1998 年（其中 1995 年未生产），总计机械加工生产手套 488529 副。1999 年后，停止了此项生产活动。

1987 年 9 月，带岭林业实验局集体企业公司成立了刺绣厂。同时，招收学员 200 余人，聘请绥化县抽纱厂工程技术人员任教，教授刺绣技术。

1988 年 6 月，带岭林业实验局集体企业公司刺绣厂。先后与绥化县、铁力市桃山镇和兰西县等相关企业商家联营，手工制作出口台布和绣花衣服。1988—1990 年，共加工制作台布 539 块。

1992 年以后，该刺绣厂加工生产的产品逐渐无销路，生产处于停产半停产状态。

（二）被服

1986年，带岭区服装厂是全区唯一一家集体经济性质的被服加工企业。

1986年4月，区政府投资7.2万元为服装厂扩建厂房，建筑面积496平方米。同年5月，该服装厂与佳木斯市服装厂实施联营，加工制作7000套服装，产品销往国际市场。1988年，该服装厂实施个人租赁承包经营。

1990年，服装市场的需求发生了巨大的变革，加上带岭区服装厂服装加工制作工艺的落后，加工生产出来的服装款式、质量不再适应变化了的需求市场。1992年后，这个服装厂加工生产的产品销路不畅，个体私营服装商贩大量从外地贩进种类、样式繁多的服装进行销售，挤占了带岭的服装市场，致使服装厂的服装生产经营状况不佳。同年起，服装厂将其部分服装加工制作车间对外出租作商店。1994年，服装厂门面房出售，偿还国家贷款。服装加工生产经营活动停止。1995年3月4日，带岭区人民政府下发文件宣布带岭区经济委员会隶属的带岭区服装厂关停并转。

1997年年底，带岭区服装厂的厂房、场地全部出售完毕。至此，有近50年历史的服装厂彻底解体。

二、个体私营针编被服业

（一）针编刺绣

1986—2005年，全区针编毛衣、毛裤、窗帘、门帘、沙发垫套、车坐垫套、毛毯等针编技术一直在民间传承，但以针编作为经营行业的并不多见。1986—1995年，全区有个体私营针编业户30余家；1996年以后，从事个体私营针编的业户逐年减少，到1999年全区只有20余家；2000—2004年，由于下岗职工增多，从事个体私营针编的业户有50余家。从事针编经营的业户采用针编机和手工针编两种方式加工衣物及其他用品，加工量小，不成批量，不成规模，且大都待料加工。

2005年年底，从事个体私营针编经营的业户全区仅有10余家，大都待料加工，不成批量，不成规模，且经营时间不长。

（二）被服

1986年，全区个体私营被服业厂店有200余家，街头、巷尾、路旁简易板房经营方式的有150余家，市面黄金地段置房加工和销售于一体的厂店连理经营方式的有2～3家。

1990—1995年，是全区个体私营被服业经营户数最多的时期，全区有400余家。

1995年以后，随着城区规划建设的逐步发展，带岭区人民政府不断下大力气加强综合治理工作，个体私营被服业的街头、巷尾、路旁的板房被规划到指定地点，板房式经营被服业户大量减少。2000年年底，全区有板房式经营被服业的个体私营业户70余家，厂店一体于业户家中方式经营被服业的个体私营业户有150余家，市面置房加工与销售于一体的厂店连理方式经营被服业的个体私营业户有4～5家。

2005年年底，全区有厂店一体于业户家中的个体私营被服业户百余家，板房式定住于背街小巷的个体私营被服业户50余家，厂店连理于市面经营的个体被服业户不足10家。

第七节　其他工业

一、印刷工业

1986年，带岭区印刷工业只有带岭区人民政府铅印室一家。20世纪90年代初中期先后出现带岭区教育委员会的轻印刷经销部（集体性质）、带岭林业科学研究所的打字复印室（集体性质）和个体私营电脑牌照中心3家印刷工业。根据国家政策要求，1995年后，带岭区教育委员会的轻印刷经销部转制为个人经营，带岭林业科学研究所的打字复印室不再从事对外经营活动。

1986年至2000年年底，带岭区人民政府铅印室由带岭区人民政府办公室负责管理，实行个人承包经营。经中共带岭区委员会同意，由带岭区人民政府办公室派一名中共党员任其单位指导员，负责其党务工作和思想政治工作。行政工作由其具体承包经营人负责。铅印室的经济单独核算，属集体所有制性质经济。

2001年春，在带岭区人民政府机关经济体制改革过程中，带岭区人民政府铅印室被剥离。剥离后的铅印室成为个体私营印刷企业，称伊春市带岭区兴盛印刷有限责任公司。

该印刷企业多年来一直主要承揽带岭区（局）委、区人大、区政府、区政协、带岭林业实验局、区工会、区团委、区妇联等及一些企事业单位的会议材料，行政公文，文件、材料汇编，其他文字材料与各种表格、稿纸的印刷业务。年印刷业务量不定，经营产值一般在15万元。

20世纪90年代初开始，由于现代办公用具——计算机陆续进入机关、学校等企事业单位，需要出外印刷的文件、会议材料等印刷品逐年减少，致使区内印刷业务量大幅度下降。2001年以后，带岭区兴盛印刷有限责任公司承揽的印刷业务量逐年减少。到2005年年底，只能承揽到少量表格、票据、稿纸、行政公文、公告之类的印刷业务。

二、松子加工业

2004年秋，吉林省梅河口市一位客商到带岭区筹建一处松子加工企业，称带岭区松子加工厂。地址在带岭大兴社区，原商业局东大库院内，利用原商业局的库房作办公室和厂房。

该厂将松子加工成松仁后，封装成小袋自行出售经营。仅2004—2005年冬季进行了生产经营。由于林区的红松树木不是每年都能产果结实，因此任何松子加工厂点都不可能常年生产。

三、塑料制品加工业

20世纪90年代中期，带岭林业实验局的中心苗圃曾搞过塑料制品生产。主要加工生产方便袋、塑料筋、包装物等。由于生产经营无利可图，仅生产经营了两三年便停产。

四、旧棉加工业

1986—2000年，带岭全区只有一家王氏作坊式旧棉加工（弹棉花）厂点，这家作坊式旧棉加工厂点系个体经营。

20世纪90年代，这家个体私营旧棉加工厂点不再承揽旧棉加工业务。同时，全区又出现另一家尹氏个体私营作坊式旧棉加工点，加工服务范围、加工方式和前者大体相同。

第二章　林产工业

第一节　机　构

1987 年 8 月，带岭局实行“三段式”改革，原林产工业科职能划归生产科，成立林产工业公司。公司下设财务科、产品销售科、材料供应科、人劳科、生产科等 13 个科室。直属有贮木场、木材加工厂、人造板厂、细木建材厂、木材综合利用厂、大青川综合厂、社会福利厂等。

1989 年，林业局成立采运公司后，公司贮木场划归采运公司。1990 年 11 月，为减少管理层次，木材综合利用厂、社会福利厂、大青川综合厂等先后从林产工业公司分出，成为局直属基层单位。2001 年 4 月，林产公司改制解体，设留守处。

第二节　木材加工

1987 年 8 月，局成立林产工业公司后，原属贮木加工厂的锯木，板院车间合并成立木材加工厂。由林产公司所属，有职工 250 多人，厂区面积 6454 平方米，厂房面积 4508 平方米。以生产板方材、汽车材、枕木、包装箱板为主。

1986—1991 年，林产工业公司木材加工厂和木材综合利用厂、大青川综合厂基本按林业局计划生产。1992 年，由于木材市场疲软，锯材产品产量锐减。1997 年 5 月，根据市委、市政府要求，为发展林区经济，带岭开始筹建木材综合利用乡镇工业小区。小区建在秀水苗圃以南，桃南公路南北两侧三角区域内的幼林地，总占地面积 22.74 公顷。小区内设生产、生活、生产辅助管理 3 个区域。为加强管理，小区设管委会，并设有工商、税务、公安、林政、森保等有关部门组织的综合办公室，实行“一条龙”服务。

1997 年，在售出的约 40 块地块中，有 32 户加工业户建厂，31 户达到生产加工能力，8 户配有铧锯车间，入户带锯达 62 台，资产总额 812 万元。到 2001 年，工业小区共吸收了 41 户个体加工业主。其中锯木生产为 5 万立方米、细木生产 1 万立方米，总产值 2500 万元。到 2002 年，随着天保工程的实施，带岭局木材产量的减少及对工业小区相关优惠政策取消等原因，原工业小区的 41 户木工厂，每月开工 8 户。2002 年 8 月，区决定撤销乡镇工业小区管理委员会，其职能隶属非国有经济办管理。直至 2005 年林产工业公司改制解体后停产。

1986—2005年带岭区（局）锯材产量一览表

表7-4

单位：立方米

年份	锯材产量	性质	年份	锯材产量	性质
1986	50583	全民	1996	9495	全民
1987	50272	全民	1997	20337	全民
1988	50550	全民	1998	12441	全民
1989	45550	全民	1999	7917	全民
1990	49944	全民	2000	7280	全民
1991	40010	全民	2001	12800	全民加非国有
1992	26201	全民	2002	89000	非国有
1993	17120	全民	2003	90490	非国有
1994	16799	全民	2004	95000	非国有
1995	14731	全民	2005	40000	非国有

第三节　木材综合利用企业简介

一、带岭林业造纸厂

带岭林业造纸厂的前身是林业局木材综合利用厂，为林业局直属单位。1987年林产工业公司成立后，为公司所属。该厂下设小材、造纸、纸箱、削片等车间，生产板方材、箱板纸、纸箱等10余种产品。小造纸车间年产牛皮箱板纸3000吨，削片车间年生产木片5万层积立方米。

1987年，该厂对氧化塘进行改造，提高废水氧化时间，降低废水中pH值，使排放的废水达到国家规定标准，每年节省污染费3万～4万元。年末，林业部以林计字〔1987〕505号文件，批准了“带岭林业实验局新建工程带岭纸板厂设计任务书”。

1988年8月，林业部以林计字〔1988〕442号文件批准了带岭林业实验局纸板厂初步设计，规划建筑面积25713平方米，总概算4351.2万元。1989年11月，国家林业投资公司以林投产字〔1989〕57号文件批准纸板厂项目开工，当年拨款50万元。

1991年6月13日举行开工典礼。1992年5月成立带岭林业实验局纸板厂，原木材综合利用厂终止。

1997年9月，经过六年半的建设，省森林工业总局对带岭纸板厂工程进行了验收。1997年10月，省财政厅以黑财农字〔1997〕97号文件批准带岭林业实验局纸板厂与带岭林业实验局分立，更名为黑龙江省带岭林业造纸厂。自1998年1月起纳入省森工预算内企业管理，实行独立核算、自主经营、自负盈亏的财务体制。

1999年3月，又投资300万元对原木材综合利用厂的小造纸车间纸机进行了改造；2000年，对小车间进行了租赁经营；2002年11月，对小造纸车间实行改制经营。

纸厂自1987年筹建，1991年6月开工，到1997年10月验收，建设时间长达6年半，总投资达到1.2亿元。1998年正式投产后，已经错过了市场时机，开工不足，销路不畅，跑冒滴漏，干干停停，且和发电厂互相掣肘，始终也未正常生产，连年亏损。直至2004年7月上报破产。

二、人造板厂

1986年，贮木加工厂胶合板车间利用边角料生产复合胶合板，年节约原料消耗200立方米。1987年8月，林业局成立林产工业公司，胶合板车间改为人造板厂。主要生产桦木、椴木、杨木胶合板，规格有1920毫米×1400毫米×6毫米，1830毫米×915毫米×3毫米，1830毫米×915毫米×5毫米等。1988年，该厂技术人员对车间干燥机进行技术改造，研制成单板干燥机，提高生产效率33%，年增加胶合板产量750立方米，增加产值135万元。

1990年，人造板厂有员工800多名，其中全民职工216名、青年574名。厂房面积5170平方米。各种机械设备40余台套，固定资产总额260多万元，产品供不应求。

1992年后，受市场需求影响，胶合板由于规格尺寸不合理，又没有及时改造合乎规格尺寸的热压机等设备，使产品逐步走向滞销，产品大量积压，工厂也从高潮走向低谷，直至1999年解体后，人员、设备并入大青川综合厂。

三、大青川综合厂

1986年，大青川综合厂为扩大细木工板生产能力，增加一条芯条生产线，1987年8月，大青川综合厂归林产工业公司所属。年产胶合板、细木工板1000立方米，产值300多万元，实现利润12.6万多元。

1988年，大青川综合厂通过横向经济联合，与大连新德有限公司建立联营关系，成为该公司所属的餐具厂。同年6月该厂正式投产，当年生产卫生筷子15000双，产品由大连新德有限公司包销，并打入国际市场。

1989年，大青川综合厂新建300平方米芯条生产车间，于同年10月竣工，并增设了3处干燥室，购置多边锯等机械设备。全年锯材加工2890立方米，生产细木工板600立方米，创产值360万元。

1990年，大青川综合厂厂区面积4万平方米，厂房面积4000多平方米，固定资产600多万元。1992年，大青川餐具厂与大青川综合厂分离，直属局领导。1999年，原胶合板厂人员设备并入大青川综合厂，但由于生产的规格无市场销路，未能生产。2001年后，大青川综合厂停产，人员待业，厂房租赁。

四、细木建材厂

1987年8月，林产工业公司细木建材厂成立，由木材综合利用厂细木车间和贮木加工厂细木车间合并而成。有细木、干燥和地板块3个车间，以生产家具、桌椅、门窗、汽车材、地板等产品为主。初期有固定资产360万元，各种机械设备82台。

1988年，新建厂房900平方米，扩大了生产能力。1989年投资200万元，扩建厂房1800平方米。同时引进进口设备，使脂接材长度由3米增加到4.5米。使CA-141新型解放大箱底板脂接材一次成功。该厂还与沈阳、阜新等地联营生产汽车脂接材、地板块、门窗，扩大了产品销路。

1990年，全厂有员工260多人，厂区面积11398平方米，厂房面积5310平方米，固定资产480万元，各种机械设备90多台套。1992年后，由于市场无销路，产品大量积压，企业停产。后变为车间，也未正常生产，直至解体。

第四节　木制品加工厂点简介

一、带岭区木器厂

1986 年，带岭区木器厂隶属带岭区区街工业公司，系集体企业。主要生产经营细木产品。在原有生产各类家具、办公用具、学生课桌椅、门窗套扇和原材料加工等车间的基础上，又增设了木楦车间。增加了衣服架、脸盆架等小木制品生产。当年生产各类木制品 2.7 万件，消耗原木 980 立方米。

1988 年年初，该厂实施个人租赁承包经营。1989 年 2 月，在木材原料供求紧张的条件下，引进了农用潜水泵生产技术，生产农田使用的潜水泵。同年，生产学生用的课桌椅 500 套件，门窗材 300 立方米，年产值 60.4 万元，实现利润 4.8 万元。

1989 年 10 月，带岭区区街工业公司更名为带岭区经济委员会，带岭区木器厂随之隶属带岭区经济委员会。

1990 年，木器厂有制材、木器加工、机械 3 个车间，有刨床、旋床等木工机械设备 24 台套，有集体职工 155 名。厂区面积 2.67 万平方米，厂房及办公房舍建筑面积 3960 平方米。1986—1990 年，共创产值 276.8 万元，实现利润 6.6 万元。

1991—1994 年，带岭区委任命刘凤禄为带岭区木器厂厂长。累计生产各类产品 65000 套件，总产值 120 万元。

1995 年 3 月 14 日，带岭区人民政府下发文件宣布带岭区经济委员会隶属的带岭区木器厂关停。

1995—1996 年，带岭区委任命曹君为带岭区木器厂承包负责人。此时该厂细木加工停产，绝大多数职工无薪放假，制材车间对外进行原料木材加工。两年共加工木材 1000 立方米，累计产值 5 万余元。

1997—1998 年，带岭区委任命程国杰为带岭区木器厂承包负责人。该厂停产，绝大多数职工无薪放假，仅有 10 余名职工靠从事时有时无的对外木材加工生产维持生计。退休职工靠木器厂的闲置厂房、场地租赁费用开支，每年收取厂房、场地租赁费用 4 万余元。

1999 年至 2000 年 4 月，带岭区委任命张玉文为带岭区木器厂厂长。该厂细木加工继续停产，绝大多数职工仍无薪放假，仅有 10 余名职工靠从事时有时无的对外木材加工生产维持生计。退休职工仍靠木器厂租赁闲置场地、厂房费用开支。

2000 年 5 月，该厂职工通过民主选举方式，推举张立财为厂长。2000 年 5 月至 2005 年年底，该厂生产经营项目仍是 10 余名职工靠从事时有时无的对外木材加工生产维持生计，其他职工逐步走向社保低保行列，退休职工纳入社会统筹养老保险。该厂闲置的场地和厂房仍对外租赁。

二、带岭区社会福利厂

带岭区社会福利厂原称带岭林业实验局青年综合厂，系集体经济性质的木制品加工企业。1986 年 2 月 15 日改称“带岭林业实验局社会福利厂”。下设生产股、销售股、财务股、安保股、办公室和锯木车间、小材车间、板院车间、针织车间、细木车间、车队、护厂队。1987 年 8 月，在国有林业企业“三段式”改革中列入带岭林业实验局成立的林产工业公司所属，称“带岭林业实验局林产工业公司社会福利厂”。1988 年 4 月，社会福利厂从带岭林业实验局林产工业公司中分出独立，称“带岭区社会福利厂”。该厂以安置残疾人员就业为主。2005 年，该厂下设生产股、财务股、材料股、安保股、检尺队和雪糕板车间、锯木车间、细木车间、修理部、锅炉车间、护厂队。

1986—2005年，带岭区社会福利厂主要产品有以木材为原料的板方材、坑木、小径木、地板块、纸夹板、雪糕板、鞋楦等为主，兼顾生产机制线手套。

三、翠林社会福利厂

翠林社会福利厂，系股份制木制品加工企业。公司坐落在原带岭区大兴乡良种村村部处，占地面积9666平方米，厂房与办公房舍建筑面积1180平方米。该公司是带岭区（局）以安置残疾人员就业为主的企业之一。

1987年3月，带岭林业实验局为充分利用林木资源，安置待业青年，同意带岭林业实验局多种经营公司成立木制品加工厂。该厂系集体经济性质的股段级木制品加工企业，称"带岭林业实验局多种经营公司木制品加工厂"。1988年3月，带岭林业实验局多种经营公司撤销，该木制品加工厂于1989年7月划归1987年6月成立的带岭林业实验局联合企业公司（副处级）。1991年5月，带岭林业实验局联合企业公司撤销，成立带岭林业实验局集体企业公司（多种经营局）。该木制品加工厂划归带岭林业实验局集体企业公司（多种经营局），称"带岭林业实验局集体企业公司（多种经营局）翠林社会福利厂"。1995年4月，该厂从带岭林业实验局集体企业公司（多种经营局）分出独立，归带岭林业实验局直属，称"带岭林业实验局翠林社会福利厂"。

2003年1月，翠林社会福利厂在带岭林业实验局实施企业剥离改制过程中变为股份制企业，称伊春市翠林社会福利有限公司。公司下设锯木车间、细木车间、归楞车间、安保股等车间、班组。

1987—2005年，伊春市翠林社会福利有限公司的主要产品有以木材为原料的板方材，木制集成菜板、木碗、锹把等，以小木制品加工生产为主业。

四、带岭林业实验局餐具厂

带岭林业实验局餐具厂原系带岭林业实验局大青川综合厂的方便筷子（卫生筷子）生产车间，1988年投入生产运营。1993年9月，方便筷子生产车间与大青川综合厂分离，成立带岭林业实验局餐具厂，实行经济单独核算。该厂系集体经济性质的小木制品加工企业，隶属带岭林业实验局集体企业公司（多种经营局）。

1993年下半年，中共带岭林业实验局委员会、带岭林业实验局决定重新确定餐具厂厂址，将原带岭陶瓷厂闲置半闲置的厂房改扩建后作为带岭林业实验局餐具厂。1994年1月，改扩建工程完毕，餐具厂迁入新址正式生产运营。

2001年春，在带岭林业实验局企业削离改制过程中，带岭林业实验局餐具厂被削离，不再隶属带岭林业实验局集体企业公司（多种经营局），而独立自主经营。

带岭林业实验局餐具厂内设机构有材料股、财务股、保卫股、制造车间、分选车间、磨光车间、贮运车间、机修车间、锅炉车间等。全厂从业人员由全民职工、集体职工和青年组成，总计210余人。

1988年至1996年年底，带岭林业实验局餐具厂和其称带岭林业实验局青川综合厂方便筷子车间期间，每年平均生产方便筷子2万余箱，年创产值200余万元；年消耗木材枫桦和白桦共2000立方米左右。1996年以后，产品由单一的方便筷子品种增加到5个，即方便筷子、食品签、压舌板、冰勺和雪糕板。产品的质量等级较高。年产量可达5万余箱，产品销往国内北京、上海、大连、本溪、哈尔滨等各大城市及远销日本等国家。年创产值450余万元。年消耗木材枫桦和白桦4000～4500立方米。

1998年11月10日，因厂内电焊作业不慎失火，烧毁部分厂房、车间。经全体员工的奋力修复，在较短时间内恢复了全厂的生产经营活动。

1999—2005年，该厂实行承包经营。每年生产产品的产量、品种，年产值，年原料木材消耗量均无大的变化。年产量在48000箱左右，产品仍是上述的5种，年创产值在450万元以上，年消耗原料木材枫桦和白桦4500立方米左右。2004年创产值485万元，2005年创产值500万元。

五、校办集体木制品加工厂点

1986—1995年，全区各中小学校为培养学生的劳动观念和劳动技能，改善学校的办学条件，开展各种各样的勤工俭学活动。带岭区教育委员会成立校办公司，统管各校的勤工俭学活动。在开展勤工俭学活动中，先后有区第二中学校、第一小学校、第二小学校、第四小学校等开办了集体性质的木工厂点。这些学校的木工厂主要加工生产学生课桌椅、企事业单位办公用木制品和家具等。区第二中学校木工厂除加工生产学生课桌椅外，还对外加工生产各种木制品，生产的镜框条远销国外。区第一小学校木工厂除生产学生课桌椅、企事业单位办公用木制品外，还批量生产门窗套扇等木制品出售省内佳木斯等地，同时还为当地居民和村民建房和房屋修缮加工制作门窗套扇等木制品。

1995年后，根据国家企事业单位的各种集体经济性质的经济实体必须与其企事业单位脱钩分离的政策要求，这些学校的集体木工厂点陆续与各自的校方脱钩分离。

六、个体私营木制品加工厂点

1986年，全区个体私营木制品加工厂点很少。1988年以后，个体私营木制品加工厂点开始逐年增加，这些个体私营木制品加工厂点大都预订制作一些普通家具、企事业单位办公用的普通木制品、居民或村民建房和修缮房屋用的门窗套扇、部分学生课桌椅等木制品。1995年年底，全区有个体私营木制品加工厂点不足10家。

1998年5月统计，全区个体私营木制品加工厂点发展到20余家，这些个体私营木制品加工厂点大都只加工，不销售，加工生产的木制品都是订制品，不成批量生产。2005年年底，全区个体私营木制品加工厂点减少到10余家。

第五节　个体私营木材加工业

1990年，随着国家经济体制改革的不断深入，在木材综合利用、精深加工产业发展过程中，全区陆续出现许多集体经营、个体私营的木材加工厂点。

1995年以后，随着国家经济体制改革的发展和国家相关政策的要求，全区（局）集体经济性质的木材加工厂点由个人承包经营陆续逐步地转变为个体私营或停产。1998年年底，全区（局）不再存在集体经营的木材加工厂点。

截至1998年5月，以秀水木材工业小区为“龙头”的全区（局）木材综合利用、精深加工产业已形成规模，成为全区（局）经济社会发展的一大支柱。全区（局）集体经营和个体私营的木材加工厂点发展到80余家。为全区（局）实施二次创业工程、安置下岗和富余人员、缓危解困、经济社会发展起到了不可替代的重要作用。

2005年年底，全区有70余家个体私营木材加工厂点，其生产经营项目不断更新，生产经营方式灵活多变。在国有林业企业木材生产季节，由于原材料充足，大多数个体私营木材加工厂点都能满负荷地进行木材加工生产和经营。在国有林业企业停止木材生产期间，只有少数个体私营木材加工厂点能够正常地进行木材加工生产和经营活动。在个体私营木材加工厂点中，也不乏由于资金、原材料、设备等因素而时常处于停产或半停产状态。

第六节　个体木材加工企业简介

一、伊春市带岭区顺发木业有限责任公司

1997年5月，带岭顺发木材综合利用厂建立。起初，只有两条带锯机，从业人员仅有10余人。

2000年1月，带岭顺发木材综合利用厂实施股份、公司制，称伊春市带岭区顺发木业有限责任公司。该公司位于伊春市带岭区秀水木材工业小区，占地面积约3万平方米，厂房建筑面积1200平方米。公司从业人员150余人，其中高级工程师3人，工程师12人。大多数从业人员来自区（局）企事业单位的下岗职工和待业青年。公司有造材、锯材、木材干燥、集成材、木制别墅5个生产车间。生产经营的产品主要有板方材、集成材、脂接材（包括脂接地板块）、实木地板、实木家具、实木门窗、墙壁装饰板、装饰木线条、木制别墅等。

2001年，在一年一度的"中国哈尔滨经济贸易洽谈会"上与日本的池工产业株式会社签订了长期生产白松集成材的生产购销合同。2002年10月，在"广州商品交易会"上同希腊的多巴奇公司签订了木制品别墅的常年生产购销合同。截至2004年4月，已生产6套木制别墅销往希腊等。2005年年底，公司固定资产达到380万元，年创产值千余万元。公司产品由原来的以内销为主转为以外销出口为主。

公司响应中共带岭区委员会、带岭区人民政府的号召，经常向贫困群体捐款。同时，公司关心国家教育、文化、卫生等公益事业。几年来，公司先后向带岭区高级中学捐款1000元，向带岭区人民政府文化部门捐款3000元，"非典"时期向带岭区人民政府有关部门捐款1万元。

二、伊春市带岭成达木业有限责任公司

伊春市成达木业有限责任公司始建于1996年，是带岭区组建比较早的私营股份制木材加工企业。公司位于带岭区原商业局肉食加工厂院内，利用原带岭区商业局肉食加工厂的厂房从事木材加工生产和产品经营活动。

公司有员工80余人，其中50%以上为企业下岗职工。

公司生产和经营的产品有板方材、刨光材、脂接材、实木门（免漆和淋漆）、桑拿浴板、菜板、面板等和其他一些小木制品。公司产品的统一品牌为"成诚"。公司产品经销国内10余个省市，并有长期客商30余家。公司曾荣获伊春市"光彩之星"称号，其产品菜板、面板曾获"伊春市优质产品"称号。

三、带岭区协立木制品厂

带岭区协立木制品厂始建于1991年10月，是黑龙江省带岭林业科学研究所的集体经济性质的木材加工企业。同年，由个人租赁承包经营。1995年年初，该厂由租赁承包经营变为个体私营企业。

该厂位于带岭区双兴社区东，原带岭至大青川的运材公路北侧，工厂占地面积约1万平方米，厂房建筑面积1200平方米。生产机电设备有带锯机2台、截锯机1台、削片机1台。从业人员22人。生产经营概况如下：

1991—2000年，生产门窗套扇约1万套件。同时，利用木材加工剩余物加工瓦托板，产品销往绥化建筑材料厂。年均产值达8万元。后来，工厂上了锯材生产线，主要生产板方材。年均生产板方材8000立方米。同时，加工生产民用菜板、面板2万余块。板方材销往哈尔滨、安达等省内城市。

由于国家实施"天然林资源保护工程"，木材产量逐年大幅度减调，致使一些木材加工和木制品

加工厂点的生产原料紧缺。2000 年起，该厂开始由经营木材加工和木制品加工业转向经营酿酒业和养殖业。2000 年年初，开办了酿酒业。年产白酒 60 余吨，大都销售在本地或本地附近的其他地方。2000 年以后，年均养猪近千头，养牛 50 余头，年创产值 240 余万元。猪、牛出栏后大都销往附近区、镇和本地个体猪、牛商贩。

该厂响应党和政府号召，参加社会公益事业和社会救助活动。1991 年 10 月至 2005 年年底，共向社会捐助 20 余万元。救助贫困学生 10 余名，救助贫困家庭 200 余家。

四、伊春市盛海木业有限公司

伊春市盛海木业有限公司是私营股份制木材加工及木制品加工企业，始建于 1996 年。

公司主要产品有家具、百叶窗、刨光材和其他一些小木制品。

2004 年，伊春市盛海木业有限公司调整产品结构，扩大了木材精深加工产品项目。投入资金 120 万元进行企业技术改造，新增 40 台套生产机电设备进行木材再度深加工。新增主要项目产品有白桦木雪糕板、冰勺、压舌板、食品签、调漆棒等。年产白桦木雪糕板、冰勺、压舌板、食品签、调漆棒等产品 5 万余箱，产品远销日本、美国、韩国和东南亚等国家，年产值可达 500 万元。

五、伊春市和兴木业有限公司

伊春市和兴木业有限公司的前身是带岭和兴木工厂，带岭和兴木工厂系个体私营木材精深加工厂点，始建于 1996 年，坐落于带岭区木材工业小区。

2003 年，带岭和兴木工厂在原址重建后称伊春市和兴木业有限公司，是私营股份制木材精深加工企业。

伊春市和兴木业有限公司生产和经营的产品主要有细木工板、多层板和实木地板等。年生产细木工板和多层板 10 万余张，实木地板 16 万余平方米。年创产值 1000 万元左右。产品采取直销经营方式，生产经营形势看好。

六、带岭华龙木制品加工厂

带岭华龙木制品加工厂始建于 1996 年 5 月 1 日，是个体私营木制品加工企业。

该厂建厂初期曾以加工门窗套扇为主业。厂址曾几经迁移，最后定址于带岭城区的铁南社区。厂址占地面积约 8000 平方米，有固定厂房及办公用房，建筑面积近 400 平方米，还有简易厂房近 800 平方米。主要生产和经营脂接材、刨光材、地板材和家具等。年产量在 2000 立方米左右。年创产值 400 余万元。

第三章　电　业

第一节　供　电

一、机构

1999 年 8 月，国家电网黑龙江电力公司绥化电业局买断带岭林业实验局热电厂南照线（即西南岔河上的带岭秀水大桥以东、国铁道南、西南岔河以北的铁南社区、双兴社区与双兴村以及南至大青川、东方红林场、秋丰村）的一切输电设施设备，筹建绥化电业局带岭供电分局。

1999 年 11 月 16 日，南照线 10 千伏升压输电设施设备改造工程、66 千伏朗乡至带岭的输电线路工程和带岭变电所（所址设在带岭翔达热电有限责任公司院内，占地面积 2155 平方米）工程同时竣工，并于当日正式供电运行。同日，绥化电业局带岭变电所与带岭翔达热电有限责任公司联网供电成功。

1999 年 11 月 18 日，绥化电业局带岭供电分局正式挂牌成立，企业开始运营。绥化电业局带岭供电分局后称绥化电业局带岭供电局，隶属国家电网公司黑龙江电力公司绥化电业局，是绥化电业局驻带岭的供电经营管理企业。初始，局址设在带岭区址运材路团结社区 15 号，即原带岭林业实验局森林铁路带岭车站站房。

2000 年 4 月底，绥化电业局带岭供电局集办公、营业和住宅于一体的综合楼破土兴建，翌年 9 月底工程竣工，综合楼投入使用。此楼为五层砖混结构建筑，一、二层为办公、营业用房，三、四、五层为家属住宅用房；综合楼占地面积 757 平方米，建筑面积 3785 平方米。批准局址总用地面积 3266 平方米，实际局址总用地面积 4473 平方米。

绥化电业局带岭供电局下设变电所 2 处，营业所 3 处，客户服务中心 1 处，送配电运行检修班 1 个。职工日常在 13～18 人之间，人员不足时，招聘员工若干名。行政领导班子由局长、副局长组成。

二、供电设备

1999 年 11 月至 2000 年年底，绥化电业局带岭供电局供电设备带岭有南照线 10 千伏送配电线路长 27.022 公里，0.4 千伏的低压输电线路长 11.87 公里；66 千伏、容量为 1 万千伏安的变电所（带岭变电所）1 处；朗乡有 1 万伏安的变电所（朗乡变电所）1 处，朗乡营业所的 6 千伏送配电线路长 10.5 公里；还有 66 千伏高压神树至带岭的输电线路长 66.18 公里；配电变压器 36 台，其总容量为 5635 千伏安。

2001 年 6 月，绥化电业局朗乡供电局成立。原绥化电业局带岭供电局经营管理的朗乡变电所、朗乡营业所及朗乡变电所配出的 4 条 6 千伏的中压输电线路和神树至带岭的 66 千伏高压输电线路划归绥化电业局朗乡供电局经营管理。此时，绥化电业局带岭供电局供电设备有电压为 66 千伏、容量为1万千伏安的变电所1处，即带岭变电所；3条输电线路（即南照线、工厂线、联网线）；10千伏输电线路长27.48公里，0.4千伏低压输电线路长11.95公里；配电变压器33台，总容量4845千伏安。

2002年，绥化电业局带岭供电局供电设备纳入黑龙江电力公司第二批农林网改造工程。同年6月，开始对带岭供电局的南照线东方红支中、低压输电线路和台区进行改造。共投入资金153.8万元，新建10千伏输电线路1.5公里，改造10千伏输电线路21.2公里，更换JKLYJ–70型绝缘导线输电线路13.5公里，改造0.4千伏低压台区19个。改造后，使南照线东方红支中、低压输电线路达到了国家相关设计标准，同时也为带岭林区森林防火消除了一定的隐患。

2002年，绥化电业局带岭供电局供电设备有10千伏输电线路27.788公里，0.4千伏低压输电线路21公里；配电变压器40台；电压为66千伏的容量为1万千伏安的变电所（带岭变电所）1处；其他供电设备未变。上述代电设备状况一直延续至2005年年末。

三、供电经营量

1999年11月至2000年年底，绥化电业局带岭供电局供电经营量433.4万千瓦时。2001年，绥化电业局带岭供电局供电经营量为337.5万千瓦时。2002年，绥化电业局带岭供电局的供电经营量为92.7万千瓦时。2003年，绥化电业局带岭供电局的供电经营量为151万千瓦时。2004年，绥化电业局带岭供电局的供电经营量为145.9万千瓦时。2005年，绥化电业局带岭供电局的供电经营量为153.1万千瓦时。

四、电价确定

绥化电业局带岭供电局经营管理的是国家电网公司的电力能源，因此各类用电价位的确定与变化均由国家或相关部门行文制定，国家电网公司的电力能源具体经营管理企业无权确定或更变，只有按其行文制定的各类用电价位执行。

五、电费收缴

电费收缴工作具体由各营业所负责。电力能源计量采取1户1表，统一进箱，并加锁的方式，取消“明牌”用电计量方式。营业所安排抄表、催费人员到用户处抄记电度表或发送催费单。营业所营业厅内设专门人员，实施计算机化收费管理。用电户欠费超月者，须按欠费额的一定比例缴纳滞纳金。个人用电户可根据自己用电或欠费的实际到附近的营业所预购电力能源（俗称“买电字”）或补缴欠费和缴纳滞纳金。企事业单位用电户既可采取相关票据转账方式，又可采取预购电力能源方式交纳电费。

第二节 热电、风电

一、带岭翔达热电有限责任公司简介

带岭翔达热电有限责任公司的前身是带岭林业实验局发电厂（国有企业），始建于1961年，占地面积7.2万平方米。

带岭林业实验局发电厂是企业自备电厂。担负着全区的发供电、17万平方米房屋建筑的供热和电力能源国网输送三项任务。电厂设有5个车间、2个工段、一部三股两办。即锅炉、汽轮机、电气、化验、燃料5个生产车间，负责供电经营的供电段，负责供热管理的供热段；厂机关行政管理机构设安全技术部、财务股、材料股、安保股和考核办公室、行政办公室。

1986年至2001年4月，带岭林业实验局发电厂有职工450余人。

2001年4月，在伊春市经贸委的指导下，发电厂实施了企业剥离改制。剥离改制后的企业称带岭翔达热电有限责任公司，是民营股份制公司。将原发电厂的资产进行评估后，全部出售给创立公司的30名股东（原发电厂职工）。将原发电厂的职工进行一次性安置，带岭翔达热电有限责任公司用人重新招聘。公司常用员工250余人。

带岭翔达热电有限责任公司1986年至1999年8月供电范围包含区址内南至大青川、东方红、秋丰、黎明，西南至大箐山顶、秀水屯，北与西北至环山、寒月、北列、南列、碧水、红光、永翠、朝阳及黑龙江省铁力林业局丰林林场。带岭林业实验局朝阳经营林场至铁力林业局丰林林场段的输电线路为自设输电线路。1999年8月，带岭林业实验局将区址内的南照线（即西南岔河上的带岭秀水大桥以东的国铁道南，双兴社区与双兴村，南至大青川，直至东方红、秋丰、黎明的输电线路）划归国家电网公司黑龙江电力公司绥化电业局管供，并由绥化电业局带岭供电局具体经营管理。原其他输电网络与供电范围未变。截至2005年年底，居民用电9150户，国家企事业单位用电400余户，各类非国有工商企业用电4000余户。

带岭林业实验局发电厂是企业自备电厂，企业职工与家属用电价格较低。由于林业企业职工与家属占全区居民总数的比重较大，加上带岭区人民政府和带岭林业实验局实行“政企合一”，因此，其他居民用电与企业职工及其家属同价，长期保持在0.18元/千瓦时。企业生产、餐饮商服业经营、企事业单位办公用电等其他各类用电价格也不高，电价定位没有进入国家统一规定的电价市场。1990年1月进行了1986年7月以来的第一次电价调整。这次电价调整只是调涨了居民用电价格，从0.18元/千瓦时调涨到0.35元/千瓦时，其他各类用电价格未变。2003年10月进行了1986年7月以来的第二次电价调整。第二次电价调整，居民用电从上次的0.35元/千瓦时调涨到0.47元/千瓦时；其他各类用电价格也均有不同调变。2004年10月，带岭翔达热电有限责任公司进行了1986年7月以来的第三次电价调整，执行国家统一规定的电价价位。第三次电价调整，居民用电价格未变，仍是0.47元/千瓦时，其他各类用电价格有微调。

带岭林业实验局发电厂暨带岭翔达热电有限责任公司供热管网中有四大供热干线。即南线、北线、中线、道南线，四大供热干线总长7.6公里。1986年集中供热面积17万平方米，1987—1990年集中供热面积20万平方米，1991—1995年集中供热面积23万平方米，1996—2000年集中供热面积30万平方米，2001—2005年集中供热面积36万平方米。截至2005年，供热管网中的四大供热干线供热面积情况分别是：南线供热面积12万平方米，北线供热面积13万平方米，中线供热面积10万平方米，道南线供热面积1万平方米。其中单位取暖供热67户，面积12万平方米；餐饮商服业等取暖供热360户，面积2万平方米；居民群众取暖供热4000余户，面积22万平方米。

1986—2005年带岭翔达热电有限责任公司年度发电量、供电量情况一览表

表7-5 单位：万千瓦时

项目 年份	年发电量	年供电量	
		区内供电	上网电量
1986	1800	1250	100
1987	1850	1290	100
1988	2150	1500	160
1989	2300	1600	170
1990	2920	2150	186

续表 7-5

单位：万千瓦时

项目 / 年份	年发电量	年供电量	
		区内供电	上网电量
1991	3222	2377	200
1992	3300	2400	240
1993	3550	2500	380
1994	3600	2530	400
1995	3700	2700	300
1996	4150	3000	410
1997	4560	3200	560
1998	4600	3200	600
1999	4000	3280	—
2000	3500	3200	130
2001	2588	3126	361
2002	2934	2204	280
2003	2699	2123	726
2004	3159	2241	733
2005	2050	1880	680

1986—2005 年带岭翔达热电有限责任公司电价变动情况一览表

表 7-6

项目 / 时间	民用	林业企业生产	工业动力生产	商服业经营性
1986 年 7 月—1989 年 12 月	0.18 元 / 千瓦时	0.50 元 / 千瓦时，加基本电费（5 元 / 千瓦）	1.00 元 / 千瓦时，加力率电费	1.00 元 / 千瓦时，加力率电费
1990 年 1 月—2003 年 9 月	0.35 元 / 千瓦时	0.50 元 / 千瓦时，加基本电费（5 元 / 千瓦）	1.00 元 / 千瓦时，加力率电费	1.00 元 / 千瓦时，加力率电费
2003 年 10 月—2004 年 9 月	0.47 元 / 千瓦时	0.647 元 / 千瓦时	0.632 元 / 千瓦时	0.808 元 / 千瓦时
2004 年 10 月—2005 年 12 月	0.47 元 / 千瓦时	0.701 元 / 千瓦时	0.678 元 / 千瓦时	0.839 元 / 千瓦时

1986—2005 年全区集中供热面积及主、分管线变化情况一览表

表 7-7

项目 / 年份	总面积（万平方米）	各线供热面积（万平方米）				主管线总长（公里）	分支管线总长（公里）	备注
		南线	北线	中线	道南线			
1983	7	3	4	—	—	2.0	1.0	全区开始集中供热
1986	17	10	7	—	—	2.0	2.0	—
1987—1990	20	12	8	—	—	3.0	4.0	—
1991—1994	23	13	9	—	1	4.0	6.0	投资 20 万元增设道南主管线
1995	23	7	8	7	1	6.0	10.0	投资 60 万元增设中线主管线
1996—2000	30	9	9	9	3	7.0	14.0	—
2001—2005	36	12	13	10	1	7.6	16.0	—

二、伊春兴安岭风力发电有限公司简介

伊春兴安岭风力发电有限公司成立于2004年12月21日，公司注册于伊春市工业区。该公司是个集风力发电开发、电场建设、风力发电生产与电力能源经营于一体的电力能源开发生产和经营企业。伊春兴安岭风力发电有限公司，是由北京龙源电力集团公司、雄亚（维尔京）有限公司、绥化丰源投资有限公司三方投资组建的，为中外合资股份制企业。三方投资比例为北京龙源电力集团公司30%，雄亚（维尔京）有限公司25%，绥化丰源投资有限公司45%。伊春兴安岭风力发电有限公司按照企业公司法运作和经营管理，成立董事会，设董事长、副董事长各1人，董事3人，监事2人。由董事会聘任公司的总经理和副总经理。该公司成立后，设址办公地点在带岭区址团结社区绥化电业局带岭供电局的办公、营业与住宅于一体的综合楼内一楼北半部。公司下设5个部：综合部、经营财务部、工程建设部、安全生产部、计划开发部。员工总数60人。

已完成的工程项目。大箐山风力发电场建设项目为伊春兴安岭风力发电有限公司的首期工程，位于黑龙江省带岭林业实验局大青川经营林场施业区内的海拔1203米的小兴安岭第二高峰大箐山山顶。此风力发电场工程建设项目是带岭林业实验局的对外招商引资项目之一。

2003年春季，伊春兴安岭风力发电有限公司投资三方派遣工程技术人员多次对大箐山风场进行勘查测风，认为可以筹建风力发电场。2005年5月，大箐山风力发电场工程破土动工，同年11月25日全部工程竣工，19台机组全部并网发电。全部工程仅用6个月的时间。天气正常时，大箐山风电场每日可以30万千瓦时的电量向国家东北电网输送绿色电力能源。工程建设实现了当年立项、当年核准、当年兴建、当年投达产见效益的目标。同年12月17日，伊春兴安岭风力发电有限公司为大箐山风力发电场的工程竣工和其并网发电举行了剪彩仪式。

大箐山风力发电场总装机容量为16.15兆瓦，由19台850千瓦丹麦VESTAS公司生产的风力发电机机组组成。该风力发电场工程总投资12895万元，其中注册资本6195万元，建设银行贷款6700万元，电力能源单位成本造价7985元/千瓦。每台风力发电机组是由功率为850千瓦的风力发电机、55米高的轮毂（3段连接）、3片各26米长的桨叶和钢筋混凝土底座组成。

大箐山风力发电场2005年11月25日建成并并网发电运行正常，各相关设备运行状况良好，故障率为零，安全生产性能稳定，经济效益可观。

大箐山风力发电场工程项目的配套工程有66千伏的升压变电所1处，值守房舍（二层楼房）等土建工程、通信工程及65公里长的高压输电线路工程等。

大箐山风力发电场工程项目的经营期为20年，投资利税率为6.12%，还贷（投资收回）期为15年。

在建的工程项目。2005年，伊春兴安岭风力发电有限公司已经在建的工程项目有石帽顶子山风力发电场和耳朵眼子风力发电场。这两个风力发电场的建设工程为该公司的二期工程。石帽顶子风力发电场位于黑龙江省带岭林业实验局东方红经营林场施业区内的石帽顶子山山顶，与黑龙江省朗乡林业局接壤。耳朵眼子风力发电场位于黑龙江省朗乡林业局施业区内的耳朵眼子山山顶。

伊春兴安岭风力发电有限公司董事会决定，石帽顶子风力发电场工程将于2006年5月破土动工，2006年10月底并网发电；耳朵眼子风力发电场工程将于2006年年底以前完成所有配套工程，并于2007年6月1日至7月底完成该风力发电场建设工程的设备吊装任务，于2007年8月1日并网发电。

石帽顶子风力电场总装机容量为30.6兆瓦，由36台850千瓦西班牙Gamesa公司生产的风力发电机组组成。该风力发电场工程总投资30018万元，其中动态投资29926万元，静态总投资29244万元。资金来源于自筹资本金9906万元，其余部分资金申请建设银行贷款。电力能源单位动态成本造价9779.7元/千瓦，电力能源单位静态成本造价9556.8元/千瓦。每台风力发电机组是由功率为850千瓦的风力发电机、65米高的轮毂（3段连接）、3片各29米长的桨叶和钢筋混凝土底座组成。

耳朵眼子风力发电场总装机容量为 28.05 兆瓦，由 33 台 850 千瓦西班牙 Gamesa 公司生产的风力发电机组组成。该风力发电场工程总投资 27607 万元，其中动态投资 27522 万元，静态总投资 26976 万元。资金来源于自筹资本金 9110 万元，其余部分资金申请建设银行贷款。电力能源单位动态成本造价 9811 元 / 千瓦，电力能源单位静态成本造价 9617 元 / 千瓦。每台风力发电机组是由功率为 850 千瓦的风力发电机、65 米高的轮毂（3 段连接）、3 片各 29 米长的桨叶和钢筋混凝土底座组成。

第八篇

农　业

1986—2005 年，农村农业经历了两轮的农业土地经营承包改革的过程。第一次土地经营承包改革于 1984 年春实施，第二次土地经营承包改革于 1998 年春实施。2004 年和 2005 年，国家先后分两批在全国实施土地经营免租政策，结束了我国几千年的土地经营交付地租的历史。同时，实施农户种田补贴、购置大型农机具补贴的政策。人们称上述两个政策为“一免两补”。“一免两补”政策激发了农村村民对土地经营的热情，调动了村民经营土地的积极性，农业生产得以又好又快的发展。

带岭区（局）的多种经营业发展迅速。特别是国家实施“天然林资源保护工程”以后，林业的木材生产量大幅度调减，林业企业下岗再就业人员和农村富余劳动力大量增加，进而促进全区多种经营的快速发展。人们为了生计，相当部分的林业企业下岗再就业人员和农村富余人员及企业在职人员从事了多种经营生产，林业企业或单位给予人力、物力、财力、技术支持。

第一章　农业经营

第一节　机构设置

1986年，带岭区大兴乡人民政府既是全区农村的基层政权组织又是全区农村农业生产的管理组织机构。

此时，带岭区大兴乡人民政府下辖8个农业行政村，即永兴村、靠山村、金星村、良种村、双兴村、青川村、红星村和秋丰村。

为了理顺农村政权组织机构和经济活动组织机构的职能，1988年1月，带岭区委决定成立带岭区农业管理处。带岭区农业管理处负责全区8个农业行政村的农业生产管理工作。带岭区农业管理处与带岭区大兴乡人民政府合署办公，带岭区大兴乡人民政府乡长兼任带岭区农业管理处主任。

1986年，带岭区农业机械管理站（简称“农机站”）改称带岭区农业机械管理科（简称农机科）；1988年1月，带岭区农业机械管理科又改称农业机械监理站，并划归带岭区农业管理处领导。此时，带岭区农业管理处下设6个事业性管理机构，即农业种子站、畜牧兽医站、农业经济管理站、农业技术推广站、农业机械监理站、水产管理站。

1991年5月，带岭区农业管理处撤销，成立带岭区农业管理委员会。其下设机构即原带岭区农业管理处下设的6个事业性管理机构。

1997年6月，区政府机关实施机构改革，撤销带岭区农业管理委员会，成立带岭区农业工作办公室。同时，将带岭区乡镇企业局和带岭区水利（务）局合并后纳入带岭区农业工作办公室，并将原带岭区农业管理委员会下设的6个事业性管理机构中的农业种子站、畜牧兽医站、农业技术推广站、农业机械监理站、水产管理站划归带岭区农业工作办公室。农业经济管理站留给带岭区大兴乡人民政府。

2000年3月，带岭区大兴乡人民政府根据上级指示精神，结合实际情况，将其下辖的8个农业行政村合并为5个农业行政村，即永兴村和靠山村合并，合并后称永兴村；双兴村和良种村合并，合并后称双兴村；红星村和秋丰村合并，合并后称红星村。其他农业行政村未变。

2001年3月，带岭区政府又一次机构改革。根据上级规定，带岭区大兴乡人民政府被撤销。带岭区大兴乡人民政府撤销后，其职能并入带岭街道办事处。将原带岭区大兴乡人民政府领导的农业经济管理站亦划归带岭街道办事处。与此同时，带岭区人民政府成立非国有经济管理办公室，并将带岭区农业工作办公室乡镇企业工作的管理职能和全部人员划归非国有经济管理办公室；将全区（局）的多种经营业的管理工作划归带岭区农业工作办公室。此时，带岭区农业工作办公室改称为带岭区农业工作委员会。

第二节　农业基本情况

第一轮（1983—1997 年）全国农村农业土地“家庭承包经营”期的 1986 年，带岭区大兴乡人民政府的永兴村、靠山村、金星村、良种村、双兴村、青川村、红星村和秋丰村 8 个行政村共有耕地 11266 亩，农户 819 户，农业人口 3820 人，农村劳动力 1726 人。全乡人均耕地不足 2.95 亩，秋丰村人均耕地 6 亩为最多，永兴村人均耕地不足 1.66 亩为最少。全乡人均年收入 460 元。

同时，带岭林区还有其他农业耕地近万亩，即带岭区内的原 3 个家属生产队和带岭林业实验局各经营林场、经营所的家属生产队、青年队耕种的土地。带岭区内原 3 个家属生产队耕种的土地大部分由原家属生产队的成员承包经营或后来转包经营，小部分租给大兴乡距耕地较近的农业行政村经营。耕地在带岭林业实验局经营林场和经营所的，由各经营林场和经营所的职工、家属、青年承包经营或后来转包经营。

1990 年，带岭区大兴乡人民政府的 8 个农业行政村共有耕地 11031 亩，农户 881 户，农业人口 3265 人，农村劳动力 1620 个。全乡农业人均耕地不足 3.4 亩，全乡人均耕地比 1986 年时增加了 0.45 亩。全乡农业人均年收入 701 元，比 1986 年增加了 241 元。

1990 年，带岭林区其他农业耕地由原来的近万亩减少到 8699 亩。减少的原因主要有四点：一是林业企业贯彻落实国家退耕还林政策，植树造林；二是林业企业自身的林业生产建设占用；三是林区交通道路建设和城镇市政建设占用；四是水毁、采沙、撂荒等损失。

1997 年，第一轮全国农村农业土地“家庭承包经营”期满时，带岭区大兴乡人民政府的 8 个行政村共有耕地 9154 亩，农户 876 户，人口 3068 人，农村劳动力 1952 个。全乡农业人均耕地 2.98 亩。全乡人均耕地比 1990 年时减少 0.42 亩。全乡人均年收入 1408 元。

1998 年，第二轮全国农村农业土地“家庭承包经营”期伊始，带岭区大兴乡人民政府的 8 个行政村共有耕地 9163 亩，农户 891 户，人口 2947 人，农村劳动力 1895 个。全乡农业人均耕地不足 3.11 亩，秋丰村人均耕地 8 亩为最多，永兴村人均耕地 1.8 亩为最少。全乡人均年收入 1713 元。

2005 年是第二轮全国农村农业土地“家庭承包经营”期的第八年，带岭街道办事处的 5 个农业行政村总共有耕地 9168.5 亩，农户 1030 户，人口 3065 人，农村劳动力 1680 个。全区农业人均耕地近 3 亩，红星村的秋丰村民小组人均耕地 11 亩为最多，永兴村的第一至第四村民小组人均耕地 1.8 亩为最少。全区农业人均年收入 3200 元。

1986—2005 年带岭区（局）农村农业基本情况一览表

表 8-1

项目 年份	行政村（个）	耕地面积（亩）	农户数（户）	农业人口（人）	劳动力（个）	人均年收入（元）
1986	8	11266.0	819	3820	1726	460
1987	8	11120.0	821	3600	1742	502
1988	8	11066.0	829	3603	1725	672
1989	8	11038.0	859	3444	1613	699
1990	8	11031.0	881	3265	1620	701
1991	8	10726.0	835	3195	1799	768
1992	8	10668.0	828	3185	1799	840

续表 8-1

项目 年份	行政村（个）	耕地面积（亩）	农户数（户）	农业人口（人）	劳动力（个）	人均年收入（元）
1993	8	10668.0	847	3185	1688	911
1994	8	10672.0	847	3189	1788	1024
1995	8	10611.0	852	3172	1929	1483
1996	8	10611.0	872	3111	1906	985
1997	8	9154.0	876	3068	1952	1408
1998	8	9163.0	891	2947	1985	1713
1999	8	9163.0	906	2941	1914	2003
2000	5	9063.0	970	2950	1921	2118
2001	5	9063.0	1011	2950	1921	2225
2002	5	9168.5	1014	2979	1939	2660
2003	5	9168.5	1028	3063	1696	2792
2004	5	9168.5	1028	3058	1670	3034
2005	5	9168.5	1030	3065	1680	3200

第三节　土地经营

1986 年，全区农村农业仍延续执行 1984 年春起实施的“家庭联产承包责任制”的土地经营方式。也就是把原生产大队的土地按土地质量好坏划分为 4 个等级，将土地质量的好坏搭配地分给每一个农户，由一家一户承包经营。土地所有权属于各村集体所有，使用和生产经营权归属承包经营土地的农户自己。土地承包经营使用费和地税由承包经营土地的农户自己负责。各村民委员会与其承包经营土地的农户签订土地经营承包合同，此合同根据中共中央、国务院的政策精神，一定 15 年不变。国家将这次农村农业土地经营承包称为第一轮土地承包经营期。到 1997 年年底第一轮土地承包经营期满。

1998 年春，带岭区大兴乡下辖的 8 个行政村的村民委员会先后与本村的农户签订第二轮农村土地经营承包合同，全区顺利地完成了第二轮农村土地经营承包工作。

1998 年，在国家实施第二轮农村农业土地经营“家庭承包责任制”的同时，带岭区委、区政府根据中共中央、国务院及省委、市委的精神，在全区农业的 8 个行政村中普遍开展了“村务公开”活动，各村建立“村务公开”制度。村务公开的主要内容分财务公开和政务公开，即村级组织（村民委员会或党组织）所管理的一切事务必须公开的。财务公开是指对村级组织（村民委员会）的收支等财务情况每半年或一年向全体村民公开一次。政务公开是指村级组织（党组织或村民委员会）除财务公开内容以外的其他事项及时地向全体村民或有关村民公开。村务公开的形式以各村设立的“村务公开板”或“村务公开栏”为主，辅有广播、会议、宣传单等形式。

2004 年，中共中央、国务院提出了在全国部分省、区农村首先实行“一免两补”政策，黑龙江省是其中之一，即免征农业税、种田补贴、农户购置大型农机具补贴。带岭区委、区政府在全区 5 个农业行政村中贯彻落实了中共中央、国务院的这一惠农政策。农户和村民切实地得到了种田的实惠，极大地调动了农户的种田积极性。

第四节 产业结构调整

1986年，全区农业有可耕作土地11266亩，农户819户，农业人口3820人，农村劳动力1726个，人年均收入460元。全区有8个农业行政村。2005年，全区农业有可耕作土地9186.5亩（实际是9812亩），农户1030户，农业人口3065人，农村劳动力1680个，人年均收入3200余元。全区有5个农业行政村。1986年，全区农业人口人均可耕作土地为2.95亩；2005年，全区农业人口人均可耕作土地实际为3.2亩。

20年间，全区可耕作土地面积变化不大，农户户数略有增加，农业人口和农村劳动力略有减少，人均可耕作土地变量也不大，但是2005年的全区农业人口人年均收入却是1986年的近7倍。

全区农村农户人均年收入逐年不断增加，除农业增产增收的因素外，其主要原因就是农业经济的产业结构调整。农户或村民为增加家庭收入，出外打工、跑运输、加工、建筑、经商、服务等应有尽有，不再单单围绕经营土地想出路，而是将致富触角伸向其他领域。

1986—2005年，全区农村农业经济的产业主要有种植业、畜牧业、副业（含养殖业）、食品加工业、其他各类加工业、建筑业、运输业、商服饮食业等。

1986—2005年农村各类经济产业产值情况统计表

表8-2 单位：万元

项目 / 年份	工业	食品加工业	其他加工业	建筑业	运输业	商饮服业	农业	种植业	畜牧业	副业	合计
1986	25.0	20.0	5.0	5.0	40.0	18.0	276.0	165.0	86.0	25.0	364.0
1987	29.0	23.0	6.0	6.0	42.0	21.0	296.0	173.0	95.0	28.0	394.0
1988	33.0	26.0	7.0	6.0	45.0	24.0	326.0	188.0	108.0	30.0	434.0
1989	36.0	28.0	8.0	7.0	47.0	28.0	347.0	198.0	117.0	32.0	465.0
1990	39.0	30.0	9.0	7.0	50.0	30.0	375.0	215.0	125.0	35.0	501.0
1991	42.0	33.0	9.0	7.5	55.0	35.0	400.0	228.0	134.0	38.0	539.5
1992	45.0	35.0	10.0	8.0	59.0	38.0	421.0	240.0	141.0	40.0	571.0
1993	50.0	38.0	12.0	8.0	62.0	40.0	436.0	245.0	148.0	43.0	596.0
1994	53.0	40.0	13.0	8.5	64.0	45.0	461.0	256.0	159.0	46.0	631.5
1995	56.0	42.0	14.0	9.0	67.0	48.0	474.5	265.0	162.0	47.5	654.5
1996	57.5	43.5	14.0	9.0	70.0	51.0	482.0	264.0	168.0	50.0	669.5
1997	60.0	45.0	15.0	10.0	72.0	50.0	490.0	268.0	170.0	52.0	682.0
1998	63.0	47.0	16.0	10.0	75.0	52.0	499.0	270.0	175.0	54.0	699.0
1999	64.0	48.0	16.0	10.0	78.0	54.0	512.0	275.0	182.0	55.0	718.0
2000	68.0	51.0	17.0	10.0	80.0	55.0	535.0	288.0	190.0	57.0	748.0
2001	151.0	116.0	35.0	10.0	85.0	84.0	611.5	295.5	252.0	64.0	941.5
2002	289.0	240.5	48.5	15.0	90.0	189.0	736.0	373.0	292.0	71.0	1319.0
2003	546.0	343.0	203.0	10.0	120.0	378.0	910.8	458.3	349.5	103.0	1964.8
2004	609.0	434.0	175.0	15.0	110.0	297.0	968.5	610.5	257.0	101.0	1999.5
2005	661.0	521.0	140.0	30.0	120.0	321.0	943.1	551.5	281.6	110.0	2075.1

第二章　种植业

第一节　蔬菜生产

1986年，全区蔬菜作物生产种植面积3260亩。其中，春菜生产种植面积280亩、夏菜生产种植面积750亩、秋菜生产种植面积2230亩。2005年，全区蔬菜作物生产种植面积1663亩。其中，春菜生产种植面积192亩、夏菜生产种植面积499亩、秋菜生产种植面积972亩。

1999年，带岭区双兴村开始引种秋大葱，当年双兴村农户共种植秋大葱30亩。全区秋大葱生产种植初见成效。2005年，全区秋大葱生产种植面积发展到180亩。秋大葱质量好，产量高，基本上占领了全区的秋大葱市场。秋大葱作物的引种，使种植秋大葱的农户不仅增加了收入，同时也结束了带岭不能种植秋大葱的历史。

1986—2005年带岭区（局）农业蔬菜生产种植面积情况一览表

表8-3　　单位：亩

项目 年份	合　计	春　菜	夏　菜	秋　菜	秋大葱
1986	3260.0	280.0	750.0	2230.0	—
1987	3010.0	274.0	720.0	2016.0	—
1988	3080.0	281.0	760.0	2039.0	—
1989	3240.0	277.0	740.0	2223.0	—
1990	3165.0	285.0	710.0	2170.0	—
1991	3154.0	299.0	690.0	2165.0	—
1992	3090.0	270.0	735.0	2085.0	—
1993	3120.0	255.0	750.0	2115.0	—
1994	2615.0	240.0	690.0	1685.0	—
1995	2550.0	195.0	675.0	1680.0	—
1996	2235.0	202.5	562.5	1470.0	—
1997	2190.0	195.0	585.0	1410.0	—
1998	2145.0	187.5	570.0	1387.5	—
1999	2411.0	206.0	630.0	1545.0	30.0
2000	2283.0	197.5	620.5	1415.0	50.0

续表 8-3

单位：亩

项目 年份	合 计	春 菜	夏 菜	秋 菜	秋大葱
2001	2444.5	204.5	641.0	1519.0	80.0
2002	2039.5	183.5	534.0	1202.0	120.0
2003	1901.0	187.0	514.0	1060.0	140.0
2004	1902.5	186.5	502.0	1054.0	160.0
2005	1843.0	192.0	499.0	972.0	180.0

第二节　粮豆薯和经济作物生产

全区粮食作物生产主要是普通玉米、黏玉米和大豆；薯类作物生产主要是普通土豆和早土豆；经济作物生产主要是甜菜和药材。

1986 年，全区普通玉米生产种植面积为 2497 亩。1997 年，全区黏玉米生产种植面积为 30 亩。2005 年，全区普通玉米生产种植面积为 2096 亩，黏玉米生产种植面积为 462 亩。

1986 年，全区大豆作物生产种植面积为 4300 亩。1992 年，全区大豆作物生产种植引进了“垄三精量点种机”使用新技术。2003 年，全区大豆作物生产种植面积基本持衡，均保持在每年 4000 亩左右。2004 年起明显地显示出逐年增加的趋势，其原因是国家大豆市场价格逐年走高。2005 年，全区大豆作物生产种植面积为 4967.3 亩，其中使用“垄三精量点种机”播种的面积有 4500 亩。

1986 年，全区普通土豆生产种植面积为 1830 亩。1997 年，全区早土豆种植 20 亩。2005 年，全区普通土豆生产种植面积为 590 亩，早土豆生产种植面积为 100 亩。

20 年间，全区土豆生产种植面积呈下降趋势，由 1986 年的 1830 亩减少到 2005 年的 690 亩。全区土豆生产种植面积大量减少的主要原因有四点：一是带岭林区农田土质不适宜土豆生长；二是全区土豆生产品种改良跟不上土豆品质退化的速度，另外土豆的单产量也低；三是全区普通土豆市场基本上被外进土豆占领；四是全区菜类市场品种逐年增多，人民群众生活对土豆的需求量逐年减少。

全区甜菜作物生产种植始于 1991 年，当年全区生产种植面积为 1005 亩。2005 年，全区甜菜作物生产种植面积为 533.5 亩。全区甜菜作物生产种植面积总的来看呈下降趋势。

经济作物中的其他生产种植和药材生产种植分别始于 1998 年和 2002 年。全区其他经济作物生产种植面积 1998 年为 30 亩，2004 年为 14 亩，2005 年没有生产种植经营。

2002 年，全区药材生产种植面积为 68 亩。

1986—2005 年带岭区（局）农业大田作物、经济作物生产种植面积情况一览表

表 8-4

单位：亩

项目 年份	玉米	普通玉米	黏玉米	大豆	普种大豆	垄三大豆	土豆	普通土豆	早土豆	经济作物	甜菜	药材	其他
1986	2497	2497	—	4300	4300	—	1830	1830	—	—	—	—	—
1987	2867	2867	—	4200	4220	—	1790	1790	—	—	—	—	—
1988	2467	2467	—	4530	4530	—	1810	1810	—	—	—	—	—

续表 8-4

单位：亩

年份＼项目	玉米	普通玉米	黏玉米	大豆	普种大豆	垄三大豆	土豆	普通土豆	早土豆	经济作物	甜菜	药材	其他
1989	2297	2297	—	4455	4455	—	1820	1820	—	—	—	—	—
1990	3022	3022	—	3825	3825	—	1800	1800	—	—	—	—	—
1991	2322	2322	—	3555	3555	—	1780	1780	—	1005	1005	—	—
1992	2195	2195	—	3330	3200	130	1700	1700	—	1365	1365	—	—
1993	1710	1710	—	3690	3390	300	1750	1750	—	1410	1410	—	—
1994	2600	2600	—	3450	2950	500	1650	1650	—	1335	1335	—	—
1995	2737	2737	—	3510	2710	800	1720	1720	—	1095	1095	—	—
1996	1292	1292	—	2950	2950	1000	1340	1340	—	1995	1955	—	—
1997	2512	2482	30	3825	2525	1300	1310	1290	20	975	975	—	—
1998	2417	2317	100	3675	2075	1600	1230	1200	30	345	315	—	30
1999	2259	2109	150	3800	1800	2000	1275	1235	40	97	—	—	97
2000	2324	2124	200	3864	1364	2500	1285	1235	50	109	—	—	109
2001	2511	2301	210	3889	889	2900	935	875	60	391	324	—	67
2002	2845	2625	220	4099	999	3100	930	860	70	65	—	15	50
2003	2715	2475	240	4430	930	3500	890	810	80	16	—	16	—
2004	1814	1554	260	5060	560	4500	870	780	90	326	290	22	14
2005	2096	1634	462	4967	467	4500	690	590	100	602	534	68	—

第三节 病虫害防治

一、常见病虫害

1986 年，全区农业常见病虫害主要有黄瓜角斑病、霜霉病，青椒和茄子疫病、绵疫病，柿子早、晚疫病，萝卜、白菜小飞蛾虫害及大田作物瓢虫和蚜虫及舞毒蛾虫害等。

1986—1995 年，为全区农业病虫害中等发生期。其间，全区农业发生的病虫害主要有黄瓜角斑病、霜霉病，青椒和茄子疫病、绵疫病，柿子早、晚疫病及各类大田作物的瓢虫害、白蝴蝶卵虫害、蚜虫虫害、小飞蛾虫害等。

1996—2005 年，为全区农业病虫害高发期。其间，全区农业发生的病虫害主要是青椒落花、落果严重，青椒果实及茄子果实大量腐烂，青椒和茄子病害比较严重。病虫害发生情况同 1986—1995 年的全区病虫害中等发生期的基本相同。农业专家分析，可能是受 1996 年“7·29”山洪自然灾害的影响，空气及地表污染，致使全区农业病虫害较多较严重。

二、病虫害防治

全区农业病虫害防治工作，采取由区农业主管部门派出农业技术人员进行亲自指导，农户自行防治的方法进行。大量的病虫害防治工作，均由农户自行询找农业技术人员或到相关种子农药店点咨询、购药后自己喷洒。病虫害受灾严重的地块，区农业部门的技术人员亲自到田间地头指导病虫害防治工作。

全区农业病虫害防治的方法主要有药物防治、苗前防治、人工防治。

三、病虫害发生情况

2001 年，全区病虫害受灾面积为 2765 亩。通过苗前和药物防治后，严重减产的仅 24.6 亩。

2002 年，全区农业病虫害受灾面积为 3622 亩。通过苗前和药物防治后，严重减产的仅 21.1 亩。

2003 年，全区农业病虫害受灾面积为 3150 亩。通过苗前和药物防治后，严重减产的仅 17 亩。

2004 年，全区农业病虫害受灾面积为 3480 亩。通过苗前和药物防治后，严重减产的仅 14.5 亩。

2005 年，全区农业病虫害受灾程度较轻，除大豆外，其他作物基本上没有严重减产的。全区发生了大豆除草剂药害，通过区农业部门技术人员的指导，近 5000 亩的大豆除部分地块严重减产损失外，其余大部分均获得丰收。

第四节　种　子

一、各类农作物种子购进与供应

1986—2000 年，全区各类农作物种子购进与供应情况，农业主管部门未作统计记载，2001 年以后才有粗略的统计记载。

2001—2005 年带岭区（局）各类农作物种子购进与供应情况一览表

表 8-5　　单位：吨

种类 \ 年份		2001	2002	2003	2004	2005
春菜	购　进	0.50	0.50	0.60	0.50	0.60
	供　应	0.50	0.50	0.60	0.50	0.60
夏菜	购　进	0.50	0.50	0.50	0.50	0.40
	供　应	0.50	0.50	0.50	0.50	0.40
秋菜	购　进	1.00	0.80	0.70	0.60	0.50
	供　应	1.00	0.80	0.70	0.60	0.50
玉米	购　进	5.00	5.50	4.00	4.00	4.50
	供　应	5.00	5.50	4.00	4.00	4.50
大豆	购　进	10.00	13.00	18.00	20.00	20.00
	供　应	10.00	13.00	18.00	20.00	20.00
土　豆		自备自购	自备自购	自备自购	自备自购	自备自购
甜　菜		订　购	订　购	订　购	订　购	订　购
其　他		自行购买	自行购买	自行购买	自行购买	自行购买

二、各类农作物种子繁殖培育

全区专搞各类农作物种子繁殖培育的农户数量很少，大都使用外购的农作物种子。2001—2005

年，全区农村也有些农户利用学习掌握的农业科普知识，在农业专家的指点下，在自己的农田里从事一些作物种子的繁殖培育工作。他们根据自己种田的实际需求，培育了一些作物种子，有的成功，也有的失败。

2001—2005年带岭区（局）各类农作物种子繁育情况一览表

表8-6

单位：吨

种类 年份	春菜	夏菜	秋菜	大豆
2001	0.20	0.30	0.10	10.00
2002	0.20	0.30	0.10	8.00
2003	0.20	0.30	0.10	7.00
2004	0.20	0.30	0.10	5.00
2005	0.20	0.30	0.10	5.00

第三章　科学种田

第一节　新技术推广

一、温室大棚与地膜多茬次栽培

1986—2005 年，每到春天，一些农户利用温室大棚培育各种蔬菜秧苗和种植各种春菜，待各种蔬菜秧苗和各种春菜产出后，温室大棚内空闲地可栽植柿子、茄子、黄瓜、豆角等蔬菜作物。同时，一些农户在自己承包经营的地里选定地块进行一定面积的地膜覆盖，生产种植各种夏菜和早土豆等作物，使其提前上市，待这些夏菜和其他作物产出后，地膜覆盖的地块可生产种植其他秋菜和作物。

二、黄瓜乙烯利处理

1986 年，全区各农业行政村黄瓜乙烯利处理技术的推广和应用面积不断扩大，到 2005 年，全区推广和应用黄瓜乙烯利处理技术达 90%。黄瓜乙烯利处理新技术具体实施方法是在黄瓜秧苗两叶一心至四叶一心时，使用乙烯利溶液 200ppm 利用喷雾器喷洒一次。这样处理可使黄瓜减少雄花，增加雌花，提高其前期产量。

三、大棚黄瓜整枝

1986 年春，带岭区农业技术人员引进了大棚黄瓜整枝新技术。该技术的具体实施方法是在黄瓜生长前期靠主干结瓜，当主干生长到 20～25 节时，将其生长点掐掉，促使其憋杈子，当新发的杈子结瓜后，在其两叶时把生长点去掉。

四、PT 防治黄瓜角斑病

1987 年，带岭区农业技术推广站根据全区黄瓜角斑病危害较为严重的实际情况，引进了 PT 防治黄瓜角斑病的新技术。其具体实施方法是每次用 3 两 PT 药液加 500 倍的水，在黄瓜发病期进行喷洒。

五、瑞毒霉防治黄瓜霜霉病

1987 年，区农业技术推广站引进瑞毒霉防治黄瓜霜霉病新技术。该新技术的具体实施方法是用瑞毒霉和瑞青铜对患病黄瓜秧苗进行防治喷洒，收效甚好，当年推广应用面积全区达 152 亩。

六、“丰收杯”计划

1986 年春季，由伊春市农业技术推广中心统一安排课题，落实高产攻关计划。列入攻关计划的有白菜、茄子、青椒、黄瓜 4 个蔬菜作物品种，带岭区安排在永兴、双兴等村实施。蔬菜作物播种面积为480亩，总产量达142830公斤，各项产量指标均超过计划规定的指标。

七、稀土微肥应用

1986年5月，带岭区农业技术推广站引进了稀土微肥农业应用新技术。首次在靠山村张作锡的温室大棚里试应用，将兑至200倍的稀土微肥溶液对秧苗进行喷洒，一周之后，喷洒过稀土微肥溶液的秧苗长势明显看好，呈黑油绿色。秧苗定植完后，则使用800～1000倍的稀土微肥溶液喷洒即可。

1989年5月，带岭区秋丰村的农户谢恩杰、方兆田用稀土微肥新技术拌了100多公斤的大豆种，播种面积达15亩。结果发现用稀土微肥溶液拌种的大豆结荚部位离地面距离近，且豆荚色泽好。1990年，全区利用稀土微肥新技术播种大豆面积达1500亩。

八、丰产素应用

1989年夏季，带岭区红星村农户董德春购买了绥化市某厂家生产的丰产素，在大豆开花期和结荚期各喷洒一次。结果秋后测算，每亩地大豆增产2.5～35公斤。1990年，全区丰产素技术推广应用于大豆耕作面积达900亩。

九、除草剂

20世纪90年代初开始，全区农户逐步引用除草剂除草新技术。利用除草剂除草新技术的具体实施方法很简单，即大田作物种植生产完成后，将除草剂用水按其说明比例兑好后，利用喷雾器人工向大田作物地块全面喷洒，即可达到灭草的目的。蔬菜作物地块一般不宜实施除草剂除草方法。

十、施用农家肥

20世纪末，人民群众返璞归真的思想理念大幅度提升，不仅要求吃得饱，而且还要求吃得好，吃出质量来，于是对食用的蔬菜和粮食要求是绿色的，因此在选购时尽可能地想得到绿色食品。全区农户蔬菜种植生产施用农家肥料的逐年增多，生产的蔬菜价格看好；施用化学肥料生产的蔬菜量逐年减少，但减少的幅度不太明显。

第二节 农业技术培训

1986年以来，带岭区农业技术推广站经常组织举办由全区各农业村屯农户参加的农业技术培训班。特别是农闲时节，办班频率要高些，参加培训的人员要多些。

1986—2000年，带岭区农业技术推广站每年至少要组织举办由全区各农业村屯农户参加的大型农业技术培训班两次。特殊情况时，及时组织举办专题农业技术培训班。

2001年1—3月，培训农户478人次。主要培训蔬菜育苗技术、青椒疫病综合防治技术、大豆“垄三”播种技术、玉米双复种植技术。

2002年1—4月，培训农户415人次。主要培训黄瓜霜霉病生息防治技术，温室大棚黄瓜“高、密、稀、薄”高产栽培技术，温室大棚西红柿无虫害栽培技术，黏玉米套种秋萝卜种植技术，养猪快速育肥技术。

2003年1—4月，培训农户603人次。主要培训蔬菜多茬次种植栽培技术、平贝种植栽培技术、“天还2m6”植物细脆膜在农作物中的应用技术、秋白菜高产种植技术、獭兔饲养繁殖技术。

2004年1—4月，培训农户382人次。主要培训秋大葱种植栽培技术、甜菜高产种植技术、饲草种植技术、饲养肉牛快速育肥技术。

2005年1—4月，培训农户350人次。主要培训北药种植与管理技术、食用菌温室大棚栽培技术、双高大豆高产种植技术、獭兔常见病防治技术、鲜食玉米高产种植技术。

第三节 优良品种引进

一、“龙茄一号”引进

1989年3月，带岭区农业技术推广站引进“龙茄一号”新品种，首先在靠山村进行试育苗栽植。“龙茄一号”果实色泽呈深黑色，比其他品种茄子可提前10天上市。

二、旱黄瓜“816”引进

1989年春季，带岭区农业技术推广站引进旱黄瓜“816”新品种。这种旱黄瓜的抗病性能强，上市较早。当年全区仅种10余亩。1990年推广种植面积全区达50亩，占全区旱黄瓜种植面积的50%。

三、早熟白菜品种引进

1989年7月，带岭区农业技术推广站引进白菜早熟品种，并搞了小面积的种植试验。试验结果表明该品种白菜生长期较短，仅为60余天。即每年7月种植，9月初即可成熟上市。

1990年7月，全区推广种植早熟品种白菜2亩左右，发现其抗白斑病能力较差，但单产量较高，次年被农户淘汰。

四、东农“704”西红柿引进栽种

1990年3月，带岭区农业技术推广站引进东农“704”西红柿新品种，首先在永兴村农户吕平远和良种村农户庞洪贵家的温室大棚里试育苗栽植。该品种西红柿系杂交品种，温室大棚和大地均可种植。其果实呈粉红色，果形似馒头形状，上市期比较集中，全区当年种植面积50多亩。

五、蔬菜作物新品种引进

2001—2005年，先后引进水黄瓜品种有津优2号、津育2号、罗斯培、珍城1号等；旱黄瓜品种有秀丰、291、绿春、科丰杂1-8、绿银、绿青、绿圣等；西红柿品种有粉玉、918、中杂9等；青椒品种有851、951、哈椒6、湘研11、龙椒6等；茄子品种有黑旋风、黑珊瑚、黑龙长、Q5、龙杂3等。

六、大田作物新品种引进

2001—2005年，先后引进玉米品种有长城58、单22、兑单9、兑单8、海玉7、海玉3、绥玉7等；大豆品种有黑河27、黑河29、黑河30、黑河38、哈北46-1、垦鉴27、东农44、北疆1、垦鉴1等。

第四章　农田水利与农业机械

第一节　农田水利

一、农田抗旱排涝新方法

1986 年以前，农业集体化经营时修筑和使用的抗旱输水渠和排涝水沟，随农业经营实施“家庭联产承包责任制”的贯彻实施而逐步消失，原输水渠和排水沟的占地已变为有效耕地面积。农村农户的农田抗旱排涝有了新方法。

农户的农田抗旱采用农用潜水泵、水龙带、喷灌机加上电力能源（多采用柴油机发电），利用其旱地邻近的河流或沟泡的水作水源进行。农户的农田排涝采用挖临时排涝水沟或采用潜水泵、水龙带加上电力能源（多采用柴油机发电）进行。

二、河床改道与河道治理

1996 年 7 月 29 日晚，带岭区山洪暴发自然灾害后，区政府投入大量资金，对西南岔河的河床防洪堤坝、河道障碍等进行了综合整治。

1996 年 8 月，带岭区政府安排人力、物力和财力开始对西南岔河带岭段进行河床改道和清障工作，当年完成河床改道工程 1000 延长米，河道清障治理 1000 延长米，工程投资近 30 万元。1998 年，对西南岔河带岭段的部分河道又进行了清障整治。

三、防洪堤修筑

1996 年，“7・29”洪灾过后，区政府投资 5 万元，在西南岔河带岭段北岸西端修筑护坡堤坝 1000 延长米；维修护坡堤坝 400 延长米；1997 年和 1998 年修筑西南岔河带岭段北岸防洪堤坝 1000 延长米；2004 年修筑西南岔河带岭段北岸防洪堤坝 400 延长米；2005 年修筑西南岔河带岭段北岸防洪堤坝 500 延长米。截至 2005 年，全区农田水利建设共修筑防洪堤坝 5000 延长米。

第二节　农业机械

一、农业机械机具保有量

1986 年，全区农村有大中型拖拉机 47 台，链轨式拖拉机 3 台，手扶式拖拉机 3 台，播种机 8 台，中耕犁 15 台；农用水泵、喷灌机、脱粒机、粉碎机、铡草机、旋耕机、七铧犁、轻耙机、重耙机、柴油机、电动机等 107 台件。

2005 年，全区农村有大中型拖拉机 17 台、小型拖拉机 76 台、农用运输车 17 辆、三轮车 120 辆、链轨式拖拉机 2 台、播种机 112 台、中耕机 61 台及农用水泵、喷灌机、脱粒机、粉碎机、铡草机、旋耕机、七铧犁、轻耙机、重耙机、柴油机、电动机等 269 台件。

1986—2005 年带岭区（局）农业机械（机具）保有量情况一览表

表 8-7　　单位：台、件

名称 年份	大中型拖拉机	小型拖拉机	农用运输车	三轮车	手扶式拖拉机	链轨式拖拉机	播种机	中耕犁	农用水泵	喷灌机	脱粒机	粉碎机	铡草机	旋耕机	七铧犁	轻耙机	重耙机	柴油机	电动机	合计
1986	47	—	—	—	3	3	8	15	15	14	—	10	13	2	4	8	7	4	30	183
1987	47	—	—	—	—	3	9	16	17	14	—	12	12	2	4	8	7	4	35	190
1988	48	10	—	—	—	4	11	17	18	14	—	15	12	2	4	8	6	4	37	210
1989	55	15	—	—	—	4	12	19	25	12	—	16	12	2	4	8	6	5	40	235
1990	60	17	1	4	—	3	15	17	24	12	—	16	12	2	4	8	6	5	41	247
1991	64	27	3	10	—	2	17	18	35	12	1	16	15	2	4	8	6	6	45	291
1992	67	34	5	26	—	2	23	16	37	12	2	17	15	2	5	7	6	7	45	328
1993	65	35	7	37	—	2	25	17	37	13	2	18	15	2	5	7	6	7	45	345
1994	63	37	10	41	—	3	46	16	37	14	2	18	17	2	5	7	6	7	45	376
1995	61	41	9	55	—	4	70	25	41	12	2	20	17	2	5	6	6	7	45	428
1996	54	79	12	57	—	4	71	34	45	12	3	21	18	2	5	6	5	10	46	484
1997	50	80	16	60	—	4	72	36	45	12	4	21	19	2	4	6	5	11	48	495
1998	45	85	20	61	—	2	75	36	45	12	4	21	19	2	4	6	5	12	52	506
1999	41	85	25	62	—	2	104	36	45	15	4	21	19	2	3	5	5	14	61	549
2000	37	86	25	65	—	2	120	36	62	16	5	22	23	2	3	5	4	14	62	589
2001	35	81	25	78	—	2	121	41	63	13	6	25	23	2	3	5	4	15	64	606
2002	31	83	23	99	—	2	120	45	65	12	8	25	24	2	3	2	4	16	67	631
2003	29	81	24	104	—	2	110	55	65	11	11	25	25	2	3	2	4	17	75	645
2004	18	79	22	120	—	2	110	60	67	10	12	26	26	3	3	2	4	18	85	669
2005	17	76	17	120	—	2	112	61	68	15	15	26	27	4	3	2	4	20	85	674

二、农业机械燃料供应

1986 年，带岭区农业机械使用的燃料油由区（农业机械管理站）农业机械管理科（简称农机科）向区人民政府申报农业全年使用燃料油数量，由区人民政府计划会议统一平衡。1987 年，农业机械使用的燃料油统一由区农业机械管理科提交年计划，报区人民政府办公会议审批。全区每年农业机械消耗的燃料油 70 吨左右。农业机械燃料油实施计划供应，计划价格。

1990 年，农业机械燃料油由计划供应逐步放开管理，最后实施市场化管理。全区农业机械每年需用燃料油在 100 吨左右。

三、农业机械机具管理

1986—2005 年，区农业机械监理站每年对农业机械、机具状况进行两次检查。春检在 3 月初至 4 月末的备耕生产季节进行，年检在 9 月末至 10 月末进行。在对农业机械检查过程中，发现问题时令其限期整改，不整改不准用农业机械参加农业生产。同时，对农业交通运输车辆的驾驶者进行驾驶技术审核，交通法规知识考核；对违章驾驶人员进行处罚。平时，农业机械监理人员深入到全区各村屯指导农户加强对农业机械的日常维护，并协助农户购置农业机械配件和帮助农户寻找和介绍机械修理厂点，为农户服务。

四、农业机械机具驾驶和操作技术培训

1986—2005 年，带岭区农业机械监理部门，为使全区农业机械机具驾驶与操作人员提高技术水平和安全从事农业各项生产，每年都组织举办 1～2 次学习班。全区平均每年有近 50 名农业机械机具驾驶和操作人员参加，通过培训学习，绝大部分农业机械机具驾驶和操作者的技术水平得以提高。同时，也提高了农业机械驾驶人员的一些其他相关知识，如道路交通法规等。

带岭区农业机械监理部门，在不断提高农业机械机具驾驶和操作人员技术的同时，考核其驾驶操作技术，审验驾驶员驾驶证照；聘请专业驾驶和操作人员现场进行理论与实践指导。

1986—2005 年，全区共举办农业机械、机具驾驶和操作人员培训班 40 次，共有 1100 余人次参加学习。

五、农业机械机具检修

1986—2005 年，带岭区农用机械、机具使用检修事宜均由持有者自己负责，区农业机械监理站负责技术指导。有的农业机械、机具农户自己能进行检修，不能自己进行检修的，农户自行到相关的机械修理厂点有偿进行检修。

六、农业机械机具配件供应

1986—2005 年，农户的农业机械、机具配件供应由持有者自行到区内相关的农业机械、机具配件经销店点购买、订购或自行到外地购置。

第五章　多种经营

第一节　机构设置

带岭林业实验局早在1985年4月就成立了多种经营公司，负责全区（局）的多种经营工作。带岭林业实验局多种经营公司成立初期，下设经理办公室、行政办公室、生产技术办公室等，其下属单位有收购站、农业种子站、畜牧兽医站、农业机械监理站、毛皮加工厂、4公里温室大棚等，负责全区（局）的农业、畜牧业、农业土地、乡镇企业、多种经营业、水利、农业机械等项管理工作。

1987年6月，带岭林业实验局开始实施林业企业内部的“三段式”改革，成立带岭林业实验局联合企业公司。联合企业公司主要由原于1984年6月成立的带岭林业实验局集体企业公司及其下属的相关厂点组成。

1988年3月，带岭林业实验局多种经营公司并入带岭林业实验局联合企业公司。至此，带岭区（局）的多种经营工作由带岭林业实验局联合企业公司负责。此时，带岭林业实验局联合企业公司下设财务科、人事劳动科、生产技术科、多种经营科、供销科、办公室等机构。

1991年5月，带岭林业实验局联合企业公司撤销，分别成立带岭林业实验局集体企业公司和带岭林业实验局多种经营局，两者合署办公。多种经营局负责带岭区（局）的多种经营工作。

1997年5月，带岭区成立农业工作办公室，并加挂乡镇企业局的牌子。

2001年3月，带岭区农业工作办公室更名为农业工作委员会，多种经营局从集体企业公司分出，同农业工作办公室合署，带岭区（局）的多种经营工作由农业工作委员会负责。至此，区农业工作委员会负责全区的农业、畜牧业、农业机械、水（利）务、防汛、多种经营等项工作。与此同时，乡镇企业管理工作职能划归区非国有经济管理办公室（后称“中小企业局”）负责，带岭区乡镇企业局撤销。

第二节　多种经营业概况

一、饮料生产

1987年，带岭林业实验局秀水啤酒厂与带岭林业实验局饮料厂合并，称带岭林业实验局饮料厂。带岭林业实验局饮料厂发挥当地资源优势生产桦树液系列饮料。其主要产品有桦汁露、桦汁蜜桃、五味子桦汁等10余个品种，年产桦树液系列饮料500余吨。带岭林业实验局饮料厂与哈尔滨木器制造厂联营。1988年，与哈尔滨森林饮料厂联营。1989年，与辽宁锦西木材公司联营，后又与大连、秦皇岛等市的相关厂家联营，共同生产经营桦树液系列饮料。

1987年，“桦汁露”饮料被评为黑龙江省省级科技成果奖、伊春市市级优秀产品奖；1988年荣获黑龙江省人民政府颁发的黑龙奖、首届中国食品博览会铜牌奖；1990 年，荣获辽宁省旅游商品竞赛“天马杯”银牌奖，同时被指定为第十一届亚运会标志饮料。

1986 年，带岭林业实验局开始对桦树液开发利用进行研究，组织带岭林业科学研究所研究人员在东方红经营林场长河沟系采集桦树液。同年，带岭林业实验局饮料厂利用桦树液为主要原料生产出桦树液系列饮料。

1988 年 10 月，带岭林业实验局成立“桦树液研究开发中心”，并配备 5 名专职人员专门从事研究桦树液开发利用工作。先后研发了“桦汁露”“桦汁蜜桃”“桦汁可乐”等 10 余种新产品。带岭林实验局联合企业公司先后在秦皇岛、锦西、哈尔滨等地建立了 4 家饮料联营厂点，由带岭林业实验局联合企业公司提供桦树液原料和技术，共派出 10 名技术和管理人员参与生产指导和经营管理。累计向各联营厂点生产提供桦树液原料 45 吨，投入资金 40 余万元。

1986—1990 年，带岭林业实验局累计采集桦树液 590 吨，加工成糖桦汁 488 吨，贮存鲜桦汁 190 吨，生产桦树液系列饮料 1238 吨，其中消耗并销售糖桦树汁 300 余吨、鲜桦树汁 27 吨。

二、皮毛加工

1984 年 11 月，带岭林业实验局多种经营公司从个人手中收买一处皮毛加工厂。在此皮毛加工厂的基础上成立了带岭林业实验局多种经营公司皮毛厂。当时厂里有职工及青年 28 人，固定资产 5 万元，皮革加工中速拼缝纫机 5 台。1986 年，该厂转向皮毛收购经营。先后在北安、绥化等地收购羊皮和羊毛。两年间，该厂共收购毛皮 5 万张。1988 年，该皮毛厂不再加工经营皮毛，转向生产防寒毡。由于防寒毡生产技术、质量、销路等多方原因，防寒毡生产经营了两三年便停产。

三、纸管生产

1986 年，带岭林业实验局多种经营公司成立了纸管厂，以从事纸管生产为主。建厂初期生产与经营形势被看好。主要生产纸管和纸箱。1990 年，由于市场销售疲软，产品销路不畅，大量产品一度压库，不久被迫停产。

四、刺绣加工

1987 年 10 月，带岭林业实验局集体企业公司成立了刺绣厂。

该厂于 1988 年 6 月投入刺绣生产，同时与绥化、桃山、兰西等地联营手工加工出口台布和绣衣。1988—1990 年，共加工生产台布 539 块。1991 年，由于刺绣厂加工生产的产品销路不畅，加工生产的产品库存积压而停产。

第三节 多种经营发展

2004 年，带岭区委、区政府把多种经营项目中的山野菜、山野果、食用菌等各类资源开发利用与培植作为多种经营的主导产业来抓；把发展绿色食品、生态畜牧业、北药开发等项目作为多种经营的重点项目来建设。2005 年，全区多种经营总产值大幅度提高。2004 年，带岭区多种经营总产值为 21320 万元。2005 年，带岭区多种经营总产值为 25220 万元。2005 年，带岭区多种经营产值超过 500 万元的单位有 8 个，超过 2000 万元的单位有 2 个。

第九篇

财政·税务

第一章　财　政

第一节　机构设置

自 1964 年伊春林区实行“政企合一”以来，带岭区人民政府财政科和带岭林业实验局财务科一直合署办公，1986 年时分别称财政科和财务科。

1987 年 9 月 1 日起，带岭区（局）财政（财务）部门内设“内部银行”。

1990 年，带岭区人民政府财政科改称“带岭区人民政府财政局”。

1998 年 5 月，带岭区（局）财政（财务）部门内设的“内部银行”撤销，成立“财务管理中心”。

带岭区人政府财政局内设两个机构，即伊春市收费局带岭分局、伊春市拍卖行带岭分理处。上述两个内设机构均始设于 2000 年 8 月。

第二节　财政预决算与财政收支

一、财政预决算

1986—2005 年，带岭区人民政府的财政预决算每年都随同带岭林业实验局的财务预决算进行一次，并具体涵盖于带岭林业实验局的财务年度的预决算之内。

二、财政收支

1986—2005 年，带岭区人民政府的财政收支和带岭林业实验局的财务收支基本上本着“划分收支、分片包干、定额补助”的原则进行管理，使财政收支总的保持了平衡。

（一）财政预算内指标

1986—1990 年，全区财政总收入为 3629 万元。其中，财政收入最高年份是 1987 年，为 770.16 万元；财政收入最低年份是 1986 年，为 602 万元。

1986—1990 年，全区财政总支出为 3629 万元。其中，财政支出为 785.51 万元，其余为相关的财政支出。5 年中财政支出最低年份是 1986 年，为 133.1 万元；财政支出最高年份是 1989 年，为 169.9 万元。

（二）财政预算外指标

1987—1990 年，全区预算外财政总收入为 159.9 万元。其中，预算外财政收入最高年份是 1987 年，总收入为 62.1 万元；预算外财政收入最低年份是 1988 年，仅收入 11.96 万元。4 年间，全区平均年预算外收入为 39.975 万元。

1987—1990年，全区预算外财政总支出为99.18万元。

（三）1990年后的财政预算收支

2000年以后取消农林特产税，并按一定比例折合成一般性预算收入。

2003年起财政支出中包含御寒补贴，全区每年支出360万元。

1986—1990年带岭区（局）财政预算内、外收支情况一览表

表9-1　　单位：万元

项目 / 年份	财政收入	财政支出	预算外收入	预算外支出
1991—1995	2923	437	237	237
1996	975	201	52	52
1997	545	57	61	61
1998	521	68	58	58
1999	467	89	83	83
2000	456	106	105	105
2001	220	173	90	90
2002	227	105	94	94
2003	227	689	85	85
2004	188	862	97	97
2005	231	897	110	110

第三节　财政制度

1986年，带岭区人民政府和带岭林业实验局的财政和财务管理一直在“划分收支、分片包干、定额补助”的原则制度下运作。

1987年，黑龙江省人民政府财政厅和黑龙江省森林工业总局把带岭林业实验局定为实施“工程造林”试点单位。带岭林业实验局建立和完善了“三年保存面积，成本包干，质量挂钩”的人工更新造林激励机制和制约机制。按“工程造林”要求，带岭区（局）财政（财务）管理部门相应地制定了一系列的财政（财务）管理制度。

1988年9月，带岭区（局）财务科取消了与基层单位的往来制报账式管理制度，实行区（局）财务科“内部银行”结算管理制度。

1990年，带岭林业实验局被黑龙江省人民政府财政厅定为黑龙江省森林工业企业财务管理改革试点单位，被林业部定为实施林价制度试点单位。带岭林业实验局的财务科为适应改革试点工作的要求，对林业企业内部的财务核算制度与核算方法进行了一系列的必要调整和有效改革，建立和完善财务管理制度。为企业财务试点改革和林价制度试点两项工作，带岭林业实验局财务科建立了“承包费计酬，成本包干，企业不提取留利”的财务管理制度。

1991年，带岭林业实验局将全部营林生产作业项目纳入“工程造林”管理，实行营林生产成果商品化管理。

1993年7月，实行的新会计制度。带岭区（局）的财政（财务）会计核算制度开始从适应传统

的社会主义计划经济模式向适应社会主义市场经济模式转换。

1998 年，国家实施重点国有林区“天然林资源保护工程”。带岭区（局）财政（财务）部门根据“天然林资源保护工程”资金使用的统一要求，对国家投入资金的使用制定了一系列相应的严格管理制度。

1998 年，根据黑龙江省人民政府财政厅和伊春市人民政府财政局相关会议精神的要求，带岭区人民政府财政局统一规范了会计使用行为，实施会计人员委派制管理，建立并推行会计人员委派制度。同年 5 月，带岭区（局）财政局（财务科）成立财务管理中心，仍实行“内部银行”管理制度。

2002 年年初，带岭区（局）财政局（财务科）实行财务会计电算化管理，财务核算使用财政部统一规定的计算机软件系统，统一规范财务会计核算办法，提高了财务核算效率。

第二章　税　务

第一节　机构设置

1986—1994年，伊春市税务局带岭分局是国家设在带岭区唯一一家税收机构，隶属伊春市税务局。

1994年，国家实施税务机构两分，设立国家税务和地方税务两大系列机构。同年9月中旬，伊春市税务局带岭分局撤销后分设伊春市带岭区国家税务局和伊春市带岭区地方税务局。这两个税务局分别隶属伊春市国家税务局和伊春市地方税务局。根据上级指示：原伊春市税务局带岭分局的职能人员及办公设施设备按6∶4的比例分配给两个税务局。即带岭国税局比例占6%，带岭地税局比例占4%。两个税务局的新任领导分别由其上级主管属局确定，初设时均在原伊春市税务局带岭分局的办公楼内办公。

第二节　伊春市税务局带岭分局

1986年4月28日，伊春市税务局带岭分局办公室从平房迁入新建楼房。新的办公楼房为三层建筑，工程造价15万元，建筑面积为260平方米。

1986年，伊春市税务局带岭分局设局长一职、副局长若干职。下设征管一股、征管二股、征管三股、计会征收股等机构。全分局有职工19人，另聘用助征员（协税员）7人。

1988年12月，经黑税人字〔1988〕353号文件批准，增设大青川税务所。

第三节　带岭国家税务局

1994年9月，伊春市带岭区国家税务局设局长一职、副局长若干职。下设征收股、管理股、集贸股、计会股、稽查股、大青川税务所、办公室等机构。全分局有职工16人，另聘用助征员（协税员）5人。同时开始实施微机化办公与管理。

1996年，伊春市带岭区国家税务局下设机构调整为计会征收股、个体集贸股、大青川税务所、稽查一股、稽查二股、税务治安派出所、办公室等。同年9月，大青川税务所撤销。全局有职工19人。另聘用助征员（协税员）10人。由于人员不足，各股、所、办间人员有相互兼职现象。

2005年，伊春市带岭区国家税务局下设机构调整为税收管理科（股级）、征收科（股级）、综合业务科（股级）、稽查局（股级）、信息中心、办公室等。全局有职工14人。

第四节 带岭地方税务局

1994 年 9 月，伊春市带岭地方税务局设局长一职、副局长若干职。下设机构为五股一室：稽查一股、稽查二股、综合股、计会征收股、社保股、办公室。全局有职工 14 人。同时，开始实施计算机化办公与管理。

第五节 征收税种

1986 年，全国范围征收的各税有 33 种。伊春市税务局带岭分局在带岭区开征的税种有产品税、增值税、营业税、集体企业所得税、个体经营企业所得税、国营企业调解税、国营企业奖金税、事业单位奖金税、集体企业奖金税、城市维护建设税、屠宰税、牲畜交易税、房产税、车船使用税、个人所得税、国家能源交通重点建设基金、教育费附加及城乡个体工商业户所得税等 20 余种。同年 7 月 1 日起，开征产品税、增值税、营业税的 1% 教育费附加。

1987 年 1 月 1 日起，根据伊春市税务局的伊税办字〔1987〕242 号文件规定，开始对国营建筑安装企业恢复征收营业税（即建筑税）。

1988 年 10 月 1 日起，开征印花税。同年 11 月 1 日起，开征城镇土地使用税。同年，还开征了筵席税和私营企业所得税。同时，伊春市税务局带岭分局还为纳税企业和个人规定了纳税时间，定为每年的 2 月、5 月、8 月和 11 月为纳税交款月。

1989 年 1 月 1 日起，开征国家预算调节基金税。同时，产品税、增值税和营业税的教育费附加由 1986 年 7 月 1 日起开征的 1% 调节到 2%，并从 1989 年 1 月 1 日起执行。

1986 年至 1994 年 9 月，伊春市税务局带岭分局在带岭区开征的税种共有 28 种。

1994 年 9 月至 2005 年 12 月，伊春市带岭区国家税务局在带岭区开征的税种有增值税、消费税和所得税三大种类。其中所得税包括企业所得税和个人所得税两种。

1994 年至 2005 年 12 月，伊春市带岭区地方税务局在带岭区开征的税种有营业税、房产税、城镇土地使用税、印花税、资源税、企业所得税、个人所得税、车船使用税、城市维护建设税、教育费附加。其中原开征的固定资产投资方向调节税、土地增值税，根据有关政策规定，于 2000 年停征。

第六节 税收征管

“三化三清”的征管方法。1986—1987 年，税务带岭分局在税款征收和稽查工作中采取“三化三清”的管理方法，即纳税资料档案化，纳税鉴定手册化，数字积累台账化；月税月清，季税季清，年税年清。应征税款，纳税者（企业或个人）不拖不欠。与此同时，实施对纳税者（企业或个人）纳税前辅导，纳税后检查。对国营企业按照《中华人民共和国个人所得税法》（以下简称《税法》）规定期限填报纳税申报表，自行填开纳税缴款书，由税务专管员自行审核签字盖章后，再由纳税企业自行到税务分局指定的银行缴纳税金。对集体企业的所得税的缴纳，采取季度预缴，年终汇算的征管方法。对个体工商业户的纳税，实行验账征收，代扣代缴和定期定额的征管方式。

1988 年 6 月 14 日，召开了全区税务工作会议。会上，带岭区人民政府主管副区长夏永昌、带岭区人民法院和带岭区人民检察院的主要负责人先后讲话。全体与会人员学习、讨论了《税收征收管理暂行条例》《个人收入调节税暂行条例》及其《实施细则》。会议表彰奖励了在1987年纳税工作中的9个办税先进单位、46个办税先进个人、15个办税先进个体企业和6个协税护税先进街道。1989年1月19日，带岭区人民政府主持召开了有关单位17位负责人参加的税务工作座谈会。会议传达、学习、讨论了国务院《关于整顿税收秩序加强税收管理的决定》。同年5月23日，带岭区人民政府召开税务工作联谊会，会议传达贯彻了国务院〔1988〕85号文件，座谈如何加强税收管理，要求有关纳税企业与税收部门密切合作，共同做好税收缴纳工作。

1989年5月，税务带岭分局设立了征管综合股。征管综合股具体负责文秘、档案、后勤、综合报表、发票销售、纳税登记等项事宜。举办办税人员学习班。1989年6月22—24日，举办个体私营企业负责人员学习班；6月26—28日，举办全民、集体企业财务人员（办税人员）学习班。1990年10月，分局对税收征管模式继续进行改革。实施征收、管理、检查三结合的税收征管方式，即变过去各税由一人统管征收、管理、检查三程序为征收、管理、检查三程序分管，将互相制约的机制引入到税收征管工作。同时，分局调整了内设机构。调整后的内设机构为征收股、管理股、检查股、个体股、集贸股、秘书股、征管综合股、税务治安派出所、大青川税务所。

1986—1990年，税务带岭分局采取对纳税企业和个人先行自检自查，然后税务部门进行综合检查的方法，累计检查了501个纳税工商企业，发现有问题的176个，偷漏税额达94.8万元。在重点检查个体工商业户偷漏税的同时，对个体工商业户定期定额缴税偏低的实际情况，将15个行业276户个体工商企业的月营业额由原来的149680元上调为203720元；月纳税额由原来的4637元上调为6195元，平均上调33.6%。1991年至1994年9月，税务带岭分局仍采取上述同样的税收征管检查方法取得了实效。

1994年9月带岭国税局成立后，贯彻执行“以纳税申报和优质服务为基础，以计算机网络为依托，集中征收，重点稽查”的税收征管模式。

由于税收管理中的计算机网络系统尚未形成，硬件设施功能未能完全发挥作用，致使税收征管工作难以完全贯彻上述模式。为克服税务部门尚不具备的功能条件和防止国家税源税资流失，带岭国税局采取了确立税收征管程序，坚持依法治税和纳税评估制度。带岭国税局每年都组织由地方人大、政协组织和企业代表组成的“评税小组”，对代表性企业进行纳税评估，建立纳税人自行申报的纳税制度，使征纳双方明确权利、责任和义务，有利于促进纳税人自身素质的提高，也有利于税务部门征税程序和纳税申报管理更加科学、便捷、规范和高效。

坚持《税法》宣传工作。每年4月，带岭区国家税务局都按着上级部门拟定的《税法》宣传主题，采取各种形式全方位地宣传《税法》知识。同时，利用典型事例说明依法纳税光荣，偷税漏税可耻；依法纳税是每个企业、每个经营者的应尽义务，以提高纳税企业与个人的依法自觉纳税意识和税收征管人员的依法办事意识。

定期或不定期开展税收大检查。在理顺内部机构、稽查岗位系列化、人员配备科学化的基础上，保持稽查队伍相对独立，定期或不定期地开展税收检查工作。加强执法规范化建设，发挥稽查机构功能。带岭区国家税务局成立以来，每年都做到应征税款及时足额入库，共查补税款额近百万元。

1994年9月带岭地税局成立后，采取了完善税收征管体制。通过全员培训，调设内部机构，调编充实税收征管员队伍，落实税收征管员制度，建立地税部门工作岗位责任制体系；加强硬件配套设施建设，整合信息；建立执法监督体系。

强化各税税源管理。房地产业税采取“项目管理，信息比对，以票控税”的税收征管模式；建筑业税采取“分类管理，信息比对，以票控税”的税收征管模式；饮食业税采取“定额为底线，超额用票控，减免严管理，违规重处罚”的税收征管模式，并实施计算机化管理，从根本上扭转了负增长的被动局面；车船使用税采取“部门协作，掌握车籍，请查税源，追溯往年”的税收征管模式，并充分利用上级局开发的清查软件，开展车船使用税清查工作；根据房地产业税收一体化管理的相关要求，按照“进驻征收，信息共享，各税统征，先税后征”的管理方法，启动了全区个人住房转让税收征管工作；在外籍人员到带岭经营、“两彩”销售点、分红型保险等方面挖掘新税源；在全员全额管理和高收入管控上加大力度，使个人所得税管理深入细化，增加税款收入。

加强税收征管工作的基础建设。设立规范的征管档案室和办税服务厅；实施计算机化管理；建立“一户式”纸质档案管理，征管档案资料健全规范；各环节按规定程序及时将征管资料传递给办税服务厅统一归档。“一户式”信息储存管理系统开发使用，按照信息采集、评估分析、约谈举证等规定程序开展纳税评估工作。与此同时，加强发（货）票管理，发挥以票控税作用。

加大社保费征缴管理力度。普查摸底，进行费源基础建设，开展社保费扩面征缴工作。以限期缴纳和欠费约谈的方法，加大社保费欠费清缴力度。建立健全规章制度，规范社保费票证管理及会计核算行为。

坚持《税法》宣传和依法治税。每年4月，带岭区地方税务局按着上级部门拟定的《税法》宣传主题，形式多样地宣传《税法》知识。同时，宣传纳税政策，以及相关规章制度，宣传依法纳税的意义。

开展岗位练兵、业务竞赛活动。以“十练”为载体，将学习、练兵、竞赛和日常工作有机结合。主要学习《税法》知识、税种规定、相关税收政策、国家各种法律法规；练习具体业务操作程序，提高办事效率；开展业务竞赛活动，全面考核全员综合素质，旨在提高全局办税功能。

第七节　周转金投放与减免税金

一、周转金投放

伊春市税务局带岭分局在税收征管过程中，始终坚持从经济发展到财政收入的方针，支帮企业经济发展，努力培植和增加税源。1986年，税务带岭分局确定支帮促产点11个，其中重点厂家有秀水铸造厂、林岩铸造厂、带岭区社会福利厂等。经市局批准，同年2月投放给秀水铸造厂小额周转金4000元，于1987年8月收回。1987年，税务带岭分局确定支帮促产点10个，其中重点厂家有带岭森林饮料厂。经市局批准，同年4月投放给带岭森林饮料厂周转金6万元，当年年末收回。1988年，税务带岭分局确定支帮促产点6个，其中重点厂家有带岭森林饮料厂、金星砖厂（个体）。全年支帮促产增加产值23.4万元，增加利润10.3万元，增加税收1万元。1989年，税务带岭分局确定支帮促产点7个，全年支帮促产增加产值17万元，增加利润1万元，增加税收1万元。

1986—1994年，伊春市税务局带岭分局每年都确定数量不等的支帮促产对象，采取投放周转金和减免税收等方式，给予重点扶持。累计向企业投放周转金7万元，使企业增加产值40.4万余元，税务部门增加税金收入2万余元。

二、减免税金

伊春市税务局带岭分局在支帮促产的同时，对困难企业和个体工商业户实施减免税收。

根据伊春市税务局文件，批准带岭陶瓷厂1986年1月1日至1990年12月31日生产的陶土瓷瓦减半征收产品税。

根据伊春市财政局文件，批准带岭陶瓷厂为微利企业，自1986年1月1日起免征国营企业所得税。

根据伊春市税务局文件，批准免征带岭区商业科星火商店和综合商店的夏季蔬菜零售环节营业税。

根据伊春市税务局文件，批准带岭林业实验局基建工程处建材厂和金星砖厂（个体）生产的红砖减半征收产品税，时限为 1987 年 1 月 1 日至 1991 年 12 月 31 日。

根据伊春市税务局文件，批准免征带岭区人民政府第一招待所生产的干、水豆腐产品税 1 年，时限为 1987 年 1 月 1 日至 1987 年 12 月 31 日。

根据伊春市税务局文件，批准个体兴盛食杂店 1986 年 6 月 1 日至 1987 年 5 月 31 日的营业税减半征收；对个体中兴食杂店 1987 年 1 月 1 日至 1987 年 12 月 31 日的营业税免征。

1987 年，因带岭区区街工业公司服装厂失火损失，伊春市税务局带岭分局报请市局批准，免征该厂服装零售环节营业税 7000 元。

根据伊春市税务局文件，批准个体兴盛食杂店自 1987 年 6 月 1 日至 1988 年 5 月 31 日的营业税减半征收。

根据伊春市税务局文件，批准免征带岭森林饮料厂生产的桦汁露饮料 2 年的增值税，时限为 1987 年 7 月 1 日至 1989 年 6 月 30 日，税额为 58312 元。

根据伊春市税务局文件，批准免征寒月（店址寒月经营林场）食杂店（个体）1988 年全年的营业税。

根据伊春市税务局文件，批准免征带岭区第二中学校木工厂 1988 年全年的生产镜框条的增值税。

1989 年，根据伊春市税务局带岭分局的报请，经市局批准，下列企业受到减免（退）税：带岭陶瓷厂减增值税 50658 元；带岭林业实验局基建工程处建材厂减征增值税 61469 元；金星砖厂（个体）减征增值税 9814 元；带岭区社会福利厂免征增值税 118784 元，营业税 17972 元；带岭林业实验局联合企业公司再生胶厂免征增值税 5322 元；带岭森林饮料厂免征增值税 8540 元。同时，相应减免上述企业的城市维护税及教育费附加。

1990 年，根据黑龙江省人民政府〔1990〕72 号文件精神，结合带岭区内各生产企业的实际情况，经请示市局批准，伊春市税务局带岭分局对 20 户企业实施减免税金。减免税金总额达 81.9 万元。

第八节　税　额

伊春市税务局带岭分局 1986 年计划税收额 480 万元，实际完成税收额 574.1 万元，超额完成 94.1 万元，超额完成计划的 19.6%；1989 年计划税收额 960 万元，实际完成税收额 981 万元，超额完成 21 万元，超额完成计划的 2.19%。

带岭区国家税务局成立初的 1994 年，全年各税收缴总额仅 73 万元，而 2005 年各税收缴总额达到了 375 万元；成立 12 年为国家收缴税金 3509 万元，年均为国家收缴税金 292.4 万元。

带岭区地方税务局成立初的 1994 年，全年各类工商税收缴总额仅 69.2 万元，农业特产税收缴额 300.2 万元；而 2005 年各类工商税收缴总额达到了 153 万元，社会保险费收缴总额 14.3 万元；成立 12 年为国家收缴各类工商税总额 1723.2 万元、农业特产税总额 2115.4 万元、社会保险费总额 111.9 万元。

从 2000 年起国家停征农业特产税，从 2001 年起国家开征社会保险费。

第十篇

金　融

1986年，带岭区金融经营管理企业仅有中国人民工商银行伊春市支行带岭办事处和中国人民农业银行伊春市支行带岭办事处2家。金融事业经过20年的发展，到2005年年底，带岭区有金融经营管理企业中国工商银行股份有限公司伊春带岭支行、中国农业银行伊春市分行带岭支行、中国建设银行股份有限公司伊春市分行带岭分理处、伊春市农村信用合作社联合社带岭信用社、伊春市邮政局带岭支局的“邮政储蓄”5家。

截至2005年年底，全区从事商业保险的单位有中国人民保险集团公司财产保险股份有限公司伊春市带岭支公司，中国人民保险集团公司人寿保险股份有限公司伊春分公司带岭营销部2家；还有民营股份性质的“泰康人寿保险公司”和“太平洋保险股份有限公司”系统的经营点各1家。

第一章　银　行

第一节　工商银行带岭支行

一、机构

1986—1994 年，中国工商银行股份有限公司伊春带岭支行称中国人民工商银行伊春市支行带岭办事处，隶属中国工商银行伊春市支行。其间，下设机构有人秘股、信贷股、计贷股、会计股、出纳股、储蓄股、保卫股等。储蓄股先后设永胜储蓄所和北大桥储蓄所。

1995 年 1 月 1 日，中国人民工商银行伊春市支行带岭办事处更名为中国工商银行伊春市分行带岭支行，隶属中国工商银行伊春市分行。

2005 年 6 月，在国家金融企业改革进程中，中国工商银行伊春市分行带岭支行实施压缩编制、精简机构、裁减冗员、改革机制、整合资源的内部改革，先后撤销了永胜储蓄所和北大桥储蓄所。

2005 年 10 月 1 日，由于中国工商银行企业发展壮大，股份上市和为适应经济社会发展的需要，中国工商银行伊春市分行带岭支行实施股份制经营。因此，中国工商银行伊春市分行带岭支行更名为中国工商银行股份有限公司伊春带岭支行，隶属中国工商银行股份有限公司伊春分行。

中国工商银行股份有限公司伊春带岭支行先后设（主任）行长一职、（副主任）副行长若干职。下设业务部、市场营销部、办公室（保卫）等机构。2005 年年底，全行有职工 28 人。

二、货币管理与流通

1986—2005 年，管理与流通的货币币种系人民币。根据单位和个人在支行开户的现金收付较大而面广、分散的特点，对货币流通实行计划管理。大额度现金收付管理严格明确批准权限，并配备专职货管员。

支行年均货币投放量在 9000 万元左右，年均货币回笼量在 4500 万元左右。货币流通量通常年份为 1.35 亿元。货币流通量最多的年份是 2005 年，高达 13 亿元；流通量最少的年份是 1987 年，仅 2000 万元。

三、储蓄存款

1986—2005 年，支行开办的储蓄存款种类有活期储蓄存款、定期储蓄存款、定活两便储蓄存款、零存整取储蓄存款、整存零取储蓄存款、教育储蓄存款和通知储蓄存款。

各类有期储蓄存款的期限分为三个月、六个月、九个月、一年、两年、三年、五年和八年 8 种类型。储蓄存款的利率在 1986 年至 2005 年 20 年间，调整了 16 次。各类储蓄存款业务均按国家规定的利率政策办理。

四、信贷业务

1986—2005年，支行开办的信贷业务只有工商信贷一种。信贷货币年均投放量在3800万元左右；最多年份信贷货币投放量为3880万元，最少信贷货币投放量为80万元。信贷货币年均回收量为800万元，最多年份信贷货币回收量为7169万元，最少年份信贷货币回收量为153万元。

支行严格贯彻执行国家动态管理的信贷利率政策。对违约信贷合同的法人代表或自然人，依据《中华人民共和国合同法》第108条的规定进行处罚：当事人一方明确表示或者以自己的行为表示不履行合同规定义务的，对方可以在履行合同期限届满之前要求其承担违约责任。

五、货币结算

1986—2005年，支行实施货币结算的种类及方式主要有现金结算、转账结算、汇票结算、同城结算、异地结算、委托收付结算、现金或支票结算、银行本单结算等。

六、国库券销售

支行国库券销售是采取无记名和凭证式记账的方式进行。1986—2005年国库券总销额为5000万元。其中，1993年销售额1500万元为最多，2003年销售额503万元为最少。

中国工商银行股份有限公司伊春带岭支行于2000年3月和2003年6月分别开办代发职工工资和代收通信话费业务。1990年3月起企业经营实施计算机化管理。

第二节　农业银行带岭支行

一、机构

中国农业银行伊春市分行带岭支行，原称中国农业银行伊春市支行带岭办事处（1979年7月1日成立），隶属中国农业银行伊春市支行。1996年6月，中国农业银行伊春市支行带岭办事处兼管的农村信用社业务从中析出。1998年4月，中国农业银行伊春市支行带岭办事处改称中国农业银行伊春市分行带岭支行，隶属中国农业银行伊春市分行。2000年4月，将中国农业银行伊春市分行铁力支行朗乡分理处划归中国农业银行伊春市分行带岭支行，称“中国农业银行伊春市分行带岭支行朗乡分理处”。

中国农业银行伊春市分行带岭支行先后设（主任）行长一职、（副主任）副行长若干职。下设客户经理部、计财信息部、综合管理部（含保卫）等机构。2005年年底，全行有职工27人。

二、货币管理与流通

1986—2005年，管理与流通的货币币种系人民币。根据单位和个人在支行开户的现金收付量不大而面广的特点，支行对现金收付尚未实行计划管理。大额度现金收付管理严格明确审批权限，并配备专职货币管理员协理。

支行年均货币投放量在4000万元左右，年均货币回笼量在3900万元左右。货币流通量通常年均为8000万元。货币流通量最多的年份是2005年，高达7.4亿元；流通量最少的年份是1986年，仅1500万元。

三、储蓄存款

带岭支行各类有期储蓄存款的期限分三个月、六个月、九个月、一年、两年、三年、五年和八年 8 种类型。储蓄存款的利率在 1986 年至 2005 年的 20 年间，调整了 16 次。各储蓄存款业务均按国家利率政策办理。

据统计，1986—1990 年，中国人民农业银行伊春市支行带岭办事处采取开办有奖储蓄存款等多种有效储蓄方式激励和吸引储户，完成储蓄存款额 933 万元。

四、信贷业务

1986—2005 年，支行开办的信贷业务有农业信贷和工商信贷两种。信贷货币年均投放量在 400 万元左右；最多年份信贷货币投放量为 2300 万元；最少年份信贷货币投放量为 75 万元。信贷货币回收量年均为 135 万元；最多年份信贷货币回收量为 700 万元；最少年份信贷货币回收量为 80 万元。严格贯彻执行国家动态管理的信贷利率政策。对违约信贷合同的法人或自然人，依据《中华人民共和国合同法》第 108 条的规定进行处罚：当事人一方明确表示或者以自己的行为表明不履行合同规定义务的，对方可以在履行合同期限届满之前要求其承担违约责任。

五、货币结算

1986—2005 年，支行实施货币结算的种类和方式主要有现金结算、转账结算、异地结算、同城结算、支票结算、汇票结算、委托收付结算等。

六、国库券销售

1986—2005 年，支行国库券销售是采取无记名和凭证记账的方式进行的。1986—2005 年，国库券总销售额为 2400 万元。其中，1993 年销售额 700 余万元为最多，最少的年份销售额为 30 万元。

中国农业银行伊春市分行带岭支行于 1996 年 9 月起实施企业经营计算机化管理，于 1998 年起开办代发职工工资业务，于 2004 年起开办代收通信话费业务。

第三节　建设银行带岭分理处

一、机构

中国建设银行伊春市分行带岭分理处成立于 1989 年 4 月 19 日，时称中国人民建设银行伊春市分行带岭办事处，隶属中国建设银行伊春市分行。初设时，办事处下设会计股、综合股、人秘股和一处储蓄所。1990 年 12 月，中国建设银行伊春市支行带岭办事处迁入新的办公营业楼。新的办公营业楼为三层建筑，建筑面积 652 平方米，有职工 10 人。1996 年，中国建设银行伊春市支行带岭办事处改称中国建设银行伊春市分行带岭分理处，隶属中国建设银行伊春市分行。2004 年，中国建设银行伊春市分行带岭分理处改称中国建设银行股份有限公司伊春市分行带岭分理处，隶属关系未变。

中国建设银行股份有限公司伊春市分行带岭分理处设主任一职、副主任若干职。下设办公室、营业部、综合部、保卫部等机构。2005 年年底，全分理处有职工 11 人。

二、货币管理与流通

管理与流通的货币币种为人民币。根据单位和个人在分理处开户的现金收付量不大，但却面广的特点，分理处现金流通未实行计划管理。对大额度现金收付管理，采取严格执行审批手续和权限的方式，并配备专职的货币管理员和保卫人员协理。

分理处年均货币投放量在 1.1 亿元左右，年均货币回笼量在 1.45 亿元左右。年均货币流通量在

2.55 亿元左右。货币流通量最多的年份是 2004 年，达 3 亿元；货币流通量最少的年份是 1989 年，仅 500 万元。

三、储蓄存款

分理处开办的储蓄存款分为两大类别：一是个人储蓄存款；二是单位存款。活期储蓄存款，用户可随时储存，随时领取。定期整存整取储蓄存款，分为三个月、六个月、九个月、一年、两年、三年、五年、八年期限。零存整取储蓄存款，分为一年、两年、三年期限的储蓄存款。教育储蓄存款，学生出示有关身份证件，可办理一年、三年和六年期限的储蓄存款。个人信用卡储蓄存款，储蓄存款者本人可持信用卡同地、异地随时取款，储存者用款极为方便。存本取息储蓄存款，储蓄者可不动本金，只取利息。活期、定期整存整取、零存整取、个人信卡、存本取息、整存零取、个人通知存款、定活两便这 8 种储蓄存款方式均缴纳所得利息的 20% 的利息税；教育储蓄存款不缴纳利息所得税。单位存款分为单位定期存款、活期企业存款、单位信用卡存款、单位保证金存款。

四、信贷业务

分理处开办的信贷业务有固定资产贷款、建筑业流动资金贷款、工商企业流动资金贷款、房地产业流动资金贷款、公共企业流动资金贷款、农业流动资金贷款、个人购买住房资金贷款、个人购买商业用房贷款、个人消费贷款、短期个人质押贷款 10 种。信贷货币年均投放量在 400 万元左右。最多年份是 1998 年，信贷货币投放量为 1452 万元；最少年份是 2001 年，信贷货币投放量为 50 万元。信贷货币回收量年均在 450 万元左右。最多年份是 1998 年，信贷货币回收量为 1452 万元；最少年份是 2004 年，信贷货币回收量为 80 万元。

五、货币结算

1986—2005 年，分理处实施货币结算的种类和方式有现金结算、转账结算、同城结算、异地结算、支票结算、银行结算、汇票结算、信用卡结算、委托收付结算、银行本单结算等。

六、国库券销售

分理处国库券销售是采取无记名和凭证记账的方式进行的。1996—2005 年总销售额为 285 万元。销售最多的年份是 2000 年，为 150 万元；销售最少的年份是 2004 年，没有销售。国库券销售年均 14 万元。

中国建设银行股份有限公司伊春市分行带岭分理处分别于 2002 年 4 月和 2003 年 4 月开办代发职工工资和代收通信话费业务，于 1991 年 9 月企业经营实施计算机化管理。

第四节　带岭信用社

一、机构

带岭信用社的全称是伊春市农村信用合作社联合社带岭信用社。1979 年 7 月 1 日以前，带岭林区的农村信用合作社业务设在中国人民银行伊春市支行带岭办事处内，由该办事处兼管，但机构单设、账目单列。1979 年 7 月 1 日，中国农业银行伊春市支行带岭办事处成立后，带岭林区的农村信用合作社业务从中国人民银行伊春市支行带岭办事处中分出，划归中国农业银行伊春市支行带岭办事处兼管，仍是机构单设、账目单列。

1996 年 6 月，伊春市农村信用合作社联合社带岭信用社成立，负责带岭林区农村信用合作业务。带岭信用社隶属伊春市农村信用合作社联合社。

带岭信用社设主任一职、副主任若干职。下设信贷股、储蓄股、会计股、人秘股和专职保卫人员。2005 年年底，全社有职工 15 人。

二、信贷业务

1996—2005 年，信用社开办的信贷业务有农业信贷、多种经营信贷、工商信贷、服务业信贷、生活信贷 5 种。年均信贷货币投放量在 3000 万元左右。最多信贷货币投放是 2005 年，投放量为 3327 万元；最少信贷货币投放是 1996 年，投放量为 1196 万元。年均信贷货币回收量在 2300 万元左右。最多信贷货币回收是 2005 年，回收量为 2500 万元；最少信贷货币回收是 1997 年，回收量为 1000 余万元。

信贷货币利率执行中国人民银行制定的动态利率政策。对信贷违约（合同）者按《中华人民共和国合同法》第 108 条的规定进行处理。逾期不能兑现信贷合同者，将受到在其原合同贷款利率的基础上加 50% 的罚息。

三、信贷结算

1996—2005 年，信用社信贷结算的种类和方式有同城信贷结算、异地信贷结算和农村信贷结算及现金、转账、汇票收付等。

四、储蓄存款

1996—2005 年，信用社开办的储蓄存款种类有活期储蓄存款、定期储蓄存款和零存整取储蓄存款3种。各类储蓄存款期限分为三个月、六个月、九个月、一年、二年、三年、五年和八年8种类型。各种储蓄存款的利率执行国家统一规定的动态利率政策。

五、货币管理与流通

管理与流通的货币币种为人民币。根据单位和个人在信用社开户的现金收付量不大而面广的特点，实施现金收付计划管理，对大额度现金收付管理严格明确审批权限，并配备专职货管员和保卫人员协理。

货币流通量年均在 5000 万元左右。货币流通量最多的年份是 2005 年，达 6000 万元；货币流通量最少的年份是 1996 年，为 2000 万元。

第二章　保　险

第一节　财产保险

一、机构

1986年4月，中国人民保险公司伊春市支公司带岭驻在组更名为中国人民保险公司伊春市支公司带岭办事处，并仍与中国工商银行伊春市支行带岭办事处合署办公。

1996年年初，国务院批准原中国人民保险公司改制为中国人民保险集团公司，下分设中国人民财产保险公司、中国人寿保险公司和中国人民保险公司3个子公司。至此，商业性质的保险事业步入了规范化、法制化的轨道。同年4月，中国人民保险公司伊春市支公司带岭办事处人寿保险业务分出。

1999年2月，中国人民保险集团公司财产保险有限公司伊春分公司带岭支公司更名为中国人民保险集团公司财产保险公司伊春分公司带岭支公司。2004年9月，中国人民保险集团公司伊春分公司带岭支公司更名为中国人民保险集团公司财产保险股份有限公司伊春带岭支公司，隶属中国人民保险集团公司财产保险股份有限公司伊春分公司。

2005年年底，中国人民保险集团公司财产保险股份有限公司伊春市带岭支公司有职工5人，办公地址设在中国人民工商银行股份有限公司伊春带岭支行（中国工商银行带岭支行）的营业与办公楼内。

二、保险业务

1986年，中国人民保险公司伊春市支公司带岭办事处主要开办财产保险和人身保险两大类，共6个保险种。即企业财产保险、机动车辆及第三者责任保险、家庭财产保险、铁路货物运输保险、个体工商户财产保险、司乘人员意外伤害保险。同年，全区有9家企业参加了财产保险，投保总额为639.6万元；305户家庭参加了财产保险，投保总额为152.5万元；公、私共153台机动车辆参加了保险，投保总额为116.5万元。

1987年，中国人民保险公司伊春市支公司带岭办事处开办了团体人身意外伤害保险、公路客运旅客意外伤害保险、中小学生平安保险。全区有333名中小学生参加了保险。

1988年，保险服务领域不断扩大，中国人民保险公司伊春市支公司带岭办事处增开了简易人身保险和奶牛保险业务。全区参加简易人身保险的有2348人，参加奶牛保险的有3户。

1989年，中国人民保险公司伊春市支公司带岭办事处开办了厂（场）长、经理意外伤害保险业务。全区有9名厂（场）长、经理参加了意外伤害保险。

1990年，中国人民保险公司伊春市支公司带岭办事处开办了锅炉压力容器保险、生猪保险、养鸡保险、公路货运物资保险、母婴安康保险业务。至此，该保险部门开办的保险险种已达到 17 种。全年保险费收入达 65.9 万元。全区有 9 家企业和 347 个家庭参加了保险。其中，企业参加保险的金额为 1642.6 万元，居民家庭财产保险投保的金额为 296.5 万元。

1996 年 7 月 29 日，带岭区遭受有史以来的洪水灾害，国家和人民财产受到重大损失，中国人民保险集团公司财产保险有限公司伊春分公司带岭支公司的保险财产同时也遭受严重损失。1986—1990 年，中国人民保险集团公司财产保险股份有限公司伊春市带岭支公司年均理赔款额 13.04 万元；1991—1999 年，年均理赔款额 25.5 万元；2000—2005 年，中国人民保险公司伊春市支公司带岭办事处年均赔款额 70 万元。

1991 年至 2005 年的 15 年间，中国人民保险集团公司财产保险股份有限公司伊春市带岭支公司开办的保险业务，由原来 1986 年时的财产保险和人身保险两大类别 6 个险种，发展变化为企财保险、家财保险、车辆保险、责任保险四大类别 70 多个险种。

第二节　人寿保险

一、机构

1996 年 4 月以前，带岭区的人寿保险事业由中国人民保险公司伊春市支公司带岭驻在组负责；1996 年 4 月起，由中国人民保险集团公司人寿保险有限公司伊春分公司带岭驻在组负责。

1996 年年初，中国人民保险公司变为中国人民保险集团公司，下设 3 个子公司之后，于 1996 年 4 月人寿保险业务从中国人民保险公司伊春市支公司带岭办事处中析出，成立中国人民保险集团公司人寿保险有限公司伊春分公司带岭驻在组，负责带岭区的人寿保险事业。1999 年 10 月，中国人民保险集团公司人寿保险有限公司伊春分公司带岭驻在组更名为中国人民保险集团公司人寿保险公司伊春分公司带岭驻在组。2003 年 7 月，中国人民保险集团公司人寿保险公司伊春分公司带岭驻在组更名为中国人民保险集团公司人寿保险股份有限公司伊春分公司带岭营销服务部，隶属中国人民保险集团公司人寿保险股份有限公司伊春分公司。

二、保险业务

1996 年 4 月，中国人民保险集团公司人寿保险股份有限公司伊春分公司带岭营销服务部开展的人寿保险业务有三大类 70 余个险种。主要有康宁终身保险，学生、幼儿平安保险，人身意外伤害保险和附加住院医疗保险，养老保险，分红保险等。

人寿保险经营业务主要有 4 个环节，即保险展业、保险承保、保险理赔和保险防灾防损。人们关注最多的是保险承保和保险理赔。

三、承保收入与理赔支付

中国人民保险集团公司人寿保险股份有限公司伊春分公司带岭营销部 1996 年承保收入金额为 44.4 万元，理赔支付金额为 4.45 万元，投保人数 60 人次。2005 年，承保收入金额 1301.49 万元，理赔支付金额为 64.16 万元，投保人数 123 人次。

1999—2005 中国人寿保险股份有限公司带岭营销部经营情况一览表

表 10-1 单位：万元

内容 / 年份	保险期别	承保收入金额	理培支付金额	人 次
1996	短险	9.60	3.80	53
	长险	34.80	0.65	7
1997	短险	14.30	4.86	81
	长险	3.540	25.41	29
1998	短险	15.20	6.63	139
	长险	40.60	1.94	42
1999	短险	16.90	3.60	92
	长险	47.23	7.33	41
2000	短险	24.50	5.26	91
	长险	50.10	2.47	25
2001	短险	25.52	11.39	14
	长险	44.97	8.11	29
2002	短险	16.28	10.63	126
	长险（含营销）	492.65	20.57	17
2003	短险	19.24	14.58	112
	长险	292.68	23.04	13
2004	短险	25.38	15.76	113
	长险	690.82	35.63	20
2005	短险	21.49	16.80	99
	长险	1128.00	47.36	24

第十一篇

商贸业

1986—2005年，带岭区商业经历了前所未有的改革进程。先是取消了政策性亏损和经营性亏损补贴，后又开展了承包租赁经营、国有民营，最终解体变为私营。带岭区委、区政府在商业经营改革中采取“抓大放小，抓放结合，保障供给，保证服务”的政策，积极稳妥，步步为营地推进改革步伐。改革过程中的改革方式不拘一格，最终实现商品流通经营、餐饮服务经营、其他物资经营等放开搞活。

商业改革，促进了生产发展，繁荣了市场，保障了供给，保证了服务。同时，也解决了商业经营在计划经济体制下产生的历史难题。

1986—2005年，带岭区的对外贸易管理机构、经营体制发生了根本性变化。通过深化改革，由原来的带岭区（局）对外贸易公司（科）逐步演变为经济实体，由原来行政职能部门逐步演变为自谋发展、自求生存的企业。对外贸易管理机构、经营体制的根本性变化，促进了带岭区对外贸易的发展。

1986—2005年，粮油（供应）经营经历了由社会主义计划经济到社会主义市场经济，由国家统购统销限量标准供应到自由购销，放开经营的过程。粮食市场放开经营，敞开供应，活跃了城乡市场，有利生产，方便生活，在促进经济社会发展过程中发挥了积极作用。

第一章　商　业

第一节　机构沿革

1986年，带岭商业科实行“政企合一”体制，既是区政府的行政职能部门，又是商业企业经营的经济实体。商业科下属百货商店、副食品商店、综合商店、星火商店、五金商店、康乐药店、饮食服务管理部（又称服务总店）、肉食加工厂、批发部、大库等17个经营网点。

1989年5月10日，带岭区商业科和区农副科合并，称带岭区商业局，实行“商供合一”体制。带岭区商业局机关设社会商业管理股、计财股、审计股、人事劳动教育股、保卫股、计划信息股、行政办公室。仍实行“行政与经营管理合一”的管理体制。

同年10月，带岭林业实验局的各经营林场、经营所的商店划归带岭区商业局管理经营。

1998年3月，商品流通经营全部放开。区委决定，撤销带岭区商业局，设立带岭区商贸总汇。带岭区商贸总汇负责贯彻党和政府的有关方针政策和法令法规，组织协调与管理工作，不负责个体私营业户的经营事宜。

2001年年初，带岭区商贸中心大楼由个人合股买断，实施股份制出租柜台经营。撤销商贸总汇，个体私营工商业户带岭区工商联负责。

第二节　商品购销

1987年，带岭区商业科组织采购人员奔赴全国各地购进30节火车的烟、酒、糖、罐头等副食商品，总共97432件，总购货金额达500万元。在地产蔬菜生产淡季，市场供不应求时购进黄瓜、甘蓝等鲜菜3万余公斤11个品种。同时购进猪肉60万公斤，鲜蛋1.5万公斤。元旦、春节期间，从南方省份调进以带鱼为主要品种的各种鱼产品和海带、海鲜产品，丰富节日市场。

1988年，带岭区商业科在巩固现有供货关系的基础上，与宁波洗衣机厂等一些时为品牌名优产品的生产厂家建立供货关系，增加了从厂家直接进货的比重。

1988年，为促进商品流通，带岭区商业科分别在年初和年末召开两次“商品展销订货会”。参加订货的单位有50余个，人数近400人。展出各种商品20余大类，花色品种有400余种。订货合同31份，现货合同38份；成交额达108万元。

1988年，区商业科成立了水果蔬菜批发部。采购人员从河北和徐州、郑州、成都等地先后购进10余节火车皮的蔬菜和水果。其中，蔬菜150吨、水果500吨。同时，还成立了贸易中心，进行商品批发。组织开展两次“旺季商品有奖销售”活动，共发售奖券20万张，销售收入200余万元。是年，共举办9次周末“商业大集日”活动，参加人员1100余人次，参加展销和销售的商品达1600种，总经营额4.7万余元。

1989年1月，商业科贸易中心召开“迎新春商品展销订货会”，展销的商品有3000余种，成交额43万元。从南方一些省、市购进生猪肉17.72万公斤、猪下水19307公斤、鲜菜5万余公斤。带岭区全年共组织进货33节火车皮，大宗商品9236件。同时组织全员出动人力和车辆对个体私营店铺、山上经营林场和经营所的商店及农村供销社实施送货上门，全年送货销售额达60万元。

1990年，带岭区商业局对市场情况进行调查后，先后与大连、秦皇岛等地建立了供货贸易关系。全年组织进货32节火车皮，总计1600余吨。元旦、春节期间，区商业局贸易中心先后举办了两次“迎新春商品展销会”，成交额72万元。带岭区商业局全年举办周末“商业大集日”活动11次，商品零售额5万元。此时，全区个体私营商业店点繁多，大量商品通过他们的经营而流通。国营商业经营步履维艰。

第三节　设施建设

1987年，带岭区商业科自筹资金对下属的副食品商店进行改造装修，将原来的木制货架、柜台换成铝合金，修建一处鱼类产品冷藏销售柜台，更换了营业厅的取暖设施。同时，新建批发部库房273.6平方米；装修都一处饭店400平方米，使其达到市级二级餐厅水平。

1988年，星火商店进行改造装修，改造装修面积508.5平方米，更换铝合金货架、柜台38节。

带岭区商业部门又为综合商店、星火商店、副食品商店等先后购置了冷藏柜台各1台。

1989年，商业部门自筹资金对批发部库房进行大修理，提高了商品贮存的安全力度。同时，商业部门成立了肉食加工厂，可加工香肠、猪头肉等肉类熟食品；拨款25.5万元，购买一户366平方米商品楼，为回民饭店经营房舍。

1990年后，再没有投资改建和兴建商业用房及购置设施设备。

第四节　国营商业改革

1986年，带岭区商业科有下属商业网点17个，职工350余人。此时，商业部门管理的社会商业——集体、个体私营店大量涌现。同年年底，集体、个体，私营各种经营店点近300处；个体私营摊位、摊床400余处。年经营商品近500种，总经销额250多万元。

1987年，在带岭区委、区政府“抓大放小，抓放结合，保障供给，保证服务”政策的指导下，区商业部门在深化商业企业经营改革中，首先将饮食服务管理部辖属的都一处饭店、回民饭店、带岭旅店、带岭照相馆、冰棍厂和直属的永兴商店、双兴商店、供销商店及饮食服务管理部属的集体企业立新理发社等9个较小的商业经营网点推向改革的前沿。实行国家所有，租赁经营，费税自理，自负盈亏的租赁经营方式，推行租赁经营承包制。

同年，带岭区商业部门在商业改革中实施了大举措。在其下属规模较大的商业企业百货商店、五金商店、星火商店、副食品商店、综合商店、康乐医药商店等12家经营网点，实行国家所有、集体经营、部组核算、三联计酬的承包经营方式。

1988年4月，带岭区商业部门将风险机制引入了商业经营，制定全员风险金交纳方案和风险抵押办法。干部和工人按承担责任的大小，分别交纳 2000 元、1500 元、300 元不等的风险抵押金，使干部和工人的利益与企业经营的效益紧密联在一起。

1989 年，在企业深化改革过程中，区商业部门将原租赁承包经营的 8 个网点中的 4 个小型企业试行股份制经营。由全民股、集体股、社会个人股和职工股组成。各企业实行独立核算，自负盈亏。有 27 名商业职工参股经营，吸纳股金 3.5 万元。

1990 年，带岭区商业局实行经理滚动承包和选聘承包经营企业两种方式。不论哪种承包经营企业方式，均实行全员承包。每个职工交纳 1000 元、800 元、500 元、300 元等数目不等的风险抵押金。区商业局有职工 347 名，下属商业经营网点 27 个；店点总经营面积 5120 平方米，商品仓储面积 9500 平方米，经营商品 8000 余种，由于商业管理体制和经营机制的改革，扩大了商品销售额，增加了毛利，降低了费用，减少了亏损。区商业局全年商品销售额实现 1376 万元，创 1986 年以来历史最高。

1991 年，区商业企业继续深化改革，允许全行业各店点自购自销，实行风险抵押，独立核算，自负盈亏，经理承包，职工集体经营的承包方式。区商业部门不再统一采购商品，逐渐由经营店点的承包经营者自主采购。1993 年 3 月，带岭区商业局的贸易中心撤销。

1994 年，国营商业企业经营实施国有民营，全员承包，风险抵押，自主经营，独立核算，自负盈亏，税费自理，经理承包，集体经营的承包方式。

1996 年，带岭区商业局百货商店实施营业员个人承包，部、组经营方式。具体方法是自主经营，独立核算，自负盈亏，费用自理。

1998 年年初，带岭区商业局的商贸中心大楼落成使用，实行出租柜台经营。同年 3 月，中共带岭区委员会、带岭区人民政府决定，商业企业经营全面彻底放开，撤销带岭区商业局，成立带岭区商贸总汇。区商贸总汇负责商业个体私营业户的政策性管理和组织协调工作，不负责个体私营工商业户的具体经营事宜。此后，全区商业经营为个体私营经济，国营商业企业不复存在。

2001 年 4 月，商贸中心大楼二层以上部位由几人合股买断。至此，带岭区商业局的国有资产全部售完。

第五节　布匹针织

1986 年，全区布匹和针织等大宗商品已不为国营商业企业独家经营，也有个体私营。区址的百货商店、综合商店、星火商店，农村的永兴商店、双兴商店、红星商店，带岭林业实验局的各经营林场、经营所商店均经营批量、品种、色泽、花式不等的布匹和针织商品。

1995 年前后，国营布匹和针织商品的经营先后全部转制为个体私营。此时，全区经营布匹和针织商品的个体私营业户有百余家。

1998 年年初，商贸中心大楼落成使用，原在露天市场摊床、摊位上经营布匹和针织商品的个体私营业户大都迁入商贸中心大楼租用其柜台经营。同时，迁入商贸中心大楼经营的还有一些其他经营布匹和针织商品的个体私营业户和经营其他商品的业户。

2000 年年底，全区专营布匹的个体私营业户减少到 30 余家，专营针织商品的个体私营业户有 40 余家，经营其他商品兼营针织商品的个体私营业户有所增加。除此之外，仍然还在早晚市场的地摊上时不时地见到有针织商品的经营，也有以沿街叫卖的经营方式经营针织商品。

2005 年年底，全区专营布匹的个体私营业户减少到 20 余家，专营针织商品的个体私营业户减少到 30 余家。

第六节 服装鞋帽

1986 年，经营服装、鞋帽和日用小百货的国营商店有带岭区商业科百货商店、综合商店，而且品种和样式较多较全。在计划经济向市场经济转型的过程中，国营企业的经营逐渐萎缩，同时，个体私营业户经营服装、鞋帽和日用小百货商品的逐渐增多。

1986 年，利用店点、摊床、摊位、柜台从事服装（含自加工）、鞋帽和日用小百货经营的个体私营业户有 200 余家；利用早晚市场摆地摊经营服装、鞋帽和日用小百货等商品的个体私营业户有 20 余家；还有数量不定的走动商贩以沿街叫卖的方式和到带岭以展销的方式经营服装、鞋帽和日用小百货等商品的商家。

1990 年，国营商店的服装、鞋帽和日用小百货等商品经营，随全区商业改革的不断深化，实行全员风险抵押承包经营。

1995 年前后，全区国营商业改革先后到位，国营商业各店点先后逐步放开经营。国营体制下的服装、鞋帽和日用小百货等商品经营先后转制为个体私营。此时，全区有个体私营服装（含自加工）、鞋帽和日用小百货等商品的经营业户 250 余家。

1997 年，商贸中心大楼建成，经营服装、鞋帽和日用小百货等商品的个体经营业户相继迁入，经营条件大加改善。

2000 年年底，全区有专、兼营服装（含自加工）、鞋帽和日用小百货等商品的个体私营业户 150 余家。经营的服装、鞋帽等商品不断出现一些新的科技含量较高的名优品牌。

2005 年年底，全区有专营服装的“繁华时装店”“雪中飞”“新地裤行”等为代表的个体私营业户 80 余家；有专营鞋帽的店点、柜台以“建兴大鞋城”“走运鞋城”“工薪鞋行”“大台北鞋城”“京雅鞋城”等为代表的个体私营业户 20 余家；兼营鞋帽等商品的个体私营业户有 80 余家；有专兼营日用小百货等商品的个体私营业户 40 余家。从事服装、鞋帽和日用小百货等商品经营的个体私营业户大都以 2～3 种商品经营为主。

第七节 日用食杂

1986 年以后，日用化学、日用卫生保健等商品逐渐退出国营商品经营领域。

1995 年，全区专营日用化学、日用卫生保健商品的个体私营店点已具规模的有 10 余家，还有相当部分个体私营商业店点兼营。2005 年年底，全区个体私营专营各种日用化学、日用卫生保健商品的店点已发展到数十家。

1986 年，全区经营肉类、鱼虾类、禽蛋类、豆制品类、豆腐制品类、粮油制熟食品类、烟酒茶糖类、罐头食品类、调料食品类的国营商店有带岭区商业科的副食品商店、综合商店、星火商店、百货商店；农村的永兴商店、双兴商店、红星商店；带岭林业实验局的各经营林场和经营所商店；东北林学院凉水实验林场商店。大宗副食商品市场已全部放开经营，国营和私营兼有。主要副食品经营，国营商业仍是主渠道。

1990 年，国营商业企业在深化改革中实施全员风险抵押，自主经营，独立核算，自负盈亏，经理承包，集体经营，各国营商店经营日用副食商品的部、组也随其同步方式经营。

1995 年前后，国营副食品商店和其他国营商店经营日用副食品的部、组先后在原店、部、组承包经营的基础上转制为个体私营企业。

2005年年底，经营肉类、豆制品类、凉菜类制熟食品的个体私营业户已有30余家。

第八节 蔬菜水果

1986年，全区从事蔬菜水果经营的国营商业店点和个体私营商业店点放开经营，只有居民的秋菜供应没有彻底放开。

1993年，全区经营蔬菜水果的国营商店消失，蔬菜经营全部放开。全区人民群众食用的春、夏、秋、冬蔬菜来源仍以本地菜农经营、菜贩外地贩进、个人自产经营3个渠道为主。

全区大宗水果供给基本上靠外地贩进经营。1994年前后，带岭区出现个人经营者。

2000年年底，全区有个体私营蔬菜水果经营店点60余家。

2005年年底，全区有个体私营蔬菜水果经营专营店点40余家，蔬菜水果贩运户10余家。

第九节 文教用品

1986年，经营文化、教育、体育、儿童玩具等用品的国营商店有百货商店、综合商店、星火商店，农村的永兴商店、双兴商店、红星商店，带岭林业实验局的各经营林场和经营所商店，东北林学院凉水实验林场商店。这些国营商店中，经营文化、教育、体育、儿童玩具等用品规模大数量较多而又较全的是百货商店。

与此同时，新兴的集体、个体私营文化、教育、体育、儿童玩具等商品经营店点不断涌现。主要经营学生用品、文化、体育、儿童玩具等商品。1990年，全区有个体文教用品经营店200余家。

1995年前后，经营文化、教育、体育、儿童玩具等商品的国营商店先后转制为个体私营。带岭新华书店的经营体制仍是国营，实施集体承包、自负盈亏的经营方式。

2000年年底，全区个体私营文化用品商店有30余家，国营图书经营店点只有带岭新华书店1家，个体私营图书有3～4家。

2005年年底，全区有个体私营文教用品商店30余家，图书经营有国营带岭新华书店。

第十节 五金交电

1986年，带岭商业科五金商店经销商品有大小五金、电气、电料、日用家具、颜料、自行车、缝纫机、收录机、洗衣机等700多种。

1987年，国营五金商店经营改革进一步深化，实行国家所有，集体经营，部、组核算，三联计酬的承包方式经营。

1988年4月，国营五金商店将风险机制引入到企业经营中，实行按职工承包责任的大小交纳数量不等的风险抵押金制度，将企业经营效益同职工的收入挂钩。

1990年，国营五金商店实行全员承包。具体方式是全民所有，风险抵押，自立经营，独立核算，自负盈亏，经理承包，集体经营。

1995年，国营五金商店在全民所有民营基础上转制为个体私营。至此，全区五金交电经营的国营商店消失。

1995 年，全区有集体、个体私营五金交电商品商店有 10 余家。另外，还有 30 余家个体私营业户兼营五金交电商品。

2000 年年底，全区有专营五金交电的个体私营商店 10 余家，个体私营兼营五金交电商品的店点有 40 余家。

2005 年年底，全区有个体私营专营五金交电商品的商店 10 余家，兼营店点 40 余家，专营木制品家具的店点 3 家。

第十一节　医药保健

1986 年，带岭区康乐医药商店是一个以经营中、西医药，医疗、保健养生商品为主的，兼营烟酒茶糖、日用商品的综合性商店，在商业企业深化改革中，为搞活经营，国营康乐医药商店不断扩大医药、医疗、保健养生商品的经营内容。

1988 年 4 月，将风险机制引进了康乐医药商店，制定了全员风险金交纳和风险抵押办法。把企业经营效益紧紧地与职工的个人收入联系在一起，国营医药经营出现了生机。

1989 年，国营康乐医药商店在继续实施区商业部门制定的风险抵押金的管理办法的同时，实行独立核算，自主购销，自负盈亏，负责人承包，集体经营的经营方式。

1993 年，在深化商业企业改革过程中，国营康乐医药商店在国有民营，风险抵押，自主经营，独立核算，自负盈亏，经理承包，集体经营的经营方式基础上转为个体私营。

2005 年春，伊春市德馨堂医药有限公司在带岭筹店建业，同年 5 月，伊春市德馨堂医药有限公司医药连锁带岭店建成营业。

2005 年年底，全区个体私营医药、医疗、保健养生商品经营店点有康乐药店、中西药店、康安药店、健民药店、普生药店、光明中西药店、双马药店、大青川药店、伊春市德馨堂医药有限公司医药连锁带岭店及一些个体私营保健品商店。

全区医药、医疗、保健养生商品的流通，不仅仅是通过个体私营医药、医疗、保健养生商品店点的经营，山上各经营林场和经营所的医务所及社区内的个体私营医疗点等，参与医药、医疗、保健养生商品的经营活动。

第十二节　钟表眼镜

1986 年，带岭区区街工业公司的综合社钟表眼镜部经营极少量的钟表眼镜。

1990 年，全区钟表眼镜个体私营店点已有 4 家。

2000 年后，钟表眼镜行业先后购置了配镜磨具机等验光配镜设备设施。

2005 年年底，全区钟表眼镜店已有 6 家。

第十三节　装修装潢

1990 年前后，带岭兴起居宅、商店、办公室等的装修装潢。

1995 年后，随着人们对生活和工作用房理念的逐步改变，要求改善居住、生活和工作条件，加上带岭镇内楼房的不断增加，促使全区装修装潢居舍、办公室、经商店点的现象大量涌现。经营装修装潢材料的个体私营店点不断增加。全区个体私营装修装潢材料经营店点发展到 30 余家（含兼营店点）。

2000 年前后，由于带岭城区改造，住宅、商住、商办等多用楼房的不断大量增加，房舍装修装潢已达到高潮。个体私营装修装潢商店已有 20 余家（不含兼营店点）。

2003 年以后，居民、个体私营经商店点、企事业单位、党政机关等装修装潢者，大都自己从外地直接购进大宗装修装潢材料，只有少数使用者在本地个体私营装修装潢材料经营店点购置。

2005 年底，全区有经营装修装潢材料的个体私营店点已有 10 余家（含兼营店点）。

第十四节 打字复印

1986 年，带岭区只有 1 家印刷企业。1992—1993 年，全区先后相继出现 3 家集体性质的电脑打字（印刷）复印经营店（点）。1996—2000 年，由于国家相关政策规定，先后有 2 家消失，1 家转为个体私营企业。

2005 年年底，全区有电脑排版、电脑打字、印刷、复印经营店点 10 余家。

第十五节 牌匾制作

1988—1990 年，全区先后相继出现不尽规范的个体私营匾碑制作经营店点 3 家。

1998 年，全区有个体私营匾碑制作经营店点 6 家。其中，各种牌匾、灯匾、图表板、广告板、奖状、锦旗等制作经营店点 3 家，各种碑刻制作经营者 3 家。

2005 年年底，全区有个体私营匾碑制作经营的店点 8 家。其中，各种牌匾、灯匾、图表板、广告板、奖状、锦旗等制作经营店点 5 家，碑刻制作经营者 3 家。

第十六节 农用资料

1986 年，全区只有大兴乡种子站一家农用生产资料经营店点。主要经营各种农作物籽种和化肥、农膜、农药、农药喷洒器具、手工农具等农用生产资料商品。负责供应全区 8 个村村民及部分职工群众需要的农用生产资料。1995 年由个人承包经营，于 2001 年 3 月转为股份制经营。

1999 年，个体农业技术服务部成立。其主要经营农作物籽种、农用机件、手工农具、化肥、农药、农膜、农药喷洒器具、绳套犁铧、土篮锹镐等农用生产资料。同时，向用户无偿提供农药、化肥、农膜、种子等使用和种植技术。

2005 年年底，全区有以经营农作物籽种、化肥、农膜、农药为主兼营其他农用生产资料的店点 3 家。即带岭区种子站（带岭区大兴乡种子站）、林区农业综合服务站、大青川金禾种子站。还有兼营农膜、农药、农药喷洒器具、农用机件、手工农具、绳套犁铧等农用生产资料的个体私营店点 60 余家。

第十七节　餐饮服务

1986 年，全区国营餐饮服务行业有带岭区商业科饮食服务管理部经营管理的都一处饭店，回民饭店，带岭旅店，带岭照相馆，立新理发社（集体），带岭区政府招待所、宾馆和带岭区城建处的理发浴池。

1987 年，在区委、区政府“抓大放小，抓放结合，保障供给，保证服务”的政策指导下，区商业部门将饮食服务管理部经营管理的都一处饭店、回民饭店、带岭照相馆、带岭旅店和集体性质的立新理发社等餐饮服务经营业首先推向改革前沿，对这些服务业推行租赁招标承包经营，经营管理权力下放。同时，区招待所、宾馆开始实行集体承包经营。

1989 年，带岭区（局）投资 78.4 万元在迎宾路兴建一座职工浴池（理发），建筑面积为 1700 平方米，1991 年建成投入使用。由于效益连年下滑，1996 年停业关闭。

1996 年，带岭区公有餐饮服务业店点基本消失，唯有区招待所和宾馆存在，且仍实行承包经营。

1997 年以后，由于带岭镇内市面改造速度加快，餐饮服务业的个体私营店点大量增加。集体经济性质的餐饮服务业经营店点逐步与其承办的企事业单位、机关团体、部门、厂（场、所）、校等脱离隶属关系，并逐年减少。到 2000 年年底全部消失。

2005 年年底，全区个体私营餐饮服务业已发展到 20 余家，洗浴店点 20 余家，各种美容美发店点百余家，大小旅店、照相业户 30 余家，各种洗衣店点 10 余家。

第十八节　民用燃料供应与经营

一、民用燃料供应

1986 年，民用燃料有烧柴（板皮条、木头头）和煤炭及石油液化气。区城建处的烧柴股负责用户的烧柴调查、开票，其财务股负责收款后，用户自行到局林产工业系统的相应厂点和贮木场取货。民用燃料煤炭，用户凭证到局物资供应科开票、交款后，到指定煤场自行领取。

1986 年，林业局通过多方联系，从大庆市相关石油液化气部门第一次购进石油液化气。全区第一批使用上石油液化气燃料的有近 200 户住楼房的职工。民用燃料石油液化气的供应管理工作由区城建处负责。

1986—2000 年，带岭区（局）职工使用的烧柴、煤炭、石油液化气等燃料的价格均比较低廉，林业局从财政实施统一补贴，其中煤炭燃料实施限量通过基层单位财务补贴到人；职工使用的烧柴、石油液化气，林业局从财政实施暗补，职工低价购买。全区（局）平均每年烧柴供应量在 3500 层积立方米左右，其中最高年份可达 5000 层积立方米，最低年份不足 2000 层积立方米；平均每年煤炭供应量在 1500 吨左右，最高年份可达 2000 吨，最低年份不足 1000 吨；平均每年石油液化气供应量在 100 吨左右，最高年份可达 140 吨；最低年份是 1986 年，仅几吨。

二、民用燃料经营

2001 年 4 月以后，烧柴、煤炭、石油液化气等主要民用燃料均实施市场化经营，任何使用者不再享受补贴。

专门供应和经营民用燃料烧柴的部门已经不存在，只有全区的个体私营木材加工厂点出售数量极少的木材加工生产剩余物。由于实施市场化经济管理办法，每年的煤炭燃料经营量不定。纯民用燃料煤炭经营在 2000 吨左右，最高年份可达 3000 吨，最低年份仅 1000 吨。煤炭燃料经营实施市场自行调节价格。另外，还有相当部分个体煤贩经营。经营石油液化气量最多的年份是 2002 年，为 161 吨；经营石油液化气量最少的年份是 2005 年，为 115 吨。

第二章　外　贸

第一节　机构沿革

1986年，带岭林业实验局外贸科是局机关的一个职能科室。1987年6月，根据上级要求，区委决定在外贸科的基础上成立外贸公司，一套人马、两块牌子。

1993年8月，根据市委、市政府关于改革对外贸易经营体制的要求，设立带岭区（局）对外经济贸易公司。对外经济贸易公司的经营方式是自主经营，自负盈亏，自谋发展，其财务工作由带岭区财政局领导，经营活动所需流动资金由区财政负责解决。

1995年9月，带岭区（局）对外经济贸易公司更名为黑龙江省森工带岭对外贸易公司，隶属带岭林业实验局。

1997年5月，黑龙江省森工带岭对外贸易公司的行政职能划归带岭区经济贸易委员会（区经贸委）。

2001年3月，根据深化企业改革的要求，黑龙江省森工带岭对外贸易公司实施剥离改制，剥离改制后成立带岭广益对外贸易有限责任公司。

带岭广益对外贸易有限责任公司自设立起，按照《中华人民共和国公司法》建立了现代企业管理制度。公司设董事、监事各1职，建立了股东议事等制度。

2003年8月，带岭广益对外贸易有限责任公司将带岭全新贸易公司（原带岭林业实验局木材经销分公司剥离改制后的企业）兼并，其资产全部接收，职工全部接纳。此时，带岭广益对外贸易有限责任公司员工总数为36人。

第二节　出口经营

1986—1988年，带岭区（局）对外贸易公司根据本地山野菜资源丰富的实际情况，积极组织人力、物力和资金收购、加工山野菜，进行对外出口贸易，3年累计完成山野菜出口贸易任务53.3吨。

1989年，带岭林区松子丰收，区（局）对外贸易公司积极组织货源，先后2次对外贸易出口松子50.5吨，创收入24万余元。

1990年，带岭区（局）对外贸易公司对外贸易出口转为以木材为重点，与国内外客商建立商贸关系，为木材出口贸易创造条件。先后直接向日本出口板方材276立方米，水曲柳原木59立方米；向韩国出口板方材152立方米；间接向日本出口红松特种原木1132立方米。与此同时，内销水曲柳原木171立方米。

同年，区（局）对外贸易公司组织人力、物力和财力收购刺五加药材 90 余吨、松子 13.65 吨、松针油 0.6 吨进行内外贸易。全年创产值 285 万余元。

2000 年前后，特别是 2001 年，带岭区（局）的对外贸易企业剥离改制后，对外贸易出口项目及物资数量大量减少。带岭区（局）原来常年出口贸易的几种原木和板方材等木材年出口贸易量几乎为零，药材出口贸易也因受日本经济危机的影响停止了 3 年。带岭区（局）的对外贸易陷入困境。

带岭广益对外贸易有限责任公司为使对外贸易企业冲出低谷，于 2002 年创立“大帅棋业”。“大帅棋业”充分利用林区木材生产的剩余物小径、小杆等木材和山药材，加工生产木质的“中国象棋”，开办木材加工厂和刺五加粉、饮片加工厂等小型加工企业。木质“中国象棋”畅销国内 5 省市，刺五加粉和刺五加饮片销往国外。

2005 年，该公司已经申请到了自营加工出口权，为公司走向更广阔的境地创造了条件。

第三章　粮　食

第一节　机构设置

1986年，伊春市粮食局带岭分局下设供应股、财务股、计调股、企管股、资材股、贸易股、人秘股和粮食稽查办公室8个股室；下属粮油、食品供应店点7个（其中分布在山上各经营林场、经营所的3个；分布在区址各居民区的4个，即第一、二、三、四粮油、食品供应店），还有粮库、饲料站、劳动服务公司、粮油贸易商店、食杂店、旅店，总计下属基层单位13个。此外，还在边远村、屯设立了若干定时派车送粮、油、盐供应销售点。

1990年，伊春市粮食局带岭分局的下属机构未变，下属基层单位也未变，并不断强化各机构和各基层单位的工作和服务职能。

1992年，伊春市盐务管理局带岭盐政监察管理站成立，其行政隶属伊春市粮食局带岭分局，业务由伊春市盐务管理局指导。

1996年年底，粮油、食品供应（经营）在深化改革过程中完全放开。全区各国营粮油、食品供应店点由个体承包经营全部转变为个体私营，原国营粮油、食品供应店点设置架构撤销；除粮库外，伊春市粮食局带岭分局的机关股（室）也不复存。粮库负责国家必要的粮食储备和陈粮保管及经销处理工作，并由伊春市粮食局带岭分局直接管理。

2003年10月，伊春市盐务管理局带岭盐政监察管理站撤销后，伊春市盐务局带岭分局成立。伊春市盐务局带岭分局与伊春市粮食局带岭分局合署办公，一套人马、两块牌子。

1986年至2005年的20年间，伊春市粮食局带岭分局的名称与其隶属关系未曾改变过，始终隶属伊春市粮食局。

第二节　粮油经营

一、粮食供应品种、标准和方法

1986年至1996年年底，粮油计划定量供应时，主要粮油有面粉、大米、玉米面、大查子、小米和豆油。供应的粮油品种少，且面粉、大米、豆油严格定量供应。供应粮油的质量，伊春市粮食局带岭分局执行的是中等标准。成人每人每月基本定量15公斤；初中学生每人每月定量16公斤，高中学生每人每月定量17公斤，新生儿童当年每人每月定量3.5公斤，以后按其年龄增长，每月定量逐年增加；生产一线工人和干部实行工种粮补贴。

1986年以前，粮、油、盐供应一直采取居民凭证、款，粮油供应店售牌填证员填证售牌，居民凭牌购粮、油、盐，售粮员凭牌付货的方法。1986 年年底改为居民凭证、款，粮油供应店开票员开具一式三联封闭式撕条方法付货。

1988 年，伊春市粮食局带岭分局在其各粮油供应店和供应点实行“按人定量，归户计算，划片定点，凭证、票供应，节约归己”的粮油供应方法。

1992 年，伊春市粮食局带岭分局的各粮油供应店（点）及其他基层单位均实行粮食系统职工、青年个人承包经营。此时，粮油供应（经营）正在逐步放开。

二、粮油供应放开经营

1995 年—1996 年，全区出现多家个体私营粮油店（点）。1996 年年底，国家粮油供应（经营）彻底放开。粮油（供应）经营体制发生根本性变化。个体私营粮油店（点）的粮油品种多，标准不一，供应不限定量，经营方式大都一手钱一手货。粮油经营体制改革后，粮油多家个体私营、粮油供销市场繁荣兴隆。

三、粮油供应（经销）价格改革

为进一步深化粮油供应价格体系改革，逐步理顺粮油购销价格，搞活粮油流通，促进节约用粮、计划用粮，减轻国家财政对粮油供应价格补贴负担，根据国务院和黑龙江省人民政府的统一部署，粮食部门分别于 1991 年 5 月 1 日、1992 年 4 月 1 日和 1992 年 11 月 1 日先后三次对居民定量供应的粮油价格进行上调改革，最终理顺了粮油供应的销售价格，取消平价粮油政策。

1991 年 4 月底之前主要粮油销售价格，标准面粉每公斤 0.37 元，标一大米每公斤 0.37 元；标二大米每公斤 0.35 元；普制玉米面每公斤 0.19 元；二级品豆油每公斤 1.628 元。

1991 年 5 月 1 日起，面粉、大米、玉米面三种中等品质的粮食和二级品豆油全省统销价格提高，标准面粉从每公斤 0.37 元提高到 0.47 元；标一大米从每公斤 0.37 元提高到 0.72 元，标二大米从每公斤 0.35 元提高到 0.68 元；普制玉米面从每公斤 0.19 元提高到 0.32 元，精制玉米面每公斤 0.23 元；二级品豆油从每公斤 1.628 元提高到 4.3 元。

1992 年 4 月 1 日起，三种主要中等品质的粮食和二级品质的豆油销售价格再度提高。标准面粉销售价格从原来的每公斤 0.47 元提高到 0.694 元；标一大米销售价格从原来的每公斤 0.72 元提高到 1.08 元，标二大米销售价格从原来的每公斤 0.68 元提高到 1.02 元；普制玉米面销售价格从原来的每公斤 0.32 元提高到 0.5 元，精制玉米面销售价格从原来的每公斤 0.46 元提高到 0.64 元；二级品豆油销售价格从原来的每公斤 4.3 元提高到 4.46 元。10 月，中共黑龙江省委员会、黑龙江省人民政府为稳定和活跃粮油购销市场，促进粮食流通，印发了《解决当前粮食购销体制问题的通知》。通知决定从 1992 年 11 月 1 日起，除军队用粮油供应仍继续执行国家统销价格外，其余粮油供应一律取消平价政策，实行市场价格，敞开销售。

1996 年以后，粮食经营体制彻底变革，粮油购销实行市场自行调节价格。

四、议价粮油供应

1988 年以前，人民群众的基本定量内口粮供应和各种补助粮油供应，一律执行统销价格（平价）。

1989 年，粮食部门根据国务院《关于进一步压缩平价粮食销售》的指示精神，把原来供应给全区餐饮食业和食品加工业的粮油由平价销售改为议价销售。

1990 年 10 月，根据上级指示精神，粮食部门停止执行各项定量外的粮油补助政策，工种粮（即超过职工基本口粮定量 15 公斤以外的补助粮）除外。11 月，粮食部门将职工的工种粮由原来的平价供应改为议价供应。

1992 年 11 月 1 日后，粮食供应不再有平价和议价之分，粮油销售（除军队用粮外）一律实行市场价格。

五、凭票证供应办法

1988 年，粮食部门的“按人定量，归户计算，划片定点，凭票供应，节约归己”的粮油供应方法延续使用多年，一直到 1996 年年底粮食经营体制改变、粮油放开经营以后废止。

居民群众多年一直持居民粮油供应证和地方粮票（黑龙江省地方粮票）、全国通用粮票（中华人民共和国粮票）到指定的粮油供应店（点）领取粮油。

1992—1993 年，随着国家部分粮油供应市场的放开（面粉、大米、豆油除外），“黑龙江省地方粮票”逐渐不再在市场上流通使用；1998 年以后，“中华人民共和国粮票”逐渐不再在市场上流通使用。

1993 年年底至 1994 年年初，粮食部门已经向指定的豆制品作坊供应凭量大豆原料后，商业部门宣布 1994 年居民使用的豆制品票证作废，豆制品市场放开经营。此后，居民食用豆制品不再凭票供应；粮食供应部门不再向指定的豆制品作坊凭量供应原料粮大豆，豆制品作坊从此自行购买大豆原料。

1996 年年底至 1997 年伊始，伊春市粮食局带岭分局已将全区的 1997 年“居民粮油供应证”发放完毕，此时国家粮食供应市场彻底放开，“居民粮油供应证”不再使用。同时，粮食部门告知居民，1997 年的“居民粮油供应证”自行保存。居民购买粮油到个体私营粮油店（点）自行选定。

六、食盐供应与管理

1986 年至 1991 年年底，居民群众食用盐供应始终由粮食部门一家所属的各粮油供应店（点）经销。

1992 年，国家粮油供应开始放开经营，全区开始出现个体私营粮油经营店（点），一时间，全区民用盐经营市场有些混乱。为确保民用碘盐质量和人民群众食用安全，国家适时出台民用碘盐专卖政策，并设立盐政监察管理机构。全区的民用碘盐盐政监察管理及专卖工作由伊春市盐务管理局带岭盐政监察管理站负责。全区实行碘盐专卖许可审批制度，由带岭盐政监察管理站核发民用碘盐专卖许可证。没有其民用碘盐专卖许可证的国营粮油供应店（点）（此时个人承包经营），个体私营粮油店（点）和个体私营食杂等店（点）一律不准经营民用碘盐。

2003 年 10 月，伊春市盐务局为强化全市民用碘盐的经销管理，保证全市人民群众吃上放心的碘盐，采取统一进货，统一加工，统一批发的经销与管理方法，严把民用碘盐进入关。设置了碘盐加工生产厂（点），在下设的各盐务分局设置碘盐批发部（点），专门向食盐经销店（点）批发经营民用碘盐。持有食盐经销许可证件的经销商均到碘盐批发部（点）进货。

第三节　熟食品经营

1986 年，伊春市粮食局带岭分局下属的区址内的 4 个粮油供应店均有粮油熟食品加工生产和经营点。

1992 年以后，粮食带岭分局不再统一组织加工生产和经营粮油熟食品。粮油熟食品加工生产由粮食职工待业青年、在职职工或家属承包经营，实施自负盈亏，自主自立。1998 年年底，上述粮油熟食品加工生产和经营的店点全部转变为个体私营粮油熟食品加工生产和经营。

第四节 粮油储备

1986年，伊春市粮食局带岭分局对粮库各项设施进行了维修和改建。把贮粮定型仓的铁皮瓦盖换成陶土瓦，解决了夏季库温高的问题，更换面积达2900平方米。1987年，粮食带岭分局为粮库修建了2000平方米的水泥地面，缓解了粮食晾晒场不足的矛盾。

1990年4月，引进了“bN结电子检温技术”，使粮食测温检测的准确度大幅度提高。在粮油贮存过程中还采取低温、低氧、低药量贮存和机械通风等科学贮粮方法，减少了粮食损失。

1997年，粮库库房总面积5800平方米，贮粮量每年在4300吨左右。1998—2005年，粮库贮粮量每年3800吨。

1986—2005年带岭区（局）粮食带岭分局粮库粮食贮存情况一览表

表11-1

项目 / 年份	粮库占地（平方米）	库房面积（平方米）		库房贮量变化（吨）	
		合　计	其中定型仓	调　入	出　库
1986	19500	5000	4500	3800	3800
1987	19500	5000	4500	4000	4000
1988	19500	5000	4500	4000	4000
1989	19500	5000	4500	4000	4000
1990	19500	5000	4500	4300	4300
1991	19500	5000	4500	4300	4300
1992	19500	5000	4500	4300	4300
1993	19500	5000	4500	4300	4300
1994	29500	5000	4500	4300	4300
1995	19500	5000	4500	4300	4300
1996	19500	5000	4500	4300	4300
1997	19500	5000	4500	4300	4300
1998	19500	5000	4500	3800	不定
1999	19500	5000	4500	3800	不定
2000	19500	5000	4500	3800	不定
2001	19500	5000	4500	3800	不定
2002	19500	5000	4500	3800	不定
2003	19500	5000	4500	3800	不定
2004	19500	5000	4500	3800	不定
2005	19500	5000	4500	3800	不定

第五节 粮油经营体制改革

一、国营粮油供应店点的消失

1986—1991年，国营粮油供应由国家粮食部门统一管理领导，统一粮油供应标准，统一各种粮油供应价格，统一进货渠道，统一仓储，国家经营。1992—1996年，在粮食（供应）经营和粮食部门管理体制改革期间，国营粮油供应仍由国家粮食部门统一管理领导，主要粮油统一供应标准，统一各种粮油供应价格，统一进货渠道，统一仓储，集体或个人承包经营。此间是国家粮油（供应）经营逐步放开阶段。1997年年初，国家粮油（供应）经营彻底放开，国营粮油供应大部分转制为个体私营。国家粮食部门不再实行统一粮油供应标准、统一各种粮油经营价格、统一组织进货、统一仓储的管理政策。国家粮油经营进入了市场经济，实行市场化管理。

二、个体私营粮油店点

1992年，国家粮油（供应）经营逐步放开过程期间，主要粮油品种供应仍由国家管控，具体由粮食部门负责。1992年，带岭区出现了一些个体私营粮油经营店（点），出现较早的有小天鹅粮店（后称“天鹅粮店”）等。1997年年初，国家粮油（供应）经营彻底放开后，允许个体私营粮油店（点）全面经营各种粮油。粮油价格由市场调节。

截至2005年年底，全区有天鹅粮店、徐记粮店、徐家放心粮店、恒久粮店、铁华粮店、徐家粮店、万谷米行、汇莉粮油店、大伟粮油店、秀丽粮油店、发达粮油店、志忠粮店等10余家个体私营粮油店（点）。

三、粮食部门的行政管理

粮油经营体制改革后，根据国家规定，国家粮食（食盐）行政管理部门负有对个体私营粮油经营店（点）的粮油及食盐收购、运输、储存、经销，以及执行国家粮食流通计划制度等情况进行监督检查和对粮油及食盐收购、经营资格审核权。国家粮食（食盐）行政管理部门在行使监督检查权过程中，有权进入个体私营粮油经营店（点）（或其经营场所）检查粮油及食盐库存、收购、经营设施设备、仓储、卫生等情况是否符合国家规定的技术规范要求，查阅粮油及食盐经营者的有关资料、凭证，有权向有关人员调查了解相关情况。伊春市粮食局带岭分局安排人员经常深入到个体私营粮油经销店（点），实施监督检查职能，并指导经营；同时，每年组织人员对个体私营粮油经营店（点）进行两次综合性监督检查，发现问题及时处理，确保全区个体私营粮油经营店（点）依法经营。

第十二篇

交通·邮电

交通、邮电事业是社会发展进步的基础产业。1986—2005年，全区的交通、邮电事业均有较大的发展，特别是20世纪末至21世纪初尤为突出。

交通更加畅通便捷。铁路基轨升级，铁路运输历经5次较大的提速过程。公路道路提档升级，公路运输大发展。人民群众生产生活和旅游、出行更加方便。

邮电事业迅猛发展。邮政增加了“特快专递”等许多便民业务。程控交换，移动手机通信，方便了人民群众生产、生活与外界的交往。

第一章　交　通

第一节　铁路运输

一、客运

1986—1998 年，铁路旅客列车每天经由带岭站并停车的有 7～9 个对次，有的年份还会多些。日均旅客发送量在千人次左右，但总的趋势是逐年减少。从 1999 年，由于铁路运输逐年不断地提速，有些旅客列车虽经由带岭站，但不停；加上地方公路客运事业的迅速发展，使得带岭站的旅客日发送量逐年迅速减少。与此同时，经由带岭站的旅客列车的站停对次亦逐年明显减少。

截至 2005 年年底，经由带岭站并停车的旅客列车仅有 5～6 个对次，日均旅客发送量仅有 400～200 人次，最多时不超过 500 人次。随同旅客行走的行李包裹办理量，日均不超过 10 件次。

2005 年，大青川站被撤销。

二、货运

1986—1997 年，在林业木材生产旺季，铁路带岭站日均发送木材车辆达 20 节左右，日发送木材车辆最多时可达 40 节以上，最少时也有 10 余节。1998 年，随着带岭林业实验局实施国家“天然林资源保护工程”，木材生产量逐年减产到位和地方公路运输木材量的大幅度增加，带岭站的木材运输车辆日发送量逐年减少，到 2004 年夏季以后，带岭林业实验局的木材销售运输全部转为地方公路运输，不再使用铁路运输。

2002 年，带岭林业实验局贮木场的北道木材装运线拆除，长度 800 余米；2004 年，带岭林业实验局贮木场的南道（铁路）木材装运线拆除，长度 800 米。至此，带岭铁路运输使用的原 4 条货运专线只剩下粮（煤）专用线和油库专用线 2 条。铁路带岭站的货运专用线由原来的总长 4.6 公里减少到不足 3 公里。

1986—2000 年，铁路带岭站零担货物发送量亦呈逐年减少趋势。日均发送车皮 4～5 节，有时会多一些，后期日发送量 1～2 节车皮。2000 年以后，年均发送量不足 300 节车皮，日均不足 1 节。

第二节　公路运输机构

1986 年 10 月，带岭区运输管理站更名为带岭区交通科，隶属带岭区人民政府。

1990 年 4 月，带岭区交通科更名为带岭区交通局。同时，带岭区交通局内设运输管理站和养路费征收稽查所。

1994 年 4 月，带岭区交通局养路费征收稽查所分出独立，成立黑龙江省交通征费稽查局伊春处带岭所。

1994 年 6 月，带岭区交通局更名为伊春市交通局带岭分局，隶属伊春市交通局。

2004 年 10 月，运输管理站更名为道路运输管理站。

第三节 公路交通管理

一、公路货运管理

1986 年 5 月，带岭区运输管理站为从事营运的机动车辆发放行车路单，行车前由驾驶员在行车单上填明其行车路线、出发时间等项内容，以便对车辆的调度管理。同年 9 月，对全区的机动车辆实施定编管理。

1990 年 4 月，带岭区交通局对全区公路货物运输实行统一调度管理。大宗货物的公路运输统一由带岭林业实验局采运公司物运段及专业运输企业运输。零散货物的公路运输由个体营运车辆运输。同时，带岭区交通局对各类公路运输营运车辆实行货物记载，避免单程货、返程空跑的现象发生。

1998 年 6 月，伊春市交通局带岭分局为适应公路运输行业管理的需要，根据国家相关法规对带岭区营运性的货运车辆发放黑龙江省道路货物运单，有效规范了公路运输经营者的经营行为。

二、公路客运和非营运管理

（一）公路客运管理

1986 年至 2005 年 7 月，带岭区的公路客运管理先后由带岭林业实验局的运输管理处（采运公司、运输公司）的客运段（站）和带岭宏达客运公司负责。1986 年至 2005 年 6 月，带岭区公路客运车辆先后有 9 台。至 2005 年 12 月增至 10 台。

（二）公路非营运管理

1986—2005 年，带岭林业实验局所属基层单位的生产生活非营运车辆或其他单位及个人的非营运车辆公路运输均由其车权单位或车权人自己管理，其他相关事项由交通、养路费征收稽查、公安交警 3 个部门分别对口管理。

三、道路交通管理

1986—2005 年，带岭区的道路交通管理工作始终由伊春市公安局带岭分局交通警察大队负责。

主要负责对行车违规违章、超限超载违规违章、驾驶员酒后驾驶与无证人员驾驶和交通事故处理；日常上路指挥、疏通交通车辆安全行驶，同时检验车辆，驾驶人员相关证件。

1986—2005 年带岭区（局）运输车辆情况一览表

表 12-1 单位：台

项目／年份	营运		非营运	
	汽车	拖拉机	汽车	拖拉机
1986	97	9	20	23
1987	110	12	29	29
1988	147	14	38	37
1989	182	19	42	41
1990	210	32	56	48
1991	156	31	37	51

续表 12-1　　单位：台

项目 年份	营运		非营运	
	汽车	拖拉机	汽车	拖拉机
1992	112	29	41	42
1993	143	27	28	53
1994	170	38	45	40
1995	154	41	54	49
1996	178	35	—	37
1997	172	47	—	53
1998	187	41	—	49
1999	227	50	—	37
2000	213	39	—	48
2001	269	52	21	32
2002	271	61	19	29
2003	217	53	37	41
2004	198	49	42	37
2005	187	40	63	50

第四节　交通规费征稽

一、各种交通规费征稽管理

1986—2005 年，带岭区各种交通规费征稽管理工作先后由带岭区运输管理站、带岭区交通科、带岭区交通局、伊春市交通局带岭分局负责。交通部门在相关交通规费征收方面遵照“应征不漏，查漏补收，挖潜增收”的管理原则，采取各种行之有效的措施，完成了各种相关交通规费的征收任务。

1986—2005 年带岭区（局）各种交通规费征收情况一览表

表 12-2　　单位：元

项目 年份	运输管理费	客运附加费	货运附加费	地方养路费
1986	46578.35	—	—	—
1987	51287.93	—	—	—
1988	58902.71	2376.00	—	—
1989	67537.37	2880.00	—	—
1990	76528.24	20000.00	—	—
1991	81246.13	22910.00	—	—
1992	102452.07	24979.00	—	—
1993	117984.14	29382.15	—	—
1994	13706.01	35443.04	—	5000.00
1995	152491.39	39227.09	107542.00	7250.00

续表 12-2　　单位：元

项目 / 年份	运输管理费	客运附加费	货运附加费	地方养路费
1996	173942.41	45071.11	120063.00	9678.00
1997	192134.17	48976.75	125136.00	10925.00
1998	217563.25	61074.30	123175.00	91680.00
1999	243271.03	79765.17	163241.00	114165.00
2000	251140.31	12798.08	180218.00	123153.00
2001	263518.37	200240.77	187687.30	181792.00
2002	316268.04	140219.20	162990.00	131315.00
2003	434986.82	85272.19	135730.00	137730.00
2004	340533.01	103003.81	126210.00	135218.00
2005	340657.97	80070.82	158660.00	119554.00

二、养路费征稽管理

带岭区的交通车辆公路养路费征收和稽查工作原由带岭区的交通部门负责管理，1994 年 4 月起由黑龙江省交通征费稽查局伊春处带岭所负责管理。公路养路费征收标准以车辆运输吨位计算，每月每吨征收公路养路费 200 元。

1986—2005 年带岭区（局）养路费征收情况一览表

表 12-3

项目 / 年份	计划（万元）	实际完成（万元）	完成百分比
1987	22.00	29.00	131.8%
1988	32.00	38.70	120.9%
1989	44.00	49.10	111.6%
1990	52.00	52.60	101.2%
1991	49.00	52.00	106.1%
1992	51.00	76.20	149.4%
1993	61.00	88.50	145.1%
1994	89.00	90.30	101.5%
1995	95.00	96.40	101.5%
1996	115.00	118.20	102.8%
1997	136.00	139.30	102.4%
1998	140.00	141.10	100.8%
1999	146.00	146.16	100.1%
2000	140.00	144.85	103.5%
2001	142.00	172.20	121.3%
2002	150.00	185.30	123.5%
2003	160.00	208.30	130.2%
2004	195.00	208.76	107.1%
2005	210.00	225.00	107.1%

第五节 公路客货运输

一、带岭宏达客运公司

1986 年，带岭林业实验局运输管理处的客运段负责全区（局）的客运业务。带岭林业实验局运输管理处的客运段是带岭宏达客运公司的前身。

1986—2002 年，该客运单位隶属带岭林业实验局运输管理处（后先后称带岭林业实验局采运公司和带岭林业实验局运输公司）。

2001 年，带岭林业实验局运输公司客运段改称为带岭林业实验局运输公司客运站。

2003 年春，带岭林业实验局运输公司客运站在企业剥离改制过程中被剥离，成为一个客运车辆私有、合伙自主经营的客运单位，称带岭宏达客运公司。

2005 年 7 月，带岭宏达客运公司停止运营，客运业务由伊春市交通局带岭分局客运站管理。

二、客运

1986 年，带岭至伊春的客运路线日发客运车辆 2 个对次，客运能力小于客运量。1988 年 4 月，带岭至汤原的客运线路开通，此客运线路日往返 1 个对次。由于客运量不足，此客运线路运行不久就停了。1989 年 3 月，带岭至哈尔滨的客运线路开通。此客运线路因路途远、成本高而后于同年 11 月停运。1990 年，带岭林业实验局采运公司在铁路带岭站站前广场设一处建筑面积为 300 平方米的公路客运站。1995 年，带岭至大青川的客运线路开通。起初，日往返客运车辆上、下午各 1 个对次，后又上、下午各增发客运车辆 1 个对次。1999 年 3 月，带岭至伊春的客运线增加 1 个对次，以适应客运量的增长。2004 年 10 月 1 日，桃山至南岔的桃南通乡公路改造升级建设工程竣工正式通车。之后，交通带岭分局着手向伊春市交通局报请增开带岭至南岔、带岭至铁力的两条通乡公路客运线路。2005 年年初，伊春市交通局批准了交通带岭分局的上述报请。带岭至南岔的客运线路于 2005 年 2 月开通，带岭至铁力的客运线路于同年 4 月开通。带岭至南岔的客运线路日发客运车辆 2 个对次，带岭至铁力的客运线路日发客运车辆 1 个对次。

带岭公路客运站日发客车班次一览表

表 12-4

线路		日总行驶里程（公里）	日发（班次）	开通时间
始发	终到			
带岭	伊春	678	3	—
带岭	南岔	144	2	2005 年 5 月
带岭	东方红	64	2	—
带岭	南列	128	2	—
带岭	铁力	198	1	2005 年 4 月
带岭	环山	168	2	—
带岭	大青川	48	4	—

三、货运

1986年，带岭区有道路营运货运汽车50台，胶轮拖拉机9台，其他机动车辆11台，总吨位243吨。

1994年后，带岭林业实验局木材生产的原木运输车辆变为个体私有，这样的运输车辆全区近40台。

2005年，带岭区有道路营运货运汽车103台，胶轮拖拉机107台，其他机动车辆70台，总吨位905吨。

1986—2005年带岭区（局）货物运输车辆情况一览表

表12-5

项目 年份	汽车（台）	胶轮拖拉机（台）	其他机动车（台）	总吨位（吨）
1986	50	9	11	243
1987	53	11	15	261
1988	65	21	21	310
1989	69	28	22	342
1990	72	41	30	460
1991	81	39	19	478
1992	107	48	42	507
1993	123	67	39	532
1994	141	71	40	608
1995	132	63	54	548
1996	140	82	43	598
1997	157	93	76	671
1998	170	110	80	889
1999	190	129	87	914
2000	206	140	90	1027
2001	217	131	84	1173
2002	223	124	81	1217
2003	178	117	76	1090
2004	132	109	71	986
2005	103	107	70	905

四、配货站

1998年4月，带岭区首家公路交通运输配货站——带岭永胜配货站成立。该公路交通运输配货站与哈尔滨市相关公路交通运输配货站连锁经营。

2003年5月，带岭崔老三配货站成立。

2004年6月，带岭鸿运空车配货站成立。该公路交通运输配货站与哈尔滨市相关公路交通运输配货站连锁经营。该配货站后改称为伊春市鑫鹏程运输有限责任公司。

2005年5月，带岭发达空车配货站成立。

2005年，带岭区各公路交通运输配货站日均配货量总和可达75吨，月均配货量总和可达2300吨。

1986—2005年带岭区（局）客、货运输量情况一览表

表12-6

项目 年份	客运		货运	
	客运量（千人次）	旅客周转量（千人公里）	货运量（千吨）	货物周转量（千吨公里）
1986	137	1725	64	807
1987	360	1148	484	9121
1988	155	10860	624	9745
1989	211	13052	325.4	7672.3
1990	71	2150	210	7470
1991	128	19712	417	10181
1992	103	15862	445	9328
1993	141	21432	392	8792
1994	156	24024	425	13297
1995	189	26271	387	10341
1996	215	29885	492	9132
1997	198	27522	388	8798
1998	187	25993	279	6546
1999	143	19877	320	9178
2000	93	7802	185	7714
2001	107	14873	505	13290
2002	131	18209	632	11934
2003	119	16541	687	14312
2004	177	24603	570	12678
2005	165	24783	513	10271

第六节　公路建设与公路养护

一、公路

1986年，位于带岭区段的地方交通公路14公里。

1989年5月，带岭区人民政府投资，在西南岔河上的带岭秀水大桥北端以东沿其河北岸修筑河堤公路1.7公里。

2002年5月，伊春市交通局投资30万元，带岭区人民政府配套投资40万元，修筑通往大箐山顶盘山道路10公里。

2003年5月，桃山至南岔的通县乡公路改造升级建设工程动工，同年年底路基、桥涵工程基本完工。翌年5月以后铺装水泥石浆上黑色路面，10月1日公路升级改造建设工程竣工，正式通车。此交通公路的改造升级建设工程系国家投资和地方配套投资工程。该公路称桃南通县乡公路，桃南通县乡公路等级为黑色路面三等（下限），黑色路面幅宽为6米，分上下行车道。该工程单位造价为25万元/公里。

桃南通乡公路带岭区段长17公里。

二、桥梁

秀水大桥　根据黑龙江省交通厅1986年建设秀水大桥计划，带岭区建设施工部门于1987年6月5日正式破土动工兴建秀水大桥。秀水大桥跨越西南岔河的钢筋混凝土T形桥梁。全长87米，桥面幅宽为10米（含3米人行道）。该桥为4跨，每跨长20米。其桥体工程概算60万元；桥头公路引线815米，概算65.9万元；建桥和公路引线总投资概算为66.59万元，决算投资83万元。

该桥工程建设，黑龙江省交通厅、伊春市交通局、带岭林业实验局各负责其工程总造价的三分之一。

1989年5月，秀水大桥建设工程竣工正式通车。

带岭大桥　2004年8月24日，西南岔河上的带岭大桥工程破土动工。带岭大桥工程概算总造价230万元，其中伊春市交通局投资130万元、带岭林业实验局配套投资100万元。

该桥为钢筋混凝土结构，桥梁总长100.8米，桥面幅宽为12米，允许通过车辆的最大负荷60吨。

2005年10月1日，带岭大桥建设工程竣工正式通车。

三、公路养护

1986年至2005年9月，位于带岭区段的14公里地方交通公路（沙石路面）的养护工作，由伊春市交通局出资，带岭林业实验局运输公司的养路段代理养护。

2005年10月1日以后，桃南公路带岭区段的17公里公路（黑色路面）的养护工作，由伊春市交通局统一安排人员养护。

第二章　邮政、电信

第一节　带岭邮政

一、机构

1986年，带岭区邮电局下设信件、包裹、电报业务受理厅1处，邮票代售点2处，报刊零售点1处，邮政代办所1处，集邮点1处。1987年12月26日，始设邮政储蓄所1处，后又增设2处。带岭区邮电局隶属伊春市邮电局。

1998年6月，上级相关部门根据邮电事业的发展和邮电经营主要是邮政和电信两大块业务的特点，决定将其分营，撤销伊春市带岭区邮电局，分别设立伊春市邮政局带岭支局和伊春市电信分公司带岭电信局。两个企业系统均隶属黑龙江省邮电管理局。

1998年10月27日，伊春市邮政局带岭支局正式挂牌成立。支局设局长一职，检查员、会计、出纳员各1人。

二、业务

（一）邮政

1986—1990年，带岭区邮电局先后开办的邮政业务有有声信函，报刊订阅、发行与零售，邮政快件，特快专递，邮政储蓄，商品包件，行包寄递，商业信函，礼仪储蓄，集邮票品等10余项。

1987年12月26日始办的邮政储蓄业务，到1990年年底的3年间，存储余额达95.7万元。

1986年至1990年的5年间，带岭区邮电局邮政业务共办理函件13479850万件，包裹行李41213万件，汇票135970万张，订阅、发行、投递各种类报纸、杂志1000余万份。

1990年年底，邮政业务经营收入从1986年的8.7万元增加到23.2万元。投递网点发展到295处，投递往返里程196公里。

1991年至1998年6月，带岭区邮电局开办经营的业务有报刊订阅、发行、投递与零售，信件、包件、函件、包裹发投，邮政储蓄，代理保险，明信片发投，育人读物，商业信函，保价信函，印刷品，集邮票品等10余项。归类为寄递业务、邮政金融业务、报刊订阅发行与零售业务、商品销售业务、集邮票品业务。

中国人民邮政从20世纪50年代起就承担着国家的报刊订阅与发行业务。数十年的订、邮、发历程，使中国人民邮政已成为国家报刊订阅与发行的主要渠道。截至2005年年底，伊春市邮政局带岭支局承办订阅发行的报刊已突破6000余种。

2001年，邮政带岭支局在做好正常报刊订阅与发行业务的基础上，开办报刊零售业务。由过去的走街串巷零售报刊形式变为门市零售报刊形式，增设报刊门市部1处。报刊门市部的设立，极大满足了不同读者的需求。

集邮票品销售除邮政带岭支局主营业厅经营外，还在2处邮票代售网点经营。邮政带岭支局开设集邮票品网点1处，此类业务均可到集邮票品点办理；经常开展集邮业务活动，集邮爱好者踊跃参加。

（二）寄递业务

在原有的信函、明信片、盲人读物、小包件、保价信函、函件回执等传统业务的基础上，不断拓宽业务领域，开办了商业信函、快递包裹业务。

（三）邮政金融业务

1. 储蓄

邮政带岭支局充分利用储蓄网点多、涉面广的特点，开展邮政储蓄业务，方便了城乡人民群众。到2005年年底，储蓄余额达6000万元。自实现邮政储蓄全国联网以来，不断加大“绿卡”的宣传和发放力度，扩大邮政“绿卡”的知名度，累计发放“绿卡”6万余张。为提高业务交易的稳定性、时限性、实效性，邮政带岭支局在通信费用不增加的情况下，将各储蓄网点的DDN数据线路全部改造成VPN电路。

2. 汇兑

开通了国内、国际电子汇兑网络系统，开办电子汇兑业务。

3. 代理保险、代发工资

邮政带岭支局利用邮政储蓄网点为人民群众代办保险，为一些单位代发职工工资。

（四）商务

带岭区邮电局从1993年起开始经营商务。主要是经营通信设备和器材。如电话机、手机、寻呼机等和通信导线、固定器材、接线、架线器材等。

商品销售业务开展以来，商品流通量较小，时常经营一些时令商品。如农药等一些轻型商品。

1986年12月，全伊春市微波联网建成，带岭区邮电局随同开办电信业务。

1988年3月26日，带岭区邮电局将使用多年的供电式200门容量的电话交换机改造成步进式的500门容量的电话交换机。

1989年3月，伊春市邮电局在带岭区大箐山顶建成微波传输站1处。

1990年5月，伊春市邮电局带岭大箐山微波传输站增开了庆安、朗乡2个方向的微波线路。

伊春市带岭大箐山微波传输站是哈尔滨至伊春通信微波干线上的一个重要的枢纽站。

1988—1990年，带岭区邮电局先后3次架设局址路至带岭林业实验局林产工业公司、带岭林业实验局职工医院至带岭宾馆、带岭林业实验局物资供应科至带岭林业实验局发电厂的3条电缆杆路，增缆410对7.8杆程公里。

1993年，带岭区邮电局安装一台从法国引进的5000门EWSD型程控电话交换机，并开通使用。交换局之间信号传输采用光纤电缆。

三、邮政网点

带岭区有邮政代办所1处，邮票代售网点2处，信筒和分布在区址内的各居民信报投递箱10余个，邮政储蓄网点3处，报纸杂志零售网点1处，集邮票品网点1处。带岭区址内直接投递里程22公里，包括区址边缘的秀水屯和带岭林业实验局的大青川经营林场。上述范围内的邮件、报纸、杂志、包裹、其他小物件等均由投递人员直接投递到户。间接投递的邮件、报纸、杂志、包裹、其他小物件等由支局的专门人员按地址分理后，由专职人员保管分发。距区址较远的山上各经营林场、经营所和农业村屯派人员到支局专职保管分发人员那里领取，邮递物件再由领取人员发送到收件人。投递幅面覆盖带岭全区（局）。2004年起，开办了夜间投递等延伸服务项目。

四、主要邮政设备

1987年4月，带岭区邮电局原办公、营业房舍拆除，在原址新扩建了一栋建筑面积868平方米的邮电大楼，当年11月底建成并投入使用。在此后几年里，先后增建了一些办公和营业用楼房。

1987年，带岭区邮电局除“机构设置与沿革”中表述的营业设施外，还增设投信筒（箱）10余个（处），投递专用自行车3～4台，运送信件、包裹专用手推车1台等邮递设备。

伊春市邮政局带岭支局的办公室和主营业厅（室）与伊春市电信分公司带岭分局的办公室和主营业厅（室）共用主体建筑面积为868平方米的带岭邮电大楼。

带岭区邮电局有邮政、储蓄专用小车1辆，速递专用自行车4台。

1986—1990年带岭区邮政业务量一览表

表12-7

项目 年份	包裹（万件）		函件（万件）		汇票（万张）	
	进口	出口	进口	出口	进口	出口
1986	4693	3468	362914	318765	9348	10427
1987	4891	3746	387413	321512	10824	11201
1988	5117	3986	399272	325926	23493	11008
1989	4747	3472	397048	349440	33657	9394
1990	4364	2730	328287	289273	7466	9152

1986—1990年带岭区报刊订阅发行量一览表

表12-8

项目 年份	报 纸		杂 志	
	期发份数	累积份数	期发份数	累积份数
1986	7084	2125200	7937	95244
1987	9019	2705700	8609	103308
1988	8734	2620200	9277	111324
1989	3392	1017600	5989	71868
1990	4002	1200620	4768	57216

第二节 带岭电信

1986年，带岭区邮电局电信业务主要有三项内容，即电话、电报、寻呼。

1986—1990年，带岭区邮电局电信事业展变化基本情况如下：

1986年年底，带岭区用户电话经申请可实现全市范围内的直拨。

1988年3月26日，市话自动交换通信线路开通，结束了带岭通信市话人工接续的历史。

1989年3月，实现了带岭区与伊春市各区（乌伊岭区除外）的电话直拨。

1990年5月，实现了带岭区与全国各地的电话直拨。但由于步进式自动交换机仅有500门的容量，加上人们对电话通信的认识相对滞后，当年全区只有13位用户安装了全国直拨电话。

同年，电报传输也由过去的人工电报改为传真电报，进入了全国自动传报网络。

1990年年底，全区市话用户达211户。带岭区邮电局电信业务量需话务员3人，动力、微波、卡机、市机等机务人员16人，市话线路查修人员3人，报务及报递员3人。

1993年，带岭区邮电局法国EWSD型5000门电话交换机安装开通使用后，带岭区可与国内、国际通信电话直拨。至此，带岭区实现了通信电话交换设备程控化、长途传输数字化。

20世纪90年代初是中国电信事业迅速崛起之时。1993—2000年，带岭区址内的各街头巷尾、路旁布满了电信部门批准并缴费的个体私营“公用电话亭”，经营电信业务。同时，一些个体私营商业店点也通过电信部门批准并缴费，经营电信业务。其间，由于街头巷尾、路旁的个体私营“公用电话亭”的布置，影响了区址的道路交通与市容市貌，带岭区人民政府的市政管理部门曾几次对其进行清理整顿。清理整顿后，个体私营“公用电话亭”数量有所减少，亭体有所减小。1998年前后，带岭区邮电局投资在区址内主要路、街旁部分单位或部门的门口设置了一些IC卡露天电话亭，用户使用十分方便。但电信部门苦于难以管理，故使用时间不长，被弃用撤掉。同时，带岭区邮电局在其营业室也设置了IC卡电话。此时，由于“话吧”经营的出现和移动通信的普及使用，原坐落在区址街头巷尾、路旁的大量个体私营“公用电话亭”逐渐自动退出其短暂的历史舞台。到2000年年底，区址内“亭式”个体私营“公用电话”电信经营者寥寥无几。

1994年，带岭区邮电局在带岭开展通信寻呼业务。本地与本地，外地与本地，本地与外地可互寻呼。起初，用户竞相使用，全区用户发展到几百户，后来由于移动通信的快速发展，寻呼用户逐年迅速减少，到2005年年底寻呼用户甚少。

第三节　带岭林业电话

一、机构

1986年，该电话所称带岭林业实验局运输管理处电话所。

1989年5月，带岭林业实验局运输管理处撤销，设立带岭林业实验局采运公司。其电话所称带岭林业实验局采运公司电话所。

1993年10月，林业电话所从带岭林业实验局采运公司中分出独立，称带岭林业实验局电话所。

2001年4月，在带岭林业实验局实施企业剥离改制过程中，带岭林业实验局电话所随同伊春林业系统电话一道被中国网络通信集团公司黑龙江省通信公司买断。通信设施设备并入黑龙江省通信公司伊春市分公司带岭分局。职工只接收3人（1名领导、2名工人），其余的领导干部和一般干部由带岭林业实验局调出另行安排；余下的工人，由带岭林业实验局作“一次性安置”处理，电话所随之撤销。

二、业务管理

1986年，林业电话所为加强企业管理，建立了包机包线、话务员岗位责任、维护作业计划、质量检查、障碍分析制度和交接班制度。各项制度的实施，规范了全体职工的工作行为，调动了职工积极性，工作效率明显提高。

1987年6月，带岭林业实验局投资10万元，为林业电话所购置了一台环路载波机，并为环路载波机匹配了永久性电源设备，提高了全局上下通信能力，为全局林业生产经营和职工群众生活提供了方便。

1989 年 6 月，带岭林业实验局为林业电话所增置一套音频调节设备，并购置 HJ906 立组机架 400 门。电话交换机装机容量达到 1800 门。

1986—1990 年，林业电话所增加室内电缆总长 15 公里；调整了“119”和“114”两条电路，使其自动振铃 3 秒钟，缩短了通信时间，提升了通信效率。

1990 年年底，林业电话所有固定资产 200 余万元，机房占地面积 850 平方米；有职工 47 人，其中助理工程师 1 人，技术人员 4 人，电工 20 人，话务人员 10 人，其余为领导和辅助人员。室外通信线路总长 1200 公里，开通电话 800 门。同时，与黑龙江省南岔林业局、黑龙江省朗乡林业局和黑龙江省伊春林业管理局实现林业电话联网通信。

1991 年，林业电话所开通了“3029”线路，实现与上述林业局和伊春林业管理局及其管内网络单位直拨，部分电话接续不用人工。1997 年，开通了“3030”线路。“3029”和“3030”两条线路的开通，林业电话所实现了电话交换自动化，基本结束了电话通信人工接续的历史。原“119”和“114”两条线路改为他用。

2001 年 4 月，带岭林业实验局电话所开通林业电话 765 门，有职工 40 余人，固定资产 400 万元。带岭林业实验局在实施企业剥离改制过程中，将电话所除房产以外的资产设备线路卖给中国网络通信集团公司黑龙江省通信公司。

第四节　无线通信公司简介

一、中国网通集团黑龙江公司伊春市分公司带岭分局

（一）机构

1998 年 6 月，伊春市电信分公司带岭电信局隶属黑龙江省邮电管理局伊春市电信分公司。

2002 年 5 月 16 日，中国网络通信集团公司在北京正式挂牌成立。作为中国网络通信集团公司成员企业的伊春市电信分公司，按照信息产业部和黑龙江省通信公司的企业拆分的要求，更名为中国网络通信集团公司黑龙江省通信公司伊春市分公司。原伊春市电信分公司带岭电信局于 2002 年 10 月 18 日更名为伊春市通信分公司带岭分局，其全称为中国网络通信集团公司黑龙江省通信公司伊春市分公司带岭分局，简称“带岭网通”，直接隶属中国网络通信集团公司伊春市分公司。

带岭网通 2005 年有员工 17 人，其中正式职工 4 人，聘用员工 13 人。带岭网通下设有营业班、机务班、中心社区服务站、大客户服务部、综合办公室等工作机构。设分局长一职，同时，设副局长、高级经理、局长助理和财务会计核算员各 1 人。

（二）通信业务

1998 年，带岭网通分局开办的通信业务有固定电话、移动通信、电报、无线寻呼等。2001 年，先后增开了用户传真、因特网、分组交换、长途可视会议电话、公用电话等业务；电报业务由原来的传统业务增加了礼仪服务，如报喜、庆典、婚礼、生日祝贺和唁电等；由于通信采用了数字程控交换机，使固定电话增加了许多新功能，带岭网通分局又先后开办了一些程控新业务，如来电显示、呼叫等待、转移呼叫、遇忙回叫、三方通话、呼出限制、闹钟服务、免打扰等项目。2003 年，又开通了固定电话语言短信服务业务、电话 Q 吧等业务。2004 年 4 月 26 日，开通了小灵通无线市话业务，截至 2005 年年底，小灵通全区用户已达到 3508 户。2005 年，由于通信事业的迅速发展，中国网通集团公司带岭分局原来开办的寻呼业务停止经营。

2005 年，带岭网通分局的电话交换机容量由 2001 年的 8000 门发展到 10560 门；市内固定电话

用户由2001年的4616户发展到9109户，5年间增加了4493户。

（三）通信设施建设

2001—2005年，带岭网通分局的通信设施模块局不断增加。由2001年的1个中心模块局发展到2005年的11个模块局。分布在区址内的有铁道南和永翠河北2个模块局；分布在带岭林业实验局各经营林场、经营所的有大青川、东方红、环山、寒月、北列、南列、明月7个模块局；分布在东北林业大学凉水实验林场的有1个模块局。该11个模块局，除中国网通集团公司带岭分局院内的中心模块局为有人值守外，其余的10个模块局均为无人值守模块局。

（四）企业先、优、模

伊春市电信分公司带岭电信局暨中国网通集团公司带岭分局，营业8年间多次被评为先进。

2001年，被黑龙江省通信公司评为服务行业“双评”先进单位。

2004年，被全国用户委员会评为“优质服务月”先进单位。

2001—2005年，连续被伊春市通信公司评为先进集体。

2001—2005年，连续被中共带岭区委员会、带岭区人民政府授予服务行业“双评”第一名。

二、中国移动通信集团黑龙江公司伊春分局带岭局

（一）机构

1999年7月2日，伊春市电信分公司带岭电信局的移动通信业务从带岭电信局通信业务中分出，设立中国移动通信集团公司黑龙江公司伊春分公司带岭营销部，移动通信业务从此由其分营。

2003年2月1日至5月21日，带岭营销部曾兼管过中国移动通信集团公司伊春分公司的朗乡营销部。

2003年9月16日，上级部门决定将中国移动通信集团公司黑龙江公司伊春分公司带岭营销部更名为中国移动通信集团公司黑龙江有限责任公司伊春分公司带岭局。

2004年，带岭局有正式员工增加到6人，其余为聘用人员，聘用数量不定。

（二）通信设施建设

1999年7月，中国移动通信集团公司带岭营销部初置时有营业厅1处，有基站和直放站各3个。

2000年，中国移动通信集团公司伊春分公司全年投资500万元在带岭宾馆、带岭林业实验局的碧水、永翠、东方红经营林场、东北林业大学凉水实验林场各建基站和直放站1个。同年7月，将设在伊春市通信分公司带岭分局营业厅内的营业厅迁入新租用的房舍。

2001年，中国移动通信集团公司伊春分公司又投资500余万元，在带岭林业实验局的北列、大青川经营林场分别建基站及直放站各1个，并将原东方红基站改扩建为大基站。同时，将区址的基站从伊春市通信分公司带岭分局的机房中迁至原带岭区商业局综合商店处的新建商住楼房后院。年末，关闭模拟信号传输，开通数字信号传输。

2002年，为方便客户需求，扩大业务量，在中国建设银行伊春市分行带岭分理处的办公和营业楼房的对过增设合作性质的营业厅1处。同年，把设在带岭林业实验局永翠经营林场的直放站改扩建成大型直放站。

2003年，中国移动通信集团公司伊春分公司又投资在带岭林业实验局的环山和红光经营林场分别建基站和直放站各1个。至此，中国移动通信信号覆盖了带岭全区（局）。同年，在原带岭区商业局综合商店处的新建商住楼内增设合作性质的营业厅1处。

2004年，根据营业的需求，为方便客户，又在区址迎宾路东西向段路南带岭林业职工医院斜对过的“青年楼”东端一楼增设合作性质的营业厅1处。同年，将租用的主营业厅和办公室的楼房买下。

2005年，先后投资在带岭通往桃南（桃山至南岔）通乡公路的新建带岭大桥南端东侧，桃南通

乡公路旁兴建一座大型“中国移动通信”广告牌；还在其他各交通要道的凸显处设10个小型广告牌。

截至2005年年底，中国移动通信集团公司带岭局移动通信设施有大小基站和直放站各12个，主营业厅1处，合作性质的营业厅3处。

（三）业务经营收入

1999年7月2日，中国移动通信集团公司带岭营销部成立经营，经营收入80余万元，移动通信用户880余户。2000年，营业收入188万元，移动通信用户发展到2210户。2001年，营业收入290余万元，移动通信用户发展到3100户。2002年，营业收入400余万元，移动通信用户发展到4200户。2003年，营业收入520余万元，移动通信用户发展到近5000户。2004年，营业收入560余万元，移动通信用户发展到5500户。2005年，营业收入近600万元，移动通信用户发展到近6000户。

（四）企业先、优、模

中国移动通信集团公司带岭局营业6年间多次被评为先进。

1999年和2000年，先后2次被中国移动通信集团公司伊春分公司评为先进单位。

2001年，被中国移动通信集团公司伊春分公司评为先进单位标兵。

2002年，被中国移动通信集团公司伊春分公司评为出席中国移动通信集团公司黑龙江有限责任公司的先进单位。

三、中国联通公司黑龙江伊春市分公司带岭营业部

（一）机构

2000年2月18日，中国联合通信有限公司带岭营业部设置并揭牌营业。其全称中国联合通信有限责任公司黑龙江公司伊春分公司带岭营业部，简称中国联合通信有限责任公司带岭营业部或中国联通公司带岭营业部，隶属中国联合通信有限责任公司黑龙江公司伊春分公司。中国联合通信有限责任公司带岭营业部设经理一职。

（二）通信设施建设

带岭联通营业部置建5年间，边营业边进行通信设施建设，现拥有以宽带光纤电缆传输网为基础的综合通信网：CDMA和GSM网（称C、G两大网）、数据网、互联网、“193”长途网、智能网等通信网络，已能满足广大客户通信、商务、上网、求知等方面的需求。在“C、G”两大移动网络建设中，坚持建设、挖潜并重，有效投入的原则，竭力提升网络能力和质量。CDMA网在带岭建基站7个，GSM网在带岭建基站5个，移动通信网的容量分别是1.5万户和1.2万户。按照精品网络建设标准的要求，2005年增加5个基站和4个直放站。

（三）业务经营

中国联合通信有限责任公司带岭营业部开办的通信等经营业务有GSM网“130”“131”“132”和CDMA网“133”移动通信业务，以及数据网、互联网、“193”长途网、智能网、寻呼业务、电信增值业务、市内电话业务和技术交流与信息咨询业务、电子通信设备与器材经销业务。

2000年，营业收入75万余元，拥有客户450户。2001年，营业收入80余万元，拥有客户520户。2002年，营业收入增加到90余万元，拥有客户600余户。2003年，营业收入97万余元，拥有客户660余户。2004年，营业收入增加到101万余元，拥有客户700余户。2005年，营业收入增加到107万余元，拥有客户730余户。

四、中国铁通集团黑龙江伊春分公司带岭局

（一）机构

2002年8月16日，铁道部铁道通信信息有限责任公司带岭电信局成立，其隶属铁道部铁道通信

信息有限责任公司黑龙江公司伊春分公司。

2004年经国务院批准，铁道部和国有资产监督管理委员会（简称“国资委”）联合下发铁政法〔2004〕6号文件。将铁道部的铁道通信信息有限责任公司于2004年1月20日移交给国有资产监督管理委员会管理。同年8月20日，铁道通信信息有限责任公司正式更名为中国铁道通信集团有限公司（简称“中国铁通公司”）。铁道通信信息有限责任公司改变隶属关系更名后，成为国家基础电信事业运营商，在国家国有资产监督管理委员会的直接领导下和信息产业部的指导下，独立运作经营，继续享有国家已经给予的各种优惠政策。

由于铁道部的铁道通信信息有限责任公司的名称和隶属关系的改变，因此原铁道通信信息有限责任公司的带岭电信局的隶属关系也随之改变。改变后全称为中国铁道通信集团有限公司黑龙江公司伊春分公司带岭局，简称中国铁通伊春分公司带岭局或中国铁通带岭局，其隶属中国铁道通信集团有限公司黑龙江公司伊春分公司。

2005年，中国铁道通信集团有限公司有员工7人。

（二）通信设施建设

中国铁通带岭电信局，通过几年的发展建设，拥有“华为”牌C&CO8B型数字程控交换机1台和宽带网8750型交换机1台，以及MB5100型接入服务器等配套高新通信技术设施；杆路光纤电缆180公里，固定电话装机容量4000门；宽带网（互联网）装机容量1000线。

（三）业务经营与客户

中国铁通带岭局开办的通信业务有国际、国内长途电话、本地电话、话吧等固定电话业务，公共数据业务，互联网（宽带网）接入业务，无线寻呼业务（2005年年初停营），长途可视会议电话业务和各种智能网增值业务等。

2002年，营业收入80余万元，固定电话在网客户1300余户。2003年，营业收入100余万元，固定电话在网客户增至2000余户。2004年，营业收入110余万元，固定电话在网客户增至2400余户。2005年，营业收入115万余元，固定电话在网客户增至2892户。

截至2005年年底，固定电话占有率达到区址用户的30%，互联网上网用户60户。

第十三篇

城镇建设·环境保护

1986—2005年，带岭区的城镇建设、环境保护工作稳步发展。区政府不断向城镇管理和环境污染治理工作投入人力、物力、财力，城镇市容市貌、公共卫生、环境污染治理等项事业发生了明显的变化。市容市貌的整顿与管理、公共卫生管理和环境污染的治理工作逐步走向管理系统化、规范化、法制化的轨道。

第一章　城镇建设

第一节　机构设置

1986 年，带岭城镇的规划管理工作由带岭区城镇建设管理处负责。

1990 年 4 月，带岭区城镇建设管理处撤销，分别成立带岭区房地产管理局和带岭区规划（环保）局。带岭区房地产管理局负责房地产管理和自来水管理工作；带岭区规划（环保）局负责管理处除去带岭区房地产管理局负责以外的其他部分工作。

1990 年 5 月，带岭区公用事业管理处成立，并与带岭区房地产管理局合署办公，一套领导班子，两块牌子。负责全区的公用事业管理工作。

1991 年 7 月，带岭区房地产交易所成立（副科级单位），内设在带岭区房地产管理局。负责全区的房地产交易市场的管理工作。

1997 年 5 月，中共带岭区委员会重新行文宣布成立带岭区公用事业管理处，负责除自来水以外的公用事业管理工作，并与带岭区规划（环保）局合署办公。

1999 年 3 月，带岭区房地产管理局（带岭区公用事业管理处）更名为带岭区物业有限责任公司，其业务职能未变。

1999 年 4 月，带岭区公用事业管理处撤销，成立带岭区环境卫生管理处，系独立的基层事业性管理单位，不再与带岭区规划（环保）局合署办公。仍负责原来与带岭区规划（环保）局合署办公时的公用事业管理处负责的城区道路绿化、路灯管理、道路清扫、园林绿化与管理、景观建设、环境卫生管理、垃圾清运等项工作职能。带岭区环境卫生管理处成立后与带岭林业地区燃料公司合署办公，一套领导班子，两块牌子。此后，带岭区规划（环保）局变为带岭区人民政府的一个职能部门，不再既是基层单位又是政府职能部门。

1999 年 4 月，带岭区市政城管监察大队成立。负责带岭区规划（环保）局原来的市政管理工作（副科级单位），其隶属带岭区建设委员会。

2001 年 3 月，带岭区物业公有限责任公司的自来水管理站分出独立，称带岭区自来水公司。同时，带岭区物业有限责任公司内设的带岭区房地产交易所机构和房地产管理、房地产改革职能划归带岭区建设委员会。带岭区建设委员会内设房地产管理所负责具体业务。此后，带岭物业有限责任公司只负责带岭城区内的物业管理和小区建设工作及房地产开发工作。

2001 年 3 月，带岭林业地区燃料公司在企业改制中被剥离成为个体私营企业，称带岭运通燃料站。负责全区的液化气燃料经营与供应工作。不再与带岭区环境卫生管理处合署。

2001 年 11 月，区建委更名为区建设局。与此同时，撤销带岭区规划（环保）局，将其职能并入带岭区建设局。带岭区建设局内设环境保护办公室，专门负责全区的环境保护工作。

同时，带岭区物业有限责任公司更名为带岭区物业公司。此时的带岭区物业公司只负责物业管理和小区建设工作。

2005 年 3 月，带岭区物业公司撤销，其业务职能并入带岭区环境卫生管理处。同时，带岭区环境卫生管理处更名为带岭区环境卫生物业管理处。

第二节 城镇规划

1986 年 8 月 15 日，带岭区人民政府制定《伊春市带岭区城镇总体规划书》。规划时限近期定为 1986—1990 年，远期定为 1991—2000 年。

1999 年，区政府组织有关人员又重新编制《带岭区城镇总体规划》。《带岭区城镇总体规划》的上限定为 1999 年，下限定为 2030 年。其中，1999—2005 年为近期规划，2005—2020 年为远期规划，2020—2030 年为远景规划。

《带岭区城镇总体规划》中的 1999—2005 年的部分内容已在带岭区的城镇建设中实施。

一、城镇总体规划

根据伊春市市域规划，带岭城镇的性质为伊春市南部的一个重要城镇，是带岭区的政治、经济、文化、金融中心，是一个以伊春市区为中心，以森林资源保护、木材精深加工综合利用以及轻工业为主导产业的卫星城镇，国家林业现代综合科学研究基地。

近期规划（1999—2005 年） 城镇发展将在近期逐步调整产业结构，加强基础设施建设，改善城镇景观风貌，利用带岭作为国家林业现代化综合科学实验基地的有利条件，发展木材精深加工综合利用，为城镇的经济社会进一步发展打下坚实的基础。

远期规划（2005—2020 年） 带岭城镇将形成比较完整的功能结构，发展外向型产业，建成综合经济实力雄厚，产业结构合理，伊春市南部的重要城镇。

远景规划（2020—2030 年） 带岭城镇将建成经济繁荣，各项功能设施完备，布局合理，交通安全便捷，生态环境良好，独具特色的现代化林业的重要城镇。

二、城区土地利用和空间布局

根据国家《城市用地分类与规划建设用地标准》及带岭城镇现状用地构成情况确定城镇建设用地标准。

规划确定带岭城镇为组团式发展格局，合理进行功能分区。强化其政治、经济、文化中心的地位，并安排（数量相当的）第三产业用地。用地开发以旧区改造为主，新区开发与旧区改造相结合的原则。规划工业区，坚持中心区以一类工业为主，有污染的工业应迁出中心区，安排在城区下风向的布局原则，促进城区的合理发展。城市设计作为总体规划内容贯彻始终，以自然风貌、城市空间物质、人工环境为构成要素，提高环境质量和景观艺术水平。

三、城镇对外交通和城镇交通道路系统用地规划

对外交通用地是指城市对外交通运输的用地，包括铁路、公路、机场及其附属设施等。带岭城镇以发展铁路、公路为重点，提高公路等级。

铁路带岭有绥佳铁路线在偏南部东西贯穿，通过带岭区段长 4.3 公里，规划近期将改建带岭站，完善其站场、站舍及附属设施用地，改善铁路运输条件。

公路带岭区现有带岭至伊春、带岭至南岔、带岭至朗乡3条对外交通公路。规划带岭区对外交通公路出口设3处，分别在东南、西南和北3个方向。规划长途汽车客运站在现状基础上进行改造和完善。

城镇交通道路系统用地规划。带岭城镇是一个组团式城镇，东西向和南北向交通道路都很集中，道路等级不明确，现有交通道路满足不了城镇发展的需要，规划对交通道路网进行调整、拓宽，修整尽端路和断头路等不合理的交通路段，明确道路功能，将交通道路划分为主干道、次干道和支干路3种形式，规划主干道3条，次干道20条，过境公路2条，形成以方格网式为主与自由式相结合的交通道路骨架。同时确定交通道路红线宽度为主干道红线宽度为32米，次干道红线宽度为24米，支路红线为20～16米。

交通道路两侧建筑物按其性质和体量要求后退红线，主干道5米以上，次干道3米以上，其间安排停车场和绿化用地。

根据城市交通道路系统规划要求，规划主干道按1～0.5公里左右间距设置，次干道按0.5～0.3公里间距设置。

在交通道路系统规划的同时，还要设置道路广场、停车场及其附属设施。城区交通道路红线和断面形式应根据规划实施落实，严格控制交通道路红线宽度，严禁侵占交通道路红线。

加油站规划。城镇的交通车辆加油站，应靠近城镇的交通干道或出入方便的次道及过境路进出口附近设置。规划道路广场总用地77.93公顷，占城镇建设用地的16.24%。

四、城镇生活居住用地规划

生活居住用地以住宅及各类生活服务设施、绿地、必要的市政工程设施占地为主要构成，中心区居住用地将现有的对周围环境有干扰的工业、仓储行业逐渐调整到规划的工业、仓储区内。

规划期内对划定居住区进行改造和开发，完善商饮服业设施的配套建设，居住区的建设坚持以新区开发和旧区改造相结合的原则。近期主要以旧城区改造为主，以楼房建设为主，增加建筑密度，提高居住环境质量。

带岭区现状居住用地207.32公顷，人均居住用地60平方米，占建设用地的49.12%。居住指标超过国家标准，土地浪费严重，阻碍了用地合理发展。规划居住用地152.21公顷，人均居住用地38.05平方米，占建设用地的31.71%。

五、公用服务设施用地规划

公用服务设施是城市的重要组成部分，规划公用服务设施在充分利用现有的设施基础上，综合考虑交通流向、建筑性质、居民使用频率、服务半径的合理因素，在中心区内分别配套设置了相应的服务项目。商业、金融、贸易用地应结合土地有偿使用综合开发。

六、工业、仓储区用地规划

带岭现有工业、仓储用地84.69公顷，占城镇建设用地的20.07%，大部分工业、仓储用地布局比较合理。规划工业、仓储用地主要向东北方向发展。将夹在工业区、仓储区的居民和第三中学校迁出，使工业区、仓储区更加合理。规划期内迁出混杂在居住区内有污染和危险的工业、仓储项目。

规划工业、仓储用地115.19公顷，占城镇建设用地的24%，人均用地28.8平方米。

七、园林绿地系统用地规划

以自然森林资源优势为依托，以城镇交通道路绿化为纽带，以公园、街头绿地、机关庭院绿化、小区绿化为骨干，建立城乡一体，点、线、面相结合的绿化体系，力求创造人工与自然交融，城郊于一体的“生态园林城镇”。

八、景观风貌规划

景观主要是指城镇的自然景观和人文景观综合构成的景象。

带岭城镇四面环山，永翠河和西南岔河从城区流经，夏绿冬白是林城的自然风貌，规划将这一自然环境与人工环境统一考虑，塑造出独具特色的景观风貌。

规划中加强完善城镇景观，建筑体量以3～5层的楼房为主，建筑高度错落有致，有丰富的轮廓线。带岭城镇景观风貌的总构成为“1个主轴线”，“2条景观带”，“3条风景线”，“10个景观点”，“3处城镇大门”。“1个主轴线”是城镇中心南北方向的迎宾路；“2条景观带”是西南岔河和永翠河岸线和滨水绿带，成为居民的主要游憩场地；“3条风景线”是依据风景保护区和城镇主要道路构成的，是城镇街道景观的重要体现；“10个景观点”是风景线与主轴线和景观带的交会处，是城镇规划设计的重要地段，代表城镇风貌标志，包括广场、交通道路交叉口、街道对景处等；“3处城镇大门”一是国铁带岭站前广场，二是通往伊春市区的公路出口，三是通往朗乡的公路出口，这三处是出入带岭的第一点，其四周建筑应总体设计，严格控制。

规划中对城镇公用设施，公厕、公园、路灯、垃圾箱、小品雕塑等应统一设计。

规划中对广告牌、宣传栏的位置、尺度和造型应严格控制，统一安排。

规划中对重要地段的建筑物应严格控制其体量、形体及色泽，做到高低错落，丰富城镇轮廓与周围山体等自然环境的相呼应。

作为城镇背景的风景保护区应严格控制，不得破坏自然地形和植被。

九、城镇工程规划

规划按照伊春市国民经济和社会发展的总体要求。重点是经济发展和人民生活密切相关的给水、排水、供电、通信、供热、广播电视、燃气、环境卫生、环境保护等工程，力求立足于现实，考虑长远，满足城镇建设需要和人们日益增长的物质文化需求。

十、环境保护规划

规划力求根据全区经济社会发展的实际，与全区经济社会发展规划有机结合，以最小的经济投入换取最大的环境效益。在具体规划中依据城镇性质和环境特点，结合全区产业结构调整，逐步调整城镇工业布局。主要发展对环境无害的、技术含量比较高的工业企业，不再建设污染严重的企业。同时发展集中供热、联网供热，改变民用燃料构成，减少空气污染；完成镇内环境噪声功能区划，划定交通噪声控制带，控制噪声污染；对镇内垃圾进行综合治理，防止毒物造成大气、土壤、地下水的污染。

城市环境功能划分3类区域。0类区，即重点保护区。以集中绿地、疗养院、别墅区、文教科研区、风景区、环境好的住宅区等。1类区，即一般保护区。以居住和商业活动为主的综合环境质量要求较好的地区。2类区，即污染控制区。以工业区和部分仓储区。还有交通噪声控制带，即交通枢纽和干线。

环境保护对策。1. 加快旧城区的改造，以改善环境质量。2. 工业企业新上项目要严格执行环境保护的“三同时”及环境影响评价制度，严格控制污染物的产生，污染物的排放应达到国家规定的排放标准。3. 城镇生活污水处理率应达到国家规定的排放标准。4. 加强城镇噪声治理，对交通道路干线两侧噪声昼间应低于70分贝，夜间应低于55分贝，环境噪声按功能区要求要达到国家标准。5. 加强绿化建设，逐步扩大绿化面积，保护镇内及其周围的自然生态环境，创造一个生态型的城镇环境。

十一、综合防灾规划

带岭区地处永翠河下游终端和西南岔河中游，小兴岭南坡达里带山脉腹地。共有南北2条水系，南有西南岔河，由西向东南，北有永翠河由北向东南流经带岭，永翠河由北向东南于西南岔河上的国铁2号桥下游汇入西南岔河，这两条河流均属松花江水系。

西南岔河带岭段已有堤防3.3公里，永翠河带岭段已有堤防2.6公里，均存在着防洪标准低、险工弱段多等隐患。调整堤防结构不合理状况，打通引洪通道，提升险工弱段堤防的防洪标准，增加堤防总长4公里。近期标准定为20年一遇，远期标准定为50年一遇。

城镇消防工作坚持“以防为主，防消结合”的原则。根据消防服务半径和带岭区的实际情况，带岭镇内的消防站（点）设置基本能满足需要，规划消防站（点）在现有的基础上进行维修与完善。整治和修复现有的消防栓，根据实际需求，增加供水水鹤，保证消防用水的水源和用水量。

十二、近期建设规划

根据带岭区城镇总体规划的要求，考虑到带岭区现状和经济技术条件，为实现城镇发展的总体规划战略目标奠定基础，正确处理近期和远期以及远景、局部和总体的关系，体现规划的相对完整性、过渡性和延续性，使规划能够有计划、有目的地进行，并结合区位因素、地价因素，确定优先发展用地和优先发展项目，制定带岭城镇近期建设规划。近期建设规划的时限为1999—2005年。

住宅建设规划。住宅建设以旧房改造为主，重点改造镇内中心地段，坚持综合开发、配套建设原则，提高人民群众居住环境质量。

公用服务设施建设规划。重点建设城镇中心的商贸服务中心，完善各类商贸市场和各级医疗卫生设施，完善其他各种配套设施建设。

工业、仓储建设规划。近期逐步调整对居住区有影响的工业企业和仓储用地，并将在工业和仓储区内居住的部分居民群众迁出，完善现有工业和仓储用地，根据经济发展情况，适度增加工业和仓储用地。

城镇道路、广场及交通建设规划。进行主次干道及铁路站前广场改、扩建工程，完善道路系统，进行过境交通公路建设，解决过境车辆对城镇中心区的影响。改扩建铁路车站，完善公路客运站。

园林绿地系统建设规划。园林绿化主要以完善现有的各类绿地的同时，侧重交通道路绿化、公园以及街头绿地建设，植物以草坪、花灌木为主。

基础设施建设规划。给水工程，新建2眼深水井，主干线延伸1.5公里。排水工程，新建排水管道2公里，解决内涝。供热工程，新建供热锅房1处，位于国铁路南侧。供电工程，继续扩大用户范围。通信工程，通信电杆式架敷设逐步改换为光缆地埋式铺设。环境卫生，建设一座垃圾粪便无公无害化综合处理厂。

环保建设规划。控制废气、污水排放源，使其达到国家规定的排放标准。加强环境的综合整治，全面控制气体、水体、噪声和固体废弃物的污染。

综合防灾规划。防洪，实施永翠河堤防工程。消防，增加和完善现有消防设施。

十三、城镇远景规划

规划到2030年以后，带岭区将建设成为布局合理，各项城市基础设施完备，功能齐全，城区环境优美，对外辐射力较强的伊春市南部的重要城镇。

带岭城镇用地发展规模控制在5.5平方公里以内，人口控制在5万人。

第三节　房屋建设

1986年4月20日，带岭区城镇建设开发公司成立后，开始不断招商引资，在镇内开展各类商品房建设。同时，区政府也广泛筹措资金建设民用、商用、办公及其他一些事业性用房。

随着国家改革开放的逐步深入和城市建设步伐的加快，根据经济社会发展进步的实际需要，带岭镇内改造建设规模逐年扩大。带岭主要街道两旁楼房林立。经济适用住宅楼、商住楼、办公楼、综合楼等楼房逐年增多，以楼房为主的住宅小区、商贸小区已见雏形。在旧房改造过程中，实施《带岭区城镇总体规划》，城镇中心区主要街道两侧拆掉旧的平建造的楼房，样式新颖别致。20世纪80年代中期后，新建了一些平房，大都选址在城镇边缘地带的居民、村民点。20世纪90年代后，镇内一律不批建平房。

1986年，带岭镇内不仅主要街道两旁楼房少见，而且居民住宅楼也不多，仅有10余栋。到2005年年底，带岭镇内新建的楼房建筑面积近20万平方米。

20世纪80年代，带岭区（局）采取自建公助、单位自建自分和公建等多渠道的方法解决群众住房难的问题。此间，城镇边缘地带出现了一栋栋成片的职工住宅平房，村民住宅亦出现了大量新建的宽敞、明亮的平房和少量的楼房。

20世纪90年代中期，群众住房难的状况基本解决。20世纪90年代中后期，新建楼房逐步增加配套设施，如室内卫生间、厨房、餐厅、客厅、卧室等。人民群众开始讲究住房实用、宽敞、明亮、外貌新颖别致、美观大方。1997年开始，带岭镇内建设的各种楼房大都有地下室。

1986年以前，镇内只有两家个人临街建的楼房，商住两用。到2005年前后出现近20家个人楼房。这些个人楼房有的分布在主要街道两旁，有的分布在居民区，也有的分布在城镇边缘地带的村屯。有的是个人居住，有的是商住两用，也有的就是经商和开办工厂等。

1986—2005年带岭区（局）楼房建设情况一览表

表13-1

项目 年份	建筑面积（平方米）	投资额（万元）	投资性质	建筑结构	建筑层次	房屋功能	承建单位
1986	2414	—	开发	砖混	4	商住	带岭区建筑工程队
1986	3161	80.0	公建	砖混	5	住宅	带岭林业实验局基建工程处
1986—1987	3863	116.0	公建	砖混	4	教学、办公	带岭林业实验局基建工程处
1987	3864	80.0	公建	砖混	5	住宅	带岭区建筑工程队
1987	—	—	公建	砖混	5	住宅	安徽施工队
1987	2226	66.5	公建	砖混	4	办公	带岭林业实验局基建工程处
1987	—	—	公建	砖混	4	住宅	带岭区建筑工程队
1987	868	28.0	公建	砖混	3	办公、营业	哈尔滨施工队
1987—1988	600	—	公建	砖混	3	办公、营业	江苏省504工程队
1988	1940	60.0	公建	砖混	4	办公	带岭区建筑工程队
1988	2630	80.0	公建	砖混	4	住宅	带岭林业实验局基建工程处
1988	3071	110.0	公建	砖混	5	住宅	东北林业大学建筑工程公司
1989—1990	645	30.0	公建	砖混	3	办公、营业	带岭区建筑工程公司

续表 13-1

项目 年份	建筑面积（平方米）	投资额（万元）	投资性质	建筑结构	建筑层次	房屋功能	承建单位
1989—1990	400	—	公建	砖混	2	办公	带岭林业实验局基建工程处
1989	—	—	公建	砖混	4	住宅	佳木斯施工队
1989—1991	1700	78.4	公建	砖混	3	洗浴变广电	带岭林业实验局基建工程处
1990	1500	60.0	公建	砖混	5	住宅	带岭林业实验局基建工程处
1990	—	—	集资	砖混	5	住宅	带岭区建筑工程公司
1991—1992	2500	100.0	公建	砖混	5	住宅	带岭林业实验局基建工程处
1992	—	—	公建	砖混	5	住宅	带岭区建筑工程公司
1992	—	—	集资	砖混	6	住宅	带岭区建筑工程公司
1992	3071	155.0	公建	砖混	5	住宅	东北林业大学建筑工程公司
1992	1950	92.5	公建	砖混	3	实验室	带岭林业实验局基建工程处
1993	1640	100.0	开发	砖混	住宅 7 办公、 营业 6	住宅、商营、办公、综合	带岭区建筑工程公司
1993	—	—	公建	砖混	6	住宅	带岭区建筑工程公司
1993	3120	216.5	公建	砖混	6	住宅	带岭林业实验局基建工程处
1994	3688	400.0	公建	砖混	4	医疗、办公	带岭林业工程公司
1994	6400 （2 栋）	480.0	公建	砖混	6	商贸、住宅	带岭林业工程公司、带岭区建筑工公司
1994	1000	50.0	公建	砖混	3	营房	带岭林业工程公司
1994（1～2 层） 1999（3～5 层）	4280	350.0	公建	砖混	5	办公、住宅、车库	东北林大建筑工程公司带岭区建筑工程公司
1995	8000	450.0	公建经济适用	砖混	2 栋 6 层 1 栋 5 层	住宅	带岭区建筑工程公司
1995—1996	2188 2292	400.0	公建	砖混	办营 4 住宅 7	办公、营业、住宅	带岭林业工程公司
1996	2450	160.0	公建	砖混	6	商贸、住宅	伊春施工队
1997	商贸 2400 农行 1600 住宅 2500	425.0	开发	砖混	商贸 4 农行 4 住宅 6	商贸、办公、营业、住宅	带岭区建筑工程公司
1997	4500	400.0	开发	砖混	6	商贸、住宅	带岭区建筑工程公司
1998	5340	450.0	开发	砖混	6	商贸、住宅	带岭区建筑工程公司
1999	1200	120.0	公建	砖混	4	办公、营业	带岭林业工程公司
1999	2900	200.0	公建	砖混	4	职业教育	带岭林业工程公司
2000	4850	500.0	开发	砖混	4	迎宾市场	带岭林业工程公司 带岭区建筑工程公司
2000—2001	3785	698.0	公建	砖混	5	办公、营业、住宅	绥化施工队
2001—2002	8700	480.0	开发	砖混	6	商贸、住宅	伊春施工队
2001—2002	6000	380.0	公建	砖混	6	商贸、住宅	带岭区正业建筑公司
2001	—	—	开发	砖混	5	商贸、住宅	伊春施工队

续表 13-1

年份＼项目	建筑面积（平方米）	投资额（万元）	投资性质	建筑结构	建筑层次	房屋功能	承建单位
2001	—	—	公建	砖混	2	学生食宿、商贸	带岭区正业建筑公司
2002	—	—	开发	砖混	6	商贸、住宅	伊春施工队
2002	2677	187.5	经济适用	砖混	2 栋均 5 层	住宅	带岭区正业建筑公司
2002	—	—	开发	砖混	5	商贸、住宅	本地施工队个人开发
2002	—	—	开发	砖混	5	商贸、住宅	外地施工队个人开发
2003	5100	358.0	开发	砖混	5	商贸、住宅	带岭区正业建筑公司
2003—2004	—	—	开发	砖混	3	商贸、住宅	外地施工队个人开发
2004	2846	200.0	开发	砖混	4	商贸、住宅	带岭区正业建筑公司
2004	44760	333.0	开发	砖混	5	商贸、住宅	带岭区正业建筑公司
2005	4870	341.0	经济适用	砖混	6	商贸、住宅	带岭区正业建筑公司
2005	4396	718.0	公建	砖混	4	教育教学	带岭区正业建筑公司

第四节　房地产管理与开发

一、房地产管理

1986 年至 1990 年 4 月，带岭镇内的公有住房管理和私有住房的批建工作由带岭区城镇建设管理处负责。公有住房承租分配、房租收缴、房地产档案管理由其房地产管理股负责；公有住房修缮由房地产维修队负责。

1990 年 4 月—1999 年 3 月，带岭镇内的房地产管理工作由带岭区房地产管理局负责。此间，于 1991 年 7 月带岭区房地产交易所成立（副科级单位），含在带岭区房地产管理局之内，负责全区私有住房和其他私有用房的买卖交易、价格评估与证籍办理工作。公有住房分配、房租收缴、房地产档案管理由其房地产管理股负责；未出售的公有住房的维护修缮、售出的楼房公用部位的修缮与管理由其房地产维修队负责。截至 1999 年 3 月，镇内大部分公有住宅楼已售出，平房基本出售完毕。此时，带岭区房地产管理局更名为带岭区物业有限责任公司。带岭区物业有限责任公司不负责公有住房分配工作，而负责公有住房出售、未售出的公有住房租金收缴、房地产交易管理、住房制度改革实施、已售出或未售出的楼房住宅公用部位的维护修缮与管理、房地产开发等项工作。此后，带岭区物业有限责任公司的房地产管理与房地产维护修缮的业务逐年减少。

2001 年 11 月，带岭区物业有限责任公司更名为带岭区物业公司。此后，带岭区物业公司负责已出售的住宅楼房公用部位的维护修缮与管理工作和小区建设工作。小区建设工作，以团结社区的小区建设为主。原房地产管理部门的其他房地产管理工作一并划归带岭区建设局负责。

二、住宅危房改造

1986 年，公有住宅平房危房建筑面积 960 平方米被改造；1987 年，公有平房住宅危房建筑面积 640 平方米被改造；1989 年，公有住宅平房危房建筑面积 300 平方米被改造；2001 年，公有楼房办公危楼建筑面积3000平方米被改造。

2003年起，根据建设部的要求，带岭镇内新建楼房，楼板一律采用浇筑形式构成，不再采用预制板结构。

三、房地产开发

带岭区房地产开发事业始于1984年。1986年4月26日，带岭区城镇建设开发公司正式成立。

20年间，带岭区通过招商引资、个人开发等多渠道的商品楼开发建设，开发建设的各种各类商品楼房总面积达20余万平方米。房地产开发事业的有效开展，加快了带岭镇内房屋改造建设的步伐。

第五节　公用设施建设

一、道路、广场、路灯设施

1986—1989年，带岭区人民政府对城区主要街道、广场进行了升级改造。铺设混凝土路面1460延长米、沥青路面1650延长米；铺设广场沥青路面4387平方米。其中，1987年将育林路在原沙石路面的基础上改造成混凝土路面，总长1460延长米。同期，将运材路和带岭宾馆院内甬道及楼前广场、铁路带岭车站站前广场都铺设了沥青路面。总计铺设路面1650延长米，广场路面（不含带岭宾馆楼前广场）为4387平方米。与此同时，对原迎宾路的沥青路面进行了修补。1998年，由于育林东段混凝土路面坏损严重，影响交通，区政府投资在其原路面的基础上铺设了油渣路面，全长648延长米。

2005年，上级投资600万元，对迎宾路进行升级改造，铺设路面1190延长米。同时，对铁路带岭站站前广场也进行了升级改造，铺设混凝土路面4387平方米。迎宾路改造升级后，南北向路宽12米，东西向路宽11米。迎宾路南北向两侧人行道重新统一铺装了彩色人行道板，迎宾路东西段南侧和北侧食宿办至永翠河桥头的人行道也统一铺装了彩色人行道板。

在迎宾路升级改造的同时，对原迎宾路路灯的设置也进行了彻底改造。将原来一侧借输电线杆挂设的明线光控路灯改造成为两侧对设专用线杆暗线供电光控路灯。

1990年统计，带岭区迎宾路、育林路、运材路、宾馆甬道、相关胡同等共安装路灯102盏。2005年年底统计，带岭镇内各主要街道和宾馆甬道、广场、巷道、胡同、居民区等共安装路灯227盏。

二、供水、排水设施

（一）供水

1986年，带岭镇内供水管线总长33.5公里，日产水量800～1000吨，年供水量34万吨，居民用水2655户，单位（含商饮服业）用水47户；还有一些基本建设工地施工、城镇消防用水等。同年，自来水管线大修250延长米。1987年，给用水户安装水表252块。1989年，延伸供水管线2公里。国铁道南八栋楼供水设施改建，独立供水，安装2台压力泵。1990年，供水管线大修40延长米。1992年，根据城镇规划建设要求，定永翠河流域为带岭区生活用水水源，经黑龙江省森林工业总局批准立项。由黑龙江省林业勘察设计院对其进行全面调查，勘察面积10平方公里，钻井孔16个，其中第四纪孔12个，累计孔深71.3米；基岩孔4个，累计孔深601.6米。1994年，新增一口井，更换部分供水主管线。

1996年，改造供水铸铁主管线300延长米。“7·29”水灾后，原带岭区第二中学校校舍改造为家属房，原第二中学小区自来水扩建，水源独立。

2000 年，新增 1 口井，供水管线总长已达到 48.71 公里，年供水量 58.4 万吨，居民用水 4759 户，单位（含商饮服务业）用水 308 户。

2001 年，自来水管理站从带岭区公用事业管理处（带岭区房地产管理局）分出独立，称带岭区自来水公司。当年新增一口井。此时，供水管线总长 55 公里，日供水量 2100 吨，年供水量 76.65 万吨，居民用水 5289 户，单位（含商饮服务业）用水 325 户。

2004 年，1 号井改造成大口井。2005 年，带岭区自来水公司拥有供水管线总长 68 公里，日供水量 2100 吨，年供水量 76.65 万吨，居民用水 7800 户，单位（含商饮服务业）用水 336 户。

1986—2005 年带岭区（局）自来水变化情况一览表

表 13-2

项目 / 年份	日产水量（万吨）	年供水量（万吨）	主、支管线总长（公里）	居民供水（户）	单位供水（户）	收入（万元）
1986	800～1000	34.00	33.50	2655	47	—
1987	800～1000	34.00	35.50	2900	49	—
1988	800～1000	34.00	38.00	3101	50	—
1989	800～1000	34.00	40.00	3328	80	—
1990	800～1000	29.20	40.00	3372	86	—
1991	800～1000	32.00	41.00	3640	83	—
1992	800～1000	33.00	42.00	3697	86	—
1993	800～1000	33.00	42.00	4506	136	—
1994	1470	53.00	48.00	4629	146	—
1995	1470	53.00	48.00	4629	188	—
1996	1470	53.00	48.00	4629	196	—
1997	1470	53.00	48.00	4629	206	—
1998	1470	53.00	48.00	4629	246	—
1999	1470	53.00	48.08	4679	246	—
2000	1600	58.40	48.71	4759	308	—
2001	2100	76.65	55.00	5289	325	—
2002	2100	76.65	68.40	6650	326	—
2003	2100	76.65	68.40	7000	330	—
2004	2100	76.65	68.00	7530	331	45.00
2005	2100	76.65	68.00	7800	336	57.80

（二）排水

1986 年时，带岭镇内的单位、居民区和街道的排水利用自然或人工挖掘的排水沟、明石砌沟、石砌盖板沟将雨水、雪水和生活污水排泄到地势低洼地带和河流内。

1989 年，区政府投资 34 万元，修建北线下水（地下管式）300 延长米；次年又投资 24 万元，续修北线下水（地下管式）340 延长米，总投资 58 万元，由带岭林业实验局筑路队承建，两年完工。

1993 年，区政府投资 13.8 万元，修建南线下水（地下管式）1500 延长米。

2005 年，在迎宾路升级改造过程中，修建了迎宾路沿路排水（地下管式）1300 延长米。

三、供热、供电设施

（一）供热

带岭镇内集中供热管网分南线、北线、中线和铁道南线 4 条线网。

1986 年，带岭林业实验局发电厂有供热主管线 2000 米，分支管线 2000 米。南线供热面积 10 万平方米，北线供热面积 7 万平方米，总供热面积 17 平方米。

1991—1994 年，先后投资 20 万元增设铁道南线供热管网。其中主管线总长 4000 米，分支管线总长 6000 米，增加供热面积 1 万平方米。

1995 年，投资 60 万元增设中线供热管网。其中主管线总长 6000 米，分支管线总长 1 万米，增加供热面积 7 万平方米。

2002 年，投资 4 万元在永胜社区 7 号楼进行供热分户改造试验。

2003 年，投资 170 万元在镇内部分居民区和单位、商饮服务业等进行供热分户改造。改造居民供热管线 2800 户，供热面积 16 万平方米；改造单位和商饮服务业供热管线 100 户，供热面积 3.5 万平方米。

2004 年，投资 57 万元继续进行供热分户改造。改造居民供热管线 400 户，供热面积 2 万平方米；改造单位和商饮服务业供热管线 200 户，供热面积 6 万平方米。

2005 年，投资 50 万元继续进行供热分户改造。改造居民供热管线 400 户，供热面积 2 万平方米；改造单位和商饮服务业供热管线 100 户，供热面积 3 万平方米；在迎宾路升级改造的同时，投资 21 万元将迎宾路南北向西侧的主管线西移 2 米，并重新砌筑分支大井 1 个（内装配供热接力泵 1 台）；同时，投资 7 万元对带岭宾馆外网进行了更换管线改造。

2005 年年底，带岭镇内供热管网主管线总长 7600 米，分支管线总长 16000 米。总供热面积 36 万平方米，其中南线网 12 万平方米、北线网 13 万平方米、中线网 10 万平方米、铁道南线网 1 万平方米。

（二）供电

1986 年，带岭林业实验局发电厂发电机组总装机容量为 4500 千瓦，年发电量为 1800 万千瓦时，区内供电量为 1250 千瓦时；年上网电量为 100 万千瓦时。

1995 年，带岭林业实验局发电厂发电机组总装机容量为 9000 千瓦，年发电量为 3700 万千瓦时，区内年供电量为 2700 千瓦时；年上网电量为 300 万千瓦时。

2005 年，带岭翔达热电有限责任公司发电机组总装机容量为 9000 千瓦，年发电量为 2050 千瓦时，区内供量为 1880 万千瓦时；年上网电量为 680 万千瓦时，年网上下载电量为 1010 千瓦时。

2005 年，由于迎宾路升级改造，带岭翔达热电有限责任公司将工厂线和照明线双回路 12 米水泥架杆、钢芯绞线输电线路撤掉，更换为 YJV 铜电缆，埋入地下。其中高压电缆 2800 米，低压电缆 2000 米。撤掉输电线路上的原变压器 4 台，新架设变压器 3 台。工程于 2005 年 8 月 10 日开始，同年 9 月 30 日全部完工，工程总造价 73 万元。

四、停车场、公厕设施

（一）停车场

1986 年以前，带岭镇内没有停车场。1995 年后，运材路北端西侧三角地带自然形成一处停车场。

（二）公厕

1986—2005 年，带岭镇内先后设置公厕 18 个。

2000年，区政府投资4万余元，在团结社区运材路东侧，修建一处砖木结构有人看管封闭水冲式采暖公厕。

2001年，区政府投资12万余元，将铁路带岭站站前广场公厕拆除后，重新建设砖混结构的有人看管封闭水冲式采暖公厕。

第六节　创建文明城镇

一、绿化建设

1988年5月，区委、区政府动员各有关单位、兴建了青少年公园。公园位于带岭森林资源馆西侧，占地面积0.5公顷。当年植树208株，主要品种有白皮柳、垂柳、金老梅、红松、云杉、榆树、杨树、丁香树等。园内有凉亭1处、滑梯1处、转盘2个，另有张子良半身塑像1座。

1990年，带岭镇内主要街道旁以乔木为主的绿化骨架已经形成规模。每逢盛夏，主要街道两侧绿树成荫，配上以各种颜色的花卉和绿地草坪及各种小品景观，小城带岭幽雅壮观。同年，城区绿化树木保存率达到了90%，创建文明城镇粗具规模。

1991年，镇内补植绿化树木270株，修整绿化树木3500株，维修公园2处。

1994年，移植较大绿化树木65株，修整绿化树木295株，移植野玫瑰2000株；给绿化树木灭害虫喷药2100株。

1995年，补植绿化乔木、落木200株；移植绿化树木45株；对部分绿化树木进行了病虫害防治。同年，根据长远规划要求，青少年公园撤销。

1996年3月，带岭镇内有绿化树木39063株；公园2处，总面积2.5公顷。同年，移植绿化树木25株；对主要街道两侧2300株绿化树木进行涂干、除萌条、修整等抚育工作；对林铁公园（站前公园）进行了整修。

1997年，绿化树木防治病虫害9000株。绿化树木成活率达95%，保存率达80%。绿化面积增加了1594平方米，增加率为38%。

1998年，对林铁公园进行了维修；栽植绿化树木5000株。同时，对镇内相关企事业单位的庭院、厂区、路旁绿化工作进行了督导。同年，区政府投资在局址路（兴林街）与运材路（顺发路）交会处建“三角公园”1处。1999年，带岭区人民政府继续投资建设三角公园。

2000年4月，从哈尔滨市相关绿化单位引进垂榆400余株，更植了迎宾路两侧的郁闭度过大，且生长老化的白皮柳绿化树。同年，移植灌木丛500延长米；对育林路东段两侧绿化树木进行修整。

2002年，移植迎宾路两侧绿化树木400株。对福泰楼西北、运材路南侧空地进行了修整，铺装彩砖183平方米，修建凉亭1处，植树223株，建设园林1处。

2003年，城区增植绿化树木1800余株。

2004年，市委、市政府提出建设生态型园林化城市的构想。带岭区委、区政府加大了创建文明城镇的力度。栽植绿化大型乔木400余株、灌木570丛；在迎宾路两侧等处加植云杉绿化树2000余株；在迎宾路两侧明显处补植大云杉（2～2.5米高）40株，栽植小桃红10丛、云杉球（1米高）40株；在运材路（顺发路）补植大云杉（2～2.5米高）50株；在局址路（兴林路）栽植大云杉10株、小桃红20丛；在福泰楼公园补植家玫瑰200株。

2005年，根据市委员会、市政府建设生态型园林化城市构想“少造人文景观，多保护自然景观”的要求，带岭城镇绿化建设采取了宜树则树、宜草则草、宜花则花、宜景则景的绿化原则。春秋两季在带岭第二小学校北侧、迎宾路东西段北侧、区（局）机关门前操场四周、其他主要街道两旁和一些相关社区等地段增植乔木绿化树木 1274 株、灌木 400 丛；移植垂榆 500 株。在新建的西南岔河带岭大桥、永翠河大桥附近的公路两侧义务植树 400 余株。同时，区机关干部在新建改造升级的桃南公路两侧义务植树绿化 7000 延长米。

二、景观、景点建设

1986 年在林铁公园内雕塑两处小品景观。同时，带岭区人民政府林政局院内甬道西侧林丛中设置 1 处雕塑小品景观——“劲鹿”。

1987 年，带岭区城镇建设管理处从河北省邢台市相关单位购置一套石制小品。小品包括 4 个石凳、1 个石桌、2 个儿童雕塑。

1990—1994 年，带岭城区的一些企事业单位的庭院内、厂区内先后出现一些小品景观。

1998—1999 年，在三角公园建设过程中，园内修筑了 3 个混凝土结构的平顶开放式凉亭。

1999 年在工商银行带岭支行、农业银行带岭支行、带岭森林资源馆、带岭林业职工医院、带岭区社会福利厂等单位的门前路旁，利用花架、盆花设置立体花卉景观点。

2000 年，在区（局）机关门前操场设置一处长 13 米、宽 4 米的立体花草坪。利用五色草，在立体花草坪上编制了“兴新风，创伟业”6 个彩色大字，形成了城区一处花草景观。

2003 年，在带岭森林资源馆门前的花池内，用 4000 余个盘花摆放而成的小型花海，形成了城区的又一处鲜花景观。

2004 年，带岭区环境卫生管理处的职工们为使全区人民群众在冬季里也能在外面欣赏看到鲜花绿草，便在区（局）机关门前操场设置一处圆形花坛。此景观被黑龙江电视台第 4 套节目采播。

2005 年，移动通信公司带岭局为对外宣传企业自身形象，在新建的带岭大桥南端引桥路东，桃南通乡公路北侧修建一处高架式，顶部由 3 个平面围成三角形的宣传牌，使其成为带岭城区的一大亮丽景观。

三、草坪花坛建设

1986 年，带岭城区已有（1984 年建）坐落在带岭宾馆院内西北角处 360 平方米的钢架构砖结构的育花育草的温室大棚 1 处。

1986 年，城区有花池 34 处（钢筋围栏式），总面积不足 340 平方米；有公园内花坛 2 处，总面积不足 40 平方米。

1991 年，城区栽植花卉 2 万余株；种植彩色绿地 11 条，总面积 3500 平方米。草坪绿地建设从即年开始。

1994 年，拉运黑土 60 立方米，修造并种植草坪 13200 平方米；培植立体花带 810 延长米；培育花苗 28000 株；栽植花卉 21000 余株。

1995 年，城区培育花苗 3 万余株，栽种花卉近 3 万株，移植花带 300 延长米。

1996 年，城区拥有花坛 53 个，栽种花卉面积 1636 平方米。培育花苗 3 万余株，17 个品种，除供应城区市面栽植外，还向其他相关单位售供。

1997 年，城区种植草坪 41017 平方米；培育绿篱 12000 平方米；栽种花卉面积 36000 平方米。城区专业队伍负责的绿地面积达 53017 平方米。

1998 年，新建育林路东段花池 20 处，修缮迎宾路两侧花池 10 处；新建并栽植带岭宾馆院外门前草坪 1 处，面积为 1000 平方米。同年，城区公用绿地面积和各单位庭院、厂区内绿地面积总和已实现城区人口人均占有量 2.15 平方米。

1999 年，在三角公园续建过程中，扩大绿地面积 400 平方米。同时，为春季移栽花草方便，新建了225平方米的冷棚，总投资10余万元。同年，从辽宁省大连市相关绿化单位引进F1代花卉品种，培育花苗6万余株；种植花带400延长米；栽植草坪1800平方米。

2000年5月，从芬兰引进草坪种子14袋140公斤，直播在迎宾路两侧的草坪内。城区种植草坪总面积1800平方米。从辽宁省大连市相关绿化单位引进的F1代花卉种子（包括芬兰、美国、日本），进行花卉培育繁殖，成活率达100%。从南方引进20株中竹（属观叶性植物）摆放在局址路（兴林街）两侧。全年共种植各种草坪4200平方米；栽种花卉长廊800延长米，花卉2700余株；城区栽种花卉6万余株。

2001年，春季对温室大棚的土壤进行了改造，投入腐质土18车54立方米。育苗花草有串红、万寿菊、矮牵牛花、孔雀草、五叶针、五色草、彩叶草和银叶菊8个品种。全年直播花卉800延长米；种植各种草坪2600余平方米；栽种各种花草61500余株；在区（局）机关门前操场、带岭森林资源馆门前路旁、带岭社会福利厂门前路旁等处设置花架摆放盆花1874盆。

2002年，种植草坪52000平方米；直播花卉1600延长米，种花卉40500余株；在三角公园等处栽植花卉135000余株；局址路两侧摆放大型花盆68个，其中花卉万余株；扩绿地面积570平方米。

2003年，中共带岭区委员会、带岭区人民政府提出在城区扩大绿地面积的要求，实施拆墙透绿措施。投资8万元，在带岭林业实验局中心苗圃圃区北侧新建一处建筑面积为473平方米的花窖；投资0.8万元，购置一台剪草机；投资0.88万元，购置大型花盆22个；投资0.96万元，在局址路（兴林街）、运材路（顺发路）两侧建立起花卉长廊3500延长米；投资1万元，在三角公园、迎宾路两侧、团结社区东的运材路（顺发路）东、城区永翠河大桥附近等增加和栽种植草坪2000余平方米。

2004年，在局址路（兴林街）两侧、食宿办路旁楼前等处，摆放大型盆花36盆、营养杯5000余个；城区各相关部位栽植花卉6万余株；北运材路起点至3公里处路两侧直播花卉4500延长米，迎宾路两侧补植草坪面积420平方米，采集直播花籽15余公斤，修剪篱1000延长米。秋季温室大棚苗床换土面积360平方米。

2005年，对城区的草坪、花坛、花池的设置进行了统筹调整。5月中旬，对带岭森林资源馆门前的花池土质进行了更换，并在此栽种花卉2200余株。在带岭宾馆围墙外门前两侧栽种花卉1800株；在区（局）机关门前操场、局址路（兴林街）两侧、食宿办路边楼等处摆放大型盆花34个；在城区各相关部位栽种花卉7万株，直播花卉2800延长米。补种草坪1800平方米，修剪草坪3600平方米，实现了城区绿化、香化、美化的奋斗目标。

四、灯饰景观建设

1986年至1999年元旦、春节前夕，带岭区城镇建设管理处园林绿化队暨带岭区规划（环保）局园林绿化队在铁路带岭站站前广场、站前公园、区（局）机关门前操场等处，利用天然冰雪资源和各色灯泡、日光灯管等制作各式各样的冰灯景观，供全区人民群众节日观赏。主要冰雪灯景有“龙凤呈祥”“凯旋门”“火炬”“鲤鱼跳龙门”“金猴闹春”等。

1998年开始，全区党政机关、各企事业单位陆续出现利用塑质玻璃制作的各种颜色霓虹灯管围沿在自己办公或营业房屋的屋檐边或墙边，利用滑动变阻设施周期性地变化出各种颜色景观，装点节日。

1999年，利用天然冰雪各种灯具装饰节日景观的现象逐年减少，随之以塑料或玻璃等材料制造的各种霓虹灯制作的节日灯饰景观逐年增多。

2000年年底，在带岭森林资源馆门前花池内设置椰树灯饰3柱，在区（局）机关门前操场设置礼花灯饰3柱。

2001年年底，制作8柱葵花灯饰，设置在迎宾路与育林路的交叉口两侧。

2002 年年底，在区（局）机关门前操场设置 2 处灯饰景观：利用各种颜色的霓虹灯管及相关材料编制成大字牌匾灯饰景观。灯饰景观长 16 米、宽 1.2 米，利用天然冰雪和各种颜色的霓虹灯管等相关材料制作“二龙戏珠”冰雪灯饰景观。冰雪灯饰景观全长 15 米。

2003 年年底，在带岭森林资源馆门前花池内，椰树灯饰旁，设置一处由玻璃霓虹灯管和钢筋制作的“雄鸡报晓”灯饰景观。同时，区政府号召镇内的各企事业单位用各种灯饰装点自己单位的门庭，以营造祥和的节日氛围。

2004 年，在三角公园内设地球灯饰 3 柱。同年年底，用各种颜色的玻璃霓虹灯管及钢筋等材料在带岭森林资源馆门前花池内制作“孔雀开屏”灯饰景观 1 处；在三角公园内，用同样的材料制作“骏马奔腾”灯饰景观 1 处。

2005 年，在区（局）机关 3 号办公楼庭院门前两侧、带岭宾馆庭院门前两侧设置“孔雀开屏”灯饰 2 柱。同年年底，在带岭森林资源馆门前花池内、椰树灯饰旁，设置一处“吻情”灯饰小品。同时，在三角公园内，设置一处“三阳开泰”灯饰小品景观。利用迎宾路改造后的路灯灯杆，悬挂一串串的红色“宫灯”，渲染新春佳节的气氛。

第二章　环境保护

第一节　城区容貌整顿与管理

一、脏乱差治理

1986 年至 1990 年 4 月，镇内日常脏乱差治理工作由带岭区城镇建设管理处的卫生队负责。每年春季冰雪消融时，带岭区人民政府都组织动员各相关单位和部门出动人力、物力进行一次全区性的污雪脏冰垃圾等清理拉运，脏乱差整治。由带岭区城镇建设管理处的市政道路养护队负责，每年都随同区政府的综合治理工作进行一次整治活动。

1990—1999 年，镇内脏乱差治理工作由规划（环保）局的卫生队负责，山上各经营林场（所）由各经营林场（所）负责，各农业村屯由各村民委员会负责。区规划（环保）局的城管监察队负责容貌管理整治工作。区规划（环保）局的城管监察队在镇内明显地带设立 3 处"广告栏"，供全区党政机关、企事业单位、人民团体、私营企业、商家和个人张贴通知、广告、启事、信息及可以公开的公文等。

1999 年 4 月，区政府分别成立带岭区环境卫生管理处和带岭区市政城管监察大队。镇内的卫生和脏乱差治理工作由带岭区环境卫生管理处负责；容貌整治工作由带岭区市政城管监察大队负责。

2005 年年底，环境卫生管理处和市政城管监察大队，加强了对脏乱差的治理和对冬季镇内道路清雪的管理与清运，脏乱差的现象杜绝。其间，拆除乱设的广告牌 520 余个，整治不规范不合理的牌匾近千余块。

二、违章占道和违章建筑治理

1986 年至 1990 年 4 月，违章占道和违章建筑治理工作由区城镇管理处会同带岭街道办事处、公安局消防科负责。平时的整治工作由区城镇建设管理处的市政道路队和规划股负责。发现违章占道现象时，市政道路队随时通知相关人员，并责令其限期清除。共清除杂物违章占道 389 处，拆除违章占道建筑物 78 处，拆除违章建筑 159 处。

1990—1999 年，镇内的违章占道、违章建筑的日常治理工作由区规划环保局的城管监察队和规划股分别负责。这一时期，随意乱摆地摊和门市商家在其门市房前乱摆商品或乱设架柜摆放商品，影响道路交通。对此，区规划（环保）局的城管监察队每天都全员出动，在商贸市场、商家门前巡察，发现问题即时整治。

2005 年年底，违章占道和违章建筑整治工作分别由市政城管监察大队和区建设局负责。合理动迁市场 3 处，设置早晚市场 1 处，违章占道建筑清除 1 处，违章建筑整治 2 处。

第二节 公共卫生

一、卫生设施

1986年，区城镇建设管理处卫生队有垃圾清运机动车辆7台、人力手推车辆18台。1990年，购置2台“解放141”牌摆臂式功能垃圾运输车辆，并配套购置铁制垃圾斗40个；自制木质卫生箱100个。2000年，购置“千山”牌车4台。

2005年年底，区环境卫生物业管理处共有公共卫生设施“解放141”牌摇臂式多功能垃圾运输车辆2台，与其配套的铁制垃圾斗66个，“千山”牌垃圾运输车辆6台，装载机1台，吸污车1台，小四轮垃圾车4台，自制木质垃圾箱100余个，铁垃圾箱40个，设置露天垃圾场1处，公共厕所18处。

二、卫生管理

1986年，镇内主要街道和居民区均设有垃圾箱。主要街道或较大巷道的垃圾箱大都公设，居民区的由居民一家一户自设。由于卫生管理人员不足，运输设备不多等原因，只能几天轮流清运垃圾1次。主要街道的路面和主要公厕达到每天至少清扫和清理1次。主要街道旁的垃圾箱垃圾由机动车辆直接运送到垃圾场，居民区或巷道的垃圾先由人力手推车敛送到临近的垃圾站，再由机动车辆送往垃圾场。

1990年以后，公设垃圾箱（斗）逐年增多，公共卫生设施中的小型运输车也逐年增多，镇内大街小巷的垃圾运出，基本上都使用机动车辆进行。人力手推车收敛垃圾箱的现象逐年减少，减轻了环卫工人的劳动强度。

1999年4月以后，由于环卫人员的逐年增加，环卫管理部门实施定岗定编、专人专管制度。对主要街道的路面清扫、看护和各居民区及楼道清扫实施专人专段包片包户管理；对2处封闭水冲式的采暖公厕实施专人管理；对其他16处公厕卫生实施1人包几处的专人管理形式，公共卫生环境逐年改观。

2005年，取消了人力手推车收敛运送垃圾。

三、专业环境卫生队伍

1986年，区城镇建设管理处卫生队由45名街道妇女组成。

1990年4月后，区规划（环保）局卫生队有国家正式职工40余名，另设队长1人。

1996年以后，区规划（环保）局卫生队逐步扩充到200余名国家正式职工，设队长1名。

1999年4月以后，区环境卫生管理处的职工减少到153名，处领导分工负责。

2005年3月，环境卫生管理处在册人数188名，满足不了环境卫生工作量需求。区政府将下岗再就业中的人员返聘300名，充实环卫队伍。

2005年年底，区环境卫生物业管理处有专业从事环境卫生治理工作人员480余名。

四、环境卫生稽查

1986年至1990年4月，环境稽查工作先后由城镇建设管理处卫生队、市政道路队负责。1990年至1999年4月，环境卫生稽查工作由区规划（环保）局城管监察队负责；1999—2005年，环境卫生稽查工作由区市政城管监察大队负责。

第三节 环境污染治理

一、空气污染治理

1986—1990年，带岭林业实验局先后投资25万余元，对发电厂排放的烟尘进行了治理，采用强力蒸汽二次通风除尘技术，有效地治理了发电、供热排放的烟尘对空气环境的污染。

2000—2004年，区规划（环保）局先后几次取缔无合格生产设施设备、无生产技术、无经营执照的木炭烧制经营户数家，有效地减少了对空气的污染。同时，对饮食业、酿造业、洗浴业等经营商家的烟尘排放进行了整治。要求相关经营商家必须采取烟气减排措施，限定烟尘排放量，否则不得营业。

二、水污染治理

1991年6月，带岭林业实验局纸板厂动工兴建，1997年10月试生产、1998年年初正式生产后，生产污水处理排放不达标。带岭林业实验局又先后筹巨资对带岭林业实验局纸板厂排放的生产污水进行治理。建设了一处生产污水处理和碱回收车间。

2000年，在区环境保护部门的监督指导下，区社会福利厂、带岭林业实验局餐具厂在“一控双达标”中分别投资4万元，新上二渗一滤污染处理系统，有效地减轻了对下游的汤旺河水体的污染。

1986年至2000年年底，带岭区政府投资29万元修建了主要街道两侧排水1500米；先后投资52.9万元对永翠河和西南岔河带岭段进行石砌护坡；投资59.6万元对局职工医院医疗污水处理设施进行更新改造。水污染治理和水源保护工程总投资额达1.37亿元。经过多年的水污染治理，饮用水水质达标率100%，流经带岭区的汤旺河水系的永翠河、西南岔河的水质各项指标均控制在国家四类水体的标准上。

三、噪声污染治理

2000—2005年，带岭区建设局环保人员在日常治理噪声污染的同时，每年都根据实际情况与区纪委、区监察局组成联合执法组对使用高音喇叭现象进行集中治理。每逢“两考”期间，区有关部门都召开会议研究部署解决噪声污染问题。同时，区环保部门、公安局人员深入考场周围，对考场四周百米之内的交通噪声和其他噪声进行清理整治。

噪声污染治理工作开展以来，累计治理高音喇叭噪声污染20余次，对建筑施工工地下达限时作业通知书36份。城镇噪声污染状况明显改善。

第四节 城乡环境质量

1986—2005年，带岭区政府对城乡环境质量非常重视，配齐配强环保人员。环保部门坚持开展环境质量检查工作，为了避免水污染，定期检查自来水质情况和造纸厂污水处理情况，保证饮用水清洁卫生和地下水的质量。为了避免空气污染，经常对热电厂除尘设备进行检测，使粉尘指标达到国家标准。为了避免噪声污染，在居民区明令禁止安装高噪声机械设备。从而使城乡环境质量达到国家标准。

第十四篇

中国共产党带岭区（局）委员会

第一章　组织机构

第一节　区委领导机构

1986 年 11 月—1989 年 12 月，中共带岭区（局）第七届委员会设常委 9 名，其中，书记 1 名、副书记 2 名、其他常委 6 名。

1989 年 12 月—1992 年 12 月，中共带岭区（局）第八届委员会设常委 9 人，其中，书记 1 名、副书记 3 名、其他常委 5 名。

1992 年 12 月—1998 年 6 月，中共带岭区（局）第九届委员会设常委 9 人，其中，书记 1 名、副书记 3 名、其他常委 5 名。

1998 年 6 月—2003 年 11 月，中共带岭区（局）第十届委员会设常委 9 人，其中，书记 1 名、副书记 3 名、其他常委 5 名。

2003 年 11 月—2005 年 12 月，中共带岭区（局）第十一届委员会设常委 9 人，其中，书记 1 名、副书记 4 名、其他常委 4 名。

1986—2005 年中共带岭区（局）历届委员会书记、副书记、常委一览表

表 14-1

届别或年份	职　务	姓　名	任职时间	常　委
第七届	书　记	陈丛礼	1986 年 11 月	吴炳佳　孟兆贵　姜彦亮 马义良　方　春　申景铎
	副书记	周永言	1986 年 11 月	—
	副书记	王乃富	1986 年 11 月	—
第八届	书　记	林则仁	1989 年 12 月	姜彦亮　孟兆贵　马义良
	副书记	周永言	1989 年 12 月	方　春　申景铎
	副书记	王乃富	1989 年 12 月	
	副书记	孙福春	1989 年 12 月	
第九届	书　记	林则仁	1992 年 12 月	姜彦亮　吴炳佳　马义良
	副书记	赵宇国	1992 年 12 月	方　春　刘灿金
	副书记	伊少石	1992 年 12 月	
	副书记	王宝章	1992 年 12 月	

续表 14-1

<table>
<tr><th>届别或年份</th><th>职　务</th><th>姓　名</th><th>任职时间</th><th>常　委</th></tr>
<tr><td rowspan="4">第十届</td><td>书　记</td><td>刘喜魁</td><td>1998 年 6 月</td><td>贾琪功　方　春　黄瑞喜</td></tr>
<tr><td>副书记</td><td>吴炳佳</td><td>1998 年 6 月</td><td rowspan="3">屈慧彬　寇方珠</td></tr>
<tr><td>副书记</td><td>王宝章</td><td>1998 年 6 月</td></tr>
<tr><td>副书记</td><td>苏喜廷</td><td>1998 年 6 月</td></tr>
<tr><td rowspan="5">第十一届</td><td>书　记</td><td>付俊卿</td><td>2003 年 11 月</td><td>—</td></tr>
<tr><td>副书记</td><td>陈　耀</td><td>2003 年 11 月</td><td rowspan="4">沈　友　唐海军　黄冬霞
王　斌</td></tr>
<tr><td>副书记</td><td>苏喜廷</td><td>2003 年 11 月</td></tr>
<tr><td>副书记</td><td>寇方珠</td><td>2003 年 11 月</td></tr>
<tr><td>副书记</td><td>屈慧彬</td><td>2003 年 11 月</td></tr>
</table>

区（局）党委领导人事更迭

一、党委书记

陈丛礼（1986 年 1 月—1989 年 3 月）
林则仁（1989 年 3 月—1995 年 6 月）
刘喜魁（1995 年 6 月—2003 年 10 月）
付俊卿（2003 年 10 月—2005 年 12 月）

二、党委副书记

周永言（1986 年 1 月—1990 年 2 月）
赵宇国（1990 年 2 月—1995 年 2 月）
吴炳佳（1995 年 2 月—2000 年 5 月）
陈　耀（2000 年 5 月—2005 年 12 月）
王乃富（1986 年 1 月—1990 年 9 月）
孙福春（1988 年 7 月—1992 年 3 月）
王宝章（1991 年 5 月—2001 年 11 月）
伊少石（1992 年 3 月—1995 年 6 月）
苏喜廷（1997 年 8 月—2005 年 1 月）
寇方珠（2003 年 11 月—2005 年 12 月）
屈慧彬（2003 年 11 月—2005 年 12 月）
于兴玉（2005 年 4 月—2005 年 12 月）

三、党委常委

孟昭贵（1986 年 1 月—1990 年 10 月）
姜彦亮（1986 年 1 月—1993 年 8 月）
吴炳佳（1986 年 1 月—2000 年 5 月）
马义良（1986 年 1 月—1997 年 9 月）
方　春（1986 年 1 月—2000 年 8 月）
申景铎（1986 年 12 月—1990 年 9 月）

刘灿金（1991 年 5 月—1997 年 8 月）
张庆金（1993 年 8 月—1998 年 2 月）
王汉成（1994 年 2 月—1997 年 9 月）
黄瑞喜（1994 年 2 月—2002 年 2 月）
贾琪功（1997 年 9 月—2001 年 2 月）
孟昭荣（2000 年 8 月—2002 年 9 月）
唐海军（2000 年 12 月—2005 年 12 月）
白　波（2001 年 1 月—2003 年 10 月）
黄冬霞（2002 年 9 月—2005 年 12 月）
王　斌（2002 年 9 月—2003 年 11 月）
沈　友（2003 年 10 月—2005 年 12 月）
陈俊海（2005 年 9 月—2005 年 12 月）

第二节　区委工作机构

1986—2005 年，中共带岭区（局）委员会组织机构始终实行常委制。下设办公室、组织部、宣传部、纪检委、机关党委、党校、统战部、政法委、综治办等部室。

第三节　党组和基层党组织

一、党组

截至 2005 年 12 月，带岭区（局）共设党组 5 个。分别为中共带岭区人大常委会党组、中共政协带岭区委员会党组、中共带岭区人民法院党组、中共带岭区人民检察院党组、中共带岭区（带岭林业实验局）工会党组。

二、委员会

1986 年 1 月—2005 年 12 月，带岭区（局）共设委员会 8 个。分别为中共带岭区（局）纪律检查委员会、中共带岭区（局）机关委员会、中共带岭区委政法（综合治理）委员会、中共带岭区带岭街道办事处委员会、中共纸板厂委员会、中共带岭公安分局委员会、中共带岭区林达运输公司委员会、中共带岭林业科研所委员会。

三、总支部委员会

1986 年 1 月—2005 年 12 月，带岭区（局）共设总支部委员会 6 个。分别为中共东方红林场总支部委员会、中共翔达热电有限责任公司总支部委员会、中共老干部办公室总支部委员会、中共大青川林场总支部委员会、中共贮木场总支部委员会、中共非国有经济办公室总支部委员会。

四、党支部

1986 年 1 月—2005 年 12 月，带岭区（局）共设总支部委员会 41 个。分别为中共环山林场支部委员会、中共寒月林场支部委员会、中共北列林场支部委员会、中共南列林场支部委员会、中共碧水林场支部委员会、中共红光林场支部委员会、中共明月林场支部委员会、中共永翠林场支部委员会、中共秀水林场支部委员会、中共成龙木业公司支部委员会、中共正业建筑有限责任公司支部委员会、中共设计队支部委员会、中共环卫处支部委员会、中共社会福利厂支部委员会、中共兴业物资有限责任公司支部委员会、中共检验科支部委员会、中共带岭区工程公司支部委员会、中共筑路公司支部委员会、中共餐具厂支部委员会、中共翠林福利厂支部委员会、中共带岭区检察院支部委员会、中共带岭区法院支部委员会、中共职工医院支部委员会、中共自来水公司支部委员会、中共第一小学校支部委员会、中共第二小学校支部委员会、中共第一中学校支部委员会、中共高级中学校支部委员会、中共大青川学校支部委员会、中共职业培训中心校支部委员会、中共幼儿学校支部委员会、中共兴林机修公司支部委员会、中共国税局支部委员会、中共地税局支部委员会、中共邮政局支部委员会、中共电信局支部委员会、中共粮食局支部委员会、中共网络公司支部委员会、中共交通局支部委员会、中共运通燃料站支部委员会、中共带岭宾馆支部委员会。

第四节　党　员

1986 年以来，带岭区（局）中共党员队伍不断扩大，由 1986 年的 1323 名党员发展到 2005 年年末的 2709 名。

1986—2005 年带岭区（局）中共党员发展情况一览表

表 14-2　　单位：人

项目/年份	总数	其中							
		在岗职工	农牧渔民	女	少数民族	35 岁以下	大专以上学历	中专高中学历	生产一线
1986	78	78	—	20	4	36	12	41	—
1987	78	76	41	24	3	40	13	42	—
1988	—	—	—	—	—	—	—	—	—
1989	74	74	1	22	2	30	13	48	—
1990	73	71	1	14	4	8	11	49	—
1991	75	73	2	17	2	27	16	39	—
1992	80	75	—	23	5	33	28	45	—
1993	75	75	—	19	5	17	19	43	—
1994	75	70	3	20	2	6	23	45	—
1995	79	69	4	22	2	34	17	42	58
1996	73	65	5	13	—	38	32	36	—
1997	77	74	2	17	3	36	33	33	59
1998	51	44	6	13	—	32	20	27	42
1999	—	—	—	—	—	—	—	—	—
2000	—	—	—	—	—	—	—	—	—
2001	51	46	3	20	1	28	32	14	38
2002	—	—	—	—	—	—	—	—	—
2003	41	41	—	18	3	27	25	13	40
2004	53	50	3	25	1	30	33	16	39
2005	49	45	4	15	1	40	29	15	39

1986—2005年带岭区（局）中共党员基本情况一览表

表14-3 单位：人

项目/年份	党员总数	性别		民族		学历						年龄				
		男	女	汉	少数民族	大专以上	中专	高中	初中	小学	文盲	35岁以下	36岁至45岁	46岁至55岁	56岁至60岁	61岁以上
1986	1623	1359	264	1560	63	143	138	343	428	471	100	425	408	449	176	165
1987	1689	1406	283	1625	64	154	171	364	448	472	80	522	609	588	—	—
1988	1742	1437	305	1681	61	167	192	385	507	401	70	532	601	358	151	100
1989	1886	1567	319	1836	50	277	245	392	512	328	132	454	538	460	176	258
1990	1980	1642	338	1926	54	285	253	447	539	324	132	482	566	465	204	263
1991	2072	1722	350	2017	55	297	268	479	576	322	130	535	602	482	202	251
1992	2151	1775	376	2084	67	328	267	573	549	309	125	568	629	498	185	271
1993	2217	1826	391	2145	72	343	276	608	564	303	123	580	638	511	214	274
1994	2304	1893	411	2230	74	351	287	641	605	299	121	606	676	515	231	276
1995	2380	1953	427	2303	77	387	282	680	615	297	119	628	671	525	254	302
1996	2451	2016	435	2374	77	416	290	709	637	284	115	631	731	527	251	311
1997	2519	2068	451	2441	78	447	306	727	642	282	115	671	766	526	256	300
1998	2559	2095	464	2481	78	464	321	757	641	269	107	724	676	353	332	474
1999	2605	2123	482	2527	78	480	322	767	653	277	105	748	686	463	253	455
2000	2651	2158	493	2573	78	670	452	687	470	273	99	719	692	453	285	502
2001	2565	2084	481	2488	77	593	283	710	631	282	64	729	673	385	230	548
2002	2656	2187	469	2583	73	836	285	684	625	180	46	736	675	386	245	614
2003	2625	2113	512	2551	74	738	290	645	628	252	72	794	642	380	239	570
2004	2680	2162	518	2606	74	812	301	651	611	253	52	790	655	425	205	605
2005	2709	2174	535	2646	63	870	300	675	646	168	50	787	649	403	210	660

第二章 主要工作

第一节 党员代表大会

1986—2005年，带岭区（局）共召开5次党员代表大会。

一、中共带岭区（局）第七次代表大会

1986年11月28—30日，中共带岭区（局）第七次代表大会召开，会议代表170人，到会代表154人。会议听取审议并通过了区（局）党委书记陈丛礼所作题为《加强党的建设，深入搞好改革，为推进我区两个文明建设而奋斗》的工作报告，听取审议了区（局）纪委书记吴炳佳所作的《维护党纪，从严治党，努力实现党风持续稳定根本好转》的报告。会议，认真总结了区（局）第六届委员会以来的工作，确定了区（局）第七届委员会全面开创林业现代化新局面的奋斗目标、工作任务和主要措施。会议选举产生了由25人组成的中共带岭区（局）第七届委员会和由15人组成的纪律检查委员会。

二、中共带岭区（局）第八次代表大会

1989年12月9—11日，中共带岭区（局）第八次代表大会召开，会议代表131人，到会代表128人，列席会议代表10人。会议听取审议并通过了区（局）党委书记林则仁所作的《加强党的建设，搞好治理整顿，为振兴带岭而努力奋斗》的工作报告。会议选举产生了由23人组成的中共带岭区（局）第八届委员会和由11人组成的纪律检查委员会。

三、中共带岭区（局）第九次代表大会

1992年12月9—10日，中共带岭区（局）第九次代表大会召开，出席会议代表128人，列席会议代表29人，特邀代表10人。会议听取审议通过了区（局）党委书记林则仁所作的《认真贯彻党的十四大精神，促进经济再上新台阶》的工作报告；讨论通过了中共带岭区（局）第八届纪律检查委员会所作的书面工作报告；《关于党费收缴、使用和管理情况》的报告。会议选举产生了由23人组成的中共带岭区（局）第九届委员会和由15人组成的纪律检查委员会。

四、中共带岭区（局）第十次代表大会

1998年6月18—19日，中共带岭区（局）第十次代表大会召开。出席会议代表135人，列席会议代表81人，特邀代表10人。会议听取审议并通过区（局）党委书记刘喜魁所作题为《认真贯彻党的十五大精神，搞好二次创业，为实现缓危解困、富民强区的目标而奋斗》的工作报告；纪律检查委员会的工作报告；《关于党费收缴、使用和管理情况》的报告。会议选举产生了由25人组成的中共带

岭区（局）第十届委员会和由 15 人组成的纪律检查委员会。

五、中共带岭区（局）第十一次代表大会

2003 年 11 月 19—20 日，中共带岭区（局）第十一次代表大会召开。出席会议代表 138 人，列席会议代表 70 人，特邀代表 4 人。会议听取审议并通过了区（局）党委书记付俊卿所作题为《认真实践“三个代表”重要思想，加快推进“二次创业，富民强区”历史进程，努力实现林区小康社会建设的宏伟目标》的工作报告，纪律检查委员会的书面报告，《关于党费收缴、使用和管理情况》的报告。会议选举产生了由 25 人组成的中共带岭区（局）第十一届委员会和由 15 人组成的纪律检查委员会。

第二节　区委全委（扩大）会议

一、中共带岭区七届二次全委（扩大）会议

1987 年 8 月 8 日，中共带岭区七届二次全委（扩大）会议在区机关大会议室召开。会议共有六项议题：（一）区（局）委书记陈丛礼作区委七届二次全委扩大会议报告；（二）区委宣传部部长方春传达中共中央〔1986〕21 号文件；（三）副区（局）长孟昭贵宣读带岭区（局）党、政企工作范围暂行规定（讨论稿）；（四）区委组织部部长姜彦亮宣读带岭区（局）干部管理实行办法（讨论稿）；（五）区（局）长吴炳佳宣读带岭林业实验局党委实施《中共全民所有制企业基层组织工作条例细则（讨论稿）》；（六）带岭林业实验局试行《“三段式”经营总体改革方案（书面）》。

大会审议通过了区委书记陈丛礼所作的工作报告；带岭区（局）党、政、企工作范围暂行规定；带岭区（局）干部管理实行办法；实施《中共全民所有制企业基层组织工作条例》的细则；带岭林业实验局试行《“三段式”经营总体改革方案》。

二、中共带岭区七届三次全委（扩大）会议

1988 年 2 月 9 日，中共带岭区七届三次全委（扩大）会议在区机关大会议室召开。这次会议主要任务是深入学习贯彻党的十三大和省森工工作会议、市委全委会议精神，总结 1987 年工作，研究确定 1988 年主要任务。会上，区委书记陈丛礼作题为《解放思想，深化改革，全力夺取我区各项工作新胜利》的工作报告。大会通过了中共带岭区七届三次全委（扩大）会议决议。区（局）长周永言作会议小结。

三、中共带岭区七届四次全委（扩大）会议

1988 年 11 月 18 日中共带岭区七届四次全委（扩大）会议召开。会上，区委书记陈丛礼作工作报告。报告分三部分：（一）统一认识，坚定信心，全面深入地领会十三届三中全会精神；（二）明确任务，制定措施，坚定不移地贯彻中央重大决策；（三）加强党的领导，发挥政治优势，保证改革和建设的顺利进行。

四、中共带岭区八届三次全委（扩大）会议

1991 年 3 月 16 日，中共带岭区八届三次全委（扩大）会议召开。会上，区委书记林则仁作题为《振奋精神，坚定信心，全力夺取我区各项工作的新胜利》的工作报告。报告分三部分：（一）全面完成 1991 年经济建设任务，突出抓好四件大事；（二）不断加强社会主义精神文明建设，提高全区人民

的整体素质；（三）加强和改善党的领导，确保各项任务的顺利完成。

五、中共带岭区八届四次全委（扩大）会议

1991年11月14日，中共带岭区八届四次全委（扩大）会议在区机关大会议室召开。会议传达了中央工作会议、全省森工系统党政领导干部会议、市委全委（扩大）会议、森工总局林产工业工作会议精神。会上，区委书记林则仁作工作报告。报告共两部分：（一）明确认识，更新观念，把中央搞活国营大中型企业的精神贯穿到我们的实际工作中；（二）坚定信心，明辨是非，不断增强反“和平演变”的能力。区（局）长赵宇国宣读了《关于带岭林区经济和社会发展十年规划和“八五”计划纲要（草案）》。

六、中共带岭区八届五次全委（扩大）会议

1992年3月3日中共带岭区八届五次全委（扩大）会议召开。会上，区委书记林则仁作工作报告。报告共三部分：（一）1991年工作回顾；（二）1992年工作的指导思想及经济工作任务；（三）加强党的领导，搞好“四项”建设，保证1992年各项任务的顺利完成。

七、中共带岭区九届三次全委（扩大）会议

1993年2月26日，中共带岭区九届三次全委（扩大）会议召开。会上，区委书记林则仁作题为《抓住有利时机，加快改革开放步伐，努力完成一九九三年各项工作任务》的工作报告。报告分三部分：（一）转变观念换脑筋，把思想和行动统一到十四大精神上来；（二）按照建立社会主义市场经济的客观要求，加快带岭区经济和社会发展的步伐；（三）加强和改善党的领导，确保带岭区（局）经济工作登上新台阶。

八、中共带岭区九届四次全委（扩大）会议

1994年3月1日，中共带岭区九届四次全委（扩大）会议召开。会上，区委书记林则仁作工作报告。报告分十部分：（一）认真领会中央《决定》精神，深入学习《邓小平文选》第三卷，增强深入改革，加快发展的责任感和紧迫感；（二）以构建现代企业制度为中心，以产权制度改革为重点，不断将改革引向深入；（三）以三项工程建设为重点，坚决完成基本建设任务；（四）坚持采育结合，积极培育保护森林资源；（五）加快结构性调整步伐，培育壮大新的经济生长点；（六）切实加强企业管理，抓好扭亏增盈工作；（七）发挥科技、教育在经济中的作用，坚持两个文明一起抓；（八）加强党的建设，改善党的领导，保证改革开放和经济建设的顺利进行；（九）继续开展反腐败斗争，加强廉政建设；（十）切实加强社会主义民主法制建设，维护政治安定和社会稳定。

九、中共带岭区九届五次全委（扩大）会议

1995年1月17日中共带岭区九届五次全委（扩大）会议在区机关大会议室召开。会上，区委书记林则仁作题为《解放思想，振奋精神，为实现翻两番奔小康的战略目标而奋斗》的工作报告。报告分三部分：（一）解放思想，形成共识，把翻两番奔小康的发展思路理清；（二）立足当前，真抓实干，把翻两番奔小康的基础夯实；（三）加强党的领导，为经济建设和社会发展提供坚强的思想与组织保证。

十、中共带岭区九届六次全委（扩大）会议

1997年2月5日，中共带岭区九届六次全委（扩大）会议召开，会期两天。这次会议传达了省

森工工作会议和中共伊春市委八届四次全委（扩大）会议精神；认真审议通过了区委书记刘喜魁所作的工作报告，原则通过了《带岭区（局）“九五”计划和2010年远景规划纲要》，区（局）长吴炳佳在会上作了讲话。

十一、中共带岭区九届七次全委（扩大）会议

1997年7月26日，中共带岭区九届七次全委（扩大）会议在带岭区宾馆会议室召开。这次会议认真学习了党的十四届六中全会决议，传达贯彻了省森林工业总局工作会议和市委八届五次全委（扩大）会议精神。会上，区委书记刘喜魁作了题为《坚持两手抓两手都要硬的方针，努力促进我区两个文明建设持续健康发展》的报告；区（局）长吴炳佳在会上讲话，题目是《坚持两个文明一起抓，推进两个根本性转变，加快实施两分战略，为实现一年走出困境，三年基本解困的目标而奋斗》；区纪委作了题为《全面履行职能，切实服务大局，努力把我区（局）反腐败和党风廉政建设推向新阶段》的书面报告。会议还认真讨论通过了《带岭区（局）精神文明建设“九五”规划和2010年远景目标纲要》。

十二、中共带岭区九届八次全委（扩大）会议

1998年2月24日，中共带岭区九届八次全委（扩大）会议召开。会议审议通过了区委书记刘喜魁所作题为《深入学习贯彻党的十五大精神，推进企业改革，强化经营管理，不断开创我区各项工作新局面》的报告；区纪委所作题为《全面履行职能，加大工作力度，继续推进党风廉政建设和反腐败斗争》的书面报告。

十三、中共带岭区十届二次全委（扩大）会议

1999年1月20日，中共带岭区十届二次全委（扩大）会议在带岭宾馆会议室召开。会议传达了胡锦涛在动员深入开展“讲学习、讲政治、讲正气”教育电视电话会议上的讲话、全省森工工作会议、伊春市委八届十一次全委（扩大）会议精神。会上，区委书记刘喜魁代表区委作了题为《贯彻十五大精神，抢抓历史性机遇，努力开创我区双文明建设工作的新局面》的报告；区（局）长吴炳佳作会议总结讲话；区纪委就1998年纪检监察工作基本情况和1999年纪检监察工作主要任务作书面报告；会议还作出了《关于深入开展“讲学习、讲政治、讲正气”教育》的决定。

十四、中共带岭区十届三次全委（扩大）会议

2000年1月27日，中共带岭区十届三次全委（扩大）会议在带岭宾馆会议室召开。会议传达了省委八届一次全会、市委八届十二次全会精神和全省森工工作会议精神。会上，区委书记刘喜魁作题为《认清形势，把握机遇，努力开创2000年各项工作新局面》的报告。报告分四部分：（一）认清形势，坚定信心，迎接世纪更替新挑战；（二）加大改革力度，加快调整步伐，促进林区经济持续快速健康发展；（三）坚持两手抓、两手硬的方针，以文明区建设为重点，切实加强社会主义精神文明建设；（四）以“三讲”教育为重点，加强和改善党的领导，进一步增强党的政治核心作用；区纪委作了书面工作报告。

十五、中共带岭区十届四次全委（扩大）会议

2001年1月19日中共带岭区十届四次全委（扩大）会议在带岭宾馆会议室召开。会议传达了省林区经济工作会议提纲和市委九届二次全会提纲。会上，区委书记刘喜魁作题为《以发展为主题，以调整为主线，以双文明建设为主旋律，为开创新世纪我区（局）各项工作新局面而奋斗》的工作

报告。报告分三部分：（一）认真贯彻市委全会精神，抓住新机遇，迎接新挑战；（二）深入学习推广“双丰经验”，立足大调整，谋求大发展；（三）坚持两个文明一起抓，加强民主法制建设，加强和改善党的领导。

十六、中共带岭区十届五次全委（扩大）会议

2002年1月25日，中共带岭区十届五次全委（扩大）会议在带岭宾馆会议室召开。会议传达了全省森工工作会议和市委九届四次全会精神。会上，区委书记刘喜魁作了题为《统一思想，与时俱进，转变作风，扎实工作，把我区的改革发展稳定工作不断推向新阶段》的工作报告；区纪委作了书面工作报告。

十七、中共带岭区十届六次全委（扩大）会议

2003年2月25日，中共带岭区十届六次全委（扩大）会议在带岭宾馆会议室召开。会议传达了市委九届九次全委会议精神。会上，区委书记刘喜魁作了题为《全面贯彻党的十六大精神，突出发展，推进调整，强化创新，谱写新时期我区（局）两个文明建设的新篇章》的工作报告；区纪委作了书面工作报告。

十八、中共带岭区十一届二次全委（扩大）会议

2004年3月5日，中共带岭区十一届二次全委（扩大）会议在带岭宾馆会议室召开。会上，区委书记付俊卿作题为《抢抓机遇，开拓创新，为全面建设林区小康社会开好局起好步》的工作报告。报告分四部分：（一）认真总结工作，正确把握形势，努力开创各项工作的新局面；（二）加快推进经济转型和产业升级，促进经济和社会全面、协调、可持续发展；（三）抓好新形势下的社会主义精神文明和政治文明建设，为加快发展营造健康、向上的浓厚社会氛围；（四）不断加强和改善党的领导，为全面建设林区小康社会提供坚强的组织保证。

十九、中共带岭区十一届三次全委（扩大）会议

2004年8月26日，中共带岭区十一届三次全委（扩大）会议在带岭宾馆会议室召开。会上，区委书记付俊卿作题为《强化加快发展的历史责任感和紧迫感，为再造山川秀美，人民富庶的带岭新林区而奋斗》的工作报告。报告分四部分：（一）全面审视区情和所面临的形势，不断谋求加快发展的新思路；（二）坚持在解放思想中统一思想，努力促进全区经济和社会的大发展、快发展；（三）大力实施全民奔小康工程，推动区域经济持续快速健康向前发展；（四）坚持统筹兼顾，以人为本，为区域经济和社会的协调可持续发展提供有力保障。

二十、中共带岭区十一届四次全委（扩大）会议

2005年1月25日，中共带岭区十一届四次全委（扩大）会议在带岭宾馆会议室召开。会上，传达了伊春市委九届十四次全会精神；区委书记付俊卿作题为《统筹兼顾，务实创新，不断推动我区（局）经济和社会发展再上新水平》的工作报告。报告分三部分：（一）正视成绩，总结经验，用科学发展观指导新的伟大实践；（二）明确任务，合力攻坚，在牵动全局重点工作上大展作为；（三）以提高党的执政能力为重点，全面推动党的建设新的伟大工程，促进社会主义精神文明和政治文明协调发展。会上，区纪委向全会作了工作报告；区招商办、大青川林场、环山林场作经验介绍；区（局）长陈耀作了会议总结讲话。

二十一、中共带岭区十一届五次全委（扩大）会议

2005年8月17日，中共带岭区十一届五次全委（扩大）会议在带岭宾馆会议室召开。会上，区委书记付俊卿作题为《坚持科学发展观，加快经济转型步伐，全力推进和谐社会建设进程》的工作报告。报告分三部分:（一）巩固经济和社会发展新成果，切实增强做好经济转型工作的政治责任感和历史使命感;（二）紧紧围绕林业资源型城市经济转型，认真抓好各项经济工作;（三）全面加强党的建设、精神文明建设和政治文明建设，为推进资源型城市经济转型提供强有力的保证。

第三节 组织工作

一、组织建设

1986年，区委根据全区（局）实际情况，制定了《带岭区委关于科级机构改革和干部配备工作方案》，在摸清干部底数基础上，通过座谈讨论，民意测验，基层推荐，全面考核，党委审批的方式，对10余个单位的党政班子进行了调整，补选总支、支部委员31名。同年，局实行“三段式”改革，成立了林产工业公司、森林经营公司、采运公司和联合企业公司党委，下设15个党支部，并有11个党支部进行了改选。

1988年，区委根据党组织建设需要，撤销森林经营公司党委、改设党支部，精减科室人员，科室由原来的16个合并为10个。

1990年，区委根据工作需要，调整了森林经营公司、林产工业公司、采运公司、集体企业公司的领导班子。并对基层单位的23个领导班子进行了调整，改选和补选了28个区委直属的党委、总支和支部。

1991年，区委深入开展创建“标准化”党支部建设活动，全区有71个单位达标，占党支部总数的45.2%。同时，开展“创先争优”及“创先优、树形象、做贡献”活动，全区党员献计献策达429条。同年，还抓了党建基础工作和制度建设，各级党组织建立了党建目标管理展开图板，修订和完善了党建工作制度和五项纪录。

1993年，区委组织部深入开展创建标准化党支部建设活动和“创先争优”活动。在活动中，全区有63个党支部被评为标准化党支部，有98名党员被评为优秀共产党员，并评出22名模范党务工作者，19个标准化先进党总支、支部。

1994年12月，区委办公室印发了“建立农村党建联系点工作安排意见”，在思想整顿方面，提出进行建设有中国特色社会主义理论和党的基本路线教育，查头脑中残存左的束缚、左的影响，坚定社会主义信念，坚持社会主义方向；进行市场经济教育。

1995年，区委组织部重点开展了基层党建联系点活动，副处级以上领导干部负责一个党建联系点，每个联系点设一名联络员，每个包点领导每月到包点单位至少一次。同年，有15个基层党支部班子实行了换届选举。

1996年，区委组织部对全区党组织进行调整和整顿，对12个基层党组织班子进行了调整。通过整顿，在全区76个基层党组织中，好的达到70%，较好的达到30%。在农村党组织整顿中，按照“五个好”的标准，同“一村三户”整顿结合起来，加强了农村党组织建设。

1997年，区委组织部认真开展国有企业党组织整顿，抽调28名工作人员成立指导联络组，对27个单位进行联系指导。印发了“局管副科级以上干部民意推荐票”和“企业党建工作情况统计表”，并在领导班子中开展查摆工作，对查摆出的120条各类问题进行了分类。同时，深入开展了农村党建

工作，对一些村党支部书记年龄偏大的问题进行了改选，并将13人列入村党支部后备干部。

1998年，区委组织部在党建工作中，先后制定了4个办法，即《企业党组织工作试行办法》、《街道办事处党组织工作试行办法》《机关党组织工作试行办法》《中小学校和事业单位党组织工作试行办法》。

2000年，区委组织部在基层党组织中全面推进企业“先锋工程”，开展以“好班子、好队伍、好机制、好管理、好产品、好效益”为主要内容的企业党组织建设，增强了企业党组织工作的活力。同时，在农村推行了“六五四”工程建设（六个好乡、五个好村、四个好党员）和“素质升级”工程以及“三建三争三评”活动，进一步加强农村党组织建设。

2001年，区委加大了街道办事处和社区党组织建设，将街道办事处党总支变为街道办事处党工委，并配齐了党工委书记、副书记。同时，在9个社区建立了党支部，配备了专职党支部书记。在此基础上，在非公有制经济组织专门成立区委直属乡镇工业小区党支部，8个改制单位也相应建立党组织。

2002年，区委组织部按照“三级联创”的要求，加强农村党组织建设，并举办2期农村干部培训班，建立农民科技示范户17户。同年，加强国有企业党建工作，把责任工程同全省森工系统开展的“一把手”工程结合起来，注意培养选拔复合型人才进入基层党组织领导班子。

2003年，对区机关党委班子进行了重新调整，由区委常委兼任党委书记，配备一名专职党委副书记，两名兼职党委副书记，使区机关党委班子得到了加强。同年7月，有2个基层党组织被市委授予“先进党组织”称号；有1个社区党支部被评为市级“先进社区党支部”；有1个村党支部被评为市级“五好村党支部”。同时，有1名党员被省委授予“优秀共产党员”称号；有2名党员被市委授予“优秀共产党员”称号；有1名党务工作者被市委授予“优秀党务工作者”称号。并有11个基层党组织、76名党员、15名党务工作者受到区委表彰。

2004年，区委进一步加强社区党建工作，先后建立街道办事处及社区党建工作指导委员会和街道办事处及社区党建工作协调委员会。同时，进一步加强非公有制经济组织党建工作，共设置6个党支部，并对尚不具备建立党组织的外商投资企业永森发木业有限公司选派1名政治指导员，加强党员管理工作。

2005年，区委组织部在农村开展了农村党组织换届选举工作，认真组织农村广大党员认真学习党组织换届选举的各项文件，充分发挥党员的民主权利，把坚持党性、走群众路线、德才兼备的优秀党员选进党组织领导班子。

二、党员教育

1986年，区委组织部、区委宣传部结合整党，在党员中开展形势政策教育和学习模范共产党员张子良活动。

1987年，区委组织部组织党员学习《反对资产阶级自由化、坚持四项基本原则》《建设有中国特色的社会主义》等文章，播放全国和全市模范共产党员事迹录像，用先进典型教育党员，受教育者达到2000人次。

1988年，区委组织部、区委宣传部通过举办学习班、报告会等形式，组织全区共产党员学习党的十三大报告和社会主义初级阶段理论，对党员进行党的宗旨、党性观念、党的纪律和形势任务教育。

1989年，区委组织部对全区党员进行党风、党纪和廉政建设教育。同年，开展民主评议党员活动，通过民主评议，全区合格共产党员542人，基本合格1228人，基本不合格18人，不合格14人，有问题的19人。

1990年，区委举办党员教育学习班55期，专题广播22次，报告会28场。同年，区委开展向模范共产党员张子良学习活动，区委还编写了《时代先锋》党员教育教材，组织全区党员学习模范党员的先进事迹，并涌现出青川村党支部书记张桂兰带领村民致富的先进典型。

1991年，区委组织部广泛开展“创先优、树形象、做贡献”活动。一是运用多种形式宣传优秀党员、先进党支部事迹。二是开展忆传统、做贡献、争做合格党员活动。三是围绕治危兴林，进行献计献策、攻难关、增产增收、提质降耗、革新挖潜活动。四是进行走访慰问，扶贫送温暖活动。五是举行报告会、歌咏会、“先优模”座谈会。六是利用电教手段，播放中央、省、市委录制的党员教育专题片，激发党员的积极性，全年党员献计献策429条，举办报告会21场、歌咏会78场、“优先模”座谈会43场，走访慰问困难户185户，播放电教片18场，受教育面达5000人次。

1994年5月，区委组织部下发《关于用建设有中国特色社会主义理论武装教育党员的安排意见》，明确了教育内容和重点，要求党员通读《邓小平文选》三卷、重点学习党的十四大报告关于特色理论的论述、《建设有中国特色社会主义理论学习纲要》及十四届三中全会决定和中央为推进建立社会主义市场经济体制而制定的各项方针政策、改革方案等有关法律法规。

1996年，区委组织部在全区党员中开展“双学”活动，举办“双学”知识竞赛。同时，利用广播电视等形式，播放先进人物事迹，扩大教育面。全年评出在“双学”活动中涌现出来的91名优秀共产党员、18个先进党组织。

1999年12月，区委组织部组织全区党员开展“三讲”（讲学习、讲政治、讲正气）教育活动。通过“三讲”教育使广大党员坚定了理想信念，增强了政治敏锐性和政治鉴别力；强化了党性锻炼，增强了宗旨意识；焕发了精神面貌，推动了各项工作的开展。

2001年7月，区委决定在全区党员干部中开展“三个代表”重要思想学习教育活动，并下发《“三个代表”重要思想学习教育活动方案》。全区共有108个单位和部门参加学习，参学人数为1101人，其中区直属党政机关部门293人，公检法167人，街道办52人，其他单位和部门88人，参学率达到96.3%。在“三个代表”重要思想教育活动中共提出和整理各方面意见5632条，经梳理归纳为3215条，其中117个问题被列为区委、区政府中长期整改规划。

2002年7月，区委组织部根据市委部署在全区党员中开展“三个带头人”活动。在活动中，划分7个类型单位，即机关行业部门类型、林场类型、转制企业、非公有制经济组织类型、农村类型、街道社区类型、科技文卫类型。通过“三个带头人”活动，激发了全区共产党员争做“三个带头人”的积极性，推动了各项事业的发展。

2004年，区委组织部根据中组部《关于认真做好保持共产党员先进性教育活动准备工作的通知》精神和省、市委组织部统一部署，在全区开展保持共产党员先进性教育活动准备工作。保持共产党员先进性教育活动分5个阶段进行。第一阶段组织动员，统一思想。第二阶段调查摸底。第三阶段健全组织。第四阶段舆论宣传。第五阶段检查验收。参加第一批保持共产党员先进性教育的单位有区机关、公检法司、科研所、医院等，有13个基层党组织和630名党员参加学习，区委组织大型报告会3场，列37个讨论专题，有305名党员参加了闭卷考试。通过保持党员先进性教育，党员的素质得到提高，基层党组织得到加强，为人民服务的宗旨得到增强，各项工作得到促进。

2005年7月，区委组织部开展第二批保持共产党员先进性教育活动，其范围是林场（所）、国企单位、改制单位、新经济组织、中小学校、街道社区和农村基层党组织。其中，科室部门41个、林场11个、学校8所、国有企业6个、集体企业4个、改制企业5个、街道办事处1个（并含9个社区5个村），有1793名党员参加学习。通过学习，党员意识进一步增强，坚定了共产主义信念理想，执政意识进一步增强，基层党组织的战斗堡垒作用得到加强。

三、党校培训

1986年，区委党校根据区委部署，结合当时形势，相继开办2期人口理论学习班，有122名学员参加学习。同年3—10月，区委党校开办5期普及法律知识学习班，学习《中华人民共和国宪法》《中华人民共和国民事诉讼法》等，全区有400余名党员参加学习。还相继开办了全面质量管理、非党积极分子及新党员、纪检员等学习班，参加学习人员238人。

1987—1988年，区委党校举办3期非党积极分子培训班，培训非党积极分子150多人次；开办党的十三大文件辅导班2期，培训115人次；配合林干院开办1期企业管理学习班，有46人参加学习。

1989年，区委党校举办3期厂（所）长岗位培训班，有250人参加学习。

1990年，区委党校举办了马克思主义哲学理论学习班4期，有235人参加学习。同年，还举办非党积极分子培训班1期，培训积极分子45人。

1991年，区委党校举办非党积极分子培训班2期，培训117人次；举办社会主义理论学习班2期，参加学习人员77人；举办农村社会主义教育培训班1期，培训农村干部63人次；举办政工师职称考试辅导班1期，培训73人次；举办林业企业政工理论培训班1期，培训人员79人次；举办中共党史理论骨干学习班1期，有33人参加学习。

1992年，区委党校举办非党积极分子培训班2期，培训117人次；举办厂（所）长岗位培训班3期，有154人参加培训。

1993—1994年，区委党校举办非党积极分子培训班4期，培训213人次；举办人口理论培训班1期，培训49人次；举办理论骨干培训班1期，培训37人次；举办《邓小平文选》三卷培训班2期，培训123人次。

1995—2000年，区委党校举办入党积极分子培训班7期，培训411人次；党政领导干部培训班17期，培训1227人次；举办乡镇干部培训班1期，培训27人；举办农村基层干部培训班2期，培训96人；举办副科级以上领导干部普及法律知识培训班3期，培训256人次。

2001年，区委党校举办入党积极分子培训班1期，培训50人；举办“三个代表”重要思想学教活动培训班1期，培训132人；举办十五届六中全会《决定》专题辅导班1期，培训118人；举办村级“三个代表”重要思想学教活动培训班1期，培训31人。

2002—2004年，区委党校举办入党积极分子培训班3期，培训167人次；举办行政执法培训班1期，培训150人；举办“四五”普法理论骨干培训班1期，培训56人；举办基层党支部书记培训班1期，培训69人。

2005年，区委党校举办入党积极分子学习班1期，培训82人；深入基层单位开展先进性教育辅导9场。

四、干部管理

1986年，区委组织部贯彻落实中共中央4号文件及省、市委组织工作会议精神，重点抓中青年干部的考核、培养和使用。全年共提拔23名科级干部，其中知识分子和专业人员13名。同年，按照市委组织部的部署，区委组织部开展了第三梯队建设工作，调整了后备干部队伍，确定区（局）级后备干部14名，科级后备干部173名。

1987年，在“三段式”改革中，区委制定下发《带岭区（局）党、政、企职责范围划分暂行规定》及《带岭区（局）干部管理试行办法》，开展干部交流，有8名干部充实到林场和经营所，选拔3名政治素质好、业务能力强的工人充实到领导岗位。

1988年，在干部管理工作中，引进竞争机制，试行干部选聘制，先后在食品厂、木器厂、胶合板厂、公安局等单位开展干部选聘，经过民主选举、个人述职、组织考核、党委决定的方式，选聘出厂长、副厂长级干部 18 名，退长还员 16 名。

1989 年 6 月，区委根据采运公司的工作需要，提拔 9 名副科级干部。区委组织部与区工会，在 20 个基层工会，开展直接选举工会主席工作。

1990 年，区委组织部为加强干部管理，对股段级以上干部重新登记。并将干部、党员、知识分子的年龄、学历等数据输入计算机，实行计算机化管理。

1999 年，区委组织部制定《带岭区培养年轻干部三年规划》，在党政机关推行科级干部竞争上岗制。同年，还制定了《带岭区党政机关部门领导干部及基层单位党政领导干部政绩考察实施办法》，将干部考察结果同干部的升降、任免挂钩，优秀的予以重用，较差的予以免职。

2000 年，区委组织部推进公开选拔领导干部工作，公开选拔 9 名干部担任科级领导干部。同年，区委组织部组织科级以上干部学习《干部选拔任用监督管理主要文件选编》和《党政领导干部选拔任用工作暂行条例》，提高科级领导干部政治素质和业务素质。

2001 年，区委组织部对基层和区机关各部委办负责人进行了重新调整，共调整 43 个班子，调整充实干部 146 人，有 16 名干部提拔到党政“一把手”岗位。调整科级后备干部 70 人，其中女干部 21 人、少数民族干部 2 人、非党干部 6 人、大专以上文化程度的 66 人、35 岁以下的年轻干部 50 人。

2002 年，区委组织部深化干部人事制度改革，先后制定《干部政绩考察制度》《审计制度》《干部交流与岗位轮换制度》和《关于党群部门行政机关推行竞争上岗的意见》。全年约谈 125 人次，占应谈话总人数的 93%。坚持领导干部离任审计制度，对 9 名离任干部进行了经济责任审计。

2003 年，全年共调整提拔干部 116 人，其中，提拔 35 岁以下干部 7 人、女干部 8 人、少数民族干部 1 人、非党干部 6 人。同时，对不称职干部进行调整，共约谈 135 人次，其中诫勉谈话 10 人次，4 名干部被免职，对 10 名行政领导干部进行了离任审计。

2004 年，区委组织部制定了《带岭区党政领导干部差额选任制暂行办法》，在全区推行了差额选任制，有 34 名干部经差额选举走上了领导岗位。同年，还实施了《带岭区深化干部制度改革，进一步加强干部管理暂行办法》，对不称职的干部采取离岗待分、离岗退养、降职留用、免去现职、自愿辞职、引咎辞职、责令辞职等方法离开原岗位。

2005 年，区委组织部按照“坚持标准，优化结构，强化功能，增强合力”的原则，共调整提拔干部 7 批 173 人，有 11 名干部提拔到党政“一把手”岗位。在提拔对象中，35 岁以下干部 9 人、女干部 9 人、少数民族干部 1 人、非党干部 11 人。

1986—2005 年带岭区（局）干部基本情况一览表

表 14-4　　单位：人

项目/年份	干部总数	性别		民族		年龄					政治面貌		在职干部	
		男	女	汉族	少数民族	35岁以下	36至45岁	46至55岁	56至60岁	61岁以上	中共党员	非党	行政机关	企事业单位
1986	1545	1133	412	1526	19	580	468	408	79	10	599	946	316	1206
1987	2132	1343	789	2063	69	706	704	539	177	6	699	1433	475	1657
1988	2116	1372	744	2040	76	714	766	511	121	4	711	1405	437	1679
1989	2129	1344	785	2053	76	772	762	504	87	4	903	1226	442	1687
1990	2114	1321	793	2038	76	844	671	473	122	4	926	1188	426	1688
1991	2152	1351	801	2105	47	583	840	548	163	18	828	1324	453	1699
1992	2075	1319	756	2028	47	606	779	518	163	9	793	1282	411	1664

续表 14-4 单位：人

项目 年份	干部总数	性别		民族		年龄					政治面貌		在职干部	
		男	女	汉族	少数民族	35 岁以下	36 至 45 岁	46 至 55 岁	56 至 60 岁	61 岁以上	中共党员	非党	行政机关	企事业单位
1993	2035	1240	795	2007	28	415	630	600	379	11	817	1218	407	1628
1994	2025	1218	807	1995	30	440	594	606	376	9	809	1216	403	1622
1995	2135	1318	817	2104	31	410	633	632	454	6	832	1303	397	1738
1996	2085	1274	811	2054	31	497	609	609	363	7	847	1238	389	1696
1997	2110	1292	818	2079	31	539	615	606	346	4	863	1247	393	1717
1998	2120	1291	829	2089	31	540	616	611	350	3	878	1242	399	1721
1999	2020	1190	830	1991	29	560	582	531	343	4	893	1127	378	1642
2000	2150	1319	831	2120	30	585	590	590	382	3	908	1242	384	1766
2001	2010	1195	815	1979	31	563	580	537	326	4	913	1097	372	1638
2002	2025	1200	825	1994	31	577	573	585	283	7	921	1104	376	1649
2003	1975	1445	530	1940	35	485	580	600	307	3	917	1058	382	1593
2004	1950	1130	820	1915	35	490	572	573	311	4	923	1027	363	1587
2005	1975	1155	820	1940	35	487	590	580	315	3	915	1060	371	1604

五、知识分子工作

1986 年，区委组织部建立知识分子来访接待制度。当年为 19 名知识分子落实了有关政策，解决了 9 名知识分子住房问题，安排知识分子子女就业 100 余名。

1987 年，区委成立知识分子办公室（设在区委组织部）。办公室工作人员经常深入基层，了解知识分子工作和生活上存在的问题。同年，有 4 名知识分子被评为伊春市“拔尖人才”，2 名知识分子被评为出席伊春市优秀知识分子。

1988 年，区知识分子领导小组就解决知识分子的子女就医、烧柴、住房等方面问题做出了决定，并制定《带岭区知识分子工作规划》。为了促进科技进步，全区组成 200 余人的“星期日科技人员之家”，对企业单位和个体工商户进行技术咨询和无偿服务，先后完成 20 多项设计任务和 29 项技术革新。

1989 年，区委组织部对全区知识分子的思想和工作情况进行调查，发出调查表 390 份。经统计，到 1990 年年末，全区共有知识分子 1103 名，其中大专以上学历 327 名、中专学历 776 名；有高级职称的 68 名，中级职称的 402 名，初级职称的 633 名。

1999 年，区委专门成立知识分子领导小组加强知识分子工作。同时，注意培养知识分子入党，共吸收 130 多名中高级知识分子入党。在制订科研推广计划时，组织高级工程师参与论证，保证科研推广项目顺利实施。当年，还落实了省、市知识分子有关政策，科技人员津贴由每月 7 元，提高到 20 元，中级以上职称的科技人员上调一级工资。

2000 年，区委组织部加强了知识分子管理，成立了科技兴区领导小组、建立科普联席会议制度。同时，制定《加强技术创新，推进科技进步的决定》《党政负责人推进科技进步目标责任制试行办法》，开展“十百千科技带头人工程”。

2001—2002 年，区委组织部注重对知识分子选拔任用，两年中，把 91 名知识分子提拔到各级领导岗位，把 76 名知识分子发展为中共党员。先后安排 24 名知识分子参加省、市培训班学习，向市推荐 4 名拔尖人才。

2004 年，区委组织部制定《加强人才队伍建设专项推进工作方案》，建立处级领导干部联系人才制度，由 24 名副处级以上领导干部与 50 名各类人才结成联系对子。先后派出 32 名知识分子到北京大学、东北农业大学、东北林业大学等学校进行学习培训。

2005 年，区委组织部落实《带岭区优秀专门人才选拔管理办法》《区（局）领导与优秀专门人才联系制度》。同时，对 1 名省级优秀青年专家、1 名市级优秀专门人才，兑现了科技补贴。在此基础上，建立了由政府人事部门牵头，公安、教育、劳动保障、工商、税务等部门参加的“一站式”人才引进服务制度，允许专业技术人才和企业管理人才“多职多薪”。建立了区内专门人才、带岭籍及与带岭有关的专家、学者信息库。

六、老干部工作

1986 年，区（局）成立老干部工作委员会，下设办公室。同年，老干部办公室组织老干部开展政治学习和读书活动，并为老干部订阅各种图书、杂志、画报等，《老年报》和《退休生活》达到人手一份。区委、区政府还为老干部张守金拨款 4 万元购置了楼房；为老干部白云和、于福臣拨款 1.4 万元建新房；为两名老干部拨款 7.3 万元易地安家。

1988 年，老干部办组织 18 名老干部到山东省牟平县、烟台、珠海等地疗养。

1989 年，老干部办组织 9 名老干部到苏州、秦皇岛、兴城等地疗养。同年 9 月，区委在翠湖公园举办庆祝老年节大会和“忘年交”娱乐联欢会。

1996 年，区政府为老干部建了 165 平方米活动室，室内设有游艺室、阅览室、会议室。

1991 年，区委、区政府认真落实老干部各项待遇。优先为老干部开支，为 90 名老干部进行身体健康检查，为老干部报销药费 1.7 万元，为 5 名老干部解决 5 户楼房，为 3 名老干部解决 3 户平房，为居住外地老干部落实了生活待遇。

1992 年，老干部办注意发挥老干部的参谋咨询作用。老局长关士才等在全区开展的为经济发展和稳定大讨论中提出 37 条意见和建议，老干部黄正举多次到学校、企业讲长征故事，老干部李永芳为食品厂代培了 4 名锅炉工。

1994 年，老干部办积极为老干部就医方面解决实际问题，解决了老干部到门诊和住院不用现金支付的问题，外诊治疗每季末 20 号报销一次，并为老干部办理了癌症保险。同时，为居住外地的老干部订阅了《老年报》《退休生活》等报刊。

2000 年，老干部办建立了“八必访”制度，即老干部情绪低落时必访，有家庭矛盾时必访，发生民事纠纷时必访，丧偶择偶时必访，政策落实不到位时必访，生活困难时必访，有病住院或病故时必访，外出归来时必访。

2002 年，老干部办认真落实老干部待遇，为 56 名正、副处级老干部增发 50～60 元电话费，共计 2.4 万元；为老干部每月增发 50 元自购药品费用，共计 5 万余元；优先核销老干部外诊费。同年，区政府为老干部办配备 1 台计算机，扩大老干部活动室面积 88 平方米，更新 29 寸电视机 1 台，新购置 VCD 机 1 台、星牌台球桌 1 张、饮水机 1 台。

2003 年，老干部办积极组织老干部开展献计献策活动，先后到山上林场和贫困村屯开展考察活动，了解林场和贫困村屯存在的实际问题，并进行认真归纳整理，提出合理化建议和具体措施，提交到区委、区政府，作为制定政策、落实工作的依据。

2005 年，区委老干部办认真组织老干部收看“九一八”抗战纪念宣传片和“神六”发射实况转播。同时，新装修建筑面积 565 平方米活动室和办公室，更换健身器材。同年，老干部办被伊春市委授予“先进老干部之家”称号；老干部党支部获“市先进老干部党支部”称号。

七、公示制度

1999 年 10 月，区委下发《领导干部任前公示制实施细则（试行）》,《细则》共 10 条。同时，下发《中共带岭区委发展党员公示制实施细则（试行）》,《细则》共 8 条。

2000—2005 年，区委组织部按照《领导干部任前公示制实施细则》和《中共带岭区委发展党员公示制实施细则》，进行干部选拔和发展党员公示，将拟提拔的科级干部通过电视媒体向全区进行公示，公示时间为 7 个工作日。2000—2005 年，共公示 17 批 223 人。

第四节 宣传工作

一、形势任务和政治理论教育

1986 年 7 月，区委宣传部根据市委宣传部的部署，组织全区干部开展“关于社会主义经济理论”的学习，并组织党员开展答题活动。

1987 年 3 月，区委宣传部还组织党员、干部学习《坚持四项基本原则，反对资产阶级自由化》《建设有中国特色社会主义》两本理论教材。全年举办理论学习班 9 期，轮训学员 480 人。

1989 年 11 月，为落实中共十三届三中全会精神，根据区委七届四次全委扩大会议要求，区委宣传部在全区广泛开展形势任务教育活动。同年 9 月，区委组织部还组织不具备大专学历的在职干部学习《新编历史唯物论》，对在职干部进行正规化理论教育。

1990 年 12 月，区委宣传部在区机关大会议室举办“筑起反和平演变的钢铁长城”理论研讨会，全区各单位党支部书记、工会主席、团委书记等理论骨干 100 多人参加会议，区机关党委、红光林场等单位作了中心发言，使理论研讨收到了较好效果。

1994 年，为加强党员、干部的形势任务教育，在建党七十三周年之际，区委宣传部会同区委组织部、纪委在区机关大会议室联合举办形势任务报告会，100 多人参加报告会。同年，还举办形势任务知识竞赛，全区有 6 个代表队参加，分别获得了一、二、三等奖。

1995 年 6 月，为纪念建党七十四周年，区委宣传部在区机关大会议室举办了“迎‘七一’，党在我心中”理论演讲活动，带岭第一小学等 6 支代表队获奖。

1996 年，区委下发《关于认真学习贯彻中共十四届六中全会精神》的通知。在全区政工干部中开展“三学”“三讲”“八个一”活动。即学理论、学业务、学英模；讲政治、讲奉献、讲纪律；写一篇联系实际的理论文章，写一篇思想调查报告，写一篇被区或上级新闻单位采用的新闻稿件，给本单位或区经济工作出一个好主意，讲一次国内形势报告或国防教育课，总结一条本单位、本部门或本人的工作经验，做一件有影响的好事，帮一名困难职工脱贫致富。

1999 年，区委下发《中共带岭区委关于加强全区理论学习的工作意见》，要求党员、干部充分认识新形势下加强理论学习，尤其是领导干部理论学习的重大意义；发扬理论联系实际的学风，学以致用，指导实践；建立健全各项学习制度，确保理论学习深入、扎实有效地开展。

2001 年 7 月，区委利用两个月时间，在全区各单位开展“三个代表”重要思想学习教育活动，并印发《带岭区开展“三个代表”重要思想学习教育活动实施方案》。

2002 年 11 月，区委下发《关于认真学习党的十六大精神安排意见》，全区通过中心组专题学习，各级班子集中学习，党员干部自学等方法，使十六大精神得到了认真贯彻落实。

2003 年 6 月，区委宣传部举办工行杯庆“七一”党的十六大知识竞赛，竞赛主要以《十六大报告》《新党章》为内容，以闭卷、选题、抢答为形式，全区有 32 个代表队参加竞赛，最终评出一等奖

1名、二等奖2名、三等奖3名，优秀组织奖6名。

2004年，区委宣传部在带岭宾馆会议室举办《三个条例》知识竞赛，有70个代表队210人参加了预赛，从中选拔出12个代表队参加了决赛，环卫处等6个代表队分别获一、二、三等奖，第二小学校等6个代表队获优秀组织奖。

2005年1月，区委学习室组织区委中心学习组集中学习了保持共产党员先进性教育学习篇目。同年，党校理论骨干教师为全区干部群众进行保持共产党员先进性教育辅导2场，邀请老红军黄正举作先进性教育报告会2场。

二、政宣工作

1986年年初，区委宣传部参照《全国企业思想政治工作纲要》，制定了带岭区思想政治工作制度，并付诸实施。3月，区委宣传部工作人员对贮木加工厂6个车间100名职工，开展思想状况调查，对5个部门、8个科室、6个厂（场）、7所中小学26个单位3783名青少年开展走访调查，并采取召开座谈会、拟卷抽样问答、个别谈心等形式，基本了解和掌握了全区青少年思想状况。

1990年6月，区委宣传部主持编写了一本6万余字的《思想政治工作论文集》。同年10月，下发《带岭区职工系统思想政治教育方案》，并在全区职工中广泛开展党的基本路线、基本国情、马克思主义哲学基本常识教育。

1992年7月，区委宣传部开展“世界人口日”宣传纪念活动，在街头、临街单位门前设置咨询台，并印发传单1000多份。同年9月，在区机关门前举办纪念公开信发表20周年板报展，共展出板报100余块。

1995年5月，区委宣传部下发“建设林区、振兴伊春”（兴安杯）主题文化艺术系列活动方案，主题内容包括征文、征歌、征画、征集书法等，通过系列活动，鼓舞全区广大干部群众开拓进取，团结奋斗，克服困难，为奔小康的战略目标做出贡献。

1996年1月，区委下发“发挥政治优势，促进解危兴企”系列活动方案，主要活动内容有：在党员领导干部中开展“争当廉洁自律的好干部”活动；在全区党员中开展“新时期党员形象大讨论”活动；以学赶张家港为目标，开展“创建文明单位”活动；围绕生产建设和区委确定的工作目标，开展“三绝”竞赛、“三送”到家和“四百”送温暖活动；在青年中开展“树典型、鼓实劲”，为“双保”目标建功立业活动；在妇女中开展“双学双比”和巾帼建功活动；在统战系统开展“爱、献、比”活动；在基干民兵中开展“争创民兵号”活动；在政法战线开展“维护社会稳定，为经济建设提供法律保障和法律服务”活动；在科技战线开展“科技兴区”活动。

1997年2月，区委下发《中共带岭区委关于加强思想政治工作若干意见》。同年7月，区委办下发带岭区“迎回归、爱中华、兴家乡”香港回归与精神文明知识竞赛、演讲比赛、座谈会、有奖征文、开办专栏等活动。

1998年3月，区委宣传部下发《1998年全区（局）宣传思想工作要点》，要求各单位兴起学习邓小平理论的新高潮；加大经济宣传、社会宣传和对外宣传工作力度；推进精神文明建设上新台阶；进一步活跃林区人民的文化生活；建设高素质的宣传干部队伍。同年7月，印发《〈中华人民共和国消防法〉知识竞赛方案》，要求各单位组织人员参加竞赛。同年10月，在区机关大会议室举办预赛，有30多单位参加预赛，选出6个代表队参加复赛。

1999年6月，区委宣传部下发《关于在全区开展庆国庆、迎回归、做贡献》系列活动安排意见，文件下发后，全区开展不同形式的系列活动，职工开展“以改革、解困、提质、增效为目标”的技术革新和发明创造活动；村民开展“讲精神文明，比科技致富、建文明村屯”活动；科技人员开展“科技创新、建功立业”活动；机关干部开展“四好一满意”活动；青少年开展“立志成才、创业建功”

活动；广大妇女开展“巾帼创新业”活动等。

2000年8月，区委办下发《关于开展解放思想，转变观念暨学习推广“双丰经验”（两调一转：调整所有制结构，调整产业产品结构；加速经济转型）教育活动的安排意见》。教育活动共分4个阶段：第一阶段，学习提高，统一认识，重点解决为什么学习推广“双丰经验”问题；第二阶段，对照先进，找出差距，重点解决学习“双丰经验”学什么的问题；第三阶段，联系实际，大胆创新，重点解决学习“双丰经验”怎么学的问题；第四阶段，求真务实，抓出成效，重点解决学习“双丰经验”怎么干的问题。同年12月20日，区委思想政治工作会议在带岭宾馆会议室召开。会上，各基层单位分别介绍了思想政治工作方面的经验，并通过了中共带岭区委《关于加强和改进新时期思想政治工作的实施意见》。

2004年，区委宣传部以乌伊岭林业局阿运河草塘森林火灾一周年为契机，开展“4·25”森林火灾反思日集中宣传，举办了板报宣传一条街，展出板报100条块，散发防火宣传单3000多份，中小学生2000多人上街宣传，出动防火宣传车50余辆，全区有5000多人参加防火宣传。

2005年4月，区委宣传部举行庆祝带岭局连续实现50年无森林火灾系列宣传活动，制作《闪光的足迹》专题片一部，出版《闪光的足迹》书籍一本，制作《闪光的足迹》宣传画册2000套。同年6月，开展纪念抗日战争暨世界反法西斯战争胜利60周年系列活动。区机关党委在区机关举办图片展览，各基层单位采取板报、墙报等形式开展纪念活动。

三、新闻报道

1986年以来，带岭区记者站以党的方针、路线、政策为指针，紧跟时代的步伐，围绕带岭区经济建设、企业改革、新人新事、及时进行新闻报道工作，先后在省、市报刊上发表大量新闻稿件。1992年至2005年年末，在省、市报刊共发表了1072篇新闻稿件，其中有30多篇新闻稿件获奖，通过新闻报道推动了企业的发展，促进了精神文明建设，焕发了人民群众的精神，真正达到了宣传群众、教育群众的目的。

1988—2004年带岭区（局）新闻报道稿件获奖一览表

表14-5

时间	获奖新闻稿件名称	授奖单位	获奖等级	记者
1988.3.13	《收到龙儿的信好好笑了》	伊春市好新闻	一等奖	张桂玢
1989.1.22	《林区小镇摆大集》	伊春市好新闻	三等奖	张桂玢
1990.3.9	《魂系永翠河》	伊春市好新闻	三等奖	张桂玢
1991.10	《带岭森警队与区二中共建活动培养一代新人》	《伊春日报》好新闻	三等奖	张桂玢
1993.3.10	《带岭局实行林价制度》	《伊春日报》好新闻	一等奖	张桂玢
1993.4.30	《带岭局实行林价制度》	伊春市好新闻	一等奖	张桂玢
1995.3.20	《带岭局深化营林制度改革》	伊春市好新闻	三等奖	张桂玢
1997.1.24	《洪水中的勇士》	《伊春日报》好新闻	二等奖	张桂玢
1997.5	《水上飞洪救父亲》	黑龙江林业新闻	二等奖	张桂玢
1998.6.16	《勇攀科技高峰》	《伊春日报》好新闻	二等奖	张桂玢
1999.3.23	《带岭局启动天然林资源保护工程》	伊春市好新闻	二等奖	张桂玢
1999.6	《带岭大青川餐具厂生产跟着市场转》	黑龙江林业好新闻	三等奖	张桂玢
1999.8.20	《带岭局启动天然林资源保护工程》	《伊春日报》好新闻	一等奖	张桂玢

续表 14-5

时间	获奖新闻稿件名称	授奖单位	获奖等级	记者
2000.3	《深山兰花吐幽香》	黑龙江林业好新闻	二等奖	张桂玢
2000.3.20	《带岭林科所在高寒林区种桑养蚕喜获成功》	黑龙江林业好新闻	二等奖	张桂玢
2000	《马凤琴靠科技走向致富路》	黑龙江林业好新闻	三等奖	杨秀梅
2000	《“马家军”到带岭学习红松育苗造林技术》	伊春市好新闻	二等奖	杨秀梅
2001	《森林防火贵在坚持》	黑龙江林业好新闻	三等奖	杨秀梅
2001	《漫漫长征路》	伊春市好新闻	一等奖	杨秀梅
2002	《孪生三兄弟光荣参军》	黑龙江省第二十三届报纸	二等奖	杨秀梅
2002	《扶贫着眼于抚志解困着力于造血》	黑龙江林业报纸奖	三等奖	杨秀梅
2002	《管出一片新天地》	黑龙江林业报纸奖	二等奖	杨秀梅
2003	《我的未来不是梦》	黑龙江林业好新闻	三等奖	杨秀梅
2003	《明思路、找差距、快发展》	伊春市好新闻	二等奖	杨秀梅
2004	《平贝地头看党员》	伊春市好新闻	一等奖	杨秀梅

第五节　精神文明建设

一、带岭精神

1987年，区委宣传部下发总结带岭精神的通知，发动全区广大职工群众总结带岭精神，经反复征询、讨论，“带岭精神”被概括为“科学治林、与林共荣、艰苦奋斗、改革创新”四项基本内容。

1996年，区委发出通知，号召广大党员、干部、群众积极参与总结和提炼“带岭精神”活动。通过召开基层领导干部、离退休老干部、各界人士参加的各类座谈会，听取各方面意见和建议，对原来“带岭精神”进行重新修改，把“带岭精神”确定为“艰苦创业、开拓进取、顾全大局、无私奉献”。其内涵是不畏险境、吃苦耐劳的艰苦创业精神；大胆改革、敢为人先的开拓精神；勇于挑重担，报效国家的顾全大局精神；建设家乡、献身林区的无私奉献精神。

二、精神文明创建活动

1986年，区委宣传部制定《中共带岭区（局）委、带岭区（局）关于“七五”期间精神文明建设规划》，把创建文明单位工作纳入党政工作重要日程。同时，坚持开展以治理脏、乱、差为核心，以“三优一学”为内容，以实现“三个根本好转”为目标的群众性活动。

1987年，区委宣传部对33个区级文明单位和15个市级文明单位进行全面复查。同年，又有3个单位进入市级文明单位行列，有2个单位被评为省林业系统文明单位。

1988年，区委宣传部会同有关部门下发《关于开展三德教育方案》，在全区广泛开展“三德教育”（职业道德教育、社会公德教育、家庭道德教育）活动和开展“三明”（做开明人物、办精明事情、树文明风气）活动，从而加强了职工群众的思想道德建设。

1990年1月，为引导全区青少年学习雷锋精神，树立共产主义理想，做“四有”新人，培养广大青少年高度的整体观念和组织纪律性，区文明办会同团区委、区教委联合发出号召，在全区青少年中广泛开展“学雷锋做‘四有’新人”活动。同年，区委宣传部还下发了《全区‘四文明’兴林杯大赛活动方案》，并在全区范围内开展了竞赛活动。年末，在省森林工业总局开展的四文明兴林杯大赛中，带岭林业局被评为金杯单位，采运公司被评为银杯单位，并有2人获金牌，13人获银牌。

1998年，区委宣传部开展“光辉五十年”青少年读书教育活动，号召广大青少年积极投入到读书之中，并采取举办演讲会、知识竞赛、辅导班等形式，提高青少年读书的兴趣，增加各种知识。

2000年3月，区文明办作出《关于命名表彰带岭区第一届文明市民的决定》。决定指出，为大力加强全区精神文明建设，全面提高公民思想道德素质，推进缓危解困富民强区工作目标，通过基层单位认真推荐，区文明办严格把关确定20位文明市民候选人，并经广泛投票选举，产生仇元朝、高兴云、李尚琴、关义、仇元胜、董家平、梁淑芹、黄国军、王晓艳、张庆林10人为带岭区第一届文明市民。

2001年4月，区委印发《带岭区开展“热爱伊春，建设家乡，做新世纪伊春人”教育活动方案》。同时，还制定党员、干部、公安干警、工人、妇女、青年、中小学生、个体劳动者和私营企业经营者9个不同岗位形象标准。

2002年6月，区文明办印发《关于贯彻公民道德建设实施纲要的若干意见》的通知，从此，“爱国守法、明礼诚信、团结友善、勤俭自强、敬业奉献”20字的基本道德规范在全区各行各业被广泛宣传，并变成自觉行动。

2003年4月，区文明办下发《带岭区创建文明林场、文明社区活动方案》，全区各单位根据方案要求开展创建工作。当年通过检查评比，评出了6个区级文明林场、4个文明社区。9月，在参加省森林工业总局“三文明”兴林杯大赛活动中，带岭林业局被评为金杯单位，寒月林场、带岭公安分局等8个基层单位被评为金杯单位；苗圃、医院等11个基层单位被评为银杯单位。

2004年6月，区委宣传部在区机关大会议室举办“走向文明”演讲比赛，全区各中小学校20名选手参加了比赛，评出一等奖1名、二等奖3名、三等奖6名、优秀奖10名。12月，区文明办作出了《命名区级文明单位（标兵）、表彰文明行业、机关科室、共建共育先进单位和个人》的决定，决定环山林场等30个单位为文明单位（标兵），国税局等6个单位为文明行业单位，宣传部等9个单位为文明机关科室，武装部等8个单位为共建共育先进单位。

2005年3月，区文明办印发《带岭区（局）加强林场环境卫生建设工作实施方案》的通知，对所有林场进行统一规划、统一标准、统一时间进行环境卫生建设，并对环境卫生建设的标准提出了具体要求。5月，下发《带岭区创建千里文明边防线活动实施方案》，要求在桃南公路两侧带岭段、大青川段设置统一栅栏，清理排水沟及垃圾，创建良好的文明环境。

三、学先进典型活动

2000年1月，区委、区政府作出《关于学习和弘扬马永顺精神的决定》，决定指出，用马永顺精神进行爱国主义教育；用马永顺精神教育全区人民增强绿化意识、责任意识和大局观念、奉献精神；用马永顺精神激励全区人民加速实现带岭经济体制和经济增长方式的根本转变；用马永顺精神教育和引导全区人民提高文明素质。

2004年1月，区委在带岭宾馆会议室召开“干部学习张子良、工人学习孟昭贵”活动动员大会。会上，张子良的女儿张润莲、孟昭贵的儿子孟宪和代表两位前辈作事迹报告；干部代表陈刚、工人代表刘晓宝分别作了向先进人物学习的表态发言；市委宣传部副部长黄钧明代表市委宣传部讲话，对学习先进活动给予充分肯定。

四、军警民共建共育活动

1986—2005年，区委、区政府对军警民共建共育活动非常重视，每年都下发文件对军警民共建共育活动进行专门部署，每年都对军警民共建共育活动进行一次检查，推动军警民共建共育活动健康向前发展。在活动中，武装部坚持同企业开展共建活动，先后同林产公司、造纸厂、碧水林场结成共建对子，双方签订结对责任书进行认真落实，武装部经常深入企业讲国防教育课，提高职工群众国防意识，企业帮助武装部解决实际困难，推进部队建设，森警队坚持同各中小学校开展共建共育活动，森警部队官兵坚持经常到学校开展军训，增强学生体能和掌握军事知识。学校经常深入森警部队为官兵上文化课、打扫卫生和拆洗被褥等，为部队培养军地两用人才和美化军营环境服务。1987 年，森警大队被省委、省政府授予警民共建先进单位，此后，他们保持荣誉，坚持不懈地开展警校共建共育活动，一直受到群众的好评。

五、扫黄打非行动

1996 年 12 月底至 1997 年 2 月底，区委宣传部利用 3 个月的时间，集中开展扫黄打非行动。此项行动分 3 个阶段进行，第一阶段发动群众，调查摸底；第二阶段集中行动，重点打击；第三阶段健全制度，加强管理。重点打击书报刊、音像及电子出版领域的制黄、贩黄和非法出版物，先后对全区书店、书摊、音像制品销售点和音像放映点进行全面清理，对查出的违禁黄色书刊、音像制品和非法出版物进行收缴和销毁，使文化市场得到规范。

第六节　统战工作

一、理论教育工作

1986—2005 年，区委统战部始终抓住统战理论宣传教育不放松，每年都举办不同类型的学习班和广播讲座，对党员、干部、群众进行统战理论和方针政策教育。同时，每年还召开统战理论研讨会，20 年间，共召开统战理论研讨会 20 多次，宣读论文 160 多篇，其中有 30 多篇论文在伊春市统战理论研讨会上获优秀论文奖。

二、民族宗教工作

1986—2005 年，带岭区有少数民族 7 个，其中满族、回族和朝鲜族人口较多，占全区总人口 3%。区委统战部对少数民族工作比较重视，经常组织少数民族代表召开会议，听取少数民族代表的意见和要求，帮助少数民族解决一些困难。1986 年，区委统战部在清真寺办一处小型木器加工厂，安排 10 名回族青年就业。每逢回族传统节日“开斋节”“古尔邦节”，区委统战部组织区（局）党政领导前往清真寺祝贺，并与回族同胞一道欢度节日。

三、对台工作

1987 年，区委统战部根据上级有关文件精神，对当地台属开展调查摸底工作，并对调查摸底情况进行了登记造册。经调查全区共有 10 户台属。区委统战部为帮助台属寻找亲人，先后与中国建设杂志社、海峡之声杂志社联系，使 4 户台属与台湾亲人取得了联系。同年，区委统战部还帮助 10 户台属解决了子女就业问题，帮助 1 户台属解决农转非户口。同时，还为 3 户台属到带岭探亲，提供了各种服务。

四、民主党派工作

1986—2005 年，带岭区先后建立 3 个民主党派组织。

1989 年 12 月 21 日，区委统战部组织召开中国民主建国会伊春市带岭区第一次会员代表大会，会议选举产生了中国民主建国会伊春市带岭区支部委员会，设支部主任 1 名，副主任 2 名，有会员 9

名。2000 年 6 月，召开中国民主建国会伊春市带岭区第二次会员代表大会，选举产生了中国民主建国会伊春市带岭区第二届委员会，并选举产生支部主任 1 人，支部副主任 1 人。

1991 年 1 月，中国民主促进会伊春市带岭小组成立，小组设 4 名成员。1994 年 12 月，召开中国民主促进会伊春市带岭区第一次会员大会，选举产生了中国民主促进会伊春市带岭区第一届委员会，并选举产生支部主任 1 名，支部委员 2 名。1999 年 11 月 30 日，召开中国民主促进会伊春市带岭区第二次会员大会，选举产生中国民主促进会伊春市带岭区第二届委员会，并选举产生支部主任 1 名，支部委员 2 名。

1994 年 7 月，召开中国民主同盟会伊春市带岭区第一次盟员大会，选举产生中国民主同盟会伊春市带岭区第一届委员会，并选举产生主任委员 1 名，支部委员 3 名。共有盟员 6 名。

第七节　纪检监察工作

一、机构

1986 年，区纪委设秘书科、党风党纪教育科和案件检查审理科。

1988 年 3 月 25 日，带岭区监察局成立，有 6 名工作人员。

1989 年 10 月，区纪委撤销秘书科，设办公室，并增设控告申诉科。

1990 年 11 月，区纪委、区监察局合设反腐败办公室。

1990 年 12 月，区纪委撤销案件检查审理科，分别设案件检查科和案件审理科。

1993 年 7 月，区纪委、区监察局合署办公，设置办公室、党风廉政建设科、执法监察科、信访科、案件检查科、案件审理科，共 6 个科室。

二、党风廉政建设

1986 年 3 月 15 日，区委召开全区干部端正党风千人大会，围绕政治生活、组织纪律、思想作风等方面提出“十不准”要求，会议后，区纪委着重抓了党风责任制落实，并与全区各单位党组织签订责任状。

1987 年，区纪委重点抓了维护党的纪律，反对资产阶级自由化工作。狠刹公款吃喝歪风，制定《严格控制招待用餐和车辆使用管理办法》。纠正了“三段式”改革中的不正之风，保证改革的顺利进行。

1988 年，区纪委认真贯彻落实中共中央 5 号文件精神，狠抓了党风廉政建设，在工商、税务、科技、劳动、人事、组织、公安、城建等部门推行公开办事制度。

1989 年，区纪委全面落实了党风廉政建设责任制，实行一级抓一级，一级对一级负责。并建立了干部子女操办婚事三级报告制度，即处级干部向区委书记报告；科级干部向区纪委报告；一般干部向单位党组织报告。开展党内监督工作，派员参加区委和基层党组织民主生活会，并聘请 150 名党内监督员。同年，区纪委狠抓违法案件查处工作，处理在木材检尺中以好充次案件 1 起，木材装车中勒卡用户案件1起，清退多收装车费9000余元；纠正假体优5名、假职称15名；不符合招干条件的5名；清退非正常途径借调人员 56 名；清理非正常渠道上学 17 名；清理住宅电话 185 部，清理 6 名干部占用公物、公车等。

1990 年，区纪委先后设立清房、清木、清小金库办公室，清理收回公房 13 户，收缴违纪款 13 万元；清理假职称 50 人、假学历 8 人；清理整顿撤销公司 1 家，封存小汽车 9 台；清理小金库违纪资金 3.7 万元；清理整顿建筑市场 23 家，取消 10 家；并排查出个体包工队丁某某、杨某某行贿 3.2

万元，偷漏税 28 万元大案，对其二人移交到司法部门，对涉案的 4 名党员、干部分别给予党纪政纪处分。

1993 年，区纪委制定《带岭区委近期反腐败斗争工作实施细则》，推行承办部门联席会议制度，深入贯彻落实中央提出的反腐败三项任务，并派出 3 个调查组赴全区各单位，收集并向区委反馈群众对党政机关、领导干部廉政状况意见、建议 13 条。对 46 个基层单位领导班子成员进行廉政考核，建立领导班子廉政档案 46 个，领导干部廉政档案 200 个。纠正党政机关科室经商办实体 17 户，停发 3 名私自“下海”经商干部的工资。

1995 年，区纪委协助区委和基层两级领导班子召开廉洁自律专题民主生活会，查摆私设小金库、公车私用等方面问题。同时，对 21 个单位 83 名科级干部进行考廉。

1996 年，区纪委加强公款吃喝、公款娱乐、公车私用等现象监督检查，进行突击检查饭店、舞厅 5 次，对违规 6 人进行批评教育。同时，对干部住房、公款购置摩托车进行专项清理。对全区 607 名副科级以上领导干部住房情况作清理登记，并查出 4 名领导干部用公款购房，清回购房款 2.1 万元。对其他违规现象也进行了清理，清回占用公款2.8万元，装修房屋款275元，购摩托车款2000元，为企业挽回经济损失 25 万元。1997 年，对私卖公有住房的 1 名林场领导干部给予政纪处分，收缴违纪款 7042 元；对永翠林场领导干部私卖木材免去行政职务；对参与经营娱乐场所的 4 名公安干警分别给予行政警告、免职、罚款和留用察看处分。

1998 年，会同区委组织部门监督指导 32 个单位班子民主生活会，建立领导干部廉政档案 380 份，突击检查饭店、舞厅、婚事大操大办13次，对违规科级干部免职2人，经济处罚1人，行政处分1人。同年，还实行公车私用申报收费制度，对违规 7 个单位的车辆罚款 3500 元。对公用小汽车和移动电话进行了认真清理，按规定保留公用小汽车 40 台，拍卖 11 台，报废 10 台。对按规定配备手机的 9 名副处级以上干部和 15 名科级干部进行一次性买断，并建立了移动电话管理档案。

1999 年，区纪委会同组织部、工商分局对领导干部以木谋私进行了监督检查，通过检查没发现违规现象。同时，检查餐饮娱乐场所和公车私用情况 14 次，处罚违规领导干部 5 人，违规车辆 12 台，罚款 5000 元。

2002 年，区纪委作出“每个林场必须有一名领导在林场安家落户，其他领导实行住宿制”的规定，解决了林场领导干部“走读”问题。同年，区纪委印发了《关于进一步加强和规范领导干部个人重大事项报告制度》的通知，明确了个人重大事项的范畴，并在区农业银行设立了“581”廉政账户。

2003 年，区纪委在全区党员干部中深入查摆、剖析在“两风”建设方面存在的问题，并落实整改措施。同时，实行了诫勉谈话和廉政教育谈话制度，全年诫勉谈话 17 人，对新提职的干部进行廉政教育集体谈话。

2004 年、2005 年，区纪委认真贯彻落实中纪委“四大纪律八项要求”，部署“三项清理、两个纠正、一个落实”工作。同年，区纪委在党风廉政建设方面重点抓了六项工作。在选人用人方面，解决一些单位和部门存在的跑官、要官、买官卖官、跑风漏气、违反程序、违反制度、任人唯钱、任人唯亲、独断专行等不正之风。解决奢侈浪费严重、讲排场、比阔气、追求奢华、贪图享乐、用公款吃喝；违反规定配备手机、超标准配车；用公款购买和装修住宅、支付个人电脑和上网费用问题。解决利用职权之便，参与经商活动，以木谋私，收受单位、个人赠送的现金、有价证券，利用职权为家属、子女、亲友经商办企业提供条件，利用婚丧事借机敛财问题。解决司法腐败、执法不公、执法犯法、贪赃枉法的问题。解决不认真履行工作职责，行政不规范，不按规章制度办事，公务活动缺乏透明度，暗箱操作，部门权力利益化，部门利益私人化，公事私办、假公济私、损害发展环境问题。解决工作作风不实，以说代做，说得多做得少，不想事，不干事，不敢碰硬，不解决实际问题，不关心群众疾苦，搞虚假政绩，虚报浮夸问题。

1986—2005年带岭区（局）纪检案件处理情况一览表

表 14-6　　　　单位：件

时间	信访件数	查处案件			处分干部（党员）人数		
		总数	党纪	政纪	总数	科级	一般
1986	36	4	3	1	4	—	—
1987	29	3	3	—	3	—	—
1988	38	3	3	—	3	—	—
1989	37	2	2	—	2	—	—
1990	43	7	7	—	7	—	—
1991	—	—	—	—	—	—	—
1992	—	—	—	—	—	—	—
1993	48	6	3	3	6	—	—
1994	34	7	4	3	8	6	2
1995	38	7	2	5	9	6	3
1996	31	10	8	2	10	6	4
1997	34	10	4	6	10	6	4
1998	40	15	12	3	15	10	5
1999	32	14	8	6	19	15	4
2000	37	16	10	6	17	10	7
2001	39	15	5	10	17	10	7
2002	49	19	8	11	23	8	15
2003	41	14	4	10	19	9	10
2004	45	27	3	24	36	12	24
2005	42	18	7	11	20	12	8

三、纠风治乱工作

1993年，区纪委对电力、邮电、金融、公安、工商、税务、城建、交通等行业勒卡问题进行清理，对在清理中发现的问题进行认真整改，对勒卡责任人降级处分1人，留用察看1人，调离原工种岗位1人。

2000年，区纪委深入开展行风“双评”活动，组织参评的行业部门在电视上公开做出社会服务承诺，接受社会各界的监督，成立6个专项推进组。设立外来投资服务中心，实行“一站式”服务，“一条龙”办公，编发简报10期，推动“双评”活动。同时，扩大参评部门，由原来的23个部门扩大到39个部门。

2005年，区纪委认真清理教育乱收费问题，要求学校严格执行“一费制”，对3所学校超标准收取的3227元测试卷费用返还了学生。同时，治理城镇规划中违规问题，并组织规划、市政等部门实行集中检查，现场办公，对违章建筑予以拆除，解决多年的遗留问题。

四、执法监察和效能监察

1993年，区纪委对企业贯彻执行《中华人民共和国企业法》《全民所有制工业企业转换经营机制条例》等法律法规进行执法监察，并提出整改意见14条。

1996年，区纪委先后对木材销售、建筑项目及“六个一”管理制度实行专项监察，对违反财经纪律的 4 人，分别给予党纪、政纪处分，收缴违纪金额 2.4 万元，为企业挽回经济损失 9.8 万元。

1999 年，区纪委对木材生产和木材销售进行监察，对 3 个林场违章采伐、偷拉私运木材进行严肃查处，并追究了林场主要领导责任。同年，对亏损严重的区联合企业公司山野菜厂、热电公司供电营业处进行效能监察，并开展剖亏工作，从而查清企业经营管理中存在的问题和严重违纪问题，分别追究了两个单位主要负责人的责任，并提出 16 条整改建议。

2000 年，区纪委展开对社保资金使用、天保工程资金使用等情况执法监察，从而保证两项资金正确使用。同时，对亏损严重的林产工业公司展开剖亏工作，查清了该单位因盲目上项目、乱摊成本费用、赊销货款过多、管理混乱，仅一年时间就亏损 177 万元的严重问题，对于某某等 5 名违反财经纪律的公司负责人分别给予党纪政纪处分。

2005 年，区纪委重点展开对林政管理专项执法监察，在木材生产期间，组织区机关各科室领导干部轮换到各木材检查站值班，对来往的木材车辆进行严格检查，对检查出 3 个林场违规领导进行认真处理，对 4 名负责人员进行通报批评。

第八节　党办工作

一、文秘工作

1986 年以来，党委办公室文秘工作始终坚持按照规定程序和步骤，对各类文件进行登记、传阅、保存、归档、销毁、解密。每年收到省、市、总局和其他各类文件、机要信件约 400 份左右，上呈文件 30 份左右，转发上级、下发本级文件 50 份左右。在文秘工作中，搞好文件收发，对上级文件和本级文件，认真进行登记和编号，并进行妥善管理；搞好文件传阅，建立阅文室，有关领导统一到阅文室进行阅读，需要借阅的文件搞好文件借阅手续，防止文件丢失；搞好文件归案移交。每年年末将各级文件分门别类进行归档，并及时移交到档案馆。20 年来，文秘工作没有出现任何差错，并受到上级部门的好评。

二、保密工作

1986—1990 年，区（局）党委保密领导小组通过各种途径进行经常性的保密宣传教育，利用讲座等形式，对全区（局）党政领导干部进行《中华人民共和国保守国家秘密法》《保守国家秘密法实施办法》的学习，使各级领导干部明确保密工作的重要意义，掌握保密的各项法令、条例和规定。调整了保密委员会，设 1 名专职保密员和 3 名兼职保密员负责全区（局）保密工作。投资 4 万余元，购置 50 套铁皮卷柜，并加固和装修了档案室。

1991 年以来，区委办公室不断加强保密工作，坚持每年年初，按照上级要求和部署制订本区（局）保密工作规划，落实具体措施，细化量化各项目标考核分值，定期或不定期开展保密工作大检查。1986—2005 年，全区（局）没有发生一起失、泄密事件，多年被评为省、市保密工作先进单位。

三、机要工作

1988 年，区委成立机要组，1993 年变为机要科，编制 3 人。配备 1 台明码机、1 台密码机、2 台传真机进行秘密通信。同时，承担朗乡林业局明传电报传递和密码电报传阅。多年来，在机要工作中，机要人员认真履行职责，认真做好各类电报的登记、保存、销毁、签字等手续，做到及时、准确、无误地处理每一份明码电报。每年更换两次密钥，由两人专车递送，密不离人；每年进行两次机要人员培训。2004 年，进行机要网络系统加密升级，改变原有的传真通信方式，采用计算机进行通信网络传输，并建立健全《机器设备维修维护制度》《机要员督查奖惩制度》《机要员学习培训制度》。每年处理明密电报 480 多份 2000 多页，传输办理 2000 多次，无一份压报、漏传、失泄密事件发生。

四、调研工作

区委办公室每年都围绕党的中心工作和政府的经济工作，制订调研计划，确定调研题目，分解调研指标，落实调研任务。调研人员根据所承担的任务，坚持深入基层、深入群众，认真开展调查研究，特别是群众反映的热点、焦点、难点的问题，调研人员本着实事求是，客观现实反映事情的本来面目，为区委、区政府提供可靠、有价值、有分量的调研报告，为领导决策提供了依据。1986—2005 年，共形成调研报告 180 多篇，有 80% 的调研报告得到了区委和区政府的重视。

五、信息工作

1986 年，区委办公室加强了信息工作，建立健全了信息制度，配备了信息专职人员，除配备 1 名信息催办检查员外，还在区（局）、场（厂）建立两级信息网，配备 45 名兼职信息员。同年，区委办公室创办每周一期的《情况反映》，转发上级有关文件和讲话，选载各地先进经验以及基层单位在政治、经济活动中的好做法。

1990 年，全区共发展信息员 100 余名，印发《情况反映》30 多期，向市委办公室提供各类信息 200 多条。

1991 年以来，区委办公室的信息工作走向了制度化、正规化，每年向区委提供信息 50 多条，向基层单位提供信息 200 多条，向市委提供信息 60 多条。至 2005 年年末，向基层单位提供信息 2500 多条，向区委提供信息 700 多条，向市提供信息 900 多条。

第十五篇

带岭区人民代表大会

第一章　组织机构

第一节　人大领导机构

1986—2005 年带岭区人大常委会主任副主任名录

表 15-1

职　务	姓　名	任职时间
主　任	侯金山	1986 年 1 月—1990 年 11 月
	孟昭贵	1990 年 11 月—1993 年 10 月
	申景铎	1993 年 10 月—1997 年 10 月
	谷宝良	1997 年 10 月—2002 年 10 月
	黄瑞喜	2002 年 10 月—2005 年 12 月
副主任	宋玉福	1987 年 9 月—1989 年 8 月
	姜兴东	1987 年 9 月—1990 年 11 月
	滑东沂	1987 年 9 月—1993 年 10 月
	舒凤梅	1987 年 9 月—1993 年 10 月
	申景铎	1990 年 11 月—1993 年 10 月
	李子才	1990 年 11 月—1997 年 10 月
	朱丕芳	1993 年 10 月—1997 年 10 月
	刘中和	1993 年 10 月—1997 年 10 月
	许振才	1993 年 10 月—2002 年 10 月
	谷宝良	1996 年 3 月—1997 年 10 月
	刘灿金	1997 年 10 月—2002 年 10 月
	孙廷芳	1997 年 10 月—2001 年 3 月
	魏连启	1997 年 10 月—2002 年 10 月
	田雨莹	2001 年 3 月—2005 年 12 月
	张喜珍	2002 年 10 月—2005 年 12 月
	迟颖春	2002 年 10 月—2005 年 12 月
	牟孝忠	2002 年 10 月—2005 年 12 月

第二节 人大工作机构

1986年年初，区人大常委会下设4个办事机构，即办公室、综合办公室、人事办公室、法制办公室。同年6月，将综合办公室分成经济办公室和科教文卫办公室。有工作人员20名。

1989年10月21日，带岭区第九届人大常委会第十二次会议审议通过的《关于设立工作委员会方案》，确定设立人事、法制、经济、科教4个工作委员会，主任委员分别由人大常委会副主任兼任。

2000年4月，撤销经济办公室和科教文卫办公室。

2004年3月，恢复科教文卫办公室，设主任1人。

2005年3月，成立区人大信访办公室，设主任1人、信访员1人。

2005年，区人大下设5个办事机构，即办公室、信访办公室、法制办公室、人事代表联络办公室、科教文卫办公室，有工作人员14名。

第二章　人大会议

第一节　历次人民代表大会

一、带岭区第八届人民代表大会第五次会议

1986 年 4 月 21 日至 22 日，带岭区第八届人民代表大会第五次会议在区小俱乐部召开。出席会议代表 91 名，列席会议代表 59 名。会上，代表们听取审议了区政府工作报告、区人大常委会工作报告、区人民法院工作报告、区人民检察院工作报告。

二、带岭区第八届人民代表大会第六次会议

1987 年 3 月 25 日至 27 日，带岭区第八届人民代表大会第六次会议在区小俱乐部召开。出席会议代表 105 名，列席会议代表 40 名。会上，代表们听取审议了区政府工作报告、区人大常委会工作报告；听取审议了区人民法院工作报告、区人民检察院工作报告。会议通过了《关于学习宣传执行全国人大常委会〈关于加强教育，维护安定团结的决定〉的决议》，带岭区政府《关于加强城镇防火工作议案》的决议。

三、带岭区第九届人民代表大会第一次会议

1987 年 9 月 24 日至 26 日，带岭区第九届人民代表大会第一次会议在区机关大会议室召开。出席会议代表 104 名，列席会议代表 15 名。会上，代表们听取审议了区人大换届选举工作情况的报告。会议选举侯金山为区人大常委会主任，宋玉福、姜兴东、滑东沂、舒凤梅为副主任；选举周永言为区政府区长，孟昭贵、厉春生、夏永昌、贾琪功为副区长；选举郝德生为区人民法院院长，王毅为区人民检察院检察长；选举产生了出席伊春市第八届人民代表大会代表 9 名。

四、带岭区第九届人民代表大会第二次会议

1988 年 4 月 14 日至 16 日，带岭区第九届人民代表大会第二次会议在区机关大会议室召开。出席会议代表 112 名，列席会议代表 6 名。会议听取审议了区长周永言所作的政府工作报告；审议通过了区人民法院、区人民检察院的工作报告。

五、带岭区第九届人民代表大会第三次会议

1989 年 7 月 26 日至 28 日，带岭区第九届人民代表大会第三次会议在区机关大会议室召开。出席会议代表 118 名，列席会议代表 8 名。会议听取审议了区长周永言所作的政府工作报告；听取审议了区人大常委会工作报告；听取审议了区人民法院、区人民检察院的工作报告。

六、带岭区第十届人民代表大会第一次会议

1990 年 11 月 7 日至 8 日，带岭区第十届人民代表大会第一次会议在带岭宾馆召开。出席会议代表121名，列席会议代表17名。会议听取审议了区人大常委会主任所作的《人大代表换届选举报告》。会议选举孟昭贵为区十届人大常委会主任，滑东沂、舒凤梅、申景铎、李子才为副主任；选举赵宇国为区政府区长，吴炳佳、夏永昌、贾琪功、魏福、张喜珍、魏连起为副区长；选举郝德生为区人民法院院长。区人民检察院检察长候选人落选。

七、带岭区第十届人民代表大会第二次会议

1992 年 4 月 9 日至 11 日，带岭区第十届人民代表大会第二次会议在区小俱乐部召开。出席会议代表 121 名，列席会议代表 36 名。会议听取审议了《政府工作报告》《人大常委会工作报告》《法院工作报告》《检察院工作报告》。会议选举张学富为区人民检察院检察长。

八、带岭区第十届人民代表大会第三次会议

1992 年 3 月 26 日至 28 日，带岭区第十届人民代表大会第三次会议在区机关大会议室召开。出席会议代表 109 名，列席会议代表 6 名。会议听取审议了《政府工作报告》《人大常委会工作报告》《法院工作报告》《检察院工作报告》。会议补选 2 名区十届人大常委会委员。

九、带岭区第十届人民代表大会第四次会议

1992 年 10 月 8 日，带岭区第十届人民代表大会第四次会议在区机关大会议室召开。出席会议代表 114 名，列席会议代表 11 名。会议选举产生了带岭区出席伊春市第九届人民代表大会代表 12 名；听取审议了区政府部分副区长任期目标情况的报告。

十、带岭区第十届人民代表大会第五次会议

1993 年 3 月 25 日至 26 日，带岭区第十届人民代表大会第五次会议在区机关大会议室召开。出席会议代表 112 名，列席会议代表 9 名。会议听取审议了《政府工作报告》《人大常委会工作报告》《法院工作报告》《检察院工作报告》。

十一、带岭区第十一届人民代表大会第一次会议

1993 年 10 月 7 日至 8 日，带岭区第十一届人民代表大会第一次会议在带岭宾馆召开。出席会议代表 123 名，列席会议代表 26 名。会议听取审议了《人大常委会换届选举工作报告》。会议选举申景铎为区人大常委会主任，李子才、朱丕芳、刘中和、许振才为副主任；选举赵宇国为区政府区长，吴炳佳、贾琪功、魏福、张喜珍、魏连起、马义良为副区长；选举于清河为区人民法院院长，张学富为区人民检察院检察长；选举产生了人大常委会委员 10 名。

十二、带岭区第十一届人民代表大会第二次会议

1994 年 3 月 30 日至 31 日，带岭区第十一届人民代表大会第二次会议在区机关大会议室召开。出席会议代表120名，列席会议代表40名。会议听取审议了《政府工作报告》《人大常委会工作报告》《法院工作报告》《检察院工作报告》。会议补选人大常委会委员 2 名。

十三、带岭区第十一届人民代表大会第三次会议

1995 年 4 月 4 日至 5 日，带岭区第十一届人民代表大会第三次会议在区机关大会议室召开。出席会议代表 124 名，列席会议代表 43 名。会议传达了全国人大会议精神，听取审议了《政府工作报告》《人大常委会工作报告》《法院工作报告》《检察院工作报告》。会议选举吴炳佳为区政府区长。

十四、带岭区第十一届人民代表大会第四次会议

1996 年 3 月 29 日，带岭区第十一届人民代表大会第四次会议在区机关大会议室召开。出席会议代表 124 名，列席会议代表 48 名。会议听取审议了《政府工作报告》《人大常委会工作报告》《法院工作报告》《检察院工作报告》。会议选举谷宝良为区人大常委会副主任。

十五、带岭区第十一届人民代表大会第五次会议

1997 年 3 月 19 日，带岭区第十一届人民代表大会第五次会议在带岭宾馆召开。出席会议代表 122 名，列席会议代表 50 名。会议听取审议了《政府工作报告》《人大常委会工作报告》《法院工作报告》《检察院工作报告》。

十六、带岭区第十二届人民代表大会第一次会议

1997 年 10 月 29 日至 31 日，带岭区第十二届人民代表大会第一次会议在带岭宾馆召开。出席会议代表 127 名，列席会议代表 43 名。会议选举谷宝良为区人大常委会主任，魏连起、许振才、孙廷芳、刘灿金为副主任；选举吴炳佳为区政府区长，贾琪功、张喜珍、白波、徐茂坤、李福毅为副区长；选举张永成为区人民法院院长、雷安为区人民检察院检察长；选举产生了人大常委会委员 12 名，出席伊春市第十届人大代表 12 名。

十七、带岭区第十二届人民代表大会第二次会议

1998 年 3 月 25 日，带岭区第十二届人民代表大会第二次会议在带岭宾馆召开。出席会议代表 119 名，列席会议代表 41 名。会议听取审议了《政府工作报告》《人大常委会工作报告》《法院工作报告》《检察院工作报告》。

十八、带岭区第十二届人民代表大会第三次会议

1999 年 3 月 17 日，带岭区第十二届人民代表大会第三次会议在带岭宾馆召开。出席会议代表 113 名，列席会议代表 39 名。会议听取审议了《政府工作报告》《人大常委会工作报告》《法院工作报告》《检察院工作报告》。会议补选了 2 名人大常委会委员。

十九、带岭区第十二届人民代表大会第四次会议

2000 年 3 月 3 日，带岭区第十二届人民代表大会第四次会议在带岭宾馆召开。出席会议的代表 127 名，列席会议的代表 44 名。会议听取审议了《政府工作报告》《人大常委会工作报告》《法院工作报告》《检察院工作报告》。

二十、带岭区第十二届人民代表大会第五次会议

2000 年 10 月 13 日带岭区第十二届人民代表大会第五次会议在带岭宾馆召开。出席会议代表 104 名，列席会议代表 42 名。会议选举陈耀为区政府区长，温立君为区检察院检察长。

二十一、带岭区第十二届人民代表大会第六次会议

2001年3月10日，带岭区第十二届人民代表大会第六次会议在带岭宾馆召开。出席会议代表114名，列席会议代表36名。会议听取审议了《政府工作报告》《人大常委会工作报告》《法院工作报告》《检察院工作报告》。会议补选田雨莹为区人大常委会副主任。

二十二、带岭区第十二届人民代表大会第七次会议

2002年3月10日，带岭区第十二届人民代表大会第七次会议在带岭宾馆召开。出席会议代表104名，列席会议代表28名。会议听取审议了《政府工作报告》《人大常委会工作报告》《法院工作报告》《检察院工作报告》。

二十三、带岭区第十三届人民代表大会第一次会议

2002年10月31日带岭区第十三届人民代表大会第一次会议在带岭宾馆召开。出席会议代表127名，列席会议代表46名。会议听取审议了《区人大换届选举工作报告》。会议选举黄瑞喜为区人大常委会主任，张喜珍、迟颖春、田雨莹、牟孝忠为副主任；选举陈耀为区政府区长，白波、徐茂坤、张玉宝为副区长；选举张永成为区人民法院院长；温立君为区人民检察院检察长；选举产生了区人大常委会委员14名，出席市人大代表12名。

二十四、带岭区第十三届人民代表大会第二次会议

2003年3月1日，带岭区第十三届人民代表大会第二次会议在带岭宾馆召开。出席会议代表124名，列席会议代表43名。会议听取审议了《政府工作报告》《人大常委会工作报告》《法院工作报告》《检察院工作报告》。

二十五、带岭区第十三届人民代表大会第三次会议

2004年3月17日，带岭区第十三届人民代表大会第三次会议在带岭宾馆召开。出席会议代表107名，列席会议代表47名。会议听取审议了《政府工作报告》《人大常委会工作报告》《法院工作报告》《检察院工作报告》。会议补选了2名人大常委会委员。

二十六、带岭区第十三届人民代表大会第四次会议

2005年2月3日带岭区第十三届人民代表大会第四次会议在带岭宾馆召开。出席会议代表119名，列席会议代表49名。会议听取审议了《政府工作报告》《人大常委会工作报告》《法院工作报告》《检察院工作报告》；审议通过了《带岭区2004年国民经济和社会发展计划执行情况报告及2005年国民经济和社会发展计划草案的报告》《带岭区2004年财政决算情况和2005年财政预算草案的报告》。

第二节　出席全国、省、市人大代表

一、全国人大代表

方春子（女），1993年当选全国第八届人大代表，1998年再次当选全国第九届人大代表。

二、黑龙江省人大代表

赵玉瑛（女），1983 年当选省第六届人大代表，1988 年再次当选省第七届人大代表。

伊少石，1993 年当选省第八届人大代表。

徐茂坤，1998 年当选省第九届人大代表。

三、伊春市人大代表

1987 年，出席市第八届人大代表共计 7 名侯金山、周永言、杨化禄、谢天任、王凤汉、崔化敏、黄淑珍（女）。

1993 年，出席市第九届人大代表共计 11 名，分别是孟昭贵、赵宇国、崔化敏、陶维琴（女）、郭炳武、黄淑珍（女）、杨化禄、赵传会、杨景兰（女）、申景铎、刘长学。

1997 年，出席市第十届人大代表共计 9 名，分别是谷宝良、吴炳佳、刘喜魁、张德、陶维琴（女）、付春凯、王泉、郝永芝（女）、高兴云（女）。

2002 年，出席市第十一届人大代表共计 8 名，分别是黄瑞喜、陈耀、刘喜魁、李秀丽（女）、李景彬、肖玉华（女）、郝永芝（女）、方春子（女）。2004 年，增补付俊卿为市人大代表。

第三章 主要活动

第一节 代表选举

1987年5月至7月31日，带岭区进行第九届人民代表大会代表选举工作，经过精心准备、宣传教育、选民登记、报名推荐、确定候选人和投票选举等阶段，依法选出带岭区第九届人民代表大会代表109名。其中工人代表11名，占代表总数的10.1%；农民代表7名，占代代表总数的6.4%；知识分子代表37名，占代表总数的33.9%；干部代表44名，占代表总数的40.4%；街道干部和知青代表10名，占代表总数的9.2%；党员代表82名，占代表总数的75.2%；民主党派和无党派代表27名，占代表总数的24.8%；妇女代表19名，占代表总数的17.4%。

1990年7月至11月，带岭区进行第十届人民代表大会代表选举工作，在选举工作中，坚持“党委领导，人大主办，各方配合”的原则，做到思想上重视，组织上保证，工作上统筹安排，依法选举出了带岭区第十届人民代表大会代表119名。其中男性代表97名，占代表总数的81.5%；女性代表22名，占代表总数的18.5%；工人代表22名，占代表总数的18.5%；农民代表8名，占代表总数的6.7%；干部代表43名，占代表总数的36.1%；知识分子代表31名，占代表总数的26.1%；军人代表2名，占代表总数的1.7%；台属代表1名，占代表总数的0.8%。在119名代表中，中共党员91名，占代表总数的76.5%；共青团员2名，占代表总数的1.7%；民主党派2名，占代表总数的1.7%；无党党派人士24名，占代表总数的20.2%；少数民族代表6名，占代表总数的5%。

1993年8月10日至9月25日，带岭区进行第十一届人民代表大会代表选举工作，经过各选区的精心组织和细致工作，依法选出了带岭区第十一届人民代表大会代表123名。其中工农代表24名，占代表总数的19.5%；干部代表51名，占代表总数的41.5%；知识分子代表26名，占代表总数的21.1%；军人代表2名，占代表总数的1.6%；宗教界代表1名，占代表总数的0.8%；少数民族代表6名，占代表总数的4.9%；其他阶层代表13名，占代表总数的10.6%。代表中，中共党员91名，占代表总数的74%；民主党派1名，占代表总数的0.8%；妇女代表26名，占代表总数的21.1%；上届代表连选连任66名，占代表总数的53.7%。代表中除党员比例有所突破外，其他构成基本合理。

1997年7月至9月，带岭区进行了第十二届人民代表大会代表选举工作。在选举工作中，坚持依靠党的领导，充分发扬民主，严格依法办事，选举产生了带岭区第十二届人民代表大会代表127名。其中工农代表38名，干部代表50名，知识分子代表37名，军人代表2名。代表中，中共党员93名，非党群众34名，妇女代表28名，少数民主代表6名，宗教界代表1名。基本符合上级人大关于代表比例的要求。

2002年7月至9月，带岭区进行第十三届人民代表大会代表选举工作。在选举工作中，认真贯彻“三个代表”重要思想，严格按《中华人民共和国选举法》办事，选举产生了带岭区第十三届人民代表大会代表 126 名。其中工人代表 28 名，占代表总数的 22.2%；农民代表 5 名，占代表总数的 4%；干部代表80名，占代表总数的63.5%；知识分子代表11名，占代表总数的8.7%；军人代表2名，占代表总数的 1.6%。代表中，中共党员 105 名，占代表总数的 83.3%；非党群众代表 22 名，占代表总数的 17.5%；妇女代表 27 名，占代表总数的 21.4%；少数民族代表 5 名，占代表总数的 4%；宗教界代表 1 名，占代表总数的 0.8%。基本符合上级人大关于代表构成比例的要求。

第二节　代表提案

1987—2005 年，带岭区第九届人民代表大会至带岭区第十三届人民代表大会期间，共收到代表提案 423 件，被区政府采纳 186 件。2004 年，代表提出重建高级中学的提案，带岭区人大常委会非常重视，并组织部分代表深入学校、街道进行调查，召开座谈会广泛听取群众意见。在此基础上，向区政府提出高中的发展、高中的校址等 4 点建议，引起了区委、区政府的高度重视，决定新建高级中学，代表的提案得到了落实。2005 年 2 月，在区十三届人大四次会议上，代表提出“关于成立种养协会”“解决农村饮用水问题”“康安社区修路问题”3 个提案，被评为优秀提案，对 3 名提案人给予了表彰和奖励。

第三节　代表视察

1985—2005 年，带岭区第九届人民代表大会至带岭区第十三届人民代表大会期间，人大代表积极围绕全区政治、经济、社会事业等方面进行视察、检查、调查，有力地促进全区经济和社会事业健康发展。

1986—2005 年带岭区人大视察、检查、调查工作情况一览表

表 15-2

时　间	参加人数	内　容
1985 年 12 月 30 日—1988 年 1 月 9 日	4	安全防火工作
1985 年 12 月 26 日—1986 年 1 月 9 日	8	市场物价情况
1986 年 3 月 5 日—1986 年 3 月 7 日	11	搜集意见
1986 年 4 月	14	搜集意见
1986 年 6 月 24 日	15	蔬菜生产计划安排情况
1986 年 12 月	16	市场物价情况
1987 年 7 月	5	防汛工作情况
1987 年 11 月	15	市场物价情况
1988 年 3 月 14 日—1988 年 3 月 20 日	28	搜集意见
1988 年 7 月 8 日—1988 年 7 月 11 日	12	《中华人民共和国食品卫生法》执行情况
1988 年 10 月 17 日—1988 年 10 月 31 日	8	公检法执法情况
1989 年 1 月 15 日—1989 年 1 月 20 日	15	搜集意见
1989 年 3 月 9 日—1989 年 3 月 10 日	19	春汛情况
1989 年 7 月 17 日	15	食品卫生
1989 年 9 月 21 日—1989 年 9 月 30 日	35	经济工作、清理整顿公司、廉政建设、“383”工程

续表 15-2

时　间	参加人数	内　容
1989 年 10 月	6	执法部门工作情况
1989 年 12 月 5 日—1989 年 12 月 8 日	19	“383”工程控制价格目标情况
1990 年 1 月 17 日—1990 年 1 月 18 日	10	市场物价
1990 年 3 月 3 日—1990 年 3 月 5 日	37	搜集意见
1990 年 12 月 5 日—1990 年 12 月 15 日	28	纠正行业不正之风，清理整顿“三乱”冬春人民生活安排
1991 年 3 月 18 日—1991 年 3 月 20 日	14	宪法、法律、法规执行情况、“治危兴林”方案落实情况、国民经济济和社会发展计划完成情况
1991 年 4 月 16 日	6	中小学“德育纲要”等 3 个文件贯彻执行情况
1991 年 5 月 9 日—1991 年 5 月 10 日	4	春防工作
1991 年 6 月 7 日—1991 年 6 月 13 日	18	《中华人民共和国义务教育法》实施情况，纠正行业不正之风情况
1991 年 8 月 12 日	6	《中华人民共和国城市规划法》贯彻执行情况
1991 年 11 月 21 日	8	发展中药材生产情况
1993 年 2 月 10 日—1993 年 2 月 15 日	16	国民经济发展计划和财政预算执行情况；“二五”普法教育情况；社会治安综合治理情况
1993 年 3 月 31 日—1993 年 4 月 2 日	5	《中华人民共和国药品管理法》执行情况
1994 年 1 月 17 日—1994 年 1 月 21 日	10	国民经济和社会发展计划和财政预算执行情况；打击犯罪和社会治安情况及开展反腐败斗争情况
1994 年 10 月 15 日	6	《中华人民共和国野生动物保护法》依法检查
1995 年 1 月 9 日—1995 年 1 月 14 日	9	国民经济济计划和社会发展计划及财政预算执行情况；开辟经济发展“第二战场”，发展非国有企业，民营科技企业，兴办乡镇企业和个体私营经济情况，群众反映的热点问题
1998 年 1 月 8 日—1998 年 1 月 9 日	14	国民经济和社会发展计划、财政预算执行情况；打击犯罪和社会治安情况
1998 年 4 月 15 日	5	《中华人民共和国妇女权益保障法》贯彻执行情况
2001 年 1 月	16	国民经济计划完成情况，学习双丰“两调一转”经济情况；精神文明建设，民主法制建设和维护社会稳定情况
2001 年 12 月 17 日—2001 年 12 月 21 日	8	发展非国有经济情况；森林爱护经营情况“双文明”建设情况
2003 年 3 月 15 日	5	“四五”普法工作情况
2003 年 7 月 10 日	5	人员密集场所安全防火情况
2001 年 12 月 17 日—2001 年 12 月 21 日	8	发展非国有经济情况；森林爱护经营情况；“双文明”建设情况
2002 年 1 月 10 日—2002 年 1 月 16 日	9	多种经营和增收节支情况
2004 年 4 月 10 日	4	东方红林场学校合并情况
2004 年 7 月 11 日	9	“网吧”管理情况
2004 年 9 月 2 日	16	迎宾市场和早市管理情况
2004 年 10 月 20 日—2004 年 10 月 21 日	13	重建高级中学选校址情况
2005 年 6 月 15 日—2005 年 6 月 16 日	7	防汛工作情况
2005 年 6 月 23 日—2005 年 6 月 24 日	9	“四五”普法总结验收情况
2005 年 8 月 24 日—2005 年 8 月 26 日	11	《中华人民共和国农业法》《中华人民共和国水法》《黑龙江省农村扶贫开发条例》贯彻执行情况
2005 年 9 月 28 日—2005 年 9 月 29 日	17	秋防工作安排情况，生态林场建设情况
2005 年 12 月 5 日—2005 年 12 月 8 日	19	木耳等食用菌生产，销售情况；平贝等草药种植和产销售链条续接情况；林场在资源型城市经济转型中的作用和面临困难及时对策

第四节 其他工作

1988年7月19日，带岭区人大常委会召开第四次代表经验交流会。会上，寒月经营所代表小组带岭街道办事处代表小组、大兴乡人大主席团、靠山村代表小组和8名人大代表作了经验介绍，推动了人大工作。

1989年9月20日，带岭区人大为完善人民代表制度，加强人大及常委会建设，充分发挥地方国家权力机关作用，专门召开了《中华人民共和国宪法》和人大建设理论研讨会，主要研讨了如何正确贯彻实施宪法；如何加强对“一府两院”的监督，如何加强社会主义民主与法制建设，如何完善选举制度和干部任免制度等问题。区人大常委会及12名人大代表在会上进行了理论研讨，区委、区政府和“一府两院”领导到会，区机关各部门负责人和基层单位负责人参加了会议。

1986—2005年，区人大法制办公室及人大信访办公室（于2005年3月成立）共受理群众来信来访和上级转交的信访案件287件，接待上访群众328人次。其中涉法案件占70%，涉及群众利益案件30%。区人大直接给予处理的占26%，其余案件转交有关部门进行了处理。

2003—2005年，带岭区人大按照市人大要求，制定了《述职评议办法》并组成评议调查组，对政府组成人员和“一府两院”法职人员进行评议调查，评议调查主要内容是践行“三个代表”重要思想，贯彻党的路线、方针、政策和区委决议执行情况；贯彻执行国家法律、法规和区人大及其常委会决议、决定、公正司法、依法行政情况；履行岗位职责，完成工作任务情况；党风廉政建设和工作作风情况等。召开人大常委会听取被评议人述职发言，宣读调查组评议调查报告，进行民主测评，并将评议调查和测评情况报区委组织部，作为考核干部的依据。3年中，共评议政府部门负责人8名，法职人员16名。

2005年11月19日，带岭区委召开人大工作会议，会议学习贯彻《中共全国人大常委会党组关于进一步发挥全国人大代表作用，加强全国人大常委会制度建设的若干意见》的通知和省委《关于进一步加强和改进人大工作的决定》以及市委人大工作会议精神，总结了带岭区人大工作经验，切实加强和改进党对人大工作的领导，进一步健全和完善人民代表大会制度，加快和谐社会进程，为搞好资源型城市经济转型，实现全面建设林区小康社会的宏伟目标提供可靠保证。会上，宣读了《中共带岭区委关于贯彻落实伊发〔2005〕14号文件的实施意见》。区委书记付俊卿在会上讲了话。

第十六篇

带岭区人民政府（局）

第一章　组织机构

第一节　区政府（局）领导机构

1986 年 1 月—1997 年 5 月，设区（局）长 1 人，副区（局）长 5～6 人和“三总师”（总工程师、总经济师、总会计师）3 人。1997 年 6 月—2001 年 12 月，设区（局）长 1 人，副区（局）长 5 人，副局长 3 人，区（局）长助理 2 人和“三总师”2 人。2002 年 1 月—2005 年 12 月，设区（局）长 1 人，副区（局）长 3 人，副局长 2 人，总会计师 1 人和区（局）长助理 1 人。

1986 年 1 月—1987 年 9 月，周永言为区（局）长，孟昭贵、林则仁、厉春生、夏永昌、贾琪功为副区（局）长。1987 年 6 月，林则仁调离。

1987 年 9 月，带岭区第九届人大一次会议，选举周永言为区长，孟昭贵、厉春生、夏永昌、贾琪功为副区长。

1988 年 3 月，增吴炳佳为副区（局）长。同年 6 月，增魏福为副区（局）长。

1990 年 2 月，赵宇国为代区长。同年 4 月，带岭区九届人大四次会议选举赵宇国为区长。同年 2 月厉春生调离。同年 5 月，增张喜珍（女）为副区（局）长。

1990 年 10 月，带岭区第十届人大一次会议，选举赵宇国为区长，吴炳佳、夏永昌、贾琪功、魏福、张喜珍、魏连起为副区长。

1991 年 2 月，省森林工业总局下派姜君为科技区副区（局）长。

1993 年 10 月，带岭区第十一届人大一次会议，选举赵宇国为区长，吴炳佳、贾琪功、魏福、张喜珍、魏连起、马义良为副区长。

1994 年 2 月，市委下派韩振华为扶贫副区（局）长。同年 3 月，省森林工业总局下派白波为科技区副区（局）长。

1995 年 2 月，赵宇国调离，吴炳佳任代区长。同年 4 月，带岭区十一届人大三次会议选举吴炳佳为区长。

1996 年 5 月，市委下派林青天为乡企副区（局）长。

1997 年 5 月，增设李连君、林森为区（局）长助理。

1997 年 10 月，带岭区第十二届人大一次会议，选举吴炳佳为区长，贾琪功、张喜珍、白波、徐茂坤、李福毅为副区长。

1998 年 2 月，增张庆金为副区（局）长。同年 10 月，增迟颖春为副局长。同年 11 月，增曹修春为副局长。

2000 年 5 月，区（局）长吴炳佳调离，陈耀为代区长。同年 10 月，带岭区第十二届人大五次会议选举陈耀为区长。

2001 年 2 月，增张玉宝为副区（局）长。

2002 年 10 月，带岭区第十三届人大一次会议，选举陈耀为区长，白波、徐茂坤、张玉宝为副区长（张庆金、曹修春为副局长）。

2003 年 10 月，副区（局）长白波调离，沈友为副区（局）长。

1986—2005 年，带岭区（局）领导人名录如下：

区（局）长

周永言（1986.1—1990.2）

赵宇国（1990.2—1995.2）

吴炳佳（1995.2—2000.5）

陈　耀（2000.5—2005.12）

副区（局）长

孟昭贵（1986.1—1990.10）

林则仁（1986.1—1987.6）

夏永昌（1986.1—1993.10）

贾琪功（1986.1—2001.2）

吴炳佳（1988.3—1995.2）

魏　福（1988.6—1997.11）

魏连启（1990.11—1997.11）

张喜珍（1990.5—2002.11）

马义良（1993.10—1997.8）

姜　君（1991.2—1992.12）

白　波（1994.3—2003.10）

韩振华（1994.2—1997.8）

林青天（1996.5—1998.3）

徐茂坤（1997.11—2005.12）

李福毅（1997.11—1998.8）

迟颖春（1998.10—2002.11）

张庆金（1998.2—2005.12）

曹修春（1998.11—2005.12）

张玉宝（2001.2—2005.12）

沈　友（2003.10—2005.12）

“三总师”、区（局）长助理

总工程师　李文杰（1988.4—1995）

总经济师　王瑞芳（1988.4—2000）

总会计师　周永言（1988.4—1990.2）

麻俊胜（1992.11—1995.4）

李玉升（1998—2001）

李芳兰（2001—2005）

区（局）长助理　李连君（1997.5—2005.12）

林　森（1997.5—1998.6）

第二节　区政府（局）工作机构

1986—2005 年，带岭区人民政府（局）进行了三次机构改革。1986 年 1 月—1997 年 5 月，设工作部门 40 个。1997 年 6 月—2001 年 12 月，设工作部门减为 30 个。2002 年 1 月—2005 年 12 月，设工作部门 23 个。

一、1986 年 1 月—1997 年 5 月

1. 政府序列（政企合一）

政府（局）办公室（外事办、法制办、侨务办）、体制改革办公室、计划生育办公室、业余教育办公室、信访办公室、人民防空办公室、地方志办公室、计划委员会办公室（统计局、项目办）、建设委员会（基建科、设计室）、教育委员会（招生办、督导室）、经济委员会、科学技术委员会、体育运动委员会、财政局（财务科）、人事局（编制委员会）、劳动局（劳动工资科、定额站、劳动服务公司）、卫生局（卫生科、爱卫办）、文化局、广播电视局、档案局、物价局、审计局、技术监督局、林政局（森防办）、监察局、民政局、土地局、水利局、安全局、乡镇企业局、民族宗教育局、房地产管理局、规划环保局、司法局（公证处）。以上各委、局于 1990 年按上级文件由科变为各委员会和各局。

2. 林业局序列

生产科（总调度室）、资源科、机电科（能源办）、安技科（安全办）、林产工业科、营林处（营林公司）。

二、1997 年 6 月—2001 年 12 月

1. 政府序列（政企合一）

政府（局）办公室（外事办、法制办、侨务办、人防办、民族宗教局）、计划生育办公室、信访办公室、计划委员会（统计局、项目办）、建设委员会（基建科、设计室）、教育委员会（招生办、督导室）、经济委员会、农业委员会（水利局、多种经营局）、财政局（财政科、财务中心、收费局、拍卖行）、人事劳动局（人事局、编制办、劳资科、安全办、就业局、定额站）、卫生局（卫生科、爱卫办）、文化体育局、广播电视局（2000 年上收）、档案局、物价局、审计局、技术监督局（1999 年上收）、林政局（森防办）、监察局、民政局、房地产管理局、规划环保局、司法局（公证处）、土地局（1998 年上收）。

2. 林业局序列

生产科（林产工业科、调度室）、资源科、机电科（能源办）、营林处（营林公司）、企业管理科（体制改革办公室）、科技科（科学技术委员会）。

三、2002 年 1 月—2005 年 12 月

1. 政府序列（政企合一）

政府（局）办公室（外事办、法制办、侨务办、人防办、民族宗教局）、信访办公室、计划统计委员会（物价局、项目办）、经济贸易委员会（企管科、体改办、外经贸委）、农业委员会（水利局、农机、防汛、畜牧、多种经营局）、财政局（财务中心、拍卖行、收费局）、人事劳动局（劳资科、就业局、定额站）、卫生与计划生育局（爱卫办）、文化体育局（文化馆）、审计局、林政局（森防

办）、监察局、民政局（老龄委、残联）、司法局（公证处）、建设局（规划环保、房地产局、设计室、质检站、建委）、教育局（招生办、督导室、业教办）、社会保险事业管理局、安全生产监督管理局、旅游局。

2. 林业局序列

生产机电科（林产工业、机电能源、调度室）、资源科、营林科（绿化办）、科技科（科委、科协）。

第二章　职能纪略

第一节　会议与政务

一、会议

（一）区政府（局）全体会议

参加人员：区（局）长、副区（局）长及政府（局）组成人员。

如召开扩大会议，根据会议内容确定列席人员。

会议内容：贯彻落实中央、省、市、总局决定和重要精神；讨论确定本区（局）经济社会发展计划及其重要事项；总结安排区政府（局）的全面工作。

每年召开一次至二次会议。

（二）区政府常务（局务）会议

参加人员：区（局）长、副区（局）长、“三总师”、办公室主任。

列席人员：区委、人大、政协、纪委、工会领导，与会议有关科室主要负责人，各大公司经理。

会议内容：讨论区（局）向上级的重要请示，报告和下发的重要文件、决定等；讨论各部门提交会议讨论解决的重要事项，讨论提交区人大常委会审议的报告、议案及区人大转办的建议意见等。

每月召开一次至两次会议，特殊情况可随时召开。

（三）区（局）长办公会议

参加人员：两个或两个以上区（局）长、副区（局）长、有关“三总师”，办公室主任。

列席人员：有关科室主要负责人及有关各大公司经理等。

会议内容：传达省、市有关会议精神，研究有关战线需要解决的重要事项和突发问题，讨论决定各科室提交会议的有关事项。

会议可根据需要，不定期召开。

提交和确定议题的原则：会议议题由政府（局）办公室常务秘书汇总后，经办公室主任同意，送常务副区（局）长或区（局）长审定。提交会议讨论涉及两个部门以上的事宜，必须会前协调沟通，提出协调解决意见。否则，不予安排议程。意见不一致又急需解决的问题，要将不同意见同时汇报，由会议裁定。

会议纪律：会议前要做好会议通知，参加人员提前到达会议指定地点。议题由各部门主要负责人汇报。与会人员提前安排好工作，无特殊情况不得在会议中接电话或接待其他人。

对当前工作有普遍指导意义的《会议纪要》经区（局）长或副区（局）长签发。不需要各部门都知道的《会议纪要》只留存，不印发。需要向有关部门传达的会议内容以纪要为准，不得传播与会议结论精神不同的意见，不得抄印会议记录。

二、政务工作

（一）公文处和印信管理规则

凡是以区政府文件下发或上报的文件，必须是区（局）长或常务副区（局）长签发。凡报区或局的请示、报告，必须以对政府负责的态度，经领导班子或主要领导审定。要严格控制文件制发数量，可发可不发的文件坚决不发。加强印信管理，不准擅自将印鉴介绍信交他人代管，不准泄露印信保险柜密码，不准开空白介绍信。各级印鉴或开各种介绍信，必须经同级单位负责人签字同意后方可办理。

加强印刷管理。机关各部门铅印各种材料，必须经区（局）办公室审核同意后，到区（局）办公室印刷室印刷。

（二）大型会议和专业会议管理

各单位主要领导参加的会议，由区（局）长办公会议或区政府常务会议审批。战线临时会议，由区（局）主管领导或常务副区（局）长审批。可开可不开的会议坚决不开，紧急会议、现场会议、电话会议均按正式会议管理。会议经费按规定使用。各种会议均提前三天通知区（局）办公室，以便落实布置会场。

（三）公务活动和请假制度

各单位邀请区（局）领导参加的内、外事重要活动，应提前向政府（局）办公室申报。各单位召开的一般性会议，原则上不得邀请区（局）领导参加。区（局）领导如因事离开办公室应告知区（局）办公室。如因私事应向领导请假。

第二节　外事工作

1986—1989年，区（局）外事工作由常务副区（局）长负责，具体业务由宾馆负责。1990年4月成立区外事办公室，与区（局）办公室合署办公，主任由政府办主任兼任，副主任由宾馆经理兼任，具体业务由区（局）办公室协调宾馆办理。

较大型的外事活动一般由省或森工总局外事办通知，按接待计划执行。主要是外国林业方面的专家考察团等。一般的外事活动如旅游观光、观鸟等外宾团队，主要由省外事办和国际旅行社下达活动日程计划，按日程安排进行。港、澳、台胞观光旅游团队主要由省中旅、青旅等旅行社组织，事先有计划或电话通知，均按日程计划进行。

除有特殊通知并经上级外事部门审查批准之外，外宾来访等外事活动，本级党委、政府领导一般不举行欢迎欢送酒宴，也不谈及政治问题。

第三节　民族宗教工作

1990年，区设立民族宗教局，为独立机构，主要管辖全区的民族和宗教事务。1997年6月机构改革，民族宗教局合并到政府办公室管理，职责未变。带岭区境内共有7个少数民族。以满族、回族、朝鲜族居多，还有赫哲族、锡伯族、黎族、蒙古族等，人口总数1100人，占汉族人口总数的2.8%。1986年以来，为照顾少数民族子女就业，在清真寺办起一处小型木器加工厂，安排了十余名回族青年就业。带岭区内的民族特色经济主要以回族、朝鲜族风味餐饮业为主，主要经营餐馆、烧烤等。每逢回民的传统节日“开斋节”“古尔邦节”，区（局）党政领导都前往清真寺祝贺，并与回民同胞一起欢度节日。

在民族政策方面，区（局）每年都依据上级有关政策在子女上学、就业、经商办企业方面给予适当照顾，促进民族和谐。

第四节　信访工作

1986—1989 年，带岭区（局）信访办公室本着“定性准确、结合恰当、处理合理、不留后患”和“分级负责、归口办理”的原则，推行目标管理责任制，使信访工作逐步走向规范化和制度化。

1990 年，全区有专兼职信访人员 71 名，其中专职信访干部 10 名。兼职信访员 61 名，基本保证了信访工作的需要。当年，处理来信 29 件，接待来访 29 人，立案 3 件，结案率为 100%。

1996 年，带岭区委领导班子建立了来信来访接待日制度。规定区委领导班子成员，对林业部和省市交办、批示的主要人民来信每人每月要具体批阅，并轮流到信访办接待处理重要信访案件和疑难信访问题，具体时间和信件由区委办公室和信访办公室统一安排和选送。接待人民来访和阅批人民来信应责成有关部门认真落实处理意见，并指定专人催办，及时复函和结案。群众来访高潮时期、中央和省市有重大活动期间、社会稳定敏感时期，区机关实行信访值班制度，区委领导班子成员轮流带班，负责处理重大信访问题。领导接待日处理的信访问题，需要再次接待或期限内未能结案，可继续处理直至结案。领导接待日制度执行情况，区（局）信访办公室认真记录，并于年末形成书面报告，经主管领导审定后，向市委、区委报告。

1998 年，带岭区委先后下发了《带岭区（局）党政领导值班接待人民群众来访制度》《带岭区（局）各级党政领导信访工作责任制》《群众集体到区（局）机关上访处理办法》。使信访工作达到正规化、法制化。

1999 年，带岭区（局）信访办公室坚持全面贯彻落实全国和省市信访工作会议精神，以《信访案例》等法规为依据，强化信访工作的目标和措施，努力减少集体上访、越级上访和老户经访，维护信访秩序，依法就地及时解决群众的来信来访。

2000 年以来，带岭区（局）信访办公室加大了信访工作的力度，把信访工作纳入了“一把手”工程。出台《带岭区（局）关于交办信访案件的办理规定》，明确了有权处理机关的责任，信访案件的交办程序，办理信访案件的原则、方法等。在内业管理工作方面，规范了“信访案件答复意见书”的书写格式，建立了“带岭区（局）群众上访苗头情况排查表”“来访事项受理通知单”“来访事项不予受理告知单”“来访事项转道办理单”等 8 项表单。并将 2000 年以来上访人员及上访事项进行了全面汇总，编印出了《信访人上访问题简介》。2000—2005 年，全区共发生群众来信来访 6456 人（件）次，其中来信 48 件、集体上访 245 批 4637 人次，个体上访 1393 人次。结案率为 85%，稳定率在 95% 以上。

第十七篇

政协带岭区委员会

第一章　组织机构

第一节　政协带岭区领导机构

1986—2005年，政协带岭区委员会由主席、副主席、委员组成。

1986—2005年政协带岭区委员会主席、副主席一览表

表17-1

届　别	职　务	姓　名	任职时间
第一届	主　席	苏守学	1986年1月—1988年3月
	副主席	李文杰	1986年1月—1988年4月
	副主席	周　文	1986年1月—1990年11月
	副主席	刘德勤	1986年1月—1990年11月
第二届	主　席	宋玉福	1989年8月—1990年11月
	副主席	李荫林	1989年8月—1990年11月
	副主席	周　文	1986年1月—1990年11月
	副主席	刘德勤	1986年1月—1990年11月
第三届	主　席	李景芳	1990年11月—1993年4月
	副主席	孙廷芳	1990年11月—1997年10月
	副主席	李廷军	1990年11月—2002年3月
	副主席	刘连海	1991年9月—1993年6月
第四届	主　席	王乃富	1993年4月—1997年10月
	副主席	孙廷芳	1990年11月—1997年10月
	副主席	李廷军	1990年11月—2002年3月
	副主席	姜彦亮	1993年6月—2002年10月
	副主席	李春野	1993年10月—1997年10月
	副主席	舒凤梅	1994年3月—1997年10月

续表 17-1

届 别	职 务	姓 名	任职时间
第五届	主 席	李春野	1997 年 10 月—2005 年 12 月
	副主席	李廷军	1990 年 11 月—2002 年 3 月
	副主席	姜彦亮	1993 年 6 月—2002 年 10 月
	副主席	孟宪福	1997 年 10 月—2003 年 6 月
	副主席	王淑杰	2002 年 3 月—2005 年 1 月
	副主席	李成祥	2002 年 1 月—2002 年 10 月
第六届	主 席	李春野	1997 年 10 月—2005 年 12 月
	副主席	孟宪福	1997 年 10 月—2003 年 6 月
	副主席	王淑杰	2002 年 3 月—2005 年 1 月
	副主席	丁香喜	2002 年 10 月—2003 年 9 月
	副主席	徐可亮	2002 年 10 月—2005 年 12 月
	副主席	白晓光	2004 年 10 月—2005 年 12 月
	副主席	常淑华	2005 年 2 月—2005 年 12 月

第二节　政协带岭区工作机构

1986 年，政协带岭区委设置了工作组科，学习文史科和办公室，有工作人员 9 名。

1989 年 10 月 11 日，政协带岭区第二届委员会第四次常委会决定，政协带岭区委员会的工作机构撤科设室。即撤工作组科和学习文史科，设学习文史办公室、文教卫生法制办公室、经济科技办公室和民族宗教侨务外事祖国统一办公室。

1990 年 12 月 19 日，政协带岭区第三届委员会第一次委员会决定，将原学习委员会、工作委员会、文史资料征集委员会和提案委员会调整为学习文史委员会、文教卫生法制委员会、经济科技委员会、民族宗教侨务外事祖国统一委员会和提案工作委员会。同时，撤销经济、文教、卫生、林农、侨务、妇女、环保、工商、法制 9 个工作组。

1997 年，政协带岭区委员会由 5 个办公室合并为 3 个，即办公室、学史卫生法制办、经科办。

2002 年，政协带岭区委员会由 3 个办公室变成 4 个，即办公室、学史文卫法制办、经科办和提案办公室。

第二章　政协会议

第一节　历次政协全体会议

一、政协带岭区第一届委员会第五次会议

1986年4月20日至21日，政协带岭区第一届委员会第五次会议在区机关大会议室召开，出席会议的委员66名。第六次会议于1987年3月24日至26日在区机关大会议召开，出席会议的委员90名。会议增补刘才、李泽、李廷军为政协带岭区第一届委员会委员。

二、政协带岭区第二届委员会会议

1987年10月19日至20日政协带岭区第二届委员会第一次会议在区机关大会议室召开，出席会议的政协委员90名。会议选举产生了新的一届委员和由3人组成的常务委员会。第二次会议于1989年8月22日至23日在区机关大会议室召开，出席会议的政协委员89名，会议增补卢万增、段方春、陶永祥、杨惠杰为政协带岭区第二届常委会委员。第三次会议于1990年4月5日至7日在区机关大会议室召开，出席会议的政协委员71人。

三、政协带岭区第三届委员会会议

1990年11月12日至13日，政协带岭区第三届委员会第一次会议在区机关大会议室召开，出席会议的政协委员76名，会议选举产生了政协带岭区委员会和由19人组成的常务委员会。第二次会议于1991年4月9日至11日在区机关大会议室召开，出席会议的政协委员81名，列席会议人员25名。会议由区政协主席李景芳主持，区委书记林则仁出席会议并讲话。会议传达了省、市政协会议精神；听取审议了区政协三届一次会议以来的常委会工作报告及二届三次会议以来提案处理情况报告；协商讨论了区政协工作报告；听取了政协委员“治危兴林”献计献策发言；讨论通过了区政协三届二次会议决议和工作报告决议。第三次会议于1991年9月30日在区机关大会议室召开，出席会议的政协委员67名。会议由区政协主席李景芳主持，区委书记林则仁出席会议并讲话。会议传达了区政治、经济工作会议精神和市政协五届二十次会议精神；听取审议了区政协三届二次会议以来委员会工作报告；增选刘连海为区政协三届委员会副主席。第四次会议于1992年3月25日在区机关大会议室召开，出席会议的政协委员78名，列席人员44名。会议由区政协主席李景芳主持，区委书记林则仁出席会议并讲话。会议传达了省、市政协会议精神和区委八届五次会议精神；听取审议了区政协三届二次会议以来的常委会工作报告及政协三届二次会议以来的提案处理情况和政协三届四次会议提案审查情况的报告；协商讨论了区政府工作报告；会议增补政协委员9名。第五次会议于1993年4月23日在区机关大会议室召开，出席会议的政协委员85名。会议由区政协副主席刘连海主持，区委书记林则仁

到会并讲话。会议传达了市政协会议精神；听取审议了区政协三届四次会议以来的常委会工作报告及三届四次会议以来提案处理情况和三届五次会议提案审查情况报告；讨论通过了区政协三届五次会议政治决议和工作报告决议；补选王乃富为区政协主席。

四、政协带岭区第四届委员会会议

1993年10月5日，政协带岭区第四届委员会第一次会议在带岭宾馆大会议室召开，出席会议的政协委员82名。会议由区政协主席王乃富主持，区委书记林则仁参加会议并讲话，区人大常委会主任孟昭贵、区长赵宇国、区委副书记伊少石、副区长吴炳佳等出席会议。会议听取审议了区政协三届常委会工作报告和三届一次会议以来的提案处理情况报告；通过了大会决议；会议选举产生了政协带岭区第四届委员会主席、副主席和17名常务委员。四届委员会由92名委员、12个界别组成。第二次会议于1994年3月29日在区机关大会议室召开，出席会议的政协委员85名，列席会议人员11名。区委书记林则仁出席会议并讲话。会议听取审议了区政协四届一次会议以来常委会工作报告；听取了区政协四届二次会议提案处理情况报告；协商讨论了“一府两院”工作报告；通过了大会决议；会议补选舒凤梅为区政协四届委员会副主席，增补了7名政协委员。第三次会议于1995年3月31日在区机关大会议室召开，出席会议的政协委员83名，会议由区政协主席王乃富主持。区委书记林则仁出席会议并讲话。会议传达了全国、省、市政协会议精神；听取审议了四届二次会议以来常委会工作报告及四届二次以来提案处理情况报告；协商讨论了区政府工作报告；通过了大会决议；会议补选2名常务委员，增补9名政协委员。第四次会议于1996年3月28日在区机关大会议室召开，出席会议的政协委员80名，会议由区政协主席王乃富主持，区委书记刘喜魁出席会议并讲话。会议传达了全国、省、市政协会议精神；听取审议了政协四届三次会议以来常委会工作报告、提案办理情况报告、政协四届五次会议提案审查情况报告；协商讨论了“一府两院”工作报告。第五次会议于1997年3月31日在区机关大会议室召开，出席会议的政协委员75名，会议由区政协主席王乃富主持，区委书记刘喜魁出席会议并讲话。会议传达了全国、省、市政协会议精神；听取区长吴炳佳所作的区政府工作报告的说明；听取审议了区政协四届四次会议以来常委会工作报告、提案办理情况报告和区政协四届五次会议提案审议情况报告；协商讨论了“一府两院”工作报告。

五、政协带岭区第五届委员会会议

1997年10月28日，政协带岭区第五届委员会第一次会议在带岭宾馆大会议室召开，出席会议的政协委员77名，列席人员22名。区委书记刘喜魁出席会议并讲话。会议选举产生了政协带岭区第五届委员会，本届常委会由10人组成。协商讨论了“一府两院”人事安排事宜。第二次会议于1998年3月24日在区机关大会议室召开，出席会议的政协委员77名，会议由区政协主席李春野主持，会议听取审议了区政协五届一次会议以来常委会工作报告及四届五次会议以来提案处理情况报告和五届二次会议提案审查情况报告；协商讨论了“一府两院”的工作报告。区委书记刘喜魁出席会议并讲话。第三次会议于1999年3月10日在带岭宾馆大会议室召开，出席会议的政协委员87名。会议由区政协主席李春野主持。会议听取审议了区政协第五届二次会议以来常委会工作情况报告和区政协五届三次会议提案审议情况报告；协商讨论了“一府两院”工作报告；补选3名常务委员。区委书记刘喜魁出席会议并讲话。第四次会议于2000年3月2日在带岭宾馆大会议室召开，出席会议的政协委员97名，列席会议人员89名。会议由区政协主席李春野主持。会议听取审议了区政协五届三次会议以来常委会工作报告及提案工作情况报告，区政协五届四次会议提案审查情况报告；协商讨论了“一府两院”工作报告，会议补选3名常务委员。第五次会议于2001年3月9日在带岭宾馆召开，出席会议的政协委员103名，列席会议人员48名。会议由区政协主席李春野主持。会议听取审议了区政协五届五次会议以来常委会工作报告、提案工作情况报告和五届六次会议提案审查情况报告；协商讨论了“一府两院”工作报告；会议补选2名区政协副主席，增补6名区政协常务委员。区委书记刘喜魁出席会议并讲话。第六次会议于2002年3月9日在带岭宾馆大会议室召开，出席会议的政协委员97名，列席会议人员89名。会议由区政协主席李春野主持。会议听取审议了区政协五届三次会议以来常委会工作报告、提案工作报告及区政协五届四次会议提案审查情况报告；协商讨论了“一府两院”工作报告。区委书记刘喜魁出席会议并讲话。

六、政协带岭区第六届委员会会议

2002年10月30日，政协带岭区第六届委员会第一次会议在带岭宾馆大会议室召开，出席会议的政协委员105名，列席会议人员22名，会议由区政协主席李春野主持。市政协副主席刘文忠、区委书记刘喜魁出席会议并讲话。会议选举产生了政协带岭区第六届委员会主席、副主席及15名常务委员。协商讨论了“一府两院”人事安排事宜，通过了大会决议。第二次会议于2003年2月27日在带岭宾馆大会议室召开。出席会议的政协委员103名，列席会议人员21名。会议由区政协主席李春野主持，区委书记刘喜魁出席会议并讲话。会议听取审议了副区长白波所作的《关于政府工作报告的说明》；听取审议了区政协六届一次会议以来常务委员会工作报告、提案工作情况的报告；听取审议了区政协六届三次会议提案审查情况的报告；协商讨论了“一府两院”工作报告；表彰奖励了政协委员活动积极分子、优秀组织者；优秀提案、提案先进承办单位；通过了大会决议。第三次会议于2004年3月16日在带岭宾馆大会议室召开，出席会议的政协委员96名，列席会议人员23名。会议由区政协主席李春野主持。区委书记付俊卿出席会议并讲话。会议听取审议了区政协六届二次会议以来常务委员会工作报告、提案工作情况的报告和区政协六届三次会议提案审查情况报告；协商讨论了“一府两院”工作报告；表彰奖励了政协活动积极分子、优秀组织者；优秀提案承办先进单位。第四次会议于2005年2月2日在带岭宾馆大会议室召开，出席会议的政协委员98名，列席人员19名。会议由区政协主席李春野主持，区委书记付俊卿出席会议并讲话。会议听取审议了区政协六届三次以来常委会工作报告；听取讨论了副区长沈友所作的《政府工作报告说明》；协商讨论了“一府两院”工作报告；选举产生了1名区政协带岭区第六届委员会副主席；表彰了2004年度“五个一”活动先进个人、优秀组织者、突出贡献提案承办单位；听取审议了提案审查委员会关于提案审查情况的报告；通过了大会决议。第五次会议于2005年3月31日在带岭宾馆大会议室召开，出席会议的政协代表84人，列席会议人员20名。会议由区政协主席李春野主持。会议传达了中共中央《关于进一步加强中国共产党领导的多党合作和政治协商制度建设的意见》；选举产生了1名政协带岭区第六届委员会副主席和1名常务委员。区委书记付俊卿出席会议并讲话。

第二节　出席市政协委员

1993—2005年，先后有9人当选市政协委员。分别为王乃富、李春野、崔书媛、黄瑞喜、孙廷芳、徐可亮、王淑杰、肖兴旺、王钦臣。

第三章　主要活动

第一节　提案工作

1989 年至 1991 年 4 月，区政协二届三次会议以来，共收到委员提案 29 件，经提案委员会立案 27 件。其中，有关经济建设企业管理方面 7 件，城镇建设管理方面 6 件，医疗卫生方面 2 件，政治建设、整治社会治安 3 件，人民生活方面 6 件，其他方面 3 件。

1991 年 4 月—1993 年 10 月，区政协三届一次会议至五次会议期间，共收到委员提案 117 件，经提案委员会审查立案 105 件。其中，有关经济建设、企业管理方面 45 件，有关城镇建设及市场管理方面 21 件，有关政治建设及整治社会治安 5 件，有关人民生活方面 22 件，有关文教卫生方面 5 件，其他方面 7 件。

1993 年 10 月—1997 年 3 月，区政协四届一次会议至五次会议期间，共收到委员提案 162 件，经提案委员会审查立案 157 件。其中，有关经济建设及企业管理方面 66 件，科技文教卫生方面 35 件，城镇建设管理方面 22 件，政治建设、整治社会治安 8 件，人民生活方面 16 件，其他方面 10 件。

1997 年 3 月—2002 年 3 月，区政协五届一次会议至六次会议共收到委员提案 254 件，经提案委员会审查立案 248 件。其中，有关经济建设方面 68 件，科技文教卫生方面 46 件，城镇建设管理方面 42 件，有关林政及综合治理方面 23 件，人民生活方面 47 件，其他方面 22 件。

2002 年 3 月—2005 年 4 月，区政协六届一次会议至五次会议期间，共收到委员提案 251 件（包括六届四次全会大会发言 8 件），经提案委员会审查立案 233 件。其中，涉及经济建设方面 38 件，科技、文化、医疗方面 30 件，城镇建设方面 56 件，特色经济方面 21 件，群众生活方面 34 件，其他方面 54 件。

第二节　委员视察

1991 年，区政协领导带领 4 名政协委员，深入东方红林场视察了多种经营发展情况和伐区作业质量。同年 11 月区政协领导带领部分文教战线委员，深入第二小学、第二中学，对贯彻中共中央关于改革和加强中小学德育工作的情况进行了视察。

1992 年，区政协领导带领经济科技界 5 名常委，到大青川、明月林场视察了实施企业“六包三挂钩”承包责任制情况，并向市政协作了书面汇报。同年 8 月，区政协领导带领 9 名政协委员，深入朝阳林场对周景轼承包的落叶松无性造林试验进行了视察。

1993 年 5 月，区政协领导带领春防视察组一行 3 人，对东北林业大学凉水自然保护区春防工作进行了视察。同年，区政协领导带领政协委员4人，利用4天时间，深入红光、寒月、南列、碧水等6个林场，对春季造林情况进行视察。

1994年2月，区政协领导带领专题视察组一行4人，对林业局木材检验科工作进行了视察。同年，区政协领导带领专题视察组，对永翠林场发展木耳生产专业户生产情况进行视察。

1998年4月，区政协组成专题视察组，对区森防办、中心苗圃、秀水林场、大青川林场等8个单位的森防工作进行视察。同年12月，对热电公司和政协委员提案情况及企业内部经济机制改革情况进行了专题视察。

1999年5月，区政协领导带领区政协经科办公室负责人和部分委员，在局林业主管营林工作的副局长迟颖春和营林公司负责人的陪同下，先后对东方红、大青川、红光、明月等林场和大兴乡、良种村、靠山村等地的“三春”（春防、春造、春耕）情况进行视察。

2000年5月，区政协领导带领区政协机关人员及部分科技界委员对双兴村科学养蝎场进行视察。

2001年4月，区政协组成视察组，对秀水林场、永翠林场、明月林场、大青川林场、东方红林场、中心苗圃的春季防火工作进行视察。

2002年5月，区政协组织部分政协常委、委员，对寒月、红光、永翠、明月、东方红等林场进行森防视察。同年7月，对带岭国税局、带岭工商局等八家窗口单位的道德建设情况进行了专题视察。

2003年1月，区政协组织技术监督局、公安局、工商局、盐务管理站等负责人，对全区具有代表性的几家碘盐销售点进行了视察。同年8月，政协组成专题视察组对《关于改善迎宾路交通环境》《关于加强迎宾路两侧绿化》《提高取暖循环水质量势在必行》3件提案的落实情况进行了视察。

2004年5月，区政协组织专题视察组，对木材小区、街道办事处、贮木场、寒月林场、明月林场、红光林场、东方红林场、苗圃等单位进行了森防工作视察。

2005年4月，区政协组织街道办事处、环卫处、城管大队等负责人对全区环境卫生工作进行了专题视察。

第三节 考察调研

1991年12月，区政协主席李景芳、副主席孙廷芳带领6名政协委员，到佳木斯、七台河、汤原等地考察脱林脱木项目、脱毒种薯的经济效益、型煤生产项目及经济效益。

1992年12月，区政协主席李景芳、副主席刘连海、孙廷芳带领7名政协委员深入北列、东方红、大青川、永翠、苗圃等单位，对实施“工程造林”承包办法运作情况进行了全面考察，并向区委提出了考察报告。

1993年10月，区政协副主席孙廷芳带领区专题考察调查组，对全区反腐败斗争工作开展情况进行了专题调查，并形成了调查报告。

1994年3月，区政协经济科技委员会组织部分政协委员及庭院经济代表人士共6人，到呼兰县进行庭院经济考察。向区委提交了《由庭院经济抓起，力促股份合作企业有所发展，不断壮大带岭区域经济》的专题报告。同年8月，区政协经济科技委员会组织8名政协委员成立专题调查组，走访了13个单位，对科技兴区情况进行了专题调查。

1995年4月，区政协经科办组织部分政协委员组成专题调查组，对地方工业发展情况进行了调查。

1996年11月，区政协学史办组织第二委员活动组到环山林场进行实地学习考察。

第十八篇

民主党派·人民团体

第一章　民主党派

第一节　中国民主同盟会

中国民主同盟会带岭区第一届委员会于1994年7月成立。郭维斌任主任委员，郭维斌、尚其恺、王玉滨任支部委员，盟员有曹重瑞、蔡运田、战杰、刘继忠、栾广森、杨光。

1999年，民盟主委郭维斌先后深入南岔木材水解厂、伊春木材加工厂、带岭发电厂、新青机械修配厂、朗乡刨花板厂走访，调研企业经营状况。

盟员刘晓华的《国企改革势在必行》《关于供热分户控制的建议》《关于提高供暖循环质量》等提案被评为优秀提案。

第二节　中国民主建国会

中国民主建国会伊春市带岭区第一次会员代表大会于1989年12月21日召开，会议选举产生了民建带岭区第一届支部委员会，舒凤梅任支部主任，王凌国、崔淑媛（女）任支部副主任，共有9名会员。

中国民主建国会伊春市带岭区第二届会员代表大会于2000年6月召开，会议选举产生了民建带岭区第二届支部委员会，徐可亮任支部主任，王海春任支部副主任。

2004年5月21日，民建带岭支部在苗圃东山304林班的山坡林地，开展了营造“民建林”的植树活动。

2004年6月8日，民建金山屯区支部成员到带岭区联谊，与民建带岭区支部进行互相学习和探讨，交流了民建工作经验，互通了信息，增进了友谊，加强了感情。

第三节　中国民主促进会

中国民主促进会伊春市带岭小组于1991年1月建立，小组共计4名成员。1991年4月，组长张化强转走，由李廷军担任组长。

第一次会员大会于1994年12月召开，全体民进会员参加了大会，大会选举产生了民进伊春市带岭区第一届委员会，李廷军任支部主任，杨惠杰（女）、赵俊海为支部委员。

第二次会员大会于1999年12月30日召开，全体民进会员参加了大会，李廷军作工作报告，大会选举产生了民进伊春市带岭区第二届委员会，李廷军任支部主任，赵俊海、栾学森为支部委员。

1995 年，高级中学学生李珊参加民进市委组织的爱国主义为主题的学生作文竞赛活动并获奖。

1997 年，3 名会员参加了民进伊春市委组织的喜迎香港回归座谈会。

第二章　带岭区（局）工会

第一节　机构设置

1986年，带岭区（局）工会下设五部两办，即组织部、宣传部、生产部、生活部、女工部、办公室、民主管理办公室。全区有基层工会组织58个，其中基层工会44个、直属工会小组14个，有会员7718名。

1987年，带岭局推行“三段式”改革，组建“三大公司”，即采运公司、林产工业公司、营林公司。局工会重点抓了“三大公司”及有关基层工会组织组建和工会干部配备工作。全年新组建工会组织11个，配备工会干部11名。

1997年，带岭区政府机关实行机构改革，区工会也实行了改革，主要实行减员，区工会由原来14人，减少到9人。2000年，带岭局实行企业改制，一部分企业从国有企业退出，工会组织相应撤销。

2001年，带岭区委下发《关于进一步加强新建企业组建工会工作》的通知，通知要求改制企业建会率力争达到95%以上，乡镇企业建会率达到90%以上，私营企业建会率达到50%以上。经过4年时间，到2005年年底，改制企业组建工会组织11个，非国有企业组建工会组织21个，私营企业组建工会组织4个。全区共有工会组织67个，工会小组215个，工会会员5218名。

第二节　职工代表大会

一、带岭局第七届职工代表大会第二次会议

1986年1月21日，带岭局第七届职工代表大会第二次会议在小俱乐部召开。出席会议代表315名，列席代表32名。大会审议通过了局长周永言所作的《行政工作报告》、副局长厉春生所作的《提案解答报告》、副局长林则仁所作的《福利基金使用情况的报告》。同时，审议通过了《经济责任制试行办法》《厂（场）长任期目标责任制试行办法》，并对局长、副局长、“三总师”进行了民主评议。

二、带岭局第七届职工代表大会第三次会议

1987年2月25日至26日，带岭局第七届职工代表大会第三次会议在小俱乐部召开。出席会议代表310名，列席会议代表54名。大会审议通过了局长周永言所作的《行政工作报告》、副局长厉春生所作的《提案解答报告》、副局长林则仁所作的《福利基金使用情况的报告》。同时，审议通过了《企业升级规划》《经济责任制实施办法》。

三、带岭局第七届职工代表大会第四次会议

1988 年 8 月 9 日至 10 日，带岭局第七届职工代表大会第四次会议在小俱乐部召开，出席会议代表 310 名。大会审议通过了局长周永言所作的《行政工作报告》、副局长厉春生所作的《提案解答报告》。同时，审议通过了《深化企业改革方案（三段式经营改革）》《局承包经营责任制实施细则》；讨论通过了《局长负责制实施细则》《职工代表大会实施细则》《企业管理委员会暂行条例》等。

四、带岭局第八届职工代表大会第一次会议

1988 年 2 月 10 日至 11 日，带岭局第八届职工代表大会第一次会议在小俱乐部召开。出席会议代表 302 名，列席会议代表 91 名。大会审议通过了局长周永言所作的《行政工作报告》总经济师王瑞芳所作的《福利基金使用情况的报告》。审议通过了职工代表参加企业管理委员会人员名单及职代会专门委员会组成人员名单。

五、带岭局第八届职工代表大会第二次会议

1989 年 3 月 30 日至 31 日，带岭局第八届职工代表大会第二次会议在小俱乐部召开。出席会议代表 292 名，列席会议代表 92 名。大会审议通过了局长周永言所作的《行政工作报告》、副局长厉春生所作的《提案解答报告》、副局长夏永昌所作的《福利基金使用情况的报告》。同时，讨论通过了《局 1989 年经济建设和发展计划》《1989 年深化企业改革工作方案》。

六、带岭局第九届职工代表大会第一次会议

1990 年 3 月 22 日至 23 日，带岭局第九届职工代表大会第一次会议在小俱乐部召开。出席会议代表 350 名。大会审议通过了局长赵宇国所作的《行政工作报告》、副局长吴炳佳所作的《提案解答报告》、总经济师王瑞芳所作的《1989 年企业留利及福利基金决算和 1990 年预算草案的报告》。同时，审议通过了《1990 年经济建设发展计划》《1990 年治理整顿和深化改革工作要点》《带岭林业实验局企业升级规划》《职工调整工资方案》《带岭林区治危兴林方案》。

七、带岭局第九届职工代表大会第二次会议

1991 年 3 月 26 日至 27 日，带岭局第九届职工代表大会第二次会议在小俱乐部召开。出席会议代表 350 名。大会审议通过了局长赵宇国所作的《行政工作报告》、副局长吴炳佳所作的《提案解答报告》、总经济师王瑞芳所作的《1990 年企业留利及福利基金决算和 1991 年企业留利及福利基金预算草案的报告》。同时，审议通过了《局开展“质量、品种、效益年”活动实施方案》《局关于 1990 年承包责任状执行情况总结和 1991 年承包责任状签订意见的报告》。

八、带岭局第十届职工代表大会第一次会议

1992 年 3 月 19 日至 20 日，带岭局第十届职工代表大会第一次会议在小俱乐部召开。出席会议代表 340 名。大会审议通过了局长赵宇国所作的《行政工作报告》、副局长夏永昌所作的《提案解答报告》、总经济师王瑞芳所作的《1991 年企业留利及福利基金使用情况和 1992 年福利基金预算的报告》。同时，审议通过了《局民主管理达标竞赛方案》，并签订了 1992 年承包经营合同。

九、带岭局第十届职工代表大会第二次会议

1993 年 3 月 17 日至 18 日，带岭局第十届职工代表大会第二次会议在小俱乐部召开。出席会议

代表 328 名，列席会议代表 33 名。大会审议通过了局长赵宇国所作的《行政工作报告》、副局长吴炳佳所作的《提案解答报告》、总会计师麻俊胜所作的《福利基金使用情况的报告》。并审议通过了《带岭局企业劳保医疗费用改革办法》。

十、带岭局第十一届职工代表大会第一次会议

1994 年 3 月 16 日至 17 日，带岭局第十一届职工代表大会第一次会议在小俱乐部召开。出席会议代表 365 名。大会审议通过了局长赵宇国所作的《行政工作报告》、副局长吴炳佳所作的《提案解答报告》、总会计师麻俊胜所作的《福利基金使用情况的报告》。同时，讨论通过了《开展依靠职工办企业，争当“三优”领导干部竞赛活动方案》。

十一、带岭局第十一届职工代表大会第二次会议

1995 年 3 月 14 日至 15 日，带岭局第十一届职工代表大会第二次会议在小俱乐部召开。出席会议代表 363 名。大会审议通过了局长吴炳佳所作的《行政工作报告》、副局长马义良所作的《提案解答报告》、总会计师麻俊胜所作的《福利基金使用情况的报告》。同时，审议通过了《局 1995 年集体合同草案》《带岭局改组国有独资有限责任公司试点方案》《城镇住房制度改革实施方案》《带岭林业实验局关于扶持职工发展家庭经济的十条暂行规定》。

十二、带岭局第十二届职工代表大会第一次会议

1996 年 3 月 19 日至 20 日，带岭局第十二届职工代表大会第一次会议在小俱乐部召开。出席会议的代表 256 名，列席会议代表 60 名。大会审议通过了局长吴炳佳所作的《行政工作报告》、副局长马义良所作的《提案解答报告》、财务科科长李玉升所作的《福利基金使用情况的报告》，局办公室主任李连君所作的《企业业务招待费使用情况的报告》。同时，审议通过了《局“九五”计划和 2010 年长期发展规划纲要》《局 1995 年集体合同执行情况报告》《局 1996 年集体合同草案》。

十三、带岭局第十二届职工代表大会第二次会议

1997 年 3 月 17 日，带岭局第十二届职工代表大会第二次会议在小俱乐部召开。出席会议代表 266 名，列席会议代表 97 名。大会审议通过了局长吴炳佳所作的《行政工作报告》、副局长贾琪功所作的《提案解答报告》、财务科科长李玉升所作的《福利基金使用情况的报告》、局办公室主任李连君所作的《企业业务招待费使用情况的报告》、局工会副主席傅守礼所作的《1996 年集体合同执行情况的报告》。

十四、带岭局第十三届职工代表大会第一次会议

1998 年 3 月 13 日至 14 日，带岭局第十三届职工代表大会第一次会议召开。出席会议代表 263 名，列席会议代表 50 名。大会审议通过了局长吴炳佳所作的《行政工作报告》、副局长贾琪功所作的《提案解答报告》、总会计师李玉升所作的《福利基金使用情况的报告》局办公室主任牟孝忠所作的《企业招待费使用情况的报告》、局工会副主席刘海明所作的《1997 年集体合同执行情况的报告》。会议还审议通过了《1998 年集体合同草案》《职代会各专门委员会组成人员名单》。

十五、带岭局第十三届职工代表大会第二次会议

1999 年 3 月 12 日，带岭局第十三届职工代表大会第二次会议召开。出席会议代表 272 名。大会审议通过了局长吴炳佳所作的《行政工作报告》、副局长贾琪功所作的《提案解答报告》、总会计

师李玉升所作的《福利基金使用情况的报告》、局办公室主任牟孝忠所作的《企业招待费使用情况报告》、局工会副主席刘海明所作的《1998 年集体合同执行情况的报告》。

十六、带岭局第十四届职工代表大会第一次会议

2000 年 3 月 9 日至 10 日，带岭局第十四届职工代表大会第一次会议召开。出席会议代表 263 名。大会审议通过了局长吴炳佳所作的《行政工作报告》、副局长贾琪功所作的《提案解答报告》、总会计师李玉升所作的《福利基金使用情况的报告》、局办公室主任牟孝忠所作的《企业招待费使用情况的报告》、局工会副主席刘海明所作的《1999 年集体合同执行情况的报告》、局纪委书记寇方珠所作的《1999 年全局厂务公开制度推行情况的报告》。

十七、带岭局第十四届职工代表大会第二次会议

2001 年 3 月 19 日，带岭局第十四届职工代表大会第二次会议召开。出席会议代表 251 名。大会审议通过了局长陈耀所作的《行政工作报告》、副局长白波所作的《提案解答报告》、总会计师李玉升所作的《福利基金使用情况报告》、局办公室主任滑福泉所作的《企业招待费使用情况的报告》、局工会副主席张福生所作的《2000 年集体合同执行情况报告》、局纪委书记寇方珠所作的《2000 年全局厂务公开制度推行情况的报告》。

十八、带岭局第十五届职工代表大会第一次会议

2002 年 3 月 13 日，带岭局第十五届职工代表大会第一次会议召开。出席会议代表 261 名，列席会议代表 30 名。大会审议通过了局长陈耀所作的《行政工作报告》、副局长白波所作的《提案解答报告》、总会计师李芳兰所作的《福利基金使用情况的报告》、局办公室主任滑福泉所作的《企业招待费使用情况报告》、局工会副主席王文发所作的《2001 年集体合同执行情况的报告》、局纪委书记寇方珠所作的《2001 年全局厂务公开制度推行情况的报告》。会上，还审议通过了《局 2002 年经济发展建设计划》《集体合同草案》。

十九、带岭局第十五届职工代表大会第二次会议

2003 年 3 月 20 日，带岭局第十五届职工代表大会第二次会议召开，出席会议代表 261 名。大会审议通过了局长陈耀所作的《行政工作报告》、副局长白波所作的《提案解答报告》、总会计师李芳兰所作的《福利基金使用情况的报告》、局工会副主席王文发所作的《2002 年集体合同执行情况的报告》、局纪委副书记周忠军所作的《2002 年全局厂务公开推行情况的报告》。

二十、带岭局第十六届职工代表大会第一次会议

2004 年 3 月 18 日带岭局第十六届职工代表大会第一次会议召开。出席会议代表 221 名，列席会议代表 32 名。大会审议通过了局长陈耀所作的《行政工作报告》、副局长沈友所作的《提案解答报告》、总会计师李芳兰所作的《福利基金使用情况的报告》、局工会副主席王文发所作的《2003 年集体合同执行情况的报告》、局纪委副书记周忠军所作的《2003 年全局厂务公开推行情况的报告》。会上还审议通过了《2003 年企业业务招待费使用情况及进一步加强管理情况的报告》《集体合同草案》《企业管理委员会职工代表组成人员》《职代会各专门委员会组成人员》。对党政领导及“三总师”进行了民主评议和测评。

二十一、带岭局第十六届职工代表大会第二次会议

2005 年 3 月 30 日，带岭局第十六届职工代表大会第二次会议在带岭宾馆召开。出席会议代表 213 名，列席会议代表 17 名。会议审议通过了局长陈耀所作的《行政工作报告》、副局长沈友所作的《提案解答报告》、总会计师李芳兰所作的《2004 年职工福利费决算和 2005 年职工福利费预算（草案）报告》；书面审议《2004 年厂务公开执行情况报告》《2004 年企业招待费使用情况的报告》《2004 年（集体合同）执行情况报告》；审议副局长级以上领导述职报告、民主评议了副局长级以上领导；讨论通过了《2005 年经济建设和社会发展计划》。

第三节　社会主义劳动竞赛

1986 年，带岭局工会在木材生产、营林、基本建设等战线开展了“百分竞赛”“五比五看”竞赛和优质工程竞赛。

1987 年，带岭局工会在生产单位开展技术能手选拔赛，进行木材检验、设备升级、同行业、同工种的比赛；在服务行业组织“捆扎、一口清、丈量”技术表演赛。评选出先进科室 24 个，先进集体 92 个，先进个人 313 名，先进个人标兵 12 名。

1988 年，带岭局工会组织开展群众性的岗位技术练兵的技术表演活动，共举办各种技术表演 34 次，各种技术培训班 126 期，培训职工达 2000 人次。同时，开展以“双增双节”为内容的劳动竞赛，全局实现大小技术革新项目 256 件，攻破技术难关 16 项，引进 11 项。

1989 年，带岭局工会下发《关于动员全区职工深入持久的开展“双增双节”运动，以优异的成绩迎接建国 40 周年的决定》。同年，还下发了《关于组织职工代表定期视察安全生产工作的通知》，要求各基层工会要在每年 3 月和 11 月定期组织职工代表对所属单位的安全生产工作进行考察。

1990 年，带岭局工会开展以“治危兴林”为目标，以增收节支、增产节约为内容，以提合理化建议，促进企业技术进步，提高经济效益为重点，以开展社会主义劳动竞赛为主要形式的群众生产竞赛活动。在森工系统“四文明兴林杯”大赛中，林业局获金杯，采运公司获银杯，并有 15 人分别获金牌、银牌。

1991 年，带岭局工会围绕“科技兴区”目标，广泛开展群众性创造发明、技术革新和合理化建议活动，全区征集合理化建议 2750 条。

1993 年，带岭区（局）工会开展减亏增盈立功竞赛，各基层工会开展“岗位创一流，班组创先进、企业创效益”和“学雷锋，学铁人，赶先创先”等活动，全区有 9230 人参赛。同年，还开展了征集合理化建议活动，全年征集合理化建议 1538 件，被采纳 563 件，实施 377 件，直接创造价值 28.5 万元。

1996 年，带岭局工会开展了职工技协“百、千、万”建功立业和“百、千、万”技术扶贫活动，组织职工开辟“第二战场”培养新的经济增长点。当年，还开展了“出绝招、干绝活、献绝计”活动。全年组织职工业务技术培训 2130 人次，参加技术革新 112 人，实现技改项目 12 项，创造经济价值 217 万元。

1996 年，带岭局工会开展“抗洪抢险，生产自救”活动，积极组织受灾企业搞好抗灾自救，恢复生产。通过受灾企业职工的积极努力，在最短时间内恢复了生产。同年，开展了“学邯钢，抓管理，促增盈”，实现“双保”（保盘子、保工资）为目标的“千车双万米十佳红旗手”竞赛活动，保证了 8.5 万米生产任务的完成。

1999 年，带岭局工会围绕实施“天保工程”，组织职工学习马永顺精神，积极开展第二次创业，推动了企业的发展。当年实现工业总产值 7119.8 万元，实现利润 105 万元，实现减亏增盈 500 万元，减支增收 500 万元。

2001 年，带岭局工会组织职工群众围绕“二次创业”，广泛提合理化建议活动，全年征集合理化建议 523 件，创经济价值 87 万元，完成技改项目 47 个，林业局获“全省建功立业先进集体”称号。

2002 年，带岭区（局）工会进一步加强了“安康杯”竞赛活动，强化了宣传教育，加强了基础设施建设，推行了目标责任制，有效地降低了事故频率，杜绝了事故隐患，连续 8 年无死亡事故，连续两年被评为出席省“安康杯”优秀组织单位。在全国“安康杯生产活动月”中，建立宣传站 10 个，建立了宣传板报一条街，张贴宣传画 180 套，宣传标语 60 套，宣传旗 100 多幅，出动宣传车 10 辆，并开展了安全生产万人签名活动，使安全生产宣传达到了家喻户晓，人人皆知。

2003 年，带岭局工会加大了对安全生产的力度，先后对国有、非国有企业和个体户 103 家进行检查，发现隐患 155 处，下发限期整改通知书 54 份，检车 240 次，纠正违章 25 人，批评教育 18 人次。当年，林业局被评为出席全国“安康杯”竞赛先进单位。

2005 年，带岭局工会在职工群众中广泛开展老工业基地建设劳动竞赛活动，全区 30 个单位 4100 人参加了竞赛活动，共提合理化建议 436 条，采纳 238 条，实施 210 条，创经济效益 600 多万元；完成革新项目 20 项，创经济效益 100 多万元，荣获国家“948”项目 2 项，省科技厅项目 2 项，林业总局科技项目 1 项，市级科技项目 3 项。

第四节　企业民主管理

1986 年，全局各级工会组织大力加强企业民主管理工作，充分发挥职工群众参政议政、当家做主民主权利，坚持职工代表大会制，讨论决定企业重大问题。经济责任制实施方案、企业职工 3% 奖励工资方案、企业福利基金使用情况、职工住房分配方案等，都纳入职工代表大会审议通过。

1987 年，带岭林业实验局在推行“三段式”改革中，把“三段式”体制改革方案，提交到职工代表大会讨论通过。使“三段式”改革顺利进行。

1988 年，在贯彻《职工代表大会条例》过程中，各级工会组织把企业经营方向、经营方式、分配方式提交到职工（代表）大会审议，并开展了民主评议企业领导干部。

1991 年，带岭局工会为提高职工代表参政议政能力，开展职工代表培训工作，先后举办 4 期培训班，对 100 多名职工代表进行全面培训，使职工代表素质有所提高，参政议政能力有所增强。

1994 年，带岭局工会围绕强化企业民主管理，加强企业改革步伐，开展提案征集工作，共征集提案 47 件，并把这些提案提交到局十一届一次职工代表大会，行政进行了认真解答。同年，工会在企业中开展争当“三优”［优秀党委书记、优秀厂长（经理）、优秀工会主席］领导干部竞赛活动，全局有 52 名党政工干部被评为“三优”领导干部。

1995 年，以贯彻《中华人民共和国劳动法》为契机，组织职工积极参政，推进企业民主管理。先后参与《局改组国有独资有限责任公司试点方案》《局经营林场深化改革实施方案》的制定、修改工作。加大中层以上领导干部民主评议工作力度。共评议中层以上领导干部 123 人，并将中层以上领导干部的自我总结、评议记录的归纳整理材料、改进措施等，转交到局党委组织部门，作为考核干部依据之一。加大廉政建设，民主监督力度。局工会转发监察部、国家经贸委、全国总工会《关于国有企业实行业务招待费使用情况向职代会报告制度的规定》。并在局十届一次职代会上，对林业局业务招待费使用情况，进行认真审议。

1996年，为规范企业平等协商制度，把平等协商纳入民主化、制度化、规范化轨道，工会与林业局联合下发《平等协商制度通知》，制度中规定建立平等协商的主体、原则、内容、方式、程序、工作纪律及其注意事项。当年全局上下全面实施了平等协商制度。

1999年，带岭局工会下发《带岭局推行厂务公开制度实施办法》，并采取通过试点经验、典型指导、部办包片、积极推进的办法，使全区厂务公开制度按要求、步骤，分期分批实施，厂务公开推行面达到100%。

2002年，带岭局工会在基层单位推行厂务公开工作。局木材科建立“木材价格公开板”“木材销售竞争公开栏”，增加木材销售透明度。寒月林场公开栏，将职工群众关心的热点、难点问题用文字、数字反映，对职工关心的抚育伐、主伐短材承包人、职工困难补助、工会扶贫计划全部公开，使职工一目了然。

2004年，带岭局工会组织职工代表对厂务公开情况进行考察。先后考察18次，针对考察中发现的问题提出整改意见，使厂务公开达到规范化。同年，带岭局工会通过局情发布会、有线电视、公开栏、下发文件等形式，对全局重大事项进行公开。对职工的热点问题（三金收缴情况、职工工资和奖金、职称评定、干部提拔、领导干部廉洁自律等情况）及时进行公开，接受职工群众的监督。

2005年，落实了《带岭局厂务公开六项工作制度》《伊春市厂务公开责任制度、责任追究制度、责任考核制度》，开展了“四大纪律八项要求”专题条例活动，使厂务公开工作取得了明显成效。同年，成立了厂务公开督促检查小组，对厂务公开的内容、程序、真实性等方面问题进行督促检查。同时，通过职工代表大会、厂务公开栏、厂情发布会及公示制、社会承诺制等形式，接受职工群众的监督，较好地发挥了职工的民主权利。

第五节 职工教育与文体活动

一、职工教育

1986年，带岭局工会组织各部门办公人员深入各单位，对职工进行商品经济、理想道德、形势政策以及民主与法制的教育，使职工群众增强了商品意识和法制观念。同年，在职工中还开展了“四有”（有理想，为四化建功立业；有道德，养成良好的道德风尚；有文化，为四化建设发奋学习；有纪律，模范遵守党纪国法）达标活动。通过检查评比，年末有57%的职工达到了标准。

1990年，针对企业两危的实际情况，区（局）工会对职工进行了艰苦奋斗教育，使职工增强了与企业共渡难关的信心。还组织职工参加市总工会举办的工人学哲学有奖征答和演讲活动。

1992年，带岭局工会在职工中开展热爱社会主义系列教育活动。围绕社会主义道路是中国人民的历史选择；社会主义建设事业取得伟大成就；建设有中国特色社会主义；坚持党的基本路线，防止和平演变；社会主义战胜资本主义历史必然；牢记历史使命，充分发挥主力作用等。开展系列教育，把热爱社会主义系列教育同国情、区（局）情、厂（场）情教育结合起来，同市委提出的“学理论、讲历史、防演变、筑长城”教育结合起来，使广大职工深受教育。

1993年，带岭局工会下发了职工岗位自学成才“八五”规划，规划要求职工岗位自学成才人数1992年达到职工总数27%的基础上，1993年达到职工总数28%；1994年达到职工总数29%，1995年达到职工总数30%。当年全区（局）有9326名职工，参加自学的有2797人，占总数30%。有3名职工成为自学成才者，有15名职工成为自学成才积极分子，有10名职工成为自学成才组织者。

2000年，带岭局工会举办了“学习双丰经验”演讲比赛，参加25名选手，有13人获奖。同时，还组织开展了以“职业责任、职业技能、职业纪律”为主要内容的爱岗敬业，做文明职工活动。

2001年，带岭局工会在职工中突出抓了三个教育。一是落实“三个代表”重要思想，开展理想信念教育，使职工坚定建设有中国特色社会主义信念，树立正确的世界观、人生观、价值观。二是认清形势，明确任务，开展形势政策教育，增强职工群众历史责任感积极投身企业改革之中。三是落实《公民道德建设实施纲要》，开展道德教育，使职工群众树立良好的职业道德。

2002年，带岭局工会结合学习“三个代表”重要思想和争当“三个带头人”活动，开展“三个主义”（社会主义、爱国主义、集体主义）、“三观”（人生观、价值观、世界观）、“三德”（社会公德、职业道德、家庭美德）、“三情”（国情、企情、厂情）教育活动，使职工群众的政治素质得到了提高。

2004年，带岭局工会积极响应区委关于干部学习张子良、工人学习孟昭贵活动，组织职工群众学习他们那种敢闯、敢试、敢为天下先的大无畏精神；学习他们那种淡泊名利、顾全大局的精神；学习他们那种勇于探索、开拓创新的精神；学习他们那种严于律己、清正廉洁的精神，从而，使职工群众以他们为榜样，积极投入生产建设之中。同年，组织职工参加了全市职工“农行杯”共筑诚信演讲比赛，区（局）工会获优秀组织奖。

二、文体活动

1986年12月25日，带岭局工会与区体委在区政府门前冰场联合举行速度滑冰比赛，分5个组别，设男子5000米、1500米、300米，女子500米、1000米、1500米6个比赛项目，参赛人员有120多人。

1987年，带岭局工会会同区体委先后组织了棋类比赛（中国象棋、围棋）、球类比赛（乒乓球、篮球）和速度滑冰比赛，同年6月举办了全区田径运动会，参加比赛20多个职工代表队，有220多名运动员参加比赛。同时，春节期间，带岭区工会组织春节秧歌比赛活动，贮木加工厂、基建工程处、汽运处、商业科、地方工业5支秧歌队500多人参加了比赛，活跃了职工群众文化生活。

1988年1月28日至29日，带岭区工会在局职工俱乐部举办带岭区第二届“职工之声”文艺会演。演出节目122个，参演单位29个，参演人数353人。评选出4个先进单位，3个精神文明代表队，5个优秀组织单位，21个优秀节目，15名优秀歌手，21名优秀演员。“五一”期间对全区职工群众进行了公演。

1989年，带岭局工会和区体委在第一小学校举办了全区职工乒乓球比赛，营林公司代表队获男子团体冠军，木材综合利用厂付志伟获男子单打第一名。同年6月，举办全区职工篮球比赛，分山上、山下两个赛区进行比赛。山上赛区凉水林场队获第一名，大青川铁库队获第二名，大青川林场队获第三名；山下赛区发电厂队获第一名，采运公司队获第二名，林产公司队获第三名。

1994年，带岭局工会、区体委联合举办全区职工乒乓球比赛，有16个单位，20个代表队，63名运动员参加比赛。区机关一队获男子团体第一名，纸板厂队获男子团体第二名，社会福利厂队获男子团体第三名，纸板厂女队获女子团体第一名，社会福利厂女队获女子团体第二名，筑路队女队获女子团体第三名，男子单打付志伟、孟宪福、闯家臣分别获得一、二、三名，女子单打金英、齐永华、周丽分别获一、二、三名。1994年4月27日至28日，带岭区工会在局职工俱乐部举行第五届“职工之声”文艺会演，演出充分反映了改革开放以来林区建设新面貌。有文艺节目141个，参演单位37个，参演演员380人，评选出优秀节目28个，先进单位12个，12人获优秀表演奖。

1995年，带岭局工会举行了职工拔河比赛，有15个单位21支男女代表队参加，进行了12场比赛。同年，区工会筹建了退休职工活动中心，设立了乒乓球室、游艺室、电视室、阅览室。游艺室配备了扑克牌、象棋、麻将等娱乐用品；阅览室订阅了《人民日报》《中国老年报》《退休生活》《家庭医生》等报纸和杂志，丰富了退休职工文化生活。

1996年4月27日至28日，带岭局工会在局职工俱乐部举行带岭区第六届“职工之声”文艺会演。参演单位36个，参演人员260人，参演节目114个。评选出先进单位11个，优秀节目22个，优秀创作奖 3 个，优秀编导奖 15 个，有 50 人分别获一、二、三等奖。

1999 年 9 月 11 日至 12 日，带岭局工会同区委宣传部、文化局、团委、教委联合举办了第二届职工之声卡拉 OK 声乐大赛和首届器乐比赛，有 86 人参赛，60 人分别获一、二、三等奖。同年，在区广播电视中心举办“祖国在我心中”演讲比赛，有 15 名选手分别获一、二等奖。

2002 年，带岭局工会配合文体局、团委、妇联等单位共同举办了庆祝建党 81 周年大型广场演出，观众有 3000 多人。

2003 年，带岭局工会组织退休职工开展了乒乓球代表队参加伊春市“移动杯”职工乒乓球比赛。在比赛中，带岭区职工乒乓球代表队获体育道德风尚奖。2003 年，区工会同党委宣传部、文体局、团委、教委等部门组织了“庆祝五十年无森林火灾”演讲比赛。区工会还组织了“十六大知识”竞赛。

2004 年，带岭局工会同区委宣传部、文体局联合举办了“庆祝邓小平诞辰 100 周年纪念活动”和“带岭区首届松乡之恋活动”，组织 9 支秧歌队参加活动，其中有 7 支秧歌队获最佳组织奖，2 支秧歌队获优秀组织奖。

2005 年，带岭局工会组织乒乓球、中国象棋、扑克牌等比赛，共有 100 多人参赛。

第六节　职工生活与职工家庭经济

一、职工生活

1986 年 5 月，带岭区内职工住宅发生火灾后，带岭区（局）工会负责人对受灾户进行走访慰问，并向受灾户发放了补助款。

1987 年，大兴安岭森林火灾发生后，各级工会组织积极动员职工向灾区捐款，全区共捐款 4.5 万元，捐献粮票 2850 公斤，捐献各种衣物 600 余件。

1988—1990 年，各林场工会根据山上生活条件差的实际，重点抓了宿舍、食堂、浴池等后勤服务设施建设，带岭区（局）工会定期开展后勤建设百分竞赛，推动了后勤服务设施建设。各级工会组织还坚持定期走访慰问活动，经常到因公负伤和有病的职工家中慰问，春节期间走访离退休老干部、老工人家中。对患病的工人和干部，安排他们到外地进行疗养。1986—1990 年，共组织科技人员、劳模、老工人外出疗养 58 人次，建立了生活互助小组 300 余个，补助 7280 人，补助金额 39 万余元。

1993 年以来，区工会在职工中广泛开展扶贫解困活动，实施“一帮一”扶贫解困工程。2004 年，成立困难职工帮扶中心，共救助困难职工 214 人次，发放救助金 3 万余元。截至 2005 年年末，全区 68 户特困职工全部脱贫，结对率、脱贫率达 100%。启动开发扶贫项目 74 个，争取贷款 270 多万元，小额借款 23 万元，投入帮扶资金和帮扶物资合计 100 多万元，走访贫困职工 3600 余人次，发放慰问金和困难补助 30 余万元。

1986—2005 年带岭区（局）职工互助会、困难补助、送温暖、疗养情况一览表

表 18-1

年份	互助储金会（万元）	困难补助（万元）	送温暖活动（人次）	扶贫贷款（万元）	职工疗养（人次）
1986	12.0	12.0	67 个小组 /1257	—	28
1987	12.0	12.5	68 个小组 /1300	—	22
1988	15.0	14.0	73 个小组 /1537	—	24
1989	15.0	14.5	73 个小组 /1430	—	27
1990	17.0	14.6	71 个小组 /1456	—	20

续表 18-1

年份	互助储金会（万元）	困难补助（万元）	送温暖活动（人次）	扶贫贷款（万元）	职工疗养（人次）
1991	17.0	16.0	7 个小组 /1473	—	21
1992	20.0	17.0	71 个小组 /1580	—	23
1993	20.0	18.5	69 个小组 /1531	—	17
1994	20.0	19.0	67 个小组 /1567	4.3	18
1995	21.0	19.0	70 个小组 /1605	4.5	16
1996	22.5	21.0	70 个小组 /1629	4.5	15
1997	22.5	21.0	63 个小组 /1539	7.5	13
1998	20.5	21.0	64 个小组 /1603	9.8	11
1999	21.0	11.0	71 个小组 /1673	9.5	3
2000	16.0	18.0	70 个小组 /1682	7.3	—
2001	13.0	18.0	65 个小组 /1521	7.3	—
2002	10.0	18.0	61 个小组 /1211	6.5	—
2003	10.0	12.0	62 个小组 /1305	6.0	—
2004	11.0	10.0	57 个小组 /1219	3.5	—
2005	10.0	8.0	43 个小组 /1232	12.8	—

二、职工家庭经济

1994 年，区（局）工会根据林业出现资源危困、经济危机的实际情况，把发展职工家庭经济作为一项重要任务，要求各级工会组织发动职工大力发展家庭经济。

1995 年，带岭职工家庭经济得到了较快发展。养殖业发展到 592 户，产值达 188.5 万元；种植采集业发展到 892 户，产值达 66 万元；加工业发展到 308 户，产值达 387.5 万元；商服业发展到 650 户，产值达 790.5 万元。

1999 年，职工家庭经济产值达 7410 万元。职工家庭经济也由 1997 年的种植、养殖、采集、加工、运输、商服业领域 30 多个种类，发展到 1999 年的 60 多个种类。种植业除大豆、玉米和各种蔬菜外，还种植了中草药、草莓等；养殖业除了养猪、羊、牛、禽、鱼外，还养殖了狐、貂、鸵鸟、黑熊、鹿、林蛙、火鸡等。

2004 年，职工家庭经济产值达 12044 万元。2005 年，职工家庭经济增加值指标 7560 万元，实际完成 8112 万元，同期相比增长 20%。从业户数为 3999 户，从业人数为 9560 人。职工人均可支配收入 4900 元。全局职工自营经济增加值超千万元林场 2 个，超 300 万元林场 9 个。

1994—2005 年带岭区职工家庭经济发展情况统计表

表 18-2

项目 年份	职工人数	种植采集		养殖		加工		运输		商服		总规模	
		户数	产值（万元）	户数	产值（万元）	户数	产值（万元）	户数	产值（万元）	户数	产值（万元）	户数	产值（万元）
1994	2824	892	66.0	592	188.5	308	387.5	—	—	650	790.5	2442	1432.5
1995	4500	896	213.0	788	272.0	342	694.0	—	—	542	1083.0	2540	2262.0
1996	5636	1286	376.0	995	391.0	446	818.0	—	—	1573	1195.0	4036	2780.0
1997	5742	1386	415.0	1009	432.0	546	987.0	—	—	1673	2324.0	4614	4158.0

续表 18-2

年份	职工人数	种植采集		养殖		加工		运输		商服		总规模	
		户数	产值（万元）	户数	产值（万元）	户数	产值（万元）	户数	产值（万元）	户数	产值（万元）	户数	产值（万元）
1998	6998	—	—	—	—	106	—	200	—	270	—	3498	5852.0
1999	8240	—	—	—	—	—	—	—	—	—	—	4920	7410.0
2000	7218	1314	857.8	1765	1150.5	424	1511.0	—	—	1018	3052.0	—	8268.0
2001	8900	—	1187.0	—	1269.0	—	2852.0	—	—	—	3060.0	—	8372.0
2002	8184	—	1436.0	—	2500.0	—	—	—	—	—	—	—	8828.0
2003	8450	1742	1989.0	1242	1880.0	354	2949.0	—	2370.0	1052	2862.0	4390	11050.0
2004	6350	—	2430.0	—	3059.0	—	3499.0	—	—	—	3056.0	4390	12044.0
2005	9560	—	—	—	—	—	—	—	—	—	—	—	20156.0

第七节　工会经费

1986—2005年，区工会按照全国总工会“收好、管好、用好”工会经费的要求和“为职工群众服务，为工会建设服务，为两个文明建设服务”的工会财务工作方针，在经费收缴上坚持逐月足额收缴，在经费管理上坚持严格审批手续，在经费使用上坚持使用范围，从而使工会经费越收越好，越管越细，越用越活。

1986—2005年带岭区（局）工会经费收入支出统计表

表 18-3　　单位：元

年份	收入		支出			
	项目	金额	项目	金额	项目	金额
1986	经费收入	241350.69	会员活动	28400.06	体育活动	8252.12
	会费收入	32668.41	职工教育	12000.00	工会建设	6496.51
	事业收入	−24509.95	宣传活动	12879.38	行政费	74159.22
	其他收入	1908.18	文艺活动	15874.84	上解费	96540.35
1987	经费收入	256949.59	会员活动	2.52	工会建设	9107.13
	会费收入	32426.64	宣传活动	11614.20	行政费	87449.96
	其他收入	1496.59	文艺活动	33598.47	上解费	102779.93
	合计收入	290872.82	体育活动	10277.73	总支出	254829.94
1988	经费收入	298841.72	会员活动	34788.83	体育活动	13209.74
	会费收入	33166.81	职工教育	1,236.00	工会建设	14962.48
	其他收入	2197.60	宣传活动	16,674.60	行政费	66308.41
	合计收入	334206.13	文艺活动	21784.16	上解费	119536.60
1991	经费收入	447314.38	会员活动	53354.78	体育活动	28295.65
	会费收入	55273.93	职工教育	90000	工会建设	22911.62
	事业收入	4236.35	宣传活动	29007.00	行政费	91211.21
	合计收入	506824.66	文艺活动	67378.79	总支出	382159.05

续表 18-3

单位：元

项目 / 年份	收入		支出			
	项目	金额	项目	金额	项目	金额
1992	经费收入	468645.65	会员活动	54384.89	工会建设	25989.30
	会费收入	56275.13	宣传活动	4309.35	行政费	101947.65
	其他收入	26813.42	文艺活动	92467.20	上解经费	187458.16
	合计收入	551734.20	体育活动	29552.79	总支出	496109.34
1993	经费收入	521627.63	会员活动	52034.45	体育活动	33170.42
	会费收入	54641.90	职工教育	26500	工会建设	23477.87
	其他收入	4197.57	宣传活动	7335.08	行政费	76072.93
	合计收入	580467.10	文艺活动	122080.26	上缴经费	208650.95
1994	经费收入	604133.04	会员活动	47518.37	体育活动	36999.04
	会费收入	55539.00	职工教育	1278.00	工会建设	23492.00
	其他收入	10319.93	宣传活动	20382.35	行政费	96048.23
	合计收入	669991.97	文艺活动	96004.93	总支出	322172.92
1995	经费收入	452084.79	会员活动	52516.00	体育活动	35935.14
	会费收入	61745.88	职工教育	19851.08	工会建设	19556.78
	其他收入	6317.27	宣传活动	15727.69	行政费	142096.10
	合计收入	520147.94	文艺活动	80110.43	总支出	607149.72
1998	经费收入	443197.14	会员活动	24133.64	体育活动	13755.40
	会费收入	46089.36	职工教育	—	工会建设	3648.00
	其他收入	4742.84	宣传活动	18133.30	行政费	92886.39
	合计收入	494029.34	文艺活动	63920.88	总支出	216477.61
1999	经费收入	429322.40	会员活动	33802.60	体育活动	16157.50
	会费收入	41062.39	职工教育	—	工会建设	6102.00
	其他收入	3753.07	宣传活动	7844.35	行政费	82360.43
	合计收入	474137.86	文艺活动	44899.77	总支出	191166.65
2000	经费收入	273958.19	会员活动	25524.08	体育活动	
	会费收入	36328.38	职工教育	69859.18	工会建设	122468.01
	其他收入	4545.49	宣传活动	—	行政费	
	合计收入	314832.06	文艺活动	—	总支出	217851.27
2001	经费收入	286375.48	会员活动	18587.90	工会业务费	108963.18
	会费收入	25862.83	职工活动	35850.94		
	其他收入	8277.10	宣传活动	8445.18		
	合计收入	320515.41	文艺活动	25719.16	总支出	197566.36
2002	经费收入	250503.67	会员活动	185399.90	工会业务费	128437.61
	会费收入	30451.08	职工活动	20425.56	其他业务费	125597.61
	其他收入	5478.58	文体活动	11463.16	其他支出	1934.90
	合计收入	286433.33	宣传活动	6078.00	总支出	479336.74

续表 18-3

单位：元

项目/年份	收入		支出			
	项目	金额	项目	金额	项目	金额
2003	经费收入	263771.92	会员活动	23238.24	工会业务费	88626.43
	会费收入	30830.49	职工活动	22280.94	其他业务费	147002.23
	其他收入	4940.57	文体活动	9696.50	其他支出	2172.00
	合计收入	299542.98	宣传活动	9551.64	总支出	302567.98
2004—2005	经费收入	608731.72	会员活动	52254.5	工会业务费	295403.63
	会费收入	66011.26	职工活动	22468.20	其他支出	6517.43
	其他收入	10413.50			上解经费	293360.95
	合计收入	685156.48			总支出	670004.71

第三章　共青团带岭区（局）委员会

第一节　机构设置

1986—1997 年，团区委设书记 1 人、副书记 1 人、干事 3 人。1993 年，区机关实行机构改革后，团区委设书记 1 人、干事 1 人。

第二节　组织建设

1986 年 5 月，团区委对全区基层团组织进行整顿。通过整顿，健全了基层团组织机构，充实了基层团组织人员，加强了基层团组织建设。

1988 年 12 月，团区委建立健全了“四簿一册”，实行“三会一课”制度，使基层团组织工作实现了正规化和科学化。

1990 年，团区委对永翠林场、福利厂、大青川综合厂团总支成员进行相应调整，团干部配齐率达到 98%。团区委还组织全区专兼职团干部参加团市委举办的理论培训班，学习马克思主义基本理论和团的基础知识，使团干部的理论水平和工作能力进一步提高。

1991 年以来，团区委定期对基层团组织进行整顿，加强基层团组织建设。2000 年，企业剥离改制后，基层团组织随之减少，基层团委撤销，基层团总支由 20 个减少到 7 个；基层团支部由 141 个减少到 85 个。2004 年，团区委为加强基层团组织建设，发挥团组织作用，在基层重新建立团委 2 个，团总支 5 个，团支部 84 个，并配齐配强了基层团组织专兼职干部，进一步加强了基层组织建设。

1986—2005 年带岭区（局）团组织、团员情况一览表

表 18-4

项目／年度	基层团委（个）	基层总支（个）	基层支部（个）	发展团员数（人）	团员总数（人）
1986	1	29	140	—	4873
1987	3	25	138	687	4672
1988	3	25	137	450	4552
1989	3	24	124	424	4076
1990	4	20	141	—	3768
1991	—	—	—	—	—

续表 18-4

年度＼项目	基层团委（个）	基层总支（个）	基层支部（个）	发展团员数（人）	团员总数（人）
1992	—	—	—	—	—
1993	—	—	—	—	—
1994	—	—	—	—	—
1995	—	—	—	—	—
1996	—	—	—	—	—
1997	—	—	—	—	—
1998	—	—	—	564	—
1999	—	—	—	424	—
2000	—	—	—	457	—
2001	—	—	—	484	—
2002	0	7	85	193	2300
2003	0	7	84	253	2247
2004	2	5	84	506	2160
2005	2	5	84	202	2362

第三节　共青团带岭区（局）代表大会

一、共青团带岭区（局）第八次代表大会

1986 年 4 月 16 日至 18 日，共青团带岭区（局）第八次代表大会召开。出席会议代表 350 名。会议听取审议通过了团区委书记林森所作题为《团结奋斗，改革创新，为林业现代化建功立业》的工作报告。区委副书记王乃富到会并讲话。团市委派员参加了会议。出席这次会议的还有黑龙江省林业干部学校团委代表，带岭区人大、政协带岭区委、区工会、区妇联负责人，有关单位和有关部门负责人，并派代表向大会祝词。会议选举产生了共青团带岭区（局）第八届委员会。

二、共青团带岭区（局）第九次代表大会

1989 年 4 月 25 日至 26 日，共青团带岭区（局）第九次代表大会召开。出席会议代表 250 名。会议听取审议通过了团区委书记林森所作题为《继往开来，艰苦奋斗，为振兴带岭贡献青春》的工作报告。区委副书记王乃富到会并讲话。带岭区人大、政协带岭区委、区工会、区妇联负责人参加了会议，并派代表向大会祝词。会议选举产生了共青团带岭区（局）第九届委员会。

三、共青团带岭区（局）第十次代表大会

1992 年 7 月 16 日，共青团带岭区（局）第十次代表大会召开。出席会议代表 250 名。会议听取审议通过了团区委书记周新民所作题为《积极投身治危兴林，在治危兴林中建功立业》的工作报告。区委书记林则仁到会并讲话。带岭区人大、政协带岭区委、区工会、区妇联、区科协负责人参加了会议，并派代表向大会祝词。会议选举产生了共青团带岭区（局）第十届委员会。

四、共青团带岭区（局）第十一次代表大会

1999 年 4 月 29 日至 30 日，共青团带岭区（局）第十一次代表大会召开。出席会议代表 146 名。会议听取审议通过了团委书记唐海军所作的题为《高举旗帜，开拓进取，团结带领全区青年为实现缓危解困，富民兴区的宏伟目标建功立业》的工作报告。区委副书记苏喜廷到会并讲话。带岭区人大、政协带岭区委、区工会、区妇联、区科协负责人参加了会议，并派代表向大会祝词。会议选举产生了共青团带岭区（局）第十一届委员会。

五、共青团带岭区（局）第十二次代表大会

2004 年 10 月 26 日至 27 日，共青团带岭区（局）第十二次代表大会召开。出席会议代表 162 名。会议听取审议通过了团委书记宋薇所作的题为《认真实践“三个代表”重要思想，抢抓机遇，求实创新，在林区小康社会中谱写新的青春篇章》工作报告。区委书记付俊卿出席会议并作了《在全面建设小康社会的伟大实践中展示新作为、创造新业绩》。带岭区人大、政协带岭区委、区工会、区妇联、区科协负责人参加会议，并派代表向大会祝词。会议选举产生了共青团带岭区（局）第十二届委员会。

第四节　主要活动

1986 年，团区委组织全区团员和青少年开展学英模、学腾洪举事迹和法律知识演讲活动。共组织学英模报告团 28 个，法律知识演讲小组 32 个，参加演讲的有 500 多人，巡回演讲 186 场次，受教育人数达 1 万人次。在开展“争创百元产值，八小时以外做贡献”活动中，全区青少年共修路 1500 多延长米，修花坛 86 个，创产值 3.57 万元。团区委在暑假期间，组织举办集邮、棋类、球类等比赛 12 场，在文化馆展出中小学生毛笔书法 26 余幅，硬笔书法作品 20 幅，绘画作品 200 余幅，集邮多件，参观者有 3000 多人次。

1987 年，团区委向全区团员发出了“建功立业创一流，立足本职争最佳”的号召，带领团员、青少年开展修旧利废、革新挖潜。各级团组织协助党的组织安排待业青年 672 人。全区以经商和服务为主的青年个体户达 170 户。在造林季节，团区委组织开展了“劲松杯”造林竞赛活动，各林场团组织共成立 15 个造林突击队。团区委组织团员青年营造“义务青年林”650 亩，联营林 4850 亩，植“四旁”绿化树 3.8 万余株。各级团组织还发动广大团员青年，开展了采集树籽和草籽的活动，完成了 0.6 万公斤红松种子的采集任务。同年，团区委还举办了全区青少年第三届音乐会，有 30 个单位 300 余名青少年参加了演出，演出文艺节目 100 余个。

1998 年，团区委在全区范围内实行下岗青年再就业工程、跨世纪文明工程，组织基层团组织，培养兴业带头人，带动青年工人再就业。建立青年志愿者队伍，承担急、难、险任务。同时，在社会窗口行业开展“青年文明号”创建活动，在学校开展“手拉手互助”“学雷锋做好事”活动。

1999 年，团区委开展以“爱祖国，爱家乡，争做跨世纪合格接班人”为主题的爱国主义教育活动，增强了青少年的民族自尊心和自豪感。同年，还先后开展了跨世纪青年文明工程、希望工程、青年文化园和青少年“讲文明、树新风”等活动充分发挥了青少年生力军的作用。

2000 年，团区委认真宣传贯彻了《中华人民共和国未成年人保护法》和《中华人民共和国预防未成年人犯罪法》，增强了青少年法律意识，维护了青少年合法权益。同年，实施了“青少年献爱心送温暖工程”，开展了“百街千户”青少年志愿服务活动。

2002 年，团区委开展了青年产业示范基地建设活动，重点围绕林药、林蛙、林果、绿色食品等

方面开展基地创建活动。

2004 年，团区委在青少年中贯彻《公民道德建设实施纲要》，使青少年加强了道德修养。同时，开展了国旗、国歌、国徽教育，增强了青少年的爱国热情。开展青少年志愿者行动，进行植树造林 1 万多株。发挥“优秀青少年维权岗”作用，保护了未成年人合法权益。开展“新世纪读书计划”活动，引导青少年多读书、读好书。

第四章　带岭区妇女联合会

第一节　机构设置

1986—1997 年，区妇联设主任 1 人、副主任 1 人、干事 2 人。1997 年，区机关实行机构改革后，区妇联设主席 1 人、干事 1 人。

第二节　带岭区妇女代表大会

1986 年 10 月 18 日，带岭区第四次妇女代表大会召开。出席会议代表 185 人。会议听取审议了区妇联主任姜乃心所作的《改革创新，奋发自强，为林业现代化建功立业》的工作报告。区委书记陈丛礼出席会议，市妇联派员参加会议。区委副书记王乃富到会并讲话。区人大、区政协、区工会、团区委负责人参加会议，并派代表向大会祝词。会议选举产生了带岭区妇女联合会第四届执行委员会和常务委员会。

第三节　组织建设

1986 年，区妇联对带岭街道办事处 10 个街道妇女组织进行整顿，把热爱妇女工作，政治、文化素质较高的妇女干部充实到妇女组织中来。

1987 年，区妇联对全区 15 个街道妇女组织进行了整顿，并建立定期检查制度。

1989 年，区妇联为提高妇女干部素质，举办一期妇女干部写作学习班，有 62 人参加学习。同年，对 38 个基层妇女组织进行整顿，全区有一类妇女组织 16 个，二类妇女组织 2 个，无三类妇女组织。

1990 年，区妇联为提高妇女干部理论水平，在妇女中开展学哲学活动，通过举办学哲学演讲会、测试答题等形式，使妇女干部掌握了唯物辩证法，并应用到实际工作当中。同年“三八”节期间，区妇联与广播站配合，摄制一组反映带岭区妇女在改革中发挥作用的系列电视片《林业建设中的女强人》。

1991—2005 年，区妇联定期对妇女组织开展整顿工作，不断调整充实妇女干部，使妇女组织进一步加强，使妇女干部素质不断得到提高。国营企业实行改制后，企业性质发生了变化，随之妇女组织相应减少，针对这种情况，区妇联对全区妇联组织进行全面调查，并认真进行整顿，进一步加强了改革后妇联组织建设。

第四节　主要活动

1986年，区妇联先后举办两期科技讲座，传授黑豆果和盆葡萄的栽培方法。全区有1155名妇女从事种植、养殖、采集等多种经营，仅采集山野菜一项年收入就有28万元。部分妇女还兴办了服务、饮食、食品加工等网点和婚姻介绍所。同年，举办两期普法学习班，有101名妇女参加学习，并取得了“十二法一条例”考试合格证。

1987年，区妇联召开三次致富经验交流会，先后举办了针织刺绣学习班和裁剪班，有140名妇女参加学习。同时，还举办了劣迹青少年家长学习班，加强帮教工作，使15名劣迹青少年改邪归正。同年，还加强了“五好家庭”建设，建立了“五好家庭”登记卡片，坚持定期检查评比工作。各基层妇女组织都建立了“两簿一卡”（登记簿、复查验收簿、“五好家庭”卡）。带岭镇15个街道妇女组织设立了“五好家庭”一览表和评比台，坚持定期检查同评比结合起来，促进了“五好家庭”活动的开展，对在评比中存在问题不及时改正者摘掉光荣牌。

1988年，区妇联从全区实际情况出发，在巩固原有服务网点的同时，又建立130个网点。并举办6期农业生产技术培训班，聘请农业技术人员传授先进的农业生产技术，有132名妇女参加学习。

1990年，区妇联在全区妇女中开展了“双学双比”活动，全区共有街道妇女5640名，其中有劳动能力的4261名，参加“双学双比”活动的妇女达3667名，占妇女总数的65%。同时，组织妇女干部开展义务造林活动，有968名妇女参加此项活动，共营造“三八”林22亩，植树8000株。组织广大妇女参加“龙江女子爱国储蓄”活动，全区有2771名妇女参加，完成储蓄4.6万元。同年，全区“五好家庭”户达5612户，占城镇总户数的50.7%；受理信访案件163起，结案149起，结案率达91%。

1992年，区妇联针对“科普之冬”活动的重点，举办两期科学技术培训班，共培训妇女240多人。同年6月5日，组织召开了“带岭区学法用法经验交流会”，有50名妇女干部参加了会议，其中5名妇女干部在会上介绍了经验。

1994年，区妇联在全区举办女干部业务知识答卷，将妇女干部应具备的业务知识，分成6个方面列出试题，组织答卷，全区有100多名妇女干部参加答卷，及格率达90%以上。同年，还举办了4期法律培训班，有240名妇女参加培训，使其掌握了相关的法律知识。

1996年，区妇联在“三八”节召开了妇女干部座谈会，有40多名妇女干部参加了座谈会。同时，还表彰了10名优秀妇女干部。同年5月，开展了“男女平等”知识竞赛，来自全区各条战线的120多名妇女干部参加了竞赛。

1998年3月8日，区妇联会同区工会、团区委等组织举行了“文化、科技、卫生”三下乡活动，专门组织医务人员、农业专家、文艺骨干成立“三下乡”小分队，分赴各个林场、农村送医送药、送科技、送文化，使“三下乡”活动收到了预期的效果。

1999年5月，区妇联组织女职工开展义务植树造林活动，全区860名女职工参加了营造“三八”林活动，共造林6亩，植树7000株。同年，还进一步加强了“五好家庭”建设，使全区“五好家庭”达到4261户，占城镇总户数的51.6%。

2000年，区妇联在“三八”节期间，利用电视形式向全区播放了全区在“巾帼建功”活动中，涌现出来的女能人、女强人的先进事迹，推动了“巾帼建功”活动进一步开展。同年。区妇联组织妇联干部深入到学校，为教师及学生讲解《中华人民共和国妇女权益保障法》《中华人民共和国婚姻法》

等法律知识，使教师、学生增强了法律意识，提高了自我保护能力。

2002 年，区妇联为了加强妇女的科学技术培训，先后举办 8 期各种专项技术培训班，共培训妇女 400 多人，发放各种科技致富资料 4000 多份，有 280 名妇女掌握了 1～2 项实用技术，有 39 户五好家庭成为科技示范户。同年 9 月，组织全区妇女为患病儿童付鑫蕊捐款 14000 多元，弥补了医药费不足，使其得到及时治疗，挽救了生命。

2003 年 3 月 7 日，区妇联在带岭宾馆会议室召开了“纪念‘三八’妇女节暨表彰奖励大会”，区委、区政府及群团组织负责人参加了大会，会上有 14 名妇女分别获得“双学双比”“巾帼建功”“五好家庭”荣誉，有 970 户家庭被评为“五好家庭”。同年，在“科普之冬”活动中，举办实用技术培训班 6 期，培训农民 230 人次，基层妇女干部 150 人，发放科普资料 2 种 1200 份。

2004 年，区妇联在“科普之冬”活动中，举办科学技术培训班 12 期，培训 500 多人次，推广农业适用技术 15 项，放映科普电教片 21 场，印发科学技术资料 2500 多份，出科普宣传板报 10 期。同年，举办了基层妇女骨干参加的《婚姻法》《妇女权益保障法》培训班，有 40 多人参加培训。进行法律知识竞赛 1 次，有 82 名妇女参赛。同时，还开展了“手拉手，户帮户”活动，共结对 56 对；“春蕾女童”活动，共结对 50 对，为女童捐款 9600 多元。同年，区妇联建立法律援助中心和“148”维权热线，为全区广大妇女提供法律服务。

2005 年 3 月 8 日，区妇联在“三八”节向基层发放《妇女权益保障法》1800 册，出宣传板报 26 块，散发宣传单 1000 张。同年，区妇联先后组织 76 名妇女干部，参加了市妇联骨干参加的全国“婚前医学检查知识竞赛”，48 名妇女干部参加“男女平等”基本国策学习班，510 名妇女参加“科普之冬”科学技术培训班。印发科普资料 3000 份，出宣传板报 15 期，放映科教片 12 场，受教育妇女有 1500 多人。

第五章　带岭区科学技术协会

第一节　机构设置

带岭区科协于1980年成立，与科技科合署办公，主要职能是负责全区的学会管理、科普宣传、青少年科普教育、组织科普之冬和科技培训活动等。

第二节　带岭区科协代表大会

带岭区科协根据中国科协章程中“每五年进行一次换届选举”的规定，自1998年第四次代表大会后，2004年10月，召开了带岭区科协第五次代表大会，并产生了带岭区第五届委员会。

第三节　学会工作

在学会管理方面，先后成立了林学会、森林经营学会、采运分会、综合利用分会、老年体育协会、经济学会、农学会、医学会、机电能源学会、教育学会、科普创作学会、标准计量学会、统战理论研究会、计算机学会、青少年科技辅导学会、森林消防协会等。经过整顿全区现有各类学会、协会10个，会员424人，其中有省、市和国家级会员59人。各类学会、协会有：林学会（下设2个分会，森林经营分会、森林保护分会）、农学会、土木建筑学会、医学会、教育学会、青少年科技辅导学会、森林消防学会、标准计量学会、平贝协会、养猪协会。

第四节　科普活动

在科普方面以弘扬科学精神，倡导科学思想、宣传科学方法、普及科学知识，提高公众的科学文化素质和道德修养为宗旨，积极开展有影响、有特色、有实效的大型科普活动。近年来，以农村和林场为重点，充分利用每年一次的科普之冬活动，利用大众传播媒介，如电视、广播、板报、标语、讲座等多种形式，宣传《中华人民共和国科学技术普及法》，宣讲致富本领，使科普宣传深入群众、深入家庭。

青少年科普教育方面在全区青少年中广泛开展了小发明、小创造、小论文活动。各学校学生踊跃参加竞赛，仅 1999 年就撰写了 146 篇小论文，小发明 89 项，评选出优秀论文 46 篇，优秀小发明成果 12 项。从这些优秀论文和成果中筛选出 3 篇论文和 3 项成果参加了伊春市第八届发明创造和科学论文评选活动。“方便信封”获得全市唯一一个一等奖，另两项成果获二等奖；科学论文获全市一等奖 3 篇，带岭占了 2 篇，另一篇也获得了二等奖。这 6 个作品有 3 个在全省评选中获了奖。科学论文“豆类发芽实验”被评为黑龙江省小论文、小发明一等奖，还参加了国家的评比活动。2000 年，组织部分中小学生和科技辅导员，到凉水保护区进行夏令营活动；2001 年，全区 40 多名中学生参加全国计算机奥林匹克竞赛，是全市参加人数最多的单位。随着家庭计算机的升温，区科协多次在学生假期举办计算机学习班，培养中小学生们对计算机的兴趣，为将来学好计算机打下基础。

“科普之冬”活动是伊春市的一个品牌活动，从每年 12 月起到翌年 3 月底，在农村和林场进行技术培训活动。每次在开展科普之冬活动期间，各林场有线电视全部开辟科普专栏，利用区委组织部科教片库的 VCD 光盘播放科普专题片，进行科技培训、科技咨询、科普竞赛、发放科技资料等项活动。

第六章　带岭区工商联

第一节　机构设置

1990 年 11 月 13 日，带岭工商联成立，编制 2 人，有会员 83 人，其中企业会员 8 人，政协委员中会员 2 人，政协常委中会员 5 人，市政协委员中会员 5 人，人大代表中会员 5 人，其他会员 58 人。

第二节　工商联会员代表大会

一、带岭区工商联第一届一次会员代表大会

1990 年 11 月 13 日，带岭区工商联第一届一次会员代表大会召开，选举刘桐茂为工商联副主席。

二、带岭区工商联第二届一次会员代表大会

1992 年 11 月 29 日，带岭区工商联第二届一次会员代表大会召开，选举刘桐茂、尹连启、孙志礼为工商联副主委。

三、带岭区工商联第三届一次会员代表大会

1997 年 5 月 12 日，带岭区工商联第三届一次会员代表大会召开，选举尹连启为工商联副会长。

四、带岭区工商联第四届一次会员代表大会

2001 年 8 月 7 日，带岭区工商联第四届一次会员代表大会召开，选举陈桂霞为工商联会长。

第三节　主要活动

2001—2002 年，带岭区工商联本着“支持发展、保护权益、加强引导、搞好服务”的原则，在非公有制经济企业开展了“抓建设、比发展、塑形象、比贡献”“双十百千万”活动，在非公有制经济领域中，有越来越多的企业和会员争创文明单位、文明业户、文明员工，促进了全区非公有制经济的健康发展。

2003 年，带岭区工商联积极发挥参政议政作用，经常深入基层了解情况，及时反映广大非公有制经济人士的呼声和要求，并鼓励会员撰写提案，全年工商联会员共撰写提案 16 条，有些提案被有

关部门采纳。

2004 年，带岭区工商联按照“三个代表”重要思想，加大了服务力度，积极深入会员当中宣传区委、区政府关于发展非公有制经济的各项方针政策，并抓住全省“招商引资年”的有利契机，积极开展招商引资活动。当年，为会员企业招商引资 70 万元。

2005 年，带岭区工商联广泛开展“爱国、敬业、诚信、守法”和“致富思源，富而思进”教育，引导广大会员在注重经济效益的同时，注重社会效益，报效祖国，奉献社会，积极参加光彩事业，自觉投身社会公益事业。在带岭区高中“晓星”捐资助学活动中，工商联企业会员主动捐款 7400 元，顺发木业公司经理肖兴旺，每年都拿出 2000 元资助贫困学生。

第十九篇

政务管理

第一章　人事劳动管理

第一节　机构设置

1987 年，带岭局成立劳动服务公司、社会劳动保障公司和劳动争议仲裁委员会。

1990 年年初，根据上级有关文件规定，劳资科更名为劳动局。即区政府系列为劳动局，林业局系列为劳动工资科，一套人马、两块牌子。劳动局设定额站、知青教育管理站等。

1997 年 6 月机构改革，将人事局、编制委员会、区安全办、局安技科统合并入劳动局，更名为人事劳动局。

2001 年，区安全办从人事劳动局分离，成立独立的安全生产监督管理局。同时，将锅炉压力容器、特种设备管理职能划到技术监督局管理。

2003 年，区劳动服务公司撤销，更名为就业局，但仍包含在人事劳动局内。

2004 年 3 月，社会保险业务从人事劳动局分出，单独成立社会保险事业管理局。

截至 2005 年，人事劳动局所管辖的业务范围主要有就业局、定额站、人员机构编制、人事调配、职称评定、职工调配、劳动工资和奖金、劳动争议仲裁等。

第二节　劳动工资

1986 年 10 月，根据黑森总劳〔1986〕670 号文件精神，全区有 6800 多名职工提升了一级工资。1987 年，根据厂（场）长奖罚条例的规定，全局有 230 名职工受到了 3% 工资奖励。同年 7 月，全局职工浮动一级工资，代替了奖金。1988 年 4 月，根据劳人薪〔1988〕4 号文件，全区有 8632 名职工提升了一级工资。1988—1989 年，林业局为扩大奖励面，将 3% 工资指标一级变为半级，全局升级面为 6%，有 980 多名职工提升了工资。1989 年 10 月，根据黑政发〔1990〕21 号文件规定，全局 8800 多名职工每人提升一级工资。1990 年，局仍采取 1988 年、1989 年 3% 奖励办法，全局有 800 余名职工提升了 3% 奖励工资。1990 年 10 月，根据黑政发〔1991〕21 号文件，为全局 8681 名职工提升半级工资。1991 年 5 月，根据劳薪字〔1991〕32 号文件，为全局 8681 名职工提升了 6 元工资。1992 年 7 月，根据黑劳发〔1991〕66 号文件，为 8959 名职工提升了 7 元工资。1994 年全局的增资幅度较大，1 月进行了工资套改，全局职工每人增资幅度达 20～30 元。9 月根据黑森办〔1993〕239 号文件，12 月根据黑政〔1994〕17 号文件和带局发〔1994〕27 号文件，全局职工有 9296 人分别提升了三级工资，增幅 50～60 元。1995—2002 年，没有进行全局性普调工资，只是少数人员以单项奖等原因频频调整工资，大幅增资额从几百到千元以上。全局职工工资仍维持在 400 元的水平。直到

2003年，带岭局实现了50年无森林火灾，根据带局发〔2003〕3号文件，为全局5454名职工每人提升了一级工资。

2004年，根据黑森劳〔1998〕230号文件、黑森劳〔2004〕334号文件进行了工资套改，每名职工增资78元左右，但取消了副食等各种补贴，增资人员5265人。2005年进行了低工资调整，全局每名职工提升一级工资30元左右。

1986—2005年带岭区（局）工资总额一览表

表19-1 单位：万元

年 份	工资总额（万元）	年 份	工资总额（万元）
1986	1161.9	1996	4400.7
1987	1305.4	1997	4185.7
1988	1830.2	1998	3006.4
1989	1795.5	1999	3331.1
1990	1410.0	2000	2999.6
1991	1782.3	2001	2355.4
1992	2316.9	2002	1892.2
1993	3098.6	2003	1703.0
1994	3007.1	2004	1963.2
1995	4404.3	2005	2081.0

1986—2005年带岭区（局）历年职工在册人数一览表

表19-2 单位：人

年份	在册人数	党政机关	国营	集体	男	女	大专以上	高中以上	初中以下
1986	16044	595	9982	6062	11328	4716	453	4602	10989
1987	16001	595	9938	6062	11298	4703	455	4600	10946
1988	14869	595	9038	5831	10499	4370	465	4638	9766
1989	15171	595	9091	6080	10260	4911	470	4676	10025
1990	15256	629	9056	6200	10356	4900	495	4700	10061
1991	15349	640	9149	6200	10445	4904	521	4735	10093
1992	16346	651	9366	6980	11443	4903	550	4769	11027
1993	17011	651	9494	7517	11908	5103	578	4801	11632
1994	17258	654	8567	8691	12081	5177	639	4802	11817
1995	18965	637	11120	7845	13275	5690	701	5135	13129
1996	16865	664	9877	6988	11806	5059	754	5137	10974
1997	18885	646	10492	8393	13220	5665	801	5140	12944
1998	16815	455	9266	7549	11771	5044	865	5143	10807
1999	16480	281	8909	7571	11536	4944	921	5135	10424
2000	18049	247	10649	7400	12634	5415	978	5133	11938
2001	14367	363	6001	8366	10057	4310	1004	5110	8253
2002	13645	318	6003	7642	9551	4094	1004	5110	7531
2003	13084	326	5454	7630	9159	3925	1005	5102	6977
2004	12895	326	5265	7630	9026	3869	1003	5087	6805
2005	12366	326	5130	7236	8656	3710	1008	5055	6303

第三节 清理劳动关系

一、劳动合同制度

带岭局最早招用全民合同制工人在1984年。作为森工总局试点单位，招用全民合同制工人298人。

1986年，局用工制度进行改革，企业用工一律实行劳动合同制度。即招用全民合同制工人，废除了固定工制度。

1996年，森工企业全面推行劳动合同制度，局对所属各类企业（不含机关、公检法、文教卫生）进行了劳动合同制度改革，全局推行劳动合同制度改革单位39个，签订劳动合同5000多份。至2005年仍延续这种制度。

二、富余职工一次性安置

2000年起，根据省森林工业总局文件精神，对局内院墙式企业富余职工进行了一次性安置，到2002年，3年间共安置富余职工2467人，发放一次性安置费近3000万元。职工被一次性安置后符合退休条件的，按有关规定办理退休手续。其退休基本养老金计发办法与企业职工基本养老金计发办法相同。

三、停薪留职

1983年，劳动部出台了《关于企业职工要求“停薪留职”问题的通知》，劳人计〔1983〕61号文件，文件规定：凡是企业不需要的富余职工，可以允许“停薪留职”，企业职工要求“停薪留职”去农村从事技术开发和多种经营工作的，只要生产、工作离得开，应积极予以支持，“停薪留职”期一般不超过两年。“停薪留职”期间，不升级、不享受各种补贴和劳动保险福利待遇；“停薪留职”期间按月向原单位缴纳劳动保险基金，其数额一般不超过本人原标准工资的20%。“停薪留职”期间计算工龄，期满后本人愿意回单位工作的，原单位应予以安排工作；期满后一个月内未向原单位申请工作，又未办理辞职手续的，原单位有权按自动离职处理。

全局自1984年起，根据上述文件精神，对企业富余职工按着本人自愿、单位同意，按规定缴纳劳动保险基金的人员办理了“停薪留职”手续。到1998年为止共办理744人，1998年后这一规定不再实行。

四、请长假

1984年，根据本局的实际情况，为照顾女职工生育独生子女、哺育儿女、无法上班的具体情况，制定了女职工请长假制度。规定男女双方必须是晚婚晚育，自愿生一个小孩。在晚育产假6个月基础上增加12个月。长假期间用人单位按本人基本工资的75%发给生活费。也可延长至儿女3岁，每月发给60元生活费。

1998年，局出台带局发〔1997〕73号文件，规定可放不超过两年的假期，其间发给本人基本工资60%的生活费。

1984—2000年，全局有符合请长假条件的女职工436人，办理了请长假的手续。

到2005年，全局职工共分成五种情况：在岗职工、二线（即调研员）、离岗休养、自谋职业、一次性安置（买断）。

第四节 劳动定额

1986年1月，总局修改了“东北内蒙古木材采运生产统一劳动定额”计价单位，规定了森林采伐企业计件评价工资标准，并规定了木材加工、林产化工、机械制造、检修电力、建安等企业计件评价工资标准。

1990年7月，总局下发了《调整部分生产定额设计时间和计件评价工资等级的函》，第一次将冬季木材采伐时间定额按7小时设计。11月，黑森总劳字〔1990〕461号文件，提高了森工企业计件工人工资待遇。第一次建立了计件率，山上30%，山下20%。

1998年前，林业局劳资科在定额管理方面始终执行三级管理的劳动定额管理办法，即省森林工业总局制定颁发统一定额，地区劳动部门制定颁布地区定额及企业自定劳动定额。定额站有站长及管理人员共4名，基建工程处、木综厂等基层单位配备工资定额员20余名。

1998年，随着天保工程的实施，为加强森工企业的经营管理，更好地为营林生产服务，适应企业财务、统计、业务核算的需要，省森林工业总局重新制定并颁发了《黑龙江省营林生产统一劳动定额》。2000年，省森林工业总局为理顺企业内部分配关系，更好地服务于企业木材生产，更加有利于促进“天保工程”的实施，重新制定颁发了《黑龙江省木材生产统一劳动定额》。到2005年，全局一直执行省森林工业总局制定的生产和营林各项劳动定额。

第五节 劳动信访与仲裁

劳动争议仲裁委员会成立于1987年。按国家和省相关规定，劳动争议仲裁委员会由劳动行政主管部门的代表、工会代表、综合经济管理部门的代表组成。劳动行政主管部门的劳动争议处理机构为仲裁委员会的办事机构，办公室设在劳动局，负责仲裁委员会的日常工作。主任由劳动行政主管部门的主要负责人（即劳动局局长）担任。

2000年10月，带岭区劳动争议仲裁委员会仲裁庭被评为省级标准化仲裁庭。到2005年，全区共接待劳动争议上访200多人次，立案受理65起，结案率100%，基本都是工伤待遇赔偿案件。各类企业赔偿劳动者各种补偿金累计近80万元。2005年，带岭区劳动争议仲裁工作被评为省级先进集体。

第六节 人事管理

一、人员机构编制

带岭区编制委员会成立于1983年，与人事监察科合署办公，主要负责区（局）机关和基层单位的定员定编工作。

1991年，中共带岭区（局）常委（扩大）会议研究决定，机关人员采取只出不进的措施，编制办审核工资报审制度，此次机关定编为464人，机关附属单位定编217人。

1996年，对全区（局）各基层单位实行定岗定编。此次定编对生产单位的管理人员和非生产人员共清理141人。

1997 年，经市编委会批准，带岭区（局）机关实行机构编制改革。机关党委部门设置 5 个，政府工作部门设置 20 个，林企机构 6 个，群团组织 4 个，政权部门 2 个。此次机关定编 247 人，机关附属单位定编 163 人。精减分流人员 228 人，精简机构 7 个。

2001 年，根据伊春市委、市政府《关于伊春市辖区党政机构改革实施意见》的要求，制定了《带岭区（局）党政机关机构改革实施方案》，并经市伊编〔2001〕82 号文件批准实施。此次机关机构改革，机关党委设 5 个部门，政府设置 15 个部门，林企机构设置 4 个部门，群团组织 4 个，政权部门 2 个。机关定员 210 人，机关附属 101 人。分流人员享受政策 202 人，精减分流 25 人。

另外，大兴乡、街道办事处也参加了此次机构改革，共精减人员 35 人，精简机构 5 个。

二、人才开发交流

1996 年，区成立人才交流中心，负责人事代理业务。其中有人才应聘、工资晋升、技术专业职称评审、人才流动手续等业务。

2002 年，配合市人事局搞了一次人才需求调研。调研结果主要缺少实用型多种经营方面的乡土人才。随着木材产量的减少，采运、营林专业人才过剩，木材精深加工方面的人才相对匮乏。为了吸引人才，区于 2004 年 2 月制定了相关的优惠政策。鼓励有管理才能的企业家在多个企业兼职。为企业减亏增盈取得成效的，经具有执业资格的会计师事务所审定后，按减亏增盈额 5% 的比例由受益单位予以奖励。双方签订合同的，按合同兑现；企事业单位转让新技术、新产品，可从技术转让所取得的净收入中提取 30% 予以奖励开发科研成果的有关人员，主要贡献人员所得奖励为奖励总额的 50%；对引进的人才，视级别和承担工作任务等实际情况，每月由用人单位给予不低于 1000 元的生活补贴；承担市级、区级重点科研项目的，经有关部门批准立项后，一次性分别从政府科研经费中给予一定的补贴。

三、人事制度改革

1986 年，在深化改革的过程中，实行局长负责制。全区（局）行政科级副科级及一般干部均由人事科负责管理。

1990 年年初，根据上级有关文件规定，人事科改为人事局。同年，局行政科级、副科级干部的任免重归区党委。人事局仍负责全区一般干部的管理。

1996 年实行干部聘任制，对全民在职干部实行聘任制，非在职和以工代干人员实行聘用制。其目的是按编制配备合格的管理人才，体现干部能上能下的原则，同时也起到减员效应。

合同制干部是在非在职五大毕业生中聘用上岗的专业技术人员。1996 年首次在造纸厂聘用 14 名五大毕业生上岗，从事专业技术岗位。1997 年，全区对以工代干人员进行了清理，共有 85 人。

四、干部管理

1986—2005 年，人事科（局）共接收安置大中专毕业生 711 名，部队转业干部 3 名，从工人和非在职人员中录用干部 159 名。同时还为 1768 名科技人员办理了科技津贴，为 445 人办理了浮动工资，为 426 名大中专毕业生办理了转正定级手续，为 489 名干部办理了退休手续，为 145 名离休老干部办理了护理费，为 252 名干部办理了内退手续。

自 2001 年起，大中专毕业生实行双向选择政策自由择业，由于带岭各单位经济不景气，就业门路窄，到 2005 年已积压 142 名大中专毕业生待岗。

1986—2005 年带岭区（局）干部管理情况统计表

表 19-3 单位：人

年份	接受安置大中专毕业生	安置转业干部	录用干部	办理科技津贴	办理浮动工资	大中专毕业生转正定编	离退干部护理	退休	内退	病退
1986	21	1	11	9	—	19	3	2	—	—
1987	27	2	—	19	—	21	4	2	—	—
1988	19	—	—	71	35	26	20	20	—	—
1989	16	—	—	86	45	19	1	13	—	—
1990	11	—	14	61	36	16	0	11	—	—
1991	37	—	—	44	16	11	24	15	—	—
1992	17	—	—	71	12	37	18	12	—	—
1993	12	—	70	726	20	17	—	16	—	—
1994	25	—	10	36	23	12	4	11	29	—
1995	40	—	21	57	21	25	3	45	14	—
1996	35	—	7	96	22	40	21	26	20	—
1997	89	—	9	78	31	35	7	17	188	—
1998	71	—	7	72	29	89	9	20	—	—
1999	33	—	5	70	21	16	18	279	—	—
2000	54	—	5	69	20	13	9	—	—	—
2001	17	—	—	52	25	14	2	—	—	—
2002	9	—	—	50	26	6	2	—	—	—
2003	8	—	—	64	27	3	—	—	—	—
2004	65	—	—	20	21	4	—	—	—	—
2005	105	—	—	17	15	3	—	—	—	—
合计	711	3	159	1768	445	426	145	489	251	—

第七节 职称评聘

1986 年 12 月，带岭区成立职称改革工作领导小组。该小组由局主管领导及人事部门和各业务主管部门的负责人组成。当时，全区有专业技术人员 1550 名，其中 489 人已取得各种职称。区科学技术委员会成立了由 68 人组成的工程系列中级职称评审委员会，组建了 7 个专家评审委员会，22 个专业评审组，承担本区工程系列专业初级、中级技术职称评审工作。

1987 年，区职称改革工作正式开始。区科委制定了《带岭区专业技术职务评审委员会工作纪律》《专业技术职务评审程序》。全区参加职称评聘的人员中，具有大中专学历专业技术人员 612 名，不具备规定学历的人员 991 名。为配合职称评定工作，区科委举办了 8 期财会、外语等专业培训班，培训学员 354 名。经过培训考试，全区 1106 人具备了专业技术职务任职条件。

1988 年 12 月 13 日，评审工作开始，12 月 20 日结束。16 个系列、68 个专业、856 人参加评审，其中中级工程系列 9 个专业，27 人参加评审，26 人合格；助级 238 人、员级 410 人参加评审，共 640 人合格。本次职称改革工作历时 3 年，到 1990 年结束。

1990 年，职称改革工作结束后，职称管理工作从科委移交给人事局。人事局接收此项工作后，先后对全区（局）初、中、高级专业技术人员进行登记造册及考核评聘工作。为专业技术人员发放了“黑龙江省专业技术职务资格证书”“专业技术职务聘任书”“继续教育证书”。同年，人事局还开展了集体企业干部的职称评聘工作，全区共有 28 名干部获得中级职称，129 名干部获得初级职称。

1990 年，全区（局）共有高级职称人员 62 名，中级职称人员 391 名，初级职称人员 912 名。

1991—2005 年，职称评聘工作基本走上正常轨道，每年根据大中专毕业生毕业年限和各级各类专业技术人员任职年限，按上级规定正常晋升上一级职称。对聘任期满的专业技术人员经过考核进行了续聘。到 2005 年，全区（局）专业技术人员共有高级职称 371 名，中级职称 1269 名，初级职称 2357 人。

1988—2005 年带岭区（局）专业技术人员职称统计表

表 19-4

年份	正高职	副高职	中级	初级
1988	—	—	—	—
1989	—	37	190	907
1990	—	4	54	260
1991	—	10	29	112
1992	—	6	31	19
1993	—	5	27	29
1994	—	4	53	39
1995	—	3	42	81
1996	1	41	51	51
1997	—	14	30	57
1998	—	4	29	18
1999	2	13	20	30
2000	—	8	18	119
2001	—	9	21	22
2002	—	2	9	29
2003	1	5	11	21
2004	—	11	17	17
2005	5	7	8	12
卫生系列	—	3	71	109
合计	9	186	711	1932

第二章　安全生产管理

第一节　机构设置

1986年至1997年5月，林业局设安全技术监察科，1988年4月设安全办，与安技科合署办公，一套人马、两块牌子。1997年6月，安技科和安全办合并到区劳动局。

2001年，安全办从劳动局分离，成立独立的安全生产监督管理局。构成“政府监察、企业管理、群众（工会）监督”的安全管理体系。安技科和安全办主要负责全区（局）的安全技术和安全生产的宣传教育、检查监督、劳动保护、工业卫生等。同时将锅炉压力容器特种设备管理职能划归到区技术监督局。

第二节　宣传教育

1986年，局安全监察科对从事生产作业的职工和青年进行生产知识、安全操作规程、遵章守纪及法制等方面教育，对技工进行安全操作技术考核。生产单位和辅助生产单位按局统一部署，对特殊工种和锅炉工、电工、汽车司机、绞盘机手进行安全技术培训。新工人上岗前进行安全知识教育。

1987年，安技科在全局范围内传达、贯彻了《黑龙江省安全生产条例》，并将其翻印800本小册子下发到各作业小组。此外，基层单位还分期分批举办安全知识学习班，对在岗人员进行安全教育。

1991年，开展安全生产周活动，区安技科紧紧围绕主题进行多种形式的宣传活动。2000年，安全生产活动周改为安全生产宣传月。区政府每年均投入大量资金进行宣传，在全局进行安全生产万人签名活动，安全生产主题演讲比赛等。2002年，区选派3名选手代表伊春市参加全省安全知识竞赛获得优秀奖。

1990年起，劳动部门规定，新工人进厂须进行安全生产的“三级”（厂部、车间、班组）教育，并经考试合格方可进入操作岗位。每年冬运开始之前，林业局对从事电气、焊接、起重、运材司机等技术性较强的特殊工种作业人员进行专业训练。至2005年，全区举办各种安全技术培训班60期，受训4500多人次。

第三节　制度和检查

1986年以来，局安技科与工会、机电科等有关部门，除坚持每季度一次安全生产大检查外，还根据生产作业的实际及特殊情况，进行定期和不定期的安全大检查。生产单位还坚持每周一次的安全检查，在冬运生产期间，根据天冷路滑、运材车运行困难的实际情况，对容易发生事故的路段重点进行了防滑和路检路查工作。1990年起，在对工厂的安全检查中，重点检查传运带装置、电气、锅炉和防火等。1990年后，安全检查由企业自查、行业（乡、镇）互查、上级抽查相结合进行，区人大常委会把工厂安全检查列为重要视察内容。对检查出的各种事故隐患，边检查边采取整改措施或限期整改。至2005年，基本控制了木工机械传动设备、伐木、运材等伤害事故。各企业除经常性的安全检查外，每年还定期进行2～4次群众性安全检查。

第四节　劳动保护

1986年，劳动保护由过去发放现金改为发放劳动保护品。劳动保护品中除手套、大衣等部分物品由本地加工外，其他均在外地定做。

1987年，局安全科对享受皮短大衣的特殊工种，如司机、外线电工等，发放轻便保暖的羽绒服。

1988年，安全监察科根据生产实际需要，将棉大衣改为棉夹克，还购进有防寒、防滑功能的五防鞋，自1990年开始，为野外作业职工发放皮短大衣。到1997年，林业局发放的各项工种的劳动保护用品总金额为120万元。1997年以后，由于林业局资金紧张，各项工种的劳动保护用品停发。

第三章　社会保障制度改革

第一节　机构设置

1986年，11月，省森林工业总局下发了〔1987〕黑森总字39号《关于建立森工系统各级劳动服务公司的通知》。1987年7月，各县、区、局、厂劳动部门相继建立了社会保险管理机构，具体经办辖区内的社会保险业务。带岭区社会保险事业管理局的前身为带岭区劳动服务公司，隶属区劳动局，下设财务2人，业务人员4人。1994年7月，成立带岭区社会保险事业管理局，隶属劳动局管理，下设财务2人、业务工作人员3人。2004年3月，根据黑森编字〔2001〕17号文件精神，经区委、区政府批准，带岭区社会保险事业管理局与人事劳动局分开，独立办公，属科级单位，下设财务人员2人、养老保险人员1人、失业保险人员1人、医疗保险人员2人。

第二节　企业养老保险

1986年，国务院以77号文件发布了《国营企业实行劳动合同制暂行规定》，对职工养老保险作了明确规定。带岭区（局）是合同制工人录用试点单位，因此，从1984年4月起合同制工人就开始缴纳养老保险费，企业也按匹配的额度缴纳养老保险费。根据《黑龙江省国有企业职工个人缴纳基本养老保险费暂行办法》，带岭区（局）自1993年12月起就对全体职工（含合同制工人）收缴养老保险费，按工资收入的2%缴纳。企业按“一企一率”比例进行上缴养老保险费，即根据退休费的多少上缴养老保险费。当时，因各地的退休费项目不统一，所以各地收缴比例也不统一。为了改变这种状况，1994年9月6日，区（局）根据上级文件要求，下发了养老保险费收缴实施办法。本办法对养老金的比例、储存、使用等作了统一规范。对职工个人缴费制度制定了花名册、卡片、台账等，将职工个人缴费记入了全国统一的《职工养老保险手册》。

1998年，省政府发布了《黑龙江省城镇企业职工基本养老保险规定》。省森林工业总局下发了贯彻省政府规定的通知。根据以上要求，带岭区（局）相应制定了贯彻实施办法。办法规定带岭区（局）国有企业、集体企业、股份制企业、股份合作制企业、私营企业以及国家规定的应当参加基本养老保险的企业及其职工都应参加基本养老保险，并按月缴纳基本养老保险费。参加基本养老保险的职工，达到规定退休年龄和缴纳基本养老保险费年限，应当享受基本养老保险待遇。根据上级文件精神，养老保险逐步实行省级社会统筹，并建立省级基本养老金调剂制度。基本养老保险费由企业和职工共同负担，实行社会统筹和个人账户相结合，具体由区（局）社会保险管理局负责组织实施。

1999年1月，“天保工程”实施后改变了企业“一企一率”的养老保险模式，建立了以森工系统统筹的社会保险统筹模式，统一了缴费比例，统一了养老金统筹项目，统一由银行和社保局委托发放，统一了计发办法。为了使职工缴纳的养老保险基金得到增值保值，社保部门根据上级要求将基金存入定期存款和国库券。截至 2004 年 6 月，带岭区（局）职工个人养老金累计存款 1200 万元。因带岭是区（局）政企合一的单位，带岭局从 1999 年进入省森林工业总局森工系统统筹。地方则由伊春市管理，带岭社会保险事业管理局同时负责地方企业，部门的养老保险费的收缴、上解、下拨的工作和地方安置人员的养老保险及退休人员社区管理，以及农村养老保险等工作。2001 年 1 月起，伊春市开始在全市范围内实行基本养老保险市级统筹。

第三节　工伤保险制度改革

带岭区（局）是实施国务院关于改革劳动制度四个规定的试点单位之一。早在 1986 年，就按照“四个规定”有关工伤制度改革的条款，对工伤保险制度改革进行了不断探索。

2003 年 4 月，国务院发布了《工伤保险条例》，黑龙江省政府、省森林工业总局也相继发布了工伤保险制度改革的条例或者实施细则，使带岭的工伤制度改革步入有章可循的轨道，结合本区实际，相应制定了实施办法。规定本局企事业单位职工和个体工商户雇工，都要依照有关工伤保险的有关法规享受工伤待遇。工伤保险基金由用人单位的工伤保险费，工伤保险基金的利息和依法纳入保险基金的其他资金构成。工伤保险费根据以支定收、收支平衡的原则确定费率。统筹地区经办机构根据用人单位工伤保险费使用，工伤发生率等情况，适应所属行业内相应的费率档次确定单位缴纳费费率。工伤保险基金存入社会保障基金财政专户，用于附和规定的保险待遇，劳动能力鉴定以及法律法规规定的用于工伤保险的其他费用的支付。任何单位或个人不得将工伤保险基金用于投资运营、兴建或改建办公场所、发放奖金，或者挪作其他用途。工伤保险基金应当留有一定比例的储备金，用于统筹地区重大事故的工伤保险待遇支付，储备金不足支付的，由统筹地区的人民政府垫付。储备金占基金总额的具体比例和储备金的使用办法，依照上级有关规定执行。

第四节　失业保险制度改革

1986 年 7 月，国务院发布了改革劳动制度的四项规定。黑龙江省、省森林工业总局也相继下发了实施四个规定的实施细则和实施办法。为贯彻落实上级有关文件精神，早在原带岭区（局）劳动服务公司时，就担负起了失业保险的管理职能。从 1992 年 1 月起，每人每月缴失业保险费 1 元，企业按工资 1% 缴纳。从 1998 年 1 月起，职工每人每月按工资总额的 1% 缴纳，企业按 2% 缴纳。失业保险统由省森林工业总局管理。1999 年 1 月，国务院发布了《失业保险条例》，明确规定城镇企事业单位及其职工，都要依照条例的有关规定缴纳失业保险费。缴费单位失业人员，有权享受失业保险待遇。规定县级以上地方各级人民政府劳动保障行政部门主管失业保险工作。对于失业保险基金的构成，也做出了明确说明。

2003 年 10 月，为建立一个“五保合一”的养老保险体系，经省社会保险事业管理局同意，将带岭区（局）的失业保险工作又纳回了森工系统管理。由于地方的失业保险（粮食、银行、工商、税务等部门）仍由伊春市管理，因此，带岭区（局）的社会保险事业管理又属地方失业保险管理机构。

第五节 医疗保险制度改革

1993年1月，带岭区（局）出台了《带岭局劳保医疗办法》。按照本办法，医疗经费管理由财务科按各单位职工人数，及工资总额分配到各单位，实行单位包职工，家属由医院、单位、个人三挂钩管理医疗费用。职工在医院看病，实行全额收费，需要住院的患者根据实际情况，实行三种结算办法。新中国成立前的老干部、二等以上伤残军人，实行合同结算。其他职工实行内部转账结算，家属实行现金结算。职工住院持医院住院通知单，经单位领导同意，职工凭内转单住院，家属持医院通知单回单位借款。在医院就诊的医药费、辅助检查费，按本人享受比例核销。由医院转诊的病人，必须持诊断书及出院单，由医院审核同意，单位领导签字，由单位财务在职工或家属享受比例的基础上减5%予以核销。辅助检查费在职工享受比例的基础上减1%予以核销，职工医疗费按工作年限进行核销。即新中国成立前参加工作的职工、二等残废军人按100%核销，1960年以前参加工作的按90%核销，1975年以前参加工作的按85%核销，1976年以后参加工作按80%核销。7周岁以下的独生子女除享受半费待遇外，由职工单位每月定期补助独生子女药费5元。工伤、职业病、计划生育并发症等，按100%核销，核销时必须持有关部门证件，医疗终结后不再享受100%核销待遇。

2002年3月，根据《国务院关于建立城镇职工基本医疗保险制度的决定》《黑龙江省建立城镇职工基本医疗保险制度的总体规划》、省森林工业总局的有关通知精神，保证《带岭林业实验局职工基本医疗保险制度实施方案》的全面实施，带岭局制定下发了职工基本医疗保险制度改革暂行办法。

办法规定参加医疗保险的参保单位和参保人员依照国家《社会保险费征缴暂行条例》按期向带岭局社会医疗保险机构缴纳医疗保险费。缴费比例，参保单位按职工工资总额的6%，个人按本人工资总额的2%上缴。退休退职人员个人不缴纳医疗保险费，由所在单位按退休费总额的8%缴纳。参保人员个人缴纳的保险费由用人单位从工资中代为扣缴，每上年末一次性缴至局社会医疗保险机构；单位缴纳部分，每年1月10日和7月10日分两次缴纳。逾期不缴，除暂停享受医疗保险费外，并按日缴2‰滞纳金。

基本医疗保险金的管理，职工个人缴纳的2%计入个人账户，单位缴纳的6%，分别以45岁以上和以下两个年龄段，按本人工资总额的1.2%和1.7%不同比例划入个人医疗保险账户。退休、退职人员由企业以本人养老金为计算基数，按4%比例划入个人账户。个人账户归参保人所有，主要用于支付本人门诊医疗费用，定点药店购药费用。年终如有结余，连同利息一并转入下年使用，参保人员死亡或调出参保企业的，个人账户的余额可依法继承或随本人转移，无人继承的，并入统筹基金账户。参保单位缴纳的医疗保险扣除划入个人账户剩余部分为统筹基金，由医保机构统一管理，在参保人员范围内依据互助共济原则调剂使用。

职工医疗保险实行定点医疗。带岭确定的医疗点为省林业总局医院、伊春市林业中心医院、黑龙江省林业第二医院（南岔结核病医院），本局确定带岭职工医院。山上卫生所及社区服务网点为定点医疗点。另有3家定点药店。

参保职工持森工社会保险机构印制的黑龙江省森工系统职工基本医疗保险、病历处方本，到定点医疗机构就诊和定点药点购药。

使用医疗保险统筹金个人承担的比例为：3000元以内部分，45岁以下个人承担35%，45岁以上个人承担25%，退休人员个人承担15%；3000元以上至最高支付限额内，在上述个人承担比例基础上，医疗费用降低5%；参保人员住院床费个人承担50%。对不同级别医疗机构就诊，个人承担比例为一、二级医疗机构的自付比例不加不减；三级乙等医疗机构加10%，三级甲等医疗机构加15%。

参保人员就医出院费用由定点医院承担，社保机构不支付统筹金。

医疗保险机构按月向医院拨基本医疗保险金，划拨原则是每月支付应付保险统筹金总额的 90%，其余 10% 待年终按有关文件考核后再拨，如医院有违规违纪现象，则由其 10% 中扣除，并由医院承担所发生的医疗费用。对实行基本医疗前所发生的医药费，仍按原资金渠道解决。为保证医疗改革的顺利进行，带岭局职工医院制定了开展城镇职工基本医疗保险对接的实施办法，使带岭局职工基本医疗保险制度改革暂行办法更加具有可操作性，保证暂行办法全面实施。

第六节　公有住房制度改革

带岭区的公有住房制度改革从 1993 年 11 月开始实施。住房制度改革前，带岭区有公有住房面积 29 万平方米，住户 4860 户。1995 年进一步深化住房制度改革，房改政策进一步完善，售房标准和职工购房优惠政策有所改变。工龄享受标准，同一个户口在一起居住的职工，可按两人最长工龄合计计算，工龄优惠额 3 元 / 平方米。房屋折旧标准 1.5%；企业为职工负担价 10.95 元 / 平方米，一次性付款优惠 20%；标准价 358 元 / 平方米，产权为 58%；成本价 620 元 / 平方米，产权为私产。截至 2005 年年底，共出售公有住房 25.2 万平方米，住户 4160 户。还有未出售面积 3.8 万平方米，住户 700 户。1993 年年底，住房制度改革的当年就出售公有住房 1500 户。

第四章　民政管理

第一节　机构设置

1990年，带岭区民政科更名为民政局。民政局设有带岭区残疾人联合会、带岭区老龄委员会、带岭区委双拥办公室。主要负责基层政权建设、社会救济、优抚抚恤、军人安置、婚姻登记、殡葬管理、地名勘界、行政区划、城市最低生活保障等工作。

第二节　残疾人联合会

1990年6月，成立带岭区残疾人联合会，设主席1名，副主席9名，理事和副理事4名。残疾人联合会成立后，全区各单位陆续成立了23个残疾人协会和残疾人领导小组。1996年后，残疾人联合会始终没有换届，民政局有一人负责此项工作。

一、残疾人安置就业

1986—1996年，带岭区民政局认真贯彻落实《中华人民共和国残疾人保障法》，妥善解决残疾人就业问题，使残疾人得到了适当安置。10年间，共安置残疾人200多人。

1997年，带岭区政府先后下发了《带岭区按比例安置残疾人就业（试行）方案》《带岭区按比例安排残疾人就业实施办法》，对安置残疾人就业做出明确规定：凡具有本地区城镇常住户口，符合法定就业年龄（18～45岁），本人有就业要求，生活能够自理，具有一定劳动能力的无业残疾人；本区管辖范围内的机关、团体、企业（含合资、合作、独资、股份制、租赁、承包企业），事业单位、城镇集体经济组织、各类私营经济组织、市直单位，均应按本单位在册职工总数1.5%的比例安排残疾人就业。单位职工总人数满30～70人（含70人）均应安排一名残疾人就业。不足30人的单位和个体工商户可按比例缴纳残疾人就业保障金。全区共有残疾人719人，采取集中安置358人，其中社会福利厂安置287人、翠林福利厂安置71人；采取分散安置200余人。

二、残疾人困难救济

1986年以来，带岭区民政局对残疾人工作非常重视，认真解决残疾人的生活困难。1998年，为2名下肢截瘫残疾人添置2台轮椅，解决行路难问题。1999年，请示区政府出资8000多元为一名一等伤残军人购置了三轮摩托车。同时，采取不定期走访的办法，对残疾人进行慰问，送去救济款。实行城市最低生活保障后，对家庭生活比较困难的残疾人都纳入了最低生活保障。2005 年，共纳入低保对象的残疾人达 196 人。

三、助残日活动

1991—2005 年，带岭区民政局每年都开展助残日活动。每到助残日，区政府领导和民政局工作人员走上街头，大力开展助残宣传活动，主要街道张贴宣传标语，并在中心街道采取组织老年秧歌队、散发宣传单、设立助残箱等形式，开展助残宣传活动，形成人人关心残疾人、人人帮助残疾人的氛围。在此基础上，积极帮助扶持福利企业，为他们争取优惠政策，减少税金，减轻企业负担，更好地为残疾人服务。

第三节　基层政权建设

一、居民委员会换届选举

1986 年，居民委员会换届选举的主要程序，一是成立换届选举机构，即居民选举委员会，成员由上届居委会委员、居民小组组长和居民代表组成；二是制定换届选举方案，明确选举时间、方法、步骤和要求；三是进行选举登记，对年满 18 周岁有选举资格人员进行全面登记，公布选民名单，发放选民证；四是推荐确定候选人，采取召开居民会议和居民小组会议和群众联名推荐的方式，提出居民委员会成员候选人，然后，经选举委员会充分酝酿，民主协商等程序确定候选人，并向广大选民介绍候选人情况。五是召开选民大会，采取无记名的方式进行投票，对身体有病卧床的选民，采取流动票箱方式进行投票，投票结束后，由总监票人和监票人统计选票，并由选举委员会主任公布选举结果。居委会成员一般由 5～7 人组成，设主任 1 人、副主任 2 人，居民委员会基本都是在家庭妇女中选举产生，每月发给一定数量的补贴费。

1990 年 4 月，伊春市基层组织领导小组转发《伊春市居民委员会换届选举工作方案》，方案规定居委会成员职数为 300 户以下，设主任、副主任各 1 人，委员 5 人。300～700 户设主任 1 人、副主任 2 人，带岭区各居委会辖区居民都在 300 户以上，因此按规定职数配备了主任、副主任和委员。

1993 年 4 月，带岭区政府印发《带岭区村民委员会、居民委员会换届选举实施方案》，区民政局会同区街道办事处，认真组织广大居民开展换届选举工作。换届选举从 4 月 25 日开始到 6 月 10 日结束。换届选举的原则是居民委员会成员原职数不变，各专门委员会不变，居民委员会实行差额选举，当选人名额与居民委员会组成人员名额相等时，也可实行等额选举；居民委员会候选人，由居民小组提名或居民 5 人以上联名推荐，亦可居民自荐，经选举委员会审查后，提请居民代表议定或居民组长会议确定；居民委员会主任、副主任年龄在 55 周岁以下的，具有高小以上文化。经过严密组织，充分发扬民主，顺利完成换届选举工作。

2001 年 6 月，区民政局根据市委、市政府《关于居民委员会调整撤并方案》精神，经过认真调查，合理规划，本着户数相当、便于管理的原则，将原有 19 个街道居民委员会撤并为 9 个社区居委会。7 月，根据市委、市政府《关于大力推行社区建设意见》，制定了《关于公开选聘社区委员会干部工作方案》。全区共有 70 多人参加选聘，有 45 人得到应聘，在应聘的 18 名主任、副主任中，一部分是在职职工，一部分是大中专待分配毕业生。从此，改变了过去由家庭妇女担任主任、副主任的历史；由家庭办公转向政府提供不小于 45 平方米的办公用房；主任、副主任待遇由过去补贴变为享受工资待遇；居委会职能也发生了变化，增设了党支部、警务室、社会保障等职能，使社区居委会发生了深刻的变化。

2002 年 3 月，区民政局根据市政府关于居委会换届选举方案，制定了《带岭区社区居委会选举方案》，区街道办事处根据方案要求，决定于 2002 年 3 月 10—27 日举行第一届社区居委会选举工作。选举工作坚持民主、公平、竞争、择优的原则，居委会主任、副主任候选人，原则上以 2001 年 7 月应聘上岗的居委会干部为主，候选人职数不够可在大中专毕业生、企事业单位分流下岗干部中推荐。居委会班子成员职数原则上 3～5 人。居委会主任、副主任、委员实行差额选举。通过选举，共选出社区居委会主任 9 名，副主任 13 名。从此，社区居委会选举工作走向了正常轨道。

二、村民委员会换届选举

1986—2005 年，村民委员会经过了 7 次换届选举。1993 年 4 月，伊春市基层组织建设领导小组印发《关于认真搞好村（居）民委员会换届选举工作的通知》，通知要求村民委员会职数在 3～7 人范围内，村民委员会根据需要可设人民调解、治安保卫、文教卫生、经济管理、民政福利等专门委员会。根据上述要求，区民政局会同乡政府、组织广大村民开展村民委员会换届选举工作。各村经过选民登记，确定候选人，正式选举等阶段，共选出村民委员会主任 8 名，村民委员会委员 50 名。

1999 年 7 月，红星村村委会主任因身体和年龄原因，辞去村委会主任职务，使村委会主任出现空缺，针对这种情况，为了更好地发扬民主，经乡政府决定，在红星村开展海选村民委员会主任试点工作。在海选前，根据村委员会选举办法有关规定，认真制定了红星村海选村民委员会主任方案，并规定凡是红星村村民有公民权利，年满 18 周岁以上，都有选举权和被选举权，村民委员会主任候选人，由全体村民推荐，并在村民大会上发表竞选演说，最后通过村民选举大会投票选举产生。红星村村民宋士臣在海选中，结合本村实际情况发表的竞选演说，打动了全体村民，得到了信任，经选民投票选举，当选了红星村村民委员会主任，这是村委会主任海选历史的第一次。

2000 年 1 月，黑龙江省办公厅关于印发《黑龙江省乡镇行政区划调整工作的实施意见》中规定，不足 1.5 万人口的乡实行撤销，不足 2000 人口的村实行合并。区民政局根据这一规定，针对实际制定了乡村撤并方案，开展了撤并工作，大兴乡属不足 1.5 万人口的乡，决定撤销，其职能交给区街道办事处和农委。在此基础上，结合各村地域和人口实际情况，把原有的 8 个村合并为 5 个村。将永兴村同靠山村合并为永兴村，村委会主任由永兴村委会主任担任；双兴村同良种村合并为双兴村，村委会主任由双兴村委会主任担任；红星村同秋丰村合并为红星村，村委会主任由红星村委会主任担任；青川村、金星村设置不变。

2000 年 3 月，根据市基层组织建设领导小组《关于村民委员会换届选举方案》，区民政局会同街道办事处，认真开展村民委员会换届选举工作。这次换届选举是撤乡并村后的第一次选举。为了搞好换届选举工作，认真制定了换届选举方案，并对各村的换届选举工作按照《中华人民共和国村民委员会选举法》，顺利地完成了村民委员会选举工作。

2002 年 8 月，根据区政府村民委员会换届选举要求，区民政局会同区街道办事处，共同组织了开展村委会换届选举工作，除红星村实行海选村委会主任外，其他 4 个村仍然按正常选举程序进行。经过严密组织，依法选举，保证了换届选举工作，通过选举产生了新的一届村民委员会。

三、村务公开

1999 年 4 月，伊春市委组织部在铁力召开村务公开现场会，各县、区民政局局长、乡党委书记及乡长参加了会议。会议上，各县（区）交流了村务公开的经验和做法，并重点学习铁力市村务公开的先进经验。会议期间，深入到铁力市铁力镇政府及两个乡政府参观了村务公开各项制度和公开板、公开栏。会议结束后，民政局和乡政府组织召开了各村书记、村委会主任会议，贯彻传达铁力市村务公开精神，从此，带岭各村开始推行了村务公开，认真组织村民参政议政，充分发挥村民的民主权利，让村民当家做主。乡政府建立公开板，各村也相应建立了村务公开制度，设立了公开板和公开墙，使村务公开形成制度化、公开化。1999年以来，凡是村里的大事都实行公开，如承包地分配、村委会主任补贴、村提留金使用以及救灾款发放、“五保户”生活补助等项目，都实行公开，接受村民监督，从而使村务公开逐步得到加强和完善。

第四节　地名工作

1990年3月，带岭区民政局根据省民政厅、省地名委员会《关于在全省开展地名补查和资料更新工作的通知》，在全区开展地名补查与资料更新工作。共补查各项地名145个，其中属于行政区划方面的行政区1个、街道办事处13个、乡1个、居民委21个、村8个、屯5个、各站8个；林业局直属基层林场13个、苗圃1个、桥梁12座、防火瞭望塔2座、主要公路干线6条、区址路3条，还有南北沟的5条河流、17座山岭、35条河谷。在对区址的街道、巷道、胡同进行调查摸底中，共调查街12条、巷道188条、胡同86条。

在地名补查工作中，地名补查工作人员累计编写各种文字概况材料19份，卡片102张，标准名称成果表102张，先后标定出2套共计22张五万分之一标准的地形图、2套共计34张千分之一标准的区址平面图，拍摄了100余幅山川、河流、街道等各种照片。这次补查新增行政区划名称34个，自然地理实体名称2个，人工建筑名称8个，进行资料更新的地名58个。取消了原黎明经营林场和红旗7号桥的地名。经过地名补查和资料更新工作，带岭区形成了第二代地名资料。

2000年3月，带岭区民政局根据上级文件精神，开展撤乡并村工作，将原大兴乡撤销，并入带岭区街道办事处，将原有8个村合并为5个村，行政区划按新合并的5个村区划。

2001年6月，带岭区民政局根据上级文件精神，结合带岭区实际，对居民委员会进行了重新区划和命名。在此项工作中，民政局工作人员深入到各个居民委员会调查了解情况，本着区划恰当、便于管理的原则，对原19个居民委员会区划为9个社区，并将居民委员会更名为社区居民委员会。

至2001年年末，带岭区民政局根据伊春市民政局《关于制作地名标志牌标准的通知》和《关于设置标准地名标志的通知》精神，开展了标准地名标志牌的制作和设置工作。首先，制作设置道路地名牌。为了节约资金，要求在沿路的林场出资，民政局设计图纸，基建工程处制作建立，先后设置了9块标准道路地名牌。其次，设立区址内标准地名标志牌。经过多次反复踏查和认真确定，完成了3条路（迎宾路、运材南路、运材北路）、3条街道（育林东街、育林西街、兴林街）、6条胡同、14条巷道及居民门牌、门市牌、楼栋牌、单元牌的确定和设立工作。共设置路街牌19块、路标11个、路标座17座、居民门牌6605块、胡同（巷）牌20块、楼栋牌98块、单元牌165块。

第五节　社会救济

1986年，带岭区民政局坚持每年年初对全区社会救济情况进行调查，掌握社会救济户发展变化情况，并对社会救济户进行及时调整，保证救济金合理发放到社会救济户手中。

1988年7月，大兴乡所属的秋丰、金星等5个村，连续遭受冰雹、洪涝等自然灾害，民政部门及时组织灾民进行自救，先后向灾民发放救灾款6500元。

1989年1月，带岭区民政局对全区救济标准进行了相应调整，对不符合社会救济政策的7户社会救济户，停发了救济金，并重新确定全区社会救济户33户46人。

1990—1996年，带岭区民政局根据每年社会救济情况，都进行相应的调整，使全区符合社会救济的对象都纳入了社会救济，从而保证了社会稳定。

1996年7月，带岭区发生百年一遇的洪水，铁路线以南的居民、村民及个体木工厂、翠林福利厂都遭受了严重的水灾，200余户民房被冲毁，上千米木材被冲走，经济损失达8000万元。灾后，带岭区民政局积极组织灾民抗灾自救，恢复家园，并组织全区广大人民群众开展募捐活动，共收到捐款16万多元，并将这笔捐款用于解决灾民住房、口粮等。

1997年7月，国务院发出《关于在全国建立城市居民最低生活保障制度》的通知。通知要求1997年年底以前，已建立这项制度的要抓紧做好准备工作；1998年年底以前，地级以上城市要建立这项制度；1999年年底以前，县级市和县政府所在地的镇要建立起这项制度。

2001年10月，带岭区民政局根据全市城市居民最低生活保障全面覆盖紧急会议精神，利用10天时间对全区居民展开全面调查。经过提高认识、搞好调查，张榜公布、审查填表，严格复查、审批上报3个阶段，顺利地完成了最低生活保障全面覆盖工作。最后审批确定的522户485人基本符合低保要求，并被纳入低保，全年支付保障金1.9万元。

2002年，带岭区民政局认真落实低保政策，积极争取资金，扩大低保覆盖面，低保人员由过去的1246人扩大到2214人，争取低保资金120万元，带岭区投入低保资金40万元，使全区弱势群体的基本生活得到了保障。

2003年，带岭区民政局以规范审批程序为重点，按照“应保尽保”“动态管理”“属地管理”的要求，经过对1069户3127名低保对象的全面调查，严格审核，基本符合低保标准。

2004年，带岭区民政局根据全区弱势群体实际情况，加大了低保面，使享受低保人员由上年的3127人扩大到3924人，基本做到了应保尽保。9月，带岭区民政局根据黑龙江省建设银行、黑龙江省民政厅《关于开展城镇最低生活保障家庭住房情况和数据信息》，建立了最低生活保障对象住房信息档案。

第六节　城市居民最低生活保障

带岭区民政局，按照1997年9月国务院《关于在全国建立城市居民最低生活保障制度》，结束了社会救济户到民政局领取救济金的历史，揭开了适应市场城市居民最低生活保障制度的新篇章。

2000年10月，带岭区民政局根据全市城市居民最低生活保障全面覆盖紧急会议的精神，集中力量，利用10天时间对全区居民展开了调查摸底。最后确定522户1482人基本符合低保要求。

2002年，带岭区民政局进一步落实低保政策，积极争取资金，扩大低保覆盖面，低保人数由1246人扩大到2214人，争取低保资金120万元，本区投入低保资金40万元。使全区弱势群体的基本生活得到了保障。

2003年，带岭区民政局按照有关文件“应保尽保、动态管理、属地管理”的要求，以规范审批程序为重点，对1069户3127名低保对象进行了全面调查，严格审核，基本符合低保标准，保证了低保工作的顺利实施。

2004年，带岭区民政局进一步扩大低保覆盖面，将优抚对象纳入低保，使他们的生活更加有了保障。

2005年，带岭区民政局根据全区弱势群体的实际情况，享受低保人员由3875人扩大到4203人，基本做到了应保尽保。同年9月，带岭区民政局按照上级要求，建立最低生活保障对象住房档案，进一步细化了低保工作。

第七节 优抚工作

一、双拥工作

1986年以来，双拥工作基本形成了制度化、经常化、群众化。从区委到基层单位普遍建立了双拥工作领导小组，并把双拥工作纳入了重要议事日程，定期研究、部署、检查。区工会、人武部、民政局、妇联、共青团、街道办、乡政府等有关部门，深入基层调查研究，制定拥军优属规划。各居民委员会、村民委员会都成立了拥军优属包户小组及送温暖小组，做到上下一条线，齐抓共管双拥工作。同时，广泛开展双拥宣传工作，在元旦、春节、“八一”建军节期间，利用各种宣传形式，大张旗鼓地开展双拥宣传，使双拥工作家喻户晓，深入人心。1990年10月，带岭区召开了双拥表彰奖励大会，会上表彰了20个先进单位，118名先进个人，并颁发了荣誉证书、奖品和奖状。同时，还利用各种机会请老红军、老抗联给学生作报告，进行革命传统、爱国主义教育。开展警民共建活动，加强军地建设。带岭森警大队与第二小学、碧水林场结成警民共建对子。森警大队每年都派出12名优秀战士到学校担任辅导员，上军体课，讲革命传统，配合老师做后进学生的思想转化工作。第二中学每年都抽出优秀教师给森警战士讲文化课，为部队培养军地两用人才。

1995年，带岭区双拥工作领导小组下发《关于“八一”建军节期间双拥活动安排的通知》，通知要求各单位加大双拥工作的宣传教育，进一步增强广大军民的双拥意识，7月15日至8月15日为全区双拥活动月。军地双方都动真情、办实事。广播电视局开辟专栏，加强宣传力度。开展走访慰问活动，对森警大队和重点优抚对象进行走访慰问。森警大队对地方党政机关进行回访，征求意见。各单位召开退伍军人座谈会，走访慰问老复员军人，有条件的单位还组织报告会、演讲会、联欢会等项活动。

1996年1月，区委办公室转发民政局、人武部《关于1996年春节期间开展好双拥工作安排意见》的通知。广泛深入开展争创“双拥模范县（城）”活动，提高双拥整体水平。做好城镇义务兵家属优待金的筹集发放工作。开展建立拥军优属保障金和为东北烈士纪念事业基金募集资金活动，要组织联谊和慰问活动，军地双方要对烈士军属，革命伤残军人，复员、退伍转业军人和军队离退休干部走访慰问。

1997年7月，区委、区政府印发《关于“八一”建军节期间开展双拥活动的通知》。通知指出，8月1日是伟大的中国人民解放军建军70周年，节日期间的双拥活动有组织、有计划、扎实有效地进行，实现市级“双拥模范区”的目标。并要求加大以国防教育为重点的双拥宣传教育力度，增强全民的国防观念和双拥意识。

1998年7月，区政府办公室下发《关于做好“八一”期间双拥工作的通知》。各单位、人武部、森警大队根据通知要求，在“八一”期间积极开展国防教育及爱国主义教育，进行革命传统教育，宣传双拥典型，在全社会形成军爱民、民拥军的浓厚氛围。各单位还在节日期间召开形式多样、内容丰富、健康向上的座谈会、联欢会。军地双方紧密围绕国家与军队改革和建设的基本要求，加强地方和部队建设。

1999年3月，区委办公室、区政府办公室印发《关于进一步做好拥军优属工作的通知》，通知要求各级党组织要突出抓好以弘扬抗洪精神为主题的优良传统教育。组织社会各界广泛参与、采取财政投入、社会捐助、统筹优待金等办法，加速建立拥军优属保障金。火车站、客运站，对现役军人和革命伤残军人要实行优先、优惠购票和托运行李。企业在实行劳动制度改革时，对革命烈士、因公牺牲、病故军人、现役军人家属和革命伤残军人实行必要的优惠政策。教育部门对现役军人子女在实施入学、入托要优先安排。各单位要在重大节日期间，对老红军、老抗联、老八路军、革命伤残军人进行走访慰问。宣传、文化、教育、广播电视等单位，要把拥军优属纳入宣传教育计划，加大宣传教育力度。7 月，区政府下发《关于八一建军节前夕开展双拥工作的通知》，通知要求把 7 月作为全区双拥活动月，广泛开展各项活动。要开展好“爱心献功臣”宣传周活动。

2000—2005 年，区政府每年都在元旦、春节期间和“八一”建军节之前下发关于春节期间广泛开展拥军优属拥政爱民活动的通知，并根据各时期的不同特点，提出不同要求，促进双拥工作的深入开展。

二、优抚救济

1986 年，区民政科按国家政策规定，对烈士、因公伤残、病故军人家属定期发放抚恤金，对生活困难的复员军人给予定期补助，对家住农村的义务兵落实优待政策。

1986—1990 年，民政部门共发放抚恤金 1.54 万元，发放伤残保健金 1.13 万元，发放伤残金 1.78 万元。

1994 年，区政府印发《带岭区城镇义务兵家属优待金筹集、发放、管理实施细则》，细则规定优待金筹集主要采取“社会统筹、按户承担、广开渠道、包干负责”的方法。林业系统外部企事业单位输送义务兵的家属优待金，由输送单位包干负责（家属以男方为主）每年缴纳 1000 元；个体户由工商部门代缴，每年每户 5 元；城镇居民按每户每年 5 元收缴。优待金由区民政局管理，实行收支两条线，即收入存入财政专户，支出按财政部门批复预算执行。优待金发放范围：1993 年冬季入伍，在部队服役期满或超期服役。退役后，其家属可享受优待金。中途退役（服役期未满，属中央军委批准部队减员以外）的一律不发给优待金。不是本区内征兵指标内入伍的一律不发给优待金。优待金领取：1993 年冬季入伍的义务兵服役期满退伍后，凭“黑龙江省城镇义务兵家属优待证明书”到民政部门领取优待金。

1995 年 4 月，带岭区民政局组织优抚对象开展奔小康活动。在活动中，认真进行调查摸底工作，制定下发“在乡优抚对象奔小康调查登记表”，逐户填写优抚对象的家庭状况、经济收入、房屋财产、国家抚恤补助金额、生产能力等情况。对一些年老体弱、人员素质低下、生活比较贫困的优抚对象，落实优抚措施。

1997 年，区政府印发《进一步加强城镇义务兵家属优待金收缴工作》的通知。并把“各单位上缴优待金金额明细表”下发各单位，要求各单位高度重视，及时上缴优待金。在此基础上，区民政局工作人员深入各单位进行催缴，当年共收缴优待金 10 万余元，为发放优待金打下了基础。

2002 年，结合带岭区实际，为二等乙级伤残军人每月补助门诊费 150 元。6 月，区政府办公室印发《建立优抚对象抚恤补助标准自然增长机制方案》，自然增长机制遵循的原则是保持国家对各类优抚对象补助标准的比例关系不变。以享受国家待遇最高的特等因战伤残军人的抚恤标准为 100%，折算其他各类优抚对象抚恤补助标准的级差比例。以上年本地职工平均工资收入为基数，按普及差比例确定各类优抚对象本期的抚恤标准。

2003 年，带岭区民政局为了解决“三属”生产、生活上的实际困难，除国家正常抚恤外，又拿出 3 万元作为定期抚恤，保障“三属”的正常生活。同时，积极开展结对帮扶，使 39 名优抚对象都有包扶领导和包扶单位。在制定医疗优惠政策、解决优抚对象治病难的问题上，对患重病的优抚对象实行医疗补贴。

2004 年，对二等乙级伤残军人全部实行了公费医疗，优抚对象抚恤金得到及时足额发放；“三属”月定期抚恤金达到 404.5 元，优抚对象自然增长金全年达 1.9 万元；义务兵家属优待金全部及时兑现到位。

2005 年，带岭区民政局除为二等乙级以上伤残军人解决医疗费外，还为其他优抚对象每人每年核销门诊费 360 元，全年为优抚对象核销费用达 2.7 万元。

带岭区革命伤残军人抚恤（保健）金标准一览表

表 19-5

单位：元 / 年

	伤残等级	伤残性质	现行标准	提高标准	新标准
伤残抚恤金	特等	因战	3540	1800	5340
		因公	3380	1800	5180
	一等	因战	2760	1240	4000
		因公	2630	1240	3870
		因病	2500	1240	3740
	二等甲级	因战	1550	570	2120
		因公	1440	570	2020
		因病	1350	570	1920
	二等乙级	因战	1080	240	1320
		因公	1000	240	1240
		因病	960	240	1200
	三等甲级	因战	748	152	900
		因公	728	152	880
	三等乙级	因战	646	134	780
		因公	646	134	780
伤残保健金	特等	因战	600	400	1000
		因公	570	400	970
	一等	因战	500	300	800
		因公	460	300	760
		因病	450	300	750

说明：从 1999 年 1 月 1 日起执行

革命伤残人员抚恤（保健）金标准一览表

表 19-6

单位：元 / 年

	伤残等级	伤残性质	现标准	提高标准	新标准
在乡	特等	因战	6000	1000	7000
		因公	5840	1000	6480
	一等	因战	4600	800	5400
		因公	4470	800	5270
		因病	4340	800	5140
	二等甲级	因战	2480	420	2900
		因公	2370	420	2790
		因病	2280	420	2700
	二等乙级	因战	1680	260	1940
		因公	1600	260	1860
		因病	1560	260	1820
	三等甲级	因战	1050	130	1182
		因公	1030	130	1160
	三等乙级	因战	930	120	1050
		因公	930	120	1050

续表 19-6 单位：元/年

	伤残等级	伤残性质	现标准	提高标准	新标准
在职	特等	因战	1180	320	1500
		因公	1150	320	1470
	一等	因战	980	220	1200
		因公	940	220	1160
		因病	930	220	1150
	二等甲级	因战	515	85	600
		因公	495	85	580
		因病	475	85	560
	二等乙级	因战	420	80	500
		因公	400	80	480
		因病	390	80	470
	三等甲级	因战	320	60	380
		因公	300	60	360
	三等乙级	因战	265	55	320
		因公	255	55	310

说明：从 2002 年 1 月 1 日起执行

第八节 军人安置

1986 年，带岭区民政部门在安置退伍军人之前，进行思想教育和上岗前培训工作。对超期服役和荣立三等功以上的，实行对口安置。1986—1990年，全区共接收退役军人200余名，都进行了妥善安置。

1991—1998 年，带岭区民政局根据《退伍义务兵安置条例》及民政部、公安部、总参谋部、总政治部〔1988〕18 号文件规定和伊春市政府有关规定，接收对象为服役现役期满及超期服役的退伍义务兵；服役期未满，因故经师级以上机关批准提前退出现役的，不予接收。1987 年 11 月入伍的无安置卡的不予安置；1989 年 3 月入伍的应征公民登记表无省征兵办盖章的不予接收；非征集地入伍的不予接收；城镇占用农村指标入伍的不予安置。安置的原则和政策，本着“从哪里来，回哪里去”的原则；退伍义务兵持退伍军人安置办公室分配工作通知书到接收单位报到，接收单位不予接收或拖延接收而发生的工资问题，由接收单位负责，无故逾期不报到者后果自负，接到分配通知书超过半年不报到不服从分配者按社会待业青年对待，退伍军人安置办公室不再负责安排工作；在部队获得大军区（含大军区）以上单位授予荣誉称号和立二等功以上的，安排工作时，照顾本人志愿。安置去向，根据山上缺人、山下多人的情况，退伍义务兵一律安置在山上林场；铁路、森工管理干部学院和市属企事业单位入伍的义务兵，按系统分配任务，包干安置。1991—1998年，共安置退伍义务兵560余名。

1999 年，退伍义务兵安置政策有了新的变化，上级文件提出，鼓励退伍义务兵自谋职业，并保留 24 个月的分配资格，在此期间内分配工作的工龄可连续计算，超过 24 个月的，档案移交当地街道办事处，退伍军人安置部门不再负责分配工作。当年，退伍义务兵 30 余名，都属于林业企业，全部安置到山上林场。

2000 年 1 月，伊春市民政局下发《伊春市城镇退役士兵安置期间生活补助暂行办法》，办法规定，待分配期间的生活补助费的标准是：按照不低于当地最低生活水平的原则执行，并随着城镇居民最低生活保障标准的调整而调整。待安置期间享受生活补助费的对象是 1999 年 12 月 1 日以后退出现役的按政策应给予安置的市辖区城镇义务兵、转业志愿兵、变籍安置的义务兵。不享受待分配期生活补助费的人员是：占农业指标入伍的，非户口所在地入伍的，从农村入伍、在部队服役期间家庭变成城镇户口的，档案中缺少“应征公民登记表”“士兵登记表”和“入伍批准书”的，缺少民政部门按征集计划指标下发的优待金证明书和入伍通知书的，凡属假兵、退役手续档案材料不全的，本人要求自谋职业、保留分配资格的，退伍、转业超过6个月不到安置部门报到的，经安置部门两次督办不服从分配的。待安置期间的生活费的计发办法是：最长期限为3个月，超过20天不足1个月的按1个月计算。退役义务兵自报到的第二个月起，转业士官自部队停止供应起、安置部门已确定安置去向，本人不同意办理安置手续而拖延分配时间的，不计发生活补助费；需变籍安置的退伍义务兵，在变籍申报中因本人不能及时提供所需有效证明材料而拖延时间的，拖延时间不计发。办理待安置期间生活补助费的程序是：携带退伍义务兵证、优待金证明书、入伍通知书、户口到当地安置部门办理领取手续，市安置部门以待安置期间生活补助费建立财政专户，生活补助费实行专款专用，此项经费为专项保障经费，接受市财政、审计部门的监督和审计，每年12月底前，市安置部门将当年专项资金的使用情况向市财政局作出书面报告。当年，区政府为加强森林防火力量，将20多名退伍义务兵全部安置到森防办，成立了森林快速扑火队。由于退伍义务兵全部进行了安置，没有发生安置期间生活补助的情况。

2001—2004年，带岭区政府为确保实现50年无森林火灾的目标，继续加强森林防火力量，又将2001年冬季退伍义务兵充实到森防办快速扑火队，使30余名退伍义务兵得到了安置。2003年，带岭区政府为加强南北苗圃春季护林防火工作，又将20多名退伍义务兵安置在南北苗圃。2004年，带岭区民政局将40余名退伍义务兵安置在山上林场。

2005年，带岭区政府为加强森林防火和城镇防火力量，将25名退伍义务兵分别安置在公安局消防队、中心苗圃以及距局址较近的林场。

1986—2005年退役军人安置情况统计表

表19-7　　单位：人

年度	退役军人	安置	回乡	年度	退役军人	安置	回乡
1986	56	56	—	1996	50	50	—
1987	48	47	1	1997	54	54	—
1988	53	50	3	1998	47	47	—
1989	54	54	—	1999	48	48	—
1990	47	47	—	2000	46	46	—
1991	55	53	2	2001	20	20	—
1992	54	54	—	2002	21	21	—
1993	50	47	3	2003	19	19	—
1994	52	52	—	2004	22	22	—
1995	48	48	—	2005	21	21	—

第九节　婚姻登记

一、结婚登记

1986—1990年，带岭区民政局（科）婚姻登记工作人员，认真执行《中华人民共和国婚姻法》（以下简称《婚姻法》），严格按照《婚姻登记条例》办理结婚登记。在登记中，对新婚青年除开展《婚姻法》宣传外，还对其进行晚婚晚育教育。对不符合《婚姻法》有关规定要求登记的，对其讲清国家婚姻政策，不予办理登记手续。1986—1990年，共办理结婚登记手续2704份，全部符合结婚登记手续。

1993年5月，带岭区民政局根据伊春市民政局《检查清理早婚早育工作实施方案》，对全区违法婚姻工作进行了认真检查清理。开展婚姻法规、婚姻道德、计划生育和有关法律知识教育，充分利用广播电视、板报橱窗、标语、宣传单、宣传车等形式进行宣传，并组织宣传小分队深入到林场、村屯进行细致的讲解，为检查清理早婚早育工作创造有利条件。对清理出的违法婚姻，本着“思想教育为主，处罚为辅”“过去从宽，今后从严”的原则，区别不同情况进行相应处理，对符合法定条件不登记以夫妻关系同居的进行批评教育，补办登记手续；对态度恶劣的除补办登记手续外给予经济处罚；对不到法定婚龄的令其分居；以虚报年龄骗取结婚证的，由婚姻登记机关宣布无效，收回“结婚证”。

1999年，带岭区民政局婚姻登记更换了印鉴，由原来带岭区民政局印鉴，改为带岭区婚姻登记专用章。同时，结婚证也进行了更换，由原来的红色硬纸证，更换为红色塑料证。

2001年4月28日，第九届全国人民代表大会常委会第二十次会议《关于修改〈中华人民共和国婚姻法〉的决定》颁布后，带岭街道办事处举办了4期新《婚姻法》宣传员辅导班。组织新《婚姻法》宣传小组深入到机关、工厂、林场以及村屯，宣讲新《婚姻法》，使宣讲面达到90%以上。在结婚登记工作中，严格按新《婚姻法》规定执行，较好地落实了新《婚姻法》。

2003年10月1日,《婚姻登记条例》颁布后，带岭区民政局把宣传《婚姻登记条例》同宣传《婚姻法工作暂行规范》《婚姻法》结合起来，并同司法局密切配合，把《婚姻法》作为普法宣传的一个专题，在普法学习班上进行专题讲解，使参学人员基本掌握了《婚姻法》的有关法律规定。

二、离婚登记

20世纪80年代，带岭区民政局婚姻登记工作人员，按照《婚姻法》和《婚姻登记条例》有关法律规定办理离婚登记。对要求离婚的当事人采取教育、劝导、调解的方法，受理离婚案件，使大多数离婚当事人接受调解，放弃离婚，重归于好。1986—1990年，共办理离婚登记128对。

20世纪90年代，随着改革开放，婚姻家庭领域里出现了新情况和新问题，一些社会丑恶现象不断萌发，给家庭婚姻关系造成不良影响，要求离婚的家庭逐年增多。针对这种情况，带岭区民政局婚姻登记工作人员，仍按《婚姻法》和《婚姻登记条例》办理离婚登记。这期间调解离婚案件较少，大多数离婚当事人都到法院裁决离婚。1991—2000年，全区共办理离婚登记368对。

2001年4月28日，第九届全国人民代表大会常务委员会第二十一次会议《关于修改〈中华人民共和国婚姻法〉的决定》颁布后，带岭区民政局婚姻登记工作人员，严格按照新《婚姻法》办理离婚登记。2001年至2005年年末，全区共办理离婚登记340对。

1986—2005年带岭区（局）婚姻登记情况统计表

表19-8　　　单位：对

年份	结婚	离婚	年份	结婚	离婚
1986	372	28	1996	249	34
1987	369	30	1997	242	37
1988	367	31	1998	236	42
1989	339	29	1999	206	44
1990	324	31	2000	244	48
1991	301	33	2001	228	64
1992	278	30	2002	204	64
1993	269	34	2003	186	71
1994	261	32	2004	173	75
1995	253	34	2005	136	76

第十节　殡葬管理

1986年6月，带岭区民政局（科）配备一台火化用车，负责往火葬场运送尸体。1987年，带岭区政府投资8万元，在带岭北4公里处建了面积为378平方米的祭祀堂，集中存放骨灰。1986—1997年，全区火化2800多具尸体，火化率达到100%。

1998年，带岭区民政局进一步加强殡葬管理，安置下岗职工，在带岭运输公司成立社区殡葬管理中心，运输公司为殡葬管理中心配备2台灵车，安置5名下岗职工，开始实行尸体统一拉运，灵棚统一搭建，改变过去拉运尸体单位派车，灵棚乱搭滥建的现象，逐步向规范化迈进。

1999年，铁力市民政局在朗乡胜利南2公里处建立火化场，带岭区的尸体火化，由到南岔火化，改为到胜利火化场火化。

2000年，带岭区民政局对祭祀活动进行了改革，由原来搬骨灰盒祭祀，改为搬灵位牌祭祀，严禁将骨灰盒搬到室外，既减少搬骨灰盒的麻烦，又达到了祭祀的目的，也杜绝了偷埋骨灰盒的现象。

2004年，带岭区民政局加强殡葬改革力度，采取投资入股的方式，把殡葬管理变成股份制管理，区政府把医院药品库拨给民政局，建立带岭区殡葬管理中心，由带岭区殡葬管理所管辖。带岭区殡葬管理中心共集资入股30万元，购置2台运尸面包车、4台冷冻尸体冰柜，将原社区殡葬管理中心4名人员纳入带岭区殡葬管理中心，对全区殡葬实行统一管理，不准死者尸体停放在住户和医院，死者尸体一律放在殡葬管理中心冰柜，定点进行瞻仰遗容，殡葬管理中心对拉运尸体实行24小时服务。1998年至2005年年末，全区共死亡1800多人，其中1700多人实行火化，有4人火化后实行水葬。

第十一节　爱心献功臣行动

1999年4月，为在全社会弘扬革命传统和爱国主义精神，推动拥军优属工作的深入发展，充分体现政府及全社会对革命烈士家属、革命伤残军人、在乡退伍红军（抗联）老战士、在乡老复员军人等人民功臣的关心和爱护，根据中共伊春市委办公室、伊春市人民政府办公室关于印发《伊春市“爱心献功臣行动”实施方案》的通知精神，制定爱心献功臣行动方案，在全区开展爱心献功臣行动。区委、区政府专门召开双拥工作领导小组会议，落实爱心献功臣行动具体措施，号召全区党员、团员、先进个人开展向功臣捐款活动，捐款额达5000元。在开展爱心献功臣行动中，把优抚对象的“三难”问题作为重中之重。二等乙级在乡复员军人蒋善年迈多病，生活比较困难，常常为医疗费发愁，区政府得知后，召开区长办公会议，研究落实二等乙级以上伤残军人医疗问题，决定医疗费用实行100%核销，解决看病的问题。在乡复员军人洪振忠因病行走不便，民政局把医务人员请到家中为其看病治病，并为其支付医疗费3000多元。退伍军人鞠占发原住房条件较差，区政府拨款1万元为其购买一户平房，解决了他的实际困难。全区有38个单位与38名优抚对象结成了帮扶对子。民政局认真落实了优抚政策，使烈属抚恤标准达到164.5元，在乡复员军人抚恤标准达到124.5元，基本保证了他们的正常生活。在开展爱心献功臣行动中，各单位积极为革命功臣办好事，工商行政管理部门对优抚对象从事个体经营的，优先办理营业执照；税务部门积极落实各项支持优抚对象发展生产的优惠政策，对优抚对象纳税有困难的适当给予减免税收。

2000年，为了把爱心献功臣行动深入持久地开展下去，体现党和政府及全社会对人民功臣的关怀和爱护，制定了《带岭区爱心献功臣行动规划》。各单位按照规划要求，定期组织人员开展慰问活动，各有关部门紧密配合，企事业单位通力合作，社会各界积极行动，采取单位帮个人、单位帮单位、个人帮个人的对口帮助形式；工青妇组织，在生产上帮耕、帮种、帮收，在生活上帮衣被，帮修房屋，实行“一帮一”“富帮穷”“新兵帮老兵”。医疗单位也组织医护人员志愿者，定期开展义务巡诊，定期为革命功臣检查身体。

第十二节　双拥模范区创建活动

1991 年，全区大力开展双拥模范区创建活动。加强了领导，完善了组织。坚持国防意识同双拥宣传相结合，增强全民国防意识。积极开展军地互办实事，促进地方经济建设和军队建设。1997 年，投资 80 万元为武装部解决营房，并配备了指挥车一辆。1998 年，拨款 12 万多元为武装部解决现代化办公设备及训练经费等。开展军企警校共建共育活动，密切了军民关系。武装部先后同带岭高级中学、带岭造纸厂等 6 个单位建立了共建关系，森警队先后同两个学校建立了共建关系，军企警校共建共育活动形成了经常化、制度化。落实各项优抚政策，提高优抚对象生活水平。“三属”定期抚恤和伤残军人、老复员军人定补，按国家规定标准全部落实，在此基础上，区政府每年拿出 3 万多元，作为定期抚恤补贴，保障“三属”正常生活。同时，义务兵家属优待金及时兑现。经过两年创建市级双拥模范区工作，1999 年，跨入市级双拥模范区。2004 年，在市级双拥模范区复查后再一次保持了“市级双拥模范区”称号。2005 年，带岭区又开展了创建省级双拥模范区活动，按照省《进一步规范双拥模范城（县）考核评比工作的意见》，对创建省级双拥模范区活动进行了规范，基本做到了组织健全，政策落实，活动经常，关系融洽，力争在 2006 年进入省级双拥模范区。

第十三节　城乡居民卫生与健康

1986—2005 年，带岭区爱卫会每年都开展爱国卫生运动，组织职工居民清扫垃圾，开展灭鼠活动。各单位还开展门前三包，实行轮流值班制度。环卫工人认真履行职责，及时清扫垃圾，为居民创造良好卫生环境。各社区建立了卫生服务站，积极为社区居民医疗服务。防疫部门每年为居民打防疫针，防止流脑和肝炎病毒的传染。通过开展各项卫生工作，居民的健康水平不断提高。

第十四节　城乡居民文化与教育

1986—2005 年，带岭区居民文化教育普遍提高。1985 年年底，大专以上文化有 341 人，中专毕业 628 人，高中、初中毕业 2710 人，小学毕业 1283 人，文盲有 158 人。2005 年年底，大专以上毕业 1801 人，高中毕业 8423 人，初中毕业 15619 人，小学毕业 7054 人。从以上数字对比看，城乡居民受教育面普遍扩大，文化程度普遍提高。

第十五节 民风民俗

一、生活习俗

（一）服饰

进入20世纪80年代，居民服饰发生了一定变化。冬季，居民盛行穿戴雪花呢大衣和旱獭帽；夏季，男子西装革履，女子衣裙艳丽。进入21世纪，随着人民生活水平的不断提高，居民服饰向高档方向发展，穿名牌，戴金银首饰不断增多。冬季，盛行穿羽绒服、貂皮大衣、雪地鞋等；其他季节都讲究穿各种名牌衣服，女子则佩戴金戒指、金手链、金项链、金耳环，也有的佩戴白金饰品。

（二）饮食

带岭区居民主食主要以白面、大米为主，兼食小米、玉米面、大楂子。家做面食主要有馒头、面条、油饼等。饮食店经营面食主要有面包、麻花、油条、烧饼、蛋糕等几十种。副食有鱼肉蛋、豆制品及各类蔬菜，一年四季都有新鲜蔬菜。除冬季食用外地蔬菜外，其他季节都食用当地生产的蔬菜。居民冬季储菜基本上是土豆、白菜，但储菜居民也逐年减少。带岭区居民比较好客，亲戚朋友来，都要安排宴请，在家里做一些家常菜肴和备一些酒水，欢迎客人。进入21世纪，这些习惯有所改变，一些家庭来了客人一般到饭店宴请，吃一些地方特产（山野菜、河鱼等），喝一些中档白酒。

（三）房屋装饰

进入21世纪，带岭区居民开始实行现代化装饰，地面镶大理石、瓷砖、地板块，墙壁采用刮大白、涂乳胶漆，卫生间基本都采用现代化洁具，并装太阳能热水器，厨房用大理石做台面，配置抽油烟机、电饭锅、电磁炉等，同时装有各式各样的现代化灯具，使房间舒适明亮。

（四）婚姻习俗

带岭区的婚姻形式，一是经人介绍成婚，二是因工作、学习相识，结成恋爱关系。婚姻关系确定后，男方家庭举办会亲家仪式，由男方家长安排酒席一桌或多桌，邀请亲朋好友吃定亲酒，并为女方送礼金，礼金根据男方家庭经济状况而定多少不等。结婚日期一般选择节假日和“双日子”，但也有一些家庭打破了“双日子”的传统，选择单日期举行婚礼。结婚当日，男方安排接亲人员和车辆到女方家接亲，结婚车辆根据男方家庭经济条件而定，10辆或20辆不等。接亲时，男方家还准备“压车钱”“叠被钱”“点灯钱”等。女方家则安排送亲人员及陪嫁物品，送亲人员一般在20～40人左右，送亲人走后，其他祝贺人员则到女方家事先安排了的食堂或饭店喝喜酒。结婚典礼，主要在事先订好的食堂或饭店举行，由婚礼司仪主持，新娘身着婚纱、新郎身穿礼服，由伴娘伴郎陪同进入典礼现场，有的还让童男童女手扯婚纱进入典礼现场。典礼上首先由证婚人宣读“结婚证书”，然后嘉宾讲话，男方父母还为新娘准备“改口钱”，司仪则在典礼上妙语连珠地串联程序，除专门歌手演唱外，临时还邀请一些人员唱歌，调节婚礼气氛。此外，有的家庭还举办新婚答谢酒会。大部分是女方家庭因女儿出嫁到外地，并在外地举行婚礼，女方家庭为了祝贺女儿出嫁，在婚礼的前几天或婚礼后的几天，举办新婚答谢酒会，在食堂或饭店准备10～20桌邀请亲朋好友共同祝贺。

（五）丧葬习俗

1986年6月，带岭区实行殡葬改革，由原来的土葬变成火葬，并在带岭区北4公里建立了祭祀堂。居民死亡后，死者家属搭建灵棚，进行守灵，一般1～3天，一些亲朋好友及单位领导前去吊唁，并送一些花圈。送葬时，用运尸车拉往南岔火化场进行火化，死者家属根据家庭经济状况购买不同价位的骨灰盒用于装骨灰。然后将骨灰盒送往祭祀堂。待3天后，死者家属将骨灰盒搬出，烧一些纸进行祭祀。1999年，由去南岔火化，改为到朗乡胜利火化场火化。2004年，带岭区成立殡葬服务中心，购置2台灵车、4台冰柜，取消了死者灵棚，遗体一律运往殡葬服务中心放置1～3天，并规定悼念时间，取消了守灵。火化程序和原来一样。一些老干部去世后在出灵前，单位还组织开追悼会，致悼词，以寄托哀思。

（六）祝寿

带岭区祝寿一般为70岁以上的老人祝寿，老人过生日都是由子女操办，在事先订好的食堂或饭店，举办生日宴会，邀请亲朋好友进行祝寿，祝寿者为了表示祝贺都送一些礼金。生日宴会由司仪主持，生日蛋糕标准不等，有的家庭还请歌手唱歌进行助兴。

二、节庆习俗

（一）元旦

每年1月1日，称为元旦，元旦期间全区各单位张灯结彩，悬挂和树立“庆祝元旦”横幅。20世纪90年代后，改变过去灯泡式灯箱，而采用电子产品装饰的庆祝元旦横幅，使节日充满现代化气息。元旦这一天，每家每户都备以美味佳肴，进行庆祝。

（二）腊八节

每年农历十二月初八，这一天大多数人家喝腊八粥，做腊八粥也因各家习惯而宜，有的用大米放枣，有的用苞米楂子、高粱、大豆等混在一起做腊八粥。

（三）春节

农历正月初一，过春节有一系列的喜庆活动，其中包括守岁、吃年夜饭、拜年、贴对子、贴年画、燃放鞭炮、走亲戚等，随着社会的进步和经济发展，有些旧俗仍在延续，也有些旧俗已改变。例如机关、单位在春节前召开团拜会，改变了初一到各家各户拜年的风俗；除夕一些活动都被中央电视台的春节联欢晚会所代替，但年三十子夜仍吃饺子。同时燃放鞭炮和各种各样的烟花，使春节的气氛更加浓郁，喜气更加洋溢。

（四）元宵节

农历正月十五，又称“上元节”“元夕节”“灯节”。元宵节有吃元宵、观花灯、猜灯谜等习俗。每到元宵节，区委宣传部和区文化局举办灯谜活动，社会各界人士都积极参加。进入21世纪，区委、区政府在元宵节晚上举办烟火晚会，会场人山人海，燃放焰火五彩缤纷，一派祥和欢乐的气象。

（五）二月二

农历二月初二，称“龙抬头”。这一天，各家各户烀猪头，吃猪头肉。有的居民到理发店理发，称“剃龙头”，图吉利。

（六）清明节

4月5日前后，民俗有扫墓、踏青等。这一天居民起的较早，有的到坟地进行扫墓添土，有的到祭祀堂焚香烧纸进行祭祀活动，寄托对死者的哀思。

（七）端午节

农历五月初五，这天早晨太阳没出山时，人们起来到山上采枫树枝、到野地采艾蒿，做挂彩纸叠的葫芦等用，并将葫芦插在屋檐下。还有的人到永翠河洗脸，图一年精神。多数人家吃粽子、吃煮鸡蛋以示庆祝。

（八）中秋节

农历八月十五日，民间有祭月、拜月、赏月、吃月饼习俗，一家人尽量求团圆。这一天，大多数家庭都购买月饼，全家人在一起吃月饼，祭月、拜月、赏月活动不多。

（九）重阳节

农历九月九日，也叫“老人节”，这一天一些老年人准备一些好吃的菜肴，庆祝节日。区委、区政府在重阳节这一天举行老干部座谈会或联欢会，区委、区政府领导同老干部一起欢度节日。

（十）圣诞节

12 月 25 日，是基督教徒纪念耶稣诞辰日。圣诞节这一天，带岭区基督教徒开展一些纪念活动，一些青年人也利用这一天夜晚聚集餐馆，共品美酒佳肴，欢度美好的夜晚。

（十一）“三八”国际妇女节

亦称“国际妇女节”“三八节”。每逢节日，妇女组织围绕妇女工作，开展一些健康有益的活动，如慰问妇女、组织演讲、举办读书会、文艺演出、召开纪念会等。

（十二）“五一”国际劳动节

节日来临，工会组织举办劳模座谈会、文艺演出、走访困难职工等活动。

（十三）“五四”青年节

节日期间，共青团组织发动团员青年开展植树，文艺演出，庆祝大会，读书宣讲等活动。

（十四）“六一”国际儿童节

这一天，团区委、区教育局及各小学校举办各种类型的庆祝活动。

（十五）“七一”建党纪念日

在节日期间，各级党组织都开展纪念活动，区党委召开大型会议表彰先进党组织和优秀共产党员。

（十六）“八一”建军节

建军节期间，区委、区政府开展拥军优属活动，向驻军及军人家属慰问，并送慰问金。驻军开展拥政爱民活动，深入企业开展义务劳动，到“五保户”家慰问。

（十七）教师节

每当教师节来临，区委、区政府组织召开尊师重教会议，对老教师和优秀教师进行表彰奖励。区教育局及各学校开展各种形式的庆祝活动。

（十八）国庆节

每逢国庆节，全区都沉浸在节日的欢庆气氛中，区政府及各单位张灯结彩，欢庆这一节日，同时，区委宣传部、文体局组织各种文艺演出，欢度节日。

三、回族习俗

（一）服饰

回族男性习惯戴白色圆顶无檐小帽，女性戴黑色圆顶无檐小帽，现在全区这种习惯很少见，服饰与汉族基本相同，没有什么区别。

（二）饮食

回族喜食包馅面食，米饭次之。水饺、锅烙、包子、水煎包、烧卖等均为风味食品。

（三）婚姻

适龄青年男女，经亲友介绍，或自己相识，征得双方家长同意后，男方设宴，在席间下聘礼及确定结婚日期。结婚时，同族人基本到场进行祝贺。也有一些回族青年男女，嫁给或迎娶汉族青年男女，但这种情况较少。

（四）丧葬

回族人亡后，先进行沐浴，沐浴后用白布先卷左，后卷右，一层一层为亡人包裹身体，用白布带系腰，扎紧头顶与足下，不穿戴衣饰，不用陪葬之物，寓意“清白一身而来、清白一生而去”。回族人亡后不实行火化，按传统习惯土葬。

四、朝鲜族

（一）服饰

当地朝鲜族的服饰同汉族基本一样，没有什么差别。

（二）饮食

朝鲜族有许多独特风味食品。平常主食是大米饭，有时制作各种糕点，如发糕、打糕、蒸糕等。喜欢腌制酸辣白菜和生拌一些菜肴，朝鲜族比较喜欢吃狗肉和善于饮酒。

（三）婚姻

朝鲜族青年男女，大部分同本族青年男女成婚，但也有不少朝鲜族青年男女同汉族青年男女成婚。

（四）丧葬

朝鲜族人亡后，葬礼基本同汉族一样，都实行火化。

（五）娱乐

朝鲜族比较喜欢跳舞和一些民族体育项目，跳舞主要是朝鲜民族舞蹈，每当节日和朝鲜族人聚会，用舞蹈形式进行庆祝。朝鲜族的体育项目主要有荡秋千、摔跤、踢足球等。

第十六节　新词新语

股民指从事股票交易的个人投资者。一些股民利用一些资金进行股票投资获得股票带来的盈利，这些股民随股票市场的涨落有赚有赔。

“打的”指乘坐出租车，一般指乘坐出租轿车。出租轿车在香港被称为“的士”，出行乘出租车叫“打的”，后来发展到“打车”，除了轿车还有港田车、面包车等各类出租车。

歌厅指供人们唱歌娱乐的经营场所。人们利用业余时间到歌厅进行自唱，享受唱歌的快乐。

网吧指利用计算机联网供人们上网查找各类信息和进行网上娱乐的经营场所。一般年轻人到网吧的较多。

茶吧指供人们喝茶消费的经营场所，也就是过去的茶社或茶馆。

话吧指供人们打公共电话的经营场所，话吧一般设有多部电话，提供人们交费使用。

第十七节　新民谣

改革开放以来，人们为了赞扬在社会主义精神文明建设中涌现出的好人好事和先进人物，编一些朗朗上口的民谣进行歌颂。同时，人们为了反腐倡廉，讽刺社会上一些不正之风而编写了一些讽刺性民谣。

金杯银杯不如老百姓的口碑，金奖银奖不如老百姓的夸奖。这是说看一个领导干部好与坏，不看你得的奖杯和奖项多少，主要看老百姓的评价。

早上轮子转，中午盘子转，晚上裙子转。主要讽刺个别领导干部早上坐车上班，中午大吃大喝，晚上到舞厅跳舞，不干工作，讲究吃喝玩乐等。

第二十篇

政法·军事

第一章　政法委及综合治理

第一节　机构设置

1986—1988 年，带岭区委政法委员会与带岭区综合治理办公室合署办公。1988 年 12 月—1999 年 12 月，带岭区委政法委员会撤销，成立政法办公室与党委办公室合署办公。1990 年 1 月，恢复带岭区政法委员会，与综合治理办公室合署办公。

第二节　政法委工作

1990 年，区委政法委加大了协调政法工作与执法监督的力度，对重大疑难，有分歧的案件，政法委召开全体委员会议进行协调，保证依法办案。每年进行两次执法执纪检查工作，对政法部门案件和干警的执法执纪情况进行认真检查，从而保证了案件质量和干警执纪执法水平。

1994 年 4 月 20 日，区委召开政法工作会议，区长吴炳佳对过去一年全区政法工作进行简要总结，对社会治安形势作了透彻分析，对 1994 年政法工作任务作了全面部署，区委书记林则仁出席会议并讲话。同年，区政法委在全区政法队伍中开展集中教育整顿，开展理想、宗旨、公仆教育，查摆特权思想和服务不端的表现；开展廉政教育，查摆以权谋私、办人情案、人情证和搞权钱交易的表现；开展法制教育，查摆有法不依、执法不严的表现；开展职业道德教育，查摆纪律松弛、警容不整的表现，看是否存在有令不行、有禁不止、行为不端、玩忽职守等问题。

1997 年 4 月 15 日，区委召开全区政法工作会议，区委副书记王宝璋在会议上作题为《全力推动社会稳定，全面加强政法工作，为全区两个文明建设创造良好的社会环境》的报告。区委书记刘喜魁出席会议并讲话。

1999 年 8 月，区委下发《全区政法队伍“双学双考”工作实施方案》。全区政法机关的副处级以下政法干警均参加“双学双考”。同年，政法委在全区政法战线，深入开展“学东莱”，创建人民满意的政法队伍活动。在活动中，公、检、法、司等单位坚持齐抓共管，以上带下，以下促上，软件硬件一起上，实行分步实施，整体推进，提高了创建层次和水平，使敬业爱民，全心全意为人民服务的宗旨成为全区政法部门和广大干警的自觉行动。

2000 年，区政法委认真贯彻中共中央 6 号、省委 5 号文件精神，充分发挥政法委领导、组织、管理、协调、监督的职能作用，在全区政法系统开展了“创建优良法制环境，为经济建设服务”活动。

2002 年，区政法委参加了“全市政法系统最佳最差单位评比”活动，在全市考核评比中，被评为先进单位。同时，区政法委参与了考核政法部门班子和政法干部提拔考核工作，发挥了区政法委职能作用。同年，区政法委干警兑现了工资待遇，提高了工资标准。增强了设备投入，购置了计算机、打印机、传真机，配备了吉普车，提高了现代化办公水平。

2004 年，区政法委参加了“全市集中处理涉法涉诉上访案件”活动，并制定了方案，建立了机构，对全市掌握的 13 起重点涉法涉诉上访案件，经过集中处理或工作，息诉停访 11 件，维护了全区稳定。

2005 年，区政法委开展了“规范执法行为，促进执法公正专项整治”活动，整治的范围是政法部门的执法岗位和执法干警。整治的内容是执法行为不规范、执法行为不公正等问题，经过查摆整改、整章建制、考试、考核、验收 3 个阶段，提高了政法部门和广大干警执法水平。

第三节　社会治安综合治理

1988 年 9 月 9 日，区委根据上级文件精神，决定成立带岭区（局）社会治安综合治理办公室。

1991 年 1 月，区委宣传部下发《带岭区整治社会治安总体作战第四步中加强宣传工作的通知》。通知要求从 10 个方面做了明确要求。

1994 年 4 月，区综治办下发《带岭区 1994 年社会治安综合治理方案》，深入开展“二五”普法工作，开创“四无”达标活动（无刑事案件、无治安案件、无人员犯罪、无火灾和交通事故）。

1997 年，区综治办根据带岭区社会治安综合治理实际情况，提出以维护社会稳定为重点，全力化解社会矛盾；以保持政治安定和保护市场经济秩序为难点，严厉打击刑事犯罪和严重经济犯罪活动，切实加强社会治安基础建设；以为经济建设服务为立脚点，积极为经济建设提供直接法律服务；以解决群众反映强烈的问题为热点，进一步加强政法队伍建设，保障和促进全区两个文明建设协调发展等方面整治措施。同时，还在各单位建立健全了领导保障机制、治安防范机制、治本工作机制、治安管理工作机制。

2004 年，区综治办认真学习“枫桥经验”，在全区开展创建“平安带岭”活动。调整区、基层单位和社区、村屯三级调解组织。全区建立了 73 个基层调解委员会、109 个社区、村屯调解委员会。通过调解委员会，排查调处群体性各类纠纷 50 多起，其中 10 人以上的群体性纠纷 5 起，9 人以下纠纷 1 起。通过上述创建活动，73 个签订责任状单位，有 59 个单位被评为市级以上文明单位（小区），11 个社区和 5 个村，全部被评为市级以上安全文明小区（村），先进单位占 80.8%，经市统计部门测试公布，全区群众有安全感的达到 96% 以上。

2005 年，区综治办在创建“平安带岭”、构建和谐社会中，开展编织四张网络健全五种机制等工作，推动了“平安带岭”创建工作。通过建立健全“四网五制”，使创建“平安”工作更加扎实有效。同年 3 月，确定资源馆、武装部等 11 个爱国主义教育基地，为加强青少年法制教育、道德教育、爱国主义教育提供了场所，极大地减少了青少年违法犯罪行为。

第二章　公　安

第一节　机构设置

带岭区公安局内设政治处、纪检监察室、指挥室、办公室、户政科、法制科、国内安全保卫大队、刑侦大队、森侦大队、刑技大队、治安巡察大队、经侦大队、外辖交警大队、迎宾路派出所、北林派出所、育西派出所、大青川派出所、工商派出所、看守所、消防大队。

第二节　社会治安管理

1986年，带岭公安局实行了治安民警分片包干责任制，加强夜间巡逻检查。当年，共组织巡逻夜查31次，审查1700余人，收缴空白介绍信100余张，发现隐患、漏洞12处，并及时督促整改。建立和完善了联防网，共建立治安保卫会113个，有治安保卫人员647名。

1987年，带岭公安局加强了特种行业的治安管理，协助各单位建立健全了规章制度。吸取“1·9”案件（1月9日区机关被盗案件）的教训，对全区机关、企业单位加强了检查和督促整改。当年共组织18次安全大检查，累计检查452个单位，共发现漏洞35处，整改25处，下发限期整改隐患通知书10份。

1989年，带岭公安局严格枪支管理，收缴了不该佩戴的枪支和民用枪支。并对全区所有爆炸物品储存库，进行了4次抽查。会同有关部门对文化市场、录放点清理整顿3次，收缴淫秽录像带2盘、黄色录音带2盘、淫秽扑克牌360副、淫秽挂历40本、非法书刊55册。全年治安案件226起，处罚356人。其中行政拘留237人，罚款118人，罚款金额8210元。

1990年，带岭公安局治安科会同有关部门对全区21家废品收购点、10余家旅店、3家刻字社等特种行业进行了全面检查，从中发现了一些案件线索，通过这些线索侦破案件2起，处罚违法犯罪人员3名。开展了收缴凶器和散失在社会上的易燃易爆物品工作，共收缴凶器124件、子弹700发、雷管66枚、零散炸药60公斤。全年查处治安案件205起，处罚315人。

1993年1月，带岭公安局开展统一行动，重点对机关企事业单位、社会面、特种行业和流氓、赌博窝点进行彻底检查，打击现行犯罪，抓捕逃犯，震慑了犯罪分子，确保了春节、元宵节安全。8月，带岭公安局开展“收缴枪支、爆炸物品和管制刀具”专项斗争，共收缴黑枪11支，导火索170延长米，管制刀具7把，全部上缴伊春市公安局。全年查处治安案件119起，处罚164人。其中，行政拘留139人，罚款25人，罚款金额32300元。

1995年5—6月，带岭公安局开展“坚决取缔非法刻、印、制章摊点，严厉查处伪造印章违法犯罪活动”专项清理整顿工作。对全区 23 家娱乐场所进行专门调查、清理整顿。8 月，开展对私人经营的旅馆、娱乐服务业进行整顿，严厉打击卖淫、嫖娼等违法活动。全年查处治安案件 235 起，处罚 132 人。其中，行政拘留 85 人，罚款 44 人，警告 3 人，罚款金额 5800 元。

1996 年 12 月，开展了“加强电子游戏机、娱乐场所管理，取缔有奖电子游戏机经营活动”专项治理整顿，共取缔违法经营点 2 家，收缴电子游戏机 2 台。全年共查处治安案件 197 起，处罚 97 人。其中，行政拘留 57 人，罚款 37 人，警告 3 人，罚款金额 1 万多元。

1997 年 2 月，带岭公安局根据省公安厅和市公安局部署，开展冬季严打整治行动，清理整顿歌舞厅 25 家，电子游戏厅 8 家，爆炸物品经销点 1 个，废旧金属收购站（部）5 个，收缴黑枪 5 支，高压气枪 3 支。6 月，为确保迎接香港回归庆典活动安全，按照伊春市公安局部署，开展了“整顿社会治安秩序”统一行动。在行动中，破获各类案件 11 起，均为重大案件。其中现案 1 起，隐案 4 起，协外破案 6 起，打掉抢劫团伙 1 个 3 人，涉案 9 起。缴获黑枪 3 支，小口径枪 1 支，电击枪 1 支，炸药 15 箱，雷管 400 个，枪弹 160 发，小口径子弹 30 发，管制刀具 92 把。检查自流人口重点户 133 户，清理整顿卡拉 OK 厅、歌舞厅 25 家、洗头房 17 家。9 月，开展保卫党的十五大专项治理行动。在行动中，破获盗窃案件 7 起，收缴赃物折款 2800 元；收缴黑枪 7 支，管制刀具 41 把，检查要害部位 35 处，清理整顿卡拉 OK 厅 18 家，旅店 10 家，洗头房 6 家。全年共查处治安案件 123 起，处罚 106 人。其中行政拘留 77 人，罚款 28 人，警告 1 人，罚款金额 8000 多元。

1999 年，带岭公安局严格查处治安案件，确保社会治安稳定。对枪支弹药、易燃易爆等危险品的管理全部实行了簿册化，对安全检查各个环节进行跟踪记录。反复开展收缴黑枪和管理制刀具活动，共收缴黑枪 10 支、管制刀具 29 把、雷管 176 枚。对公共复杂场所和特种行业实行严格管理，在营业性歌舞厅、卡拉 OK 厅、洗头房、浴池、旅店、饭店、各种废旧收购点、机动车修理点全部建立治安管理责任制度，并签订责任状。对社会丑恶现象进行查禁，共查处卖淫嫖娼案件 14 起，贩黄案件 2 起，赌博案件 10 起，收缴淫秽出版物 67 件。全年共查处治安案件 124 起，处罚 208 人，其中治安拘留 111 人，治安罚款 76 人，累计罚款额 11 万元。

2001 年 4 月至 12 月，带岭公安局根据公安部“治爆缉枪”工作会议精神，开展了专项行动，共销毁黑火药 1592 公斤，电雷管 4840 枚，硝胺炸药 276 公斤，导火索 130 米；取缔炸药库房 9 处；收缴枪支 107 支，其中猎枪 29 支、小口径步枪 8 支、气枪 14 支、自治枪 5 支、仿真枪 51 支，处罚私藏枪支人员 2 名。

2005 年，带岭公安局以治安管理为突破口，有效整治治安乱点和群众反映强烈的问题，强化特种行业和娱乐场所管理。全年共检查旅店业 44 次，娱乐场所 82 次，清理整顿出租车业 37 次，易燃危爆及化学危险品使用储存单位 19 次，累计出动警力 386 人次，并对 76 家特种行业和 32 家大型娱乐场所重新建立档案。同时，认真开展禁赌行动和整治校园周边环境，共查处涉赌案件 25 起，处罚违法人员 112 人；对校园周边环境专项整治 3 次，取缔校园周边歌舞厅、黑网吧各 1 处。全年共查处治安案件 197 起，查处违法人员 375 人。其中治安罚款 285 人，拘留 84 人，警告 2 人，劳动教养 4 人，治安调解案件 174 起。

第三节　户政和出入境管理

一、户政管理

1987 年，带岭公安局户籍民警根据全区流动人口日益增多，人口变化日趋复杂的实际情况，由过去重点熟悉成年人口转向实行人口分类管理，管好管活了三类人口（重点人口）。

1988年，户政管理工作继续本着“全面熟悉，巩固提高，突出重点，发挥作用”的要求，在预防、控制、发现青少年违法犯罪上下功夫，各派出所不断加强户籍民警的业务训练，经常考核，以提高其业务素质。同年12月31日，带岭区进行首发居民身份证。

1989年，在户政管理工作中，户籍民警加强了流动人口和重点人口的管理。北林派出所对流动人口按常住人口管理，做到有户口簿、有本人照片、有原籍证明。并找流动人口暂住的居民或单位，签订责任状，要求保证人或单位定期汇报所保人员的现实表现，对流动人口严格分类排队，控制重点对象。

1990年，各派出所户籍民警配合人口普查办开展户口整顿和人口普查两项工作。通过层层把关、逐户逐人普查，消除户口差错1.46万项，解决人户分离397户786人。解决应注销未注销户口62人，应落户而未落户180人。同年，户籍民警对一、二类人口熟悉率达80%，对三类人口熟悉率达到100%。通过开展清理自流人口工作，共清理自流人口151户542人，对符合暂住条件、证件齐全的1100名自流人员，按要求发放暂住证，并按常住人口管理。

1995年，带岭公安局户政科根据上级户政管理规定，以常住人口为基础，以外来人口和重点人口为重点，开展全区人口调查。在调查中，充分发挥户籍民警对全区环境熟、人口熟的优势，对常住人口、暂住人口分层次有重点地进行排列，建立一簿一册、一人一表的人口资料，并将这些资料输入计算机，实行网络化管理。

1996—1997年，带岭公安局户政科加强了对流动人口管理。根据外来打工、经商人员逐年增多实际，充分发挥派出所管理和服务作用。同时，发挥用人单位管理作用，用人单位与流动人口签订守法合同。

1998年，带岭公安局利用两个月时间，完成了全区居民户口簿换发和常住人口登记任务，从中按程序更正了错、漏项目49处，私改户口项目67项，清理人户分离628人次，更正居民身份证、错重号27人次，清理1人多号2人次，使全区常住人口底数趋于精确。

1999年，各派出所通过进行清理人口分离和户籍底册更换工作，共调查走访14198户，清理人户分离254户，统计血型9457人，更正身份证错号、重号37人，发放暂住证865个，准确地掌握了流动人口数量和全区337名列入管理重点人口的基本情况。

2000年，带岭公安局户政科按照全国统一部署，进行了第五次全国人口普查。在人口普查工作中，抽调有专业能力的干警成立了人口调查办公室，制定下发了工作方案，并以国务院、公安部有关户籍管理法规为依据，以常住户口登记内容为基础，采取逐户、逐人、逐项的方法进行核对，了解掌握户籍区域内常住人口、暂住人口、流动人口情况和数据资料，对人户分离人口、出生、死亡、迁入、迁出等未及时办理有关手续的，依照有关规定办理申报户口、注销户口等登记手续，对“三无”人员（无合法有效证件、无固定住所无正当职业或合法经济来源），该遣返的遣返，对超计划生育出生的，按人口普查要求该登记的登记，使人口普查不遗漏一户一人，保证了登记项目准确无误无差错。

2002年4月，带岭公安局户政科会同4个派出所，开展“清理整顿流动人口、规范出租房屋管理”统一行动，共出动警力141人次，出动车辆19台次，共清理流动人口1049名；清理出租房屋77户，空房7户；办理暂住证171个，发函71份；清理施工工地3处115人；清理城乡接合部位6处，没发现在逃人员藏匿。7月，带岭公安局户政科会同4个派出所开展集中清查反偷渡专项统一行动，通过逐户调查，逐人核对等排查工作，共登记朝鲜族常住人口129人，外来人口1086人，无外来朝鲜人。

2003年3月，带岭公安局户政科会同4个派所，开展为期5个月的人口信息清理纠错工作。截至8月15日，共纠正静态项错误2562项，纠正证号错误199个，纠正动态项错误11784项，采集相片7254张，并为更换“第二代公民身份证”打下了良好基础。同年12月，带岭公安局户政科会同

4 个派出所，开展清理整顿非法入境“三非”人员集中统一行动，清理娱乐场所 65 家，查验身份证 298 人；清理外来人口 237 户，清理出租房屋 59 户，清查朝鲜族居民 89 户 287 人。

2005 年 12 月 23 日，带岭公安局户政科开始进行采集第二代身份证相片的信息数据工作。第二代身份证特点是具有机读功能，采用非接触式 IC 卡技术制作，数字防伪和印刷防伪技术。第二代身份证发放范围是公民应当自年满 16 周岁之日起，3 个月内向常住户口所在地公安机关申报居民身份证。第二代身份证有效期限是 16 周岁以上公民的居民身份证有效期限为 10 年、20 年和长期。未满 16 周岁公民，自愿申请领取居民身份证的，发放给有效期为 5 年的居民身份证。带岭区第二代居民身份证在 2006 年发放。

二、出入境管理

1986 年，带岭公安局户政科坚持对常住外来人口逐年进行调查，掌握底数和基本情况。同时，开展《出入境管理法》宣传教育和外国有关法律法规教育，使出入境人员懂法执法。1997 年，黑龙江省公安厅将伊春市公民出国审批权下放到伊春市公安局，仍执行公安部 1996 年提出的“四个统一”即统一审批、统一办事时限、统一申请办理、统一收费标准。并认真受理公民出国（境）审批工作，实行办事公开制度和承诺制度，自觉接受群众的监督，为出入境人员提供优质、高效、快捷的服务，对出国人员严格审批手续，做到“三对照”，即对照本人、对照身份证、对照户口簿。1986—2005 年，全区出国人员共计 577 人，分别是商务考察 187 人、探亲 92 人、旅游 117 人、出劳务 117 人、留学 30 人、访友 19 人、定居 13 人、应聘工作 2 人。

1986—2005 年带岭区人口登记统计表

表 20-1　　单位：人

年份	总户数	总人数	各类人口数				
			非农	农业	男	女	其他
1986	10592	38063	34810	3253	19028	19035	82
1987	10896	38693	35445	3248	19372	19321	96
1988	10869	38831	35567	3264	19364	19467	1938
1989	11074	37407	34175	3232	18701	18706	123
1990	12007	37615	34531	3084	18800	18815	159
1991	12560	37789	34738	3051	18878	18911	597
1992	12298	37721	34716	3005	18818	18903	932
1993	12599	37607	34630	2977	18739	18868	1205
1994	12590	37575	34636	2939	18731	18844	1322
1995	12581	38019	34680	2909	18939	19080	430
1996	12094	37887	34554	2876	18924	18963	457
1997	12821	37758	34507	2848	18862	18896	403
1998	12990	37554	34510	2816	18770	18784	228
1999	13096	37408	34479	2776	18712	18696	153
2000	13253	37454	43541	2793	18699	18755	120
2001	13479	37437	34456	2788	18711	18726	193
2002	13763	37334	34423	2739	18936	18398	172
2003	13835	37086	34141	2195	18828	18258	—
2004	13764	36413	33493	2195	18519	17894	—
2005	13704	35769	33565	2204	18178	17591	—

第四节　刑事侦查

1986年1月20日，伊春市公安局在带岭召开全市刑侦工作会议，会议总结过去一年刑侦工作，表彰奖励了1985年的全市刑侦工作中的“三优一能”（即优秀刑警队长、优秀侦察员、优秀刑警队、破案能手）。5月，根据市公安局部署堵截抢枪杀人犯“三张”任务，带岭公安局抽调63名干警，调动8台车辆，设3处卡点，组成一个巡逻机动队，由局长、副局长亲自负责开展堵截工作。8月，接到省公安厅传真，撤销查缉工作的通知，结束了堵截“三张”任务。

1987年1月9日凌晨，带岭区机关财务科保险柜被撬盗，作案手段是用手摇钻钻开保险柜，盗走国库券60万元，有价证券70万元，人民币3000多元及金手镯、手表、电子计算机等物品。省公安厅、市公安局派员组成专案组，全力开展“1·9”案件的侦察工作，由于更夫失职，报案不及时，现场遭到破坏，案件未破。2月，带岭育西街居民张某某、于某某因买卖小口径枪支发生纠纷，张某某用小口径枪连射五发子弹，其中一发击中于某某头部，在送往医院途中死亡。张某某随即潜逃，带岭公安局接到报案后，立即组织警力追捕堵截，于次日凌晨5点将张某某抓获。

1989年1月22日，百货商店干部刘某某、更夫孙某某被杀害在值班室内，罪犯分子徐某某、于某雷、于某雨于7月25日在九江县被抓获。7月，带岭公安局打破警种界限分成两大班，昼夜开展集中打击、搜捕流窜犯和有关在逃犯统一行动。8月，带岭公安局全体干警参加全市统一搜捕反革命暴乱分子和流窜犯行动，并对镇内流氓窝点、赌博窝点进行夜查，对机关企事业单位安全防范进行全面检查。全年共发生刑事案件326起，破81起，综合破案率24.8%。其中，特大案件4起，破4起；重大案件43起，破32起；一般案件279起，破45起。通过破案抓案犯138人。

1990年1月16日，带岭公安局全体干警会同检、法、司部门参加全省打击刑事犯罪分子统一行动。对重点人口和复杂场所进行清查，对交通要道进行设卡堵截，对易发案地段进行巡逻看护。10月，刑警赵成臣在执行任务过程中，与犯罪分子展开搏斗，在身中数刀、大量失血情况下，英勇顽强，生擒罪犯。先后被省公安厅授予一等功一次，被共青团伊春市委员会授予优秀共青团员称号，被省委、省政府授予社会治安综合治理先进标兵、省劳动模范，被带岭区政府授予先进个人标兵，并奖励工资二级。全年发生刑事案件132起，破97起，综合破案率73.5%。其中，特大案件1起，破1起；重大案件20起，破20起；一般案件111起，破76起。通过破案抓案犯140人。

1994年1月，带岭公安局开展的“百日攻坚战”结束，共破获各类刑事案件62起。其中，特大案件1起，重大案件6起，协外破案9起。打掉盗窃团伙两个11人，涉案45起，抓获逃犯9人，打击处理人犯37人。7月，开展“严厉打击盗窃、破坏铁路、油田、电力通信器材、设备犯罪活动”专项斗争。共破获各类刑事案件32起。其中，特大案件1起，重大案件9起，一般案件22起。打掉团伙5个116人。

1995年1月，带岭公安局开展严厉打击严重刑事犯罪活动和全国性整治农村社会治安秩序专项斗争。在斗争中，共破获各类刑事案件36起。其中，特大案件1起，重大案件9起，协外破案4起。打掉团伙1个5人，涉案1起，缴获赃款赃物折合人民币4000多元。6月，按照省公安厅和市公安局部署开展以打击流氓滋扰、杀人、抢劫、强奸、盗窃等重大刑事犯罪为重点的春季攻势。战役期共破获各类刑事案件15起。其中，重大杀人案1起，抢劫案1起，重大强奸案2起，流氓案2起，重大入室盗窃案2起，为哈尔滨市南岗公安分局破获重大抢劫案6起，破获年前在册积案1起，抓获在册逃犯7人，缴获赃款赃物折合人民币8400多元。全年共发生刑事案件71起，破65起，综合破案率91.5%。

1997 年，带岭公安局先后开展了冬季、春季严打整治行动，在冬季行动中，破获重大现行强奸案 1 件，破获市公安局确定的“1995.5.12”重大主攻案件 1 起，协外抓获杀人犯 1 起。在春季行动中，发生刑事案件 16 起，破 13 起。全年共发生刑事案件 68 起，破 57 起，综合破案率 83.8%。

1998 年，带岭公安局在刑事案件侦察工作中，把对社会危害大、对人民生命财产安全威胁大的团伙犯罪和杀人、抢劫、重伤害、重大盗窃等严重刑事犯罪列为打击的重点，共组织专项严打斗争 6 次。组织全局性集中打击行动 8 次，各科所队组织小区域的分管行动 12 次，有利打击了各种刑事犯罪的气焰。全年共发生刑事案件 62 起，破获 53 起，综合破案率 85.5%。

1999 年，带岭公安局采取集中统一行动与分兵行动相结合，严厉打击刑事犯罪。全年组织全局性、长时间集中统一专项斗争 5 次，各警务区组织“民兵行动”51 次。4 月，在严打整治专项斗争中，针对居民楼撬盗案件接连发生实际情况，采取对重点地段加强巡护，对重点部位进行蹲坑守候的“分兵行动”，及时抓获了作案嫌疑人，破获入室抢劫案 3 起。全年共发生刑事案件 50 起，破获 44 起，综合破案率 88%。同年，首次使用全国公安内部联网的电子计算机网上技术，及时抓获本地网上逃犯 17 名，外地网上逃犯 4 名。

2000 年 1 月，带岭公安局按照市公安局要求，开展“打黑除恶”专项斗争，共破获刑事案件 14 起。4—7 月，带岭公安局参加全省“四打一保”（打黑、打拐、打严重刑事犯罪、追捕逃犯、保证政治稳定）专项斗争，共破获各类刑事案件 18 起，其中，重大案件 4 起，抓获犯罪嫌疑人 16 名；解救被拐卖妇女 7 名；抓获网上逃犯 4 名。

2001 年 4 月，带岭公安局按照“全省集中搜捕行动”方案要求，抽调专门警力，对带岭区火车站、公路客运站进行设卡搜捕，盘查可疑人员，共检查出租车 102 台次、港田 289 台次，盘查可疑人 4 名。6 月，带岭公安局刑侦大队运用各种侦察手段，与内蒙古乌兰浩特市协作，将网上在逃 7 年之久的伤害致死人命案犯嫌疑人丁某某抓捕归案。

2002 年 4 月，带岭公安局召开“深入开展严打整治斗争，确保社会稳定工作大会”，对为期 90 天的严打战役进行周密部署。此次战役共破获各类刑事案件 61 起，抓获网上逃犯 11 名；查出案犯 25 名，批捕 12 名，起诉 15 名；收缴黑枪 9 支，仿真枪 288 把；查处黄赌毒案件 22 起，送劳动教养 7 人。

2004 年 7 月，带岭公安局刑侦大队通过缜密侦察，精心部署，派精干侦察人员前往河北省平泉县一带，将潜逃 11 年之久的犯罪嫌疑人张某某抓获。

2005 年 4 月 4 日，带岭局永翠林场发生一起杀人抛尸案件，刑警队经过精心部署，缜密侦察，仅用 30 小时就将犯罪嫌疑人绳之以法。同时，加大了“两抢一盗”打击力度。破获系列拦路抢劫、强奸等案件 12 起，抓获作案人员 13 人。破获盗窃大青山风力发电站进口零配件重大案件，挽回经济损失 1.6 万余元。2005 年，全区共发生刑事案件 87 起，破获 54 起，破案率为 62%。

第五节 执法监督

1996 年，带岭公安局法制科成立。同年，对公安局办理的行政案件进行全程监督，查阅了行政案件卷宗，审核了执法情况，对全体干警进行集中法律培训两次，提高了干警执法水平。

1998 年，法制科先后举办“三长”培训班、业务骨干和基层法制员培训班一期，聘请市警校教师举办《刑法》《刑事诉讼法》等 5 部法律讲座 1 期。同时，加强了执法检查监督，全年组织执法检查 4 次，查阅案卷 120 本，对发现的问题当场纠正。并审核各类案件 108 起，其中，退回 6 起，外查 8 起，建议改作其他处理 4 起。

1999 年，根据执法监督工作的需要，先后制定了《案件例查制度》《案件倒查处罚规定》《执法责任制度》等 8 项制度和规定。同时，建立资料室和阅览室，并投资万余元购买了相应的法律书籍，为干警学习法律知识提供了场所和资料。当年，对各类案件进行了审核，共受理 51 起刑事案件，提请复核案件 1 起，行政案件 12 起，复议 2 起。同年，法制科举办了带岭公安局首届法律知识竞赛，对获 1～3 等奖的干警，分别给予物质奖励。在参加全市法律知识竞赛中，带岭公安局代表队获优秀奖。

2000 年，认真贯彻《黑龙江省公安机关实施执法责任方案》，并相应制定了《带岭公安局执法责任制度》《带岭公安局执法责任考核方案》，推行谁主管，谁负责，谁批准，谁负责的执法办案责任制和事前、事中、事后的督导制度。全年共受理审核刑事案 38 起，行政案件 124 起，各类案件指标均达到 100%，无行政复议案件，无冤假错案。

2001 年，认真落实市公安局重点工作目标，实施“大法制”工程，加强公安法制建设，全面落实执法责任制，并与错案追究制度、案件倒查制度有机结合起来，形成相互促进的有效机制，提高严格执法、规范执法水平。同时，认真组织开展法律教育培训工作，制定《带岭公安局法制教育三年规则》。积极开展执法检查工作，全年共审核受理刑事案件 389 起，行政案件 54 起，劳动教养案件 12 起，经审核各类案件指标均达 100%。

2003 年，按照黑龙江省公安厅《关于进一步清理地方公安法规规章和规范性文件的通知》要求，认真清理本局有关规章制度和文件，做到该废止的废止，该修订的修订，先后修订了《治安处罚案件装订标准》《执法责任卡一案一测制度》《分局执法责任》等 11 项制度和标准。同时，按照省委政法委《关于超期羁押案件责任追究的暂行规定》，认真清理未结的案件，经过清理没发现超期羁押案件。全年共审核刑事案件 29 起。行政案件 175 起，劳动教养案件 6 起，均达到规定的标准。

2004 年，认真贯彻执行《伊春市一案一测考评制度》，在案件审核过程中，即注重实体法，又不忽视程序法，在严格执行法规的同时，深入调查研究，结合实际情况，做出恰当的法律审核。当年，对 2003—2004 年全局所处理的各类案件，进行了集中清理复议，对发现的问题进行分析排列，按照案件测评标准，并认真进行整改。全年共审核刑事案件 29 起，行政案件 118 起，劳动教养案件 4 起，均做到了适用法律准确，程序合法。

2005 年，坚持每季开展一次执法大检查，对各部门办理的案件进行全程考评，实行考评结果与目标管理挂钩，使各类案件得到正确处理。全年共审核刑事案件 33 起，行政案件 197 起，劳动教养案件 4 起，案件的报捕率、批捕率和案件起诉合格率均达 100%。

第六节　经济侦查

1988 年，带岭公安局查处森林案件 22 起，处罚 28 人，挽回经济损失 8000 多元。所查案件中有 1 起是森林刑事案件，性质是盗伐林木。另外 21 起是森林治安案件，其中，盗伐林木 1 起，盗伐木材 3 起，倒卖木材案件 7 起，投机倒把 4 起，违法狩猎 2 起，其他 4 起。

1989 年，带岭公安局查处森林案件 66 起，处罚 101 人，挽回经济损失 3.8 万元。所查案件中有 1 起是森林刑事案件，性质属盗窃林木。另 65 起是森林治安案件，其中盗伐林木 3 起，盗窃木材 26 起，伪造木材票证 1 起，投机倒把 34 起，违法狩猎 1 起。

1990 年 6 月 16 日，带岭公安局召开返赃大会，返还失主被盗现金及物品总价值 1 万余元。9 月，带岭公安局经保科下发《关于在全区企事业单位内实行三级值班值宿》文件，有效地控制了企事业单位内部案件的发生。全年查处森林案件 28 起，处罚 52 人，挽回经济损失 4 万多元。

1993 年，带岭公安局查处森林案件 6 起，处罚 23 人。其中，治安拘留 3 人，收容审查 5 人，林政罚款 15 人，挽回经济损失 36000 多元。

1994 年，带岭公安局查处森林案件 12 起，处罚 49 人。其中，刑事拘留 8 人，治安拘留 11 人，林政处罚 14 人，警告 16 人。收缴木材 121 立方米，挽回经济损失折合人民币 12 万元。

1995 年，带岭公安局查处森林案件 13 起，处罚 12 人，收缴木材 70 立方米，挽回经济损失 7 万余元。

1998 年，带岭公安局积极开展打击破坏森林资源犯罪活动，对全区 78 家木制品加工厂点的木材来源，进行认真调查和山场实地勘查，堵塞林木被盗伐和木材流失渠道。全年共查处森林案件 7 起，处理违法犯罪 9 人，收缴木材 115 立方米，挽回经济损失 8.3 万元。此外，加强了森林野生动物保护工作，共捣毁捕鸟粘网 20 片，放飞各种鸟雀 300 只，捣毁捕捉林蛙塑料墙万余延长米，放生林蛙万余只。

1999 年，带岭公安局在打击破坏森林资源犯罪方面实行主动进攻，加强对全区各林场、林班的检查，及时为责任单位提出防盗运木材管理的建议。同时，加大夜间检查的工作和设卡堵截偷拉私运车辆的力度。全年共查处森林案件 11 起，处理违法人员 18 名，收缴木材 339 立方米，捣毁捕捉林蛙塑料墙 9600 延长米，收缴捕鸟工具 12 件，为国家挽回经济损失 16 万元。

2001 年 2 月，带岭公安局刑侦大队在南岔区抓获在逃半年之久的负案在逃犯张某某，使 2000 年重大盗伐林木积案告破。

2002 年 2 月，带岭公安局在春节期间开展严厉打击破坏森林和野生动物犯罪专项行动，侦破森林刑事案件 2 起，行政案件 7 起，18 名违法犯罪人员被处罚，缴获木材 6.45 立方米，收缴赃款 2800 元。

2003 年 3 月，带岭公安局开展“森保百日会战”，加大打击破坏森林和野生动物资源领域犯罪力度，有效遏制森林资源领域犯罪。破获森林刑事案件 8 起（盗伐林木 5 起、滥伐林木 1 起、非法采伐珍贵树种 1 起、盗窃 1 起），林政治安案件 11 起，野生动物案件 1 起。批捕 14 人，起诉 14 人，治安处罚 8 人，林政处罚 9 人。共罚款 1.2 万元，收缴木材 82.9 立方米，没收野生动物 3 只，挽回经济损失 45 万余元。

2004 年 10 月，部署代号为“利剑”的打击破坏森林资源犯罪专项行动。共破获各类森林案件 62 起，其中，森林刑事案件 10 起、重大刑事案件 4 起、一般刑事案件 6 起、野生动物刑事案件 2 起，查处林政案件 50 起，行政罚款 27 人，行政拘留 24 人。收缴木材 99 立方米，挽回经济损失 4.7 万元。

2005 年，带岭公安局开展以打击破坏森林资源犯罪为重点的“林海行动”，共破获森林案件 4 起，重大案件 2 起，抓获违法犯罪人员 5 名；查处林政案件 15 起，挽回经济损失 3.7 万余元。

第七节　城镇防火

1986 年 7 月，开展以安全防火为重点的综合治理工作，打通防火通道 21 条，搬迁木材 40 堆，烧柴 85 立方米，拆除住房 1163 平方米、板棚子 156 个，更新老化电线 5 万延长米，移动电柱 25 根。

1988 年，开展了《消防法》宣传教育，出动防火宣传车宣传 24 次，防火专题广播 11 次，板报橱窗宣传 32 期，制作永久性防火宣传标语 90 块。3 月，第二粮店因烟囱火引燃锯末保温层引起火灾，团结街十组四户居民因此遭受火灾。消防队及时赶赴火场，将火扑灭。全年发生火灾 4 起，直接损失 8000 多元。

1990 年，在防火宣传中，利用广播电视播放防火灭火常识 40 余次。下发防火宣传品 1.3 万份，设立永久性宣传板牌37块，出动防火宣传车83台次。10月，开展防火宣传一条街活动，全区各单位共有1.5万人次参加了宣传活动。

1998年，在城镇消防工作中坚持“以防为主，防消结合”的原则，利用消防宣传点、消防宣传车、张贴标语、举办板报和开展“消防知识进万家”活动等多种宣传形式，增强全民安全防火意识。同时，开展经常性安全防火检查，及时整改火险隐患。全年共组织大型检查7次，不定期局部检查16次，发现各种火险隐患713处，下达隐患整改通知书175份，整改704处，查封9个个体木工厂。

1999年，坚持防火安全大检查，共组织大型检查6次，不定期检查214次，发现各种火险隐患1035处，下达火险隐患整改通知书286份，监督整改1032处，限期整改3处。开展防火通道整治，共打通防火巷道76条，整修消防主干道2590延长米，清除烧柴3400立方米，清理垃圾堆61个，约1500立方米，拆除背包房46个、简易车库6个、门斗房18个、棚厦211个，清除占道空电线杆35根、移走占道通信线杆11根。加强消防队员体能训练，组织全区性扑救大面积火灾演习和扑救一级消防单位火灾演习各1次，全年消防大队出各种火警14次，基本做到了出警及时，灭火成功。

2003年4月，开展全区范围内防火检查工作，共检查重点单位20个、一般单位38个、林场12个、街道村屯27个、个体工商户384户，共查出防火隐患594处，下发限期整改通知书145份，整改完毕447处。

2004年4月，举办第一期消防知识培训班，得到了市公安消防支队领导重视，派支队法制科、消防科、火调科领导到带岭授课。从而提高了消防大队干警的消防业务知识水平。5月，带岭公安局开展为期10天的消防安全大检查，共检查各类单位场所470个，发现隐患480处，当场整改264处，限期整改216处，下发整改通知书79份。

2005年，对全区重点单位、易燃易爆和公众聚集场所进行消防安全监督检查，并对木材加工行业和公众场所专项治理，全年共检查各类单位24家，各类场所246家（包括歌厅、网吧、批发商店、饭店、旅店），修理业31家，木材加工点86家，木材干燥行业7家，易燃易爆场所2家，其他5家。开展夜检夜查15次，发现隐患230处，下发整改通知书70份，查封干燥窑、木工厂4家，整改隐患212处。

第八节　交通管理

一、交通安全宣传

1986—1992年，交警大队以《中华人民共和国道路交通管理条例》为中心宣传内容，广泛开展有关交通法律、职业道德和安全常识宣传教育活动，做到年年都有宣传月，月月都有宣传周。在宣传月期间，召开车辆单位领导、车管干部和驾驶员会议，宣传交通安全重要性和进行职业道德、交通法规教育。同年，举办交通事故图片展览，向广大群众进行道路交通安全教育，在宣传周活动期间，主要采取设立交通法规咨询台、张贴标语、播放交通安全教育片、举办交通事故案例图片展、发放交通安全宣传材料等形式进行宣传教育，提高了广大群众和驾驶员道路交通安全意识。

1993—1999年，交警大队以落实《道路交通管理条例》和《交通事故处理办法》为内容，以各级领导、驾驶员和职工群众为对象，以提高全民法制观念和交通安全意识为目的，结合交通管理各时期特点，有针对性地开展道路交通安全宣传教育活动。

2000—2005年，交通警察大队按市支队和分局要求，采取多种形式进行交通法规宣传和交通安全教育。利用广播、电视、宣传车等新闻媒体和宣传工具，大力宣传《道路交通管理条例》《黑龙江省道路交通管理实施细则》。深入各有关单位、学校、社区开展案例实例讲解，宣传交通安全法规，使广大群众认真遵守交通法规的重要性和忽视交通安全的危害性。加强在路检路查、晨检夜查中的宣传教育工作，在纠正违章的同时，宣传交通法规，增强驾驶员交通安全意识，自觉遵守交通法规。建立永久性宣传标语和路牌，扩大宣传面。深入林场、村屯进行交通法规宣传，并将《村民交通安全须知》《居民文明交通须知》《驾驶员文明行车须知》及《高速公路安全行车须知》发放到驾驶员和群众手中，使他们掌握交通安全知识，保证道路交通安全。

二、交通秩序管理

1986—1996 年，交警大队认真贯彻落实《道路交通管理条例》《黑龙江省道路交通管理实施细则》，加强对交通秩序管理，十字路口建立交通岗，重点道路设置交通安全标志牌，经常开展路检路查和晨检夜查，保证交通秩序井然有序。同时，依法进行交通事故处理，认真落实办案人责任和领导审批责任。一般交通事故，由案件主办人提出意见，经大队审核后方可下达责任认定书。重大交通事故认定由大队班子成员及案件主办人集体研究后，报请支队事故科确定。

1998 年，交警大队在交通管理方面，以压事故，保畅通为目标，严格交通管理。对驾驶员进行交通安全常识教育，提高交通安全意识。对交警实行定岗包路段责任制，提高交警对路面的控制能力。对交通实行路检路查和晨检夜查，保证交通安全。全年累计检车 4882 次，纠正违章 1890 人次，清理违章占道 32 处。全年共发生交通事故 8 起，其中重大事故 2 起，死亡 2 人；一般事故 4 起；轻微事故 2 起。

1999 年，交警大队根据全区车辆猛增，道路交通拥挤的情况，把加强安全教育、整顿交通秩序、改善交通环境、预防和减少交通事故作为工作重点，严格实行路检路查和晨检夜查，全年共晨检夜查 49 次，检车 4817 次，纠正违章 1347 人次，清理违章占道 28 处。开展交通秩序整顿，全年共组织两次对个体出租车进行专项整顿，清理滞留无牌无照和不准上路车辆 20 台，严格纠正乱停乱放、截头猛拐违章现象，保证了交通安全。全年共发生交通事故 12 起，其中重大事故 3 起，死亡 3 人；一般事故 7 起；轻微事故 2 起。交通事故直接经济损失 4.6 万元。

2005 年，交警大队在交通管理工作中，以确保安全为己任，以改善交通环境、预防和减少交通事故为重点，定岗包段，强化晨检夜查和路检路查，全年共晨检夜查 24 次，检车 4103 台次，纠正违章 1693 人次，批评教育 950 人次，清理违章占道 90 处。此外，对辖区内无牌证、酒后驾车、超速行驶及未成年人驾驶摩托车等严重违章行为，加大处罚力度，该拘留的拘留，保证了道路安全畅通。

1987—2005 年带岭区（局）交通事故一览表

表 20-2

年份＼项目	交通事故（起）	立案（起）	死亡（人）	重伤（人）
1987	29	—	2	4
1988	7	—	1	4
1989	5	—	2	5
1990	31	11	2	3
1991	16	4	4	—
1992	14	2	2	—
1993	12	—	—	—
1994	19	2	2	—
1995	18	5	5	—

续表 20-2

项目 年份	交通事故（起）	立案（起）	死亡（人）	重伤（人）
1996	12	—	—	—
1997	9	3	3	—
1998	8	2	2	—
1999	12	3	3	—
2000	13	3	3	—
2001	15	2	2	—
2002	12	2	2	—
2003	9	2	2	—
2004	6	2	2	—
2005	7	1	1	—

三、车辆及驾驶员管理

1986 年以来，交警大队充分发挥车辆管理从源头管理的作用，全面建立机动车和驾驶员户籍化管理，将辖区内车辆和驾驶员的信息，包括所属社区驾驶员和车主户籍地址、实际居住地址、工作单位、联系方式、委托联系人；非营运车辆和单位属性、营运车辆的挂靠单位等，及时输入到计算机系统，实行计算机化管理。同时，根据日常管理需要，将车管部门掌握的机动车报废、年检信息与户籍化管理系统实行信息共享、协作联动，变过去被动的、静态的、单一的机动车驾驶员管理，为主动的、动态的、全面的信息化、网络化管理。对到期报废的机动车、注（撤）销驾驶证、记满 12 分驾驶员每月定期进行公告。推行大中型客车和泥头车、出租车、危险品运输车的重点管理措施，对参检率达不到要求的运输单位，视情节停办车管业务。对报废车辆及时登报公告，逾期不办理车辆报废手续的，一律按规定注销其车辆档案，并通知辖区大队在路检路查时扣留。

至 2005 年年底，全区共有机动车 1682 台，其中大型货车 193 台、小车 455 台、农用运输车 81 台、摩托车 951 台、挂车 2 台。共有驾驶员 2098 名，其中大客 A、大货 B、小型 C 证的共有 1564 名，二、三、四轮车、摩托车证（D、E、F、H）534 人。

第三章　检　察

第一节　机构设置

带岭区人民检察院下设民行科、批捕科、起诉科、监所科、控申科、职检局、政工科、办公室。

第二节　刑事检察

1986 年，带岭区人民检察院充分发挥刑事检察的职能作用，坚持在公安局提请审查批捕和审查起诉之前，主动取得联系，提前阅卷、熟悉案情。对重大案件，主动参与现场勘查和旁听预审，保证了刑事检察的质量。全年受理审查批捕案犯 26 人；受理审查起诉案件 19 件 26 人，其中，做免诉处理 1 件 1 人，移送市院 3 件 3 人，起诉到法院 15 件 22 人（法院退补 2 件 2 人）。

1987 年，严格按办案程序，坚持“从严从快”的方针，全年受理审查批捕案犯 17 人，经审查批捕 10 人；受理审查起诉案件 12 件 16 人，其中七类案件 6 件 7 人，一般案件 6 件 9 人。经审查，移送市院起诉 2 件 2 人，直接向法院起诉 10 件 12 人，免于起诉 2 人。

1988 年，坚持把打击刑事犯罪活动作为重要任务来抓，加强重大、复杂案件的检察工作力度，有力地打击了刑事犯罪活动。全年受理审查批捕案犯 31 人，不批准逮捕 1 人，受理公安机关移送的审查起诉案件 26 件 33 人，经审查移送市院起诉 2 件 5 人，向同级法院起诉 24 件 25 人，免于起诉 3 人。

1989 年，针对受案多，重特大案件突出的特点，采取提前介入和办案责任制，对“专项打击”的案件和重大、疑难案件，主动提前介入公安机关的侦察或预审环节，对重大恶性案及时赶赴现场参与勘查，主动听取案情汇报，审阅预审材料，旁听审讯情况，保证了每起案件的质量。全年受理审查批捕案犯 73 人，经审查批捕 66 人，不批准逮捕 3 人，退补侦察 3 人，公安机关撤案 1 人，其中重特大案犯 16 人。

1993 年，认真贯彻《刑事检察工作细则》和全国人大常委会关于《严格惩治严重危害社会治安的犯罪分子的决定》，积极参加打击盗窃“百日攻坚战”专项斗争。全年受理公安机关移送审查起诉案件 34 件 58 人，其中故意杀人 1 件 1 人，强奸 3 件 3 人，流氓 3 件 8 人，抢劫 1 件 17 人，拐卖人口 1 件 4 人，盗劫 13 件 17 人，伤害 2 件 3 人，包庇 1 件 3 人故意毁坏公私财物 1 件 1 人，交通肇事 2 件 2 人，经审查报送市院审查起诉 2 件 2 人，免于起诉 4 件 6 人，向同级法院起诉 21 件 36 人。

1994 年，强化办“铁案”意识，确保案件质量，做到“五把关”“四讲清”“五把关”，即办案人、科长、科务会、检察委员会、检察长各自把好关。“四讲清”即讲清已查明的事实情节讲清案件的疑点难点和矛盾点、讲清认定犯罪的证据情况、讲清办案人对案件的处理意见。全年受理公安机关批捕41件99人，经审查批准逮捕91人，其中杀人2件2人、抢劫2件2人、伤害9件14人、流氓2件7人、盗窃18件45人、盗伐木材6件17人、未批准逮捕2件4人。

1995年，认真贯彻“严格执法、狠抓办案”工作方针，从重从快打击刑事犯罪活动。3月25日，带岭区发生特大持枪杀人案。案件发生后，检察长迅速组织一、二科干警及时赶赴现场，掌握第一手材料，并同公安干警一起研究分析案情，经几昼夜不休息，设卡堵截，终于将“3·25”持枪杀人案破获。全年受理公安机关批捕案件23件41人，向同级法院提起诉讼4件10人。

1999年，把严格执行实体法与程序法并重作为刑事检察工作的重点内容，采取切实可行的方法，确保批捕、起诉案件质量。全年受理各类案件30件45人，经审查批捕26件40人，未批准逮捕3件4人，公安机关撤回案件1件1人；受理公安机关及本院移送起诉45件50人，经审查移送起诉36件48人，退回侦查机关4件4人，批捕起诉准确率100%。

2000年，带岭区人民检察院根据刑事犯罪的新特点，在侦察谋略、收集证据、用好视听材料等方面下功夫，坚持“一要坚决、二要慎重、务必搞准”的原则，保证刑事检察的质量。全年共受理各类案件20件29人，经审查批捕17件24人，未批准逮捕3件5人；受理公安机关及本院移送起诉案件34件45人，经审查报市院3件8人，提起诉讼29件35人，批捕、起诉准确率达100%。

2001年，带岭区人民检察院坚持把林木案件和木材流通领域的案件也作为打击的重点，从而加强了刑事检察工作。全年共受理各类案件26件70人，经审查全部批准逮捕；受理公安机关及本院移送起诉案件39件89人，经审查移送起诉37件87人，报市院2件2人，批捕、起诉准确率达100%。

2004年，带岭区人民检察院获悉带岭邮政支局中心储蓄所储户定期存款出现问题，案情重大，对此，向市检察院反贪局进行汇报，在市检察院的指导下，经一个多月的侦察，侦破了贪污219万元的犯罪大案。全年共受理各类案件17件26人，经审查全部批捕；受理移送起诉案件30件35人，经审查全部起诉。

2005年，全年共受理各类批捕刑事案件25件40人，经审查全部批捕；受理移送起诉案件29件58人，审查后报市院审查2件3人，公安机关撤回起诉1件1人，提起诉讼36件54人，法院均作有罪判决。批捕、起诉准确率达100%，案件质量100%，实现了当年所立案件零不诉、零撤案的目标。

1986—2005年带岭区（局）刑事检察案件一览表

表20-3

年份	受理审查起诉	移送市院起诉	向同级法院起诉	年份	受理审查起诉	移送市院起诉	向同级法院起诉
1986	19件26人	3件3人	15件22人	1996	44件87人	0件0人	42件85人
1987	12件16人	2件2人	10件12人	1997	—	—	—
1988	26件33人	2件5人	24件25人	1998	27件39人	0件0人	27件39人
1989	38件63人	2件4人	33件56人	1999	45件60人	4件4人	36件48人
1990	51件76人	7件15人	43件65人	2000	37件48人	4件6人	33件42人
1991	52件66人	1件1人	49件61人	2001	38件88人	1件1人	37件87人
1992	48件68人	3件3人	33件48人	2002	63件90人	1件1人	62件89人
1993	34件8人	2件7人	21件36人	2003	38件57人	1件1人	37件56人
1994	40件76人	4件4人	36件72人	2004	21件22人	0件0人	19件20人
1995	23件41人	0件0人	4件10人	2005	25件40人	2件2人	36件54人

第三节　经济检察

1986—1989 年，带岭区人民检察院受理经济案件 54 件，为国家挽回经济损失 28.6 万元。

1991—2000 年，带岭区人民检察院共受理经济案件 55 件，立案 37 件涉及 58 人，重大案件 5 件 6 人，为国家挽回经济损失 79.1 万元。

2000 年，带岭区人民检察院立案查处贪污贿赂犯罪案件 5 件 5 人，其中查处副处级领导干部犯罪大要案 1 件，为国家挽回经济损失 6.4 万元。

2005 年，带岭区人民检察院采取加大调查力度，集中力量办案等措施，共受理申诉案件 1 件，提请抗诉 1 件。同时，在市检察院的指导下，查处刑讯逼供 1 件 1 人，案件的立案准确率、法定时间侦结率、移送起诉率和有罪判决率均为 100%。

1986—2005 年带岭区（局）反贪污贿赂案件一览表

表 20-4　　　　单位：起

年份	立案	贪污	受贿	挪用公款	起诉	免诉	年份	立案	贪污	受贿	挪用公款	起诉	免诉
1986	4	3	—	—	—	1	1996	—	—	—	—	—	—
1987	1	—	—	—	—	1	1997	1	1	—	—	1	—
1988	—	—	—	—	—	—	1998	1	1	—	—	1	—
1989	4	2	2	—	—	4	1999	3	1	—	2	3	—
1990	9	3	5	1	4	5	2000	—	—	—	—	—	—
1991	3	1	—	2	1	2	2001	5	5	—	—	4	—
1992	4	2	1	1	2	2	2002	4	4	—	—	4	—
1993	6	5	—	1	—	—	2003	3	3	—	—	3	—
1994	7	6	—	1	5	2	2004	2	2	—	—	2	—
1995	6	5	—	1	3	3	2005	1	1	—	—	39	—

第四节　民事行政检察

1992 年，根据省人民检察院的要求，带岭区人民检察院增设了民事行政检察科，配备专职干部 1 人。

1992 年以来，带岭区人民检察院民事行政检察科围绕严格执法、狠抓办案、强化法律监督，坚持“敢抗、会抗、抗准”的原则，积极开展民事行政检察工作，收到较好的效果。1992—2005 年，共受理各类民事行政案件 52 件，立案审查 16 件，均做抗诉或检察建议处理。

第五节　法纪检察

1986 年，带岭区人民检察院本着“分级负责、归口办理”的原则，经常深入各单位走访、调查，发现一般违法案件，及时转交有关部门处理。同时，利用广播、电视、讲法制课等形式，进行法制宣传，推动法纪检察工作。

1987 年，带岭区人民检察院共受理法纪案件 5 件 5 人，其中立案 2 件 3 人，免于起诉 1 件 1 人，依法起诉 1 件 2 人，都做了有罪判决。

1988 年 6 月，带岭区人民检察院成立了举报站，建立了举报工作制度，每周三为检察长接待日，在全区设立 18 个举报箱，聘请检察联络员 14 名。举报站成立后，受理举报案件 3 件，均属责任事故案，都及时交由行政部门依政纪处理。

1989 年，法纪检察工作人员调查 4 个林场，3 个派出所和 9 个居民委查处 2 件一般性违法案件。

1992 年，全年受理法纪案件 3 件，其中立案 1 件 2 人，法院已作出有罪判决。

1993 年，全年受理法纪案件 4 件，其中重大生产责任事故 2 件，非法拘禁 1 件，徇私舞弊 1 件。

2001 年，全年受理 5 起徇私舞弊案件。

第六节 控告申诉

1986 年，带岭区人民检察院正式成立控告申诉检察科，编制 2 人。

1986—1990 年，控告申诉检察科共接待群众来访 147 件，其中控告 76 件，申诉 26 件，处理 65 件，转由业务科处理 46 件，转有关部门处理 36 件。

1991—1999 年，控告申诉检察科共接待来信来访 116 件，其中来信 30 件，来访 86 人次，处理 66 件，转业务科处理 26 件，转有关部门处理 24 件。

2000 年，控告申诉检察科受理群众来信来访 33 件，其中来信 10 件，立案初查 1 件，转业务科处理 2 件，转区纪委及其他部门处理 7 件。

2001 年，控告申诉检察科接待群众来信来访 36 件，其中来信 7 件，电话举报 3 件，初查或参与初查 8 件，转区纪委处理 2 件。

2002 年，控告申诉检察科被评为“省级规范化接待室”和“省级文明接待室”。同年，该科接待群众来信来访 37 人，初查或参与初查举报线索 10 件，转反贪局 7 件，不予立案 7 件。

2003 年，控告申诉检察科接待群众来信来访 31 件，转业务科处理 7 件；转有关部门处理 13 件，直接答复 11 件；受理举报线索 10 件，初查后转业务科处理 4 件，转区纪委处理 3 件，举报失实 3 件，受理刑事申诉来信 2 件，办结 2 件。

2004 年，控告申诉检察科接待来信来访 30 件，转业务科举报线索 4 件，初查或参与初查 4 件，其中转业务科处理 3 件（百万元以上大要案 1 件），举报失实 1 件。

2005 年，实行“百分之百接待，百分之百受理，百分之百答复”，共接待群众来访 41 件，其中直接答复 35 件，转其他部门答复 6 件。

第七节 监所检察

1995 年，对监所监察坚持每天对人犯逐个核对，坚持对收押释放犯人的法律手续实行检察，使全年收押释放犯人手续完备，无超期羁押和提前释放人犯的情况。

1997 年 7 月，带岭区人民检察院实行人事制度改革后，设立了副科级驻所检察员。

1998 年，带岭区人民检察院成立驻看守所检察室。全年进行执法检察 198 次，发现各类违法现象12次，并及时进行纠正。进行安全防范检查76次，清除隐患2次。同时，加强了驻所监察室的制度建设和基础建设，经省院和市院检查验收，带岭区人民检察院驻所检察室被评为“规范化驻所检察室”。

1999年，以执法监督、安全防范和驻所检察为重点，加强了监所检察。驻所检察员全年找重点人犯谈话76次，配合看守所清监56次，清除监舍内打火机、钉子、玻璃块等隐患20余起。同年，为驻所检察室配备了计算机，实行现代化管理。

2000年，处理了看守干警因失职，致使羁押人员脱逃一案。同年，驻所检察室被评为省三级驻所检察室。

2001年，加大驻所检察和安全防范检查，全年对监所安全防范检查48次，参与清监85次。同年，驻所检察室被评为省级规范化驻所检察室。

2002年，成立监所科。同年，驻所检察科被省评为二级驻所检察室。

2003年，监所检察科被区委授予先进科室。同年。受理一起人犯近亲属控告申诉案。

2005年，国家投资200万元对看守所进行重建，同年10月竣工。重建的看守所达1400平方米，使看守所条件得到了改善。同年，监所检察科结合“双加强、双保障”活动，全面试行监所检察工作“三个流程”，把安全检查和执法检查作为重点，增加驻所时间和加强安全防范力度，全年无超期羁押情况的发生。

第八节　审查监督

1988年，在审查税案中，贯彻创新与求实精神，设计了新的阅卷笔录，突出用数字反映证据，抓住审查书证中心环节，全面对照原始凭证，核对收支金额，接触被告人，听取供述具体案情。由于改革审查方法使3起税案在一周内完成了审查任务。同年，还试行了超前侦督制度。

1989年，充分发挥法律监督职能，做到“四比较、四分析”，即被告人在刑侦环节与预审环节交代的犯罪事实相比较，分析认定犯罪事实是否有矛盾的；将被告人供述的犯罪事实是否与人证、书证相比较，分析犯罪事实是否与证据相一致；将被告人供述的犯罪情节与同案犯证实的犯罪情节相比较，分析全案情节是否吻合；将直接证据与间接证据相比较，分析证据之间的可靠程度，从而使犯罪分子依法得到判决。

1991年，在审查批捕和审查起诉工作中，注意把审查的重点放在防漏上，确保案件质量。起诉科在审查一起强奸未遂案时，公安机关在移送前认为被告人是精神病，提出撤销此案，经过审查证据，接触被告人和走访被告人居住的居民委，认为公安机关提出撤案不妥，并向公安机关提出对被告人进行精神病司法鉴定的建议，经鉴定被告人系发育迟滞（轻度），属限定责任能力，故将此案依法起诉。同年，在审查监督中，发现区人民法院对一起流氓伤害致死案，量刑较轻，于是向市中级人民法院提出抗诉，经二审审理撤销区人民法院原判，从重进行了处罚。

1994年，在审判监督上，通过出庭支持公诉和审查判决书副本等环节，注意监督已起诉的犯罪事实是否准确，量刑有无畸重畸轻现象。在一起木材案中，发现被告人与他人内外勾结，以多装少算，降低等级等手段侵吞国家木材16.2立方米，价值达2.4万多元，贪污数额较大，在一审判决中，对被告人判三缓五，在审查中发现此案量刑畸轻，并向中级人民法院提出抗诉，中级人民法院进行了改判，判其有期徒刑五年。

1995年，在侦查监督和审判监督中重点抓“五查”“四核对”，即查案件法律手续是否健全、查有无漏罪漏犯和应追究刑事责任的同案犯、查诉讼程序是否合法、查是否有违法情况、查案件定性是否准确。对法院判决和裁定认定的犯罪事实与起诉认定的事实进行核对、看犯罪事实是否全部认定；把认定罪名进行核对，看罪名认定是否正确；对法院量刑与法律条文进行核对，看是否存在量刑畸轻畸重；对法院的审判活动与程序进行核对，看审判程序是否合法。

1999 年，根据《中华人民共和国刑事诉讼法》有关规定，积极开展了立案监督工作，加大了对重要部门的审查力度，全年共办理两起立案监督案件，法院均做了有罪判决；起诉环节改变性质 4 件 4 人，对一量刑不当提出抗诉 1 件 1 人，既维护了法律的严肃性，又保护了公民的合法权益。

2000 年，共办理了 3 起刑事立案监督案件，起诉环节重点抓了纠错防漏工作，改变案件性质 4 件 7 人，建议公安机关撤案 1 件 1 人。

2001 年，强化法律监督职能，维护法律的正确实施。在立案监督工作中，通过发动群众、规范程序、加强联系等有效工作，抓住通知立案前的调查和跟踪监督两个关键环节，不断提高监督水平。全年共办理 5 起立案监督案件，法院均作了有罪判决，起诉环节改变案件性质 2 件 6 人，追漏犯 2 件 2 人。

2002 年，全年共办理 8 起立案监督案件，所立案件法院均作了有罪判决。起诉环节改变公安机关移送案件 12 件 23 人，追漏犯 1 件 2 人。

2003 年，全年共办理 7 起立案监督案件，捕诉判 6 件 6 人，追漏犯 1 件 1 人，改变公安机关移送案件 2 件 3 人。

2005 年，全年办理立案监督案件 2 件 2 人。

第四章　法　院

第一节　机构设置

带岭区人民法院下设立案庭、刑事庭、民事庭、行政庭、执行局、审监庭、法警队、政工科、办公室。

第二节　刑事案件审判

1986年，带岭区人民法院严格按照《中华人民共和国刑事诉讼法》规定的各项程序办案，严厉打击各类刑事犯罪分子。1986—1990年，共受理刑事案件161件，其中，强奸案件27件，盗窃案件58件，伤害案件23件，敲诈案件1件，放火2件，交通肇事3件，杀人（未遂）案件2件，流氓7件，受贿2件，贪污5件，抢劫7件，诈骗2件，盗伐木材1件，玩忽职守1件，重婚1件，妨碍公务1件，责任医疗事故1件，其他案件17件。共判处刑事犯罪分子198名。其中，判处10年徒刑的罪犯7名，判处5年以上不满10年徒刑的罪犯33名，判处不满5年徒刑的罪犯76名，判处拘役的罪犯42名，判处缓刑的罪犯32名，定罪免处人犯8名。

1990年以来，始终坚持“严打”方针，充分发挥专项职能作用，严格执行罪刑法定，罪责自负，适用法律平等原则，依法从重从快打击各种刑事犯罪活动。至2005年，共审理刑事案件765件，其中，公诉案件693件，自诉案件59件，申诉案件13件，判处人犯103人，结案率为100%。

第三节　经济案件审判

1986—1990年，共受理经济合同纠纷案件96件。其中，判决案件8件，调解案件88件。诉讼标的额为220多万元，审结标的额为20余万元。

1991—2002年，带岭区法院经济审判庭（经济审判庭2002年撤销）在开展经济审判工作中，积极为国有企业、集体经济、私营经济的发展提供良好的法律服务，并严格执行《民事诉讼法（试行）》和《中华人民共和国经济合同法》的有关规定，依法受理，及时审结。审判方式实行改革后，不断探索新思路，不断增强透明度，达到有理讲在法庭，有证据拿到法庭，事实清楚在法庭，是非责任分清在法庭，从而使双方当事人矛盾解决在法庭，败诉服气，胜诉满意。

第四节 民事审理

1986年，在民事案件审理过程中，坚持以调解为主，加强疏导，依靠群众，深入调查，使一些民事纠纷得到较好解决。1986—1990年，共受理民事纠纷案件811件，其中离婚案件468件，债务案件173件，赡养案件30件，房屋纠纷21件，抚养案件48件，赔偿案件32件，继承案件4件，宅基地案件6件，追索劳动报酬案件8件，其他案件21件。在这些案件中，调解结案504件，判决结案102件，撤诉结案189件，其他处理16件。

1991年，以贯彻《民法通则》为中心，依法受理民商事案件，随着审判方式的改革，全面实行辩论式为重点的民事审判方式，推行当事人举证制度，充分发挥了合议庭的作用，及时审结了各类民商事纠纷案件。1991—2005年，共受理民事案件3762件，其中，判决结案906件，调解结案2856件。

第五节 公开审判

1986—2005年，认真贯彻落实公开审判的原则，除法律规定不公开审理的案件外，其他案件一律公开审理。同时，带岭区人民法院还深入边远林场和村屯巡回开庭办案，既方便了当事人的诉讼，又教育了群众遵纪守法。20年间，共召开审判大会36次，巡回办案67次。其中较大的公判大会3次。

1986年8月21日，带岭区召开严厉打击严重刑事犯罪公判大会，经省高级人民法院批准，杀人犯曹某某、抢劫杀人犯袁某某被判处死刑。

1990年1月11日，伊春市中级人民法院在带岭区召开公判大会，杀人犯程某某，盗窃杀人犯徐某某、于某某被判处死刑。

1995年7月21日，带岭区人民法院在区机关门前广场召开公判大会，王某某、崔某某、郭某某被判处死刑。

第六节 执行工作

1996年，带岭区人民法院建立执行庭。为解决“执行难”问题，不断完善执行工作机制，积极进行机制改革，逐步建立执行分权制，探索和推行执行命令权、执行实施权和执行债权凭证制度，实现法律与社会效果统一。1996—2005年，共收执行案件925件，结案875件，执行标的额为636万余元，维护了当事人合法权益。

第五章　司法行政

第一节　普法教育

1986 年，带岭区司法科通过举办学习班等形式，对职工、青年、学生及其职工家属进行普法教育，全区有 2.5 万名普法对象参加普法学习，有 5465 人学完规定全部内容，有 5200 余人学完“八法一例”。同年，举办骨干学习班 3 期，举办区五大班子、科级以下干部学习班 12 期。年末，有 2254 名干部学完普法全部内容，占干部总数的 89.8%。司法科工作人员共讲课 250 多场次，受教育面达 3000 人次。

1987 年，在全区 2.9 万普法对象中有 1.8 万人学完全部普法内容，并领取了合格证书。全区 7462 名在校学生中，有 80% 完成普法学习。全年司法科举办普法学习班 125 期，7200 余人参加学习；作法制报告 42 次，受教育面达 9100 人次；编写普法教育简报 20 期，印发 6000 多份；在区广播站编排的《法制园地》节目里，宣传《经济合同法》《治安管理处罚条例》等法律讲座 12 次。

1988 年，带岭区司法科完成了“十法一例”的普法任务。各级干部普法学习全部结业。全年带岭区司法科共作法制报告 46 场，受教育面达 1.12 万人次；编写普法教育简报 20 期，印发 7000 余份；先后举办领导干部学习班 4 期，重点学习《企业法》《计量法》《食品卫生法》等项法律，提高了各级干部法制观念和执法水平。

1989 年，带岭区普法教育办公室举办普法学习班 14 期，组织厂（场）长、财会、计量、统计、调度人员参加普法学习，增加法律知识。同年 8 月，举办为期 6 天的副处级以上领导干部学习班，聘请了法院、检察院、银行、农行、工商、税务、计量等单位负责人授课，有 28 名副处级以上领导干部参加了听课。

1990 年，带岭区普法办公室举办“十法六例”学习班 15 期，培训骨干 138 人；设立法律咨询站两处，参加法律咨询 200 多人次；利用广播以问答方式宣传行政诉讼法，解答法律知识 100 多条；接待法律咨询来访者 700 多人次。

1991—1995 年（“二五”普法期间），带岭区司法局为了搞好“二五”普法专门成立了办公室，并配 3 名工作人员抓普法工作。先后安排学习了《宪法讲话》《社会主义法制建设若干问题讲话》《“二五”普法公民必读》等 13 个普法辅导材料以及《全民所有制工业企业转换经营机制条例》《教师法》等 6 个法律法规。“二五”普法期间，共办学习班 13 期，有 1020 人参加学习；广播宣传辅导讲座 18 次；出动宣传车 38 台次；出版报纸 48 期。全区企业职工、个体工商户、街道居民、学校学生的普法率达到 100%，村民达到 95%。

1996—2000 年（“三五”普法期间），带岭区司法局按照党的十五大报告中关于“深入开展普法教育”的要求，进行有组织、按计划、分步骤地实施了《关于在全区公民中开展法制宣传教育第三个五年计划》，有侧重地组织公民学习《宪法》《刑事诉讼法》《矿产资源法》《未成年保护法》《治安处罚条例》《森林法》《劳动法》《合同法》。共征订普法教材、资料 4182 册；举办普法骨干培训班 6 期，培训 1021 人；进行“送法下乡”37 场次，受教育面达到 3500 人；进行广播电视讲座 8 次，开展法制宣传日 15 次、法制宣传月 5 次、法制宣传一条街 5 次，出动宣传车 20 余台次，悬挂过街横幅 57 条；组织“三法”（刑法、刑事诉讼法、森林法）知识竞赛 2 次，参加 7200 多人次。通过自检自查，全区共有普法对象 24026 人，占全区总人口 64%；重点普法对象 6595 人，占普法对象的 27.4%；参学率在 95% 以上；结业合格率在 95% 以上。

2001—2005 年（“四五”普法期间），带岭区司法局在开展普法教育中，先后组织公民学习《邓小平法制理论与依法治国》《中国宪法制度》《中国行政法律制度》《中国刑事法律制度》《中国商事及经济法律制度》及《国际法基本知识》《企业依法经营读本》等 27 个法律知识读本。举办普法骨干和副科级以上法律培训班 8 期，培训 1321 人；“送法下乡”8 场次，受教育面达 3800 人次；全区普法对象 25800 人，占全区总人口 69%；重点普法对象 6926 人，占普法对象的 26.8%；参学率达 96%；结业合格率在 95% 以上。

第二节 民事调解

1986 年，带岭区加强民调组织管理，及时充实调整民调人员，把懂业务、有能力的干部充实到各级民调组织，充分发挥民调组织的作用。司法局先后举办 8 期民调人员学习班，全区有 770 人参加学习。

1986—1990 年，带岭区司法局先后举办 8 期民调人员学习班，全区有 770 人参加学习。全区共发生民事纠纷 1352 起，调解成功率为 95%。1990 年，全区各级民事调解委员会有 124 个，调解人员有 916 名。

1991 年以来，带岭区司法局在民事调解工作中，坚持调防结合，以防为主方针，切实为预防犯罪和维护社会稳定服务。一方面，加大民间纠纷的调解力度，使纠纷得到及时化解，努力把可能激化的纠纷降低到最低限度；另一方面，认真分析民间纠纷发生的特点、规律和发展趋势，增强对民间纠纷发生的预测、控制能力，减少纠纷、特别是群体事件的发生。同时，及时调整民调组织，把懂业务的干部和有专业学历的大学毕业生充实到各级民调组织，加强民调组织力量，保证了民事调解工作顺利进行。至 1995 年，带岭区司法局共举办民调人员学习班 12 期，有 1120 人参加学习。2000 年，全区各级民调组织有 98 个，调解人员有 320 名，大专学历占 70%。2001—2005 年，全区共发生民事纠纷 577 起，调解成功率 97%。其中，婚姻 126 起、邻里纠纷 277 起、宅基地争执 21 起、债务 1 起、其他 152 起。全区各级调解委员会有 64 个，调解人员 192 名，大专以上学历占调解人员 75%。

第三节 律师事务

1986 年，带岭区司法科律师事务所先后为贮木加工厂等 3 个单位担任常年法律顾问，为企业提供法律咨询服务。

1986—1990 年，带岭区司法局律师事务所律师共代理经济非诉讼案 213 件，诉讼案件 21 件，为企业草拟各类合同 33 份，为群众代写法律文书 368 份，解释法律知识 1231 次，为企业避免经济损失 45 万元，追回欠款 86 万多元。

1991 年，带岭区司法局律师事务所先后为林业局、胶合板厂、造纸厂等单位担任常年法律顾问，为企业依法决策提供法律服务。

1992—1995 年，带岭区司法局律师事务所共代理经济非诉讼案件 232 件，诉讼案件 29 件，为林业局和基层单位草拟各类合同 46 份，为群众代写法律文书 402 份，解答法律咨询 1321 次，为企业避免经济损失 108 万元，追回欠款 260 万元。1995 年，由于实行机构改革，律师事务所被伊春市司法局撤销。

第四节　公证工作

1986 年，带岭区司法科公证人员从带岭区商品经济发展的实际情况出发，开展以经济合同公证为重点的各项公证业务。

1986—1990 年，带岭区司法局公证处为群众办理各类公证 2322 件，追回欠款 86 万元，为林业局避免经济损失 45 万元。

1991 年，带岭区司法局公证处始终坚持“一个宗旨、两个面向”（以事实为根据，以法律为准绳，全心全意为人民服务的宗旨；面向社会、面向基层），紧紧围绕党的中心工作开展公证工作。1993 年，公证处与计划生育办公室密切配合，对计划生育办公室与 600 多名育龄妇女签订的计划生育合同进行了公证。2001 年，对全区一次性安置工作、森林管护等双方签订的合同进行了法律公证，为林业局无偿办理 2400 多件，仅此一项为林业局节约经费 12 万元。为了方便群众，公证处工作人员经常深入到林场、社区、医院、村屯办公证。对农村土地承包合同、森林管护合同等都进行了法律公证，对行动不便和有病住院的老年人，为他们优惠办理公证。至 2005 年，共办理各种公证 7172 件，接待来信来访 1700 多人次，协助外地公证处办公证 12 件。

1991—2005 年带岭区（局）公证情况统计表

表 20-5　　单位：件

项目 年份	办证	民事	经济
1991	364	107	257
1992	376	347	29
1993	615	608	7
1994	291	283	8
1995	129	116	13
1996	19	16	3
1997	4	3	1
1998	13	10	3
1999	136	13	123
2000	154	6	148
2001	2200	16	2184
2002	1174	29	1145
2003	508	26	482
2004	506	44	462
2005	670	63	607

第五节 刑释解教人员管理

1986—1990年，带岭区司法局为搞好刑释解教人员的管理，在全区建立77个帮教组织，并建立帮教领导小组和帮教档案，全区有刑释解教人员412名，通过开展帮教工作，使刑释解教人员没有再度犯罪。

1991年来，带岭区司法局为了进一步加强刑释解教人员管理，辖区建立27个帮教组织，对每一个帮教对象都建立了跟踪帮教档案，并与社区签订责任状。在此基础上，认真解决刑释解教人员的工作安置问题。1998年，经区委、区政府批准，成立了以刑释解教人员为主的，过渡性安置企业——华龙木制品厂。林业局为该厂提供优惠政策，解决安置问题。共安置刑释解教人员247名，无一重新犯罪，安置率达98%。

第六章　军　事

第一节　机构设置

1986年5月，根据黑龙江省编委、省财政厅、省军区司令部1986年4月4日联合下发的《关于县（市、区）人民武装部体制问题的通知》要求，区人民武装部于1990年5月增设办公室。

1996年4月1日，区人民武装部收归军队建制，由副处级单位升格为正团级单位，编制干部10人，其中部长、政委、副部长各1人。设军事科、政工科、后勤科、区人武部改称中国人民解放军黑龙江省伊春市带岭区人民武装部。

2005年，区人武部设军事科、政工科、后勤科、办公室。编制7人。

第二节　组织编制

2000年，全区有民兵连17个、专业分队2个（侦察连、通信连）、应急分队1个、基干民兵扑火营1个（300人）。

2005年，民兵组织编制仍按原有编制不变。

第三节　军事训练

1986年，在对民兵进行军事训练过程中，本着“严格训练、严格要求”的方针，结合本区实际情况，采取“集中时间、集中训练人员、集中教员”的方法，开展民兵军事训练，使军事素质有很大提高。

1989年开始，民兵训练成绩一律按照中国人民解放军总参谋部下发的《民兵军事训练成绩评定标准（试行）》进行评定。同年，训练无线电通信兵8名。

1990年，共训练民兵52名，经本级考核，合格率为95%。同年，训练无线电通信兵14名、有线电通信兵4名。其中无线电通信兵，在伊春军分区组织的通信专业竞赛中，获得了无线电专业个人第一名和无线电专业总分第一名。

1995年，对民兵军事训练，主要负责制订训练计划，提出训练具体要求，由各基层连队自行组织训练，区人武部定期组织考核验收。

1996年，收归军队建制后，减少了民兵训练时间和次数，民兵训练逐步转向基地化、规范化训练的轨道，训练质量大幅度提高。

1999—2000 年，利用每年春季在北列林场民兵训练基地，组织一次大型民兵军事训练。在进行必要军事科目训练的基础上，对民兵适当进行护林防火知识、扑救山火等技能训练，做到民兵训练贴近生产、贴近实际，更好地为经济建设服务。

2001 年 7 月，带岭区民兵应急分队参加伊春军分区比武。

2004 年 8 月，带岭区民兵应急分队参加伊春军分区比武竞赛活动，荣获冲锋枪精度射击第三名，受到上级首长的好评。

第四节　训练基地建设

1991 年，带岭区政府投资 20 余万元，在北列林场建起了设备齐全、功能完备的民兵训练基地。其中，有 500 平方米的宿舍、食堂、教室等配套设施及 1 万余平方米靶场、1 万平方米训练场、2 万平方米战术场。同时，还购置了桌椅、枪柜和训练装备，使民兵训练走上了规范化、制度化、基地化的轨道。

1992—2005 年，民兵训练基地虽然没有大的投入，基地仍然能保持民兵正常训练的需要。

第五节　武器装备管理

1986 年，区政府投资 3.5 万元，在带岭东北沟建立了面积为 100 平方米的民兵武器装备仓库。

1987 年，民兵武器装备仓库安装了防盗、避雷装置，设置了围墙、电网等安全防范措施。区人武部对武器库实行“两把钥匙、两把锁、一支笔审批”制度，建立了武器装备数量登记簿、擦拭检查登记簿，严格武器弹药出库审批登记手续，定期对武器弹药进行检查点验，做到摆放整齐、账物相符，达到了“五有”“四无”标准，武器完好率达 100%。

1996 年 3 月，按照伊春军分区要求，带岭区民兵武器装备交给南岔区民兵武器装备仓库保管。

第六节　以劳养武

1986 年，根据中央军委“以劳养武、富民强兵”的指示精神，开展了以劳养武活动。多次召开以劳养武工作会议，对基层民兵连落实项目，提出指标，规定时限，使以劳养武活动得到较好落实。

1987 年，区委、区政府拨专款作为人武部开展以劳养武活动的启动资金，当年创收万余元。全区有 20 个民兵连采取多种方式开展以劳养武活动，年末，90% 以上的连队达到千元连队。

1990—1995 年，组织 40 余人预备役小分队在北列林场民兵训练基地开展以劳养武活动，种植土豆、黄豆等经济作物 40 多亩，养牛 30 多头，为北列林场清林、造林 1000 多亩，并自筹资金购置一辆解放运输车搞运输，开办军人服务社搞经营，保障了区人武部各项经费。

1998 年，在经济危困的情况下，区人武部多方面筹集资金，发展养猪业，共养猪 30 头，不仅解决了部分军人家属就业问题，而且创造了良好的经济效益，解决了经费不足问题。

2000 年，根据上级要求，取消了以劳养武项目。

第七节　征兵工作

1994 年，在总结以往征兵工作经验中的基础上，进一步完善了“三到”“四查”“一过滤”的征集方法，创造性地开展工作，高标准、高质量地完成了新兵征集任务。

2000 年，为杜绝征兵工作中的不正之风，区人武部制定了廉洁征兵“十标准”（不准放宽征兵条件、降低征兵标准、将不合格青年征入部队；不准将户口所在地以外的青年征入部队；不准为不合格青年说情或向接兵人员施加压力；不准利用征兵工作以权谋私，索贿受贿；不准巧立名目向应征青年及家属索取费用；不准让应征公民及其家属提供交通工具、安排食宿、购买物品或应邀到娱乐场所活动；不准伪造、私制各种证件；不准弄虚作假，伪造档案；不准借征兵之机乱收费、乱摊派、乱集资；不准借征兵之机徇私情、办私事）。同时，对征兵工作实行“五公示”（确定预征对象必须公示、进站体检人员必须公示、体检合格人员必须公示、政审合格人员必须公示、预定新兵名单必须公示）。对违规人员的处罚也作出了相应规定。

第八节　国防教育

1987 年，区人武部会同区工会、团区委、区妇联，在全区广大职工、青年、妇女中，广泛深入地开展国防教育，提高国防观念，增强国防意识。广播电视局专门制作了国防教育讲座专题片，定期播放。区委宣传部、区工会、区文化局在共同举办的庆“十一”文艺演出中，把国防教育列入一项主要内容，创作编排以国防教育为内容的文艺节目，使观众受到深刻的国防教育。

1988 年，区委、区政府按照党的十三大提出的“加强国防教育，提高人民群众国防观念”的要求，成立了由区委书记陈丛礼任组长、区长周永言任副组长，由区委宣传部、区工会、团区委、区妇联、区人武部等部门负责人为成员的国防教育领导小组。同时，国防教育领导小组专门下发了文件，对全区开展国防教育提出了部署和要求，各基层单位也分别制定了国防教育实施方案。

进入 20 世纪 90 年代，随着《中华人民共和国国防法》的颁布，区人武部也加大了国防教育的力度，坚持定期深入林场、村屯播放国防教育录像片，拓宽国防教育面。1997 年，区委宣传部、区人武部牵头组织参加了全国国防知识万人竞赛活动，共评选出优秀集体 3 个，优秀个人一等奖 5 名，二等奖 10 名，三等奖 50 名，并给予物质奖励。

1999 年，把开展国防教育纳入创建市级双拥模范区的一项重要内容，并把国防教育列入学校教学计划，坚持每周都上国防教育课，增强中小学生国防观念。同时，建立了国防教育基地，定期组织职工、青少年、妇女到基地参观受教育。

进入 21 世纪，把国防教育纳入拥政爱民的一项重要内容，开展经常性的国防教育，坚持定期深入基层单位巡回播放国防教育专题片。同时，发挥国防教育基地作用，举办国防教育专题讲座和国防教育图片展览，增强人民群众国防意识和爱国热情。

第二十一篇

教　育

1986—2005 年，带岭区（局）的教育事业稳步前进。1986 年以来，区委、区政府高度重视教育事业，逐年加大对教育事业的投入，教育设施得到不断完善。先后建起了一中实验楼、高中教学楼，教学环境得到很大改善。根据地区人口数量的减少，学生数量随之减少的实际，采取了集中办学，区内 4 所小学，合并为 2 所小学、3 所中学、1 所中学，并新建一所高级中学。教学质量和学生素质有较大提高，升学率逐年上升，2002 年以后，带岭高级中学的高考率达到 100%。

第一章　基础教育

第一节　幼儿教育

1986年，全区有企业和集体开办的幼儿园8所，学龄前班20个。区幼儿园贯彻《幼儿园教育指导纲要》。通过举办故事会、游戏、歌舞等多种形式对幼儿进行文明礼貌教育，定期召开家长会，向家长传授家庭教育等方面知识。

1987年，全区幼儿园达12所，幼儿班23个，在园幼儿746名。其中，区设幼儿园1所，有10个幼儿班，有435名在园幼儿；各小学附设学前班8个，有231名学前班幼儿；个体幼儿园5个，有90名在园幼儿。同年，区办幼儿园开始实行“综合教育活动”，即把各科教学与幼儿日常生活观察、娱乐等活动融合在一起，提高了教学质量。在1987年伊春市举行的幼儿智力竞赛中，区幼儿园代表队荣获团体总分第一名。

1988年，带岭区政府为区幼儿园拨款48万元，新建一栋1696平方米教学楼，使区幼儿园房舍建筑面积达2543平方米，其中，教学楼1696平方米，办公室497平方米，会议室和游艺室350平方米。

1989年，带岭区成立了幼儿教育领导小组，由带岭教育科具体负责幼儿教育管理事宜。普教科经过对全区幼儿园、托儿所及学前班进行调查，建立了幼儿档案，使全区幼儿教育走向了正轨。8月，区幼儿园改为幼儿学校。学校下设教导处、事务处，实行校长负责制。

1990年，带岭区教委在普教科配备1名幼儿视导员，负责幼儿教育管理工作，并在教师进修校配1名幼儿教研员，研究全区幼儿教学工作。

2002年，带岭区政府为区幼儿校投资6.8万元，把1200平方米的操场换上了彩砖。并购进了一些大型玩具。

2005年，带岭区政府为区幼儿校投资7.5万元，购置了玻璃钢餐桌椅、餐具、消毒柜、洗衣机等，保健室按省标准增添了新的医疗器械，各班级增添了电视机、影碟机、儿童图书等。截至2005年年末，全区共有幼儿校1所、幼儿园9所（民办），在校、园幼儿488名。山下基本普及了学前三年教育，山上和农村基本普及了学前两年教育。

第二节　小学教育

1986年，全区有小学16所，其中区内小学4所，林场小学12所（大青川学校、东方红小学校、明月小学校、红光小学校、碧水小学校、南列小学校、北列小学校、朝阳小学校、寒月小学校、环山小学校、红星小学校、永翠小学校），教职工 325 名，专职任课教师 228 名，行政人员 54 名，工勤人员 43 名（代课教师 39 名）。教学班 114 个，在校学生 3865 名，校舍建筑总面积 1.92 万平方米。

2001 年 3 月，区政府决定实行集中办学，把山上 8 个林场小学撤销，学生集中到第一小学就读。

2004 年，根据小学生生源逐渐减少的实际情况，把第四小学合并到第一小学，把第三小学合并到第二小学。

2005 年，决定将红星小学并入第一小学。截至 2005 年，全区共有小学 4 所（区内 2 所、山上 2 所），有教职工 236 名，专职任课教师 155 名，教学班 102 个，在校生 1789 名。

第三节 小学校简介

一、第一小学校

1987 年，第一小学校开始招收实验班，在新生中进行“注音识字、提前读写”的教学实验。1990 年，有实验班 8 个，有学生 380 名。在普通班教学中，学校借鉴实验班的成功经验，在语文课教学中加强序列化训练，使学生的听、看、读、想、说、写相结合，重点培养他们的阅读能力、写作能力、朗读能力、语言表达能力和思维能力。在数学课教学中，教师着重培养学生分析问题的能力，向学生传授解题方法。1987—1988 年，该校的入学率、普及率、及格率和巩固率均达 100%。

二、第二小学校

第二小学校是带岭区最早的一所全日制小学校，校园面积 5600 平方米，其中建筑面积为 3140 平方米，操场面积 2460 平方米。1986 年，有教学班 20 个，在校生 1000 余人。

1988 年，在开展教学改革过程中，鼓励教师改变传统的备课方式，在备课中采用内容和方法相结合，发挥“三主”作用，即学生自学为主线、教师为主导、学生为主体，开发学生智力，培养学生兴趣。在教法上，改变过去一味地“讲授法”，实行“演绎法”“尝试法”“自学法”“导学法”等新的教学方法。

2001 年 7 月，带岭区第二小学校组织教师系统学习了《做新世纪的合格教师应具备的素质和观念》《创新型教师的素质》等教学改革资料，组织教师观看《创新教育与小学语文、数学》及小学语文、数学创造性教育、主体性教育、情境教育、快乐教育等典型课例。从而确立了以学生为本的教育主体观，以能力发展为本的教育质量观，以组织学生自主活动为本的教学观，构建了以学生为本的自主、合作、交流、探究的教学模式。

2002 年以来，带岭区第二小学校实行了三项改革。一是改革备课模式。引导教师将原来的教学过程变为导学过程，把备课的重点放在引导学生感受和理解知识产生和发展过程，促进学生学习能力的提高和综合素质的提高。二是改革课堂教学模式。在课堂上运用录音、投影、自制教具等手段，动态呈现教学内容，并让学生亲自体验、尝试，亲自动手、动脑、动口，使学生不再是“你讲我听，你教我学”，而是变成“让我学为我要学”。三是改革评价方式。引导学生自我评价和相互评价，对学生各科成绩，实行等级评价制。教师在课堂教学中做到寻找学生的优点，对学生采取“等级 + 特长 + 评语”的评价办法。通过教学改革以来，全校教师在国家级报刊发表教科论文 2 篇，省级报刊发表教课论文 8 篇，省级论文教学设计 38 篇，市级论文 30 篇，在伊春市组织的教师基本功大赛中，有 9 名教师获奖，5 名教师获区级优秀示范课奖。

2005 年，有教学班 13 个，在校生 290 人，教职员工 45 人，其中专职任课教师 30 人。

三、第三小学校

1986年，带岭区第三小学校占地面积4050平方米，校舍建筑面积1020平方米。全校有教职员工40名，其中专职任课教师25名；有教学班12个，在校学生396名。2004年，由于学生减少，区政府决定，将第三小学校与第二小学校合并，撤销第三小学校。

四、第四小学校

1986年，第四小学校占地面积4736平方米，校舍建筑面积1204平方米。全校有教职员工44名，其中专职教师29名，有教学班12个，在校学生324名。2004年，由于学生减少，区政府决定将第四小学校与第一小学校合并，撤销第四小学校。

五、东方红学校

东方红学校位于带岭区南部，距区址16公里。1984年，初中合并到带岭中学后，变成完全小学。1993年，区政府为东方红学校投资80万元盖起了面积为850平方米的教学楼，从而满足了教学的需要。2005年，东方红小学校有教职员工16人，在校学生60名。

1986—2005年带岭区（局）小学情况一览表

表21-1

项目/年份	学校数		教师		班级数		招生数		毕业生数		在校生数	
	区内	林场	区内	林场	区内	林场	区内	林场	区内	林场	区内	林场
1986	4	12	121	46	66	48	452	149	578	238	2974	891
1987	4	12	131	86	66	47	356	148	569	135	2834	758
1988	4	10	152	76	65	42	419	109	551	112	2655	639
1989	4	11	147	71	70	47	658	61	337	61	2828	721
1990	4	11	158	70	69	45	504	96	477	73	2842	659
1991	4	6	151	93	68	49	465	107	468	64	2820	679
1992	4	6	167	89	65	36	417	116	540	106	2698	604
1993	4	6	161	68	66	30	497	154	405	75	2796	655
1994	4	6	171	94	69	43	566	131	404	79	2937	637
1995	4	6	176	93	70	47	553	164	498	100	2916	641
1996	4	6	190	91	70	46	498	130	484	49	2865	623
1997	4	6	159	66	65	41	533	111	722	134	2665	513
1998	4	6	157	61	65	36	409	65	479	79	2554	456
1999	4	6	155	63	66	34	357	76	541	89	2342	388
2000	4	3	153	58	65	24	349	46	542	89	2162	297
2001	4	3	159	33	62	13	335	57	506	68	2032	247
2002	4	3	157	32	59	12	299	30	521	61	1772	210
2003	4	3	154	32	52	13	276	40	390	36	1675	192
2004	2	2	120	35	49	15	298	17	378	44	1878	177
2005	2	2	125	28	47	12	199	8	373	35	1674	115

第四节 中学教育

1986—1996年，全区有初级中学2所，完全中学1所，小学附设初中班学校1所。职业高中1所，教职员工255人，其中普通中学216人，专职教师149人；职业高中42人，专职教师16人。教学班58个，其中初中班42个，高中班12个，职高班4个。在校生3227名，其中初中生2331名、高中生692名、职高生204名。1996年9月，第一中学高中班分出，成立带岭区高级中学。

2004年，为了集中师资力量，加强中学教育，第二中学并入第一中学。2005年，全区有1所初级中学，1所高级中学。初级中学有教职员工111人，其中任职教师90名，行政人员5名，工勤人员6名，教学班26个，在校学生1117名。高级中学教职员工72人，其中任职教师60名，行政人员6名，工勤人员4名，教学班14个，在校学生535名。

第五节 中学简介

一、第一中学校

1986—1990年，第一中学校的教师在教学方法上注重小课堂教育和启发式教学，课堂上精讲多练，因教材而异采用合理的课堂结构。每双周各教研组举行一次教研活动，每年11月中旬举办一次小课堂“百花”“红烛”双奖公开课。第一中学校学生在高考中共有70名考生考入大学本科院校，68名考生考入专科学校，有30名考生被中等专业学校录取。其中，1988年考试成绩尤为突出，有28名考生考入本科院校，14名考入重点院校，考试成绩列全市前茅。在全国统一高中升学考试中，语文、数学、政治等学科成绩都首超过省平均分数。

1991年以来，第一中学校在教学管理上采用四级管理，即业务校长、教导主任、年级长、班主任分工负责制，日常教学工作由年级长、班主任负责。办公室以学年组划分，一个学年组的任课教师集中一个办公室办公，便于科任教师与班主任及时沟通和交流，共同掌握学生的思想和学习情况。同时，实行月考制度，考后每学年都召开质量分析会，及时掌握学生的具体学习情况。2003年9月，第一中学校实行教育改革，先后投资近两万元用于购买课改方面的教材，同时，组织教师外出培训，提高教师教学水平。在教学改革中，第一中学校的省级科研课题“中学生心理问题成因及对策”获省级优秀奖并涌现出省级骨干教师1名，市级骨干教师8名。

二、第二中学校

1986年，带岭区第二中学校占地总面积4.74万平方米，校舍总建筑面积2779平方米。全校有教职员工63名，其中专职教师39名，行政工勤人员24名。有教学班11个，学生613名。1990年有32名学生考入市重点高中，有174名学生考入技工学校，有12名学生考入小中专及师范学校。教师相继撰写论文25篇，其中23篇被评为市级优秀论文，一篇《对林区教育改革几点认识》在国家二级刊物上发表。1996年，第三中学并入第二中学。2005年，实行资源整合，第二中学并入第一中学，第二中学由此撤销。

三、第三中学校

1986年，第三中学校占地面积1.81万平方米，校舍建筑面积2546平方米。全校有教职员工65

名，其中专职教师44名；有教学班12个，在教学生420名。1990年，第三中学校利用主题班会，专题讨论等多种形式对学生进行思想品德教育，学校根据后进生、双差生的具体情况，组织教师签订帮教合同，收到较好效果。同时，根据各学科的特点开展实验、读写、记忆、实践等多方面教学活动。1996年，第三中学校与第二中学校合并，第三中学校被撤销。

四、大青川学校

1986年，大青川学校占地面积1.57万平方米，校舍建筑面积2341平方米。全校有教职员工49名，有教学班15个，有学生475名，其中小学教学班9个，有学生298名。1987年，大青川学校又组织教师到铁力、双丰等地林业局学校，学习“加强朗读教学”和“六课型”的教学方法。1991年，新课程改革后，大青川学校认真贯彻新课程理念，克服资金困难，专门派教师去哈尔滨、伊春等地进行学习，并对老教师采取理论考试，重点指导、大练兵、大比武等方式进行训练，提高了教育教学水平。1996—2005年，大青川学校有8名教师成为区级骨干教师，有2名教师成为市教育学会会员。有2名教师在带岭区教育系统教学竞赛中获奖，有4名教师的教学论文在带岭区教学经验交流会上交流，有6名教师在市级刊物发表论文36篇，在省级刊物上发表论文25篇。至年底，大青川学校有教职员工28名，学生83名。其中小学生62名，初中生11名。

1986—2005年带岭区（局）普通中学情况一览表

表21-2

项目/年份	中学数		教师		招生数		在校生数		毕业生数		班级数	
	完全中学	初中	初中	高中	初中	高中	初中	高中	初中	高中	初中	高中
1986	1	3	115	34	720	200	2331	692	632	244	42	12
1987	1	3	142	36	714	200	2309	620	598	209	42	12
1988	1	3	156	34	718	136	2142	399	625	205	40	9
1989	1	3	141	42	432	173	1697	373	641	147	36	8
1990	1	3	138	42	563	218	1631	485	552	85	35	9
1991	1	2	135	37	533	222	1515	550	608	114	31	11
1992	1	2	133	38	641	108	1681	476	421	148	34	10
1993	1	2	134	35	486	138	1611	448	521	174	36	10
1994	1	2	139	31	493	145	1539	371	398	169	39	9
1995	1	2	144	27	597	114	1551	359	492	88	35	7
1996	1	2	145	24	512	105	1513	308	421	128	34	6
1997	独立	2	139	29	850	93	1803	254	366	109	39	6
1998	1	2	139	31	542	144	1772	288	393	93	41	7
1999	1	2	135	33	629	215	1842	392	435	71	38	9
2000	1	2	137	37	612	165	2039	456	310	73	42	11
2001	1	2	147	42	524	170	2044	500	332	103	44	13
2002	1	2	150	40	556	174	2121	462	335	178	43	13
2003	1	2	150	40	40	186	1872	486	490	143	42	12
2004	1	2	104	54	—	164	1282	441	452	153	28	12
2005	1	1	90	60	382	212	1117	535	428	128	26	14

1986—2005年带岭区（局）小学、初中升学率一览表

表21-3　　单位：%

年份	小学升学率	初中升学率	年份	小学升学率	初中升学率
1986	98.5	86.0	1996	100.0	93.2
1987	98.7	87.0	1997	100.0	93.6
1988	98.9	87.5	1998	100.0	93.7
1989	99.2	88.0	1999	100.0	93.9
1990	99.5	88.6	2000	100.0	94.0
1991	99.6	90.0	2001	100.0	94.3
1992	99.8	91.0	2002	100.0	94.5
1993	99.8	91.4	2003	100.0	94.8
1994	100.0	92.0	2004	100.0	95.0
1995	100.0	93.0	2005	100.0	95.2

五、高级中学校

1996年9月，带岭区政府决定将第一中学高中班分出，成立带岭区高级中学校。1997年9月—1998年7月，带岭高级中学校，充分发挥各级管理者的积极性，不断提高教育管理水平和效果，经过深入调查研究，建立了各种考核制度，实行奖优罚劣，设立了满勤奖、高考奖、会考奖项，调动了教职员工的积极性。同时，加强教学秩序管理，定期检查教案、听课笔记和授课情况，发现问题及时纠正。1998年9月—1999年7月，带岭高级中学校认真贯彻落实国家教委发布的《关于当前积极推进中小学实施素质教育的若干意见》，以“三个面向”为目的，以素质教育为统领，全面开展了素质教育基本理论研究、课堂教学研究，从而加强了素质教育，使学生素质不断提高。1999年7月—2001年7月，带岭高级中学校进一步加强教学的常规管理、为保证教学质量，对教师备课、上课、作业、辅导等提出新的要求。并鼓励教师积极参加省、市组织的各科讲课、评课等基本功大赛，不断提高教师的授课水平。对学生的预习、听课、复习、作业也提出了严格要求，使学生产生浓厚的学习兴趣。2002年7月—2003年7月，带岭高级中学校在教师中设立了教研成果奖、全勤奖、特殊贡献奖，激励教师的教学热情，从而使教学质量不断提高。2004年9月，带岭高级中校实行了目标管理，提出教改的三维目标，即知识与技能目标、过程与方法目标、情感态度与价值观目标。同时，加强高考生辅导，对高三学年在学期初制订整体复习计划，定期进行月考、考前模拟、考后进行分析，不断提高教学质量。2005年，国家林业局投资518万元，带岭林业实验局配套资金200万元，新建一所面积为4396平方米的综合教学楼。教学楼设有14个教室，还有理化实验室、计算机室、图书室及多功能大厅等，属于现代化教学楼。

1996—2005年带岭区高级中学教职工、学生数一览表

表21-4

年份	教职工数（人）	学生数（人）	班级数（个）	年份	教职工数（人）	学生数（人）	班级数（个）
1996	30	308	8	2001	55	500	13
1997	37	254	8	2002	54	462	13
1998	37	288	12	2003	52	486	12
1999	38	392	12	2004	50	446	12
2000	47	456	12	2005	55	523	14

1997—2005 年带岭区高级中学历届高考情况统计表

表 21-5 单位：人、%

项目/年份	参加高考人数	重本理科	艺术重点	普本理科	普本文科	艺术本科	三表理科	三表文科	专科	中专	升学率
1997	93	3	—	5	—	—	—	—	6	6	33
1998	87	2	—	1	—	—	—	—	8	3	24
1999	70	12	—	—	—	—	—	—	28	—	57
2000	73	—	—	25	—	—	—	—	23	—	66
2001	196	—	—	26	—	—	—	—	48	—	70
2002	205	4	4	35	15	—	—	—	147	—	100
2003	143	3	—	15	4	6	—	—	115	—	100
2004	158	3	2	5	3	18	12	18	103	—	100
2005	134	3	—	14	—	7	8	—	102	—	100

1986—2005 年带岭区历年高考升学情况统计表

表 21-6 单位：人、%

年份	毕业生数	升入中专	升入大专	升入本科	合计录取数	高考升学率
1986	244	17	11	10	38	15.5
1987	209	5	7	11	23	11.0
1988	81	3	20	28	51	63.0
1989	147	8	21	9	38	25.8
1990	85	0	9	12	21	24.7
1991	114	5	14	4	23	20.0
1992	148	0	14	7	21	14.2
1993	174	0	24	17	41	23.6
1994	169	—	38	14	52	30.8
1995	88	—	46	6	52	59.0
1996	123	—	37	20	57	46.3
1997	104	—	17	8	25	24.0
1998	93	—	8	3	11	11.8
1999	71	—	28	12	40	56.3
2000	73	—	23	24	47	64.3
2001	103	—	48	36	84	81.6
2002	205	—	147	58	205	100
2003	143	—	113	30	143	100
2004	158	—	105	53	158	100
2005	128	—	82	46	128	100

第二章　职业教育

第一节　职业教育

一、岗位（业务）培训

1986年，为了适应社会主义新林区建设的需要，全面提高职工工作能力和业务水平，带岭区职工技术培训中心充分发挥师资和基地作用，先后办了机电、多种经营、财会、营林技术、木材检验培训班。1987年，职工教育办组织30多个单位办班，培训职工4000多人。1988年，职工教育办公室组织编写了岗位培训教学大纲、教学计划，其中机电、生产、木材检验等6个主要工种的计划、大纲、规范被黑龙江省森林工业总局职工教育部门编入总纲。1989年，先后举办岗位培训班115个，培训职工4202名，其中培训厂（场）长150名，班组长320名。1990年，职工教育办公室组织技术人员编写了《电工基础》《锯材检验》《汽轮机理论与维修》等教材，还写出了12个岗位的教学大纲和教学计划，近12万字，其中由50多个工种组成的岗位规范，被市教委采用推广。1997年，职工教育办公室，相继举办了农村干部岗位培训班、教师计算机岗位培训班、锅炉压力岗位培训班、油锯手岗位培训班和通讯员、信息员岗位培训班等。各基层分校也分别举办了造纸、胶合板、土建、农作物栽培、病虫害防治等培训班。2000年以来，带岭局科技科利用农民冬闲，结合科普之冬，共举办农业技术培训班39期，培训农民1900多人次。带岭局科研所结合单位工作岗位，利用每年12月举办遗传学及数理统计、测树学、造林学、苗木扦插技术等岗位培训班，共培训110多人次。带岭局营林科每年秋季都举办营林培训班，共举办8期培训班，培训营林生产技术人员256人次。带岭局检验科举办木材检验人员培训班，培训木材检验人员800多人次。带岭区多种经营局先后举办种植、养殖培训班11期，培训710多人次。带岭街道办事处，先后举办居委会干部岗位、社会治安综合治理、科技示范等培训班8期，培训369人次。

二、学历教育

1986年12月，职工教育办公室组织开办在职干部高考辅导班，对在职干部高考进行具体辅导，提高在职干部水平和高考能力。1987年5月，辅导班87名学员参加全国成人统考，有33人被省林业管理干部学院录取。同年，还输送25名技术人员到外地学习木材检验、机械加工等专业。1988年，输送17名干部进高校学习深造。1989年，全区有44名学员参加了大专函授，74名学员进入农业广播学校专业学习，有50名学员通过学习获得了专业合格证书。

1986年以来，成人高中班学历教育经培训取得毕业证200余人，成人中专班学历教育经培训取得毕业证175人；电大班造纸专业从1984年招生到1987年结束，开设19门课程，培训毕业41人。1992年，同鹤岗市联合举办财会专业大专班，培训毕业生58人。

三、技工教育

技工教育从1985年开始，到1996年结束，共11年时间。

1986年，技工学校先后开办采运、营林、造纸、计算机4个专业，并在明月林场、中心苗圃等单位设立了实习基地。

1987年，技工学校在教学活动中，开始试行目标管理责任制和教师聘任制，促进了教学改革，提高了教学质量。

1988年，带岭林业实验局投资2.3万元，用于技工学校购买教学仪器。

1989年，带岭林业实验局投资2.4万元，用于技工学校购买卫星地面接收器，开展电视教学。当年，技工学校设有卫星演播室、录制室、计算机室。电教设备有摄像机、自动换片幻灯机、录像机、控制器、72英寸投影电视机等。

1990年，技工学校有教职员工94名，其中专职教师50名，学生630名。学校有营林、机械、实习、基础课等7个教研组，8个教学班。学校设有面积1675平方米的图书馆，藏书1.8万册，报纸杂志120余种。

四、职业“三中”（高中、中级技术、中专）教育

1986年，带岭区职工学校高中班培训学员49名，中级技术班培训学员431名。1987年，高中班培训学员45名，企业管理班培训学员33名，中级技术班培训学员431名。1988年，带岭区职工学校根据实际工作需要，在高中班开设了电工课，培训学员47名。并在基建工程处、发电厂和商业科等单位分别办了木瓦工中级技术班、汽轮机班和营业员班。1989年，试点高中开设了机械修理班，培训31人。1990年，全区共开办营林、胶合板工艺、机械维修3个中级技术等级培训班，培训各类人员100多名。1997年，又开设了木工、电气焊等专业，共培训学员1700多人。1999年，国家允许职业高中学生报考同等专业高等职业学校，有20多名学生考入了高等职业院校。同时，根据各单位需要，由基层单位推荐，经林业局局务会议批准，参加全国统一考试，定向、定岗专门培训大专、本科生100多人。

第二节 黑龙江生态工程学院简介

一、机构

1986年，黑龙江省森林工业总局决定，将黑龙江省森工管理干部学院、省森工职工大学、省林业教育学院合并扩建，并经林业部批复，成立黑龙江省森林工业系统的成人高等教育中心，投资总额1729万元，在校生达1200人，实行一套机构、三块牌子。

1990年3月12日，中共黑龙江省委第六届125次常委会议决定，黑龙江省森工管理干部学院、黑龙江省林业职工大学、黑龙江省林业教育学院合并，定名黑龙江省森工管理干部学院，并按副厅级管理。同年3月，经省政府批准，成立黑龙江省森工广播电视大学。

2004年4月8日，黑龙江省人民政府以黑政函〔2004〕35号《关于建立黑龙江生态工程职业学院的批复》，同意在黑龙江省森林工业管理干部学院基础上，建立黑龙江生态工程职业学院。同年5月12日，教育部以教育函〔2004〕76号《教育部关于公布备案的14所高等职业学校名单的通知》，同意将黑龙江生态工程职业学院予以备案。学院内设纪律检查委员会、组织部、工会、团委、院办公室（党政合一）、教务处、科研处、人事处、总务处、政工系、林学系、林业经济系、森林工程系、

木材综合利用系、多种经营系、基础部、教研部、培训部、电教部、行政监察（与纪委合属）、中教部、小教部、会考办、财务处、保卫处、老干部办、基建办。2002 年 5 月，学院根据系部建设需要，决定将林学系更名为资源环境管理系，多种经营系更名为生物技术系，森林工程系更名为工程技术系，政治思想工作系更名为人文科学系，林业经济系更名为经济管理系。同时成立计算机系和外语系。

二、教学管理

1986—1992 年，黑龙江省森林工业管理干部学院以学历教育为主，学历教育由原来的 1 个专业发展到 18 个专业，19 个班次，800 多名学生，90 多门课程。

1993 年，黑龙江省森林工业管理干部学院开始实施“4228”计划，即四项重点（转变教育观点、改变管理体制、扩大办学规模、提高复合效益）；两全（全员树立市场意识、全面实施改革方案）；两番（学历教育在校生翻两番）；八达标（教师质量保证省内同类院校先进水平、科研工作跨森工系统先进行例，规范化部门建设 80% 达标，标准化党支部 60% 达标，文明建设夺银杯，经济效益搞创收，全院系教职工人均收入比上年增加，骨干教师和优秀专业人员待遇达到规定标准，学院全面工作达到教职工满意）。

1994 年，学院开始实施“科学管理年”，三年实现“1568”计划，即一主题（管理育人与教工利益）；五项方针（向科学管理要队伍素质，向科学管理要教学质量，向科学管理要教工利益，向科学管理要办学市场，向科学管理要经济效益）；六大任务（更新观念、依法治院、扩大办学、节流开源、优化环境、反腐倡廉）；八项目标（教学、科研、学生管理、安全保卫、后勤保证、开源节流、文明建设、综合功效）。

1997 年，学院坚持严格要求，从严管理，制定了《工商管理培训学籍管理规定》《青年干部学员管理规定》《班主任工作条例》，为创造良好的工作秩序、学习秩序和生活秩序提供了保证。5 月 7 日，《黑龙江林业报》以“狠抓管理开创学院新局面”为题进行了报道。学院还针对办学点分散，班次多的实际，采取教务处质检人员到办学点跟踪检查，定期邮寄“校外生对任课教师情况反馈调查表”，评估教学质量。为加强教学管理，制定了《教学质量评估实施方案》《教学运行制度》《教师授课制度》《考务管理制度》，对教学全方位进行定性规范。

2002 年，学院为加强教学管理，成立了教学督导室，负责教学质量检查指导，成立教学质量检评组，负责教学质量检评。

三、教育改革

1986 年开始，由封闭式办学向开放式办学转变，广泛开展横向联系，在成人教育（学历教育）滑坡时，学院及时转变了思想，改变“坐、等、靠”的老式办学模式，以领导干部岗位培训为“龙头”，逐步开展其他层次的培训，实行在校外设立办学点，走联合办学之路，教学计划体现管理专业与技术并重，使管理专业学生懂技术，技术专业学生懂管理，实现知识向能力型过渡。

1989 年，院党委根据森工“两危”，成人教育滑坡的变化，及时采取对策，深化学院教育改革，将封闭式改为开放式，逐步发展多形式、多层次、多学科、多门类、多渠道，长短结合，内外结合，面授与函授结合的综合性立体办学格局，提高了办班率和招生率。1994 年，接受学院培训学员总数 1200 余人，1995 年学员总数 1441 人，1996 年学员总数 1100 人，学历教育突破千人。

学院通过努力，将原学院变更为普通高等学院，招生对象改为社会应届毕业生，使生源逐年增多，2003 年招生 321 名，2004 年招生 474 名，2005 年招生 699 名，总计 1494 名。

学院根据短期培训专业的多变性，教学的实际，进行了合理设置，变为六系三部。即生态工程系、生物技术系、园林系、环境工程系、生态经济系、信息技术系；外语部、社科部、基础部。

四、师资培训、队伍建设

1999 年，学院有专职教师 111 人，高级工程师 1 人，副教授 13 人，讲师 28 人，工程师 6 人。为了加强师资队伍长远建设，先后选送 50 多名教师到省内外重点高校进修提高，有 20 多名教师在岗函授学习，在院内举办 4 期外语提高班和计算机班。并组织教师参加全国性学术交流会，为青年教师创造条件到企业锻炼、实习、考察。

2002 年，学院艺术部先后有 3 名教师参加了全国课程改革培训，并在全省课程培训班作了讲座，从而提高了教研人员的业务水平和教学能力。

2004 年以来，学院先后聘任了 5 名硕士研究生，并出台了一系列鼓励教师在职攻读硕士学位研究生；选派骨干教师去高校对口专业进修提高；评选学科带头人等政策，提高教师的业务素质，培养“双师型”素质教师。2005 年，在职攻读硕士学位的教师 10 人，攻读博士学位的 1 人，参加国家组织的“双师型”教师达 38 人。

五、教学成果

1986—1992 年，学历教育招生 2108 名。1993—1999 年，招生 2780 名。2000—2005 年，招生 1517 名，总计招生 6405 名。学院高等职业招生 1798 名。短期岗位培训人数 12942 名，其中副处级以上干部 2152 名，中层干部 2222 名，优秀青年干部和后备干部 760 名，一般干部、一般技术人员 7808 名。

1981—1992 年，学院教师正式出版著作 31 部，在省级以上刊物公开发表论文 100 余篇，获地市级以上科研成果奖 26 项。1993 年，省森林工业总局科技奖评委会等部门检阅了学院科技成果 54 项，有的著作成为教材进入课堂，有的著作刊在《人民日报》新书目介绍行列。森工系教师编写的木材检验与贸易专业系列教材，填补了我国林业高校专业教材空白。林学多种经营系教师主编的《林区种植业实用技术》获黑龙江省第五届自然科学优秀著作三等奖。学院教师编写的《公务员应用写作》被中央党校定为全国党校系列教材，并获黑龙江省第八届社会科学优秀成果三等奖。

第三章　教育管理

第一节　机构设置

带岭区教育管理机构是带岭区教育局。教育局设有招生办、督导室，负责全区中小学教育的管理工作。

教育局在 1989 年以前为教育科，负责全区中小学教育、幼儿教育、职业高中的行政管理和业务工作。

1989 年 8 月，带岭区教育科撤销，成立带岭区教育委员会，实行普教、职教、成教统筹，人、财、物统管，下设普教科、成教办、督导室、办公室、校办企业公司。

2001 年 11 月，带岭区教育委员会更名为带岭区教育局，仍实行教育委员会职能。

1986 年，带岭区共设小学 16 所，其中区内小学 4 所，林场小学 12 所。中学 5 所，其中初级中学 3 所，高级中学 1 所，职业高中 1 所。1996 年，将第二中学并入第三中学，第三中学更名为第二中学。2001 年，区政府决定小学实行集中办学，将林场 8 个小学撤销，学生集中第一小学校就读，林场小学剩下 3 所。2004 年，区政府决定将第四小学同第一小学合并，将第三小学同第二小学合并。2005 年，区政府决定将红星小学并入第一小学。将第二中学并入第一中学。截至 2005 年年末，全区共有小学 4 所（区内 2 所、山上 2 所）初级中学 1 所、高级中学 1 所、职业高中 1 所。

第二节　管理体制

1986—1991 年，带岭区中小学执行 12 年学制，即小学 6 年，初中 3 年，高中 3 年。1992 年，第一小学实行五年制毕业升入初中。第二中学开办 4 年制初中实验班。1998 年，全区初中改为 4 年制。2004 年，由于小学变 6 年制，当年初中没有招收新生。2005 年，初中实行 3 年制，原有 4 年制执行到毕业为止。

第三节　教育设施

1986 年以来，随时着教育事业的发展，教育设施逐年增加，截至 2005 年年末，全区中小学校教育设施除了教学楼、实验楼外，还设有计算机室 8 个、311 台计算机；语音室 3 个、144 个座位；理化生实验室 7 个；电教大厅 3 个，设有实物投影的实物展台 6 个；以及图书室、阅览室、劳技室等，基本满足了教学的需要。

第四节 教育经费

1986 年以来，随着教育事业的发展，教育经费逐年增加。

1986—2005 年带岭区教育经费统计表

表 21-7

单位：万元

年份	教育经费	年份	教育经费	年份	教育经费	年份	教育经费
1986	188.9	1991	340.9	1996	418.0	2001	562.1
1987	210.7	1992	356.9	1997	449.0	2002	562.3
1988	248.0	1993	411.3	1998	480.0	2003	563.4
1989	240.0	1994	412.0	1999	520.0	2004	595.9
1990	351.5	1995	415.0	2000	561.1	2005	814.0

第五节 教学研究

1986 年 5 月，带岭区教师进修校先后在东方红林场小学和北列林场小学，举行了两次规模较大的观摩教学，听课人数达 180 人。同年，还开展了“双佳课”和“小百花课”活动，参加伊春市教学联评中，有 9 节课入选。

1987 年，第一小学招收两个班级进行“注音识字提前读写”实验。同年，带岭区教师进修校根据小学大纲中规定“在语言环境中识字”的原则，在第二小学低年级开展了“在阅读中识字的教学”实验，1988 年在全区各小学推广。

1989 年，全区各学校都举办每人一节公开课教研活动，从而提高教师的教学水平。第一小学教师在黑龙江省林业小学第三届年会上，教改实验公开课受到了好评，并被评为省级教学能手。

1990 年，带岭区教育局举办了首届全区小学基本功大赛，比赛设 5 个学科 9 个项目，有 82 名教师参加，通过比赛，选出 24 名教师参加伊春市教学基本功大赛，带岭区获团体总分第一名。

1998 年，带岭区召开了全面优化教学过程研讨会，全区教育工作者就如何在学科领域推进素质教育进行了探讨，加快了素质教育进程。

2003 年，伊春市教育局把带岭区列入课改实验区，带岭区成立了区校两级课程改革领导小组，选出了适合全区使用的新教材，构建了新的课堂模式和新的学习方法。各学校坚持以教育科研为先导，以课堂教学为渠道，把课程改革与课题研究结合在一起，收到一定成效。如第一小学的“读式教学”，第二小学的“在语文教学中实施主体创新性学习模式”等教改项目，都取得了实际效果。

2005 年，带岭区教育局围绕教学，主要开展了中学生心理问题成因及对策研究，德育工作实效性研究，如何在课堂教学中培养学生的创造思维研究，培养学生科学精神和创新精神研究等 7 项研究，都取得了较好的效果，并促进了教学。

第六节　教育督导

1989年，带岭区正式成立教育督导室，设在区教委，由3人组成。同年，区督导室根据《伊春市县区教育督导室工作规程》要求，结合带岭区教育工作实际，分别制定了《带岭区督导室正、副主任责任制》《带岭区督学责任制》《带岭区督导室责任制》《带岭区普通教育评估细则》等规章制度。1990年，带岭区教育督导室按照山下督校长、山上督林场的原则，先后利用86天时间，对山上8所林场和山下11所直属中小学及1所幼儿园进行3次督查。

1991年以来，带岭区督导室加大了实施义务教育的督导力度，每年都依据《伊春市县（企业）教育工作评估方案》，对全区教育工作进行一次自查自评，推动了实施义务教育的进程。

1994年7月，经省“两基”评估验收组的检查验收，成为全市第一个“两基”验收合格单位。

1995年，带岭区督导室每年都按照国家的普及标准，对全区的“两基”工作进行一次全面检查，使全区“两基”工作各项指标基本巩固。1999年，经省“两基”年检复查组验收，又成为全市第一个“两基”复查合格单位。

2003年和2004年，带岭区教育工作先后接受了省、市督导评估组的检查、评估、验收，并受到了省、市评估组的好评。

第七节　教师培训

1986年，带岭教育科对全区教师的文化水平和业务能力进行全面分析，重新修订了师资培训计划。同年，带岭区教育科为教师进修和函授学习投资4万余元。全区有1名校级领导、6名教师离职，分别到大中专学校进修；有130名教师在职函授；有22名教师参加大中专函授；有88名教师参加中师函授；有3名教师参加电大学习；有26名教师参加伊春师范和北京幼儿师范函授。

1987年，全区有33名教师分别参加高等院校函授学习和离职到大专院校进修，有87教师参加中等院校函授学习，有20余名教师到外地进行教育考察。

1988年，全区参加中等院校函授学习的105名中小学教师，毕业19名；参加大专函授学习的小学教师17名，毕业4名。同年，带岭区教育科还通过多种渠道对教师进行职业培训，指导教师自学成才，通过互教互学，互相听课，评比“优秀课”，“请进来”，“走出去”等形式，提高教师业务能力。

1991—2003年，带岭区教育局组织部分教师参加了省在哈尔滨、鸡西举办的教材培训。还参加市南岔区举办的教材培训，并派出部分骨干教师参加了江苏人民出版社在湖南省举办的教学教材培训。

2004年，带岭区教育局组织部分教师参加了湖南长沙举办的教学教材培训。

2005年，带岭区教育局根据师资实际情况，重点开展了小学教师综合实践培训，学校心理健康教育培训，中小学教育行政干部管理培训，教师钢笔字、粉笔字、普通话教学技能培训。4月，还组织中小学校校长及部分骨干教师20多人，到牡丹江市3所小学参观学习。

第八节　教师待遇

1986年，带岭区委、区政府对教师待遇问题十分重视，为教育界教师浮动一级工资，对符合条件的退休教师发全薪。1990 年，为获中级以上职称的教师兑现了工资。1994 年，为新晋升的中高级职称的教师兑现工资，并对教师进行一次免费体检。2002 年，带岭区政府拨出 60 万元，作为教师的课时补贴费。2003 年，为全区教师浮动一级工资。2004 年，全区教师调整了工资，调整后每名教师增加工资 50 元左右。

第九节 勤工俭学

1986 年，全区各中小学校为了培养学生的劳动观念，改善办学条件，开展了勤工俭学活动。

1987 年，第三小学建立了水泵厂；第二小学建立了绒线厂；第一中学建立了小胶合板厂；第二中学建立了木工厂，他们生产的镜条还销往国外。当年，全区各中小学校勤工俭学总收入为 9.78 万元。

1988 年，第一中学胶合板厂年产胶合板 10 余吨，收入 5000 余元。东方红林场小学承包土地 141 亩，年产大豆 1.3 万公斤。

1989 年，第二小学、第四小学相继办起了木工厂，生产学生桌椅等木制品。当年全区勤工俭学收入达 15.46 万元。

1990 年，勤工俭学总收入为 18.7 万元，比 1989 年增加了 3.24 万元。

第十节 捐资助学

1986 年，带岭区为确保贫困学生按时完成九年制义务教育，采取了减免学杂费、免交书费、结对子帮扶、单位救助、社会捐助、捐资助学等办法，保证了贫困学生完成九年义务教育。

1996—2001 年，带岭区政府对家住林场，在区内上中学的住宿生，每人每月发给 30 元助学金，减轻他们的经济负担，保证他们完成学业。

2002 年，带岭区高级中学建立了捐资助学基金会，共集资 5.6 万元。资助特困学生 110 名，支出资助金 3.7 万元。

2003 年，全区各学校为贫困学生减免学杂费 6.2 万元，社会捐资 3.8 万元。区政府组织副处级以上领导干部和部分科级干部与贫困生结成帮扶对子 138 个，对贫困学生实行帮扶助学，帮扶资金达 1 万元。

第十一节 教师节

1985 年，带岭区委、区政府对教师节非常重视，在教师节前夕，召开部分模范教师和优秀教育工作者座谈会。同时，组织五大班子领导走访慰问部分老教师和模范教师。各学校也都采取不同形式庆祝教师节，并对优秀教师给予物质奖励。

1994 年教师节，区委、区政府在职工俱乐部召开大型庆祝活动。区委、区政府领导和全区教职工共同参加庆祝大会，会上表彰了优秀教师。

2004 年教师节，区委、区政府在带岭区宾馆召开庆祝大会。区委、区政府对全区教师的工作给予充分肯定，并对优秀教师给予了物质奖励。

2005 年教师节，区委、区政府拨专款 3 万元，用于教师节庆祝活动。在教师节活动中，各学校都举办了联欢会、座谈会、诗歌朗诵会庆祝教师节。

第二十二篇

文化·体育

1986—2005 年，带岭区（局）的文化、体育事业有了较大的发展。

文化事业繁荣向上。1986 年以来，先后建起了文化馆、职工活动室、老干部活动室和老年人活动室。通过文化馆培养出一批又一批绘画、摄影、声乐、器乐、舞蹈等艺术人才，文化演出坚持不断，文艺小分队常年活跃在林场、农村，为职工、村民提供了健康向上的文艺节目。广播由调幅广播变为调频广播，电视机由黑白转换为彩色，电视频道由 2 个频道节目，转换成有线电视，达 38 个频道，有线电视入户率达到 80%。

体育事业十分活跃。1986 年以来，先后建起了体育馆，业余体校及运动场，篮、排球场等，在社区还建立了联合体育健身器械场地两处，基本满足了群众体育运动的需要。1995 年 6 月，国务院颁布《全民健身计划纲要》后，全区的全民健身运动更加广泛和普及，晨练、晚练的人数逐年增多。竞技体育成绩比较显著，篮球、乒乓球、举重等项目在全市名列前茅。1997 年，带岭区获全国群众体育先进单位。

第一章　文　化

第一节　机构设置

1986年，带岭区文化局下设有文化馆、图书馆、活动室，编制20人。主要负责全区的文化活动。1997年，带岭区政府机关实行机构改革，成立带岭区文体局，下设有图书馆、新华书店、体育馆、文化稽查大队、业余体校，编制6人，负责带岭区文化体育工作。

第二节　群众文化活动

一、文化演出

1986年，带岭区文体局根据不时期，广泛开展群众喜闻乐见的文化活动。1996年，为了歌颂抗洪救灾先进人物，弘扬抗洪救灾精神，文化部门在带岭区职工俱乐部举行了大型赈灾文艺演出，在演出中，各机关企事业单位和职工群众纷纷捐款，捐款额达10万元。1997年7月，为庆祝香港回归，文化部门在区政府机关门前广场举行了文艺演出。2003年4月，为庆祝带岭区50年无森林火灾，举办了专场文艺演出，共演出了3场，观众达2万人次。2004年8月，为纪念邓小平诞辰100周年，举办了大型广场文艺演出，采取多种文艺形式，歌颂邓小平功绩，颂扬林区老干部张子良、孟昭贵创业精神，有500多人参加演出，共演出5场，观众达3万人次。带岭区文体局还坚持开展经常性的文艺慰问演出活动，每逢重大节日，都组织文艺骨干排练多种形式的文艺节目，为职工群众进行慰问演出，受到了群众的好评。

二、美术、书法

1986—1990年，带岭区文化馆每年都利用寒、暑假开办书法、美术学习班，聘请专业人员担任辅导教师，向学生系统讲解书法、美术基础知识，使学生掌握书法、美术的基本要领。其中1989年6月，在伊春市青少年首届书法美术大展中，第一小学校学生陈焕颖、那欣创作的水墨画《果香时节》《嬉戏水》分别获三等奖。12月，学生郭琦创作的美术作品《踏花归》，参加伊春市第二届师生书画展，因作品技法纯熟，构图新颖，博得专家们的一致好评，并获一等奖。1990年7月，带岭区美术小作者参加了“镜泊杯”全国儿童书画大赛，其中毕克石的国画《鹭归》获一等奖，陈焕颖和那欣的儿童画《三友图》及《争奇斗艳》同时获三等奖。带岭区文化馆相继举办了10期书法学习班，培养学生达600人。其中1987年，青年山长江参加河南信阳普艺硬笔书法函授中心学习，后被北京华艺硬笔习字会吸收为会员，1989年3月，他的作品在中国美术馆举办的“全国硬笔临写传统碑帖展览”入选展出，并应邀观摩本次大展，其名字被载入《中国硬笔书法字典》。1989 年 12 月，在伊春市教委举办的伊春市第二届师生书画展上，学生侯宣辉的书法作品荣获初中组一等奖，李丹和杨秀娟的书法作品分别荣获一、二等奖。

1991 年，带岭区文化馆根据不同时期举办不同类型的国画班、书法班、素描班，先后培养出 300 多名少儿书画爱好者，有 180 多名少儿书画爱好者在不同书画大赛中获奖。1996 年 2 月，张林等 43 名少儿书画爱好者获取哈尔滨市第三届亚洲冬季运动会全国少儿书画大奖赛优秀奖，程菲菲、贾新刚分别获银奖和铜奖；6 月，于倩、孙桐宁等 40 名少儿书画爱好者获取全国少儿书画大奖赛优秀奖，石峰、张萌获金奖，李聪、倪人栋获银奖，曹春雪、于泓萍获铜奖。1997 年 6 月，赵思明、于春凝等 34 名少儿书画爱好者获全国少儿书画大奖赛优秀奖，张雪莹、石峰、王鹤、曹春雪、倪人栋分别获金奖、银奖、铜奖。1998 年 6 月，杨威、赵康等 32 名少儿书画爱好者获全国少儿书画大奖赛优秀奖，石峰、董士卓、高见获金奖，薛兴辉、宋颖、王鹤、付明获银奖，陈西、李蕴婷、兰美佳、秦一鹭、牟洋洋、李子鹏获铜奖。1999 年 6 月，徐天琦、郭思源等 26 名少儿书画爱好者获全国书画大赛优秀奖，李蕴婷、陈西、薛兴辉获金奖，于鹏、陈玮、王鹤、杨广红获银奖，董士卓、高榕微、关婧姝等 6 人获铜奖。1999 年 6 月，带岭区文化馆在“第六届全国少儿书画展”工作中，成绩显著，人才突出，被评为先进集体。

三、摄影

1986 年，带岭区文化馆，针对群众爱好摄影的特点，不定期举办摄影学习班，大力培养业余摄影爱好者，向他们讲解照相机的构造及原理、摄影技术及艺术、怎样拍摄人物及景物，培养了一批业余摄影爱好者。1988 年 7 月，在伊春市青年摄影协会举办的“兴安风情”摄影比赛中，带岭区文化馆创作员王晓辉的作品《夕阳》被评为二等奖；9 月，他的作品《余晖》在省举办的摄影大赛上获二等奖；10 月，他创作的《林海日出》在省级摄影作品大赛中获荣誉奖。20 年来，涌现一大批业余摄影爱好者，并在不同的岗位上发挥积极作用。

四、集邮

1986 年，带岭邮局设立集邮服务台，开办了邮票订购业务，有 30 余名集邮爱好者办理了邮票预订证，年邮票销售额 1000 余元。6 月，团区委与各中小学举办了集邮、书法、美术作品展览，有 30 名师生的集邮藏品参加了展出，集邮品有国庆专集、建党历史、动物世界、植物天地等，参观人数达 3000 人次。

1990 年，全区共发行集邮杂志 500 多册，集邮爱好者 300 余人，其中 120 人办理了新邮票预订证。集邮票的销售额上万元。

1999—2005 年，随着集邮活动的广泛深入开展，集邮爱好者的集邮水平也不断提高，收藏兴趣更加广泛，已从过去单纯收集邮票发展到收集首日封、纪念封、明信片、纪念戳、纪念卡和集邮书刊等，人们的收集意向也从传统集邮向主题集邮方向发展。

第三节　文艺演出和文艺活动

1986 年，带岭区文体局注重抓文艺队伍建设和举办文艺演出，充分利用文化馆定期对文艺骨干训练和培养，提高文艺队伍的文化素质和业务能力，使文艺队伍更好地为职工群众服务。开展文化三下乡以来，在春季造林和冬运生产期间，组织文艺小分队进行慰问演出，走遍了山上 11 个林场，通过演出，既活跃了林场的文化生活，又激发了职工的劳动热情，推动了造林任务和木材生产任务的完成。

2003—2005年，连续三年参加伊春市举办的“大森林之声”文艺调演，并多次获得优秀创作奖、优秀表演奖、优秀词曲奖等。

2004年9月，举办了“两区一局”（南岔区、带岭区、朗乡局）文艺会演，较好地进行了文化交流，推动了“两区一局”文化的发展。

1986—2005年，共组织文艺小分队上山80多次，编排文艺节目2000多个，观众达20万人次；组织文艺会演18次，演出文艺节目1000多个，演出40多场。

1986—1990年带岭区（局）书画大赛获省、市奖励一览表

表22-1

时间	受奖人	获奖等级	颁奖单位
1986年10月	张英广	国画《绿荫下》获三等奖	伊春市群众艺术馆
1989年6月	张英广	国画《兴安水》获一等奖	伊春市青年联合会
1991年11月	张英广	“红军杯”全国硬笔书法展一等奖	全国红军杯书法大赛组委会
1989年6月	藏宝山	油画《离乡》获参展奖	省森林工业总局
1991年4月	张英广	“利民杯”硬笔书法大赛三等奖	中国硬笔书法家协会
1996—1999年	张英广	全国少儿书画大赛园丁组织奖	全国少儿书画大赛组委会
1997年4月	汪冰凌	中日少儿书法美术摄影赛金奖	中日少儿美术书法摄影赛组委会
1997年4月	张　荫	中日少儿美术摄影赛银奖	中日少儿美术书法摄影赛组委会
1997年4月	于　珊	中日少儿美术摄影赛铜奖	中日少儿美术书法摄影赛组委会
1994年10月	姜殿生	国际硬笔书法精品展银奖	—

1995—2005年带岭区（局）美术作品获省、市奖励一览表

表22-2

姓　名	作品名称	获奖等级	颁奖单位	时间
腾　睿	纸板画《腾飞》	银奖	第三届中日少儿美术书法赛组委会	1995年
王　晶	—	铜奖	第三届中日少儿美术书法赛组委会	1995年
赵小丹	国画《欲罢不能》	金奖	第四届中日少儿美术书法赛组委会	1996年
刘　欣	纸板画《家乡》	金奖	第四届中日少儿美术书法赛组委会	1996年
庞　博	—	银奖	第四届中日少儿美术书法赛组委会	1996年
刘忆楠	—	铜奖	第四届中日少儿美术书法赛组委会	1996年
赵明辉	国画《搏击》	铜奖	日本国际比思落尔杯少儿书画大赛组委会	1996年
何永梅	纸板画《过年》	金奖	中国新加坡国际少儿美术书法赛组委会	1997年
庞　博	—	银奖	中国新加坡国际少儿美术书法赛组委会	1997年
尹凡雨	—	铜奖	中国新加坡国际少儿美术书法赛组委会	1997年
毕建文	纸板画《乡情》	二等奖	第三届“希望星杯”全国少儿书画赛组委会	1998年
王　超	—	三等奖	第三届“希望星杯”全国少儿书画赛组委会	1998年
王　钊	国画《腾飞》	金奖	“双龙杯”全国少儿书画大赛组委会	1998年
李晓霞	—	银奖	“双龙杯”全国少儿书画大赛组委会	1998年
张松彬	—	铜奖	“双龙杯”全少儿书画大赛组委会	1998年
谷　野	国画《争上游》	二等奖	第四届“希望杯”全国少儿书画大赛组委会	1999年

续表 22-2

姓　名	作品名称	获奖等级	颁奖单位	时间
田　辉	纸板画《冬》	二等奖	第四届“希望杯”全国少儿书画大赛组委会	1999 年
马　晶	—	三等奖	第四届“希望杯”全国少儿书画大赛组委会	1999 年
赵　婧	—	三等奖	第四届“希望杯”全国少儿书画大赛组委会	1999 年
孙　飞	《搏击》	金奖	第一届手拉手“珠穆朗玛杯”少儿书画大赛组委会	1999 年
孙秀平	《斗鸡》	金奖	第一届手拉手“珠穆朗玛杯”少儿书画大赛组委会	1999 年
薛　丹	《斗鸡》	金奖	第二届手拉手“珠穆朗玛杯”少儿书画大赛组委会	1999 年
韩明书	—	铜奖	第二届手拉手“珠穆朗玛杯”少儿书画大赛组委会	1999 年
李　想	《腾飞》	一等奖	“祖国在我心中”少儿书画大赛组委会	2000 年
薛　丹	《牡丹》	一等奖	“祖国在我心中”少儿书画大赛组委会	2000 年
于广祥	《家乡美》	一等奖	“祖国在我心中”少儿书画大赛组委会	2000 年
王云云	—	二等奖	“祖国在我心中”少儿书画大赛组委会	2000 年
孙　飞	—	三等奖	“祖国在我心中”少儿书画大赛组委会	2000 年
李　想	《巨龙腾飞》	金奖	“为西部大开发喝彩”少儿书法大赛组委会	2001 年
张甜甜	《静物》	金奖	“为西部大开发喝彩”少儿书画大赛组委会	2001 年
李　慧	—	金奖	“为西部大开发喝彩”少儿书画大赛组委会	2001 年
薛光辉	—	银奖	“为西部大开发喝彩”少儿书画大赛组委会	2001 年
邵青华	《青春活力》	特等奖	跨入二十一世纪全国少儿书画大赛组委会	2001 年
李　想	《花开富贵》	一等奖	跨入二十一世纪全国少儿书画大赛组委会	2001 年
唐　宇	—	二等奖	跨入二十一世纪全国少儿书画大赛组委会	2001 年
于广祥	《家乡秀美》	金奖	全国少儿书画大赛组委会	2002 年
张佩磊	《友爱》	金奖	全国少儿书画大赛组委会	2002 年
李　想	—	银奖	全国少儿书画大赛组委会	2002 年
闰　艳	—	铜奖	全国少儿书画大赛组委会	2002 年
宋　喜	《金鸡报晓》	金奖	全国中小学生优秀美术书法摄影比赛组委会	2003 年
李　阳	《花下鸡语》	金奖	全国中小学生优秀美术书法摄影比赛组委会	2003 年
孙建芸	《宝贵》	金奖	全国中小学生优秀美术书法摄影比赛组委会	2005 年

1997—2004 年带岭区（局）文体局获省市奖励一览表

表 22-3

时间	受奖单位	荣誉称号	颁奖单位
1997 年	文体局	“中植杯”卡拉 OK 大赛优秀奖	伊春市文化局
1997—1998 年	文体局	文化市场管理先进单位	伊春市文化局
1998 年	文体局	全国书画大奖赛先进单位	全国少儿书法大赛组委会
1998 年	文体局	文化市场管理先进单位	黑龙江省文化厅
1999 年	文体局	全国书画大奖赛先进单位	全国少儿书法大赛组委会
2001 年	文体局	卡拉 OK 大赛优秀组织奖	伊春市文化局
2001 年	文体局	卡拉 OK 大赛第二名	伊春市文化局
2001 年	文体局	卡拉 OK 团体二等奖	伊春市文化局
2002 年	文体局	先进文化区	黑龙江省人民政府

续表 22-3

时间	受奖单位	荣誉称号	颁奖单位
2002 年	文体局	少儿文艺会演二等奖	伊春市文化局
2002 年	文体局	中国移动杯“声乐器乐”优秀奖	伊春市文化局
2003 年	文体局	“大森林之声”优秀组织奖	伊春市文化局
2003 年	文体局	第四届青年歌手电视大赛组织奖	伊春市文化局
2003 年	文体局	第四届青年歌手民族唱法二等奖	伊春市文化局
2003 年	文体局	大森林之声《京东大鼓》优秀作曲奖	伊春市文化局
2003 年	文体局	大森林之声《京东大鼓》优秀作词奖	伊春市文化局
2003 年	文体局	大森林之声《京剧联唱》优秀作曲奖	伊春市文化局
2003 年	文体局	大森林之声《京东大鼓》优秀表演奖	伊春市文化局
2003 年	文体局	大森林之声《京剧联唱》优秀作词奖	伊春市文化局
2003 年	文体局	大森林之声《京剧联唱》优秀表演奖	伊春市文化局
2003 年	文体局	大森林之声男声小合唱优秀表演奖	伊春市文化局
2003 年	文体局	大森林之声《开场舞》优秀表演奖	伊春市文化局
2003 年	文体局	大森林之声《群口快板》优秀表演奖	伊春市文化局
2004 年	文体局	文化市场目标考核优秀单位	伊春市文化局

1991—2005 年带岭区（局）个人在省、市级文艺比赛获奖一览表

表 22-4

时间	受奖人	荣誉称号	颁奖单位
1992 年	张淑霞	省公安系统首届文艺会演优秀歌手三等奖	黑龙江省公安厅
1994 年	张淑霞	省“帕弗尔杯”青年歌手大赛美声唱法三等奖	黑龙江省文化厅
1995 年	张淑霞	省“女神杯”青年歌手大赛美声唱法三等奖	黑龙江省文化厅
1993 年	张淑霞	“百灵杯”声乐大赛美声唱法一等奖	伊春市文化局
2001 年	张淑霞	歌手大奖赛美声唱法一等奖	伊春市文化局
1996 年	李娟娟	“中国青年节”歌咏比赛器乐一等奖	伊春市文化局
1999 年	李娟娟	声乐大赛一等奖	伊春市文化局
1991 年	姜彦荣	“桃李杯”歌手大赛三等奖	伊春市文化局
2000 年	王　双	第三届青年歌手大赛美声唱法三等奖	伊春市文化局
2001 年	王　双	卡拉 OK 大赛美声唱法二等奖	伊春市文化局
2002 年	王　双	“移动杯”卡拉 OK 大赛民族唱法二等奖	伊春市文化局
2003 年	王　双	第四届青年歌手大赛民族唱法二等奖	伊春市文化局
1999 年	黄文婷	声乐大赛通俗唱法二等奖	伊春市文化局
2001 年	黄文婷	卡拉 OK 大赛通俗唱法二等奖	伊春市文化局
1997 年	蔡长军	“迎十五大中植杯”大赛民族唱法二等奖	伊春市文化局
1997 年	吕环宇	“迎十五大中植杯”大赛通俗唱法三等奖	伊春市文化局
	吕环宇	第四届青年歌手大赛通俗唱法三等奖	伊春市文化局
2001 年	王星皓	卡拉 OK 大赛美声唱法三等奖	伊春市文化局
2003 年	王星皓	第四届青年歌手大赛美声唱法三等奖	伊春市文化局
1999 年	贾荣义	市声乐大赛获三等奖	伊春市文化局

续表 22-4

时间	受奖人	荣誉称号	颁奖单位
2003 年	陈志红	“群星杯”大赛通俗唱法一等奖	伊春市文化局
1997 年	李玉辉	“迎十五大中植杯”通俗唱法三等奖	伊春市文化局
2004 年	邢旭东	黑龙江省第四届“希望杯”青少年儿童声乐、舞蹈、器乐综合才艺大赛获二胡金奖	黑龙江省文化厅
2004 年	邢旭东	第八届中国广播电影电视国际“冬令营”才艺选拔活动获省赛区少年组二胡比赛金奖	黑龙江省青少年文化艺术教育活动中心
2005 年	高尔博	黑龙江省首届“金钟奖”音乐大赛二胡三等奖	黑龙江省音乐家协会

第四节　文艺创作

1986 年，黑龙江省林业干部学院教师郜文斌先后参加了《人民文学》《北方文学》的创作函授。几年来，他先后在《北方文学》《小说报》《林业文学》等刊物上发表小说、散文、报告文学共 12 篇，计 4 万余字，并相继荣获“北国春潮”“红松赞”等征文三等奖及其他奖励。

带岭居民刘文宇参加了广西河池地区文化局举办的文学函授班。自 1988 年以来，她在《河池》《河池日报》上发表过《雨夜》《相见时难别亦难》等4篇短篇小说，共计2万余字。短篇小说《雨夜》荣获第三届“金城杯”文学创作大赛一等奖，其他作品也获得荣誉奖。

离休干部刘沙，1923 年生，北京市海淀区人，又名刘萧沉、艾砂等。1942 年开始文学创作，写中短篇小说为主。解放前曾任沈阳《东北前锋报》总编，解放后任《东北林业报》总编。20 世纪 50 年代他到带岭。曾长期担任带岭区政府办公室副主任和带岭林业实验局办公室副主任。1983 年主持编修《带岭区志》并获省地方志优秀成果三等奖。著作有中篇小说《动荡》《蠢流》《大洋河上的人们》，短篇小说集《虹》等，出版诗集有《星火》《野草》《梦园情》《南国情》《不了情》等十余部。离休后回到北京任民间诗刊《稻香湖》主编，并著有散文集《飘落的梦》《作家轶事丛书》《后沙涧村志》等。

马乙亚，辽宁葫芦岛人。1946 年在沈阳《东北前锋报》任编辑，1950 年后任《东北林业报》记者、编辑,《黑龙江林业演唱》主编。20 世纪 50 年代她到带岭，离休后到北京，与丈夫刘沙合著伉俪诗集《梦园情》《南国情》《不了情》和即将出版的伉俪诗集之四《凹凸情》等。

政协干部吕文俊，1953 年生，山东省巨野县人。黑龙江省作家协会会员、伊春市带岭区作协副主席。1960 年到带岭。当过知青、工人、干部。长期坚持业余文学创作，发表过多篇小说、散文、诗歌等作品。著有《带岭抗联故事》等作品，与他人合著有《先锋赞歌》《带岭党史人物》。曾多次获国家、省、市文学奖。

第五节　图书发行

1986 年，新华书店主要经营的图书有文学、少儿、综合、社科、教育、工具书、学生课本、年画、挂历等，音像制品主要是录音带和录像带，并面向社会团体、学校、个人发行。

1997 年，新华书店实行体制改革，转变了经营方式，变公有为自负盈亏，经营图书种类有文学、少儿读物、综合参考、医疗卫生、文化教育、工具书、学生课本、课外读物。录像制品有录音带和录像带。由于实行自负盈亏，缺少资金，图书量明显减少，只能进一些适销对路的书刊，由于进书量较少，经济效益较低，只能维持4名工作人员的工资。

第六节　文化市场管理

1986年，带岭区文体局针对文化市场不断扩大以及文化市场管理的薄弱环节，专门成立了文化市场稽查大队，配备两名专职人员，加强对文化市场的管理。2001年，重点加强了学校周边环境清理整顿，通过整顿取缔网吧2个、歌厅1个。2002年，根据文化部、省、市文件要求，印发了《关于全面规范文化市场和加强文化审批管理工作的通知》，并对文化娱乐场所进行了检查。通过检查，取缔歌厅36家、网吧3家、音像制品5家、电子游戏厅3家。7月，带岭区文体局在体育馆大厅组织公安、法院、工商、环保、卫生等部门参加的公开联合办公。对在检查中发现不符合条件的娱乐场所公开取缔，在检查中发现有问题经过整顿符合条件的，经联合验收合格后，办理营业手续。2003年，加强对网吧、游戏厅清理整顿，坚持定期或不定期检查，随时发现问题随时纠正，为未成年儿童提供了健康场所。2004年，带岭区文体局加强了音像制品和出版物市场管理，先后组织有关部门进行两次大检查。在检查中，共收缴音像制品156盘，非法出版物58本（册），并进行全部销毁，净化了文化市场。

第七节　史志编修

一、地方志编修

1981年5月，根据省、市首轮地方志编纂工作要求，带岭区成立了区志办。到1986年年底，首轮志书编辑工作累计搜集了200余万字的文字和口述材料。1988年5月，80余万字的《带岭区志》编修完毕。7月，办公室工作人员赴南京联系出版事宜。1989年7月,《带岭区志》出版成书。该书于1989年12月在黑龙江省地方志优秀成果评选时，被评为优秀成果三等奖，其主编、副主编和编辑获得荣誉证书。

此后，办公室人员又开始进行《带岭区志》的续编工作。1993年6月，编辑出版了《带岭区志（1986—1990）》。并创作了一部8万余字反映已故带岭林业实验局原书记张子良生平的传记故事——《森林的雕塑》。1997年，区机关实行机构改革，将区志办合并到档案局，有1人兼管史志工作，史志编修工作处于停止状态。2004年，根据上级要求，进行1986—2005年续志工作，史志编修划归区政府办公室，并抽调5人进行续志工作，根据上级续志要求和本区特点，首先编写了带岭区（局）《续志篇目》，在续志编修过程中，查阅了档案800多卷，走访调查200多人，到2005年年末，完成了续志长编，各篇章完成三分之二以上。同时还完成了《带岭区军事志》的编修。

二、党史编修

《中共带岭简史》是带岭第一部党史。从1999年的下半年开始征集资料，2000年年初正式撰写，到2001年9月完成初稿。后又经数次修改，不断征求意见，形成书稿，全书26万字。2005年年初，根据上级要求，开始进行党史的续编工作。

第八节　档案工作

一、档案管理机构

1986 年，档案室变更为档案科后，对文书、科技、财物等档案进行了集中管理。

1987 年，区政府为档案科投资 1 万多元购置档案备品，先后购置铁制五节档案柜 40 套，吸尘器 1 台，吸湿机 1 台，卷盒 1000 个，案卷目录夹、全宗目录夹 1000 个。

1988 年 1 月，《中华人民共和国档案法》实施后，档案管理逐步走向法制轨道。同年，档案科在原有各门类档案管理的基础上，增加了审计、职教、统战、体改、物资、经销、工资、营林、科技、技术管理等内容，为企业综合利用档案信息创造了便利条件。

1989 年，带岭林业局下发了《关于把科技管理纳入企业管理的通知》。对全局现有的科技成果、主要基本建设工程及重点机械设备的档案进行一次复查，对科技档案不齐全、不完整的主管业务科室（责成有关人员）负责补齐，移交档案部门。同时，还下发了《科技文件材料成果积累整理归档制度》文件，详细规定了科技档案管理的具体要求，从而使科技档案管理走向正规化。

1990 年，档案局先后编写了党代会、人代会、职代会等各种会议简介以及统计资料汇编近 26 万字，管理各类档案 11310 卷。其中，文书档案 5411 卷、技术档案 614 卷、会议档案 3756 卷、地名档案 8 卷、声像档案 8 卷、内部资料 1513 卷。同时，为木材生产、营林生产及党史、地方志等部门查阅档案 1387 卷，接待查档人员 688 次。

二、档案升级

1989 年 12 月，经省档案局、省森林工业总局企业档案管理升级考评小组考核，并经省档案局批准，带岭林业局企业档案管理晋升为省级先进单位。

1991 年 10 月，黑龙江省档案局下发《关于批准一九九一年度第二批国家二级和省级先进档案管理企业的通知》，批准带岭林业实验局林产工业公司、带岭林业实验局物资供应科、带岭林业实验局大青川综合厂、带岭林业实验局筑路队晋升为省级先进档案管理企业。

第九节　广播、电视、电影

一、广播机构

带岭广播站于 1997 年变为带岭广播电视中心，于 2000 年 5 月归属伊春广电网络公司。

1986—1996 年，带岭广播站每天播音均在 8 小时以上，其中每天自办节目 15 分钟。每周一、二、四、六安排“新闻节目”之后还相继播出《法制园地》《周末半小时》《科学与生活》《妇女青少年之友》等节目。1990 年，全区总输出功率为 4600 瓦，实际输出 2700 瓦。区广播站为 950 瓦，林场广播站等为 1750 瓦。1990 年后，带岭广播站又相继购进了扩大器、收信机等 8 台广播设备，组成了完整的收录放广播系统。同时，从微波取出一路伊春台信号传入广播机房，使省台、市台两路调频信号良好，确保了广播质量。20 世纪 90 年代中期，由于电视事业的发展，收听有线广播人数减少，有线广播于 1996 年停止播音。

二、电视

1986年，带岭区（局）投资近20万元，建设卫星地面接收站。购进6Sz-3型50瓦米波电视发射机1部，OX型卫星接收机1台，自行设计安装了一座24米高的信号发射塔。12月26日，带岭卫星地面接收站建成并投入使用。区内居民通过卫星地面接收站，用4频道收看中央电视台综合频道节目。

1987年，带岭区（局）又投资8万元购进了北京广播器材厂生产的6SZ-14型100瓦分米波发射机1台，OX型卫星接收机1台，用37频道播放中央电视台财经频道节目。

1996年7月，带岭区（局）投资60余万元，居民每户集资300元，共计90多万元，安装有线电视，先后购进了卫星接收机、调制器、混合器、放大器、电缆等设备和材料。在此基础上，广播电视局组成施工队伍，承担了安装工程，当年，为居民安装有线电视达1800户，可以收到20多个频道的电视节目。

2004年，在市广电网络公司和带岭区（局）的大力支持下，新购进中视2000非线性编辑机1台，AE180摄像机2台，提问器1台，监视器2台，切换机1台，冷光源1套，数码录像机1台。从而保证了编采播放的需要。带岭新闻节目，每次播出10钟，每周一、三、五首播，二、四、六重播。

2005年，带岭区有线电视用户达5800户，镇内覆盖率达80%，可以收看到38套电视节目。

三、电视节目编播

1987年，广播电视局为了搞好电视节目编播，先后购置了摄影机、电子编辑机等一整套摄、录、编设备，实现了独立编辑录制电视节目。1991—2005年，共播发图像新闻、电视专题片560篇。其中，采写录制的新闻《榆黄蘑栽培》《牛蛙在林区安家》，分别于1986年6月、1987年3月在中央电视台新闻节目中播出；张福江采写编辑的《赵成臣勇斗歹徒》《四脚鸡》《兴安灵芝》等篇图像新闻稿，在中央电视台综合频道、财经频道播出；采写编辑的《中华秋沙鸭绿色的港湾》《金雕回家》《小星积金会》《一对夫妻活雷锋》等28篇图像新闻稿，在黑龙江省电视台新闻频道和《新闻夜航》节目中播出；电视专题片《源泉》，在全省兴林杯大赛中获二等奖；电视专题片《绿色的明珠——带岭》，获2005年首届专题片大赛二等奖。

1986—2016年带岭区（局）新闻稿件编播一览表

表22-5

项目 年份	新闻稿件（件）										通讯员（人）	
	群众采稿		自采自编		播出稿件		播上级稿件		专题节目		骨干通讯员	通讯员
	广播	电视	广播	电视	广播	电视	广播	电视	广播	电视		
1986	934	—	133	220	905	220	219	56	79	12	11	47
1987	790	—	170	205	1294	167	189	35	169	15	11	47
1988	853	6	350	118	1230	96	300	22	217	6	15	53
1989	817	8	216	126	1298	114	289	39	220	6	15	53
1990	943	10	303	279	243	289	412	85	258	5	15	53
1991	78	61	173	179	251	240	21	9	4	4	28	30
1992	80	89	160	142	240	231	17	3	5	6	28	30
1993	69	72	179	186	248	258	15	11	4	3	22	18
1994	32	90	198	120	230	210	25	19	9	11	20	26

续表 22-5

项目 / 年份	新闻稿件（件）										通讯员（人）	
	群众采稿		自采自编		播出稿件		播上级稿件		专题节目		骨干通讯员	通讯员
	广播	电视	广播	电视	广播	电视	广播	电视	广播	电视		
1995	40	50	241	220	281	270	19	14	7	1	17	30
1996	50	41	183	169	233	210	28	15	3	1	17	30
1997	—	38	—	222	—	260	41	20	5	7	14	19
1998	—	26	—	239	—	265	30	17	—	13	14	19
1999	—	30	—	246	—	276	34	21	—	15	8	12
2000	—	11	—	380	—	391	101	64	—	1	8	12
2001	—	15	—	395	—	410	96	78	—	3	8	12
2002	—	18	—	402	—	420	97	61	—	5	8	12
2003	—	10	—	503	—	513	110	89	—	8	8	12
2004	—	4	—	494	—	498	113	70	—	6	4	6
2005	—	12	—	428	—	440	119	69	—	12	4	6

四、微波传送

1989 年，带岭区（局）投资 20 余万元自建微波站。广播电视局从北京通信设备厂购进了微波收发信机、电视调制机等 5 台设备。11 月，工作人员将收发天馈线及全套微波设备安装完毕，并通过微波调试，用 7 频道播发伊春电视台节目。1990 年，又从北京广播电视设备厂购进一架 BBEF-3 型 50 瓦米波电视发射机，用以播发伊春电视台节目。

五、大箐山广播电视转播台简介

大箐山广播电视转播台，是伊春市广播电视局及黑龙江省广播电视厅直属单位，有职工 36 名，党员 11 名，副台长 1 名，副高职工程师 1 名，中级技术人员 12 名，高级技师 1 名，中级技师 18 名。

1986 年 10 月，伊春广播电视局为大箐山发射台投资购进了微波设备一套，同时，购置 1 千瓦调频发射机 1 台。用 105.2 频率传送伊春广播电台文艺节目。

1987 年，为了更好地提高转播质量，达到黑龙江省广播电视厅对调频广播三大电声指标要求，带岭差转台组织技术骨干，大搞技术改造，在省厅无线电科张中山、黄雨均两位工程师的配合下，对两台广播调频发射机进行了技术改造，利用 FU732 代替 FU-100F，并将原栅地电路改为阴地电路，改机后两部调频发射机工作稳定，技术指标大幅度提高。经省级专家鉴定，获得伊春市人民政府颁发的技术进步二等奖，黑龙江省广播系统科学进步四等奖。同年，带岭差转台机务人员还自行研制对 1 千瓦彩色电视发射机、微波机的自动电控系统改进，获省广播电视系统科学进步一等奖。当年，省广播电视厅投资 7 万元大修秀水屯至大箐山顶高压电力线，把原 25 平方厘米铝线改为 35 平方厘米铜芯台角线，把原来木电杆换成水泥电杆，由原来耐压 3000 伏改为 1 万伏，满足了用电要求。

1988 年 8 月，黑龙江省电视厅投资 40 万元，伊春市投资 20 万元，共计 60 万元，决定在大箐山至胜利林场东南沟建一条长 1500 米客运架空索道。在建设中，由于资金不足，伊春市广播电视局四处筹集资金，总投资 130 万元，于 1995 年正式建成。

1991 年，经伊春市人民政府批准，伊春市广播电视带岭差转台改名为伊春市大箐山广播电视转播台，并升格为副处级单位。

2001年，在海拔1203米高的大箐山顶峰打了一眼7米深的水井，从而解决了大箐山发射台建台以来生活用水难的问题。

2003年，伊春市大箐山广播电视转播台的技术人员成功研制了音频、视频信号自动记录仪，该仪器是一部成本低、功效高的音频视频信号自动记录仪，它不但能记录节目的播出时间，同时可监视信号的质量，控制监视器自动开关机，可以完成无信号自动关机。该项目获黑龙江省广播电视系统科技进步四等奖。

2004年，伊春市大箐山广播电视转播台研制改造了大箐山索道测速系统，利用现代的单片计算机技术改造了原机电测速系统，使索道运行速度平稳、可靠。

2005年，伊春兴安岭风电公司在大箐山顶建起了风力发电站，从此，大箐山广播电视转播台由风力发电站供电，结束了带岭热电公司供电。

六、电影

1986年，带岭林业局职工俱乐部除认真组织好电影放映外，每月还定期制作电影广告，更换宣传画廊和编辑俱乐部月讯，以及开展电影评论工作。1988年，俱乐部聘请了6名具有一定写作能力并了解电影知识的人担任俱乐部的影评员，先后在《伊春日报》上发表了8篇影评文章。

1986—1990年，俱乐部放映各类影片2782场，观众达56.8万人次。1990年，俱乐部有工作人员11名，其中放映员3名，每月放映影片18部左右。

1990年后，随着电视的普及，电影观众逐年减少，每月只能上映一两场电影。1995—1999年的电影放映，根据实际需要，临时到电影公司租片进行放映，没有固定放映场次。

第二章　体　育

第一节　群众体育

一、幼儿体育

1986年，带岭幼儿学校及其他幼儿园所都把幼儿身体健康放在首位，经常开展适合幼儿身体健康的各种体育活动，使幼儿体育活动开展得丰富多彩。如小班的“蚂蚁搬豆”“拾豆豆”；中班的“运果子”“摘桃子”；大班的“送信”“我和报纸来比赛”等，使幼儿在体育运动中锻炼了走、跑、拿、跳、蹦、攀登、投掷、平衡等技能。除举办运动会外每年还坚持开展跳绳、拔河、拍皮球、跳圈、踢毽子等比赛，还积极参加全区田径运动会，组织幼儿参加50米、100米跑和师生接力赛等。

幼儿学校还组织幼儿编排集体舞，先后编排了《友谊花开万里香》《棍操》《椅子操》《熊猫咪》等。同时，还为全区运动会排练大型团体操，在运动会上进行表演。《快乐指南》《和平鸽》等大型体操先后获得运动会优秀表演奖。

2005年，区政府为幼儿学校投资3万余元，购置了体育器械，如地滚球、羊角球、体操棒、弹力球、平衡木等，基本满足了幼儿体育活动的需要。

二、职工体育

1986年以来，带岭区文体局会同区（局）工会，针对生产不同季节和职工群众的特点，因时、因地制宜，广泛开展灵活多样的职工体育活动。共举办职工篮球比赛18次，其中在区内组织15次，在山上组织3次，有11个单位130名运动员参加；举办职工乒乓球比赛9次，有108个单位432名运动员参加；举办3次大型拔河比赛，每次都有20多个单位参加，比赛人数达300人，有上千群众观看比赛；先后举办了两次棋类比赛（国际象棋、中国象棋），有30个单位90名选手参加；组织8次长跑比赛，参加长跑运动员有3000多人；举办生产运动会，共设了4个类别8个项目的比赛，有锯木项目、运苗项目、打技项目等。

1990年8月24日，带岭区体委在区机关门前举行“亚运之光”火炬接力赛。上午8时，火炬接力赛开始，在火炬的引导下，接力赛队伍沿着指定赛跑路线，进行火炬接力比赛，参加火炬接力赛的有党政主要领导、老红军战士、党政机关部门负责人以及各基层单位负责人和职工群众1200余人。

三、社区体育

1986—1990年，带岭区文体局举行各种社区棋类比赛7次，有406人参加；篮球比赛8次，有1600余人参加；排球比赛3次，有472人参加；长跑比赛2次，有250人参加。

1990—2000年，带岭区文体局先后举办了两次拔河比赛，有14个代表队260名运动员参加；举办乒乓球比赛3次，有300多人参加；举办环城赛跑4次，有500多人参加。

2001年以来，不断拓宽社区体育新领域，在社区建立了老年迪斯科、气功、大秧歌、太极拳等辅导站和老年体育协会，参加辅导人数有150多人。同时，开展晨练和晚练活动，参加人数有8000多人。

第二节 学校体育

1986年以来，带岭区教育局按照国家体育教学大纲，在中小学开展体育教学。每星期安排两节课学习体育、卫生保健基本常识，科目有球类运动小常识，烟酒的危害，青春期的营养，运动、休息、游泳、长跑的安全与卫生，高与矮、健与力及民族传统体育和养生、健身基础常识等，增强学生体育基础理论知识，培养学生体育兴趣。实践教学主要内容有田径、体操、球类及民族传统体育、各种体育游戏等。同时，认真贯彻执行国家体育锻炼标准，积极开展体育达标活动，使学生达标率在98%以上。20年来，先后有8人考入市体校，有5人考入省体校，有1人被黑龙江大学特招，有1人被哈尔滨工业大学特招。在各类乒乓球比赛中，取得市级比赛15个第一名、省级比赛5个第一名。运动员史册在第27届聋人奥林匹克运动会上获3枚金牌和1枚银牌。1995年，带岭区第二小学被评为市体育先进学校。1996年，被省批准为体育传统项目乒乓球基点校；同年，获黑龙江省实施《国家体育锻炼标准》工作先进学校。1998年，带岭区第二小学被评为市体育传统项目乒乓球基点校。

第三节 竞技体育

一、球类运动

1986年，带岭区文体局针对不同季节举行不同类型的比赛，比如春季举行乒乓球比赛，夏季举行篮球比赛，秋季举行排球比赛，冬季举行速滑比赛。1988年5月，带岭区职工篮球代表队参加了伊春市在桃山局举行的职工篮球赛，在预赛中，男子篮球队获第一名，女子篮球队获第二名。6月，在南岔区举行的决赛中，男女篮球队均获第五名。1991年，带岭区篮球代表队在参加全市甲级队篮球比赛中获第一名。2002年9月，带岭区乒乓球代表队参加伊春市在带岭体育馆举办的青少年乒乓球比赛中，获得团体总分第六名，杨宁、郭飞分别获女子乙组单打冠军和第五名。同年，带岭区伤残运动员乒乓球选手史册，在参加国家在哈尔滨举行的第四届残疾人运动会乒乓球比赛中，获女子单打第一名。2004年5月，史册在参加全国残疾人乒乓球锦标赛中，获女子团体第一名和女子单打第五名。2005年1月，史册在澳大利亚墨尔本举行的第20届聋人奥林匹克运动会乒乓球比赛中，获女子单打3块金牌、2块银牌，并被授予“中国体育代表团优秀运动员”称号。

二、棋类运动

1986年，带岭区文体局坚持经常开展中国象棋、国际象棋和围棋比赛。11月，带岭区棋类代表队参加了伊春市在带岭区文化馆举办的首届青少年棋类比赛。1990年，全省公安系统举办的中国象棋赛，带岭选手张玉发获个人第一名。2002年，在黑龙江省第十届运动会象棋比赛中，带岭区中国象棋代表队获团体第二名，选手张玉发获个人第十名。张玉发先后在1995年市五运会、2003年市七运会中，分别荣获象棋比赛第一名。

三、冰雪运动

1986年以来，带岭区文体局积极开展百万青少年上冰雪活动。每年冬季都组织人员浇冰场，为青少年提供滑冰场地。同时，认真选择滑雪场地，组织青少年开展滑雪运动。先后组织3次大型青少年速度滑冰比赛和2次滑雪比赛，有400多名青少年参加了比赛，推动了“百万青少年上冰雪”活动并培养了一批优秀冰上运动员。多年来，带岭区文体局始终把冰雪运动作为带岭区体育活动的特色，纳入中小学校课程，并配备专门教练员进行冰雪训练。

四、田径运动

1987年3月，带岭区举重代表队参加了伊春市在带岭区小俱乐部举行的青少年举重比赛，在比赛中，获团体总分第三名。宋向阳在110公斤级比赛中分别打破抓举、挺举、总成绩三项纪录。1988年3月，带岭区举重代表队参加了伊春市在带岭体育馆举办的首届青运会举重比赛。4月，带岭区武术代表队参加了伊春市首届青运会武术比赛，带岭区运动员白俊峰在比赛中获表演奖。1990年3月，带岭区少年举重代表队参加了伊春市少年举重比赛，获得了团体总分第二名，于洪林、王冰冰、徐立红、王国君分别获3个级别的冠军。

五、参加市级田径运动会

1993年，伊春市举办第五届田径运动会。带岭区体育代表队有25名运动员，分别参加了21个项目的比赛，运动员毕雷以11″3的成绩平市少年男子百米纪录，获得第二名；运动员张学忠以12.5米（7.26公斤）的成绩获男子铅球第一名；运动员毕雷、汪宝义、姜君、李为获中学组男子4×100米接力第一名，带岭区体育代表队获得团体总分第三名。

1999年，伊春市举办第六届田径运动会。带岭区体育代表队有25名运动员，分别参加21个项目的比赛。运动员李梦媛以13″4的成绩获少年女子100米第三名和少年女子跳远比赛第三名；李翠荫以1.39米高度获女子跳高比赛第一名；少年男女篮球队分别获得第一名，带岭区体育代表队获团体总分第三名和体育道德风尚奖。

2003年，伊春市举办第七届田径运动会。带岭区体育代表队有26名运动员，分别参加21个项目的比赛，带岭区运动员在这次运动会上，共获10块金牌、8块银牌、11块铜牌，并获团体总分第三名和体育道德风尚奖。

六、参加市级学生田径运动会

2000年，伊春市举办第八届学生田径运动会，带岭区学生体育代表队有18名运动员，参加10个项目的比赛。刘宁以11″9的成绩获高中组100米第三名；李翠荫以1.37米高度成绩获高中组跳高比赛第一名；杨汝玉以1.35米成绩获高中组跳高比赛第三名。

2002年，伊春市举办第九届学生田径运动会，带岭区学生体育代表队有16名运动员，参加8个项目的比赛。陈光宇、茹力思、魏佳根、刘明阁获初中组4×100米接力赛第三名。

2004年，伊春市举办第十届学生田径运动会，带岭区学生体育代表队有21名运动员，参加12个项目的比赛。陈悦以1′11″成绩获初中组女子400米第二名。

1992—2004年带岭区（局）个人获国家、省、市体育奖励一览表

表22-6

时间	获奖人	荣誉称号	颁奖单位
1992年	李景彬	体育先进工作者	伊春市体育局
1993年	李景彬	群众体育先进工作者	伊春市体育局
1994年	李景彬	群众体育先进工作者	黑龙江省体育局
1995年	张玉发	市第五届运动会象棋第一名	伊春市体育局
1999年	李景彬	全国体育先进工作者	国家体育局
1999年	张玉发	市第六届运动会象棋第四名	伊春市体育局
2002年	李景彬	群众体育先进工作者	黑龙江省体育局
2002年	张玉发	省十运会象棋第十名	黑龙江省体育局
2003年	张玉发	市第七届运动会象棋第一名	伊春市体育局
2004年	张玉发	全国象棋赛第六名	国家林业局
2004年	张玉发	“山菜王杯”象棋赛第一名	伊春市体育局

1992—2004年带岭区（局）集体获国家、省、市体育奖励一览表

表22-7

时间	获奖单位	荣誉称号	颁奖单位
1992年	文体局	体育先进区	伊春市人民政府
1994年	文体局	群众体育先进单位	黑龙江省体育局
1995年	文体局	体育先进单位	伊春市体育局
1996年	文体局	“百万青少年上冰雪”活动先进集体	黑龙江省体育局
1996年	文体局	体育先进单位	黑龙江省体育局
1997年	文体局	全国群众体育先进单位	国家体育运动委员会
1997年	文体局	第八套广播体操先进单位	黑龙江省体育局
1997年	文体局	全民健身体育先进单位	伊春市体育局
1998年	文体局	体育先进单位	黑龙江省体育局
2000年	文体局	群众体育先进单位	黑龙江省体育局
2002年	文体局	全民健身优秀组织奖	黑龙江省体育局
2002年	文体局	群众体育先进单位	黑龙江省体育局
2003年	文体局	“百万青少年上冰雪”活动组织奖	黑龙江省体育局
2003年	文体局	全民健身活动月先进单位	黑龙江省体育局
2004年	文体局	全民健身优秀组织奖	黑龙江省体育局
2003—2004年	文体局	突出贡献奖	伊春市体育局
2005年	文体局	“山菜王杯”棋类比赛中国象棋团体第三名	伊春市体育局

第四节 田径运动会

1987年6月1日至4日，带岭区第十一届田径运动会在带岭第三中学校举行。有39个单位688名运动员参加。比赛设6个组别，21个项目。本届运动会有52人次打破23项区纪录。

1989年6月1日至4日，带岭区第十二届田径运动会在带岭区第三中学校举行。有34个单位

598 名运动员参加。比赛设 16 个组别，22 个项目。本届运动会有 19 人次打破 9 项区纪录。

1991 年 6 月 1 日至 4 日，带岭区第十三届田径运动会在带岭区第三中学校举行。有 40 个单位 628 名运动员参加。比赛设 20 个组别，22 个项目。本届运动会有 12 人次打破 9 项区纪录。

1993 年 6 月 1 日至 3 日，带岭区第十四届田径运动会在带岭区第三中学校举行。有 33 个单位 408 名运动员参加。比赛设 14 个组别，21 个项目。本届运动会有 21 人次打破 8 项区纪录。

1995 年 6 月 1 日至 3 日，带岭区第十五届田径运动会在带岭区第三中学校举行。有 36 个单位 445 名运动员参加。比赛设 12 个组别，14 个项目。本届运动会有 2 人次打破 2 项区纪录。

1997 年 6 月 1 日至 3 日，带岭区第十六届田径运动会在第二中学校举行。有 21 个单位 276 名运动员参加。比赛设 12 个组别，14 个项目。本届运动会有 36 人次打破 12 项区纪录。

1999 年 5 月 28 日至 30 日，带岭区第十七届田径运动会在带岭区第一中学校举行。有 29 个单位 322 名运动员参加。比赛设 12 个组别，14 个项目。本届运动会有 24 人次打破 9 项区纪录。

2001 年 6 月 7 日至 8 日，带岭区第十八届田径运动会在带岭区第一中学校举行。有 23 个单位 237 名运动员参加。比赛设 12 个组别，11 个项目。

2004 年 6 月 12 日至 14 日，带岭区第十九届田径运动会在带岭区第一中学校举行。有 41 个单位 331 名运动员参加。比赛设 14 个组别，17 个项目。本届运动会有 5 人次打破 2 项区纪录。

带岭区（局）第十三届田径运动会破区纪录一览表

表 22-8

组别	项目	原纪录	创纪录	创造者	单位	时间
初中男子组	100 米	12″ 4	12″ 2	毕　雷	—	1991 年 6 月
初中男子组	铅球	10.68 米	10.98 米	高贤富	—	1991 年 6 月
初中男子组	跳远	5.65 米	5.79 米	毕　雷	—	1991 年 6 月
初中男子组	铁饼	31.38 米	33.28 米	李进军	—	1991 年 6 月
初中男子组	标枪	39.50 米	44.70 米	汪宝义	第三中学	1991 年 6 月
初中女子组	铅球	7.94 米	8.32 米	刘冬梅	第一中学	1991 年 6 月
初中女子组	铁饼	21.62 米	23.40 米	刘冬梅	第一中学	1991 年 6 月
甲组男子组	跳高	1.39 米	1.40 米	季占军	—	1991 年 6 月
乙组男子组	垒球	—	50.80 米	佳　叶	—	1991 年 6 月
高中女子组	标枪	23.26 米	24.30 米	杨凤鸣	高级中学	1991 年 6 月
成年男子组	4×400 米	51″ 5	51″ 4	基建处	—	1991 年 6 月

带岭区（局）第十四届田径运动会破区纪录一览表

表 22-9

组别	项目	原纪录	创纪录	创造者	单位	时间
小学男子组	200 米	27″ 2	26″ 81	张　磊	—	1993 年 6 月
小学男子组	4×400 米	58″ 7	55″ 76	第一小学	—	1993 年 6 月
小学男子组	跳高	1.40 米	1.45 米	石　磊	—	1993 年 6 月
小学女子组	4×400 米	1′ 1″ 6	1′ 03″ 2	第四小学	—	1993 年 6 月
林场女子组	4×400 米	1′ 13″ 7	1′ 10″ 3	北列小学	—	1993 年 6 月
林场女子组	跳高	1.11 米	1.15 米	赵　丽	—	1993 年 6 月
初中男子组	200 米	27″ 7	25″ 32	郭继欣	—	1993 年 6 月
成年男子组	铁饼	23.35 米	27.76 米	许忠民	—	1993 年 6 月

带岭区（局）第十五届田径运动会破区纪录一览表

表 22-10

组别	项目	原纪录	创纪录	创造者	单位	时间
成年男子组	100 米	11″ 7	11″ 47	毕　雷	—	1995 年 6 月
成年男子组	铁饼	24.76 米	34.76 米	朱树峰	—	1995 年 6 月

带岭区（局）第十六届田径运动会破区纪录一览表

表 22-11

组　别	项　目	原纪录	创纪录	创造者	单　位	时　间
小学女子组	4×400 米	—	5′ 18		第一小学	1997 年 6 月
初中男子组	4×400 米	—	4′ 13″ 6		第一中学	1997 年 6 月
初中女子组	3000 米	—	13′ 10″ 6	徐　岩		1997 年 6 月
初中女子组	4×400 米	—	5′ 20″ 4		第一中学	1997 年 6 月
林场男子组	4×400 米	—	5′ 30″		红星小学	1997 年 6 月
林场女子组	800 米	—	3′ 8″ 8	伊　爽		1997 年 6 月
林场女子组	4×400 米	—	1′ 9″ 81		东方红小学	1997 年 6 月
林场女子组	跳高	1.15 米	1.22 米	陈　也		1997 年 6 月
林场女子组	1500 米	—	5′ 54″ 6	伊　爽		1997 年 6 月
林场女子组	4×400 米	—	5′ 48″ 6		东方红小学	1997 年 6 月
高中男子组	4×400 米	—	4′ 43″ 7		高级中学	1997 年 6 月
成年女子组	4×400 米	—	5′ 32″ 7		运输公司	1997 年 6 月

带岭区（局）第十七届田径运动会破区纪录一览表

表 22-12

组别	项目	原纪录	创纪录	创造者	单位	时间
初中男子组	4×400 米	4′ 13″ 6	4′ 12″ 1	第一中学	第一中学	1999 年 6 月
初中女子组	3000 米	13′ 10″ 06	12′ 47″	张宪静		1999 年 6 月
林场女子组	200 米	32″ 67	32″ 62	崔海洋		1999 年 6 月
林场女子组	4×400 米	1′ 9″ 81	1′ 85	—	东方红小学	1999 年 6 月
林场女子组	4×400 米	—	5′ 40	—	东方红小学	1999 年 6 月
高中男子组	100 米	11″ 72	11″ 6	刘　宁	高级中学	1999 年 6 月
高中男子组	4×400 米	4′ 43″ 7	4′ 15″	—	高级中学	1999 年 6 月
高中女子组	4×400 米	6′ 6″	5′ 45″	—	高级中学	1999 年 6 月
成年女子组	铅球	7.38 米	7.45 米	谢红霞	高级中学	1999 年 6 月

带岭区（局）第十九届田径运动会破区纪录一览表

表 22-13

组别	项目	原纪录	创纪录	创造者	单位	时间
初中男子组	100 米	12″ 20	11″ 60	周立国	第二中学	2004 年 6 月
初中男子组	4×200 米	1′ 49″ 9	1′ 46″ 70	—	第二中学	2004 年 6 月

带岭区田径最高纪录（小学组）一览表

表 22-14

项目（男子）	成绩	创造者	时间	项目（女子）	成绩	创造者	时间
200 米	26″ 81	张磊	1993 年	4×100 米	1′ 03″ 2	四　小	1993 年
400 米	1′ 3″ 9	韩小东	1987 年	4×400 米	5′ 18″	一　小	1997 年
1500 米	5′ 30″ 4	薛志海	1986 年				
跳高	1.45 米	石　磊	1986 年				
铅球	10.05 米	贾　勇	1993 年				
4×400 米	4′ 40″ 2	四　小	1993 年				

带岭区田径最高纪录（林场小学组）

表 22-15

项目（男子）	成绩	创造者	时间	项目（女子）	成绩	创造者	时间
400 米	1′ 09″ 93	王玉彬	1989 年	200 米	32″ 62	崔海洋	1999 年
800 米	2′ 24″ 1	员吉林	1987 年	400 米	1′ 11″ 3	孙红梅	1987 年
1500 米	5′ 33″ 4	朱明辉	1987 年	800 米	3′ 8″ 8	伊　爽	1997 年
4×400 米	5′ 33″	永　翠	1996 年	1500 米	5′ 54″ 6	伊　爽	1997 年
4×200 米	2′ 17″ 4	东方红小学	1986 年	4×100 米	1′ 8″ 5	东方红小学	1999 年
4×400 米	5′ 30″	红星小学	1997 年	跳高	1.22 米	陈　也	1997 年
跳高	1.38 米	潘延全	1985 年	铅球	7.33 米	张金平	1989 年
跳远	5.22 米	王春海	1987 年	4×400 米	5′ 40″	东方红小学	1999 年
铅球	10.98 米	王玉彬	1989 年				

带岭区田径最高纪录（初中组）一览表

表 22-16

项目（男子）	成绩	创造者	时间	项目（女子）	成绩	创造者	时间
100 米	11″ 6	周立国	2004 年	3000 米	12′ 47″	张宪静	1999 年
200 米	24″ 06	周立国	2004 年	4×400 米	5′ 20″ 4	一　中	1997 年
400 米	57″ 95	徐大伟	1986 年	跳高	1.40 米	李　平	1986 年
800 米	2′ 14″ 5	关　军	1986 年	跳远	4.40 米	魏　群	1987 年
3000 米	9′ 52″ 1	关　军	1986 年	铅球	8.32 米	刘冬梅	1991 年
4×100 米	50″ 74	第二中学	2004 年	铁饼	23.40 米	刘冬梅	1991 年
4×200 米	1′ 46″ 7	第二中学	2004 年	标枪	24.84 米	员淑荣	1986 年
4×400 米	4′ 12″ 1	第一中学	1999 年	400 米	1′ 3″ 5	刘力超	1986 年
跳远	5.79 米	毕　雷	1991 年				
铅球	10.98 米	高贤富	1991 年				
铁饼	33.28 米	李进军	1991 年				
标枪	44.70 米	汪宝义	1991 年				

带岭区田径最高纪录（高中组）一览表

表 22-17

项目（男子）	成绩	创造者	时间	项目（女子）	成绩	创造者	时间
100 米	11″ 6	刘　宁	1999 年	800 米	2′ 38″ 5	周淑华	1994 年
1500 米	4′ 43″ 5	许大伟	1993 年	1500 米	5′ 29″ 1	周淑华	1994 年
4×100 米	49″ 36	第一中学	1987 年	3000 米	12′ 32″ 52	田淑红	1994 年
4×400 米	4′ 15″	高级中学	1999 年	4×400 米	5′ 45″	高　中	1999 年
三级跳	13.36 米	汪宝义	1986 年	铁饼	19.54 米	都吉艳	1986 年
铅球	11.18 米	张学忠	1986 年	标枪	24.30 米	杨凤鸣	1991 年
铁饼	35.04 米	张学忠	1986 年				
标枪	47.34 米	朱树丰	1987 年				

带岭区田径最高纪录（成年组）一览表

表 22-18

项目（男子）	成绩	创造者	时间	项目（女子）	成绩	创造者	时间
100 米	11″ 47	毕　雷	1995 年	100 米	12″ 9	陈奇艳	1989 年
4×200 米	51″ 4	基建处	1991 年	4×400 米	5′ 32″ 7	运输公司	1997 年
铁饼	43.75 米	朱树峰	1995 年	跳远	4.54 米	陈奇艳	1989 年
				铅球	7.45 米	谢红霞	1999 年

第五节　体育人才培养

1986 年以来，带岭区文体局十分重视体育人才的培养，先后建立了 4 所省、市级传统项目基点校，3 所区级传统项目基点校，1 所业余体校，并为基点校配备优秀体育教师作教练员。基点校设有篮球、乒乓球、举重、速滑等项目，篮球基点校为上级输送 10 名运动员，田径基点校为上级输送 10 名运动员，为国家、省、市大专院校输送 8 名学员，乒乓球基点校在 10 年间培养出了 50 名优秀运动员，先后有 10 名运动员进入省体校。

第六节　体育设施建设

1986 年以来，带岭区文体局不断加大对体育设施的投入，努力加强体育设施建设，先后维修改造了体育馆、篮球场地和排球场地。到 2005 年年末，全区体育设施有 448 平方米的体育馆，有标准篮球场 2 个，其他篮球场 24 个，排球场 9 个，健康活动室 3 个，体育训练馆 1 个，体育运动场 3 处，乒乓球室 6 个，休闲广场 1 处。体育器材和体育备品基本满足了全区运动会和平时体育训练的需要。

第七节 社区体育建设

1998 年，国家、省、市体育部门共同为带岭投资 20 万元，用于社区体育设施建设。修建了 1 处运动场和 1 处健身场，并安装了多功能体育健身器材。

2003 年，伊春市体育局为带岭社区体育投入价值 11.5 万元的健身器材 1 套，安装在团结社区，用于社区居民开展健身活动。

第八节 贯彻实施《中华人民共和国体育法》

1995 年 8 月 29 日，第八届全国人民代表大会常务委员会第十五次会议通过《中华人民共和国体育法》(以下简称《体育法》)。《体育法》颁布后，带岭区文体局认真宣传贯彻《体育法》，利用各种宣传形式，大张旗鼓地宣传《体育法》，从机关到学校，从工厂到社区，掀起了贯彻《体育法》的热潮。学校把体育作为学校教育的组成部分，培养德、智、体全面发展的人才，保证学生在校期间每天都有体育活动，并组织多种形式的课外体育活动，各学校每年都举行全校性的体育运动会。社区体育坚持业余、自愿、小型、多样、因地制宜和科学文明的原则，广泛开展全民健身运动，充分利用社区体育设施，开展符合居民特点的体育活动。文体局加强运动员的培养，不断提高运动员的竞技水平。加强各类基点校建设，配备优秀教练员，从而培养更多的体育人才。

第九节 全民健身活动

1995 年 6 月，国务院下发《全民健身计划纲要》后，带岭区依据纲要，制定了《带岭区实施全民健身计划纲要方案》，确定了实施全民健身活动的目标、措施。在开展全民健身活动中，带岭区加大了体育设施的投入，购置了综合体育健身器材，整修了体育运动场和篮球场，确定了群众体育锻炼路径，为全民健身活动提供了有利的场所。加强了社区体育建设。充分利用社区体育设施，组织社区居民积极参加体育锻炼，定期组织体育比赛，不断提高社区体育水平。如造纸厂定期组织拔河比赛和迎春长跑活动，医院年年组织排球比赛，寒月林场组织生产技能趣味运动会，幼儿学校组织幼儿家庭运动会，区机关每年组织篮球赛等，激发了群众参与全民健身活动的热情。

第二十三篇
卫　生

1986—2005年带岭区卫生事业健康发展。1986年以来，医疗设施不断完善，医疗设备不断更新，先后购进了CT机、彩超等先进设备，诊断水平和医疗技术逐步提高，一些疑难病症诊治有所突破，一些疑难外科手术获得成功。职工医疗制度经三次改革，使公费医疗得到保证。卫生防疫进一步加强，各种传染病得到有效控制。食品、卫生达到规定标准。妇幼保健程度不断提高，妇科病得到及时普查普治，幼儿身体得到定期体检登记。计划生育成绩突出，非计划生育得到有效控制，使人口出生率达到4.1‰，人口自然生长率达到-4.2‰。

第一章　卫生行政

第一节　机构设置

1990 年，带岭区卫生科根据上级文件要求，由卫生科更名为卫生局，有工作人员 9 名。

1997 年，带岭区计划生育办公室根据上级文件要求，将带岭区计划生育办公室更名为带岭区计划生育局。

2001 年 12 月，带岭区（局）机关实行机构改革，将计划生育局同卫生局合并，更名为带岭区卫生计划生育局。

1990 年，计划生育协会有理事 53 人，会员 337 人，截至 2005 年年末，会员达 4000 人。

第二节　带岭区爱国卫生运动委员会

1986 年以来，带岭区爱国卫生运动委员会（以下简称“爱委会”）根据不同时期和区（局）领导、有关科室部委及有关单位负责人变动，随时进行调整。爱委会主任由带岭区常务副区长担任，副主任由主管卫生的副区长、省属单位副处级领导担任，委员由有关科室部门、有关单位负责人担任。

第三节　医疗单位简介

一、带岭职工医院

带岭局职工医院总面积 3700 平方米，有床位 100 张。下设 3 个行政科室（医务科、财务科、行政办），9 个医疗和辅助科室（内儿科、外科、妇产科、中医科、放射科、传染科、药剂科、检验科、功能科），两个门诊部（第一门诊部、第二门诊部）。医院有 25 个病室，工作人员 98 名，医疗设备有 X 光机、生化分析仪、CT 机等。带岭局职工医院于 1998 年被卫生部授予二级乙等医院。

二、第二门诊部

带岭局职工医院第二门诊部于 20 世纪 80 年代初建立，原址在育西社区，1996 年搬迁到大兴社区，现有医务人员 5 名，主要设备有心电图机、牙科综合治疗机等。

三、基层卫生所（室）

1986—1990 年，随着全区一些基层企业单位职工数的增加，基层卫生所的数量相继增多。1990 年，全区共有基层卫生所 27 个，其中，永翠、明月等林场卫生所 13 个，第一小学、第一中学等学校卫生所 8 个，林产工业公司、基建工程处、发电厂等其他行业卫生所 6 个。基层卫生所共有医务人员 56 名。

1991—2005 年，随着一些企业改制和职工人数的减少，基层卫生所（室）削减到 16 个。基层卫生所有永翠、明月、红光、碧水、北列、寒月、环山、大青川、东方红等 10 个林场卫生所；卫生室有第一小学校、第一中学、第二小学校、幼儿学校、高级中学、食宿办 6 个卫生室。

四、个体诊所

1995 年以来，随着医疗制度改革，个体诊所有所发展，全区有 3 处个体诊所，即谭桂芳诊所、郭玉成诊所、朱宝琴诊所。

五、社区卫生服务站

2002 年，为了方便社区居民医疗，先后成立了永胜社区卫生服务站，大兴社区卫生服务站、团结社区卫生服务站。

六、乡村卫生所

1986—2005 年，带岭区农村卫生所始终没有增加，仍然是 7 个卫生所。即双兴村 2 个、永兴村 2 个、金星村 1 个、红星村 1 个、青川村 1 个。

七、带岭区卫生防疫站

带岭区卫生防疫站在工作上受带岭区政府领导，在业务上受伊春市防疫站及卫生监督部门的指导。内设卫生监督、防疫、计划防疫、消毒、检验组。1986—1991 年，有职工 14 人。1994—1995 年，有职工 22 人，其中卫生技术人员 19 人。1996—1997 年，有职工 19 人，其中卫生技术人员 15 人。1998—1999 年，有职工 13 人，其中卫生技术人员 12 人。2002—2005 年，有职工 9 人，其中卫生技术人员 9 人。

八、妇幼保健站

1988 年 2 月，带岭区妇幼保健站从带岭林业职工医院分出，成为两站（保健站和计划生育指导站）合一的独立单位。全站有工作人员 8 名，设有妇女保健组、儿童保健组、计划生育指导组。

1997 年，带岭区机关实行机构改革，将妇幼保健站划为带岭区卫生计划生育局管理。

2001 年，带岭区机关再一次实行机构改革，又将妇幼保健站划归带岭林业职工医院管理，仍然行使原来工作职能，有工作人员 3 名。

九、药店

1990 年，全区个体药店共有 6 家，即大青川药店、普生药店、春林药店、健民药店、光明药店和康安药店。国营药店 1 个，即康乐药店。集体药店 1 个，即中西药店。

1995 年，实行医疗保险制度改革后，集体药店、国营药店，归属个体经营，截至 2005 年年末，全区共有个体药店 8 家，即普生药店、光明药店、中西药店、康乐药店、康安药店、健民药店、双马药店、大青川药店。

1986—2005 年带岭区（局）医疗工作情况一览表

表 23-1 单位：人次

项目 年份	内科	外科	妇产科	儿科	传染科	五官科	口腔科	中医科	中医二门诊	内科二门诊
1986	24896	12931	2793	—	968	3195	4881	8574	2182	8699
1987	29446	6790	2312	—	520	2528	6459	6293	815	1014
1988	27389	7098	2633	—	664	4198	5446	5341	724	1025
1989	32830	10800	1630	—	545	3239	3897	2031	1043	8306
1990	26881	8808	1406	—	708	2263	3975	2081	792	6997
1991	20516	6051	2558	7594	601	3730	2343	3168	1081	7821
1992	17375	5262	2213	4511	332	2145	2194	1716	580	5999
1993	4718	995	906	1248	182	907	1413	1884	—	1758
1994	10024	580	890	450	150	762	1020	1630	—	2610
1995	10229	333	1754	910	269	444	1662	3002	—	2035
1996	5255	1723	1034	145	130	500	—	661	—	1354
1997	9412	5845	1082	710	121	411	—	1667	—	1208
1998	639	286	252	127	137	67	—	21	—	314
1999	1645	796	944	145	144	603	—	753	—	313
2000	1126	787	1991	938	48	449	—	304	—	268
2001	1368	1272	2318	296	31	189	—	457	—	128
2002	1135	864	1329	400	126	320	—	397	—	51
2003	1100	1071	942	519	70	280	—	682	—	420
2004	1781	936	461	507	107	232	385	333	—	1033
2005	3670	2074	897	534	140	318	720	621	—	755

第四节　医疗队伍

1986 年，带岭区医疗卫生队伍逐年壮大，医疗水平逐年提高，大专以上学历的逐年增多，从而使医疗卫生队伍的结构发生了很大变化，基本满足了人民群众医疗卫生的要求。

1986 年以来，带岭区卫生局十分重视卫生人员的培训，对局职工医院和场（村）卫生所提出培训要求，职工医院和村卫生所按要求每年都派医务人员到外地和组织场（村）医务人员到局医院进修和培训。1986—2005 年，局职工医院先后派出 144 人次到省级医院分别学习 B 超、放射线等医疗技术。场（村）卫生所先后派出 80 人次到局职工医院学习常见病医疗知识，做到小病不出场（村）。通过医务人员培训，极大地提高了医务人员的医疗技术水平，对一些疑难病诊治有一定的突破。

第二章　医　疗

第一节　医疗技术

1989 年，妇科治疗不孕症获得成功；外科治疗横结肠捻断裂伤结肠造口术与结肠造口关闭术获得成功；重度肝破裂伤手术成功。

1990 年，成功进行了开颅脑缺损手术，腹部闭合性损伤、肝脾破裂（肝修补、肝切除）等手术。

1991 年，成功进行了十二指肠破裂修补术、白内障切除手术等，都获得成功。

1992 年，成功进行了左股动脉断裂吻合术、胃癌根治术、膀胱镜应用 10 项检验项目、静脉肾盂造影等。

1994 年，成功进行了膀胱癌切除术、乳癌根治术等。

1995 年，成功进行了肝外胆管结石胆总管切开取石术、小腿下 1/3 骨折取半月板髋骨植骨术、重症有机磷中毒治疗等。

1996 年，成功进行了经 11 肋左侧肾定位切开取石术、唇癌扩大切除术等。

1999 年，成功进行了松质骨螺纹钉治疗胫骨平台骨折、显微镜下进行白内障摘除术。

2001 年，成功进行了浮动性骨瓣一期颅骨整复成形术以及胆囊炎、胆结石、胆囊穿孔、胆总管结石、胆囊切除术、胆总管取石术。

2002 年，先后成功进行了膀胱破裂、小肠浆机层破裂术、开放性颅脑损伤、额骨粉碎性凹陷性骨折、脾破裂术、腹部闭合性损伤、多发性肝破裂、左肝管胆汁外溢术；特急重型内开放颅脑损伤，右前额部粉碎性凹陷性骨折、颅前窝、颅中窝骨折术等。

2003 年，成功进行了腹部贯通伤、大网膜外露、空肠及肠系膜破裂术、脑胶质瘤术等。

2004 年，成功进行了胃平滑肌瘤、胃部分切除术、肠系膜肿瘤、右侧卵巢畸胎瘤切除术；特急重度内开放性颅脑损伤，广泛性胸挫裂伤术等。

2005 年，成功进行了高血压脑出血术、结肠造瘘术、甲状腺实性占位术等。

第二节　血源管理

1986—1994 年，带岭局职工医院所需血源，一部分是患者亲属、朋友献血，经检验科检验合格后输给患者；另一部分是检验科在社会寻找附合同血型的供血者，经检验合格后发给采血证，每季度体检一次。患者手术需要输血时，由检验科通知供血者到医院采血，经检验合格后输给患者。

1995 年，根据上级血源管理的规定，血源归伊春血站统一管理。带岭局职工医院患者手术所需用血，通知伊春血站指定的省林业第二医院血站，由血站专门送血。改变了过去那种找血困难，血液质量不高的状况，使血源管理更加严格和规范。

1999—2002 年，为贯彻落实《中华人民共和国献血法》《中华人民共和国献血条例》，按照《伊春市贯彻实施中华人民共和国献血法暂行办法》的要求，在全区范围内组织了无偿献血活动，献血者累计达 2000 人，献血量达 40 万毫升。

2003 年以来，带岭局职工医院用血，事先通知省林业第二医院血库，由血库专用送血车送血，确保了患者用血及时和血液质量。

第三节　医疗经费

1986—2005 年带岭区（局）门诊、住院、外诊医疗费统计表

表 23-2　　单位：元

项目 / 年份	门诊医疗费	住院医疗费	外诊医疗费
1986	—	—	—
1987	74468	73649	154995
1988	87959	116381	337424
1989	118807	171741	72127
1990	—	—	—
1991	257249	375578	192368
1992	278999	349093	632017
1993	501773	791883	—
1994	297085	985154	734552
1995	230404	970786	590251
1996	233915	1065629	584604
1997	409187	1358875	313071
1998	345311	982572	121630
1999	222710	100545	397115
2000	201130	1214631	628865
2001	239569	1311404	348107
2002	296493	1023118	242491
2003	302927	975887	433481
2004	530639	1121873	188648
2005	370900	1348630	308465

第四节　公费医疗制度

1986—1992 年，带岭局实行“劳保医疗制度”，即职工免费医疗，职工家属半费医疗，年均机构经费、医疗费、外诊费合计 100 万元。

1993 年，带岭局实行医疗制度改革，把医药费用核定到各基层单位，职工及家属到医院就医实行全额交费，凭医药费收据回单位核销。1993—1996 年，每年发生医药费都在 200 万元以上。

1997 年，带岭局为了进一步完善医疗管理办法，降低不必要的医疗资金流失，控制医疗费用超支，把有限的医疗费用于保障职工的基本医疗上，借鉴外地经验，结合林业局实际情况，修订了医疗费管理使用办法，办法对医疗费来源及使用、外诊医疗费管理、门诊治疗、当地住院医疗、易地居住职工的门诊、住院管理、工伤就医、癌症医疗等都做出了明确的规定。同时，对其他疾病治疗也做出了规定，即肺结核痰检阳性的职工患者，所需的抗结核药物 100% 核销，职工家属 70% 核销；患国家认定的特殊病症（天花、鼠疫）及森林脑炎急性期医疗费 100% 核销；滋补药品、营养品费用自理。

1998 年，带岭局对职工患者住院收押金、结转、转诊借款又做出了补充规定。其中规定：享受医疗费 90% 核销的职工入院，交押金 100 元；享受医疗费 70%～85% 的职工（含不满 7 周岁的独生子女）入院，交押金 200 元；职工家属（不含合同制职工家属）入院，交押金 250 元；新中国成立前参加工作的老干部、老工人入院，需持所在单位主管财务领导签字的介绍信和本人医疗手册办理入院手续。出院后由就医科室工作人员持病志、双联处方、出院证明、结算依据、医疗手册等，到公费医疗办公室一并办结算。凡是本局职工或家属，入院后医疗手册押在所就医的科室，无医疗证和不出示医疗证者一律一次预交押金 500 元，在医疗过程中，费用不足时续交；本局职工住院以金额记账方式、双联处方、出院患者当日结算；本局职工或家属患病因受医院医疗设备限制需要到外地确诊的患者，经医院同意，费用由个人垫付，确诊后到医院按规定核销；本局职工需到外地公费医疗患者，经医院同意，原则上医疗费暂由个人垫付，对确有经济困难的患者，持本单位主管财务领导签字加盖财务章的介绍信到医疗科填写借款单，经院长审批，一次借款最多不超过 3000 元，因病情需要超出 3000 元者，在治疗中随时持票据回医院核销；林业局财务科每月凭医院提供的患者就医超出公费医疗核销的借款依据，在患者单位工资总额中全额扣回；财务科每月拨给医院一定数额的外诊流动资金，专款专用，不经医院转诊的患者，费用自理，一律不准核销外诊费。

2002 年 3 月，带岭局印发《带岭局职工医院开展城镇职工基本医疗保险对接实施办法（试行）》的通知。其原则本着精简高效、有利开展医疗保险、模拟市场经济运作与市场竞争的原则，保证医疗保险改革平稳过渡。医院为基本医疗保险定点医疗中心机构，辐射卫生医疗网点，模拟市场经济运作，参与市场竞争。带岭区内设立 3 个社区定点医疗网点。林场医务所和社区医疗网点的招标药品，由医院统一进货，统一按批发价拨付，实行自负盈亏。医院实行定岗定编、科主任聘任制、员工竞争上岗制、末位淘汰制。参保单位、参保职工按时足额上缴医疗保险金，医院保险机构按时结算医疗费用；林业局对原渠道未参加医保人员医疗费用按测算标准，每季度拨付给医院，年终多退少补；医院实行风险机制，激励机制，约束机制。参保人员需要外诊，经临床医生建议，科主任会诊，院长批示，社保局批准方可外转到上级指定医疗定点医院诊治。为保证医院平稳对接，对医院经费实行差额补贴，2002 年，按财政局测算年费用基数补贴 60%，第二年补贴 40%，差额补贴以后根据实际总结经验试行，最后达到自负盈亏水平。

第三章　防疫与保健

第一节　传染病防治

一、“非典”疫情防治

2003年，中国部分地区相继发生了“非典”疫情，严重威胁人民群众的生命安全。区卫生防疫站对“非典”疫情高度重视，及时开展了预防工作，提前订购了过氧乙酸消毒剂和其他备品。同时，通过电视新闻、电视宣传讲座、散发宣传品等形式，大力宣传防“非典”知识，使受教育面达到3万人次。在防“非典”期间，全区发生突发事件6起，都得到了严格控制。为排除外来传染源，每天都安排人员在火车站进行逐人排查，实施隔离人员1511人，使“非典”疫情得到较好控制，出色地完成了防“非典”疫情任务。当年，区卫生防疫站被评为市防治“非典型肺炎”先进集体。

二、“禽流感”疫情防治

2004—2005年，中国部分地区发生禽流感疫情。区卫生防疫站加大了对禽流感疫情的防治力度，利用媒体和网络认真关注禽流感疫情动态，及时对全区禽类市场、养殖场进行专项检查，并向禽类产品销售人员和养殖户宣传禽流感防治知识，一旦发生禽流感疫情就能得到有效控制。

三、艾滋病防治

2005年10月，区卫生防疫站先后派人到省、市艾滋病防治培训班参加学习，掌握艾滋病防治知识。同时，根据上级部署，成立了带岭区高危行为干预工作队，建立了艾滋病自愿咨询检测室（VCT），11月5日正式开展工作。同年，对在押人员、手术患者、孕妇进行艾滋病抗体检测。

四、传染病免疫

1988—2005年，区卫生防疫站不断加强传染病免疫工作，相继消灭了流脑、森脑、伤寒、狂犬病等。除毒性肝类、性病外，其他传染病都得到了有效控制。全区传染病总发病率从1991年的395.9人次/10万，下降到2005年的164.06人次/10万。

1991—2005 年带岭区（局）传染病发病情况一览表

表 23-3

年份＼病名	肝炎		菌痢		百日咳		猩红热		伤寒		麻疹		流脑		森脑		淋病		肺结核		梅毒		合计	
	发病数	发病率/10万	发病数	发病率/10万	发病数	发病率/10万	发病数	发病率/10万	发病数	发病率/10万	发病数	发病率/10万	发病数	发病率/10万	发病数	发病率/10万	发病数	发病率/10万	发病数	发病率/10万	发病数	发病率/10万	发病数	发病率/10万
1991	82	201.10	70	175.10	3	7.40	5	12.30	—	—	—	—	—	—	—	—	—	—	—	—	—	—	160	395.90
1992	49	123.10	39	98.10	—	—	3	7.50	—	—	3	7.50	—	—	—	—	—	—	—	—	—	—	94	236.10
1993	62	164.80	6	16.00	—	—	—	—	—	—	—	—	—	—	—	—	—	—	—	—	—	—	68	180.80
1994	61	162.20	18	47.90	—	—	5	13.30	1	2.65	—	—	—	—	2	5.31	—	—	—	—	—	—	87	231.30
1995	50	133.01	9	23.94	—	—	—	—	—	—	—	—	—	—	—	—	—	—	—	—	—	—	59	156.96
1996	62	164.94	20	53.20	—	—	—	—	—	—	—	—	—	—	—	—	—	—	—	—	—	—	82	218.14
1997	50	133.01	11	29.26	—	—	—	—	—	—	—	—	—	—	—	—	—	—	14	37.24	—	—	75	199.52
1998	44	117.39	3	8.00	—	—	—	—	—	—	—	—	—	—	—	—	—	—	32	85.37	—	—	79	210.77
1999	36	96.04	—	—	—	—	—	—	—	—	—	—	—	—	—	—	—	—	23	61.36	1	2.66	60	160.08
2000	22	58.69	—	—	—	—	—	—	—	—	—	—	—	—	—	—	2	5.33	16	42.68	1	2.66	41	109.36
2001	26	69.36	2	5.33	—	—	4	10.67	—	—	—	—	—	—	—	—	—	—	—	—	—	—	32	85.37
2002	24	64.10	2	5.34	—	—	4	10.68	—	—	—	—	—	—	—	—	—	—	10	26.71	1	2.67	41	109.51
2003	9	24.04	1	2.67	—	—	—	—	—	—	—	—	—	—	—	—	—	—	13	34.72	—	—	23	61.43
2004	25	66.71	1	2.67	—	—	—	—	—	—	—	—	—	—	—	—	—	—	33	88.07	2	5.34	61	162.79
2005	22	64.45	—	—	—	—	—	—	—	—	—	—	—	—	—	—	—	—	32	93.75	2	5.86	56	164.06

第二节　地方病防治

一、碘盐监测

1986 年以来，区卫生防疫站积极开展碘盐监测，每年对全区各粮店、个体商店其他销售网点进行碘盐监测，各销点所售盐的含碘率基本达到 100%。同时，对全区中小学生不定期开展碘缺乏病调查工作，并对患病学生采取各种措施进行治疗。

二、消毒工作

1986—2005 年，区卫生防疫站坚持每年都开展消毒工作，对肠道传染病、飞沫传染病、猩红热、流行性脊髓膜炎的患者及家属所用物品，进行专门消毒；对个体诊所进行一年两次的消毒工作常规检查和检测。对幼儿园（所）每年定期或不定期进行基本卫生、消毒隔离工作、食堂餐具卫生消毒工作；隔离观察室、传染病报告、几种常见传染病隔离消毒等方面的检查、监测。

三、鼠情监测

1991 年以来，区卫生防疫站每年都开展鼠情监测，通过监测发现每年 3—5 月和 9—10 月为老鼠数量的高峰月和繁殖月，根据这一特点，坚持每年春秋两季开展灭鼠活动，统一时间向居民发放灭鼠药，在全区统一开展灭鼠活动，有效地控制了流行性出血热病的发生。

四、预防接种

1986—1993 年，由区卫生防疫站组织实施接种计划，由医院、厂（场）卫生所、村（屯）卫生所负责疫苗接种。

1994 年，区卫生防疫站建立了预防接种门诊制度，各接种单位延续按月接种，使接种程序化、规范化。

1995 年，随着一些企业单位改制，部分单位卫生所被撤销，接种工作逐步由区卫生防疫站负责。

2003 年，区卫生防疫站开始统一接种记录，实行接种卡随户口转移制度，保证了资料的连续性、完整性。同年，为完善“冷链系统”，区卫生防疫站先后配备了冰箱 4 台、冷藏箱 7 台、冰排 25 个。各接种单位也均设有冷藏包和冰瓶，形成了较完善的“冷链系统”，保证了防疫生物制品的安全有效，减少了相应传染病的发生。

2004 年，根据全国计划免疫审评要求，对计划免疫工作进行了自查，通过自查，儿童建卡率为 100%，卡介苗接种率为 99%，卡疤率为 96%，百白破混合苗、脊髓灰质炎糖丸、麻疹苗、乙肝疫苗接种率分别为 96%、96%、96%、97%。儿童“五苗”全程免疫率为 96%，达到了国家要求的标准。

2005 年 6 月 1 日，开始实施《疫苗流通与计划免疫管理条例》，计划免疫内 6 种疫苗实行全免费接种。

1991—2005 年带岭区（局）五苗接种率一览表

表 23-4 单位：%

接种率 / 年份	卡介苗	脊髓灰质炎	百白破	麻疹	乙肝
1991	96	90	90	91	90
1992	—	90	90	91	90
1993	—	91	90	92	90
1994	—	91	91	93	91
1995	—	91	91	93	91
1996	—	92	92	94	92
1997	—	93	92	94	93
1998	—	94	93	94	94
1999	—	94	94	94	94
2000	—	95	94	95	94
2001	—	95	95	95	95
2002	—	95	95	96	96
2003	—	96	95	96	96
2004	—	96	96	96	97
2005	—	96	96	97	97

第三节　卫生防疫

一、食品卫生监督

1986年以来，区卫生防疫站认真执行《中华人民共和国食品卫生法》等法律法规，经常深入食品企业进行卫生监督，发现问题，及时督促改进。对全区的全民、集体、个体饮食和食品加工单位，发放卫生许可证，每三年核发一次。会同工商部门，定期对集市贸易的食品卫生情况进行检查监督，对腐烂变质食品进行销毁，并对经营者进行严肃处理，保证食品卫生的安全。定期对食品加工单位和食堂人员进行卫生知识培训，使他们掌握食品卫生知识，制作出卫生放心的食品。定期组织饮食、食品单位（食堂）人员进行身体检查，对患有肝类、肺结核等传染病的人员，限期调离，从源头上保证食品卫生。

1991—2005年带岭区（局）食品企业卫生监督情况统计表

表23-5

年份	食品企业									食品卫生监督						
	企业总数（个）	食品加工（个）	食品零售（个）	饮食业（户）	食堂（所）	摊床（位）	检验次数（次）	合格次数（次）	合格率（%）	监督次数（次）	处罚次数（次）	没收产品（公斤）	销毁品（公斤）	体检人数（人）	调离人数（人）	调离率（%）
1991	589	84	379	64	17	45	45	40	89	1070	79	1137	1137	1372	5	100
1992	517	81	306	70	17	43	72	56	78	1120	60	965	965	1312	3	100
1993	506	76	300	73	17	40	30	22	73	965	53	706	706	1243	3	100
1994	457	79	240	81	17	40	55	49	89	830	62	650	650	1127	2	100
1995	432	81	207	86	17	41	72	63	87	906	87	100	100	1056	2	100
1996	431	80	186	101	17	47	112	87	78	697	42	200	200	1019	0	100
1997	429	71	192	104	17	45	155	140	90	659	56	150	150	940	2	100
1998	411	74	137	127	17	56	176	156	89	704	51	70	70	927	4	100
1999	407	70	123	141	17	56	210	190	90	836	37	25	25	897	3	100
2000	399	60	149	130	17	23	260	223	86	661	32	50	50	890	5	100
2001	379	67	164	110	17	21	231	201	87	579	26	175	175	782	3	100
2002	377	69	160	112	17	19	524	507	97	677	64	500	500	790	2	100
2003	380	57	176	110	17	20	231	203	88	650	33	155	155	798	1	100
2004	380	45	192	105	17	21	180	160	89	740	30	73	73	799	1	100
2005	350	40	173	96	17	24	220	196	89	800	40	50	50	790	2	100

二、学校卫生监督

1986年以来，区卫生防疫站逐年加大对学校食堂的卫生监督力度，严格学校食堂的原料购入和餐具消毒关，积极倡导分餐制，严格检查卫生许可证和从业人员健康证，加强学校周边环境的卫生监督。2005 年，取缔学校周边无证经营小摊贩 4 户，警告 1 户。根据《学校卫生工作条例》，加强了学生常见病、多发病的防治，建立了学生健康档案，每年对全区中小学生进行一次健康检查。

1986—2005 年带岭区（局）学生体检情况统计表

表 23-6

年份 \ 项目	学生总数（人）	近视			龄齿			沙眼			肥胖		
		体检数（人）	患病数（人）	患病率（%）	体检数（人）	患病数（人）	患病率（%）	体检数（人）	患病数（人）	患病率（%）	体检数（人）	患病数（人）	患病率（%）
1986	6258	6258	—	4	6258	—	6	6258	—	7	—	—	—
1987	6097	6097	—	13	6097	—	26	6097	—	41	—	—	—
1988	5588	5588	—	7	5588	—	40	5588	—	31	—	—	—
1989	5077	5077	—	10	5077	—	36	5077	—	34	—	—	—
1990	4822	4822	—	11	4822	—	39	4822	—	30	—	—	—
1991	3296	3296	663	20	3296	706	21	3296	94	3	3296	131	4
1992	3266	3266	641	20	3266	697	20	3266	91	3	3266	126	4
1993	3237	3237	670	21	3237	669	21	3237	80	2	3237	123	4
1994	3216	3216	626	19	3216	640	20	3216	83	3	3216	119	4
1995	3183	3183	579	18	3183	617	19	3183	95	3	3183	120	4
1996	3177	3177	590	19	3177	639	20	3177	83	3	3177	139	4
1997	3138	3138	601	19	3183	674	21	3183	83	3	3138	141	4
1998	3122	3122	577	19	3122	678	22	3122	91	3	3122	151	5
1999	3073	3073	576	19	3073	667	22	3073	63	2	3073	143	5
2000	3052	3052	591	19	3056	667	22	3052	66	2	3052	139	5
2001	2969	2969	581	20	2969	655	22	2969	67	2	2969	151	5
2002	2814	2814	552	20	2814	675	24	2814	77	3	2814	147	5
2003	2794	2794	561	20	2794	676	24	2794	58	2	2794	159	6
2004	2846	2864	560	20	2846	672	24	2846	87	3	2846	163	6
2005	2804	2804	549	20	2804	680	24	2804	59	2	2804	176	6

三、公共场所、劳动卫生监督

1986 年以来，区卫生防疫站认真贯彻执行《公共场所卫生管理条例》《黑龙江省生活饮用水卫生管理规定》《中华人民共和国职业病防治法》，加大了卫生监督力度，使理发美容业、旅店业、浴池及其他公共场所建档率为 100%，从业人员体检率、培训率为 97%，五病调离率为 100%，经常性卫生监督率≥ 95%，卫生监督覆盖率为 95%。同时，加强了生活饮用水的监测，对全区集中供水单位都建立了卫生监测档案，对水源、出厂水、末梢水及时监督，使生活饮用水综合合格率达到 100%。在此基础上，认真开展劳动卫生监督和职业病防治工作，经常深入各企事业单位进行劳动卫生检查，对不合格单位限期进行整改。及时开展职业病调查，经调查全区职业病患者仅有7人。

四、爱国卫生运动

1986年，全区开展以除害灭病为中心的爱国卫生运动和创建卫生文明单位活动。

1987年，全区开展了大规模的灭鼠活动，区爱卫会先后组织召开4次大型会议，印发各种宣传资料1200份，培训灭鼠骨干65名，投放灭鼠药物1.5吨，共灭鼠1.88万只。同年，爱卫会还为各单位重新划分了卫生责任区，制定了门前“三包”责任区的包干制度。

1988年，区爱卫会组织全区50余个单位、8所小学出动13400多人次，大小车辆600余台，清除区内污水垃圾800吨。全区种植刺玫果树2821丛，修花坛260个，养花500盆。

1989年3月31日，区政府成立了以爱国卫生为中心，以治理环境为重点的综合治理行动指挥部。全区共分四片，即山上片（不含大青川）、区内片、青川片、农村片，分别由五大班子领导、各公司经理、公检法负责人包片组织开展综合治理，历时33天，治理全区8个街道的33条巷道、4条主干道、10个垃圾集中点；山上11个林场（经营所）、6个村屯的垃圾、积雪被清除。这次治理活动，全区有8000余人参加，出动各种车辆149台次，运出和就地处理垃圾2000多吨。当年，带岭区被评为省级爱国卫生先进单位。

1990年，全区爱国卫生运动以治理环境卫生为重点，从4月1日起，到4月30日止。全区先后出动各种大小车辆56台次，有7780余人参加，运出垃圾、污水372车。带岭区在伊春市1990年创造卫生城市检查评比中荣获第三名。

1991年以来，爱卫会紧紧围绕创建卫生城区、卫生乡村，全面开展爱国卫生运动。坚持每年春、秋两季开展卫生月宣传活动，利用宣传车、宣传板和广播电视等形式，广泛宣传卫生知识，使广大人民群众自觉养成卫生习惯。同时，组织社区、村委会干部，带领广大居民和村民进行卫生综合治理，清理生活垃圾和牧畜粪便等，使居民和村民有一个良好的卫生环境。加强生活和公厕建设，先后铺设自来水管线68公里，新建公厕7座。修建水泥路面2.65公里、沥青路面3.54公里。加强了除四害工作，区政府每年都投入近3万元资金购买鼠药，发放到居民、村民家里，在老鼠的繁殖期进行集中灭鼠活动，连续多年老鼠密度控制在9以下。同时，对蟑螂、苍蝇、蚊虫也进行了杀灭工作，较好地控制了传染病和流行病的发生。

第四节　妇幼保健

1988年，带岭区妇幼保健站开始推行女子保健金制度，制度规定凡参保者，孕检时交10元，保期一年。每周一、二、四、五，保健人员到街道进行产后访视，对产娠期患病的妇女和体弱早产儿进行重点访视，改变以前产前无人过问，产后无人访视的状况。

1986—1990年，带岭区保健站累计普查妇女病7000余人，对0～7岁儿童进行佝偻病、贫血、肺炎等病症检查1.3万人，为2215例育龄妇女建立了产妇保健卡。

1991—2005年，带岭区妇女保健站积极开展妇女保健工作和计划生育指导工作。提高了妇女儿童的健康水平。积极开展产妇保健，从妇女怀孕开始至产后42天，对孕妇、产妇和胎儿进行系统检查，并对孕妇和产妇进行保健指导，从而降低孕产妇及胎儿、新生儿患病率和死亡率，保证了母儿身体健康。积极开展妇女病普查，定期对妇女进行妇科病检查，对检查中发现的妇女病，认真组织她们及时服药和治疗，使其早日康复。积极开展儿童保健和疾病防治，对儿童定期实行身体检查，发现儿童患有小儿佝偻病、小儿腹泻、小儿肺炎等疾病，认真组织治疗，使其早日痊愈。积极开展计划生育指导工作，定期对育龄妇女检查，坚持每年对孕情检查 4 次，环情检查 1 次，身体健康检查 1 次，做到对患病的育龄妇女早日发现、早日治疗，早日康复。积极开展优生优育咨询服务，建立了咨询服务站，每年接待咨询人员 200 多人次。

第五节　农村医疗卫生

1986 年以来，带岭区农村医疗由农村个体诊所承担，这些诊所医疗条件简单，医疗水平较低，药品品种不多，只能负责村民常见病的诊治和提供一些常见病药品。村民如有重病和疑难病症到本区职工医院或外地进行治疗。截至 2005 年年末，带岭区有农村卫生所 7 个，基本满足村民常见病诊治的需要。带岭区农村卫生在带岭区爱卫会统一部署下，每年春秋两季，都进行规模较大的爱国卫生运动，集中清理垃圾和开展灭鼠行动。正常卫生工作由各村委会自行组织，通过对农村卫生的整治，全区各村屯基本达到了卫生标准要求。

第二十四篇

社会生活

1986—2005 年，随着改革开放，林业经济的发展，经过带岭区人民的共同努力，林区人民生活发生了深刻变化，正向着社会主义新林区迈进。生活水平越来越高。由于林业经济的发展和农业政策的优惠，带岭区职工和农民的收入逐年增加，消费水平逐年提高，电视机、电冰箱、洗衣机普及到每个家庭，计算机、摄像机、太阳能热水器也进入某些家庭，台式电话、移动手机用户不断增多，有线电视进入千家万户。城区居民和乡村村民储蓄逐年增长，带岭区城乡储蓄额达到 22515 万元。

生活质量越来越好。由于收入的增加，人们对饮食、服饰、代步工具有所讲究和需求。在饮食方面由温饱型向营养型转变，鱼肉蛋在家庭餐桌习以为常，并讲究绿色食品和营养搭配，其中山特产品已成为人们的喜好。在服饰方面，由朴素型向多样化发展，佩戴金银饰品比较普遍，衣着讲究名牌和新潮，貂皮大衣屡见不鲜。在代步工具方面，由自行车发展到摩托车、轿车，出门坐出租车已非常方便。

生活环境越来越美。随着城区建设的发展，主要交通道路由油渣和水泥铺建，人行道用彩砖铺设，道路两旁楼房林立，绿树成行，居民小区建设粗具规模，花园、草坪遍布每个小区，有的小区还设立了体育健身器材。人们的生活环境清新优雅，精神面貌焕然一新，一个现代化的林城正在兴起。

第一章　人口与计划生育

第一节　人　口

一、人口数量

1986—2005年，20年间带岭区人口数量呈周期性变化，从整体情况看呈下降趋势，人口数量最多的年份为1988年，人口数量为38831人，到2005年人口数量下降到35769人。带岭区人口下降的主要原因：一是国家实行计划生育政策，要求一对夫妇只生育一个孩子，人口出生率下降；二是随着木材产量逐年调减，林业富余职工增加，促使部分剩余劳动力外出就业，人口外流一部分。因而，带岭区人口数量逐年减少。

1986—2005年带岭区人口数量统计表

表24-1　　单位：人

年份	人口	年份	人口	年份	人口	年份	人口
1986	38063	1991	37789	1996	37887	2001	37437
1987	38693	1992	37721	1997	37758	2002	37334
1988	38831	1993	37607	1998	37554	2003	37086
1989	37407	1994	37575	1999	37408	2004	36413
1990	37615	1995	38019	2000	37454	2005	35769

二、人口构成

2005年，全区总人口35769人，男性人口为18178人，女性人口为17591人。10岁以下人口为2360人，占总人口数量的7%；11～30岁人口为8394人，占人口总数量的23%；31～50岁人口为15867人，占总人口数量的44%；51～70岁人口为6996人，占人口总数量的20%；71～99岁人口为2149人，占总人口数量的6%；100岁以上人口为3人，占人口总数量的0.008%。

在总人口中，汉族人口为34751人，占人口总数量的97.2%；满族人口为628人，占人口总数量的1.7%；回族人口为239人，占人口总数量的0.7%；朝鲜族人口数为102人，占人口总数量的0.3%；蒙古族人口为22人，占人口总数量的0.06%；其他少数民族人口为27人，占人口总数量的0.08%。

三、人口管理

（一）常住人口管理

1986 年，带岭区常住人口管理主要采取户籍管理。户籍管理归口公安部门，公安局设有户政科，负责户口的检查指导工作。基层派出所负责户口的具体管理。全区居民按户建立户口簿，居民迁移或落户，须持户口簿和户籍关系到公安机关办理迁移手续或落户手续。出生人口落户，需持出生证明到所辖派出所落户。弃婴儿落户，须持民政部门证明，上报公安机关落户。死亡人员注销户口，须持死亡证明，到所辖派出所注销户口。出国定居人员注销户口，须持出国护照，到公安机关注销户口。1988 年 12 月，带岭区开始居民身份证管理。2005 年 12 月，带岭区又进行采集第二代身份证的数据信息工作。

（二）流动人口管理

1986 年以来，流动人口管理主要对外地来当地投亲靠友务工、经商等暂住的人口管理。流动人口管理，由辖区派出所办理登记手续，核发暂住证件。派出所对外来人口审核主要把好“三关”，即本人身份证、村（居）民委员会证明、当地派出所证明，经审查合格后，核发暂住证。

第二节　人口普查

1999 年 6 月至 2001 年 12 月，带岭区历时两年半的时间展开全国第五次人口普查，普查时间为 2000 年 11 月 1 日零时，全区总人口为 37492 人（包括外来人口，不包括外出人口）。同全国第四次人口普查的 1990 年 7 月 1 日零时的 40079 人相比，减少 2587 人，下降 6.5%。通过全国第五次人口普查，基本摸清了全区人口的底数。详情见下表。

1999—2001 年带岭区第五次人口普查情况一览表

表 24-2　　单位：人

项目	数量	比重（%）
一、按年龄成分		
0～4 岁	6391	17.05
15～64 岁	28168	75.13
65 岁以上	2993	7.98
二、按性别构成分		
男	18899	50.4
女	18593	49.6
三、按民族构成分		
汉族	36429	97.16
少数民族	1063	2.84
四、按受教育程度分		
大专以上	1801	4.80
高中	8423	22.47
初中	15619	41.66
小学	7054	18.81
文盲、半文盲	2745	7.32
五、按城乡人口分		
非农业人口	32997	88.01
农业人口	4495	11.99

第三节 婚姻、家庭、生育

一、婚姻

1986—2005 年，带岭区青年男女大多数自由恋爱或经人介绍恋爱，杜绝了父母包办婚姻。男女恋爱的时间不一，到了法定年龄（男不得早于 22 周岁，女不得早于 20 周岁）到婚姻登记机关办理结婚手续，取得结婚证，确定夫妻关系，然后选择适当日期举行结婚仪式。婚后，大多数家庭婚姻比较幸福美满。婚后不长时间离婚占少数。离婚时，男女双方可到婚姻登记机关办理申请离婚，婚姻登记机关查明确实是自愿并对子女财产已有适当处理，发给离婚证。男女一方要求离婚的，经婚姻登记机关调解无效可到人民法院提出诉讼，婚姻当事人也可直接到法院提出离婚诉讼，如感情已破裂，调解无效，判决离婚。

二、家庭

1986—2005 年，随着家庭居住条件的变化，家庭成员也发生了变化，一改过去几代人同居一室共同生活的状况，由于实行计划生育政策和居住条件的改变，居民家庭多为两代人居住在一起，子女到儿童期，与父母分开，独居一室。独生子女占绝大多数，待子女成婚后，购置新房，独立生活，但还有极少数子女同父母居住一起生活。同时，由于生活水平的提高，人口质量也有很大提高，人的寿命有所延长，一家三代、四代人逐渐增多，有的还到了五代，但是没有同堂，都是分居生活。

三、生育

1986—2005 年，由于实行计划生育政策和科学生育，生育质量显著提高。大部分妇女在临生育子女前住进医院，基本没有在家生育的。因在医院能保证孕妇和婴儿的安全。在医院生育采取两种接生方法，一是自然分娩；二是剖腹产，剖腹产主要是因孕妇年龄偏大，自然分娩困难，而采取的接生措施，这样能够保证孕妇和新生儿的生命安全。

生育后，一些亲朋好友采取一定形式进行祝贺并馈赠一些礼品、礼金。礼品一般是婴儿用品，包括衣、裤、被等，俗称“下奶”。也有的家庭在孩子满月时，举办酒席，宴请亲朋好友进行祝贺。有的家庭为孩子拍摄照片和录像，用不同的形式庆祝小孩满月。

第四节 计划生育

一、计划生育队伍

1986—1990 年，带岭区有专兼职计划生育工作人员 96 名，其中初中以上学历 38 名，占计划生育队伍的 39.6%。

1991—2005 年，由于企业实行改制，从事计划生育工作的专兼职人员逐年减少，到 2005 年年末，全区从事计划生育工作专兼职人员（含 9 个社区计划生育员）仅有 72 人，其中高中以上学历 70 名，占计划生育队伍的 97.2%，具有大中专学历的达到 34%。

二、计划生育管理

1986—1990年（“七五”计划期间），带岭区计划生育办公室同有关部门和基层各单位签订《计划生育目标管理承包责任状》，把人口与计划生育各项指标，下达给各基层单位。基层单位同所属车间、班组、段队、村屯等签订责任状，做到目标明确，责任到人。区政府坚持每年召开一次大型计划生育工作会议，总结经验，奖励先进，兑现承包合同，并部署新的工作任务，签订下一年承包责任状。区计划生育委员会坚持每月20日召开计划生育例会，传达上级有关文件，沟通计划生育工作情况，安排下一步工作。“七五”计划后期，计划生育工作开始提倡为群众服务，由过去单纯就计划生育抓计划生育，逐步向为群众提供生育服务转移。“七五”计划期间，全区共出生3044人，其中计划外生育30人，平均出生率为15.6‰，平均自然增长率为10.5‰，平均计划生育率为99%，综合节育率占应落实节育措施人数的100%，独生子女父母光荣证的领证率占应领证人数的100%。

1991—1995年（“八五”计划期间），计划生育管理工作仍然是控制人口数量，开始实施“三不变”“三为主”和“三结合”，推行孕前管理，把工作重点放在“超前教育、超前管理、超前服务”上来。

1996—2000年（“九五”计划期间），计划生育管理工作主要开展孕前管理和形成技术服务网络。区设有技术服务站，基层大单位设有服务室，做到人员、房舍、设施三到位。对15～49周岁的育龄妇女实施分类管理，开展有针对性的服务，启动生殖保健工作。同时，加强对流动人口的管理，严把办证、验证、查证关。对离下岗人员实行街企挂钩、双向管理。计划生育工作开始实施“以块为主、条块结合、齐抓共管、综合治理”的新措施。

2001—2005年（“十五”计划期间），计划生育管理工作主要是“稳定低生育水平，提高出生人口素质”，全面实施“一法三规”（《中华人民共和国人口与计划生育法》《流动人口计划生育管理办法》《计划生育技术服务管理条例》《社会抚养费征收管理办法》），并推行了“33321”工程（坚持“三不变”、实施“三为主”、推行“三结合”，实现两个转变，达到一个目标），坚持以人为本，围绕生育、节育、不育开展生殖保健工作，在落实避孕节育措施上做到知情选择。同时，将计划生育技术服务站合并到局职工医院，做到职能不变，服务力度加强。2005年，农村开始实施“农村部分计划生育家庭奖励扶助制度”。

三、计划生育宣传

1986年，带岭区计划生育办公室充分利用广播、电视、黑板报、橱窗、标语等各种宣传形式，通过举办文艺演出、灯谜晚会、有奖征答等活动，大力开展计划生育宣传活动。并在元旦、春节及《中共中央关于控制我国人口问题致全体共产党员、共青团员的公开信》纪念日、世界50亿人口日、中国11亿人口日期间，区委、区政府组织全社会各方面力量，开展大规模计划生育宣传活动。

1990年2月1日，《黑龙江省计划生育条例》开始实施后，全区开展了声势浩大的宣传活动，区五大班子领导及全区7000余名干部、工人、中小学生和家属，手持小彩旗，走向街头，进行计划生育宣传。区政府还拨专款订购条例和《人口与计划生育知识问答》，发到全区每户居民家中。同年，全区开展纪念中共中央公开信发表10周年活动，先后举办了优生、优育、优教知识竞赛、人口与计划生育美术、书法作品展及独生子女家庭游园会等活动。

1991年12月，区委宣传部下发《今冬明春开展计划生育宣传活动》的通知，深入学习、宣传、贯彻中共中央、国务院《关于加强计划生育工作，严格控制人口增长的决定》，着重宣传“八五”计划期间全国和全省的严重人口形势，并把宣传活动与群众服务结合起来，开展送温暖活动，解决群众生产、生活中的实际困难。

1995年4月，带岭区计划生育办公室等部门联合下发《关于全区在四月份开展“少生快富宣传月”

活动》的通知，宣传月的主要内容是突出人口、经济社会协调发展这个中心，抓住农村和林场两个重点，搞好生产、生活、生育知识的传播。开展登门独生子女户致富服务活动，并确定帮扶单位和帮扶对象，积极开展各项服务活动。各单位还利用人口学校、中心户等宣传阵地，向广大群众传播生产、生活、生育科学知识，组织致富能人、生活强人、生育主人进行演讲，促进了人们生育观念的转变。

1996 年以来，带岭区计划生育办公室把计划生育工作做到年年都有新内容，年年都有新起色。先后开展了“婚育新风进万家”“关爱女孩行动”“创建优质服务区”等活动，主要街道都设立了大幅喷绘宣传画，街头巷尾都张贴了宣传标语，全区充满了浓厚的计划生育宣传氛围，使计划生育宣传工作既轰轰烈烈，又扎扎实实。

四、节育措施

1986 年，计划生育避孕节育措施和避孕节育药品有较大的改进和发展，极大地降低了已婚育龄妇女意外妊娠的比例。1990 年，带岭区成立宣传教育、技术服务、药具管理“三位一体”的计划生育技术指导站，有 7 名工作人员，房舍面积达到 130 平方米。1999 年，带岭区开始进行避孕节育措施知情选择试点工作，在医护人员的指导下，自己选择避孕节育措施，2000 年，避孕节育知情选择全面推行，带岭区已婚育龄妇女由 1986 年逐年增加，到 1993 年后逐年减少。截至 2005 年年末，已婚育龄妇女由 9845 名下降到 7202 名。主要采取的避孕节育措施是结扎、上环、用套、带膜和口服避孕药等，使已婚育龄妇女综合避孕率在 90% 以上，落实避孕节育措施，占应落实人数的 100%。

1986—2005 年带岭区人口状况统计表

表 24-3

项目 年份	常住总人口（人）	人口出生数（人）	人口出生率（‰）	人口自然增长率（‰）
1986	38063	529	14.70	8.47
1987	38693	—	—	—
1988	38831	556	14.81	9.95
1989	37407	—	—	—
1990	37615	—	—	—
1991	37789	452	11.20	6.14
1992	37721	470	11.61	5.53
1993	37607	463	11.46	5.59
1994	37575	398	9.83	3.60
1995	38019	—	—	—
1996	37887	248	6.27	0.30
1997	37758	298	7.41	1.51
1998	37554	250	6.20	0.52
1999	37408	206	5.44	−0.10
2000	37454	230	6.29	0.22
2001	37437	184	5.19	−1.75
2002	37334	192	5.50	−0.14
2003	37086	152	4.30	−3.50
2004	36413	167	4.90	−2.20
2005	35769	133	4.10	−4.20

第二章　民　族

第一节　民族分布与构成

带岭区少数民族人口为1018人，这些人口大部分都居住在带岭区内，同汉族混居在一起。少数民族基本由以下几个民族构成，满族人口数为628人，占人口总数的1.8%；回族人口数为239人，占人口总数的0.7%；朝鲜族人口数为102人，占人口总数的0.3%；蒙古族人口数为22人，占人口总数的0.06%；其他少数民族人口数为27人，占人口总数的0.07%。

第二节　民族特色经济

带岭民族特色经济主要是餐饮业，如朝鲜族开办的朝鲜风味酒店，以经营狗肉菜肴和具有朝鲜风味的拌菜为主，同时经营朝鲜风味的打糕、冷面等面点。还有一些鲜族人腌制各种各样的朝鲜咸菜在市场上销售。回族主要开办清真饭店和清真面点部，清真饭店主要以牛羊肉为主制作的各种菜肴，富有民族特色。少数民族的餐饮业和食品业，不仅丰富了带岭区饮食文化，而且活跃了餐饮业，促进了民族特色经济的发展。

第三章　宗　教

带岭境内宗教主要有佛教、伊斯兰教和基督教三大宗教。本区内信奉佛教者较多，但没有形成规模，也无活动场所。没有统一的组织和管理，无受戒者。属于自己在家中信奉的状态。伊斯兰教教徒达 241 人，有清真寺等活动场所，坐落在双兴社区，面积 366 平方米。1986 年年初，本地的 30 名基督教徒，自发地开展宗教活动，区委统战部等部门根据党的宗教政策，对信教人员实行了定时定点管理。到 2005 年，本区基督教徒已达到 320 名，有教堂 1 处，位于宾北社区，面积 110 平方米。

第一节　伊斯兰教

带岭区信仰伊斯兰教的主要是回族。

1986 年，带岭区在双兴社区建立了建筑面积为 366 平方米的清真寺，为回族提供沐浴、礼拜、婚嫁丧葬、纪念亡故先贤、举行宗教仪式，开办“经学”、义学的集会场所，负有进行宗教教育、传播宗教常识、研究经典著作的使命。开斋节为伊斯兰教历十月一日，每年开斋节，带岭区全体回民都到清真寺开展庆祝活动，区（局）党政领导在这一天，也对回民表达节日祝贺，同回民同胞一同欢度节日。伊斯兰教历十二月十日，又称“宰牲节”，节日里，穆斯林至清真寺举行“会礼”，屠宰羊、牛等，分送给亲友以示纪念和敬意。每年这一节日，带岭区回族同胞都到清真寺开展活动。

第二节　基督教

1986 年，基督教传入带岭区，当年仅有基督教徒 30 人左右。信教原因：一是久病不愈，妇女占多数；二是年龄大，家庭生活好，退休女职工较多；三是遭受坎坷（丧子、丧夫）思想空虚；四是信念危机，政治混淆的人。到 2005 年年末，基督教徒达到 320 人。带岭区政府为基督教徒提供建筑面积 110 平方米的教堂，为基督教徒进行诵经、受礼和做礼拜之用。每到星期日，基督教徒都集中到教堂做礼拜，每天上午，由牧师传授圣经，教徒们进行诵经。

第四章　人民生活

第一节　收　入

1986年以来，带岭林业企业经过深化改革，改变经营方式，经济效益不断提高，特别是经过企业剥离改制，大力发展多种经营生产，进一步增加了经济效益，使职工收入逐年增加，职工平均工资由1997年的300元提高到2005年年末的500元。带岭区农业经过改变种植结构，发展较快。2004年，国家实行减免税和支惠农政策，农村经济有了进一步发展，农民除了搞好土地承包外，大力发展大棚蔬菜生产和其他农副业生产，农民的收入也逐年增加，农民收入由1997年的年均收入1408元，提高到2005年年末年均收入3232元。

1997—2005年带岭区居民收入情况统计表

表24-4　　单位：元

年份	城镇居民可支配收入	农民人均纯收入
1997	2336	1408
1998	2968	1713
1999	3156	2003
2000	3440	3118
2001	3740	2224
2002	3964	2660
2003	4204	2792
2004	4540	2963
2005	4900	3232

第二节　城乡储蓄

1986以来，林业经济和农村经济有较大的发展，林业除木材生产外，多种经营发展迅速，种植业、养殖业、加工业、餐饮业、运输业遍地开花，使城镇居民收入逐年增加。农村经济改变种植方式，拓宽种植品种，大力发展大棚生产和其他副业生产，农村村民收入增长较快。从而使参加储蓄的人数和储蓄金额逐年上升，截至2005年年末，带岭城乡居民储蓄总额达到22515万元。

第三节 居住条件

1986年以来，全区人民群众的居住条件发生了深刻的变化，农村住房向砖瓦化发展，镇内住房向楼房化发展，区政府每年都投一部分资金建筑1～3栋住宅楼，2001年，实行房地产开发，吸引外资建筑7栋商品楼，建筑面积达2万多平方米。1986—2005年，全区共建筑住宅楼39栋，共计18万多平方米，人均居住面积达20平方米，改变了两代同居一起，居住拥挤的状况。

第四节 家庭设施设备

1986—2005年，随着全区人民生活水平的不断提高和经济收入的不断增加，家庭设施设备发生了很大变化，家用电器逐步进入每个家庭，洗衣机、电视机已在家庭中普及，有不少家庭还购置了摄像机、计算机、家庭影院等现代化设备，电视机由小屏幕向大屏幕和液晶电视发展，厨房用具由排风扇、电饭锅，发展到抽油烟机、电炒勺、微波炉、电磁炉等。洗浴设备由热水器发展到太阳能热水器等。家庭装修也由原来普通装修向现代化装修发展，装修资金基本与购房资金相等，地面装修基本用大理石、瓷砖、地板块、复合地板等，墙面装修先后采用壁纸、涂料、乳胶漆等材料，厨房装修用大理石做台面，墙壁用瓷砖，顶棚用塑料或铝合金扣板，卫生间装有热水器、洗手盆、坐便器等，房门基本上采用实木门，使居住环境美观、舒适、温暖。

第二十五篇

人　物

第一章　人物传记

第一节　人物传

李振清（1919—1987）

李振清，河北省蠡县守岗村人，1919 年 12 月 23 日出生。他幼年生活十分艰辛。18 岁时，他参加了冀中军区人民自卫军，在十七团三营十一连当战士。在抗战前线，他立场坚定，表现突出，于 1938 年 3 月加入中国共产党。

1952 年 12 月，为抗击美帝国主义发动的侵朝战争，他随部队赴朝鲜参战，负伤后，被组织送回国内治疗。同年，他转业到地方工作，先后在东北人民政府林业部设计公司、伊春林业工程公司、带岭林业实验局工作，担任过带岭区（局）政治组组长和工会主席等职务。多年来，他始终保持着一名老八路艰苦奋斗的优良传统。李振清于 1982 年 2 月 13 日离休，1987 年 6 月 18 日病故，享年 68 岁。

吕宣政（1921—1988）

吕宣政，1921 年出生于黑龙江省巴彦县，青少年时期，他先后在该县的中小学读书。1938 年，他只身离乡来到长春净月潭实验林场学习营造林技术。

1951 年，吕宣政受组织委派从呼兰苗圃来到带岭森林抚育站工作，担任业务股长兼技术员。吕宣政来到带岭以后，便把全部身心和精力投入到林业人工更新事业中，他先后进行了种子埋藏等多项技术革新和实验，并在实践中积累了丰富经验。1964 年，他的《红松林的采伐与更新》一文发表在《中国林业》第五期上。此外，他还先后在《林业科学》等刊物上发表过论文。

1983 年 2 月，吕宣政经组织批准退休离岗。退休在家期间，他先后撰写了 5 万余字的《带岭营林史料》。为编史修志工作贡献了一份力量。1988 年 6 月 5 日，吕宣政因病去世。

宋金球（1968—1996）

宋金球，1968 年 1 月 21 日出生在带岭区青川村一户农民的家里。

小学和初中就读在大青川学校。初中毕业后回家务农，生在农村、长在农村的宋金球从小造就了助人为乐的性格。1996 年 7 月 29 日，连降大雨的带岭突发百年不遇的洪水，宋金球所在的青川村是洪水袭击的重灾区，宋金球家的房后成了洪水的主道，7 月 30 日凌晨，宋金球看到一农户被洪水围困，随时都有被洪水冲走的危险。宋金球找来绳子系在腰上，向被困的农户游去，但因洪水湍急浪大，几次都失败了。当他再次向被困农户游去时，不料被湍急的洪水淹没，不幸遇难，年仅 28 岁。他无私无畏的英勇献身精神永远留在人民心中。1998 年 3 月，宋金球被黑龙江省人民政府授予烈士称号。在带岭区召开的职工代表大会上，带岭区人民政府代表黑龙江省人民政府向宋金球家属颁发了烈士荣誉证书，并号召全区人民向宋金球学习。

孟昭贵（1935—2003）

1935年出生在山东海阳县贫苦的农民家庭，1942年闹荒灾，他八岁跟着父亲逃荒到东北，在绥化县落脚，1952年年末到带岭，当了一名林业工人，由于他工作踏实肯干，不久就入了团，同年冬加入了中国共产党。

孟昭贵是我国第一个油锯伐木手。1958年创造了单人油锯日伐木561立方米的高产纪录，被苏联专家称赞为“了不起的中国人”。1959年出席了全国群英会，受到党和国家领导人的亲切接见。1961年在带岭亲自给国家主席刘少奇做油锯伐木示范，被称为“这个伐木工水平真不低”。多次代表中国林业专家出国工作，并获得越南主席胡志明颁发的三级共和国劳动勋章。曾担任伊春地区革委会林业办主任，朗乡、带岭林业局副书记、副局长，带岭区人大常委会主任。刚直不阿、廉洁奉公的性格和作风深受带岭人民的尊敬和爱戴。

1956年夏季，苏联专家带友谊牌单人油锯到带岭搞生产实验，孟昭贵接收了这个实验任务，他经过20多天的学习实践，初步掌握了使用友谊牌油锯采伐的要领。1957年秋，孟昭贵接受了我国柳州林业机械厂仿造苏联的051型油锯的实验任务，在生产实践中，孟昭贵逐步积累和总结了丰富的技术经验，创造了人字形树倒方向控制法，减少了木材伤损，为拖拉机集材提供了方便。为提高木材利用率，他把采伐树根降到了零厘米，仅此一项，在全局推广，每年为国家节约木材上千立方米。1958年，他创造了单人油锯日伐木561立方米的高产纪录，当时的一位苏联专家对他很佩服，称赞他是“了不起的中国人”。4月，孟昭贵光荣出席了在上海召开的全国青工代表大会，5月4日，“中国青年报”报道了他的先进事迹，9月，代表林业工人光荣地出席了在北京召开的全国青年社会主义建设积极分子代表大会和奖项最高的“群英会”，受到党和国家领导人的亲切接见。

1960年5月，孟昭贵被任命为油锯工人工程师、寒月林场副场长。从1960年5月至1963年5月，除参加各种会议、学习、外出占用298天外，三年参加了645个劳动日，平均每年出工215个，相当于林业生产一等劳动力的出勤数。

1961年7月21日，刘少奇在李范五、张子良等领导的陪同下到寒月林场胜利沟看采伐，孟昭贵为刘少奇等领导做采伐演示，有位领导对他确定的树倒方向半信半疑，但树倒后他服了，刘少奇问放倒的一棵60厘米胸径的树为什么烂芯子，孟昭贵做了认真回答，刘少奇对他的采伐技术和回答非常满意，高兴地对李范五说：“这个伐木工水平真不低。”当天晚上，孟昭贵和局领导一起到刘少奇的专车上做了汇报，孟昭贵如实地汇报了林区工人生产、生活情况及存在的困难，受到在场领导赞许，刘少奇回京后，责成有关部门很快解决了林区劳动保护和副食品供应方面的困难。

1963年8月，林业部组建援越林业专家组，孟昭贵作为伐区工艺设计组成员，先后考察了越南北方10多个省、县及林区，最后选定在义安省义潭县义潭林场进行伐区设计。他把大肚子锯改造成弯把子锯，受到越南同行赞许。10月，其他援越人员回国，经越方与援越专家组商定，孟昭贵留下为越方继续培训锯手，他先后到几个省举办油锯手培训班，讲授操作规程、锉锯方法和注意事项，还帮助越方林业部门改革归楞、集材工具，他出色的工作为祖国赢得了荣誉。归国前，越南林业总局局长在总局礼堂把一枚胡志明颁发的共和国劳动勋章戴在孟昭贵的胸前。

孟昭贵几十年来，先后任过副场长、党委副书记、副局长、人大常委会主任，出过国。虽然工作有变动，职务有升迁，但他廉洁奉公、甘当人民公仆的精神没有变，在群众中享有很高的威信。1980年，孟昭贵任带岭局党委副书记、副局长，主管木材生产和劳动人事工作。当时，他有个儿子已在山上林场锻炼了6年，老伴有病也确实需要身边有个孩子照料，组织上决定把这个儿子调到镇内工作。孟昭贵知道后坚决不同意，硬是把他儿子拿掉，换上了别人。孟昭贵关心群众疾苦，寒月林场老工人鲁占山病故，他家在带岭无亲属、无房子，鲁占山的老伴找到孟昭贵申诉，第二年住房问题就得到了解决。老职工项全退休后患了脑溢血，住进了医院，孟昭贵多次去医院看望，并从伊春、朗乡请医生为项全会诊治疗，使这位老人恢复了健康。孟昭贵做领导工作多年，十分关心群众的冷暖，特别对那些普通职工更是关怀备至，一次，局机关一位职工的父亲病故，孟昭贵听说后，两次到医院看望，帮助解决困难。孟昭贵主管住房分房多年，可他与老伴始终住在多年建造的平房里，领导几次劝他搬上楼去，可他总是说："住在平房里和群众靠的近，心里踏实。"

1987年，孟昭贵患胆结石病，在北京做了胆摘除手术，出院休养20天就上班了，后来，肺气肿、心脏病复发了，医生要求他住院治疗，可他打完针就上班，没有把自己的病放在心上。一次，他到山上林场检查工作，走着走着脸上滚下豆大的汗珠，同行的人知道他兜里有急救药，掏出给他含上十几粒，才渐渐缓解过来。他在重病住院期间，从不要求特别关照，并不止一次地对大夫说，对症治疗就行，不要使用太好的药，在生命弥留之际，他还惦念着带岭的发展建设，念念不忘为国家节约医疗费。

孟昭贵于2003年农历三月十八日因病逝世，享年68岁。

黄正举（1915—2005）

1915年出生在四川省广元市虎跳区一个贫苦农民家庭，父亲黄大云因支持革命党被反动派杀害，母亲、姐姐、弟弟也被抓去卖了，侥幸逃过一劫的他只有8岁。1932年秋，广元来了红军，黄正举积极参加了游击队，1933年已是游击队班长的他正式加入了中国工农红军。1935年，他跟随部队开始了两万五千里长征。他所在的部队三次过草地、两次爬雪山，历经千难万险，在长征途中，黄正举参加大小战斗百余次，两次负伤，终于在两河口与红一、红二方面军胜利会师。

1940年春天在山东抗日战场上，为打破日本侵略者的大扫荡，担任新四旅警卫连连长的黄正举为掩护旅部转移，在战斗中不幸负重伤，一颗子弹穿胸而过，打伤了右肺。为培养抗日军队干部，黄正举被送到延安，上了抗日军政大学。

1946年，解放战争中，黄正举所在部队紧随三五九旅，向东北挺进，到达松江和黑龙江省，在通河县落脚，他和战友们忠实地执行党的"让开大路、战领两厢"的战略方针。他为巩固人民政权，参加过剿匪战斗，在牡丹江、鸡西接收过企业，培养过地方干部，发动群众支援解放军战争，帮助地方建立人民政权。

1950年，黄正举转业，被分配到带岭林业实验局，任东北林业工人养老院院长。黄正举以院为家，尽心竭力地做好服务工作。为不影响疗养的同志休息，他告诫自己的孩子不许到养老院玩耍。养老院撤销后，组织上安排他到局招待所任所长，黄正举愉快地上任，丝毫没有"将就"之意。在招待所他工作热情，服务周到，严于律己。

1969年，组织上调他任局工会副主席，他兢兢业业，处处为群众办实事。一位职工因说错了话，被造反派关了起来，家中生活十分困难，黄正举听说后，把自己家的10公斤大米送了去，并为其挑水劈柴，有人说他，你不怕影响你的荣誉吗？黄正举说，一个人犯错误，不能牵连全家。

1975年，黄正举离休，但他没有在家休息，义务为附近的生产队编土篮、看机井、种地。秋收时把瓜菜挑些好的送给养老院和邻居们吃。在黄正举家门前，有一条小学生上下学经常走的路，路况不好，黄正举夏天排水垫道，冬天清雪刨冰，翠河大桥的渗水孔易堵，黄正举就义务清堵排水。

1990年，黄正举患了严重的心脏病，医生建议安心脏起搏器，他知道要花4万～7万元，坚决不安。他说："没事儿，活这么大岁数挺满足了，花那么多钱干啥，把钱用在希望工程上，让那些上不起学的孩子们多得一点知识，给国家多添一份力量。"

黄正举是全国健在的为数很少的老红军之一，在纪念红军长征胜利60周年之际，省委组织部送给他5000元保健金，他坚决不收，后经区委领导反复做工作才收下，可他将钱存入银行，立下遗嘱，等他过世后，本息一并作为党费交给党组织。黄正举在外对人和蔼可亲，平易近人，对家人要求却十分严格，他要求子女对外不许说是红军的后代，免得后辈们自居自傲，就是在5个子女升学、当兵、就业问题上他也从未说过一句话，都是靠自己努力。黄正举的严谨作风受到人们的赞誉。

1998年，我国部分地区发生特大水灾，他不顾重病在身，让儿子把看病的钱拿出1000元捐给灾区，区里修公路，他又拿出700元，并多次为希望工程捐款，东南亚人民遭受海啸，他再次捐出2000元，这些年来，黄正举为助学、扶贫、救灾和兴办公益事业捐款3.18万余元。

黄正举的晚年，把精力用在教育下一代身上，担任了带岭区中小学的特邀校外辅导员，用他苦难的童年和长征的艰苦岁月，教育青少年珍惜今天的幸福生活。黄正举离休后作报告400多场，受教育人达8万人。

黄正举的突出表现，受到人民群众的尊敬和爱戴，2005年年初，91岁的他被中共中央组织部授予“全国老干部先进个人”“全国健康老人”等光荣称号。

黄正举于2005年12月31日在带岭病逝，享年90岁。

第二节 人物简介

李廷福 （1935—2011）

1935年3月28日出生在黑龙江省桦川县四丰屯一个贫苦的农民家庭。

1945年，10岁的李廷福响应解放区人民政府小孩入学的号召，在父母的支持下，在长发屯读了五年小学。

1949年，15岁的李廷福放弃了学业回家务农。他性格内向，为人忠厚，又有文化，于是被分配到带岭森铁运输处工作。

不久，他被调到机械厂当内燃修理工。1950年2月，光荣地加入了共青团。

1952年11月，带岭发电厂引进一台锅托机，当时，懂得安装的人很少，局领导找到了他，正在学钳工的李廷福当然也不懂安装，但他凭着自己摆弄机械的经验，毅然接受了任务。他找来专业书刻苦钻研，工作中他注重吸取大家的意见，仅用一年时间安装完毕运行正常，有力地保障了全局的正常生产。

1953年7月，局引进KT-12集材拖拉机和π-3绞盘机在生产中试验。于是组织上把李廷福调到凉水林场任主管机械的副场长，主管新型机械的使用与修理。1955年4月李廷福加入中国共产党。一年后，组织决定把电气化生产与机械化生产分开试验，李廷福到寒月林场前进沟负责拖拉机集材试验。

李廷福工作中爱动脑筋，夏季集材陷车，开始人们用好木材垫道，浪费很大。他建议改用枝丫垫道，受到领导赞誉。1955年，李廷福出席了内蒙古自治区森林工业先进经验交流大会。1956年4月局团委授予他“优秀共青团员”称号。这一年，李廷福出席了全国先进生产者代表大会。受到毛泽东、朱德、周恩来等领导的接见。同年，获得黑龙江省青年社会主义建设积极分子的光荣称号，并出席了森林工业机械化先进经验交流会，获得勋章一枚。

1957年至1959年7月，组织上又派他到黑龙江省林业干部学院学习两年半。1959年4月，李廷福参加了黑龙江省工业交通先进生产（工作）者代表大会。1959年11月，被伊春市政府批准为助理工程师。1960 年 4 月，出席了省政法先进工作者代表大会。

李廷福爱钻研，从 1953 年至 1966 年，李廷福开发研制改进技术革新项目 103 项。全部用在生产实践中，获得的经济效益无法估量。

1966 年 3 月，李廷福响应国家支援边疆建设边疆的号召，到云南省丽江地区黑白水林业局工作。先后任过黑白水林业局机修厂厂长、机电科科长。1972 年任丽江林业管理局大修厂副厂长；1973 年任中甸林业局副局长；1974 年赴云南省林业厅森工处任职，主管林业机械工作；1976 年任丽江林管局大修厂副厂长，工作到 1982 年。

1982 年 9 月，李廷福回到带岭，先后被任命为副局长、集体企业公司经理、局副总工程师。1987 年发电厂扩建，新上一台 35 吨流化床节能炉，此炉没有除灰系统，李廷福带领工程技术人员完成了除灰系统的设计和制造任务。11 月 15 日，新炉窑安装，安装队要 20 万元安装费，后来又嫌天冷不干了。面对困难，年近 60 岁的李廷福起早贪黑，冒着零下 30 摄氏度的严寒，苦干了 20 天完成了安装任务，最后只用了 7 万元。

1995 年，发电厂 2 号发电机由于缺油大轴受垫弯曲 0.63 毫米，李廷福知道后，用了半个月的时间把大轴校正过来，为局挽回损失 50 多万元。

1996 年他已 61 周岁，可办了退休手续，人仍然没有离岗，直到 67 岁他才彻底退了休。李廷福为人正直，清正廉洁，在人民心中是一名好党员、好干部。1985 年 5 月国家出版的《中国专家人名辞典》中这样记载，40 多年来，先后取得了 110 项技术革新、技术发明，为国家节约资金上百万元，出席了 1956 年全国先进生产者代表大会，获“全国先进生产者”称号，并多次被省、市授予革新能手、先进生产者等荣誉。

2005 年，72 岁的李廷福身患重病，但他仍然关心着带岭的发展和建设，期望着带岭的明天更美好。

第二章　优秀人物

第一节　拔尖人才

1986—2005年，带岭区（局）又有一批人员被国务院、省、市授予荣誉称号。

舒凤梅于1987年9月被中共伊春市委、伊春市人民政府授予“在建设四化，振兴伊春中做出突出贡献知识分子拔尖人才”称号，奖金2000元，享受医疗100%待遇。

李继承、郑志贤于1992年9月被中共伊春市委、伊春市人民政府授予“在建设四化，振兴伊春中做出突出贡献知识分子拔尖人才”称号，享受每月100元科技补贴待遇。

陈瑞贤、李继承于1993年10月荣获国务院“政府特殊津贴高科技人员证书”，享受国务院“政府特殊津贴”，每月100元终身制待遇。

王瑞芳于1995年被中共伊春市委、伊春市人民政府授予“在建设四化，振兴伊春中做出突出贡献知识分子拔尖人才”称号，享受每月100元科技补贴待遇。

肖永贵、周荫祥、崔淑媛、王建光、张振明于1997年被中共伊春市委、伊春市人民政府授予“全市拔尖人才”称号，享受每月100元科技补贴待遇。

付俊卿于1999年10月荣获国务院“政府特殊津贴高科技人员证书”，享受国务院“政府特殊津贴”，每月100元终身制待遇。同年10月被中共黑龙江省委、黑龙江省人民政府授予“优秀中青年专家”称号，2005年1月起享受每月400元科技补贴、50元上网费待遇。

王冰于2004年12月被中共伊春市委、伊春市人民政府授予“优秀专门人才”荣誉称号。享受每月150元科技补贴、30元上网费待遇。

第二节　企业家

1994年4月29日，中共带岭区委、带岭区人民政府发布《关于命名区级企业家》的决定，有23名企业经营管理者，被命名为带岭区首批企业家。

区级企业家：李连君、黄　林、赵洪权、张庆林、连文岱、李成祥、刁云志、郑志贤、吴开林、宋清民、薛宝昌、常铁石、王允和、解金国、李　顺、王群德、韩见江、李继承、王秉术、韩佩荣、朱丕芳、张连常、于泉林。

第三节 营林功臣、营林有功人员、优秀科研工作者

1991 年 10 月 18 日，带岭林业局党委下发〔1991〕2 号文件，决定授予张子良、蒋基荣、张振山、关士才、王绍田、周永言、孟昭贵、武占元、史鸿章、刘广林、吕宣政、王秉术、肖永贵、贺成瑞、徐凤鸣、宋继昌、孙珍玉、张开平、李文春 19 人“营林功臣”称号。

授予高殿贵、陈兴加、宋玉福、张 君、陈丛礼、厉春生、贾琪功、刘宝林、李 智、张有林、李长禄、王海廷、曹士晗、高 臣、郭明仁、李继承、聂明升、张福生、于树成、毕庶仁、朱有信、孙志祥、刘文波、樊有志、周荫祥、杨国兴、关丽珍、姜 臻、李万和、刘玉彬、周维清、吴云彩、徐殿荣、张忠林、崔月明、姜学发、郜新胜、付兴智、贠灿芝、马振清、平淑清、王兆勤 42 人“营林有功人员”称号。

授予夏永昌、王瑞芳、舒凤梅、颜廷峰、方春子、陈瑞贤、刘益康、周景轼、赵玉英、崔淑媛、于学君、姚盛智 12 人“优秀科研工作者”称号。

第三章　劳动模范、先进集体

第一节　国家、省级劳动模范

全国“五一劳动奖章”获得者

1996 年　张　德

2005 年　付俊卿

黑龙江省劳动模范

1986 年　张连常　周忠明

1997 年　张　德

2002 年　陈　刚

第二节　市级劳动模范

伊春市特等劳动模范、劳动模范

1986—1987 年度劳动模范

于泉林	于洪涛	于振松	王　宝	王瑞芳
王增鹏	车文义	方春子（女）	仲丛海	朱宝芹（女）
刘凤阁	宋继昌	张金荣（女）	张桂兰（女）	迟颖琴（女）
赵忠康	赵洪全	周忠明	金龙春	姜民政
黄立仁	崔化敏	韩佩荣	蒋立山	

1988—1989 年度劳动模范

王爱波	古启毅	孙平远	孙喜文	李成祥
张福生	张　德	赵传会	滕继彪	

1990—1991 年度特等劳动模范

古启毅	张　德

1990—1991 年度劳动模范

于厚荣（女）	王立春	王福安	兰　波	朱宝芹（女）
刘长学	李树坤	李春富	张尊山	孙喜文
连文岱	赵传会	赵成臣	赵忠康	赵淑云（女）
周忠明	曹长春	滑东坡	滕继彪	潘跃起

1992—1993 年度特等劳动模范

张 德

1992—1993 年度劳动模范

刁云志 于厚荣（女） 王子义 王立春 兰 敏（女）
朱宝芹（女） 刘长学 吴开林 李尚芹（女） 李春富
张振明 赵忠康 侯树忠

1994—1995 年度特等劳动模范

张 德

1994—1995 年度劳动模范

于厚荣（女） 王立春 尤永江 史士河 刘景才
李尚芹（女） 李树坤 李春富 杨福林 宋清民
张桂兰（女） 张振明 郑玉芳 解金国

1996—1997 年度特等劳动模范

张 德

1996—1997 年度劳动模范

于厚荣（女） 王际斋 尤永江 李尚芹（女） 宋清民
陈书祥 张 信 张振明 周长海

1998—1999 年度特等劳动模范

李尚芹（女）

1998—1999 年度劳动模范

仇元朝 刘广录 刘相文 李秀英（女） 陈 刚 贾 健
高建军 高尊贵 黄国军 董加平 戴永国

2005 年度特等劳动模范

常淑华（女）

2005 年度劳动模范

于树成 王宝平 石建华 付俊卿 刘吉坤
刘美英 曲万林 那希利 李建忠 肖兴旺
范 君 周忠军 贾 健 徐茂坤 蒋玉林
曹长春

第三节 区级劳模标兵

出席带岭区先进生产（工作）者标兵

1997 年

张 德 尤永江 陈书祥 张 信 宋清民
周长海 史士河 王际斋 张振明 李尚芹（女）
高兴云（女） 于厚荣（女）

1999 年

董加平 陈 刚 李尚芹（女） 贾 健 仇元朝
刘相文 李秀英（女） 高尊涛 戴永国 刘广录

2000—2001 年

陈　刚　贾　健　董加平　张国忠　常淑华（女）
陈立香　李建忠　王建光　李成义　刘广禄

2002—2003 年

常淑华（女）　王宝平　周忠军　那希利　曲万林
于树成　贾　健　蒋玉林　范　君　肖兴旺
曹长春　刘美英（女）　石建华　李建忠　刘吉坤

2004—2005 年

刘永祥　蔡庆林　朴志勇　尹庆勋　那希利
张宝新　曹德奇　周忠军　张相华（女）　孙秀芹（女）

第四节　优秀教师

1986—2005 年带岭区高中省、市优秀教师名录

表 25-1

序号	姓名	单位	授予时间	授予名称	备注
1	崔化敏	高级中学	1986 年 9 月 10 日	省教育系统模范	省政府
2	崔化敏	高级中学	1993 年 9 月	省优秀教师	省政府
3	崔化敏	高级中学	1987 年 9 月	市优秀教师	市政府
4	崔化敏	高级中学	1987 年 9 月	市优秀知识分子	市政府
5	崔化敏	高级中学	1985 年 2 月	省森林工业总局优秀知识分子	省森林工业总局
6	崔化敏	高级中学	1988 年 9 月	市优秀教师	市政府
7	崔化敏	高级中学	1988 年 9 月	省优秀教师	省政府
8	薛俊英	高级中学	1988 年 9 月	市优秀教师	市政府
9	张洪玲	高级中学	1990 年 9 月	市优秀教师	市政府
10	张洪玲	高级中学	1995 年 9 月	市优秀教师	市政府
11	白丽华	高级中学	2004 年 9 月	市优秀教师	市政府
12	常淑华	高级中学	1997 年 9 月	市优秀教师	市政府
13	常淑华	高级中学	1999 年 9 月	市师德标兵	市政府
14	常淑华	高级中学	2001 年 9 月	市优秀教师	市政府
15	常淑华	高级中学	2002 年 10 月	市师德先进个人	市政府
16	常淑华	高级中学	2004 年 10 月	省森工系统模范教师	省森林工业总局
17	王秀华	职业高级中学	1991 年 9 月	全国优秀教师	—
18	尹宝君	职业高级中学	1989 年 9 月	市技工系统优秀教师	—

1986—2005年带岭区初中省、市优秀教师名单

表25-2

序号	姓名	单位	授予时间	授予名称	备注
1	潘淑萍	第一中学	1996年9月	市优秀教师	市政府
2	杨丽娟	第一中学	1997年9月	市优秀教师	市政府
3	王淑霞	第一中学	1998年9月	市优秀教师	市政府
4	刘玉芬	第一中学	2000年9月	市优秀教师	市政府
5	郝永芝	第一中学	2000年9月	市优秀教师	市政府
6	刘琴峰	第一中学	2001年9月	省优秀教师	省政府
7	李淑兰	第一中学	2001年9月	市优秀教师	市政府
8	王　敏	第一中学	2004年9月	市优秀教师	市政府
9	张世英	第一中学	1998年9月	市优秀教师	市政府
10	刘宝英	第一中学	1997年9月	市优秀教师	市政府
11	张洪玲	第一中学	1995年9月	市优秀教师	市政府
12	陈书祥	第一中学	1993年9月	市优秀教师	市政府
13	曹尔惠	第一中学	1994年9月	市优秀教师	市政府
14	栾景才	第一中学	1991年9月	市优秀教师	市政府
15	曹重华	第一中学	1991年9月	市优秀教师	市政府
16	朱绍丹	第一中学	1991年9月	市优秀教师	市政府

1986—2005年带岭区小学省、市优秀教师名单

表25-3

序号	姓名	单位	授予时间	授予名称	备注
1	汪海兰	第二小学	2004年9月	市优秀教师	市政府
2	杨春范	第四小学	2003年9月	市优秀教师	市政府
3	杨春范	第四小学	1992年9月	省森林工业总局优秀教师	省森林工业总局
4	徐　敏	第三小学	1996年9月	市优秀教师	市政府
5	徐明英	第三小学	1996年9月	市优秀教师	市政府
6	庄会芹	第二小学	1991年9月	市优秀教师	市政府
7	陈永红	第二小学	1991年9月	市优秀教师	市政府
9	周恒金	第一小学	1987年9月	市优秀教师	市政府
10	张秀芹	第一小学	1990年9月	省优秀教师	省政府
11	孙丽华	第一小学	1995年9月	省优秀教师	省政府
12	袁忠信	第一小学	1996年9月	市优秀教师	市政府
13	朱红艳	第一小学	2002年9月	市优秀教师	市政府
14	张德芳	第一小学	2003年9月	市优秀教师	市政府
15	于　一	第一小学	2004年9月	省优秀教师	省政府
16	王晓杰	第一小学	2004年9月	市优秀教师	市政府
18	刘桂芳	大青川学校	1986年9月	市优秀教师	市政府
19	孟兆英	东方红小学	1991年9月	省森林工业总局优秀教师	省森林工业总局
20	付红玉	成教办	1992年9月	省森林工业总局优秀教师	省森林工业总局
21	张　勤	成教办	1994年9月	省森林工业总局优秀教师	省森林工业总局
22	贾秀荣	幼儿校	1991年9月	省森林工业总局优秀教师	省森林工业总局
23	王越英	幼儿校	1991年9月	市优秀教师	市政府
24	殷菊芬	第一小学	1986年9月	市优秀教师	市政府

第五节　先进集体

带岭区（局）获省部级先进集体荣誉称号一览表

表 25-4

时间	受奖单位	荣誉称号	颁奖单位
1986 年 11 月	带岭林业局	1986 年“六五”技术进步先进企业	国家经委
1986 年 11 月	带岭林业局	全国计划生育先进单位	国家计划生育委员会
1986 年	带岭林业局	六好企业	省政府
1987 年 12 月	带岭林业局	更新造林先进单位	林业部
1987 年 12 月	带岭林业局	全国森林防火先进单位	国家森林防火总指挥部
1988 年 12 月	带岭林业局	35 年无森林火灾先进单位	国家森林防火总指挥部
1988 年	带岭林业局	全国计划生育抽样调查先进单位	国家计划生育委员会
1989 年	带岭林业局	全国森林防火先进单位	国家森林防火总指挥部
1989 年 6 月	带岭林业局	1988 年林业设备管理先进单位	林业部
1989 年 9 月	带岭林业局	1989 年贮木场管理先进单位	林业部
1990 年 6 月	带岭林业局	1989 年林业设备管理优秀单位	林业部
1994—1996 年	带岭林业局	省级森林防火先进单位	省政府
1997—1999 年	带岭林业局	森林防火先进单位	省政府
1998—2000 年	带岭林业局	全国森林防火工作先进单位	国家林业局
2000 年	带岭区	全国造林绿化竞赛先进单位	省政府
2000 年	带岭林业局	全国营林工作先进单位	省政府
2002 年	带岭林业局	造林绿化先进单位	省委、省政府、省军区
2002 年	带岭区	拥军优属先进单位	省总工会
2003 年	带岭林业局	安康杯竞赛优胜单位	省委、省政府
2003 年	带岭林业局	全国安康杯竞赛优胜单位	全总国家安监局
2005 年	带岭区	平安区	省委、省政府
2005 年	带岭区	改善发展环境百面旗竞赛先进单位	省总工会

带岭区（局）获省厅、总局、市级荣誉称号一览表

表 25-5

时间	受奖单位	荣誉称号	颁奖单位
1986 年	带岭林业局	文明单位	省总局、总局党委
1986 年 10 月	带岭林业局	全质三级合格证	省经委、省质协
1986 年 11 月	带岭林业局	汽车材省优产品	省经委
1987 年 3 月	带岭林业局	营林先进单位	省总局、省总局党委
1987 年 3 月	带岭林业局	多种经营先进单位	省总局、总局党委
1987 年 11 月	带岭林业局	森林资源林政管理先进单位	省林业总局
1988 年 4 月	带岭林业局	全省设备管理优秀单位	省计委
1988 年 12 月	带岭林业局	环境优美单位	省森林工业总局

续表 25-5

时间	受奖单位	荣誉称号	颁奖单位
1989 年	带岭林业局	1988 年全省汽车运材先进单位	省森林工业总局
1989 年 7 月	带岭林业局	1989 年林业设备管理优秀单位	省森林工业总局
1989 年 7 月	带岭林业局	省森工系统多种经营先进单位	省森林工业总局
1989 年 9 月	带岭林业局	1988 年伐区作业评比成绩优异	省森林工业总局
1989 年 10 月	带岭林业局	职工教育先进单位	省森林工业总局
1990 年	带岭林业局	1989 年安全生产先进企业	省森林工业总局
1990 年 5 月	带岭林业局	省体改系统先进单位	省体改委
1990 年 7 月	带岭林业局	1989 年森工系统设备管理优秀单位	省森林工业总局
1989 年	带岭林业局	1988 年计划生育工作红旗单位	市政府

带岭区（局）获省市级荣誉称号一览表

表 25-6

时间	受奖单位	荣誉称号	颁奖单位
1991 年	带岭局	十年以上森林火灾	市政府、市林管局
1991—2000 年	带岭局	森林防火先进单位	市政府、市林管局
1992 年	带岭局	四文明兴林杯大赛金杯	中国林业报省总局
1993 年	带岭局	四文明兴林杯大赛银杯	中国林业报省总局
1996 年	带岭区	拥军优属先进单位	市委、市政府、市军分区
1998 年	带岭局	优秀伐区	省总局
1998 年	带岭区	扶贫解困献爱心活动先进单位	市委、市政府
1998—1999 年	带岭局	“深广奔建”兴企富民杯大赛金杯	省总局、党委、省总局
1999 年	带岭区	信访先进单位	市委、市政府
1999 年	带岭局	爱心献功臣行动先进单位	市委、市政府
1999 年	带岭区	“深广奔建”兴企富民杯大赛金杯标兵	省总局、党委、省总局
1999—2001 年	带岭区	文明单位	省综治委
1999 年	带岭局	特优伐区	省总局
2002 年	带岭区	社会治安综合治理达标优秀单位	市委、市政府
2000 年	带岭区	文化先进单位	市政府
2001 年	带岭局	安全工作标兵单位	省总局
2001 年	带岭区	社会治安综合治理标兵单位	市委、市政府
2002 年	带岭区	中小学布局调整先进单位	市政府
2002 年	带岭区	黑龙江省群众体育先进单位	省体育局
2002 年	带岭局	公路管理特优单位	省总局
2002 年	带岭局	双文明兴林杯大赛金杯	省总局
2002 年	带岭局	中国社会林业工程科技示范单位	国家林业局科委
2003 年	带岭局	三文明兴林杯大赛金杯	省总局
2004 年	带岭局	县（市）区（局）工作实绩考核优秀单位	市委、市政府
2004 年	带岭区	第十五届哈洽会伊春交易团先进单位	市政府
2004 年	带岭区	双拥先进单位	市委、市政府、市军分区
2005 年	带岭区	伊春市二十一届劳模会模范单位	市政府

基层单位获省、市级荣誉称号一览表

表 25-7

时间	受奖单位	荣誉称号	颁奖单位
1988 年 1 月	贮木场	摇尺机 QC 小组三等奖	省森林工业总局
1988 年	采运公司	文明单位标兵	省森林工业总局党委、总局
1988 年	苗圃	文明单位	省森林工业总局党委
1988 年	发电厂	电厂管理先进单位	省森林工业总局
1988 年	地名办	地名工作先进单位	省地名委员会
1989 年	职工医院	文明单位	省森林工业总局党委、总局
1989 年 3 月	客运站	全省最佳客运分站	省总工会、省交通厅
1989 年 3 月	财务科	1988 年财务决算先进单位	省森林工业总局、财政局
1989 年 4 月	局调度室	1988 年木材统运先进单位	省林工总局
1989 年 9 月	局供应科	1988 年物资供应先进单位	省森林工业总局
1989 年 10 月	带岭宾馆	同行业职业道德文明单位	省森林工业总局党委、总局
1990 年 6 月	局供应科	1989 年物资供应先进单位	省森林工业总局
1990 年 2 月	四公里鱼池	商品鱼生产先进单位	省森林工业总局
1990 年 2 月	牛蛙养殖场	经济动物养殖先进单位	省森林工业总局
1990 年 2 月	大青川鹅厂	养鹅先进单位	省森林工业总局
1990 年 9 月	木材综合厂	1989 年全省同行业竞赛先进单位	省森林工业总局
	职工医院	省级爱国卫生先进单位	省爱委会
1990 年 2 月	东山养殖场	综合项目生产先进单位	省森林工业总局
1990 年 8 月	电话所	先进单位	省森林工业总局
1988 年 12 月	档案科	档案工作先进单位	市政府
1988 年	发电厂	文明单位	市委、市政府
1989 年 3 月	局办公室	办公部门室际竞赛先进单位	市政府
1989 年 11 月	带岭宾馆	优质服务竞赛先进单位	市政府
1990 年 4 月	木材加工厂	先进班组	市政府

1986—2005 年出席区先进单位、科室、集体名表

表 25-8

项目 时间	先进单位	先进科室	先进集体	先进个人	标兵
1986 年	—	12	85	345	—
1987 年	32	24	93	344	—
1988 年	39	25	93	298	—
1989 年	—	—	—	—	—
1990 年	38	26	62	359	9
1991 年	45	29	72	347	—
1992 年	45	29	111	368	—
1993 年	53	—	98	345	—
1994 年	55	—	102	351	—
1995 年	57	—	94	346	—
1996 年	40	—	54	252	—
1997 年	34	—	67	330	12
1998 年	40	—	45	252	—
1999 年	43	—	44	242	10
2000—2001 年	44	—	41	221	11
2002—2003 年	35	—	42	173	15
2004—2005 年	42	—	39	121	10

附　录

附录一　重要文献选辑

关于带岭城镇总体规划的批复

带岭区人民政府：

《带岭区城镇建设总体规划（送审稿）》，经市规划建设委员会审议通过。现就有关问题批复如下：

一、带岭是国家林业现代化科学实验的干部培训基地之一，并承担国际林业科学考察交流等重要任务。人口到本世纪末发展到 4 万人，已规划城镇用地 6 平方公里，基本上能适应经济发展和人民生活提高的需求，原则上不再向外扩大用地。

二、带岭的城市基础设施已有一定水平，修建多层楼房和实行集中供热，已取得可喜成绩。今后，应当坚持下去。同时，应注意搞好小区（或居住街坊）建设规划，在规划指导下进行建设。

三、要适当加宽道路红线，尤其是主要道路更应严格控制，以满足街景美观以及今后交通运输量增大和地下管线增多的需要；中心区是规划和管理的重点，沿街建筑物必须按道路红线布置。在公共场所附近，还应考虑小型停车场。

四、要抓紧搞好供水、排水、供热、供电、防洪和园林绿化筹备专项规划。有的工程可按技术设计深度进行，因此，必须从城镇整体出发，统筹安排，改变无规划指导，当年投资当年建设的做法。

五、积极做好编制详细规划的准备工作，首先要测绘 1∶2000 或 1∶1000 的地形图。准确反映（平面的和竖向的）建设现状，具体要求可参照原国家建委 1980 年颁发的规定中的有关部分。

伊春市规划建设委员会

1986 年 12 月 12 日

对《黑龙江省带岭林业实验局新建工程带岭纸板厂设计任务书》的批复

黑龙江省森林工业总局：

你局〔1987〕黑森总计字605号文收悉。经研究，现对《黑龙江省带岭林业实验局新建工程带岭纸板厂设计任务书》批复如下：

一、同意带岭林业实验局在尽量利用现有小纸板厂设施及兼顾原生产能力的基础上，新建一座日产35吨至40吨的纸板厂。

二、核减建筑面积5600平方米。总建筑面积控制在27509平方米以内；从提高效率，合理调整工艺和尽量利用现有设备前提出发，核减设备购置投资1158000元；核减公用工程及生活设施投资2522100元，总投资控制在39570000元以内。建设进度按批准年度计划执行。

三、为保证工程设计质量，设计工作应采取招标形式选择设计单位。在初步设计中，要以尽量利用现有设施为原则对总图布置作调整。

四、请督促建设单位认真落实原料的组织及后备资源的规划工作。建立稳定的原料基地，逐渐形成以纸产品为龙头，以市场需求定产，以产品结构定原料基地结构，集约经营的林业工业良性经济运行体系。

中华人民共和国林业部

1987年12月18日

碧水中华秋沙鸭自然保护区批复

黑龙江省人民政府

黑政函（1997）59号

关于同意伊春市碧水中华秋沙鸭自然保护区为省级自然保护区的批复

伊春市人民政府：

你市《关于我市碧水中华秋沙鸭自然保护区晋级的请示》（伊政发〔1997〕25号）收悉。经研究，现批复如下：

一、同意碧水中华秋沙鸭自然保护区晋升为省级自然保护区。保护区的范围划定为北纬47° 4'52"至47° 8'40"，东经128° 50'34"至128° 58'35"，总面积14.62平方公里。

二、碧水中华秋沙鸭自然保护区的类型为野生动物类型。

三、碧水中华秋沙鸭自然保护区由伊春市带岭区政府负责管理，你市要加强对该自然保护区的领导，强化管理，尽快完成自然保护区的划界和界标设置工作。大力开展科学研究，制定保护区的发展规划，把保护区建设好。

黑龙江省人民政府
1997 年 7 月 11 日

附注：

碧水中华秋沙鸭自然保护区，位于伊春市带岭区境内。地处带岭林区的北部中心地带永翠河中段两岸。保护区的北部与黑龙江省凉水国家级自然保护区相邻，东北、东、南、西分别与带岭林业实验局的永翠、明月、碧水、北列林场相接壤。保护区距带岭区人民政府所在地——带岭镇 9 公里至 25 公里。总面积为 14.62 平方公里。主要保护对象是世界濒危动物中华秋沙鸭及其栖息繁殖的针阔混交林溪流生态系统。属森林和野生动物类型的自然保护区。

1994 年，日本野鸟之会常务理事，国际鸟类保护联合会亚洲负责人市田则孝先生到凉水自然保护区考察时，向伊春市带岭区人民政府提出了保护中华秋沙鸭的书面建议。1995 年吉林省林科院赵正阶研究员等鸟类专家也向伊春市人民政府提出了在带岭建立中华秋沙鸭自然保护区的建议。在省、市有关部门支持下，带岭区组织人员对自然保护区进行了全面的综合考察，于 1997 年 5 月向省、市政府提出了《建立省级自然保护区申报书》和《黑龙江省碧水中华秋沙鸭自然保护区综合考察报告》。1997 年 7 月，经市政府向省政府申报，省政府以黑政函〔1997〕59 号文件正式批复，同意碧水中华秋沙鸭自然保护区晋升为省级自然保护区。

带岭林区治危兴林方案（摘要）
（1990—2010 年）

根据省政府《治理森工“两危”、实现“两个良性循环”方案》中提出的“奋战二十年，振兴黑龙江森工，实现森林资源长大于消，木材产量逐步回升，林产加工有大的发展，产品产业结构基本合理，经济实力有较大增强，具有较强的自我发展能力，林区人民生活达到小康水平”的总体战略目标和区（局）第八届党代会提出的我局“治危兴林基本构想，”在认真学习兄弟林区典型经验的基础上，制定了我区（局）1990—2010 年“治危兴林”方案。

一、“两危”状况和成因分析

（一）带岭林区基本情况

带岭林区 1937 年开发，1946 年建局，1952 年定为林业部属实验局。1964 年政企合一。是具有 50 多年经营历史的老企业，开展 30 多年林业试验的科研基地，部、省林业经济体制改革试验区。

全区（局）总面积 9.7 万公顷，总蓄积面积 980 万立方米。现有营林、采运、集体企业等 6 个公司，12 个经营林场和苗圃、电厂、工程处及商粮、文教、卫生、人大、政协、公检法等 56 个科级以上部门单位，全林区工农业总产值 4464 万元。

在党和国家的关怀下，经过广大干部群众 40 多年的艰苦奋斗，为我国林业做出了一定贡献。在科学试验、教学实习、典型示范、开放考察等方面较好地发挥了实验局的作用。

（二）“两危”的现状

带岭林区在为社会主义建设做出贡献的同时，自身发展也积累了许多问题，各种矛盾逐步暴露。

集中表现为可采资源减少，企业经济危困。

1. 可采资源减少。已由建局初期的1500万立方米，减少至目前的980万立方米。森林资源采伐容易恢复难，在相当长的一段时期，依然存在可采资源严重不足的危机。主要表现为：森林蓄积量急剧减少；林令结构比例失调；木材生产机械化可及率逐年下降；主伐和抚育伐结构变化明显。

2. 企业经济危困。我局虽然木材产量相对稳定，但由于近几年涨价、调资、提息增税，木材生产单位成本逐年增加，营业外支出逐年上升，企业留利逐年减少，福利基金和奖励基金收不抵支，企业经济形势十分严峻。主要表现为：靠卖议价材维持企业生存；靠赤字预算，维持职工低水平福利待遇支出；靠银行贷款，减少拖欠职工工资；靠赊欠物资货款，维持企业生产；靠吃“皇粮”维持林办集体企业生存。

（三）“两危”的成因及经验教训。带岭林区可采资源危机和企业经济危困，既有大经济环境制约的客观原因，也有管理粗放工作失误的主观原因；既有历史上长期积累的老大难问题，又有新形势下的现实问题，是各方面因素逐步促成的“综合征”。

主要经验教训有：1. 经营方针失误；2. 经营面积过小，生产规模难以达到适度；3. 产业产品结构单一，经济基础脆弱；4. 多种经营决策失误，进一步加剧了企业经济危困；5. 经营机制扭曲，企业管理失控。

二、“治危兴林”的潜在优势和有利条件

困难和希望并存，压力和机遇同在。

1. 国家和省对林业问题十分关注，一些林业扶助政策已出台；2. 省政府已制定了操作性强的“治危兴林”方案，指明了森工企业前进方向；3. 我局近、中、幼后备资源比较丰富，林木总生长量超过采伐量，森林资源已从谷底逐年回升；4. 各种生产要素潜力很大，资金、资产、劳动力、科技等潜力都很大；5. 林区土壤肥沃，水源充足，气候适宜，交通方便，自然条件较好；6. 经多年努力已形成门类较齐全的产业产品结构。

三、“治危兴林”的基本构想

（一）指导思想：坚持党的基本路线，坚持改革开放，深入开展治理整顿，推进双文明建设，保持政治稳定局面，经济稳定发展，社会稳定前进；坚持以营林为基础、采育结合，综合利用，多种经营，全面发展方针，积极调整森林资源林令结构，调整产业、产品结构，实施“一下四上”（调减木材产量，营林上集约经营水平，林产工业上产品结构改革，多种经营上资源综合开发，地方工业上深度加工）的发展战略；实施四向（向内、向下、向外、向上）；坚持四靠（靠改革、靠政策、靠科技、靠管理）；推广“合江模式”，搞活致富基层；动员全林区人民以高度的历史责任感和社会责任感，发扬“有胆有识，敢于拼搏、积极探索、务实创新、开拓进取、不甘落后、自力更生、艰苦创业、老死林下、无私奉献”的企业精神，奋战二十年，为振兴带岭林区，实现森林资源和企业经济两个良性循环而努力。

（二）总体目标：奋战二十年，振兴带岭林区，实现森林资源总蓄积恢复到建局初期水平，木材产量逐步回升，基本建立木材业、林产工业、多种经营业三足鼎立的产业结构，深加、精加工的产业结构，四轮驱动（全民、集体、个体、内外联营）的所有制结构；经济实力有较大增强，人民生活达到小康水平，城区功能基本完善，逐步形成富有生机，充满活力，文明富裕的社会主义新林区。

具体指标是：

1. 森林覆盖率到2010年达到83.9%。

2. 林木总生长量到2010年达到52.3万立方米。

3. 活立木总蓄积到2010年达到1410.6万立方米。

4. 木材产量到2010年达到25万立方米。

5. 工农业总产值到 2010 年达到 11275 万立方米。
6. 资金利税率到 1995 年达到 19.6%。
7. 人均利税率到 1995 年达到 2400 元。
8. 社会就业从业人员到 2010 年达到 25000 人。
9. 人均国民收入到 2010 年达到 4500 元。
（三）治理“两危”经营对策。
1. 调整采伐方式和采伐结构，坚持合理采伐，木材产量调减到定产水平。
2. 积极营造速生丰产林，不断提高森林资源集约经营水平。
3. 发展林产工业，改革产品结构。
4. 综合开发森林资源，大力发展多种经营。
5. 地方经济上发展速度。
6. 依靠科技教育，积极提高企业素质。
7. 深化企业改革，积极发挥改革试验区的示范作用。
8. 改善和强化企业经营管理，挖潜增效。
9. 积极发展国内横向联合，大力推进出口贸易和经济、技术、劳务合作。
10. 加强社会主义精神文明建设，保持政治、经济、社会稳定。

四、组织实施工作

我区（局）治理“两危”，分三段实施：第一阶段 1990—1991 年，这一阶段处于国家治理整顿时期，木材产量从目前的 18.2 万立方米减到定产 17 万立方米，更需实行向内、向下，实现从管理启动，缓解资金困扰起步，度过经济极为困难时期的低谷阶段。

第二阶段从 1992—2000 年，为调整产业、产品结构，实行战略转移，经济危困局面逐步缓解，企业发展日见效益的全面回升阶段。

第三阶段从 2001—2010 年，森林资源和企业经济进入良性循环的复兴阶段。

实施“治危兴林”方案，关键在于抓好第一阶段的启动工作，采取非常措施，力争用两年时间，使经济危困局面达到基本缓解。

（一）千方百计提高经济效益，为“治危兴林”创造一个良好的经济环境。
1. 用早、用好、用全已经出台的各项扶持林业的政策。
2. 充分挖掘资源潜力，努力实现资源优化利用，使有限的资源发挥最佳的经济效益。
3. 挖掘资金潜力，努力提高资金使用效益。
4. 加强劳动管理，严格控制非生产人员和委托生产费用。
5. 开展清产核资，清仓查库工作，充分挖掘资产潜力。
6. 积极开展集体企业整顿工作，大打多种经营扭亏增盈翻身仗。
7. 严肃财经纪律，坚持勤俭办一切事业。
（二）进一步细化、具体化“治危兴林”方案，提高可操作性规程。
1. 要建立组织保证体系。建立区治危兴林领导小组及办公室，从区（局）到各场（厂）都要领导负责，狠抓落实。
2. 要建立目标管理保证体系。各单位、各科室都要制定年度行动方案。
3. 要建立决策保证体系。发挥职代会作用，严格按决策“科学化、民主化、制度化”程序进行。
4. 要建立考核保证体系。每年集中一次大规模的部署和检查总结。
（三）抓好科研和改革试验区工作、充分发挥实验局的示范作用。
1. 要加强对科研所的领导，充分发挥科研所在我局科技兴林中的主力作用。

2. 要积极探索“速生丰产，林纸结合”短周期经营模式，走出一条高投入、高经营、高产出、高效益的林业发展道路。

3. 要深入研究杨树和落叶松两个树种的速生丰产技术。

4. 要研究人、机、冰、畜结合的抚育伐原木生产工艺，不断提高原木生产效益。

5. 深化企业改革，不断增强企业内部各单位自我解危能力。

（四）紧紧依靠党的领导，全心全意依靠工人阶级，是“治危兴林”的政治保证。

局长赵宇国在带岭林业实验局实现五十万亩人工林、科研所建所三十周年庆祝大会上的讲话（摘要）

我局自 1951 年开始进行人工林更新造林试验，到 1958 年在皆伐迹地上大面积推广直至现在已有 40 年历史了。40 年来，在林业部、省、市的领导关怀下，在上级有关部门和兄弟单位的热情帮助下，经过老一辈创业者和新一代开拓者的艰苦努力和辛勤劳动，到 1990 年年末，人工林保存面积累计完成 505170 亩，在三分之一的林地上培育、恢复和发展了森林资源，实现了局 1986 年既定的“到 1990 年年末，人工林保存面积要达到五十万亩”的奋斗目标。

这 50 万亩人工林是一座饱含无数艰辛，凝聚几代人血汗，记载带岭人知难而上，同心同德，艰苦奋斗，敢于拼搏，取得伟大成绩的绿色丰碑。1951 年，解放初期的中国林业，虽已稍具规模，但由于国民经济发展对木材的急需，以木材生产为中心的采伐观念还占据着重要位置，恢复森林资源主要靠天然更新。然而，正是这一年的秋天，我们老一辈创业者就以他们的智慧、胆略和勤劳的双手，在日伪留下的荒山秃岭，采伐迹地上首次营造了 1203 亩落叶松人工林，开始了“与天争时，与地争利”的营造人工林的生产性试验，打破了“只采不造，靠天吃饭”的旧习，开创了在采伐迹地上进行人工林更新造林的新纪元。此后，直到 1958 年，累计更新造林 65653 亩，保存 56175 亩，保存率 85.6%。通过八年的探索和实践，老一辈创业者们用确凿的资料、翔实的数据，总结出了不同树种造林的适宜立地条件、造林时间、造林密度、上山苗龄、整地方式、管护措施以及种子处理、育苗技术等一整套成功经验。1959 年，这一经验被林业部和黑龙江省人民政府肯定。同年，《黑龙江日报》发表了《走带岭人工丰产林道路》的社论。至此，我们冲破了采伐迹地人工不可更新的禁区，率先闯出了一条以人工更新为主，营造速生丰产林的道路，为加快更新速度，及时跟上采伐，实现“越采越多，越采越好，青山常在，永续利用”的奋斗目标奠定了坚实的基础，谱写了国营林业企业人工更新造林的新篇章。成功的喜悦鼓舞了人们，进一步掀起了轰轰烈烈的更新造林高潮，营林生产出现了勃勃生机。1959—1966 年，共造林 127889 亩，保存 87320 亩，保存率 68.2%。同时，还结合生产建立了人工种子园，开展了人工成林抚育和沼泽地排水后造林等试验，增加和扩大了森林资源。1966—1976 年“文化大革命”期间，营林工作同其他工作一样，严重地受到了“文化大革命”的冲击。虽然开展了轰轰烈烈的造林运动，着手加强了基础设施的建设，建立了东方红等 4 个经营所，设置了南列等 8 个林间苗圃，但由于管理不善和严重过伐等原因，人工更新造林没有达到预期效果。此间共造林 221233 亩，但仅保存 107610 亩。党的十一届三中全会以来，在林业部、省、市的领导下，全局广大职工解放思想，实事求是，开拓进取，从长远规划到生产布局，从组织领导到任务落实，从劳力投放到资金使用，切实保证了以营林为基础方针的贯彻实施，营林生产取得了显著成就。进行了营林生产体制改革，全面推行了经营承包责任制，激发了职工群众更新造林的积极性，提高了更新造林质量，更新造林面积连年保持在25000亩水平，同时选择立地条件好的地块，采取扩穴整地和大苗上山等措施，积极营造了速生丰产林，将速生丰产林的比例扩大到20%；推行了“三个转移”的政策，实现了木材生产向营林生产转移，山下向山上转移，全局向多种经营转移的目标；严格了人工林后期管理，提高了人工林抚育质量，成林抚育面积平均每年稳定在9万亩左右；加强了物候气象站、种子站和森保站（三站）基础设施建设，恢复了秀水苗圃，扩大了东方红苗圃的经营面积，连同中心苗圃均安装了喷灌系统，提高了育苗的机械化水平；强化了森林保护工作，坚持了以防为主，防治结合的方针，把病虫鼠害降到了最低限度；突出了林政防火工作，全方位落实了专群结合，群防群治的措施，历届班子高度重视，全局职工共同努力，有力地控制了乱砍滥伐破坏森林的行为，可望实现39年无森林火灾，争取到2000年无森林火灾。

经济危困在于资源危机，资源危机缓解了，经济复兴就有了希望。治危必须兴林。据今年人工林普查这50万亩人工林总蓄积193万立方米，各树种比例为红松19%，落叶松26%，人天混46%，云杉7%，樟子松、杨树、水曲柳各2%。林龄结构合理。毫无疑问，我们的50万亩人工林，正以其优质、速生、丰产的特点，向人们昭示这就是带岭林业复兴的希望，这就是带岭腾飞的关键。我们深信，通过科学培育，精心管护，合理采伐，青山常在，永续利用的目标是可以实现的。

带岭林业科研所自1961年成立至今已走过了30年的奋斗历程。30年来，带岭林业科研所坚持科研与生产相结合，科学研究面向基层、面向现代化建设的方针，围绕提高林木速生丰产这个中心，开展了广泛的课题研究工作，进行了不懈的努力，虽几易其名，历经坎坷，但在党的正确路线、方针、政策指引下，仍取得了显著成绩，达到了多出成果、快出成果的目的，为发展带岭林业生产做出了积极的贡献。

带岭林业科研所的前身是带岭林业实验局的一个研究室。1964年，同黑龙江省林科院木工所、采运所合并，扩建为东北林业研究所；1965年，林业部批准带岭林业科学研究所为隶属中国林业科学研究院领导的一个分所；“文化大革命”期间，机构一度解体，规划废止，人员下放，试验停止，设备封存，办公楼易主，实验基地荒芜。直至1971年，带岭林业科研所又重新恢复，部分科研人员回所工作；1972年由中国林科院下交给黑龙江省；1982年省决定成立黑龙江省带岭林业科学研究所，定编65人，每年拨给事业费，同时由原来的营林、森保、机具、种苗、情报5个研究室增至10个研究室，增加了采运、生理、经济、木材综合利用、农业5个研究室，从此，带岭林业科研所踏上新征途，进入了新的历史发展时期。

建所以来，共立研究课题174项，其中营林44项、采运21项、森保26项、种苗24项、机械32项、林业经济12项、生理生化6项、土壤3项、其他6项。这些课题，诸如种苗方面的种子贮藏、种子处理，营林方面的整地方式、造林方法、造林密度、适地适树、沼泽地改造、人工林抚育管理、采运方面的采伐方式，伐区管理、森铁无路碴岔线、台车上山、绞盘机集材、汽运预装架、采集装运“一条龙”作业、贮木场三清一化、造材台改造、卸造选归装连续化作业等都取得了丰硕成果，并全面推广，在生产实践中得到了应用，极大地提高了劳动效率，取得了良好的经济效益。有些成果已推广到外省、市。建所以来共发表论文和研究报告310篇，其中，国家级刊物发表101篇、市级刊物发表41篇、所内刊物发表58篇。发表译著和专著10部，其中高级工程师舒凤梅发表的《棕背鼠在不同林分郁闭林地下的数量及预防幼林鼠害的意义》还被译成日文，发表在日本《北方林业》杂志上。特别是1978年党的十一届三中全会后，随着党对知识分子政策的逐步落实，科研体制改革的逐步深入，一个科研有项目，试验有分工，课题有专责，阶段有总结，结果有报告，成果有奖励的科研机制建立起来了；极大地调动了科技人员的积极性，使科学研究出现了成果多，见效快的好势头。先后有24项成果获市以上科技成果奖，其中林业部科技进步奖3项，省科技进步奖5项，森工总局科技进步奖 5 项，伊春市科技进步奖 11 项。

抚今追昔，溯本求源，我们倍加怀念为我局营林事业的发展和科学技术进步不辞辛苦、辛勤劳动、尽心竭力的老干部、老科技工作者、老工人，他们的名字和业绩将永远载入我局的史册，昭示我们和后人为振兴带岭不断奋进。

我们将继续贯彻以营林为基础，科研和生产相结合的方针，发扬老一辈创业者有胆有识，不畏艰难，敢于拼搏，务实创新，开拓进取，团结奋斗的优良传统，紧紧抓住林价制度和改革科研体制的契机，充分发挥科学技术第一生产力的作用，坚持经济建设要依靠科学技术，科学技术要面向经济建设，合理采伐，科学育林，积极培育后备森林资源，为实现青山常在，永续利用，为振兴带岭经济，把带岭建设成为文明、昌盛的社会主义新林区而努力奋斗。

附录二　区（局）属各科室、各单位领导人名录

机关党委

书　记　刘国华（1986 年 12 月—1989 年 12 月）

袁　荣（1990 年 3 月—1991 年 6 月）

杜春生（1991 年 6 月—1999 年 4 月）

刘金良（1999 年 4 月—2000 年 8 月）

窦士文（2000 年 8 月—2001 年 11 月）

付守礼（2001 年 11 月—2002 年 3 月）

副书记　王彧鹏（1986 年 12 月—1989 年 5 月）

胡晓祥（1989 年 10 月至 1994 年）

党委办公室

主　任　马义良（1986 年 1 月—1990 年 4 月）

刘灿金（1990 年 4 月—1993 年 10 月）

张化成（1994 年 6 月—2000 年 8 月）

白晓光（2000 年 8 月—2005 年 1 月）

方春彪（2005 年 1 月—2005 年 12 月

副主任　刘灿金（1986 年 1 月—1990 年 4 月）

张庆金（1985 年 10 月—1986 年 4 月）

郑庆祥（1986 年 9 月—1990 年 1 月）

石凤山（1987 年 4 月—1989 年 12 月）

尹庆发（1987 年 12 月至 1992 年）

王志仁（1992—1993 年）

白晓光（1996 年 3 月—2001 年 9 月）

王殿龙（2001 年 9 月—2004 年 1 月）

方春彪（2004 年 1 月—2005 年 1 月）

组织部

部　长　姜彦亮（1986 年 1 月—1989 年 12 月）

马义良（1990 年 4 月—1993 年 10 月）

王汉成（1993 年 10 月—1997 年 10 月）

屈会彬（1997 年 10 月—2003 年 11 月）

唐海军（2003 年 11 月—2005 年 12 月）

副部长　于清湖（1986 年 1 月—1988 年 4 月）

王汉成（1989 年 7 月—1993 年 10 月）
屈会彬（1993 年 10 月—1997 年 10 月）

老干部办

主　任　张庆良（1988 年 12 月—1990 年 12 月）
（1997 年 5 月—2005 年 12 月）
副主任　张庆良（1986 年 1 月—1988 年 12 月）
李恩泽（1986 年 1 月至 1989 年）

宣传部

部　长　方　春（1986 年 1 月—1990 年 4 月）
黄瑞喜（1990 年 4 月—2002 年 10 月）
黄冬霞（2002 年 10 月—2005 年 12 月）
副部长　黄瑞喜（1986 年 1 月—1990 年 4 月）
王志仁（1990 年 12 月至 1992 年）
冯德良（1993—1994 年）
滑福泉（1996 年 6 月—2001 年 3 月）
韩志龙（2003—2004 年）
魏广惠（2005 年 1 月—2005 年 12 月）

精神文明办

副主任　李福军（2001—2005 年）

区纪委

书　记　吴炳佳（1986 年 1 月—1988 年 10 月）
姜彦亮（1988 年 10 月—1993 年 6 月）
张庆金（1993 年 6 月—1998 年 2 月）
寇方珠（1998 年 2 月—2005 年 12 月）
副书记　李福宽（1986—1987 年）
郭述铭（1986—1988 年）
许云平（1986—1987 年）
李子才（1988—1990 年）
张　才（1990—1992 年）
石凤山（1991—1997 年）
尹庆发（1992—1996 年）
王德福（1997—2005 年）
周忠军（1998—2005 年）

区政法委

书　记　魏　福（1986 年至 1988 年 11 月）
宋清民（2003 年 3 月—2005 年 12 月）
主　任　宋玉彬（1988 年 12 月—1989 年 12 月）
副书记　王宝华（1990 年 11 月—1997 年 4 月）
王德福（1991 年 3 月—1995 年 5 月）
李福宽（1997 年 5 月—1999 年 12 月）
鲁双菊（2000 年 1 月—2005 年 12 月）

黄跃林（2002 年 3 月—2005 年 12 月）
综治办主任　宋玉彬（1986 年 1 月—1988 年 11 月）
房洪喜（1997 年 8 月—2004 年 5 月）
黄跃林（2004 年 5 月—2005 年 12 月）
副主任　甘喜文（1995 年 6 月—1997 年 7 月）
梁宝金（2002 年 3 月—2005 年 12 月）
防范和处理邪教问题
领导小组办公室主任　黄瑞喜（1997 年 10 月—2000 年 12 月）
鲁双菊（2000 年 12 月—2002 年 4 月）
黄跃霖（2002 年 4 月—2004 年 6 月）
梁宝金（2004 年 6 月—2005 年 12 月）

统战部

部　长　刘德勤（1986 年至 1990 年 11 月）
李春野（1993 年 10 月—1997 年 10 月）

区工会

主　席　刘中和（1986 年 1 月—1993 年 10 月）
刘灿金（1993 年 10 月—1997 年 10 月）
王汉成（1997 年 10 月—2002 年 2 月）
刁云志（2003 年 3 月—2005 年 12 月）
副主席　李宝贵（1986 年 1 月—1995 年 12 月）
崔维善（1986 年 1 月—1988 年 12 月）
傅守礼（1986 年 1 月—1997 年 5 月）
李春野（1991 年 9 月—1993 年 10 月）
刘海明（1997 年 5 月—2001 年 2 月）
张福生（2001 年 2 月—2002 年 1 月）
王文发（2002 年 1 月—2005 年 4 月）
韩志龙（2005 年 8 月—2005 年 12 月）

区妇联

主　任　姜乃心（1986 年 1 月—1990 年 12 月）
张桂香（1991 年 4 月—1997 年 5 月）
主　席　杨金芳（1997 年 5 月—2000 年 12 月）
慕秀清（2000 年 5 月—2005 年 12 月）
副主任　张桂香（1986 年 1 月—1991 年 4 月）
马玉兰（1990 年 9 月—1997 年 5 月）

团区委

书　记　林　森（1986 年 4 月—1989 年 4 月）
周新民（1989 年 4 月—1992 年 8 月）
王佩儒（1992 年 8 月—1998 年 4 月）
唐海军（1998 年 4 月—2002 年月 2）
宋　薇（2002 年 5 月—2005 年 12 月）
副书记　王志仁（1986 年 8 月—1987 年 4 月）

周新民（1987 年 8 月—1989 年 4 月）
李兆华（1989 年 4 月—1992 年 4 月）
王佩儒（1992 年 4 月—1992 年 7 月）
吴文良（1992 年 6 月—1997 年 4 月）
宋　薇（2001 年 4 月—2002 年 4 月）
张　锐（2005 年 12 月—2005 年 12 月）

区人大各办

办公室主任　许振才（1986 年 1 月—1993 年 10 月）
赵　兴（1993 年 10 月—1997 年 5 月）
王淑兰（1997 年 5 月—2002 年 2 月）
任雪晴（2002 年 6 月—2004 年 3 月）
卢洪生（2004 年 3 月—2005 年 12 月）
副主任　赵凌平（1987 年 12 月—1990 年 10 月）
任雪晴（1993 年 4 月—2002 年 6 月）
荣守辉（2004 年 6 月—2005 年 8 月）
谷云峰（2005 年 8 月—2005 年 12 月）
人事办主任　胡东鲁（1986 年 6 月—1989 年 6 月）
许庆森（1989 年 6 月—1993 年 11 月）
贠吉明（1993 年 11 月—1995 年 12 月）
王淑兰（1995 年 12 月—1997 年 5 月）
张宝林（2001 年 12 月—2002 年 2 月）
王淑兰（2002 年 2 月—2005 年 12 月）
副主任　贠吉明（1989 年 10 月—1993 年 11 月）
赵凌平（1990 年 10 月—1992 年 3 月）
王淑兰（1993 年 4 月—1995 年 12 月）
王福军（1997 年 5 月—2004 年 4 月）
荣守辉（2005 年 8 月—2005 年 12 月）
法制办主任　郝松杰（1986—1988 年 11 月）
戴炳臣（1988 年 11 月—1997 年 5 月）
姜力君（1998 年 6 月—2005 年 12 月）
副主任　姜力君（1997 年 5 月—1998 年 6 月）
科教办主任　周　游（1989 年 10 月—1991 年 9 月）
副主任　郑树祥（1986 年至 1997 年 5 月）
郝德彬（1996 年 11 月—1997 年 5 月）
经济办主任　刘连海（1986 年至 1991 年 9 月）
任雪晴（2004 年 3 月—2005 年 12 月）
副主任　王福军（1993 年 11 月—1997 年 5 月）

区（局）办公室

主　任　林　丽（1988 年 6 月—1989 年 12 月）
张庆金（1989 年 12 月—1993 年 6 月）
李连君（1993 年 11 月—1997 年 5 月）

牟孝忠（1997 年 5 月—2001 年 3 月）
滑福泉（2001 年 3 月—2005 年 5 月）
王殿龙（2005 年 5 月—2005 年 12 月）
副主任 齐东才（1986 年 1 月—1987 年 6 月）
李连君（1985 年 1 月—1988 年 10 月）
吕文俊（1986 年 5 月—1990 年 5 月）
张树洲（1986 年 5 月—1988 年 10 月）
张庆金（1986 年 4 月—1989 年 12 月）
张希林（1989 年 5 月—1990 年 7 月）
潘福顺（1989 年 8 月—1992 年 10 月）
孙兆福（1990 年 5 月—2004 年 3 月）
关 辉（1992 年 8 月—1996 年 5 月）
李 辉（2002 年 5 月—2004 年 11 月）
张春峰（2004 年 3 月—2005 年 12 月）
王庆林（2005 年 1 月—2005 年 12 月）

地方志办公室

主 任 马义良（兼）（1986—1990 年）
副主任 郑庆祥（1986—1989 年）
任利明（1986—1997 年）

体改办

主 任 刘志广（1986 年至 1988 年 3 月）
赵洪志（1990 年 12 月—1996 年 10 月）
柳 杉（1996 年 10 月—2001 年 4 月）
副主任 张力羿（1986 年至 1988 年 4 月）
候 威（1988 年 9 月—1992 年 12 月）
宋桂兰（1991 年 9 月—1997 年 5 月）
刘德军（1992 年 3 月—1996 年 9 月）

计划生育办公室

主 任 胡慧莲（1987 年 5 月—1992 年 12 月）
郑尊贵（1992 年 12 月—1999 年 6 月）
陶维琴（1999 年 7 月—2001 年 1 月）
副主任 谷连清（1992 年 12 月—1998 年 12 月）

区卫生科（局）

科（局）长 魏景和（1986 年 5 月—1988 年 12 月）
苏廷国（1989 年 12 月—1995 年 3 月）
何 沛（1996 年 10 月—2001 年 11 月）
副科（局）长 张 跃（1995 年 3 月—1996 年 12 月）
郝永洁（1995 年 3 月—1996 年 12 月）
2001 年 11 月，区计划生育办公室与区卫生科合并。

卫生计划生育局

局 长 黄 林（2001 年 11 月—2004 年 3 月）

王文革（2004 年 3 月—2006 年 12 月）

副局长　陶维琴（2001 年 11 月—2006 年 12 月）

武晓君（2003 年 6 月—2006 年 12 月）

区信访办公室

主　任　郎占武（1986 年 5 月至 1990 年）

杨金芳（1995 年至 1997 年 5 月）

张孟良（1997 年 5 月—2001 年 11 月）

李景海（2001 年 11 月—2002 年 11 月）

田宝成（2002 年 11 月—2004 年 7 月）

胡春平（2004 年 7 月—2005 年 5 月）

杨海峰（2005 年 5 月—2006 年 12 月）

副主任　胡春平（2000 年 4 月—2004 年 7 月）

董丽杰（2005 年 5 月—2006 年 12 月）

教委（教育局、科）

科　长　李　文（1986—1989 年）

主　任　李　文（1989—1991 年）

窦士文（1991—2000 年）

局　长　张化成（2000—2005 年）

于佩利（2005—2005 年）

副科长　金鹏举（1986—1989 年）

陈若杰（1986—1989 年）

王维中（1986—1989 年）

副主任　吴德枢（1989—1996 年）

于元红（1989—1996 年）

姚有珍（1991—1996 年）

隋金波（1996—2001 年）

副局长　林　晶（2001—2005 年）

慕晓霞（2002—2005 年）

成教办

主　任　于元红（1992 年 12 月—1997 年 10 月）

副主任　朱宝芹（1992 年 12 月—1997 年 10 月）

计划委员会（计划科、计统局）

科、局长（主任）

姚永彬（1987 年 10 月—1996 年 10 月）

张立羿（1996 年 10 月—1997 年 5 月）

迟颖春（1997 年 5 月—1998 年 3 月）

王佩儒（1998 年 3 月—2001 年 12 月）

副科、副局长（副主任）

高建平（1986 年至 1997 年 6 月）

郎伊梅（1990 年 9 月—2001 年 11 月）

姚洪霞（2000 年 8 月—2006 年 4 月）

尚玉森（2001 年 4 月—2005 年 4 月）

区物价局

局　长　刘国华（1989 年 12 月—1996 年 1 月）

贾广成（1996 年 1 月—2000 年 08 月）

姚红霞（2000 年 8 月—2005 年 12 月）

副局长　吕文彬（1992 年 12 月—1995 年 12 月）

刘德范（1992 年 12 月—1998 年 4 月）

建委　建设局（基建科）

科　长　韩　恕（1986 年 1 月—1986 年 4 月）

山云岩（1986 年 4 月—1990 年 3 月）

副科长　山云岩（1986 年 1 月—1986 年 4 月）

任祖魁（1986 年 1 月—1990 年 3 月）

庞学敏（1987 年 4 月—1990 年 3 月）

主　任　山云岩（1990 年 3 月—2001 年 11 月）

局　长　山云岩（2001 年 11 月—2005 年 3 月）

贾　健（2005 年 3 月—2005 年 12 月）

副主任　任祖魁（1990 年 3 月—1992 年 3 月）

庞学敏（1990 年 3 月—1996 年 3 月）

刘汉山（1992 年 3 月—2001 年 11 月）

杨立森（2000 年 11 月—2001 年 11 月）

副局长　乔云龙（2001 年 11 月—2005 年 12 月）

崔玉辉（2001 年 11 月—2004 年 1 月）

杨立森（2001 年 11 月—2005 年 12 月）

李秀丽（2001 年 11 月—2005 年 12 月）

经委　经贸委

主　任　陈昌忠（1986—1989 年）

赵国良（1989 年 10 月—1997 年 5 月）

1997 年 5 月，区经委与企管科合并成立经贸委。

主　任　张庆林（1997 年 5 月—2001 年 4 月）

柳　彬（2001 年 4 月—2002 年 3 月）

赵凌国（2002 年 3 月—2003 年 12 月）

张洪彬（2004 年 9 月—2006 年 12 月）

副主任　赵　权（1986 年至 1990 年 5 月）

韩玉华（1990 年 5 月—1991 年 11 月）

刘凤禄（1990 年 5 月—1991 年 11 月）

靳喜友（1990 年 12 月—1993 年 2 月）

荆占华（1993 年 10 月—1997 年 6 月）

刘福清（1997 年 11 月—2001 年 11 月）

王大伟（2001 年 11 月—2003 年 6 月）

张洪彬（2002 年 1 月—2004 年 9 月）

刘　宏（2004 年 3 月—2006 年 12 月）

企管科

科　长　张力羿（1990 年 4 月—1996 年 10 月）
　　　　柳　彬（1996 年 10 月—2001 年 11 月）
副科长　杜春生（1990 年 4 月—1991 年 6 月）
　　　　赵凌平（1992 年 3 月—1994 年 3 月）
　　　　宋秀兰（1992 年 12 月—1997 年 10 月）
　　　　于永君（1994 年 11 月—1996 年 10 月）

科技科（科委）

科长（主任）　杨福林（1987 年 10 月—2005 年 3 月）
　　　　曹士晗（2005 年 3 月—2005 年 12 月）
副科长（副主任）　高广义（1987 年 4 月—1994 年 3 月）
　　　　邢广明（1994 年 8 月—1997 年 6 月）
　　　　郝世君（2004 年 3 月—2005 年 12 月）

科　协

主　席　杨宝森（1990 年 10 月—1992 年 8 月）
　　　　高广义（1994 年 3 月—1994 年 9 月）
副主席　段芳春（1986 年 5 月—1994 年 3 月）
　　　　商树廷（1993 年 4 月—1996 年 9 月）
　　　　孙实成（1996 年 6 月—1997 年 6 月）

农管处

主　任　赵凌国（1988 年 1 月—1991 年 5 月）
副主任　王文治（1988 年 1 月—1991 年 5 月）
　　　　汪国彬（1988 年 1 月—1991 年 5 月）
　　　　李洪彦（1990 年 9 月—1991 年 5 月）

农委（农业工作办公室）

主　任　高建平（室）（1997 年 5 月—2001 年 11 月）
　　　　高建平（委）（2001 年 11 月—2005 年 4 月）
　　　　田宝成（2005 年 4 月—2005 年 12 月）
副主任　孙立权（1997 年 6 月—1998 年 4 月）
　　　　孙玉英（1998 年 4 月—2005 年 12 月）
　　　　刘力英（2001 年 11 月—2005 年 12 月）

乡企局

局　长　李洪彦（1992 年 3 月—1993 年 4 月）
　　　　房洪喜（1993 年 4 月—1995 年 2 月）
　　　　仇元胜（1995 年 3 月—1997 年 6 月）
副局长　李洪彦（1986 年 5 月—1990 年 12 月）
　　　　庄德华（1990 年 12 月—1991 年 5 月）
　　　　钟铁英（1990 年 12 月—1992 年 12 月）
　　　　王钦臣（1992 年 12 月至 1997 年）

水利局

局　长　韩玉华（1992 年 12 月—1997 年 6 月）

副局长　张春生（1992 年 12 月—1997 年 6 月）

生产（机电）科总调度室

科　长　赵惠义（1984 年 4 月—1988 年 4 月）
　　　　于秀蓁（1988 年 4 月—1989 年 5 月）
主　任　迟颖春（1989 年 5 月—1991 年 7 月）
科　长　迟颖春（1991 年 7 月—1997 年 5 月）
　　　　徐茂坤（1997 年 5 月—1997 年 11 月）
　　　　孟庆国（1997 年 11 月—2002 年 5 月）
　　　　王宝平（2002 年 5 月—2005 年 12 月）
副科长　徐茂坤（1985 年 4 月—1997 年 5 月）
　　　　孟庆国（1991 年 7 月—1997 年 11 月）
　　　　陈荣辉（1996 年 10 月—1997 年 5 月）
　　　　解庆国（1998 年 9 月—2002 年 8 月）
　　　　那希利（2001 年 11 月—2002 年 2 月）
　　　　刘宝伦（2001 年 12 月—2005 年 4 月）
　　　　王宪忠（2004 年 6 月—2005 年 12 月）
总调度室副主任：
　　　　尤永江（1989 年 5 月—1991 年 7 月）
局副总工
　　　　尤永江（1997 年 7 月至 2002 年）

机电科

科　长　周玉民（1986 年月—1989 年 11 月）
　　　　徐仁祥（1989 年 8 月—1991 年 8 月）
　　　　王乃琦（1991 年 9 月—1996 年 10 月）
　　　　那希利（1997 年 11 月—2001 年 11 月）
副科长　王乃琦（1986 年至 1991 年 9 月）
　　　　那希利（1992 年 3 月—1997 年 11 月）

资源科

科　长　聂明升（1986 年至 1993 年 4 月）
　　　　孟宪福（1995 年 2 月—2000 年 8 月）
　　　　曹士晗（2000 年 8 月—2003 年 4 月）
　　　　邹吉龙（2003 年 4 月—2005 年 12 月）
副科长　孟宪福（1987 年 9 月—1995 年 2 月）
　　　　于秀伦（1986 年 9 月—1988 年 10 月）
　　　　刘德英（1991 年 4 月—1999 年 12 月）
　　　　滕家富（2000 年 8 月—2005 年 12 月）

安技科　安全办　安监局

科长（主任）　李成林（1987 年 5 月—1988 年 4 月）
　　　　王文发（1989 年 5 月—1997 年 5 月）
副科长　徐克祥（1986 年至 1997 年 5 月）
　　　　姜耀林（1986 年 5 月—1989 年 12 月）

1997 年 5 月与劳动局合并。
局　长　刘国华（兼）（1997 年 5 月—2001 年 11 月）
副局长　杨　明（1997 年 5 月至 2000 年）
吴兴亮（2000 年至 2001 年 11 月）
2001 年 11 月从劳动局分出，成立独立安监局。
局　长　吴兴亮（2001 年 11 月—2005 年 3 月）
侯　威（2005 年 4 月—2005 年 12 月
副局长　杨　明（2003 年 4 月—2004 年 3 月）
侯　威（2004 年 3 月—2005 年 4 月）
杨学武（2004 年 3 月—2005 年 12 月）

森工产品经销公司（木材科）

经　理　魏连起（1988 年 2 月—1989 年 12 月）
朱丕芳（1990 年 12 月—1995 年 12 月）
刁云志（1995 年 12 月—2003 年 2 月）
连文岱（2003 年 3 月—2005 年 12 月）
副经理　朱丕芳（1987 年 9 月—1990 年 12 月）
秦绍林（1988 年 2 月—1992 年 3 月）
侯殿臣（1990 年 5 月—1996 年 10 月）
张成君（1990 年 12 月—1993 年 12 月）
陈万寿（1990 年 12 月—1998 年 4 月）
常兴权（1993 年 12 月—2003 年 3 月）
尹庆勋（1996 年 10 月—2003 年 2 月）
2003 年 3 月，森工产品经销公司更名木材科。
科　长　连文岱（2003 年 3 月—2005 年 12 月）
副科长　常兴权（2003 年 3 月—2005 年 12 月）
封玉祥（2003 年 4 月—2005 年 12 月）

带岭区财政局

局　长　杨登志（1986 年 1 月—1988 年 4 月）
周齐霞（1988 年 4 月—1990 年 5 月）
麻俊胜（1990 年 5 月—1992 年 11 月）
李玉升（1993 年 2 月—1997 年 4 月）
孙立国（2001 年 3 月—2005 年 12 月）
副局长　周齐霞（1986 年 1 月—1988 年 4 月）
麻俊胜（1987 年 9 月—1990 年 5 月）
高瑞君（1988 年 1 月—1988 年 10 月）
李玉升（1988 年 10 月—1993 年 2 月）
李福毅（1990 年 7 月—1997 年 10 月）
孙立国（1992 年 12 月—2001 年 3 月）
刘福忠（1998 年 8 月—2005 年 12 月）
肖玉华（2001 年 11 月—2005 年 12 月）

伊春市收费局带岭分局

局　长　张青松（2000 年 8 月—2005 年 12 月）

伊春市拍卖行带岭分理处

主　任　杨春旭（2000 年 8 月—2001 年 5 月）
　　　　马玉龙（2001 年 11 月—2005 年 12 月）

审计局

局　长　贾广发（1986 年 1 月—1996 年 11 月）
　　　　慕秀清（1996 年 11 月—2001 年 4 月）
　　　　杨春旭（2001 年 5 月—2005 年 12 月）
副局长　王淑兰（1986 年 1 月—1995 年 10 月）
　　　　关洪彦（1987 年 4 月—1989 年 4 月）
　　　　于桂芝（1990 年 9 月—1996 年 11 月）

区人事局

局　长　张树林（1986 年 1 月—1995 年 12 月）
　　　　林　森（1995 年 12 月—1997 年 5 月）
副局长　奚庆春（1986 年 1 月至 1991 年）
　　　　贾广成（1986 年至 1996 年 1 月）
　　　　周新民（1992 年 12 月—1997 年 5 月）

人事劳动局（劳动工资科）

科（局）长　秦绍林（1986—1987 年）
　　　　李　泽（1987 年 10 月至 1989 年）
　　　　孙实诚（1990 年 12 月—1995 年 12 月）
　　　　刘国华（1996 年 1 月—2004 年 3 月）
　　　　张晓东（2003 年 4 月—2005 年 12 月）
副科（副局）长　李　泽（1986—1987 年）
　　　　孙实诚（1986—1989 年）
　　　　宋桂兰（1989 年 11 月—1991 年 4 月）
　　　　张力羿（1988 年 4 月—1989 年 11 月）
　　　　杨　明（1992 年 12 月—2003 年 4 月）
　　　　张晓东（1992 年 12 月—2003 年 4 月）

劳动服务公司

副经理　李永军（1993 年 1 月—1997 年 5 月）
　　　　刘铁军（1993 年 1 月—1997 年 5 月）

就业局

局　长　张晓东（2001 年 12 月—2003 年 3 月）
　　　　高建军（2003 年 3 月—2005 年 12 月）
副局长　刘铁军（1997 年 5 月—2003 年 3 月）

社保局

局　长　吴延义（2004 年 3 月—2005 年 12 月）
副局长　孙显涛（1995 年 3 月—2005 年 12 月）

文化局

局　长　郑庆祥（1989 年 12 月—1997 年 5 月）

副局长　陈洪义（1986 年 5 月—1997 年 5 月）

区体委

主　任　李景彬（1986 年 5 月—1997 年 5 月）

1997 年 5 月，文化局与体委合并更名为区文体局。

文体局

局　长　李景彬（1997 年 5 月—2005 年 12 月）

区档案局（档案馆）

1997 年 5 月，档案局（档案馆）与区地方志办公室合并；2001 年 11 月，区地方志办公室与档案局分开，地方志办公室隶属区政府办公室。

局　长　张玉芹（1988 年—1995 年 12 月）

郑庆祥（1997 年 5 月—2001 年 11 月）

潘晓凤（2001 年 11 月—2004 年 3 月）

文晓斌（2004 年 3 月—2005 年 12 月）

副局长　张玉芹（1986 年 3 月至 1988 年）

王亚贤（1993 年 10 月—1997 年 6 月）

王春英（1995 年 12 月—1997 年 5 月）

任利明（1997 年 6 月—2001 年 1 月）

潘晓凤（2001 年 11 月—2004 年 3 月）

文晓斌（2002 年 5 月—2004 年 3 月）

林政科（局）森防办

科（局）长　张福生（1987 年 10 月—2001 年 3 月）

牟孝忠（2001 年 3 月—2002 年 11 月）

陈　刚（2002 年 11 月—2005 年 12 月）

副科（副局）长　张福生（1986 年至 1987 年 5 月）

冯金凯（1986 年至 1998 年 4 月）

张玉山（1988 年 9 月—1990 年 5 月）

乔云龙（1991 年 1 月—2000 年 8 月）

刘永祥（2000 年 8 月—2002 年 1 月）

郝子杰（2000 年 8 月—2005 年 12 月）

姜义平（2002 年 1 月—2003 年 6 月）

李树桐（2003 年 6 月—2005 年 12 月）

民政局（科）

局　长　苏守权（1887 年 12 月—1989 年 10 月）

牟孝忠（1989 年 10 月—1997 年 5 月）

付守礼（1997 年 5 月—2001 年 11 月）

孟令忠（2001 年 11 月—2006 年 4 月）

周新生（2006 年 4 月—2006 年 12 月）

副局长　王志峰（1986 年 10 月—1988 年 12 月）

胡晓祥（1988 年 12 月—1989 年 9 月）

王延之（1989 年 10 月—1997 年 5 月）
李景玉（2001 年 11 月—2006 年 12 月）

房地产管理局　公用事业管理处

局长、主任　杨新生（1990 年 4 月—1993 年 11 月）
蒋立山（1993 年 11 月—1995 年 12 月）
黄跃清（1995 年 12 月—1999 年 3 月）
副局长、副主任　卜祥吉（1990 年 4 月—1990 年 5 月）
史广地（1990 年 4 月—1996 年 1 月）
杨志民（1990 年 4 月—1999 年 3 月）
徐克福（1991 年 8 月—1999 年 3 月）
崔玉辉（1993 年 3 月—1999 年 3 月）
1999 年 3 月，房地局更名物业有限责任公司，房地局业务归建委。

规划（环保）局　公用事业管理处

局　长　李兴国（1990 年 4 月—1996 年 3 月）
渠成阳（1996 年 3 月—2000 年 8 月）
乔云龙（2000 年 8 月—2001 年 11 月）
副局长　刘连江（1990 年 4 月—1990 年 5 月）
卜祥吉（1990 年 5 月—1998 年 4 月）
赵士杰（1990 年 10 月—1996 年 3 月）
曹铁环（1996 年 3 月—1999 年 4 月）
田维发（1996 年 6 月—1999 年 4 月）
1999 年 4 月，公用事业并入环卫处，规划环保并入建委。

区司法局

局　长　张学富（1987 年 12 月—1992 年 10 月）
黄跃林（1992 年 12 月—1997 年 11 月）
谭庆杰（2002 年 3 月—2005 年 4 月）
王德福（2005 年 6 月—2006 年 12 月）
副局长　王德福（1986—1990 年）
杨忠军（1992 年 12 月—1995 年 3 月）
谭庆杰（1998 年 11 月—2002 年 3 月）

旅游局

2003 年 4 月，旅游局从宾馆分出归属区政府直属部门。
局　长　黄跃清（2003 年 4 月—2005 年 12 月）

外贸（科）公司

科　长　陈　敏（1986 年 1 月—1987 年 9 月）
副科长　韩长荣（1986 年 1 月—1987 年 6 月）
薛宝昌（1986 年 2 月—1987 年 6 月）
经　理　陈　敏（1987 年 9 月—1992 年 3 月）
宋万金（1993 年 3 月—1994 年 9 月）
高广义（1994 年 9 月—2001 年 3 月）
副经理　薛宝昌（1987 年 6 月—1990 年 1 月）

韩长荣（1987 年 6 月—1988 年 10 月）
宋万金（1992 年 3 月—1993 年 3 月）
董事长　高广义（2001 年 3 月—2005 年 12 月）

非国有经济办公室

主　任　单德龙（2002 年 1 月—2005 年 12 月）
副主任　姜义平（2001 年 10 月—2002 年 1 月）
孔　彬（2003 年 5 月—2005 年 12 月）
宋丽娟（2003 年 5 月—2005 年 12 月）

专员办

主　任　王　成（1989 年 10 月—2001 年 4 月）
赵宇飞（2001 年 4 月—2005 年 12 月）

总经济师办公室

主　任　于秀琛（1986 年 9 月—1989 年 11 月）
副主任　杜春生（1988 年至 1991 年 4 月）
迟颖春（1988 年 4 月—1989 年 5 月）
于永君（1994 年 11 月—1996 年 10 月）

检验科（队）

科（队）长　于秀臻（1992 年 12 月—1995 年 12 月）
许云平（1996 年 1 月—1998 年 6 月）
连文岱（1999 年 6 月—2003 年 3 月）
王　泉（2003 年 3 月—2005 年 12 月）
副科（副队）长　董桂林（1992 年 12 月—1997 年 10 月）
庄德才（1992 年 12 月—2005 年 12 月）
方　晶（1998 年 4 月—2005 年 12 月）

森调设计队

队　长　杨德文（1986 年至 1997 年 11 月）
宋奎傲（1997 年 11 月—2000 年 8 月）
孙忠孝（2000 年 8 月—2004 年 3 月）
岳维云（2004 年 3 月—2005 年 12 月）
副队长　于树成（1986 年至 1995 年 10 月）
岳维云（2000 年 3 月—2004 年 3 月）
孙茂发（1993 年 1 月—1998 年 6 月）
张兆田（2002 年 5 月—2005 年 12 月）
郭恒久（2005 年 3 月—2005 年 12 月）

碧水中华秋沙鸭自然保护区

1997 年 10 月成立中华秋沙鸭保护区，2003 年 11 月成立保护区管理处。
主　任　曹士晗（兼）（2003 年 11 月—2005 年 4 月）
副主任　滕家富（2003 年 11 月—2005 年 12 月）
2005 年 4 月，保护区管理处变更为管理局。
局　长　陈　刚（2005 年 4 月—2005 年 12 月）
副局长　付林学（兼）（2005 年 4 月—2005 年 12 月）

谷云旭（兼）（2005 年 4 月—2005 年 12 月）
滕继义（2005 年 4 月—2005 年 12 月）

市政城管监察大队

队　长　曹铁环（1999 年 4 月—2005 年 3 月）
谷云旭（2005 年 3 月—2005 年 12 月）

区公安局

局　长　邵长贵（1986 年 1 月至 1990 年）
徐广才（1990—1997 年）
杨　华（1997 年 5 月—2005 年 1 月）
欧庆彬（2005 年 1 月—2005 年 12 月）
政　委　孟祥敬（1986 年 1 月—1995 年 2 月）
刘贵杰（1995 年 2 月—1998 年 8 月）
崔玉忠（1998 年 8 月至 2004 年）
关　毅（2000 年 4 月—2005 年 12 月）
副局长　王宝华（1986 年 1 月—1989 年 1 月）
李忠义（1986 年 1 月—1997 年 7 月）
贾凌义（1986 年 1 月—1997 年 7 月）
关　毅（1990 年 5 月—2000 年 4 月）
崔玉忠（1990 年 5 月—1998 年 8 月）
刘贵杰（1993 年至 1995 年 2 月）
郑德林（1997 年 7 月—2005 年 12 月）
曹德奇（1998 年至 2005 年 12 月）
魏连祥（2000 年 8 月—2005 年 12 月）
秦世春（2002 年 8 月—2005 年 12 月）

城镇防火指挥部办公室

主　任　李忠义（1986—1988 年）
贾凌义（1988—1990 年）
刘贵杰（1990—1991 年）
贾凌义（1995—1998 年）
郑德林（1998—2005 年）
副主任　姜洪洲（1986—1988 年）
郭广顺（1988—1990 年）
甘喜文（1988—1990 年）
蒋崇俊（1991—1999 年）
吴明海（1998—2005 年）

检察院

检察长　王　毅（1986 年至 1990 年 12 月）
张学富（1991 年 6 月—1997 年 5 月）
雷安（1997 年 5 月—2000 年 9 月）
温立君（2000 年 9 月—2005 年 12 月）
副检察长　苑海芳（1986—1995 年）

李忠林（1986—1989 年）
王宝华（1989—1995 年）

法　院

院　长　郝德生（1986 年 1 月—1993 年 6 月）
于清河（1993 年 6 月—1997 年 5 月）
张永成（1997 年 5 月—2005 年 12 月）
副院长　鲁双菊（1986 年 1 月—2000 年 1 月）
高希伟（1987 年 5 月—1995 年 6 月）
王淑杰（1995 年 6 月—2002 年 3 月）

武装部

政　委　方　春（1991 年 10 月—2000 年 1 月）
孟昭荣（2000 年 8 月—2002 年 9 月）
王　斌（2002 年 6 月—2005 年 6 月）
陈俊海（2005 年 7 月—2005 年 12 月）
部　长　申景铎（1986 年 6 月—1990 年 9 月）
方　春（1990 年 10 月—1991 年 10 月）
谷宝良（1991 年 11 月—1996 年 3 月）
王建东（1997 年 2 月—1999 年 1 月）
吕永文（1992 年 2 月—2002 年 12 月）
韩振华（2002 年 12 月—2005 年 12 月）
副部长　韩玉华（1986 年 4 月—1988 年 8 月）
孙立权（1990 年 7 月—1994 年 12 月）
陈正平（1990 年 7 月—2000 年 1 月）
谭建模（1996 年 4 月—1997 年 1 月）

环山林场

场　长　宋奎傲（1987 年 8 月—1988 年 10 月）
娄文学（1988 年 10 月—1990 年 5 月）
吕文俊（1990 年 5 月—1997 年 4 月）
孟令忠（1997 年 5 月—1998 年 4 月）
王大伟（1998 年 4 月—1999 年 4 月）
黄　林（1999 年 4 月—2001 年 11 月）
何少黎（2001 年 11 月—2002 年 5 月）
马文革（2002 年 5 月—2005 年 2 月）
孙成烨（2005 年 2 月—2005 年 12 月）
副场长　朱子成（1987 年 8 月—1988 年 10 月）
叶守元（1988 年 10 月—1989 年 11 月）
姜耀林（1989 年 8 月—1991 年 9 月）
王守礼（1988 年 10 月—1989 年 8 月）
杨国兴（1989 年 8 月—1993 年 10 月）
滕继义（1991 年 9 月—1998 年 8 月）
杨晓峰（1993 年 10 月—1999 年 4 月）

田树文（1998 年 8 月—1999 年 4 月）
吴开林（1999 年 4 月—2005 年 12 月）
马文革（1999 年 7 月—2002 年 5 月）
滑福林（2002 年 8 月—2005 年 2 月）
孙茂川（2004 年 3 月—2005 年 2 月）
杨青春（2005 年 3 月—2005 年 12 月）

寒月林场

场　长　张玉山（1988 年 6 月—1988 年 10 月）
董桂林（1988 年 10 月—1991 年 1 月）
宋清民（1991 年 1 月—1998 年 8 月）
贾　健（1998 年 8 月—2005 年 3 月）
刘宝伦（2005 年 3 月—2005 年 12 月）
副场长　张玉山（1987 年 8 月—1988 年 6 月）
宋清民（1987 年 8 月—1991 年 1 月）
解金国（1987 年 8 月—1991 年 1 月）
朱子成（1986 年 5 月—1991 年 1 月）
周　贺（1991 年 1 月—1994 年 3 月）
刘化亭（1991 年 1 月—1994 年 3 月）
刘云江（1994 年 3 月—2000 年 8 月）
王志彪（2001 年 8 月—2005 年 12 月）

朝阳林场

场　长　乔云龙（1988 年 10 月—1991 年 1 月）
娄文学（1987 年 8 月—1988 年 10 月）
常铁石（1991 年 1 月—1996 年 3 月）
陈来福（1996 年 10 月—1999 年 11 月）
卢　显（1999 年 11 月—2001 年 11 月）
苏　峰（2002 年 1 月—2003 年 3 月）
李冰伦（2003 年 4 月—2005 年 4 月）
副场长　吴开林（1987 年 8 月—1989 年 8 月）
刘福成（1988 年 10 月—1991 年 1 月）
周　贺（1989 年 8 月—1991 年 1 月）
那希彦（1992 年 12 月—1996 年 1 月）
孙忠孝（1992 年 12 月—1996 年 1 月）
陈来福（1996 年 3 月—1996 年 10 月）
刘万山（1997 年 6 月—1998 年 8 月）
苏　峰（1999 年 12 月—2001 年 12 月）
付林学（2001 年 12 月—2002 年 4 月）
唐法海（2003 年 4 月—2005 年 4 月）
2005 年 4 月，朝阳林场合并到北列林场。

北列林场

场　长　于庆文（1986 年 5 月—1989 年 11 月）

黄　林（1989 年 11 月—1990 年 3 月）
宋奎傲（1990 年 3 月—1991 年 1 月）
王基山（1991 年 1 月—1992 年 3 月）
吴开林（1992 年 12 月—1994 年 9 月）
王宝平（1994 年 9 月—1996 年 3 月）
连文岱（1996 年 3 月—1997 年 8 月）
王大伟（1998 年 3 月—1999 年 12 月）
周新生（1999 年 12 月—2003 年 7 月）
王继春（2003 年 4 月—2004 年 4 月）
刘云江（2004 年 4 月—2006 年 12 月）
副场长　解金国（1986 年 1 月—1987 年 4 月）
苏　森（1987 年 9 月—1989 年 8 月）
王宝平（1987 年 8 月—1994 年 9 月）
黄　林（1988 年 10 月—1989 年 11 月）
刘云江（1989 年 8 月—1991 年 1 月）
潘树全（1991 年 1 月—1992 年 3 月）
霍明文（1992 年 3 月—2002 年 11 月）
战　春（1994 年 9 月—1996 年 9 月）
滕继义（2002 年 11 月—2005 年 3 月）
王成厚（2003 年 6 月—2004 年 4 月）
王延春（2005 年 4 月—2005 年 8 月）
唐法海（2005 年月 4 月—2005 年 12 月）

南列林场

场　长　车文义（1987 年 8 月至 1987 年）
王基山（1990 年 7 月—1991 年 1 月）
宋奎傲（1991 年 1 月—1995 年 12 月）
王大伟（1995 年 12 月—1998 年 4 月）
孟令忠（1998 年 4 月—2001 年 11 月）
李冰伦（2001 年 11 月—2003 年 4 月）
周新生（2003 年 4 月—2003 年 4 月）
胡振生（2004 年 3 月—2005 年 12 月）
副场长　娄文学（1986—1987 年）
魏振春（1986 年至 1997 年 4 月）
李继纯（1988—1989 年）
程绪德（1988 年 4 月—1989 年 8 月）
李景海（1988 年 10 月—1989 年 8 月）
吴开林（1989 年 8 月—1992 年 3 月）
潘树全（1990 年 3 月—1991 年 1 月）
刘云江（1992 年 12 月—1994 年 3 月）
周　贺（1994 年 3 月—1997 年 6 月）
孙忠孝（1997 年 6 月—2000 年 8 月）

李冰伦（2000 年 8 月—2001 年 11 月）
王建伟（2001 年 11 月—2005 年 12 月）
薛景学（2002 年 11 月—2006 年 12 月）
吴云彩（1992 年 12 月—1998 年 4 月）
肖亚凡（2000 年 8 月—2001 年 11 月）
霍明文（2002 年 11 月—2004 年 6 月）
赵兴江（2004 年 6 月—2005 年 12 月）

碧水林场

场　长　王德臣（1987 年 8 月—1988 年 10 月）
刁云志（1988 年 10 月—1995 年 12 月）
唐忠信（1995 年 12 月—2002 年 1 月）
张春峰（2002 年 1 月—2004 年 3 月）
谷云旭（2004 年 3 月—2005 年 12 月）
副场长　许汉青（1986 年 5 月至 1988 年）
李冰伦（1988—1990 年）
谭继祥（1988 年 10 月至 1992 年）
刘云发（1990 年 3 月—2000 年 3 月）
肖亚风（2000 年 11 月—2005 年 3 月）
刘万山（1998 年 10 月—2006 年 12 月）
张春峰（2000 年 8 月—2001 年 12 月）
杨青春（2002 年 2 月—2004 年 3 月）
腾继义（2005 年 3 月—2005 年 12 月）

红光林场

场　长　刘增仁（1986 年至 1988 年 4 月）
常铁石（1988 年 4 月—1991 年 1 月）
解金国（1991 年 1 月—1996 年 3 月）
王宝平（1996 年 3 月—1999 年 4 月）
朴志勇（1999 年 4 月—2001 年 11 月）
卢　显（2001 年 11 月—2005 年 12 月）
副场长　吕福田（1986 年 1 月—1987 年 4 月）
周　贺（1987 年 8 月—1989 年 8 月）
刘守仁（1987 年 8 月—1992 年 3 月）
田树文（1989 年 8 月—1998 年 8 月）
周建军（1990 年 3 月—1991 年 1 月）
孙书彬（1992 年 3 月—1996 年 3 月）
战　春（1996 年 8 月—2001 年 3 月）
张　德（1998 年 9 月—2006 年 12 月）

明月林场

场　长　宋奎傲（1988 年 10 月—1990 年 3 月）
黄　林（1990 年 3 月—1999 年 4 月）
王宝平（1999 年 4 月—2002 年 5 月）

何少黎（2002 年 5 月—2005 年 12 月）
副场长 王秋玉（1987 年 8 月—1998 年 4 月）
李发胜（1987 年 8 月—1988 年 10 月）
徐瑞祥（1988 年 10 月—1989 年 11 月）
王云龙（1990 年 3 月—1991 年 1 月）
高崇志（1991 年 1 月—2005 年 3 月）
李　伟（2003 年 2 月—2005 年 12 月）
平忠祥（2005 年 3 月—2005 年 12 月）

永翠林场

场　长 高　臣（1986 年 8 月—1988 年 10 月）
许云平（1988 年 10 月—1991 年 3 月）
连文岱（1991 年 9 月—1996 年 3 月）
常铁石（1996 年 3 月—1997 年 5 月）
周　贺（1997 年 5 月—2001 年 3 月）
王继春（2001 年 3 月—2003 年 4 月）
苏　峰（2003 年 4 月—2005 年 12 月）
副场长 连文岱（1987 年 8 月—1991 年 9 月）
李发胜（1988 年 10 月至 1990 年）
高　臣（1988 年 10 月—1990 年 4 月）
王云龙（1991 年 1 月—1992 年 3 月）
陈志国（1992 年 12 月—2000 年 6 月）
潘树权（1992 年 12 月—1995 年 3 月）
肖亚范（1996 年 6 月—1998 年 5 月）
李冰伦（1997 年 6 月—1998 年 4 月）
薛景学（1997 年 6 月—1998 年 8 月）
潘树权（1997 年 4 月—2000 年 1 月）
伊柏林（1998 年 8 月—2001 年 5 月）
刘云发（2001 年 12 月—2006 年 12 月）
付林学（2003 年 3 月—2004 年 5 月）
吴福利（2005 年 11 月—2006 年 12 月）

大青川林场

场　长 赵成河（1986 年至 1988 年 10 月）
王群德（1988 年 10 月—1996 年 10 月）
赵凌国（1996 年 10 月—2002 年 1 月）
刘永祥（2002 年 1 月—2005 年 12 月）
副场长 宋继昌（1986 年至 1997 年 4 月）
王　泉（1986 年至 2002 年 5 月）
刘永祥（1997 年 6 月—2000 年 8 月）
薛景学（2000 年 8 月—2004 年 3 月）
胡振生（2003 年 8 月—2004 年 3 月）
员吉亮（2003 年 2 月—2005 年 12 月）

张庆文（2004年3月—2005年12月）

东方红林场

场　长　宋奎傲（1986年1月—1987年8月）
宋晓斌（1988年6月—1989年8月）
张庆林（1989年8月—1995年12月）
赵成河（1995年12月—1998年4月）
吴延义（1998年4月—2004年3月）
周新生（2004年3月—2005年12月）

副场长　刘德福（1986—1989年）
宋晓斌（1986年8月—1988年6月）
张庆林（1987年8月—1989年8月）
吴福巨（1988年10月—1989年11月）
张洪善（1987年8月—2000年8月）
孙臻玉（1987年8月—1992年10月）
王德臣（1987年8月—1988年6月）
王守礼（1989年8月—2003年2月）
刘宝伦（1992年10月—1998年4月）
吴延义（1993年3月—1998年4月）
安　乐（1998年4月—2005年12月）
张　德（1998年8月—2005年12月）
吴福利（2000年8月—2005年11月）
车柏松（2003年2月—2005年12月）
霍明文（2005年8月—2005年12月）

中心苗圃

主　任　李继承（1987年3月—1997年11月）
曹世晗（1997年11月—2000年4月）
刘云江（2002年1月—2003年9月）
孙建久（2003年9月—2005年3月）

副主任　王凤和（1987年3月—1994年9月）
李冰伦（1987年9月—1988年6月）
许汉清（1988年6月—1994年7月）
张春友（1991年12月—2005年3月）
郝士君（1992年9月—2002年9月）
吴开林（1996年11月—1999年3月）
刘云江（2000年4月—2002年1月）
杨晓峰（2000年7月—2001年4月）
肖亚范（2002年3月—2005年3月）
佘　华（2002年3月—2005年3月）
王云峰（2004年4月—2005年3月）

2005年3月，中心苗圃合并到秀水林场。

秀水林场

场　长　周庆云（1986 年 3 月—1987 年 8 月）
　　　　牟孝忠（1987 年 8 月—1989 年 10 月）
　　　　孙心乃（1990 年 3 月—1997 年 5 月）
　　　　王文发（1997 年 5 月—2002 年 1 月）
　　　　唐忠信（2002 年 1 月—2005 年 3 月）
　　　　孙建久（2005 年 3 月—2005 年 12 月）
副场长　张建国（1986—1987 年）
　　　　赵宇飞（1986 年 9 月—1987 年 4 月）
　　　　许汉清（1987 年 8 月—1988 年 6 月）
　　　　郭明仁（1987 年 8 月—1990 年 9 月）
　　　　李冰伦（1988 年 6 月—1992 年 3 月）
　　　　孙心乃（1988 年 10 月—1989 年 11 月）
　　　　张树洲（1988 年 10 月—1998 年 4 月）
　　　　焦森林（1992 年 3 月—1992 年 10 月）
　　　　王凤和（1992 年 10 月—2000 年 8 月）
　　　　伊柏林（1993 年 3 月—1997 年 8 月）
　　　　张喜全（1994 年 11 月—2000 年 8 月）
　　　　张义平（2000 年 8 月—2003 年 2 月）
　　　　唐法海（2000 年 8 月—2003 年 2 月）
　　　　王云峰（2002 年 12 月—2005 年 12 月）
　　　　胡振生（2002 年 12 月—2003 年 5 月）
　　　　郝世君（2003 年 2 月—2004 年 3 月）
　　　　王成祥（2004 年 3 月—2005 年 8 月）
　　　　张春友（2005 年 3 月—2005 年 12 月）
　　　　肖亚范（2005 年 3 月—2005 年 12 月）
　　　　佘　华（2005 年 5 月—2005 年 12 月）

集体企业公司（多种经营局）

党委书记　李成祥（1991 年 4 月—1996 年 6 月）
　　　　　张连常（1996 年 6 月—1998 年 8 月）
　　　　　李连君（1998 年 10 月—2003 年 12 月）
副书记　邢忠林（1991 年 4 月—1996 年 9 月）
经　理　张　君（1987 年至 1991 年 5 月）
经　理（局　长）　李成祥（1991 年 5 月—2001 年 5 月）
副经理（副局长）
　　　　李春野（1987 年 9 月—1991 年 4 月）
　　　　李振贵（1987 年 9 月—1991 年 4 月）
　　　　高瑞君（1988 年 10 月—1991 年 4 月）
　　　　陈伯良（1991 年 4 月—1999 年 4 月）
　　　　庄德华（1991 年 4 月—1996 年 10 月）
　　　　慕秀清（1995 年 5 月—1996 年 10 月）

王大伟（1999 年 12 月—2001 年 11 月）

营林公司（营林处、科）

经　理　王秉术（1989 年 8 月—1996 年 4 月）
于树成（1996 年 10 月—2001 年 11 月）
朴志勇（2001 年 11 月—2005 年 12 月）

副经理　肖永贵（1987 年 9 月—1993 年 3 月）
王大中（1987 年 9 月—1995 年 12 月）
贺成瑞（1987 年 9 月—1995 年 12 月）
曹士晗（1989 年 5 月—1997 年 11 月）
王文发（1987 年 9 月—1988 年 4 月）
赵凌国（1992 年 5 月—1996 年 10 月）
于树成（1995 年 11 月—1996 年 10 月）
朴志勇（1996 年 3 月—2001 年 11 月）
赵存玉（1997 年 11 月—2005 年 12 月）
田树文（1999 年 4 月—2005 年 12 月）

运输公司

经　理　韩佩荣（1986 年 5 月—2004 年 3 月）
董加平（2004 年 3 月—2005 年 12 月）

副经理　林　森（1992 年 7 月—1995 年 12 月）
商兆桢（1992 年 7 月—1998 年 3 月）
李维增（1992 年 7 月—2001 年 3 月）
许文礼（1992 年 7 月—2001 年 3 月）
董加平（1992 年 10 月—2004 年 3 月）
谭立友（1995 年 2 月—1998 年 4 月）
杨根森（1996 年 3 月—2005 年 12 月）
王允喜（1996 年 3 月—2005 年 12 月）
李彦坤（2000 年 4 月—2005 年 12 月）

林产工业公司

经　理　张连常（1987 年 8 月—1992 年 7 月）
韩见江（1992 年 7 月—1996 年 5 月）
于秀臻（1996 年 5 月—1998 年 8 月）
吕永成（1998 年 8 月—2005 年 12 月）

副经理　李仁杰（1987 年 9 月—1992 年 6 月）
李　顺（1987 年 9 月—1992 年 5 月）
韩见江（1987 年 9 月—1992 年 6 月）
卢惠福（1987 年 9 月—1992 年 6 月）
朱丕芳（1987 年 9 月—1988 年 2 月）
蒋立山（1990 年 5 月—1993 年 11 月）
孔　彬（1991 年 5 月—2000 年 3 月）
李廷祥（1992 年 6 月—1996 年 10 月）
张振国（1992 年 6 月—1996 年 6 月）

张建国（1993 年 10 月—1998 年 8 月）
李景华（1993 年 10 月—1997 年 7 月）
梁宝金（1996 年 3 月—1998 年 8 月）
孙建久（1997 年 7 月—1998 年 8 月）
1998 年 8 月撤销林产工业公司，成立贮木厂。

贮木厂

场　长　宋清民（1998 年 8 月—2003 年 3 月）
尹庆勋（2003 年 3 月—2006 年 12 月）
副场长　张振国（1998 年 8 月—2006 年 12 月）
孙建久（1998 年 8 月—2003 年 9 月）
王　泉（2002 年 4 月—2003 年 3 月）
解金国（2003 年 3 月—2006 年 12 月）
王洪海（2003 年 3 月—2006 年 12 月）

木材综合利用厂（木片厂）

厂　长　孙印久（1986—1991 年）
副厂长　高振民（1986—1988 年）
李廷祥（1986 年至 1987 年 7 月）
李庆顺（1988 年 10 月至 1992 年）
王崇民（1990 年 9 月至 1992 年）
王文才（1988 年 10 月至 1992 年）
陈万寿（1988 年 4 月—1990 年 10 月）

造纸厂（纸板厂）

厂　长　张连常（1992 年 12 月—1995 年 11 月）
李庆顺（1995 年 11 月—2002 年 8 月）
孟庆国（2002 年 8 月—2005 年 12 月）
副厂长　周彧民（1992 年 12 月—1997 年 10 月）
李庆顺（1992 年至 1995 年 11 月）
侯　威（1995—2002 年）
王崇民（1992—2005 年）
李庆民（1996 年 3 月—2005 年 12 月）
石小光（1996 年 3 月—2005 年 12 月）
滑东方（2003 年 4 月—2005 年 12 月）

局发电厂

厂　长　石国武（1986 年 1 月—1986 年 4 月）
蒋立山（1986 年 4 月—1990 年 5 月）
周贵元（1990 年 5 月—2001 年 4 月）
副厂长　马　震（1986 年 1 月—1988 年 2 月）
赵歧山（1986 年 1 月—1998 年 6 月）
魏永恩（1988 年 6 月—1991 年 10 月）
王　德（1989 年 10 月—1998 年 4 月）
宋树成（1990 年 5 月—1998 年 4 月）

郭成庆（1992 年 8 月—1993 年 11 月）
吕永成（1993 年 9 月—2000 年 5 月）
杨庆礼（1998 年 4 月—2001 年 4 月）
赵占贤（1998 年 4 月—2001 年 4 月）
董加斯（1999 年 4 月—2001 年 4 月）
2001 年 4 月，发电厂改制为翔达热电有限责任公司。

带岭翔达热电有限责任公司

总经理　周贵元（2001 年 4 月—2005 年 12 月）
副总经理　杨庆礼（2001 年 4 月—2005 年 12 月）
赵占贤（2001 年 4 月—2005 年 12 月）
肖　辉（2001 年 4 月—2005 年 12 月）
董家斯（2001 年 4 月—2001 年 5 月）

机修厂

厂　长　杨德俊（1986—1989 年）
孙学成（1990—2001 年）
副厂长　孙学成（1986—1990 年）
吕德斌（1990—2001 年）
2001 年 4 月，机修厂改制为兴林机械修造有限责任公司。

兴林机械修造有限责任公司

经　理　刘洪光（2001 年 4 月—2005 年 12 月）

物资供应科

科　长　赵洪全（1986 年 1 月—1995 年 12 月）
张庆林（1995 年 12 月—2001 年 4 月）
副科长　矫万才（1986 年至 2001 年 4 月）
杨宝林（1986 年至 2001 年 4 月）
吴兴富（1987 年 9 月至 1989 年）
罗　延（1987—1988 年）
郝德彬（1990 年 5 月—1996 年 10 月）
赵玉民（1995 年 12 月—1999 年 4 月）
邹建民（1999 年 12 月—2001 年 4 月）
2001 年 4 月，物资供应科改制为兴业物资公司。

兴业物资公司

经　理　张庆林（2001 年 4 月—2005 年 12 月）
副经理　王兆庆（2001 年 4 月—2005 年 12 月）
邹建民（2001 年 4 月—2005 年 12 月）

基建工程处（林业工程公司）

主　任　李兴国（1986 年 5 月—1990 年 3 月）
李连君（1990 年 3 月—1993 年 12 月）
经　理　杨新生（1993 年 12 月—2000 年 8 月）
田雨莹（2000 年 8 月—2001 年 4 月）
副主任　刘连江（1986 年至 1990 年 3 月）

孙绍复（1986 年至 1989 年 6 月）
刘汉山（1987 年 4 月—1991 年 6 月）
李连君（1988 年 10 月—1990 年 3 月）
王永华（1989 年 5 月—1997 年 11 月）
庄德发（1992 年 3 月—1998 年 4 月）
王忠海（1992 年 10 月—1998 年 4 月）
副经理　赵　义（1997 年 6 月—2001 年 4 月）
王钦臣（1998 年 4 月—2001 年 4 月）
2001 年 4 月，林业工程公司改制为正业建筑公司。

正业建筑公司

经　理　田雨莹（2001 年 4 月—2005 年 12 月）
副经理　赵　义（2001 年 4 月—2005 年 12 月）

区工程公司（工程队）

队　长　赵国良（1986 年 2 月—1987 年 4 月）
经　理　于泉林（1989 年 5 月—2005 年 12 月）
副经理　付洪祥（1986—1991 年）
于泉林（1987 年 4 月—1989 年 5 月）
刘文波（1991 年 9 月—2005 年 12 月
展所兴（1991 年 9 月—1997 年 4 月）
方　明（1991 年 9 月—2005 年 12 月）
李树桐（1993 年 11 月—1999 年 4 月）
张文凤（1993 年 11 月—2005 年 12 月）

筑路队（筑路工程公司）

队长（经理）　王允和（1988 年 4 月—2002 年 12 月）
曲凤波（2003 年 1 月—2005 年 12 月）
副队长（副经理）　曲凤波（1990 年至 2003 年 1 月）

城镇建设管理处

主　任　李兴国（1986 年 1 月—1986 年 5 月）
杨新生（1986 年 5 月—1990 年 4 月）
副主任　庞学敏（1986 年 1 月—1987 年 4 月）
史广地（1986 年 1 月—1990 年 4 月）
卜祥吉（1987 年 4 月—1990 年 4 月）
邱风歧（1987 年 4 月—1987 年 9 月）
杨志民（1987 年 4 月—1990 年 4 月）

自来水公司

经　理　高建军（2001 年 3 月—2003 年 10 月）
史广地（2003 年 10 月—2005 年 1 月）
刘铁军（2005 年 1 月—2005 年 12 月）
副经理　徐克福（2001 年 3 月—2005 年 3 月）
黄国军（2001 年 3 月—2005 年 12 月）

燃料处

主　任　柳　杉（1987 年 10 月—1999 年 4 月）

副主任　陈　刚（1989 年 8 月—1999 年 4 月）

1999 年 4 月，更名为带岭区环境卫生管理处。

环境卫生管理处

主　任　陈　刚（1999 年 4 月—2002 年 11 月）

那希利（2002 年 11 月—2003 年 3 月）

副主任　田维发（1999 年 4 月—2003 年 3 月）

李树桐（1999 年 4 月—2003 年 3 月）

物业有限责任公司

经　理　黄跃清（1999 年 3 月—2001 年 11 月）

副经理　杨志民（1999 年 3 月—2001 年 11 月）

徐克福（1999 年 3 月—2001 年 3 月）

崔玉辉（1999 年 3 月—2001 年 11 月）

2001 年 11 月，物业有限责任公司更名为物业公司。

物业公司

经　理　黄跃清（2001 年 11 月—2003 年 3 月）

副经理　杨志民（2001 年 11 月—2003 年 3 月）

蒋成彬（2000 年 3 月—2003 年 3 月）

2003 年 3 月，物业公司并入环卫处，更名为环境卫生物业管理处。

环境卫生物业管理处

主　任　那希利（2003 年 3 月—2005 年 12 月）

副主任　田维发（2003 年 3 月—2005 年 12 月）

姜义平（2003 年 3 月—2005 年 12 月）

刘晓宝（2003 年 3 月—2005 年 12 月）

区商业局

局　长　申庆春（1986—1987 年）

李成祥（1987 年 12 月至 1991 年）

许云平（1992 年至 1995 年 12 月）

空职（1995 年 12 月—1996 年 10 月）

张庆良（1996 年 10 月—1997 年 5 月）

副局长　张庆良（1992 年 12 月—1996 年 10 月）

陈桂霞（1995 年 12 月—1997 年 4 月）

1997 年 5 月，撤销商业局，设立商贸总汇。

商贸总汇

汇　长　陈桂霞（1997 年 5 月—2001 年 4 月）

社会福利厂

厂　长　陈万寿（1986 年 1 月—1990 年 5 月）

薛宝昌（1990 年 5 月—1995 年 12 月）

李尚芹（1995 年 12 月—2001 年 5 月）

单德龙（2001 年 5 月—2001 年 12 月）

　　　　李尚芹（2001 年 12 月—2005 年 12 月）
副厂长　王振海（1986 年 1 月—1990 年 5 月）
　　　　李尚芹（1989 年 5 月—1995 年 12 月）
　　　　安志强（1991 年 1 月—1996 年 3 月）
　　　　段长明（1996 年 5 月—2005 年 12 月）
　　　　张百川（1998 年 1 月—2002 年 5 月）

翠林福利厂

厂　长　张振明（1991 年 7 月—2003 年 1 月）
经　理　张振明（2003 年 1 月—2005 年 12 月）

大青川综合厂

厂　长　贾国瑞（1986 年 1 月—1987 年 4 月）
　　　　屈有才（1987 年 4 月—1990 年 1 月）
　　　　张宝庆（1990 年 1 月—1993 年 2 月）
　　　　赵成河（1993 年 2 月—1995 年 12 月）
　　　　刘海明（1995 年 12 月—1996 年 10 月）
　　　　李廷祥（1996 年 10 月—1997 年 11 月）
　　　　黄跃林（1997 年 11 月—2000 年 2 月）
　　　　张宏军（2000 年 3 月—2004 年 1 月）
副厂长　张宝庆（1987 年 4 月—1990 年 1 月）
　　　　吕福田（1987 年 4 月—1993 年 9 月）
　　　　郑志贤（1988 年 12 月—1993 年 9 月）

大青川餐具厂

厂　长　郑志贤（1993 年 9 月—2000 年 1 月）
　　　　黄瑞华（2000 年 3 月—2005 年 12 月）
副厂长　黄瑞华（1993 年 9 月—2000 年 3 月）
　　　　夏永前（1993 年 9 月—2005 年 12 月）

陶瓷厂

厂　长　王　有（1990 年 5 月—1992 年 1 月）
　　　　付宏祥（1991 年 11 月—1997 年 6 月）
　　　　刘凤禄（1997 年 6 月—1998 年 10 月）
副厂长　田维发（1990 年 3 月—1996 年 3 月）
　　　　赵国志（1992 年 12 月—1998 年 10 月）

大兴乡

乡　长　王凤汉（1986 年 1 月—1988 年 1 月）
　　　　赵凌国（1988 年 1 月—1992 年 3 月）
　　　　李洪彦（1992 年 3 月—1993 年 4 月）
　　　　房洪喜（1993 年 4 月—1998 年 4 月）
　　　　陶维芹（1998 年 4 月—1999 年 7 月）
　　　　何少黎（1999 年 7 月—2001 年 10 月）
副乡长　汪国彬（1986 年至 1990 年 9 月）
　　　　孙学清（1987 年 4 月—1990 年 9 月）

王文志（1988 年 1 月—1990 年 9 月）
庄德华（1990 年 9 月—1990 年 9 月）
陶维芹（1990 年 9 月—1998 年 4 月）
李洪彦（1991 年 9 月—1992 年 3 月）
刘　枫（1992 年 5 月—1998 年 4 月）
李念举（1994 年 6 月—1998 年 4 月）
赵丽华（2000 年 3 月—2001 年 10 月）
陈文胜（1999 年 12 月—2001 年 10 月）
2001 年 10 月，大兴乡撤销，并入街道办事处。

带岭街道办事处

主　任　黄跃林（1988 年 4 月—1990 年 12 月）
屈有才（1991 年 1 月—1992 年 5 月）
何　沛（1992 年 5 月—1996 年 10 月）
张宝林（1996 年 10 月—1998 年 8 月）
王延芝（1998 年 8 月—2001 年 11 月）
张孟良（2001 年 11 月—2005 年 12 月）
副主任　黄绍珍（1986 年 3 月—1999 年 4 月）
林士学（1988 年 3 月—1991 年 3 月）
宋顺凤（1988 年 4 月—1991 年 1 月）
秦焕海（1986 年至 1988 年 4 月）
戚秀华（1991 年 3 月—1993 年 2 月）
刘孟祥（1992 年 6 月至 1994 年）
李雨田（1991 年至 1992 年 6 月）
马青山（1994 年 6 月—2001 年 11 月）
吕永成（1999 年 4 月—2000 年 3 月）
赵丽华（2001 年 10 月—2003 年 2 月）
陈文胜（2001 年 10 月—2005 年 12 月）
赵春清（2002 年 5 月—2005 年 12 月）
陈进英（2003 年 2 月—2005 年 12 月）

技工学校

校　长　窦士文（1986 年 1 月至 1991 年）
宿凤午（1991—1998 年）
副校长　宿凤午（1989—1991 年）
李　靖（1989 年 8 月至 1998 年）
张乐三（1986 年至 1989 年 9 月）

培训中心

1998 年 6 月，成立培训中心。
校　长　宿凤午（1998 年 6 月—1993 年 3 月）
刘丰安（1993 年 3 月—2002 年 7 月）
仇元胜（2002 年 7 月—2001 年 7 月）
副校长　刘云河（1998 年 6 月—2001 年 7 月）

王春仁（1998 年 6 月—1998 年 11 月）
李占英（1999 年 3 月—2001 年 6 月）
郭凤华（2003 年 4 月—2003 年 11 月）
王尚良（2000 年 3 月—2003 年 11 月）

高级中学

1996 年 8 月，一中高中班分出，成立高级中学。

校　长　张喜成（1996 年 9 月—2002 年 1 月）
张相华（2002 年 1 月—2005 年 12 月）
副校长　吴德柜（1996 年 9 月—1999 年 4 月）
常淑华（1999 年 5 月—2006 年 12 月）
刘云河（2000 年 9 月—2004 年 4 月）
李　宏（2004 年 8 月—2005 年 12 月）
王大明（2004 年 8 月—2005 年 12 月）

第一中学

校　长　吴德枢（1986 年至 1989 年 8 月）
张喜成（1989 年 8 月—1992 年 12 月）
邱　林（1992 年 12 月—1997 年 3 月）
张相华（1997 年 3 月—2001 年 1 月）
潘淑萍（2002 年 5 月—2005 年 12 月）
副校长　张文晨（1986 年至 1989 年 8 月）
王贺林（1986 年 2 月—1992 年 12 月）
李春山（1989 年 8 月—1992 年 12 月）
陈永昌（1992 年 12 月—1996 年 7 月）
许　鹏（1992 年 12 月—1999 年 3 月）
潘淑萍（1996 年 10 月—2001 年 1 月）
王尚悦（1999 年 3 月—2001 年 1 月）
杨立娟（2001 年 1 月—2002 年 9 月）
石家山（2001 年 1 月—2004 年 7 月）
汪海洋（2002 年 9 月—2005 年 3 月）
王颜忠（2004 年 8 月—2005 年 12 月）
李淑兰（2005 年 3 月—2005 年 12 月）

第二中学

校　长　刘凤阁（1986—1990 年）
副校长　曹重华（1986—）
李茂臣（1990—）
王春仁（　　　　）
郑玉芳（　　　　）
2005 年 8 月，第二中学并入第一中学。

第三中学

校　长　姚有贞（1988 年 3 月—1989 年 8 月）
金鹏举（1989 年 8 月—1996 年 8 月）

副校长　张士英（1986 年 9 月—1989 年 8 月）
　　　　蒋春华（1986 年至 1988 年 3 月）
　　　　李万权（1987 年 4 月—1988 年 3 月）
　　　　毕桂芳（1989 年 11 月—1996 年 8 月）
　　　　刘会川（1990 年 3 月—1996 年 8 月）
　　　　1996 年 8 月，第三中学并入第二中学。

第一小学

校　长　周恒金（1989—1990 年）
　　　　关　辉（1990 年至 1992 年 8 月）
　　　　殷菊芬（1992 年 9 月—1997 年 8 月）
　　　　刘丰安（1997 年 9 月—1999 年 8 月）
　　　　宋玉华（1999 年 9 月—2004 年 .08 月）
　　　　赵士杰（2004 年 9 月—2005 年 12 月）
副校长　关　辉（1986—1990 年）
　　　　殷菊芬（1988 年 3 月—1992 年 9 月）
　　　　王淑清（1989 年 5 月至 1990 年）
　　　　刘丰安（1992 年 12 月—1997 年 8 月）
　　　　袁忠信（1992 年 12 月—1997 年 8 月）
　　　　张立信（1998 年 8 月—1999 年 8 月）
　　　　孙丽华（2003 年 8 月—2005 年 12 月）
　　　　赵巨福（2005 年 8 月—2005 年 12 月）
　　　　杨春范（2005 年 8 月—2005 年 12 月）

第二小学

校　长　姚有贞（1986—1988 年）
　　　　张相华（1988 年 10 月—1997 年 7 月）
　　　　汲春秀（1997 年 7 月—2002 年 9 月）
　　　　高洪仁（2002 年 9 月—2005 年 12 月）
副校长　许　鹏（1988 年 3 月—1992 年 12 月）
　　　　高洪仁（1989 年 5 月—2002 年 9 月）
　　　　汲春秀（1992 年 12 月—1997 年 7 月）
　　　　李艳芳（1997 年 7 月—2002 年 9 月）
　　　　李淑兰（2002 年 9 月—2004 年 9 月）
　　　　孔凡安（2002 年 9 月—2005 年 12 月）
　　　　杨春范（2004 年 9 月—2005 年 12 月）

第三小学

校　长　车玉芝（1986 年—1992 年）
　　　　刘洪俊（1992 年—2004 年）
副校长　刘云和（1986 年—1992 年）
　　　　刘洪俊（1988 年—1992 年）
　　　　王颜忠（1992 年—2004 年）
　　　　2004 年 8 月第三小学并入第二小学。

第四小学

校　长　吴世奎（1986 年—1989 年 8 月）
　　　　张士英（1989 年 8 月—）
　　　　刘桂兰（　　　　）
副校长　王者廷（1986 年—1988 年 10 月）
　　　　刘桂兰（1987 年—1988 年 3 月）
　　　　2004 年 8 月，第四小学并入第一小学。

青川学校

校　长　田　兴（1986 年 1 月—1996 年 5 月）
　　　　刘桂芳（1996 年 5 月—2005 年 12 月）
副校长　刘文达（1987 年 1 月—1998 年 9 月）
　　　　刘桂芳（1992 年 12 月—1996 年 5 月）
　　　　冷　君（2000 年 9 月—2001 年 6 月）
　　　　田雨波（2002 年 9 月—2005 年 12 月）

幼儿学校

校　长　陈桂荣（1986 年 1 月—2001 年 3 月）
　　　　王越英（2001 年 3 月—2005 年 12 月）
副校长　蒋春华（1992 年 12 月—2002 年 02 月）
　　　　贾秀荣（1997 年 8 月—2005 年 12 月）
　　　　曹珊珊（2004 年 7 月—2005 年 12 月）

区职工医院

院　长　关显忠（1986—1988 年）
　　　　高兴柱（1989 年 11 月—2003 年 2 月）
　　　　娄海峰（2003 年 2 月—2005 年 12 月）
副院长　黄　林（1986—1988 年）
　　　　高兴柱（1986—1989 年）
　　　　王乃清（1988 年 2 月—1990 年 12 月）
　　　　王德会（1988 年 10 月—1990 年 12 月）
　　　　王士芳（1992 年 12 月—1999 年 4 月）
　　　　娄海峰（1992 年 12 月—2003 年 2 月）
　　　　王文革（2003 年 2 月—2005 年 3 月）
　　　　杨振国（2005 年 1 月—2005 年 12 月）
　　　　李瑛男（2005 年 3 月—2005 年 12 月）

区卫生防疫站

站　长　刘寿金（1986 年至 1990 年 12 月）
　　　　王德会（1990 年 12 月—1997 年 11 月）
　　　　何　沛（1997 年 11 月—1999 年 3 月）
　　　　王士芳（1999 年 3 月—2001 年 11 月）
　　　　王淑娟（2001 年 12 月—2005 年 12 月）
副站长　孙廷方（1986 年 5 月—1990 年 11 月）
　　　　王春兰（1990 年 12 月—2001 年 2 月）

区宾馆

经　理　斗士武（1986 年 3 月—1992 年 12 月）
　　　　何少黎（1992 年 12 月—1997 年 11 月）
　　　　丁香喜（1997 年 11 月—2005 年 5 月）
　　　　王淑斋（2005 年 5 月—2005 年 12 月）
副经理　李成国（1988 年 10 月—1990 年 4 月）
　　　　张丽芹（2001 年 1 月—2002 年 1 月）
　　　　马爱华（2002 年 1 月—2005 年 12 月）

区招待所

所　长　张广昌（1986 年 1 月—1996 年 5 月）
　　　　关　辉（1996 年 5 月—2005 年 12 月）
副所长　石兴隆（1986 年 1 月—1996 年 5 月）

区职工养老院

院　长　刘汉田（1986 年至 1990 年 3 月）
　　　　贠钦芝（1990 年 3 月—1997 年 4 月）
　　　　孙胜霞（1997 年 4 月—1999 年 12 月）
　　　　谷长利（1999 年 12 月—2005 年 12 月）

林业电话所

所　长　刘长明（1986 年至 1998 年 4 月）
　　　　谭立友（1998 年 4 月—2001 年 4 月）
副所长　张德山（1986—1998 年）
　　　　2001 年 4 月，林业电话所撤销。

经济保安大队

队　长　张振国（1996 年 6 月—1998 年 8 月）
副队长　闫志军（1996 年 6 月—1998 年 8 月）
　　　　1996 年 6 月成立经济保安大队。1998 年 8 月撤销。

木器厂

厂　长　孙志礼（1986—1990 年）
　　　　刘凤录（1991—1994 年）
　　　　曹　君（1995—1996 年）
　　　　程国杰（1997—1998 年）
　　　　张玉文（1999—　）
副厂长　姜兴志（1986—　）
　　　　张玉文（1986—1999 年）

食品厂

厂　长　齐长兴（1986—1988 年）
　　　　张兴第（1988—1989 年）
　　　　孙实涛（1989—1998 年）
副厂长　陈志国（1986—　）

服装厂

厂　长　刘福清（1988 年 5 月—　）

副厂长　刘福清（1987 年 4 月—1988 年 5 月）

综合社

主　任　刘同茂（1986 年至 1990 年 7 月）

　　　　齐长志（1990 年 7 月—　）

副主任　王长友（1990 年 7 月—　）

科研所

2005 年 1 月晋升正处级单位，名称为黑龙江省带岭林业科研所。

所　长　王秉术（1986 年 1 月—1989 年 8 月）

　　　　颜廷峰（1990 年 9 月—1993 年 3 月）

　　　　肖永贵（1993 年 3 月—1998 年 4 月）

　　　　方春子（1998 年 4 月—2001 年 11 月）

　　　　于树成（2001 年 11 月—2005 年 1 月）

　　　　苏喜廷（2005 年 1 月—2005 年 12 月）

副所长　鲁成国（1986—1991 年）

　　　　颜廷峰（1986 年至 1990 年 9 月）

　　　　杨可兴（1987—1988 年）

　　　　李成林（1988 年 10 月—1990 年 9 月）

　　　　舒凤梅（1987 年 10 月—1997 年 9 月）

　　　　方春子（1990 年 9 月—1998 年 4 月）

　　　　申庆春（1990 年 9 月—1993 年 4 月）

　　　　仇元胜（1993 年 4 月—1995 年 2 月）

　　　　周荫祥（1993 年 4 月—2000 年 4 月）

　　　　商永亮（2000 年 8 月—2005 年 12 月）

　　　　王建光（2000 年 8 月—2005 年 12 月）

黑龙江森林工业管理干部学院

黑龙江生态工程学院带岭分院

院　长　郭俊成（1986 年 1 月—1988 年 6 月）

　　　　王伟英（1988 年 6 月—1993 年 6 月）

　　　　屈　谦（1993 年 12 月—1996 年 6 月）

　　　　李作文（1996 年 6 月—1998 年 5 月）

　　　　曲大声（2001 年 9 月—2005 年 12 月）

副院长　于怀之（1986 年 1 月至 1990 年）

　　　　谢天任（1986 年至 1989 年 12 月）

　　　　胡先知（1986—1990 年）

　　　　刘世成（1992 年 12 月—2001 年 12 月）

　　　　郭炳武（1992 年 12 月—2001 年 12 月）

　　　　郭俊诚（1999 年 3 月—2001 年 12 月）

　　　　杨耀廷（1999 年 3 月—2001 年 12 月）

　　　　王玉林（1993 年 3 月—2001 年 12 月）

　　　　孔祥炎（1999 年 3 月—2005 年 12 月）

　　　　徐庆福（2000 年 6 月—2005 年 12 月）

王建京（2001 年 4 月—2005 年 12 月）
董运宝（2001 年 12 月—2005 年 12 月）
张化疆（2001 年 12 月—2005 年 12 月）
夏尚民（2001 年 12 月—2005 年 12 月）
张志文（2001 年 12 月—2005 年 12 月）

凉水自然保护区管理局（凉水林场）

局（场）长 张 鹏（1986 年 1 月—1997 年 12 月）
宣立峰（1998 年 1 月—2005 年 12 月）
副局（副场）长 张树森（1992 年 12 月—1993 年 11 月）
宣立峰（1992 年 12 月—1998 年 4 月）
高光辉（1996 年 3 月—2004 年 12 月）
刘吉春（2004 年 3 月—2005 年 12 月）

市税务局带岭分局

局 长 石宝山（1987 年 8 月—1993 年 10 月）
刘德明（1993 年 10 月—1994 年 9 月）
副局长 于桂芝（1986 年 1 月—1990 年 9 月）
李铁成（1990 年 9 月—1994 年 9 月）
冯德彬（1992 年 8 月—1994 年 9 月）

带岭国家税务局

局 长 刘德明（1994 年 9 月—2001 年 2 月）
黄继胜（2001 年 2 月—2004 年 12 月）
张宇光（2004 年 12 月—2005 年 12 月）
副局长 张志远（1994 年 9 月—2003 年 2 月）
王庆民（1996 年 9 月—2005 年 12 月）
李相洲（2003 年 2 月—2005 年 12 月）
孟宪和（2004 年 4 月—2005 年 12 月）

带岭地方税务局

局 长 冯德彬（1994 年 9 月—2005 年 12 月）
副局长 李铁成（1994 年 9 月—1999 年 4 月）
李国庆（1997 年 4 月—1999 年 4 月）
田时凯（1994 年 4 月—2005 年 12 月）

市工商局带岭分局

局 长 柏清泉（1986 年 1 月—1986 年 9 月）
刘贵祥（1986 年 9 月—1987 年 7 月）
朱娄生（1987 年 7 月—1990 年 4 月）
李恩国（1990 年 4 月—1997 年 12 月）
张振廷（1997 年 12 月—2001 年 3 月）
孙义宽（2001 年 3 月—2003 年 6 月）
蒋 波（2003 年 6 月—2005 年 12 月）
副局长 王 革（1986 年 1 月—2001 年 12 月）
孙 文（1986 年 1 月—1989 年 10 月）

朱娄生（1986 年 9 月—1987 年 7 月）
李恩国（1987 年 7 月—1990 年 4 月）
里　群（1988 年 3 月—1989 年 10 月）
林士学（1992 年 12 月—2001 年 3 月）
夏兆君（1993 年 7 月—1996 年 9 月）
周晓林（2000 年 3 月—2005 年 12 月）
刘晓东（2001 年 3 月—2005 年 12 月）

带岭粮食分局

局　长　韩淑秋（1986 年 1 月—1986 年 12 月）
周庆堂（1986 年 12 月—1996 年 3 月）
李进西（1996 年 3 月—2001 年 10 月）
王金岩（2001 年 10 月—2003 年 10 月）
白跃林（2003 年 10 月—2005 年 12 月）
副局长　刘灿海（1986 年 1 月—2001 年 10 月）
高东义（1986 年 1 月—2001 年 10 月）
韩淑秋（1992 年 1 月—1995 年 6 月）
孙延林（1992 年 10 月—2001 年 10 月）
钟本云（2001 年 10 月—2002 年 12 月）
高明光（2005 年 3 月—2005 年 10 月）

技术监督局（科）

局（科）长　周玉民（1998 年 11 月—1993 年 4 月）
张忠和（1993 年 4 月—1996 年 6 月）
张宝庆（1996 年 10 月—2004 年 8 月）
王白羽（2004 年 8 月—2005 年 4 月）
张天怡（2005 年 4 月—2005 年 12 月）
副局（副科）长　魏长林（1986 年 3 月—1996 年 10 月）
滑福林（1993 年 3 月—1997 年 6 月）
董淑秋（1999 年 8 月—2005 年 12 月）

市国土资源局带岭分局

局　长　宋国恩（1993 年 1 月—2005 年 12 月）
副局长　宋国恩（1990 年 9 月—1993 年 1 月）

带岭区交通科

副科长　杨桐森（1986 年 10 月—1990 年 4 月，兼养路征费所所长）
赵永泰（1986 年 10 月—1990 年 4 月）

带岭区交通局

局　长　谷宝良（1990 年 8 月—1993 年 4 月）
李鸿雁（1993 年 4 月—1994 年 6 月）
副局长　赵永泰（1990 年 4 月—1991 年 9 月）

伊春市交通局带岭分局

局　长　李鸿雁（1994 年 6 月—2002 年 6 月）
迟殿忠（2002 年 6 月—2005 年 12 月）

黑龙江省交通征费稽查局伊春处带岭所

所　长　佟　林（1992年12月—2002年3月）
　　　　刘吉坤（2002年3月—2005年12月）

工商银行带岭支行（办事处）

主　任　吕殿文（1986年1月—1993年3月）
　　　　马明振（1993年3月—1995年1月）
副主任　李树坤（1986年1月—1993年3月）
　　　　周志刚（1993年3月—1995年1月）
行　长　马明振（1995年1月—1997年1月）
　　　　李景录（1997年1月—2001年1月）
　　　　杨文慧（2001年1月—2005年5月）
　　　　王恒迎（2005年5月—2005年12月）
副行长　周志刚（1995年1月—1997年1月）
　　　　谷　岳（1997年1月—2001年1月）
　　　　赵显军（2001年1月—2005年12月）

农业银行带岭支行（办事处）

主　任　郑世良（1986年1月—1987年4月）
　　　　石　奇（1987年1月—1990年4月）
　　　　任振吉（1990年4月—1998年4月）
副主任　程林英（1986年1月—1989年10月）
　　　　任振吉（1988年11月—1990年4月）
　　　　侯相臣（1992年12月—1997年12月）
行　长　任振吉（1998年4月—2004年7月）
　　　　张钦岭（2004年8月—2005年12月）
副行长　张钦岭（2000年4月—2004年7月）
　　　　李春光（2000年4月—2003年7月）
　　　　许　丽（2004年4月—2005年12月）
　　　　季　革（2004年7月—2004年8月）
　　　　林永德（2005年5月—2005年12月）

建设银行带岭分理处

主　任　张希林（1990年2月—1996年1月）
　　　　孙本基（1996年2月—1998年1月）
　　　　魏树明（1998年2月—2004年1月）
　　　　关洪彦（2005年1月—2005年12月）
副主任　关洪彦（1990年2月—2004年12月）
　　　　孙先海（2005年1月—2005年12月）

带岭信用社

主　任　杨永福（1996年6月—2005年12月）
副主任　滕洪举（1996年6月—2005年12月）

财产保险公司

主　任　张钦银（1986年4月—1996年4月）

经　理　曹广忠（1996 年 4 月—1999 年 3 月）
　　　　姚吉伟（1999 年 3 月—2002 年 8 月）
　　　　朱　凯（2002 年 8 月—2005 年 12 月）

人寿保险公司

经　理　王英杰（1997 年 7 月—2003 年 4 月）
　　　　李劲松（2003 年 4 月—2005 年 12 月）

带岭区邮电局

局　长　常桂兰（1986 年 1 月—1990 年 10 月）
　　　　索殿生（1990 年 10 月—1998 年 6 月）

带岭邮政支局

局　长　索殿生（1998 年 6 月—1998 年 10 月）
　　　　丁铁汉（1998 年 10 月—2003 年 8 月）
　　　　柏　松（2003 年 8 月—2005 年 12 月）

带岭网通分局

局　长　索殿生（1998 年 6 月—2003 年 12 月）
　　　　周建军（2003 年 12 月—2004 年 7 月）
　　　　林国录（2004 年 7 月—2005 年 12 月）
副局长　黄跃东（2003 年 12 月—2005 年 3 月）

带岭移动公司

主　任　田　升（1999 年 7 月—2003 年 9 月）
局　长　尹景辉（2003 年 9 月—2005 年 12 月）

带岭联通公司

经　理　刘利杰（2000 年 2 月—2002 年 5 月）
　　　　索海蓉（2002 年 5 月—2003 年 5 月）
　　　　张传梁（2003 年 5 月—2005 年 12 月）

带岭铁通公司

局　长　李　伍（2002 年 8 月—2004 年 3 月）
　　　　张国义（2004 年 3 月—2005 年 12 月）

带岭广播电视中心（广电局、科）

主　任　白芳友（1986 年 1 月—1995 年 12 月）
　　　　周新民（1995 年 1 月—2001 年 1 月）
副主任　蒋凤芝（1993 年 1 月—1999 年 1 月）
　　　　杨新文（1998 年 5 月—1999 年 12 月）
　　　　石国印（1999 年 6 月—2001 年 12 月）
　　　　2001 年 1 月归属伊春广电局，更名为伊春广电网络带岭分公司。
经　理　周新民（2001 年 1 月—2001 年 12 月）
　　　　石国印（2001 年 12 月—2005 年 12 月）

伊春市大箐山广播电视转播台

台　长　高旭红（1992 年 12 月—2004 年 12 月）
　　　　周新民（2001 年 12 月—2005 年 12 月）
副台长　贾　君（1992 年 12 月—2005 年 12 月）

王国玺（1992 年 2 月—2005 年 12 月）

绥化电业

局　长　王永利（1999 年 11 月—2001 年 11 月）

周永新（2001 年 11 月—2005 年 8 月）

姜洪水（2005 年 8 月—2005 年 12 月）

副局长　周永新（1999 年 11 月—2001 年 11 月）

黄晓明（1999 年 11 月—2001 年 11 月）

刘会印（2001 年 11 月—2005 年 12 月）

张永强（2001 年 11 月—2005 年 3 月）

伊春兴安岭风电公司

总经理　　赵力军（2004 年 12 月—2005 年 12 月）

副总经理　唐怀忠（2004 年 12 月—2005 年 12 月）

水文站

站　长　张胜利（1986 年 1 月—2005 年 12 月）

副站长　王　玉（1986 年 1 月—1989 年 10 月）

李振滨（1989 年 10 月—1999 年 1 月）

附录三　1986—2005年出席区（局）先进生产、工作者名录

1986年度

丁学良	丁德清	刁云志	于　杰（女）	于万春
于占忠	于学军	于洪涛	于清湖	于振松
于瑞芬（女）	马青山	马淑芹（女）	马淑芳（女）	王九洲
王文孝	王文革	王云喜	王允喜	王玉安
王玉录	王永华	王可顺	王伊江	王志仁
王亚贤（女）	王成友	王成通	王兆顺	王传喜
王宝玉	王学信	王丽香（女）	王金宝	王金贵
王金富	王　泉	王秋生	王保华	王晓波
王相田	王树平	王洪昌	王桂林	王爱波
王　辉	王景后	王　毅	王福军	王德臣
王墨林	方志财	方春子	车文义	尹庆发
尹作山	牛维邦	平立德	石　林	石青山
石晓光	计彦堂	史广地	田　福	田树文
田艳华	代洪山	兰　波	兰　敏（女）	冯　友
冯玉平	冯金凯	冯晓华（女）	冯　焕	卢洪义
仲丛海	伊佰林	朱宝芹（女）	朱树材	朱宪明
吕秀芳（女）	吕春来	刘汉田	刘元祥	刘长明
刘长安	刘长明	刘长财	刘汉山	刘　利
刘丽华（女）	刘忠祥	刘俊学	刘爱学	刘桂芳（女）
刘喜仲	刘慎河	刘福祥	刘增仁	齐振升
齐福菊	孙月生	孙志礼	孙志珍（女）	孙秀敏（女）
孙忠田	孙国臣	孙喜文	孙　霞（女）	纪秀平（女）
纪树彬	牟海林	牟道臣	曲志良	曲维安
乔秀芬（女）	汤广胜	汤丽平（女）	毕永江	毕树祥
毕桂芳（女）	安志强	许国弟	吴宝成	吴继平
吴继萍（女）	宋奎傲	宋妙菊（女）	宋清民	宋喜芬

佟　波	邹桓友	汪月良	庄惠琴（女）	李万和
李久玲	李文玉	李长春	李正印	李成峰
李成祥	李进明	李秀英（女）	李秀清（女）	李明成
李宝生	李尚芹（女）	李忠贵	李洪文	李　顺
李贵臣	李树坤	李洪信	李春野	李桂芳（女）
李淑芹（女）	李瑞金	李赛英（女）	杨久玲	杨文生
杨再春	杨远文	杨志芳	杨秀玲（女）	杨丽艳（女）
杨丽娟（女）	杨建良	杨春雨	杨春范	杨春福
杨殿文	杨翠云（女）	苏林臣	苏艳艳（女）	肖生民
肖宝忠	时茂基	沈玉山	沈奇彬	庞忠岐
张化成	张庆良	张庆林	张成祥	张希林
张连常	张明义	张　敏（女）	张金荣	张学洲
张淑范（女）	张柏山	张春义	张春岩	张晋北
张晓芹（女）	张桂云（女）	张殿富	张桂兰（女）	张桂霞（女）
张海燕（女）	陈万寿	陈双杰	陈志杰	陈国范
陈桂荣（女）	迟颖芹（女）	林　刚	林淑清（女）	林　森
武清龙	芦万增	房艳秋（女）	范忠印	赵子义
赵巨才	赵永祥	赵　权	赵吉友	赵冶平
赵廷栋	赵国良	赵忠康	赵洪权	赵淑云
赵淑芬（女）	赵福厚	周玉芬（女）	周孝武	周庆明
周忠明	周宝德	周恩会	周新生	郎伊梅（女）
郑加年	郑玉芳（女）	郑　仲	孟玲芝（女）	孟玲琴（女）
孟祥发	屈德芳	胡桂琴（女）	钟淑琴（女）	姜民政
姜志太	姜秀成	郝士君	郝凤君（女）	郝金贵
项子荣	宫汉升	战寿文	荆占华	荆淑清（女）
贺宝金	段玉莲（女）	荣雨金	侯　爱	姚胜滨
贾　华	贾　健	贾乐昌	贾国瑞	徐志宝
徐茂迎	徐绍苓（女）	徐晓蒙	徐淑琴（女）	梁　川
高东义	高兴云	高伟杰	高金启	高翠兰（女）
栾景才	郭大伟	郭凤云	郭玉杰	陶维琴（女）
姬常东	曹方琴（女）	曹友才	曹吉成	曹青发
曹俊宝	袁忠信	韩佩荣	韩战廷	韩桂珍（女）
黄立仁	黄正举	黄绍珍（女）	黄显功	解学勤
解金国	管正荣	傅洪祥	崔化敏	崔玉辉
常广玲（女）	常有林	商春林	澎　栋	董加平
董　营	董振久	谢学忠	滑东华（女）	滑东沂
滑秀岩	窦士文	滕学志	滕洪君	滕继胜
翟学伟	蒋立山	蒋海利	樊喜文	潘艳杰（女）
魏长林	魏连清	薛立波	薛长彬	薛再东
藏永贵	关　义	关文德	关维茹（女）	齐东梅
齐国之	孙凤芝（女）	孙少复	孙占君	曲凤波

高秀珍（女）	徐志峰	高丽红（女）		

1987 年度

丁德清	于学义	于学平	于　杰（女）	于泉林
于洪涛	于树新	于振松	于瑞芬（女）	马凤琴
马青山	王九洲	王日勤	王文孝	王文福
王云飞	王月茹（女）	王允喜	王玉安	王玉峰
王永华	王可雨	王吉风	王孝勇	王成友
王连琴（女）	王学信	王　宝	王宝平	王英洲
王金贵	王相田	王春兰（女）	王　彦（女）	王家兴
王恩海	王振海	王善志	王淑英（女）	王　辉
王福年	王瑞芳（女）	王增鹏	王伊龙	王守礼
王兆顺	王军志	车文义	方志财	方春子（女）
石凤山	石桂芝（女）	石晓光	石崇富	计彦堂
卢　显	史艳兰（女）	田维福	代秀华（女）	
兰秀凤（女）	兰　波	兰　敏（女）	左树彪	冯小华
冯　友	冯金凯	冯修和	冯　焕	申作兰（女）
叶守元	边志凤（女）	包瑞琴（女）	仲丛海	仲伟德
伊佰林	朱宪明	朱宝芹（女）	吕秀芳（女）	吕晓伟
吕爱芹（女）	吕德彬	关文德	齐国元	刘　云（女）
刘长明	刘云和	刘文彦	刘文彬	刘长安
刘长明	刘中平	刘凤阁	刘玉彬	刘吉香（女）
刘连江	刘洪光	刘贵义	刘贵杰	刘俊学
刘海明	刘昭平	刘桂芳（女）	刘淑兰（女）	刘　勤
刘福水	刘喜仲	刘德英	刘汉山	孙广军
孙月生	孙占军	孙国云	孙廷芳	孙秀敏（女）
孙金玉	孙纯良	孙革新	孙维忠	任显秋
曲凤波	曲凤洪	曲志良	曲维林	汤明起
汤丽平	许春贵	许振才	闫庆明	吴宝成
吴景新	谷玉芳（女）	邹本弟	李万和	李桂兰（女）
李久玲	李文杰	李长春	李永义	李成义
李成祥	李进明	李明友	李尚芹（女）	李松波
李树坤	李桂芳	李继承	李艳华（女）	李淑坤
李景华	李淑珍（女）	李福义	李福琴（女）	李瑞金
杨子良	杨元利	杨玉林	杨庆礼	杨兆武
杨会杰（女）	杨金柱	杨洪春	杨秀玲	杨国兴
杨丽艳（女）	杨建民	杨树艳（女）	杨福林	
杨新生	杨景兰（女）	苏林臣	肖立文	肖生民
肖宝忠	汪翠良	宋万金	宋洪德	宋继昌
宋淑兰	宋清民	宋喜雨	陈万寿	陈子金
陈双杰	陈发明	陈　刚	陈松岩	陈国范

陈桂霞（女）	陈道友	孙玉文	张广明	张文学
张立军	张永江	张庆良	张庆洲	张成祥
张连常	张金荣	张学洲	张明琴（女）	张春光
张松权	张　信	张宝良	张美英（女）	张尊山
张桂云（女）	张桂兰（女）	张晓燕（女）	张海燕（女）	
张福军	张彩英（女）	迟颖琴（女）	连　生	连文岱
范忠印	林淑清（女）	赵士洪	赵巨才	赵永祥
赵　权	赵宝贵	赵洪全	赵淑芬	赵淑芳
赵　彬	周孝文	周孝武	周庆堂	周忠明
周　贺	周玲阁	周荫祥	周新生	房树春（女）
房国财	郑玉芳	郑会军	郑志贤	郑　波
郑尊贵	孟凡学	孟宪芝	孟德玉	金龙春
姚胜滨	胡树生	钟淑琴（女）	钟凤海	宫汉升
姜乃芳（女）	姜云洲	姜秀成	姜志芳	姜新玲（女）
姜民政	姜迎春（女）	荆淑芝（女）	贺成瑞	
贺宝金	段柏东	荣守芬（女）	莊德华	柳春雨
贾乐昌	贾凌义	贾秀荣（女）	贾桂芝	袁文贵
徐玉芹（女）	徐凤成	徐志平	徐忠房	徐明国
徐淑芬（女）	徐茂迎	栾云起	陶维琴	殷菊芬（女）
郭凤兰（女）	郭成庆	郭全军	高乃珍（女）	高玉芹（女）
高兴云（女）	高连福	高宪峰	高德春	高秀珍（女）
高翠兰（女）	戚秀芬（女）	戚彦昌	黄立仁	黄文凯
黄正举	黄国军	黄俊宝	黄显功	曹子红
崔化敏	崔月明	崔　俊	崔俭波	梁宝金
解立兴	管长兴	管正荣	董怀东	董加平
董　营	韩见江	韩佩荣	韩玉声	韩　波
渠成阳	谢学忠	谢恩杰	滑东华（女）	滑东岗
滑东坡	滕学志	滕继彪	潭继成	蒋凤芝（女）
蒋立山	蒋玉贤（女）	蒋海利	隋佰达	隋国荣
樊喜文	潘玉莲（女）	潘跃清	薛贵香	薛长彬
薛立波	薛再东	魏玉华	魏继昌	藏永贵
赵忠康				

1989 年度

刁云庆	于庆国	于学义	于秀臻	于　杰（女）
于雪云	于瑞芬（女）	马玉兰（女）	马淑芳（女）	王凤云（女）
王文福	王以岐	王日勤	王允喜	王玉斌
王吉元	王伊江	王兆顺	王兑丰	王连琴（女）
王金富	王丽梅（女）	王相田	王春兰（女）	王家兴
王彦松	王爱波（女）	王桂欣	王崇民	王淑贤
王　敏	王喜林	王清河	王景春	王景林

王瑞芳（女）	王德凤（女）	王福义	王福平	王增鹏
石凤山	方春子（女）	石长代	石国武	计彦堂
卢士英	卢世生	卢　显	史秀华	田　升
田维发	代季华	兰　波	兰　敏（女）	左玉英（女）
左树彪	白　晶（女）	申作兰	仲丛海	伊国相
朱龙江	朱丕芳（女）	朱宝芹（女）	朱明森	朱思成
吕文祥	吕福会	吕德斌	关文德	关鸿雁
齐凤林	刘乃奎	刘子贵	刘云波	刘长安
刘长明	刘玉杰	刘玉彬	刘汉山	刘汉田
刘永富	刘　芸（女）	刘会义	刘灿金	刘国华
刘孟祥	刘丽娴（女）	刘明义	刘洪光	刘梦梅（女）
刘俊学	刘桂芳（女）	孙玉凤（女）	孙秀敏（女）	孙亚珍（女）
孙平远	孙纯良	孙秀丽（女）	孙革新	孙继忠
孙喜文	曲凤波	曲凤春	乔士祥	汤丽萍（女）
汤明才	毕北超	吴开林	吴会民	吴秀芳（女）
吴明海	吴景新	谷玉芳（女）	谷宝良	李万和
李长春	李永全	李成义	李成祥	李庆顺
李廷祥	李明义	李明成	李忠义	李忠文
李宝山	李春富	李迎春	李桂兰（女）	李桂芳（女）
李继承	李树坤	李淑珍（女）	李桂兰	李树坤
杨志民	杨秀玲（女）	杨桂兰	杨茂环	杨桂兰（女）
杨海珍（女）	杨景兰（女）	肖丽文	邱　林	那希砚
汪光云（女）	宋士臣	宋　刚	宋继昌	宋清民
宋淑霞（女）	陈双杰	陈永昌	陈宝山	陈洪义
陈桂霞（女）	陈文才	张元才	张明义	赵凌平
张万丰	张兴元	张亚山	张庆林	张庆洲
张向华（女）	张　利	张　彦	张秀兰（女）	张秀艳（女）
张志祥	张学富	张国才	张忠利	张忠林
张明义	张明成	张忠和	张春玲（女）	张柏川
张柏山	张　信	张洪启	张树林	张洪玲（女）
张振明	张桂荣（女）	张桂兰（女）	张海燕（女）	张喜兰（女）
张菊祥	张福生	张遵山	张　德	连文岱
邵清海	冷　琴（女）	何贵元	辛万春	林海清（女）
苑海芳	赵士杰	赵卫党	赵巨才	赵永泰
赵传会	赵秀清	赵忠康	赵淑芬（女）	赵淑云（女）
赵凌平	周凤仙	周建彬	周亚峰	周希林
周忠军	周忠明	周玲阁	周荫祥	房淑清（女）
房照银	郎占武	郑玉平	郑玉芳（女）	郑志贤
郑　波	孟凡友	孟凡学	姚有真	姚辉田
胡金田	胡金和	胡树生	胡桂琴（女）	钟长福
钟绪宝	钟淑琴（女）	姜云洲	姜志民	姜志芳（女）

姜洪涛	姜淑珍（女）	贺宝金	侯爱莲（女）	娄德生
修祥华	骆家恒	宣兆才	洪有金	郗忠礼
徐士平	徐万福	徐玉芳（女）	徐世昌	徐连生
徐跃坤	陶维琴（女）	殷菊芬（女）	郭力元	高玉芹（女）
高从坤	高兴柱	高翠兰（女）	高丽萍（女）	高晓芹（女）
高伟杰	阎庆明	阎建国	隋佰达	戚宝琛
黄立仁	黄正举	黄国军	黄淑珍（女）	曹　军
曹长春	曹重庆	崔化敏	崔月明	崔玉忠
梁宝金	矫万才	管洪树	常广令	常桂云（女）
彭　栋	彭　越	韩见江	董加平	董春光
董　莹（女）	滑东坡	滑秀岩	滑桂英（女）	滕洪举
滕继彪	蒋立山	樊喜文	潘　贵	薛彦杰
薛立波	薛桂香（女）	薛长彬	魏连朋	魏继昌
魏淑兰（女）	高兴云（女）	阎心书		

1990 年度

刁云志	于学义	于秀艳（女）	于秀臻	于　杰（女）
于树成	于泉林	于瑞芬（女）	孔　宾	王文芬（女）
王文福	王云龙	王凤云	王允喜	王仁生
王玉生	王立春	王冬艳	王　旭	王成友
王成柱	王吉元	王兆顺	王连琴（女）	王春仁
王春兰（女）	王金贵	王英杰（女）	王英洲	王秉术
王相田	王家兴	王彦松	王桂清（女）	王爱波（女）
王崇民	王淑华（女）	王福年	王瑞芳（女）	王群德
王　毅	王德杰	方　明	方　春	方　亮
历春华（女）	石长代	石晓光	卢士英	卢会福
卢　显	史广全	田树文	代季华（女）	左孝敬
左志田	冯淑敏（女）	古启毅	仲丛海	仲伟德
伊秀梅（女）	朱丕芳	朱龙江	朱宝芹	朱娄生
宁依萍（女）	吕晓东	吕淑娟（女）	吕殿武	关　丽（女）
关宝玉	关松梅（女）	关鸿雁	关　辉	齐凤林
刘云江	刘云波	刘文明	刘文彬	刘长利
刘长明	刘玉民	刘玉芬（女）	刘永祥	刘永富
刘　芸（女）	刘会义	刘东明	刘汝德	刘　丽（女）
刘明义	刘俊学	刘俊霞（女）	刘桂洁（女）	刘桂芳（女）
刘　海	刘继曾	刘雪梅（女）	刘景波	刘喜彬
刘新军	刘德江	刘德英	刘　鑫	孙月生
孙友会	孙玉凤（女）	孙玉歧	孙平远	孙成林
孙明俊	孙明琴（女）	孙继忠	孙淑娟（女）	孙喜文
孙登岭	牟孝忠	曲凤波	汤凤洪	汤明才
汤丽平	毕子龙	安　乐	许庆丰	许秀清（女）

巩起会	米春荣（女）	贠钦芝	吴天仁	吴继平
吴振高	吴景新	佟　林	谷玉芳（女）	李　义
李　友	李长春	李占英（女）	李贞彩	李庆顺
李成国	李成祥	李连军	李廷祥	李秀华（女）
李明成	李忠义	李宝芹（女）	李金悦	李金霞（女）
李念举	李尚芹（女）	李　栋	李建成	李树坤
李春富	李桂兰（女）	李桂芳（女）	李淑坤（女）	李淑珍（女）
李继承	李继增	李景华	李赛英（女）	杨子良
杨玉发	杨志民	杨志芳	杨秀玲（女）	杨茂环
杨桂兰（女）	杨海珍（女）	杨景兰（女）	杨翠云（女）	肖历文
肖淑春（女）	那万良	汪海兰（女）	宋志广	宋淑兰（女）
宋淑霞（女）	陈双杰	陈方国	陈发明	陈志才
陈志安	陈宝山	陈宝柱	陈家春	陈俊波
陈桂霞（女）	张广昌	张万福	张元居	张友学
张月成	张庆林	张庆洲	张玉文	张玉洁
张本柱	张兴元	张百川	张安玉	张巨婷（女）
张明翔	张传林	张　利	张体汉	张秀兰（女）
张学富	张明义	张金芝（女）	张国才	张忠和
张　信	张继友	张树宝	张桂兰（女）	张桂红（女）
张　辉	张喜兰（女）	张福生	张　德	连文库
连文岱	邵海清	邵景和	冷　琴（女）	何贵元
辛万春	林淑清（女）	范青利	赵巨才	赵玉华
赵传会	赵成臣	赵庆峰	赵志国	赵秀清（女）
赵延林	赵忠康	赵淑芬（女）	赵澄渭	周凤仙
周忠明	周齐霞（女）	周志刚	周建彬	周荫祥
周洪彬	郑玉芳（女）	郑志贤	郑晓华	单德梅（女）
郝士军	郝金权	胡金田	钟凤海	钟绪宝
姜云洲	姜志国	姜林发	姜桂琴（女）	姜淑珍（女）
美洪涛	贺伟晶	荣守莉（女）	柳　山	洪有金
徐万福	徐仁祥	徐玉芳（女）	徐　君	徐　黾
徐彦林	徐跃坤	徐　策	栾景才	郭宝元
高广义	高玉芹（女）	高兴柱	高兴云（女）	高伟杰
高建军	高洪仁	高晓芹（女）	高翠兰（女）	阎心书
阎庆明	夏彦昌	夏艳凤（女）	戚宝琛	戚彦昌
黄正举	黄国军	黄淑珍（女）	曹振友	曹德奇
崔化敏	崔传荣	梁　辉（女）	梁秋兰（女）	隋佰达
解金国	管洪树	彭　栋	彭新华	董万路
董加平	董春光	韩雨刚	韩淑英（女）	焦森林
谢思杰	滑东祥	滑秀岩	滑桂英（女）	滕占林
滕兆连	滕继彪	潭广珠	蒋成林	蒋春华
樊喜文	潘树全	潘艳杰（女）	薛桂香（女）	穆道林

霍明义	魏玉喜	李桂兰（女）	谷生财	胡金和
姜林贵				

1991年度

于广信	于　杰（女）	于学义	于树成	于泉林
于树新	于厚荣（女）	于瑞芬（女）	马青山	马淑芝（女）
刁玉波	王之丰	王千学	王大伟	王文才
王凤云（女）	王凤兰（女）	王云英（女）	王兰天	王玉生
王玉英（女）	王立春	王　旭	王吉元	王成友
王志强	王连琴（女）	王学中	王秉术	王春兰（女）
王宝成	王国芝（女）	王尚良	王爱波（女）	王相田
王佳军	王淑华（女）	王淑杰	王　敏（女）	王崇民
王　琦	王景春	王景厚	王福安	王福军
王福君	王瑞芳（女）	方　明	方　亮	方春子（女）
方　晶	韦红波（女）	尹作山	仇文轩	石长代
石国武	石晓光	平忠祥	卢士英	卢　彬
史士河	田树文	田维发	代季华（女）	兰　波
兰　敏（女）	左志田	左效静	白连峰	冯修和
古启毅	仲丛海	仲伟德	伊柏林	朱龙江
朱宝芹（女）	关成中	吕东平	刘云发	刘长利
刘长明	刘长学	刘玉芬（女）	刘玉峰	刘东明
刘会义	刘秀兰（女）	刘明义	刘宝伦	刘丽华
刘俊学	刘桂芳（女）	刘焕福	刘景波	刘喜彬
刘　新	刘德仁	孙凤英（女）	孙玉凤（女）	孙平远
孙成林	孙志珍（女）	孙进峰	孙秀敏（女）	孙茂川
孙茂发	孙忠孝	孙丽华（女）	孙学利	孙国振
孙茂堂	孙春英（女）	孙胜昌	孙继忠	孙淑娟（女）
孙喜文	任广弟	任桂英（女）	曲长权	曲凤波
曲维安	曲增思	汤丽萍（女）	闫庆明	负钦芝
朴志勇	吴士尧	吴延义	吴振高	吴景新
佟　林	谷玉芳（女）	谷成彪	谷景峰	李　义
李万全	李世庆	李北阳	李会义	李兴国
李亚珍（女）	李贞彩（女）	李进兰（女）	李宝山	李金月
李明成	李尚芹（女）	李承林	李念举	李忠威
李金霞	李　栋	李荣昌	李树坤	李彦坤
李春富	李桂兰（女）	李桂芳（女）	李继承	李　敏（女）
李淑坤（女）	李福毅	李赛英（女）	杨文生	杨永生
杨志民	杨茂环	杨建新	杨春富	杨桂兰（女）
杨景兰（女）	肖丽文	汪翠良	宋春风	宋春雨
宋淑兰（女）	宋淑霞（女）	陈书祥	陈发明	陈室财
陈志才	陈克友	陈志成	陈志国	陈洪彬

陈宪瑞（女） 陈桂荣（女） 陈桂霞（女） 张广昌 张广海
张月成 张元居 张兴元 张本柱 张成君
张庆良 张庆林 张庆洲 张　利 张体汉
张孝权 张国才 张金芝（女） 张忠林 张忠和
张　信 张柏川 张树芳（女） 张树宝 张美荣（女）
张相坤 张树林 张继友 张桂兰（女） 张艳玲（女）
张　辉 张尊山 张福生 张　德 张德山
连文岱 武延君 邵桂芝（女） 何贵元 杜炳河
林淑清（女） 易桂琴（女） 范庆利 苑海芳 赵广发
赵文华 赵巨才 赵玉民 赵吉贤（女） 赵加梅（女）
赵传会 赵成臣 赵庆祥 赵秀清 赵国良
赵忠康 赵廷栋 赵树坤 赵淑云（女） 赵淑芬（女）
赵　斌 赵翠玉（女） 周长海 周忠明 周　贺
周荫祥 周新生 国士库（女） 房照银 郑志贤
郑学君 金广富 孟宪福 郝秀媛（女） 郝德彬
姚有真（女） 胡金田 胡金龙 胡桂芹（女） 钟长福
钟绪宝 姜云洲 姜志芳（女） 姜忠山 姜林发
姜忠显 柳　杉 娄德生 郗洪英（女） 贾连萍（女）
袁忠信 徐文波 徐　宁 徐玉芳（女） 徐跃坤
徐　策 栾景才 陶维琴（女） 唐宪彬 殷菊芬（女）
殷福贵 郭力元 郭清海 高小萍（女） 高伟杰
高兴柱 高秀珍（女） 高明光 高翠兰（女） 展所兴
秦淑艳（女） 戚彦昌 黄　林 黄国军 黄树成
黄淑珍（女） 黄瑞华（女） 曹长春 曹　军 曹显忠
崔　俊 崔剑波 蒋亚清 隋佰合 韩见江
韩志辉 谢孝忠 滑东波 滑秀岩 滑桂英（女）
滕占林 滕兆莲（女） 滕继彪 潭广珠 潭继承
樊兆强 樊喜文 潘跃起 薛乃荣 薛凡珠（女）
薛立波 薛海洋 霍明文 薄桂媛 魏玉喜
魏德生 王凤兰（女） 刘云江 李桂兰（女） 陈连合
杨春福 卢　勤 邵永政 邵青海 邵振江
赵占峰 赵廷栋 钟凤海 麻清沂 常树春
康吉利 商兆祯

1992 年度

刁云庆 刁云志 卜庆莉（女） 于广信 于学义
于厚荣（女） 于树成 于树新 于景荣（女） 于瑞芬（女）
习玉波 山云岩 马义良 马玉学 马淑芝（女）
王乃琦 王子义 王文福 王凤云（女） 王凤兰（女）
王凤歧 王云英（女） 王玉生 王玉英（女） 王立春
王永华 王吉元 王成友 王秀芬（女） 王连琴（女）

王学民	王学忠	王　奇	王宝成	王相田
王明哲	王春祥	王振平	王爱波	王跃东
王崇民	王景春	王福军	王瑞芳（女）	王　德
王德会	牛利君	方　亮	方　晶	仇文轩
仇元胜	石长代	石晓光	文乾坤	平忠祥
卢　勤	史士合	田树文	田维发	田　福
兰　波	兰　敏（女）	左孝敏（女）	白芳友	冯玉联
包瑞芹（女）	仲丛海	仲伟德	古启毅	朱文忠
朱龙江	朱宝芹（女）	朱淑芳（女）	吕福田	吕殿武
吕　静（女）	关鸿雁	刘士倩（女）	刘中平	刘云江
刘文明	刘文彬	刘长华	刘长安	刘长学
刘长明	刘东明	刘永祥	刘会义	刘兆铁
刘灿金	刘英菲（女）	刘秀英（女）	刘孟祥	刘明义
刘丽华（女）	刘丽萍（女）	刘中威	刘洪才	刘洪男
刘相文	刘铁军	刘俊学	刘继增	刘淑芳（女）
刘焕福	刘景波	刘新民	刘德仁	刘德庆
孙月生	孙玉凤（女）	孙立平	孙书彬	孙占军
孙亚珍（女）	孙吉瑞	孙成林	孙秀敏（女）	孙茂川
孙实成	孙忠效	孙继忠	孙喜文	任广弟
任桂英（女）	牟孝忠	曲维安	汤丽平（女）	汲春秀（女）
庄德才	许云平	许春贵	许德清	贠吉亮
员钦芝	吴士尧	吴天仁	吴开林	吴延义
吴景新	吴福利	佟　林	李士庆	李长春
李玉升	李占友	李亚珍（女）	李庆顺	李再祥
李贞彩（女）	李永强	李成祥	李金月	李尚芹（女）
李忠成	李春富	李　艳（女）	李俊琴（女）	李贵臣
李　艳（女）	李彦坤	李树生	李树坤	李树学
李继承	李桂兰（女）	李桂芳（女）	李铁成	李恩和
李淑珍（女）	李晶华	李赛英（女）	杨子军	杨　文
杨庆礼	杨金柱	杨淑艳（女）	杨桂菊（女）	杨惠杰（女）
杨景新	杨福林	苏守权	肖立文	肖　侃
汪光云（女）	汪翠良	宋光辉	宋际昌	宋国田
宋春风	宋春雨	宋清民	宋淑芹（女）	宋殿军
陈书祥	陈发明	陈立香（女）	陈克友	陈连和
陈国范	陈宪瑞	张万丰	张广昌	张立羿
张本柱	张兴元	张同明	张庆林	张庆国
张庆金	张庆洲	张传林	张羽翔	张　利
张克正	张秀芹（女）	张金芝（女）	张金荣	张　信
张美艳（女）	张建国	张桂云（女）	张桂兰（女）	张振明
张继友	张淑芬（女）	张淑芳	张淑霞（女）	张　辉
张腊梅（女）	张　福	张福生	张遵山	张　德

张德山	张德焕	迟颖春	迟福增	连　生
连文岱	武延君	武延财	武继明	邵桂芝（女）
何文海	何贵元	何树平	杜丙和	陆　才
陆书林	严力杰	岳桂莲（女）	岳淑清（女）	苑海芳
林淑清（女）	林　森	范庆利	姚永彬	赵巨才
赵玉民	赵传会	赵志国	赵秀清	赵　菊（女）
赵国良	赵淑云（女）	赵淑芬（女）	赵忠康	赵洪金
赵德才	赵澄谓	周文祥	周长海	周希林
周彧民	周士芹（女）	郑加军	郑　伟	郑志贤
郑尊贵	孟宪光	孟祥发	孟祥敬	金士学
单德龙	罗士发	郝金贵	姚永彬	胡金田
胡金龙	胡金和	胡桂琴（女）	钟长福	钟绪宝
姜云洲	姜忠山	姜宗显	侯树忠	柳　山
骆家富	贾本奎	徐玉芳（女）	徐向彬	徐秀兰（女）
徐绍荣	徐衍敬	徐　策	徐跃坤	徐静波
唐宪彬	郭云利	高丛志	高丛昆	高立萍（女）
高兴云（女）	高秀云（女）	高秀珍	高　翔	高翠兰（女）
阎庆明	阎建国	戚彦昌	黄　林	黄树成
黄跃林	黄淑珍	黄富传	黄瑞喜	曹士晗
曹铁环	曹德奇	崔化敏	崔月丰	崔书媛（女）
崔剑波	崔恩来	隋佰合	解金国	常铁石
康永发	商永亮	商海丰	董加平	董福林
谢孝忠	翟瑞刚	滑东山	滕继彪	潭广珠
潭立友	潭继祥	樊喜文	薛淑梅（女）	穆道臣
于泉林	刘永祥	庄德清	李桂兰（女）	张广明
张月成	张化成	张文宝	张淑芳（女）	邵就政
邵永章	邵青海	邵振江	曹铁环	曹德奇

1993年度

刁云庆	刁云志	卜庆莉（女）	于秀兰（女）	于　杰（女）
于泽生	于厚荣（女）	于晶文	于新生	于瑞芬（女）
万树良	马立佳	马庆伟	马明振	山云岩
孔　宾	王子义	王云龙	王凤兰（女）	王文芬（女）
王月茹（女）	王允喜	王玉英（女）	王立春	王　冰（女）
王吉元	王成友	王刚忠	王连琴（女）	王学民
王宝成	王宝华	王佰琪	王延国	王英洲
王雨春	王忠祥	王国义	王秉术	王相田
王爱波	王景春	王福安	尹兆安	尹宝喜
尹振吉	石凤山	石长代	石忠臣	石晓光
毛　姝（女）	卢洪生	卢　勤	田　升	田树文
田维发	兰　敏（女）	左志田	左树彪	白连峰

冯玉修	冯玉联	冯修会	艾永华	仲丛海
朱龙江	朱树芬（女）	吕文奎	吕春友	关鸿雁
齐宝山	刘化亭	刘凤荣	刘长学	刘长明
刘东辉	刘永祥	刘兴华	刘　君	刘忠云（女）
刘忠平	刘忠威	刘明义	刘岩峰	刘建民
刘洪才	刘相文	刘俊学	刘润芝（女）	刘淑芬（女）
刘高峰	刘景波	刘清森	刘焕福	刘新民
刘德江	刘　鑫	孙凤香（女）	孙玉凤（女）	孙玉桃（女）
孙成林	孙志珍（女）	孙学义	孙学利	孙国云（女）
孙忠孝	孙实成	孙丽华（女）	孙继忠	孙梦太
孙喜文	任广弟	牟际水	曲凤波	曲迎春
曲增恩	乔桂芬（女）	汤明友	汤丽平（女）	毕北超
安　乐	庄德清	许庆学	贠吉亮	贠钦义
贠钦芝	邢中国	吴士尧	吴开林	吴云彩
吴福利	佟　林	谷云华	谷连臣	谷景峰
邵本弟	李占友	李贞彩（女）	李成国	李连君
李尚芹（女）	李延清	李春富	李树生	李树坤
李荣昌	李彦坤	李铁成	李桂芝（女）	李继承
李恩和	李淑珍（女）	李淑霞（女）	李　强	李景权
李福田	李福毅	杨子军	苏　峰	肖亚凡
肖丽文（女）	汪翠良	宋士臣	宋　刚	宋树成
宋春雨	宋洪德	陈万祥	陈正平	陈永江
陈永昌	陈发明	陈克友	陈连合	陈丽香（女）
陈宪瑞（女）	陈淑芝（女）	张广昌	张　仁	张凤英（女）
张文凤（女）	张玉华（女）	张玉朋	张玉彬	张兴元
张庆良	张庆林	张传林	张华香	张亚婷（女）
张　利	张启环	张希林	张连常	张　信
张柏川	张钦仁	张胜利	张桂云（女）	张桂兰（女）
张振明	张景福	张淑芳（女）	张淑琴（女）	张菊芳（女）
张　福	张福生	张　德	迟颖春	迟福增
武延才	邵青海	邵桂芝（女）	何长顺	何少黎
何贵元	严力杰（女）	岳维云	林　刚	林桂兰（女）
林树清（女）	范青利	赵卫党	赵巨才	赵占峰
赵　权	赵　成	赵传会	赵兴江	赵兴芝（女）
赵成河	赵庆祥	赵连河	赵　波	赵忠华
赵忠康	赵国良	赵洪全	赵淑云（女）	赵凌秀（女）
赵　菊（女）	赵德才	赵澄渭	周玉来	周希林
周忠平（女）	周明代	周洪斌	周彧民	国士芹（女）
房兆银	郎占武	郎伊梅（女）	郑学军	郑志贤
孟凡学	金士学	罗士发	郝秀媛（女）	姚秀琴（女）
姚胜斌	胡金田	胡振生	胡桂琴（女）	钟长福

钟绪宝	姜水利	姜中显	姜云洲	姜志芳
姜忠山	姜治国	侯树忠	侯殿臣	柳　杉
娄海峰	郗桂珍（女）	袁忠信	徐卫胜	徐玉芳（女）
徐克福	徐　岭	徐跃坤	徐德胜	殷福贵
郭永祥	郭冠俊	郭静珍（女）	高丛志	高秀珍（女）
高丽萍（女）	高洪艳（女）	高建军	阎心书	阎建国
戚彦昌	黄　林	黄春兰	黄跃林	黄瑞华
曹德奇	崔书媛（女）	崔恩来	隋百顺	隋佰合
宿凤午	盛明远	康永发	商海丰	董加平
韩滨舟	韩相海	傅洪祥	滑东河	靳洪利
滕继彪	潭继承	蒋凤芝（女）	蒋成林	蒋春华
樊喜文	潘跃杰	潘晓凤（女）	薛家驹	穆道臣
卜庄敏	朱玉芹（女）	王瑞芳（女）	刘永祥	刘淑芬（女）
吴兴亮	李成林	李亚珍	李成祥	李廷军
李志加	李秀丽（女）	李　岩	杨庆礼	杨忠清
杨桂兰（女）	杨振连	张桂兰（女）	薛淑梅（女）	

1994 年度

丁香华	刁云庆	于　杰（女）	于宝利	于厚荣（女）
于树成	于遵法	马庆伟	马明振	王子义
王　千	王云英	王凤兰（女）	王凤岐	王文芬
王月茹（女）	王允喜	王玉英（女）	王元春	王伊江
王百奇	王成友	王连山	王连琴（女）	王秀文
王秀娟（女）	王秉术	王宝华	王国彬	王佰军
王延国	王相田	王英洲	王　俊	王建光
王树发	王振平	王晓光	王景春	王福安
王福洲	王　德	尹传保	尹宝君	尹照安
仇淑英（女）	石长代	石凤山	石晓光	卢　彬
卢　勤	史士和	田　升	代永国	兰　敏（女）
白晓光	仲丛海	朱宝芹（女）	朱淑芬（女）	吕巨太
吕正平	吕春友	吕　静（女）	关　义	关鸿雁
齐宝山	刘云江	刘长安	刘玉萍（女）	刘永祥
刘东祥	刘亚彬	刘亚斯	刘　君	刘　杰
刘明义	刘忠威	刘丽华（女）	刘金录	刘洪才
刘俊学	刘桓山	刘景波	刘喜彬	刘福仲
刘福祥	刘福清	刘德江	刘德庆	刘　鑫
孙月生	孙书斌	孙玉凤（女）	孙玉香（女）	孙世范
孙志珍（女）	孙茂川	孙忠孝	孙实成	孙国臣
孙喜文	任广弟	任桂英（女）	曲凤波	曲淑杰
汲春秀（女）	安　乐	庄德才	负吉亮	负钦芝
邢汝滨	吴士先	吴少臣	吴明海	吴艳秋

吴福利	佟　林	佟枝华（女）	谷景峰	李长春
李占友	李玉和	李贞彩（女）	李亚萍（女）	李亚珍（女）
李再祥	李志标	李忠林	李忠威	李尚芹（女）
李英辉	李　栋	李春光	李春沂	李春富
李厚聪	李桂兰（女）	李祯印	李艳芳（女）	李恩国
李树生	李树坤	李树桐	李福田	李福军
李福毅	李瑞国	李赛英	李德林	杨久玲
杨玉学	杨玉芳（女）	杨庆礼	杨秀梅（女）	杨茂志
杨桂兰（女）	杨殿元	杨新生	杨福林	苏永平
苏林义	肖卫东（女）	肖立文	汪光云	汪翠良
宋妙菊（女）	宋丽娟（女）	宋宪成	宋继昌	宋清民
宋淑芹（女）	陈万祥	陈双杰	陈立香	陈克友
陈连和	陈秀艳（女）	陈国富	陈桂荣（女）	陈淑芝（女）
张广昌	张永华	张立信	张兴元	张庆良
张庆林	张传林	张　利	张启环（女）	张宏君
张志祥	张　杰	张　信	张胜利	张美艳（女）
张桂兰（女）	张桂彬	张桂霞（女）	张振环	张振明
张树林	张　晶	张景福	张景新	张福生
张　德	张遵山	迟福增	邵永章	武　权
何长顺	何文海	何少黎	杜忠范	陆　才
苑海芳	佘　民	林淑清（女）	范庆利	范玉华
赵士洪	赵巨才	赵　宇	赵　权	赵成河
赵连会	赵忠康	赵洪全	赵家梅（女）	赵树坤
赵凌秀（女）	赵德才	赵澄谓	赵长海	周希林
周忠平	周忠萍（女）	周明岱	周　贺	周恩会
国士库	郑　云	郑学礼	郑志贤	郑佳武
孟宪福	金广友	罗士发	郝子杰	郝金宏（女）
姚永斌	姚秀琴（女）	胡金田	钟绪宝	战　春
姜义明	姜中显	姜云洲	姜忠山	侯树忠
柳　杉	娄海峰	郗福友	洪　岩	柏丽君（女）
夏永前	袁忠信	袁淑清（女）	耿学兰	徐玉芳（女）
徐　岭	徐跃坤	唐国光	唐德林	郭全军
郭明仁	郭冠俊	郭清海	高广义	高丛志
高壮启	高秀珍（女）	高丽平（女）	高　翔	戚彦昌
黄凤兰	黄国军	黄春兰（女）	黄　强	黄跃林
黄富传	黄瑞华	曹　军	曹吉成	曹重庆
曹　富	崔传民	崔剑波	梁宝金	梁秋兰（女）
隋佰合	宿凤午	盛明山	盛明远	解金国
常淑华（女）	常树春	康永发	董加平	韩凡友
韩凤林	韩见江	韩战廷	韩宾舟	傅洪玉
傅洪祥	傅道金	谢孝忠	谢恩杰	滑东方

滑秀岩	程绪德	靳洪利	蔡庆利	滕继彪
潭继祥	樊喜文	薛凡杰	薛凤珠（女）	薛立波
薛淑梅（女）	薛景学	魏连忠	魏海利	魏淑云（女）
于泉林	刘海明	刘淑兰（女）	刘淑芳（女）	刘焕福
孙明琴	孙相峰	孙显彬	孙继武	张桂兰（女）
肖亚凡	邵桂芝（女）	梁洪启		

1995 年度

丁香华	于广信	于凤霞（女）	于秀君	于宝利
于厚荣（女）	马庆伟	孔　宾	王凤兰（女）	王月茹（女）
王允喜	王立春	王玉菊（女）	王永利	王百齐
王成川	王连和	王秀娟（女）	王　忠	王延国
王金贵	王国彬	王　昶	王尚悦	王春兰（女）
王保华	王恒山	王顺增	王艳秋（女）	王焕文
王树发	王树芳（女）	王景春	王瑞芳（女）	王德臣
王墨林	尤永江	戈玉贵	尹传宝	仇元朝
石长代	石凤山	石晓光	平忠祥	卢　彬
卢　勤	史士河	史秀文	田树文	兰云起
兰　敏（女）	冯　友	申庆春	申淑芳（女）	仲丛海
朱丕芳（女）	朱红英（女）	吕巨太	吕永成	吕　春
吕春友	吕福会	关　义	关鸿雁	齐宝山
刘广录	刘云龙	刘云波	刘化亭	刘文明
刘　民	刘玉芳（女）	刘永祥	刘　伟	刘亚斯
刘亚彬	刘　君	刘君勇	刘英菲（女）	刘忠威
刘洪才	刘继增	刘桂芳（女）	刘桂林	刘淑芝（女）
刘淑芳（女）	刘焕福	刘景才	刘锡仲	刘福清
刘德仁	刘　鑫	孙长川	孙玉凤（女）	孙玉香（女）
孙立平	孙立国	孙吉瑞	孙秀敏（女）	孙国臣
孙忠孝	孙显彬	孙胜昌	孙丽峰	孙丽霞（女）
孙继武	孙继忠	任广弟	任桂英（女）	任雪晴
牟孝忠	汤玉平（女）	安　乐	庄会宪	庄德才
许国刚	贠钦芝	邢中国	邢洪彬	吴士尧
吴福利	谷云旭	谷景峰	李子成	李士琴（女）
李贞彩（女）	李亚珍（女）	李成国	李兴国	李庆民
李庆顺	李再祥	李秀丽（女）	李尚芹（女）	李丽君（女）
李宝贵	李战友	李春光	李春富	李彦庆
李彦坤	李荣昌	李恩国	李继承	李　强
李树生	李树坤	李景华	李朝刚	李　富
李福军	李赛英（女）	杨玉学	杨庆礼	杨兴权
杨希范	杨秀梅（女）	杨贵安	杨振连	杨春福
杨晓峰	杨新生	杨福林	苏永萍（女）	苏江涛

苏　峰	肖生民	肖亚凡	那秀凡	汪光云（女）
汪翠良	宋际昌	宋宪成	宋奎傲	宋清民
宋淑兰（女）	宋淑琴（女）	陈广生	陈书祥	陈永红（女）
陈　立（女）	陈　刚	陈秀艳（女）	陈志强	陈国范
吴继平	张广昌	张广明	张久新	张凤荣（女）
张文宝	张玉英（女）	张永华	张立羿	张庆文
张庆良	张庆林	张传林	张　利	张华春
张　杰	张　信	张宝春	张明义	张胜利
张树林	张　祥	张桂兰（女）	张桂霞（女）	张振环
张振明	张艳玲（女）	张淑琴（女）	张景新	张景福
张　福	张福生	张　德	张遵山	迟颖春（女）
迟福增	邵桂芝（女）	冷　琴（女）	何长顺	杜春生
陆　才	佘　民	苑海芳	范青利	赵士洪
赵卫党	赵巨才	赵巨福	赵长江	赵长明
赵　权	赵成河	赵会忠	赵秀忠	赵忠康
赵洪全	赵凌秀	赵澄渭	周希林	周明岱
周忠萍（女）	国士库	明　哲	郑玉平	郑玉芳（女）
郑学礼	屈慧彬	罗士发	郝凤君（女）	郝永芝（女）
姚吉伟	姚秀琴（女）	胡金田	胡金河	钟绪发
姜吕显	姜志国	姜忠山	姜保全	柳　杉
娄海峰	柏丽君（女）	夏永前	袁忠信	都兴文
徐　岭	徐英胜	徐晓飞	徐跃宽	郭凤兰（女）
郭永祥	郭宝义	郭明仁	郭静珍（女）	高广义
高丛志	高丛坤	高秀梅（女）	高明光	高丽萍（女）
戚彦昌	黄凤连（女）	黄国军	黄春兰（女）	黄　强
黄淑珍（女）	黄瑞华（女）	曹士晗	曹长春	曹玉荣
曹　军	曹吉成	曹　富	曹德玉	曹　璐
崔剑波	崔晓萍（女）	梁洪启	隋佰合	宿凤午
盛明远	解庆刚	解金国	商兆祯	彭　越
董加平	韩占廷	韩志龙	韩宾洲	韩佩林
韩佩荣	傅洪玉	傅洪祥	傅道金	谢学忠
谢　杰	滑秀岩	舒晓月	窦士文	靳洪利
蔡庆利	滕继彪	蒋立山	蒋玉林	蒋成林
樊喜文	薛　力	薛凤杰（女）	薛俊英	薛淑梅（女）
薛景荣	薛超辉	穆道辉	魏殿生	魏德福
何文海	何少黎	何贵元	何淑秋（女）	郝金宏（女）
郑尊贵				

1996 年度

丁香华	刁云庆	卜祥吉	于刚臣	于志云（女）
于秀君	于　杰（女）	于宝利	于厚荣（女）	于树成

于景荣（女）	马庆伟	王山林	王凤兰（女）	王月茹（女）
王玉生	王玉英（女）	王立春	王　权	王　冰
王玉安	王兆龙	王百奇	王秀华（女）	王际斋
王金文	王雨春	王国栋	王英波	王玉娟（女）
王泽翰	王佩儒	王洪海	王晓光	王艳秋（女）
王跃东	王淑芳（女）	王淑斋（女）	王德凤	王德臣
王德芹（女）	王墨林	尤永江	车广宇	车玉华（女）
车发君	方　亮	尹宝喜	仇元朝	石凤山
石庆荣	石晓光	毛凤祥	卢　彬	史士河
史秀文	史衍存	田　友	田玉君	兰　香（女）
兰　敏（女）	冯　友	仲丛海	朱红英（女）	朱淑芳（女）
吕永成	吕春友	吕　晶	吕福会	吕福良
吕殿武	刘广录	刘广福	刘云发	刘云江
刘凤兰（女）	刘丰安	刘仁林	刘化亭	刘文明
刘永吉	刘永祥	刘玉杰	刘英菲（女）	刘明义
刘忠生	刘忠成	刘丽萍（女）	刘洪才	刘洪男
刘继忠	刘桂林	刘爱学	刘焕福	刘景波
刘福江	刘　静	刘德庆	刘　鑫	孙书保
孙玉凤（女）	孙玉香	孙百丰	孙吉瑞	孙茂川
孙学义	孙忠孝	孙国清	孙革新	孙继忠
任宝玉	任雪晴	曲淑杰（女）	匡宝仁	汤明起
毕千海	安　乐	安丽华（女）	许云平	许秀荣（女）
许国弟	闫建国	贠吉辉	师殿才	闯秀丽（女）
吴士尧	吴国财	吴秋兰（女）	吴振高	吴福利
谷云华（女）	李占友	李玉升	李　江	李贞任
李贞彩（女）	李亚珍	李再祥	李冰伦	李忠义
李学文	李英杰	李尚芹（女）	李彦庆	李彦坤
李荣昌	李春光	李春富	李贵臣	李铁成
李　敏（女）	李淑梅（女）	李　富	李景华	李福良
李德敏	杨久玲（女）	杨庆礼	杨兴佐	杨金刚
杨丽娟（女）	杨淑芬（女）	杨新生	杨福林	苏江涛
苏　峰	肖玉凡	汪光云	汪翠良	宋士臣
宋际昌	宋宪成	宋树成	宋清民	宋淑琴（女）
陈万寿	陈立香（女）	陈　刚	陈连海	张凤英（女）
张文宝	张立芳（女）	张玉林	张永华	张羽飞
张本柱	张庆林	张传林	张华春	张志祥
张秀琴（女）	张　杰	张春友	张春玲（女）	张金芝（女）
张金福	张　信	张秋梅（女）	张美荣	张桂兰（女）
张振兰（女）	张振环	张振明	张淑艳（女）	张景新
张景福	张福生	张　德	张遵山	迟福志
连文清	武占元	邵桂芝（女）	何长顺	岳桂莲（女）

林 森	范庆利	佘 民	佘 志	赵士杰
赵长明	赵巨才	赵兴江	赵成河	赵会忠
赵秀忠	赵忠信	赵忠康	赵春清	赵凌秀（女）
赵德才	赵澄渭	周长海	周明岱	周 贺
周 辉	周新民	房洪喜	庞新生	郑玉平
郑玉芳（女）	郑志贤	郑 波	郑学君	郑尊贵
金永日	罗士发	罗永江	姚秀芹（女）	胡金田
姜水德	姜民政	姜志芳（女）	姜忠山	姜宗显
姜彦娟（女）	娄海峰	柏丽君	俞光植	贾 川
贾广成	贾秀荣	贾 波	夏永前	袁新荣
聂兴军	徐大伟	徐万运	徐文波	徐玉芳（女）
徐跃宽	唐宪彬	郭立元	郭永新	郭宝占
郭冠俊	郭静珍（女）	高广义	高丛志	高丛坤
高兴云	高伟杰	高秀珍（女）	高明光	高金起
高洪仁	高尊涛	秦世春	戚彦昌	黄凤莲（女）
黄国军	黄绍珍（女）	黄 强	黄跃清	黄淑珍（女）
黄瑞华（女）	曹长春	曹吉成	曹振水	曹 富
曹德奇	崔传荣	崔剑波	梁洪启	宿凤午
盛平安	盛明远	常淑华	康吉利	商永亮
彭天祥	董加平	韩宾洲	傅培海	傅道金
强宪珍（女）	谢孝忠	谢恩杰	滑秀岩	葛玉贵
舒晓明	窦士文	窦树才	蒋兴江	蒋成林
蒋淑英（女）	蔡庆利	滕继彪	谭立友	赫英兰（女）
樊喜文	薛凡杰	薛俊英（女）	薛淑梅（女）	薛超辉
霍明文	衡长刚	魏福增	魏殿生	戴立峰
田树文	员钦义			

1997 年度

卜凤荣	于刚臣	于志云	于秀君	于学坤
于树成	于厚荣（女）	于海宽	于景荣（女）	马庆伟
门月良	王 义	王山林	王凤兰（女）	王允和
王月茹（女）	王允喜	王玉生	王玉英（女）	王 权
王传林	王际斋	王雨春	王英洲	王佩儒
王秋生	王树君	王迎丽	王建光	王跃东
王淑芳（女）	王艳秋（女）	王善林	王德臣	王德福
尤永江	牛利君	方 亮	尹庆勋	仇文轩
仇元朝	仇德友	文乾坤	毛 姝（女）	石晓光
卢士英	卢 彬	史士河	史秀文	田 友
田玉军	田宝成	兰秀凤（女）	兰 敏（女）	白丽华
冯 友	冯玉联	伊柏林	朱万世	朱文珍
宋海春	吕巨太	吕 晶（女）	吕福会	吕殿武

刘力英	刘万山	刘广录	刘广福	刘文仲
刘长利	刘长明	刘化亭	刘云海	刘兰花（女）
刘玉芳（女）	刘玉杰（女）	刘东明	刘玉珍（女）	刘庆波
刘兆锬	刘克俭	刘忠云	刘宝英	刘丽萍（女）
刘　胜	刘洪才	刘洪俊	刘爱学	刘桂林
刘淑芬（女）	刘景波	刘　静（女）	刘增仁	刘德庆
刘　鑫	孙　友	孙玉香（女）	孙吉瑞	孙长录
孙和义	孙茂川	孙国臣	孙茂杰	孙茂忠
孙相峰	孙革新	孙海波	孙继忠	任　江
曲万林	乔元丰	乔桂芬（女）	汤金茹（女）	许秀珍（女）
许　丽（女）	许国弟	许建峰	员吉亮	会福德
吴士尧	吴秋兰	吴振高	吴福利	谷玉芳（女）
李子成	李巧凤	李加君	李庆民	李成国
李亚珍（女）	李贞彩（女）	李再祥	李进波	李宝山
李尚芹（女）	李延庆	李承林	李春辉	李春富
李贵臣	李荣昌	李彦坤	李庭海	李荣菊（女）
李清顺	李福良	李福宽	杨久玲（女）	杨　文
杨　华	杨庆礼	杨忠学	杨建国	杨桂兰（女）
杨晓玉	杨清文	杨淑芬（女）	杨　鹏	苏　峰
汪光云	汪翠良	宋士臣	宋秀福	宋树成
宋清民	陈广生	陈文胜	陈双杰	陈书祥
陈立香	陈秀玉	陈桂荣	张大力	张化成
张元居	张文宝	张文革	张凤英（女）	张兆杰
张庆林	张传林	张金良	张宝春	张宝新
张　春	张　信	张美荣	张姝艳（女）	张松梅
张淑芳（女）	张淑艳（女）	张尊山	张景福	张福生
张照山	张　德	连文清（女）	武延财	何长顺
何文海	何少黎	何景林	佘　民	岳锡文
林淑华	林淑清（女）	林　晶（女）	范青利	赵　力
赵士杰	赵巨才	赵玉生	赵永泰	赵　权
赵会中	赵成河	赵秀忠	赵冶萍（女）	赵忠信
赵洪军	赵显成	赵洪志	赵　艳（女）	赵凌秀
赵德才	赵澄渭	周长生	周明岱	周洪彬
周荫祥	郑玉平	郑　波	郑尊贵	孟凡友
孟凡英	孟宪光	罗永江	郝永芝	郝世君
姚吉伟	姚秀琴（女）	胡金田	胡金龙	胡金河
钟英奎	战　春	宫永文	姜忠显	姜治国
娄海峰	贾广成	夏永前	袁忠信	徐玉芳（女）
徐克福	徐英胜	徐德昌	康晓东	郭永祥
郭宝占	高丛志	高丛坤	高兴云	高秀珍（女）
高连香	高明亮	高崇洲	阎建国	阎新营

秦世春	戚彦昌	柴 旺	奚宽永	黄凤莲（女）
黄国军	黄绍珍	黄淑珍（女）	黄 强	曹长春
曹吉成	曹芳琴（女）	曹振友	崔传美	梁宝金
梁宝银	梁洪启	隋佰合	盛平安	盛明远
彭天祥	彭 越	董加平	韩传平	韩淑英（女）
傅道金	渠成阳	蒋成林	蒋淑英（女）	舒晓明
温 彦	滑秀岩	蔡庆利	滕继彪	谭立祥
樊喜文	薛超辉	霍明文	衡长刚	魏连祥
魏海波	魏德福	戴永国	戴立峰	孙玉凤（女）
孙立国	杨桂兰（女）	张贵彬	张 祥	张振明
张桂霞（女）	杨新生	杨福学	杨福林	周长海
薛凡杰	薛俊英（女）	彭新华		

1998 年度

刁云志	于刚臣	于志云	于学义	于树成
于厚荣	于海宽	马青山	马庆伟	门月良
王山林	王文才	王凤兰（女）	王月英（女）	王玉生
王玉英（女）	王加兴	王 冰	王 达	王成才
王兆庆	王 宏	王君奎	王志权	王际斋
王志彪	王宝平	王国良	王英杰	王雨春
王延春	王延涛	王尚悦	王佩儒	王振国
王继春	王晓艳（女）	王艳秋（女）	王海深	王焕文
王跃东	王淑斋（女）	王 晶	王 辉	王景春
王德福	王曙光	尤永江	方春子	车柏松
尹庆发	尹 江	尹庆勋	仇元朝	卢洪生
史广田	史广地	史士河	史秀文	田维华
白丽华	冯 友	冯玉联	冯金安	冯德良
申国君	吕福会	关志忠	刘玉彬	刘云江
刘文明	刘长明	刘玉杰（女）	刘东明	刘玉珍（女）
刘兆锬	刘国华	刘岩峰	刘洪才	刘相文
刘桂兰（女）	刘桂林	刘福水	刘新民	刘德庆
刘 鑫	孙玉福	孙茂川	孙实成	孙茂超
孙继忠	孙淑芬（女）	曲凤波	曲传胜	乔元峰
安志强	闫建国	巩建伟	负吉亮	江志国
吴士尧	吴文良	吴继才	吴淑琴（女）	李加双
李发胜	李庆顺	李冰伦	李成泉	李伟玲（女）
李志强	李贞彩（女）	李秀英（女）	李志海	李延庆
李尚芹（女）	李彦坤	李承林	李春富	李振中
李继承	李景海	李景彬	李瑞东	杨久玲（女）
杨 文	杨 华	杨志芹（女）	杨青春	杨松涛
杨晓玉	杨晓琦	杨淑芬（女）	杨朝友	苏 峰

肖玉华	肖玉彬	肖亚凡	宋士臣	宋官文
陈方国	陈书祥	陈连海	陈来福	陈　忠
陈丽香（女）	陈桂荣（女）	张凤英（女）	张兆田	张立华（女）
张立芬（女）	张世英	张兆杰	张庆林	张希凤（女）
张秀兰（女）	张宏梅（女）	张春生	张宝春	张国忠
张　信	张姝艳（女）	张秋梅（女）	张桂云（女）	张振明
张桂琴（女）	张淑芳（女）	张景福	张福生	连文岱
连　生	连宝贵	何长荣	何少黎	杜春生
杜忠范	赵士杰	赵凌秀	赵凌国	赵德才
赵澄渭	周长海	周　贺	周贵元	周起云
周新民	郑凤芝（女）	郑　波	郑学军	姚吉伟
钟英奎	姜迎春	荣守芬	恒长刚	贾秀荣
贾　健	都兴文	徐向彬	徐英胜	徐跃权
康晓军	高丛芳（女）	高丛坤	高兴云（女）	高建军
戚彦昌	奚宽永	黄凤莲（女）	黄国君	黄跃清
曹士晗	曹吉成	崔玉忠	梁洪启	盛平安
盛明远	常兴权	常树春	强宪珍（女）	彭天祥
董加平	韩凤友	韩佩荣	韩淑英	傅道金
渠成阳	蒋玉林	蒋淑英（女）	舒晓明	滑东方
滕继彪	谭立友	樊喜文	樊青林	薛凡杰
薛超辉	霍明文	魏德福	戴永国	齐玉彬
齐来福	齐宝山	刘力英	刘广录	陈桂霞（女）
陈国柱	陈荣辉	赵秀忠	赵忠信	赵忠康
赵凌华	何永成			

1999 年度

刁云志	于志云（女）	于春法	于树成	于海宽
马文革	马清伟	孔凡安	门月良	王月英（女）
王长度	王玉良	王玉英（女）	王　成	王　宏
王志权	王际春	王连福	王宝平	王英洲
王彦国	王洪海	王艳玲（女）	王振国	王善林
王景春	王福军	王殿龙	王德臣	车柏松
牛利君	尹庆发	尹庆勋	尹洪森	石佳山
卢金华	卢　显	卢洪生	史秀文	兰　波
左志田	冯玉联	冯　会	冯德良	申国君
叶继华	朱红霞（女）	朱效军	吕福田	吕福会
关　毅	齐来福	齐宝山	刘力英	刘凤兰（女）
刘云江	刘东明	刘永春	刘玉梅（女）	刘　志
刘洪才	刘丽萍（女）	刘　静	刘增寿	孙玉英（女）
孙茂川	孙实成	孙国振	孙宝厚	孙淑芬（女）
曲凤春	曲传胜	乔云龙	汲春秀（女）	安志强

庄德才	许　鹏	阎树忠	阎建国	巩建伟
邢广明	江志国	朴志勇	吴士尧	吴文良
吴延义	吴恒福	吴继辉（女）	吴福利	李文东
李加双	李永强	李成义	李成国	李成效
李兆华	李冰伦	李庆民	李　臣	李　宏
李延庆	李春阳	李春富	李彦坤	李建忠
李桂珍（女）	李　强	李淑兰（女）	杨子龙	杨　华
杨光辉	杨志琴	杨宝林	杨松涛	杨建民
杨桂兰（女）	杨晓峰	杨淑芬（女）	苏江涛	苏　峰
邱士颖（女）	宋玉华（女）	宋金山	宋奎傲	宋淑云
陈方国	陈书祥	陈立香	陈连福	陈　忠
陈宝山	陈国柱	陈荣辉	陈桂荣	陈桂霞（女）
张凤英（女）	张立甲	张立信	张兆田	张兆君
张亚利	张华春	张红梅（女）	张志强	张丽芹（女）
张国忠	张宝新	张春生	张丽华	张　革
张相华	张姝艳（女）	张振明	张桂云（女）	张桂玢（女）
张桂香（女）	张淑芳（女）	张尊山	张喜凤（女）	张喜成
张景福	连宝贵	何长顺	杜书堂	赵士杰
赵巨才	赵秀忠	赵忠信	赵忠康	霍明文
赵凌国	赵　菊（女）	赵德才	周长海	周亚峰
周忠军	周　贺	周贵元	周洪彬	周新生
郑　云（女）	郑玉平	郑学军	郑　波	孟令忠
孟庆国	屈春阳	单德龙	胡金田	钟英奎
姜迎春	贾乐昌	都兴文	徐可亮	徐跃权
徐德昌	徐德彦	唐忠信	郭立源	高广义
高丛坤	高兴柱	高洪仁	高崇洲	秦振祥
柴　荣	奚宽永	黄　林	黄国军	曹士晗
曹吉成	曹芳琴（女）	曹振友	曹铁环	崔化敏
崔玉忠	梁洪启	盛明远	常兴权	常树春
强宪珍（女）	商永亮	彭天祥	韩凤友	韩佩荣
傅道金	蒋玉林	葛中校	谭立友	薛超辉

2000—2001 年度

丁香喜	刁云志	卜庆利	于志云	于树成
于跃成	马清伟	王文发	王文良	王云峰
王玉良	王玉英（女）	王　成	王兆庆	王　宏
王志权	王志彪	王延国	王建光	王建伟
王振国	王顺增	王继春	王　强	王跃东
王淑斋	王景春	王越英	王福军	王殿龙
王锡煜	车相松	牛立冬	牛立君	尹庆发
尹庆勋	尹宝均	石凤山	石佳山	卢洪生

史广地	田雨莹	田维生	田喜君	白振久
冯玉联	申国军	朱万世	吕刘平	吕福田
关　毅	关　锋	齐来福	齐英兰	刘广录
刘汉山	刘永春	刘兴国	刘　志	刘宝英（女）
刘金良	刘宝坤	刘洪光	刘贵林	刘晓宝
刘爱学	刘福忠	刘增寿	刘凤文	孙玉英（女）
孙秀琴（女）	孙忠孝	孙丽华	孙国臣	孙宝厚
孙建久	孙淑芬（女）	任雪晴	牟孝忠	乔云丰
安　乐	汲春秀（女）	庄树坤	许春贵	许　鹏
闫志君	巩建伟	员吉亮	邢广明	向守礼
朴志勇	吴天荣	吴延义	吴继平	谷云旭
邹德武	李加双	李永强	李成义	李冰伦
李成效	李　宏	李来友	李孝忠	李建忠
李春富	李艳芳（女）	李　敏（女）	李淑梅（女）	李景彬
杨文治	杨　华	杨庆礼	杨学志	杨松涛
杨树光	杨晓玉	苏常伟	肖文国	肖文慧
肖　华	汪海峰	宋清民	陈广生	陈立香
陈　刚	陈桂荣	张　伟	张兆田	张兆君
张庆林	张秀兰（女）	张秀艳（女）	张志超	张宝新
张相华	张贵彬	张尊山	张喜成	张景福
张　勤	张　德	何长顺	何树森	何基明
严胜利	芦金华	芦旭清	林　萍（女）	尚玉森
尚　剑	范　君	杭爱民	赵士杰	赵玉民
赵兴江	赵　起	赵凌国	周亚峰	周忠军
周　贺	周贵元	周新生	郑　云	郑玉平
郑　波	郑尊贵	孟令忠	郝永芝（女）	姜志国
姜迎春	贺俊田	柳春阳	贾秀荣（女）	贾　涛
贾　健	袁明兰	都兴文	徐文国	徐可亮
徐继红	徐德昌	康忠信	殷福贵	郭明仁
高丛坤	高洪仁	高建军	高献礼	秦振清
秦淑丽（女）	黄跃清	奚宽永	曹长春	曹吉成
崔化敏	崔爱华	盛明远	常桂芬（女）	常淑华（女）
董加平	董志范	董丽杰（女）	韩志龙	蒋玉林
蒋成彬	蒋淑英（女）	温立君	滑秀洋	薛超辉
霍明文	穆道辉	魏海利	戴吉发	杨晓琦
郝世君	滑东方			

2002—2003 年度

丁香华	卜会峰	卜庆利	于海宽	马　平
马　林	孔祥礼	王凤云（女）	王玉良	王玉岭
王玉英（女）	王　冰	王守礼	王兆庆	王亚清（女）

王秀文	王君恒	王国义	王国君	王雨春
王晓杰	王海鹏	王跃东	王淑娟（女）	王淑霞（女）
王越英（女）	王锡煜	王德臣	方春彪	尹凤兰（女）
尹庆勋	仇元胜	石凤山	史　闯	田树文
田艳玲（女）	田维发	田维生	田喜军	白振久
边亚娟（女）	仲丛海	朱效军	吕淑凤（女）	吕福会
关　毅	齐元胜	齐宝山	刘力英	刘广录
刘玉芬（女）	刘东明	刘国东	刘宝成	刘忠成
刘金良	刘树叶	刘贵林	刘海权	刘海明
刘爱学	刘晓宝	刘晓波	刘艳春	刘　颖（女）
孙佩华	孙忠孝	曲万会	安　乐	安志强
庄德才	闫志君	吴开林	吴延义	吴继平
吴继财	李大鹏	李永财	李庆云	李成义
李成全	李　宏	李彦坤	李尚芹	李绍武
李树生	李荣昌	李庭海	李春富	李景春
李　群	李福良	杨文治	杨立民	杨立森
杨玉学	杨　伟	杨庆礼	杨青春	杨松涛
杨树先	杨春范（女）	杨秋菊（女）	肖亚凡	肖桂清（女）
汪海兰（女）	宋淑云（女）	张玉文	张兆君	张庆林
张　君	张孟良	张国忠	张家良	张树岭
张福生	邵明多	何少黎	何树森	杜尚存
林士有	林淑华	杭爱民	赵玉民	赵宇飞
赵春清	赵凌秀	赵瑞喜	周长香（女）	周　焱
郑会仁	郑树坤	郑尊贵	孟繁华	郝子杰
姚吉庆	胡金龙	胡振生	姜志国	骆丽艳（女）
贾荣义	都兴文	徐宝华	徐相彬	徐衍喜
徐啸华	高丛坤	高　敏（女）	黄国军	曹吉成
梁玉民	梁昌武	梁宝银	董万路	董志范
董丽杰（女）	傅长荣	傅林学	傅彦明	蒋安功
鲁晓清	滑福常	滕继义	慕秀清（女）	樊兆强
潘树全	潘淑萍（女）	穆道金	魏春华（女）	马清伟
刘晓军	李　宏	张宝新		

2004—2005 年度

于宝利	王文峰	王玉生	王玉英（女）	王兆庆
王君恒	王丽娟（女）	王秋生	王宪忠	王晓龙
王继华	王振国	王振德	王海鹏	王　强
王淑范（女）	王淑娟（女）	仇元胜	石建华	卢　显
史　闯	史秀文	田佐贵	田艳玲（女）	关　毅
刘力英	刘玉峰	刘洪光	刘铁军	刘新军
刘永国	刘成友	孙佩华	孙树彬	孙登岭

任国文	安　乐	关瑞江	谷云峰	邹德良
李长志	李成江	李成全	李庆华	李来友
李志刚	李国战	李庭海	李春富	李桂芬（女）
李厚奇	李　群	杨春旭（女）	杨春范（女）	杨淑娟（女）
肖亚凡	宋金凤（女）	陈方国	陈文胜	陈连河
陈进英（女）	陈国友	张久新	张万福	张目广
张立芹（女）	张兆君	张同明	张孟良	张国忠
张洪玲（女）	张洪彬	张春颖（女）	张晓光	张道友
张　德	迟福志	邵明多	邵振江	何长顺
何树森	初秀华（女）	范　君	赵卫党	赵宇飞
赵冶平（女）	赵显兵	赵凌秀（女）	赵爱琴（女）	周力群
周洪彬	庞新生	孟庆珍（女）	孟德玉	姜义平
姜义明	姜志国	姜昆鹏	侯志贤	贾荣义
徐玉芹（女）	徐泽仁	徐宝华	徐明国	徐相彬
郭凤华（女）	高广义	高丛兰（女）	高建军	高建林
曹长春	曹吉成	梁宝银	盛荣海	彭新华
蒋安功	葛玉彬	慕秀清（女）	薛景学	魏广慧
鞠兴斌				

附录四　1986—2005年经济社会发展计划表

1986年主要经济技术指标一览表（一）

指标名称	单位	年计划	指标名称	单位	年计划
一、产量指标			9. 锯材产量	立方米	50000
1. 更新造林	亩	25000	10. 造纸	吨	2000
2. 育苗	亩	363.5	11. 胶合板	立方米	2500
3. 三林抚育	亩	23702	12. 发电量	千瓦时	18000
其中：人工林间伐	亩	4042	13. 红砖	万块	800
带状皆伐	亩	150	14. 农业播种面积	亩	19802
透光	亩	17683	二、品种		
母树林培育	亩	1290	1. 坑木	立方米	30000
4. 为下年整地	亩	20000	2. 枕木	立方米	2000
5. 木材生产	立方米	170000	三、工农业总产值	万元	4341
其中：原条	立方米	155000	1. 全民企业	万元	1501
短材	立方米	15000	2. 集体企业	万元	1406
6. 枝丫	立方米	45000	3. 多种经营	万元	1164
7. 采前清	立方米	2570	4. 地方工业	万元	270
8. 枯立木	立方米	5900	四、质量		

1986年主要经济技术指标一览表（二）

指标名称	单位	年计划	指标名称	单位	年计划
1. 三扶合格率	%	90	4. 造林综合成本	元 / 亩	103.28
2. 造林成活率	%	90	七、木材平均售价		
3. 伐区合格率	%	95	1. 原木	元 / 立方米	93.61
4. 原条造材率	%	90	2. 锯材	元 / 立方米	259.50
5. 锯材合格率	%	95	八、利润		
6. 锯材一等品率	%	80	1. 企业计税利润	万元	277.2
7. 合同兑现率	%	99	2. 集体经济	万元	140
五、效率			3. 地方工业	万元	5.6
1. 木材采运	立方米 / 人年	245	九、资金	万元	

续表

指标名称	单位	年计划	指标名称	单位	年计划
2. 锯材加工	立方米 / 人年	200	1. 年平均占用	万元	679
六、成本			2. 期末占用	万元	758
1. 木材单位成本	元 / 立方米	56.48	3. 周转次数	次	4.13
2. 短材成本	元 / 立方米	63.81	十、基本建设		
3. 锯材成本	元 / 立方米	176.5	（略）		
内：加工成本	元 / 立方米	32.5			

1987 年主要经济技术指标一览表（一）

指标名称	单位	年计划	指标名称	单位	年计划
一、产量指标			10. 造纸	吨	2500
1. 更新造林	亩	25000	11. 胶合板	立方米	3300
2 育苗	亩	388.5	12. 发电量	千瓦时	22000
3. 三林抚育	亩		13. 红砖	万块	900
其中：人工林间伐	亩	5032	14. 农业播种面积	亩	19802
透光	亩	30000	二、品种		
母树林培育	亩	2065	1. 坑木	立方米	28000
4. 为下年整地	亩	25000	2. 枕木	立方米	3000
5. 木材生产	立方米	171900	三、工农业总产值	万元	6032
其中：主伐	立方米	150000	1. 全民工业	万元	1695
抚育伐	立方米	21900	2. 集体工业	万元	2506
6. 枝丫	立方米	40000	3. 多种经营产值及收入	万元	1575
7. 采前清	立方米	2.250	4. 地方工业	万元	256
8. 枯立木	立方米	6100	四、质量		
9. 锯材产量	立方米	50000			

1987 年主要经济技术指标一览表（二）

指标名称	单位	年计划	指标名称	单位	年计划
1. 三扶合格率	%	90	1. 原木	元 / 立方米	155.00
2. 造林成活率	%	90	2. 锯材	元 / 立方米	380.90
3. 伐区合格率	%	95	八、利润	万元	
4. 原条造材率	%	90	1. 企业计税利润	万元	360
5. 锯材合格率	%	95	2. 集体经济	万元	119
6. 锯材一等品率	%	85	3. 地方工业	万元	6.0
7. 合同兑现率	%	99	九、资金	万元	
五、效率			1. 年末平均占用	万元	920
1. 木材采运	立方米 / 人年	234.7	2. 期末占用	万元	930
2. 锯材加工	立方米 / 人年	200	3. 周转次数	次	5
六、成本			十、基本建设投资	万元	908.2
1. 木材单位成本	元 / 立方米	74.20	森工国投	万元	302
2. 抚育伐成本	元 / 立方米	87.99	更改	万元	250
3. 锯材成本	元 / 立方米	329.78	育林	万元	120
内：加工成本	元 / 立方米	41.76	大修	万元	52
4. 造林综合成本	元 / 亩	123.71	集体	万元	107.5
内：造林单位成本	元 / 亩	38.33	其他	万元	76.7
七、木材平均售价					

1988年主要经济技术指标一览表（一）

指标名称	单位	年计划	指标名称	单位	年计划	指标名称	单位	年计划
一、产量指标			11. 锯材产量	立方米	50000	1. 全民工业	万元	2015
1. 更新造林	亩	26734	12. 造纸	吨	3000	2. 集体工业	万元	2989
2. 育苗	亩	384.8	13. 胶合板	立方米	3500	3. 多种经营	万元	1771
3. 补植	亩	11030	14. 发电量	千瓦时	23000	4. 地方工业	万元	257
4. 幼林抚育	亩	111651	15. 红砖	万块	1000	四、质量	%	
5. 天然林抚育	亩	36800	16. 农业播种面积	亩	19782	1. 三抚合格率	%	90
6. 透光	亩	28100	17. 纱芯	万个	500	2. 造林成活率	%	85
7. 母树林培育	亩	2970	18. 饮料	吨	620	3. 伐区合格率	%	95
8. 为下年整地	亩	21000	19. 酒	吨	1220	4. 原条造材率	%	90
9. 木材生产	立方米	188000	二、品种			5. 锯材合格率	%	95
其中：主伐	立方米	155000	1. 特级原木	立方米	6000	6. 胶合板合格率	%	95
抚育伐	立方米	30000	2. 坑木	立方米	21000	7. 锯材一等率	%	73
自伐材	立方米	3000	3. 枕木	立方米	2500	8. 合同兑现率	%	99
10. 枝丫	立方米	35000	三、工农业总产值	万元	7032	五、劳动工资		

1988年主要经济技术指标一览表（二）

指标名称	单位	年计划	指标名称	单位	年计划	指标名称	单位	年计划
1. 木材采运效率	立方米／人年	2083/5	七、销售			九、资金		
2. 锯材加工效率	立方米／人年	200	1. 原木平均售价	元／立方米	162	1. 年末平均占用额	万元	1230
3. 职工人数	人	9412	单利	元／立方米	39.12	2. 期末占用额	万元	1265
4. 工资总额	万元	1259	2. 锯材平均售价	元／立方米	401	3. 周转次数	次	51/9
5. 集体企业人数	人	6358	留利	元／立方米	59.46	十、基本建设	万元	9232/7
六、成本			3. 箱板纸平均售价	元／吨	1300	1. 森工国投	万元	77
1. 木材单位成本	元／立方米	791/2	单利	元／吨	166.67	2. 道路延伸	次	148
其中：主伐成本	元／立方米	74.78	八、利润	元／吨		3. 折旧基金	万元	260
抚育伐成本	元／立方米	1032/3	1. 企业计税利润	万元	528.8	4. 育林基金	万元	120
2. 锯材成本	元／立方米	298.24	内：偿还贷款	万元	100	5. 大修理基金	万元	1272/7
其中：加工成本	元／立方米	463/5	上缴	万元	100	6. 城市维护费	万元	14
3. 造纸单位成本	元／吨	10631/3	留利	万元	323	7. 其他	万元	17
4. 造林综合成本	元／亩	1142/5	2. 集体经济利润	万元	255.3	8. 集体企业	万元	160
其中：造林直接成本	元／亩	351/8	3. 地方工业利润	万元	6.2			
5. 森林抚育成本	元／亩	29						

1989 年主要经济技术指标一览表（一）

指标名称	单位	年计划	指标名称	单位	年计划	指标名称	单位	年计划
一、森林资源			三、产量指标			8. 枝丫	立方米	35000
1. 木材采伐限额	立方米	293000	1. 更新造林面积	亩	26617	9. 锯材产量	立方米	45000
2. 森林采伐利用率	%	63	2. 森林抚育面积	亩	30800	10. 造纸	吨	3000
二、产值			其中：透光	亩	28000	11. 发电量	千瓦时	23000
（一）80 年不变价产值			间伐	亩	2800	12. 红砖	万块	950
1. 全民工业产值	万元	1988	3. 天然林抚育面积	亩	44585	13. 胶合板	立方米	2500
2. 集体工业产值	万元	884	4. 育苗面积	亩	447	14. 细木工板	箱	1800
3. 多种经营产值	万元	1113	5. 母树林培育面积	亩	1995	15. 卫生筷子	箱	30000
4. 地方工业产值	万元	343.2	6. 幼林抚育面积	亩	123050	16. 饮料	吨	500
（二）现价产值			7. 木材产量	立方米	181954	17. 纱芯	万个	500
1. 全民工业产值	万元	4525	内：上交国家任务材	立方米	138000	18. 农业播种面积	亩	19880
2. 集体工业产值	万元	1400	木材生产中：主伐	立方米	151000	四、品种		
3. 多种经营产值	万元	1833	抚育伐	立方米	30954	1. 特级原木	立方米	4000
4. 地方工业产值	万元	343.2	自伐材	立方米		2. 坑木	立方米	23000

1989 年主要经济技术指标一览表（二）

指标名称	单位	年计划	指标名称	单位	年计划	指标名称	单位	年计划
3. 枕木	立方米	3000	七、劳动工资			其中：加工成本	元	52.03
五、质量			1. 全员价值效率	元 / 人年	5093	3. 造纸单位成本	元	1822.66
1. 造林当年成活率	%	85	2. 全年平均占用额	立方米 / 人年	216	4. 造林综合成本	元	240.69
2. 造林三年保存率	%	100	3. 锯材加工效率	立方米 / 人年	206	其中：造林直接成本	元	58.69
3. 森林抚育合格率	%	100	4. 职工人数	人	8885	5. 森林抚育作业成本	元	29.32
4. 伐区合格率	分	95	内：固定职工	人	7338	九 . 销售		
5. 原木合格率	%	95	合同制职工	人	762	1. 原木平均销价	元 / 立方米	200
6. 锯材等级合格率	%	95	临时工	人	153	单利	元 / 立方米	42.03
7. 锯材规格合格率	%	85	5. 职工工资总额	万元	1515	2. 锯材平均售价	元 / 立方米	385.04
8. 锯材特一等品率	%	73	八、成本			单利	元 / 立方米	70.10
9. 供货合同兑现率	%	100	1. 木材单位成本	元	86.37	十、利润		
六、消耗			其中：主伐成本	元	86.53	1. 实现利润	万元	686.2
1. 原条选材率	%	90	抚育伐成本	元	88.61	其中：上缴	万元	86
2. 锯材出材率	%	分析后	2. 锯材成本	元	290.10	以木换房	万元	200

1990 年主要经济技术指标一览表（一）

指标名称	单位	年计划	指标名称	单位	年计划	指标名称	单位	年计划
一、森林资源			4. 地方工业产值	万元	257	其中（1）主伐	立方米	149000
1. 木材采伐限额	立方米	289000	5. 个体产值	万元	957	内：短材	立方米	11300
2. 森林蓄积出材率	%	63	三、产品产量			（2）抚育伐	立方米	33000
二、产值			1. 更新造林	亩	25000	8. 枝丫	立方米	37500
（一）80 年不变价产值		4611	2. 幼林抚育实际面积	亩	109567	9. 锯材	立方米	45000
1. 全民工业产值	万元	2080	3. 人工成林抚育面积	亩	43155	10. 纸板	吨	3000
2. 集体工业产值	万元	572	其中：透光	亩	25005	11. 发电量	千瓦时	26000
3. 多种经营产值	万元	1058	间伐	亩	16770	12. 供热面积	平方米	240000
4. 地方工业产值	万元	257	母树林培育	亩	1380	13. 红砖	万块	1000
5. 个体产值	万元	644	4. 天然幼壮林抚育	亩	39870	其中：全民产量	万块	750
（二）现价产值		9135	其中：母树林培育	亩	555	14. 胶合板	立方米	2000
1. 全民工业产值	万元	5062	5. 育苗面积	亩	487.47	15. 细木板	立方米	800
2. 集体工业产值	万元	1132	6. 为下年整地	亩	10005	16. 卫生筷子	箱	17000
3. 多种经营产值	万元	1729	7. 木材一本账产量	立方米	182000	17. 木旋品	万个	8.20

1990 年主要经济技术指标一览表（二）

指标名称	单位	年计划	指标名称	单位	年计划	指标名称	单位	年计划
18. 纸管	万支	300	7. 车立柱	立方米	700	七、劳动工资		
19. 刷子把	万个	25	五、质量			1. 全员价值效率	元 / 人年	2326
20. 再生胶	吨	150	1. 造林当年成活率	%	85	2. 采运劳效	立方米 / 人年	200
21. 饮料	吨	400	2. 造林三年保存率	%	93	3. 木材加工劳效	立方米 / 人年	226
22. 农业播种面积	亩	19650	3. 森林抚育合格率	%	93	4. 职工人数	人	8941
23. 陶瓦	万片	350	4. 伐区合格率	%	95	内：固定职工	人	7128
四、木材品类			5. 原木合格率	%	95	合同制职工	人	755
（一）原木	立方米		6. 锯材等级合格率	%	96	临时工	人	628
1. 特级原木	立方米	8000	7. 锯材规格合格率	%	85	委托	人	430
2. 坑木	立方米	27000	8. 锯材一等品率	%	73	5. 职工工资总额	万元	1893
3. 加工用原木	立方米	98000	9. 供货合同兑现率	%	100	八、成本		
4. 次加工原木	立方米	12000	六、消耗			1. 木材单位成本	元 / 立方米	93.65
5. 小径原木	立方米	2000	1. 原条造林率	%	93	（1）主伐	元 / 立方米	93.88
6. 薪材	立方米	30000	2. 锯材出材率	%	分析后	（2）抚育伐	元 / 立方米	92.63

1990 年主要经济技术指标一览表（三）

指标名称	单位	年计划	指标名称	单位	年计划	指标名称	单位	年计划
2. 锯材单位成本	元 / 立方米	269.00	偿还贷款	万元	100.00	4. 危房改造支出	万元	248.2
内：加工成本	元 / 立方米	59.00	以木换房	万元	248.20	5. 防火专项投资	万元	4
3. 造纸单位成本	元 / 吨	1395	企业留利	万元	422.50	6. 城市维护费	万元	19
4. 造林综合成本	元 / 亩	45.23	2. 地方工业利润	万元	11.00	外：集体经济	万元	34.8
内：造林成本	元 / 亩	14.25	3. 集体经济利润	万元				
5. 森林抚育作业成本	元 / 亩	40.10	十一、资金占用	万元				
九、销售			1. 年末占用额	万元	1535			
1. 原木平均售价	元 / 立方米	210	2. 全年平均占用额	万元	1690			
内：单利	元 / 立方米	46.13	3. 周转天数	天	82			
2. 锯材平均平均售价	元 / 立方米	437.89	次数	次	4.39			
单利	元 / 立方米	129.66	十二、各项基金及费用	万元	862.8			
十、利润			1. 道路延伸费	万元	137.2			
1. 局实现利润	万元	855.70	2. 折旧资金	万元	309.5			
其中：上缴	万元	85.00	3. 营林三项费用	万元	144.9			

1991 年主要经济技术指标一览表（一）

指标名称	计量单位	年计划	指标名称	计量单位	年计划	指标名称	计量单位	年计划
一、森林资源			其中：透光	亩	35050.00	12. 供热面积	平方米	240000
1. 木材采伐限额	立方米	282000.00	间伐	亩	8345.00	13. 红砖	万块	500
2. 森林蓄积出材率	%	66.1	4. 母树林培育	亩	2580.00	其中：全民产量	万块	500
二、产值			5. 天然幼壮林培育	亩	42615.00	14. 胶合板	立方米	2500
（一）90 年不变价产值				亩		15. 细木工板	立方米	800
1. 全民工业产值	万元	6058.00	6. 育苗面积	亩	4774	16. 卫生筷子	箱	18000
2. 集体工业产值	万元	1156	7. 为下年整地	亩	20000	17. 木旋品	万个	10
3. 多种经营产值	万元	2251	8. 木材一本账产量		170000	18. 纸箱	万个	40
4. 地方工业产值	万元	230	其中（1）主伐	立方米	137000	19. 釉面砖	立方米	8
5. 乡镇企业	万元	220	内：短材	立方米	21000	20. 再生胶	吨	180
6. 个体产值	万元	900	（2）抚育伐	立方米	33000	21. 饮料	吨	450
三、产品产量			8. 枝丫	立方米	35000	22. 农业播种面积	亩	19700
1. 更新造林	亩	26.19	9. 锯材	立方米	40000	23. 陶瓦	万片	300
2. 幼林抚育实际面积	亩	114408.00	10. 纸板	吨	3000			
3. 人工成林抚育面积	亩	45095	11. 发电量	千瓦时	28000			

1991 年主要经济技术指标一览表（二）

指标名称	计量单位	年计划	指标名称	计量单位	年计划	指标名称	计量单位	年计划
四、木材品类			7. 锯材规格合格率	%	85.00	4. 职工人数	人	9823
1. 特级原木	立方米	8000.00	8. 锯材一等品率	%	71.00	内：固定职工	人	7180
2. 坑木	立方米	25000	9. 供货合同兑现率	%	100.00			
3. 加工用原木	立方米	90300	10. 机械完好率	%	91.00	合同制职工	人	739
4. 次加工原木	立方米	8000	11. 设备利用率	%	71	临时工	人	741
5. 小径原木	立方米	10000.00	12. 机械检修率	%	100	委托	人	1163
6. 薪材	立方米	30000	13. 土建工程合格率	%	100	5. 职工工资总额	万元	2314
7. 车立柱	立方米	700	14. 公路完好率	%	70	八、成本		
五、质量			六、消耗			1. 木材单位成本	元 / 立方米	213.52
1. 造林当年成活率	%	95	1. 原条造材率	%	89.5	（1）主伐	元 / 立方米	216.69
2. 造林三年保存率	%	95	2. 锯材出材率	%	分析后	（2）抚育伐	元 / 立方米	200.36
3. 森林抚育合格率	%	95	七、劳动工资			2. 锯材单位成本	元 / 立方米	439.77
4. 伐区合格率	%	95.00	1. 全员价值效率	元 / 人年	2358	内：加工成本	元 / 立方米	107.35
5. 原木合格率	%	95.00	2. 采运劳效	立方米 / 人年	208	3. 造纸单位成本	元 / 吨	1338.2
6. 锯材等级合格率	%	95	3. 木材加工劳效	立方米 / 人年	203	4. 造林综合成本	元 / 亩	83.33

1991 年主要经济技术指标一览表（三）

指标名称	计量单位	年计划	指标名称	计量单位	年计划	指标名称	计量单位	年计划
内：造林成本	元 / 亩	24.50	十二、各项基金及费用支出					
5. 森林抚育作业成本	元 / 亩	12.81	1. 道路延伸费	万元	136.00			
九、销售			2. 折旧资金	万元	306.00			
1. 原木平均售价	元 / 立方米	260.00	3. 大修理资金	万元	452.20			
内：单利	元 / 立方米	39.67	4. 营林三项费用	万元	227.5			
2. 锯材平均售价	元 / 立方米	528.52	5. 防火专项投资	万元	5.5			
单利	元 / 立方米	81.33	6. 城市维护费	万元	15			
十、利润								
1. 局实现利润	万元	0						
2. 地方工业实现利润	万元	3.5						
3. 集体经济利润	万元							
十一、资金占用								
1. 全年平均占用额	万元	2380						
2. 周转天数	天	92						
3. 周转次数	次	3.91						

1992 年主要经济技术指标一览表（一）

指标名称	计量单位	1991 年实际	1992 年计划	负责部门	指标名称	计量单位	1991 年实际	1992 年计划	负责部门
一、森林资源					其中：透光	公顷	2762	3611	森林经营公司
1. 木材采伐限额	立方米		272000	资源科	间伐	公顷	317	554	森林经营公司
2. 森林蓄积出材率	%		66.1	资源科	4. 母树林培育	公顷	401	193	森林经营公司
二、产值（90 年不变价）					5. 天然幼壮林培育	公顷	2456	2633	森林经营公司
1. 全民工业产值	万元	6416	6277	计统科	6. 育苗面积	公顷	32	27	森林经营公司
2. 集体工业产值	万元	2150	1456	联企公司	7. 为下年整地	公顷	1348	1334	森林经营公司
3. 多种经营产值	万元	2431	2698	多种经营局	8. 木材一本账产量	立方米	179978	179882	计统科生产科
4. 地方工业产值	万元	221	240	经委	其中（1）主伐	立方米	136857	136114	计统科生产科
5. 乡镇企业产值	万元	51	270	农委	内：短材	立方米	23045	25704	计统科生产科
6. 个体产值	万元	563	919	多种经营局	（2）抚育伐	立方米	43121	33768	生产科营林公司
三、产品产量					9. 枝丫	立方米	40927	44000	生产科
1. 更新造林	公顷	1748	1708	森林经营公司	10. 锯材	立方米	40010	35000	林产工业科
2. 幼林抚育实际面积	公顷	6671	7006	森林经营公司	11. 箱板纸	吨	3004	3000	林产工业科
3. 人工成林抚育面积	公顷	3191	4587	森林经营公司	12. 发电量	千瓦时	32220	32000	机电科

1992 年主要经济技术指标一览表（二）

指标名称	计量单位	1991 年实际	1992 年计划	负责部门	指标名称	计量单位	1991 年实际	1992 年计划	负责部门
13. 胶合板	立方米	2986	2500	林产工业公司	4. 次加工原木	立方米	9424	14000	生产科采运公司
14. 细木工板	立方米	479	100	联企公司	5. 小径原木	立方米	2666	2000	生产科采运公司
15. 卫生筷子	箱	17616	18000	联企公司	6. 薪材	立方米	26001	32000	生产科采运公司
16. 外销木片	立方米		14000	林产工业公司	7. 车立柱	立方米	858	910	生产科采运公司
17. 纸箱	万个	35	100	联企公司	五、质量				
18. 釉面砖	立方米	16439	50000	联企公司	1. 造林当年成活率	%	97	95	营林公司
19. 再生胶	吨	198	180	联企公司	2. 造林三年保存率	%	99	95	
20. 饮料	吨	491	700	联企公司	3. 森林抚育合格率	%	97	95	
21. 农业播种面积	公顷	1321	1317	农委	4. 伐区合格率	%	97	95	生产科
22. 陶瓦	万片	141	300	经委	5. 原木合格率	%	97	95	采运公司
四、木材品类			（以下为统配材）		6. 锯材等级合格率	%	98	97	林产工业公司
1. 特级原木	立方米	9136	2000	生产科采运公司	7. 锯材规格合格率	%	89	90	
2. 坑木	立方米	10802	23000	生产科采运公司	8. 锯材一等品率	%	73	71	
3. 等内加工用原木	立方米	119290	62000	生产科采运公司					

1992 年主要经济技术指标一览表（三）

指标名称	计量单位	1991 年实际	1992 年计划	负责部门	指标名称	计量单位	1991 年实际	1992 年计划	负责部门
9. 供货合同兑现率	%	100	100	经销公司	临时工	人	450	378	劳动局
10. 机械完好率	%	93	91	机电科	委托用工	人	450	932	劳动局
11. 土建工程质量合格率	%	100	100	建委	5. 职工工资总额	万元	1882	2367	劳动局
六、消耗					八、成本				
1. 原条造材率	%	90	89.5	采运公司	1. 木材单位成本	元	219.36	215.94	财务科
2. 锯材出材率	%	76	分析后	林产工业公司	（1）主伐	元			
3. 发电用标准煤耗	克 / 千瓦时	842	820	机电科	（2）抚育伐	元			
七、劳动工资					2. 锯材单位成本	元	462.85	453.51	财务科
1. 全员价值效率	元 / 人年	7035	6901	劳动局	内：加工成本	元	138.14	140.25	财务科
2. 采运劳动效率	立方米 / 人年	200	150	劳动局	3. 造纸单位成本	元	1838.07	1600.00	财务科木综厂
3. 木材加工劳效	立方米 / 人年	174	178	劳动局	4. 造林综合成本	元	125.65	344.18	营林公司
4. 职工人数	人	9631	9297	劳动局	内：造林成本	元	62.76	73.19	营林公司
内：固定职工	人	7836	7193	劳动局	5. 森林抚育作业成本	元	17.06	16.18	营林公司
合同制职工	人	895	794	劳动局	九、销售				

1992 年主要经济技术指标一览表（四）

指标名称	计量单位	1991 年实际	1992 年计划	负责部门	指标名称	计量单位	1991 年实际	1992 年计划	负责部门
1. 销售收入	万元				十一、资金占用				
内：木材销售收入	万元	5496	5310	财务科	1. 全年平均占用额	万元	3450	2330	财务科
锯材销售收入	万元	2032	2189	财务科	2. 周转天数	天	91	104	财务科
纸板销售收入	万元	509	510	木综厂	3. 周转次数	次	2.85	3.5	财务科
商业销售收入	万元	1936	1400	商业局	十二、资金清欠				清资办
发电供热销售收入	万元	858	919	发电厂	十三、各项基金及费用支出			1385.2	
其他销售收入	万元	45	82	财务科	1. 道路延伸费	万元	144	143	计统科
2. 原木平均售价	元	275.66	295.00	经销公司	2. 折旧资金	万元	258	280	计统科
内：单利	元	53.75	64.87	经销公司	3. 大修理资金	万元	570.9	464.2	财务科
3. 锯材平均售价	元	546.44	547.25	经销公司	4. 营林三项费用	万元	243	320	营林公司
内：单利	元	87.62	50.35	经销公司	5. 防火专项投资	万元	5.5	7	计统科
十、利润					6. 城市维护费	万元	21	21	计统科
1. 局实现利润	万元	127	200	财务科					
2. 集体经济实现利润	万元	−42.4	−20.6	联企公司					

1993年主要经济技术指标一览表（一）

指标名称	计量单位	1992年实际	1993年计划	负责部门单位	指标名称	计量单位	1992年实际	1993年计划	负责部门单位
一、森林资源					3. 人工成林抚育面积	公顷	5326	4251	森林经营公司
1. 木材采伐限额	立方米	271817		资源科	其中：透光	公顷	4212	3533	森林经营公司
2. 森林蓄积出材率	%	66.2		资源科	间伐	公顷	430	418	森林经营公司
二、产值（90年不变价）					4. 母树林培育面积	公顷	193	309	森林经营公司
1. 全民工业产值	万元	6921	6300	计统科	5. 天然幼壮林培育面积	公顷	2341	3186	森林经营公司
2. 集体工业产值	万元	1478	1783	联企公司	6. 育苗面积	公顷	29	31	森林经营公司
3. 多种经营产值	万元	1761	2784	多种经营局	7. 为下年整地	公顷	1381	1357	森林经营公司
4. 地方工业产值	万元	155	209	经委	8. 木材一本账产量	立方米	179974	179959	计统科生产科
5. 乡镇企业产值	万元	114	400	农委	其中：（1）主伐	立方米	145936	144734	计统科生产科
6. 个体产值	万元	836	954	多种经营局	内：短材	立方米	27529	35570	计统科生产科
三、工业增加值	万元	4228	4000	计统科	（2）抚育伐	立方米	34038	35225	生产科营林公司
四、产品产量					9. 枝丫	立方米	57208	40000	生产科
1. 更新造林面积	公顷	1798	1668	森林经营公司	10. 锯材	立方米	26201	20000	林产工业科
2. 幼林抚育实际面积	公顷	7479	7330	森林经营公司	11. 箱纸板	吨	3300	3000	纸板厂

1993年主要经济技术指标一览表（二）

指标名称	计量单位	1992年实际	1993年计划	负责部门单位	指标名称	计量单位	1992年实际	1993年计划	负责部门单位
12. 发电量	千瓦时	32730	32000	机电科	3. 等内加工用原木	立方米	115428	116000	木材检验科林产工业公司
13. 胶合板	立方米	2845	3400	林产工业科	4. 次加工原木	立方米	7497	8500	木材检验科林产工业公司
内：木综厂	立方米	603	600		5. 小径原木	立方米	3302	3000	木材检验科林产工业公司
14. 细木工板	立方米	306	700	联企公司	6. 等外纸材	立方米	3500	3095	木材检验科林产工业公司
15. 卫生筷子	箱	25176	35000	联企公司	7. 车立柱	立方米	1150	864	
16. 外销木片	立方米		14000	林产工业科	8. 薪材	立方米	25197	25000	
17. 纸箱	个	78103	80000	联合企业公司	六、质量				
18. 再生胶	吨	52	150	联合企业公司	1. 造林当年成活率	%	95.30	95	营林公司
19. 饮料	吨	554	700	联合企业公司	2. 造林三年保存率	%	99.10	95	营林公司
20. 农业播种面积	公顷	1303	1317	农委	3. 森林抚育合格率	%	100	95	营林公司
21. 陶瓦	万片	231	200	经委	4. 伐区合格率	%	97.8	95	资源科生产科
五、木材种类					5. 原木合格率	%	96.0	95	生产科检验科
1. 特级原木	立方米	11905	11500	木材检验科林产工业公司	6. 锯材等级合格率	%	97.3	97	林产工业公司
2. 坑木	立方米	11995	12000	木材检验科林产工业公司	7. 锯材规格合格率	%	90.1	90	林产工业公司

1993年主要经济技术指标一览表（三）

指标名称	计量单位	1992年实际	1993年计划	负责部门单位	指标名称	计量单位	1992年实际	1993年计划	负责部门单位
8. 锯材一等品率	%	73	73	林产工业公司	临时工	人	407	336	劳动局
9. 机构完好率	%	93	91	机电科	委托用工	人	610	948	劳动局
10. 土建工程质量合格率	%	100	100	建委	5. 职工工资总额	万元	2317	2730	劳动局
七、消耗					九、成本				
1. 原条造材率	%	90	90	生产科	1. 木材单位成本	元/立方米	222.79	248.68	财务科
2. 锯材出材率	%	67.9	分析后	林产工业公司	2. 锯材单位成本	元/立方米	549.00	987.8	财务科
3. 发电用标准煤耗	克/千瓦时	803	820	机电科	内：加工成本	元/立方米	190.93	228.05	财务科
八、劳动工资					3. 厚纸板单位成本	元/吨	2442.36	2280.63	财务科纸板厂
1. 全员价值效率	元/人年	7402	6876	劳动局	4. 营林生产作业成本	元/亩	321.53	282.06	营林公司
2. 采运实物劳动效率	立方米/人年	194	135	劳动局	内：更新造林单位成本	元/亩	69.00	68.18	营林公司
3. 锯材实物劳动效率	立方米/人年	120	137	劳动局	十、销售				
4. 职工人数	人	9366	9876	劳动局	1. 销售收入	万元			
内：固定职工	人	7683	7526	劳动局	内：木材销售收入	万元	5847	8100	财务科
合同制职工	人	1276	1066	劳动局	锯材销售收入	万元	2034	1764	财务科

1993年主要经济技术指标一览表（四）

指标名称	计量单位	1992年实际	1993年计划	负责部门单位	指标名称	计量单位	1992年实际	1993年计划	负责部门单位
纸板销售收入	万元	551	495	纸板厂	十二、资金占用				
商业销售收入	万元	1090	1236	商业局	1. 定额流动资金年平均占用额	万元	3058	3420	财务科
发电供热销售收入	万元	853	1000	发电厂	2. 资金周转天数	天	124	106	财务科
2. 原木平均售价	元/立方米	328.57	245.70	经销公司	3. 资金周转次数	次	3.4	2.9	财务科
内：单利	元	93.51	146.34	经销公司	十三、各项基金及费用支出				
3. 锯材平均售价	元/立方米	578.93	869.38	经销公司林产工业公司	1. 道路延伸费	万元	143.9	144.0	计统科
内：单利	元	50.26	170.88	经销公司林产工业公司	2. 折旧资金	万元	257.8	540.0	计统科
十一、利润					3. 营林三项费用	万元	333	356.3	营林公司
1. 局实现利润	万元	205	200	财务科	4. 防火专项投资	万元	7		计统科
2. 集体经济实现利润	万元	5.8	10.8	联企公司	5. 城市维护费	万元	16.9	17.0	计统科

1994 年主要经济技术指标一览表（一）

指标名称	计量单位	1993 年实际	1994 年计划	负责部门单位	指标名称	计量单位	1993 年实际	1994 年计划	负责部门单位
一、森林资源					四、产品产量				
1. 木材采伐限额	立方米	305000	305000	资源科	1. 更新造林面积	公顷	2116	1723	森林经营公司
2. 森林蓄积出材率	%	66.17	64	资源科	2. 幼林抚育实际面积	公顷	8182	8070	森林经营公司
二、产值（90 年不变价）					3. 人工成林抚育面积	公顷	5020	4843	森林经营公司
1. 全民工业产值	万元	6325	6326	计统科	其中：透光	公顷	4351	3533	森林经营公司
2. 集体工业产值	万元	1846	1747	联企公司	间伐	公顷	327	891	森林经营公司
3. 多种经营产值	万元		1887	多种经营局	4. 母树林培育面积	公顷	312	252	森林经营公司
4. 地方工业产值	万元	81	150	经委	5. 天然幼壮林抚育面积	公顷	3059	3815	森林经营公司
5. 乡镇企业产值	万元			农委	6. 育苗面积	公顷	31.80	30.10	森林经营公司
6. 个体产值	万元	1325	893	多种经营局	7. 为下年整地	公顷	1633	1556.50	森林经营公司
三、全民工业增加值	万元		4700	计统科	8. 木材一本账产量	立方米	179960	179999	计统科生产科

1994 年主要经济技术指标一览表（二）

指标名称	计量单位	1993 年实际	1994 年计划	负责部门单位	指标名称	计量单位	1993 年实际	1994 年计划	负责部门单位
其中：（1）主伐	立方米	143252	142832	计统科生产科	17. 再生胶	吨		100	联企公司
内：短材	立方米	34755	37832	计统科生产科	18. 饮料	吨	555	700	联企公司
（2）抚育伐	立方米	36708	37167	生产科森林经营公司	19. 农业播种面积	公顷	1303	1303	农委
9. 枝丫	立方米	40258	30000	计划科生产科	20. 陶瓦	万片	90	100	经委
10. 锯材	立方米	17120	20000	计划科林产工业科	五、木材种类				
11. 箱板纸	吨	3414	3000	计划科	1. 特级原木	立方米	16008	15000	木材检验科林产工业公司
12. 发电量	千瓦时	36670	35000	计划科机电科	2. 坑木	立方米	16586	25000	木材检验科林产工业公司
13. 胶合板	立方米	3987	4000	计划科林产工业科	3. 等内加工原木	立方米	124501	60000	木材检验科林产工业公司
14. 细木工板	立方米		800	联企公司	4. 次加工原木	立方米	7991	8000	木材检验科林产工业公司
15. 卫生筷子	万箱	3.40	6	联企公司	5. 小径原木	立方米	2405	2000	木材检验科林产工业公司
16. 纸箱	万个	12.80	12	联企公司	6. 质量				

1994年主要经济技术指标一览表（三）

指标名称	计量单位	1993年实际	1994年计划	负责部门单位	指标名称	计量单位	1993年实际	1994年计划	负责部门单位
1. 造林当年成活率	%	91.8	95	森林经营公司	1. 原条造材率	%	90.5	90	生产科
2. 造林三年保存率	%	98.9	95	森林经营公司	2. 锯材出材率	%	69.00	71	林产工业公司
3. 森林抚育合格率	%	100	95	森林经营公司	3. 发电用标准煤耗	克/千瓦时	814	820	机电科
4. 伐区合格率	%	98.9	95	资源科生产科	八、劳动工资				
5. 原木合格率	%		95	生产科木材检验科	1. 全员价值效率	元/人年	6674	6713	劳动局
6. 锯材等级合格率	%	95.5	97	林产工业公司	2. 采运实物劳动效率	立方米/人年	194	170	劳动局
7. 锯材规格合格率	%	86.9	90	林产工业公司	3. 锯材实物劳动效率	立方米/人年	120	137	劳动局
8. 锯材一等品率	%	73.2	73	林产工业公司	4. 职工人数	人	9527	9423	劳动局
9. 机构完好率	%	98	97	机电科	内：固定职工	人	7769	6861	劳动局
10. 土建工程质量合格率	%		100	建委	合同制职工	人	1348	1235	劳动局
七、消耗					临时工	人	410	208	劳动局

1994年主要经济技术指标一览表（四）

指标名称	计量单位	1993年实际	1994年计划	负责部门单位	指标名称	计量单位	1993年实际	1994年计划	负责部门单位
委托用工	人		1119	劳动局	内：其他产品	万元		540.5	财务科
5. 职工工资总额	万元	3098	3082	劳动局	木材销售收入	万元		10440	财务科
九、成本					锯材销售收入	万元		2130	财务科
1. 木材单位成本	元/立方米		220.09	财务科	纸板销售收入	万元		510	纸板厂
2. 锯材单位成本	元/立方米		982.01	财务科	商业销售收入	万元		750	商业局
内：加工成本	元/立方米		139.08	财务科	发电供热销售收入	万元		1118.7	发电厂
3. 厚纸板单位成本	元/吨		2310.27	财务科纸板厂	2. 原木平均售价	元/立方米		580.00	经销公司
4. 营林生产作业成本	元/亩		396.81	森林经营公司	内：单利	元		266.29	经销公司
内：更新造林单位成本	元/亩		93.93	森林经营公司	3. 锯材平均售价	元/立方米		1065.00	经销公司林产工业公司
十、销售					内：单利	元		−11.80	经销公司林产工业公司
1. 销售收入	万元		15489.2	财务科	十一、利润				

1994 年主要经济技术指标一览表（五）

指标名称	计量单位	1993 年实际	1994 年计划	负责部门单位	指标名称	计量单位	1993 年实际	1994 年计划	负责部门单位
1. 局实现利润	万元		500	财务科	十三、各项基金及费用支出			3070.2	
2. 集体经济实现利润	万元		50.1	联企公司	1. 道路延伸费	万元	144	144	计统科
十二、存货占用					2. 营林三项费用	万元		512.7	森林经营公司
1. 存货年平均占用额	万元		3627	财务科	3. 基本建设	万元		2413.5	森林经营公司

1995 年主要经济技术指标一览表（一）

指标名称	计量单位	1994 年实际	1995 年计划	负责部门单位	指标名称	计量单位	1994 年实际	1995 年计划	负责部门单位
一、森林资源					四、产品产量				
1. 木料采伐限额	立方米	305000	305000	资源科	1. 更新造林面积	公顷	1897	2015	森林经营公司
2. 森林蓄积出材率	%	64	64	资源科	2. 幼林抚育实际面积	公顷	8081	8304	森林经营公司
二、产值（90 年不变价）					3. 人工成林抚育面积	公顷	6731	4469	森林经营公司
1. 全民工业产值	万元	6367	6343	计统科	其中：透光	公顷	4410	3857	森林经营公司
2. 集体工业产值	万元	3099	2342	联企公司	间伐			406	森林经营公司
3. 多种经营产值	万元	1848	3475	多种经营局	4. 母树林培育面积		258	262	森林经营公司
4. 地方工业产值	万元	33	150	经委	5. 天然幼壮林抚育面积		4132	7032	森林经营公司
5. 乡镇企业产值	万元	1300	1650	农委	6. 育苗面积		32	27	森林经营公司
6. 个体产值	万元	974	1400	多种经营局	7. 为下年整地		1766	1668	森林经营公司
三、国民生产总值	万元	8919	10134	计委	8. 木材一本账产量	立方米	179980	180000	计统科生产科

1995 年主要经济技术指标一览表（二）

指标名称	计量单位	1994 年实际	1995 年计划	负责部门单位	指标名称	计量单位	1994 年实际	1995 年计划	负责部门单位
其中:（1）主伐	立方米	139927	138014	计统科生产科	17. 再生胶	吨		40	联企公司
内：短材	立方米	35770	43014	计统科生产科	18. 饮料	吨	359	600	联企公司
（2）抚育伐	立方米	40053	38721	计统科生产科	19. 农业播种面积	公顷	1303	1303	农委
（3）其他	立方米		3265	计统科生产科					
9. 枝丫	立方米	41992	35500		20. 陶瓦	万片	7.6	10	经委
10. 锯材	立方米	16779	20000	计划科林产工业科	五、木材种类				
11. 箱板纸	吨	3329	4000	计划科	1. 特级原木	立方米	10051	10000	木材检验科林产工业公司
12. 发电量	千瓦时	35500	37000	计划科机电科	2. 坑木	立方米	14532	1000	木材检验科林产工业公司
13. 胶合板	立方米	4070		计划科林产工业科	3. 等内加工原木	立方米	129724	27000	木材检验科林产工业公司
14. 细木工板	立方米		300	联企公司	4. 次加工原木	立方米	8686	1000	木材检验科林产工业公司
15. 卫生筷子	万箱	9.50	6	联企公司	5. 小径木	立方米	23		
16. 纸箱	万个	15.50	15	联企公司	六、质量				

1995 年主要经济技术指标一览表（三）

指标名称	计量单位	1994 年实际	1995 年计划	负责部门单位	指标名称	计量单位	1994 年实际	1995 年计划	负责部门单位
1. 造林当年成活率	%	92.4	95	森林经营公司	1. 原条造材率	%	90.7	90	生产科
2. 造林三年保存率	%	98.7	95	森林经营公司	2. 锯材出材率	%	66.3	71	林产工业公司
3. 森林抚育合格率	%	100	95	森林经营公司	3. 发电用标准煤耗	克/千瓦时	829	820	机电科
4. 伐区合格率	%	98	95	资源科生产科	八、劳动工资				
5. 原木合格率	%	97	95	生产科木材检验科	1. 全员价值效率	元 / 人年	6510	5704	劳动局
6. 锯材等级合格率	%	96.7	97	林产工业公司	2. 采运实物劳动效率	立方米 / 人年	194	98	劳动局
7. 锯材规格合格率	%	90	90	林产工业公司	3. 锯材实物劳动效率	立方米 / 人年	104	194	劳动局
8. 锯材一等率品	%	83.8	73	林产工业公司	4. 职工人数	人	9864	11120	劳动局
9. 机械完好率	%	98	97	机电科	内：固定职工	人	7789	6897	劳动局
10. 土建工程质量合格率	%	100	100	建委	合同职工	人	1440	1259	劳动局
七、消耗					临时工	人	635	957	劳动局

1995 年主要经济技术指标一览表（四）

指标名称	计量单位	1994 年实际	1995 年计划	负责部门单位	指标名称	计量单位	1994 年实际	1995 年计划	负责部门单位
委托用工	人		2007	劳动局	内：其他产品	万元	1352	1233	财务科
5. 职工工资总额	万元	3007	4227	劳动局	木材销售收入	万元	12654	10267	财务科
九、成本					锯材销售收入	万元	939	1822.7	财务科
1. 木材单位成本	元/立方米	154.37	161.43	财务科	纸板销售收入	万元	550	461.5	纸板厂
2. 锯材单位成本	元/立方米	825.37	909.63	财务科					
内：加工成本	元/立方米		168.16	财务科					
3. 厚纸板单位成本	元 / 吨	2006.55	2410.24	财务科纸板厂	2. 原木平均售价	元/立方米	611.38	566	经销公司
4. 营林生产作业成本	元 / 亩	380.28	542.58	森林经营公司	内：单利	元/立方米		268.79	
内：更新造林单位成本	元 / 亩		132.17	森林经营公司	3. 锯材平均售价	元/立方米	958.75	911.33	经销公司林产工业公司
十、销售					内：单利	元/立方米		1.70	财务科
1. 销售收入	万元	14405	13784.20	财务科	十一、利润			4567	财务科

1995 年主要经济技术指标一览表（五）

指标名称	计量单位	1994 年实际	1995 年计划	负责部门单位	指标名称	计量单位	1994 年实际	1995 年计划	负责部门单位
1. 局实现利润	万元	302		财务科	十三、各项基金及费用支出			3867.5	
2. 集体经济实现利润	万元	3	6	联企公司	1. 道路延伸费	万元	144	144	计划科
十二、存货占用					2. 营林三项费用	万元	402.90	155.3	营林公司
1. 存货年平均占用额	万元		4500	财务科	3. 基本建设	万元	3741	3568.2	计划科

1996 年主要经济技术指标一览表（一）

指标名称	计量单位	1995 年实际	1996 年计划	负责部门单位	指标名称	计量单位	1995 年实际	1996 年计划	负责部门单位
一、森林资源					2. 幼林抚育实际面积	公顷	8251	8125	营林公司
1. 木材采伐蓄积消耗	立方米		269055	资源科	3. 人工成林抚育面积	公顷		4371	营林公司
2. 森林蓄积出材率	%	64	63	资源科	其中：透光	公顷	3904	3133	营林公司
二、产值（90 年不变价）			21505	计统科	间伐	公顷		1038	营林公司
1. 全民工业产值	万元	7977	8215	计统科	4. 母树林培育面积	公顷	297	134	营林公司
2. 集体工业产值	万元	2637	2582	联企公司	5. 天然幼壮林抚育面积	公顷	2688	1200	营林公司
内：集体四厂	万元		1479	联企公司	6. 育苗面积	公顷	29	21	营林公司
3. 多种经营产值	万元	3294	3963	多种经营局	7. 为下年整地	公顷	1712	1000	营林公司
4. 地方工业产值	万元	300	300	经委	8. 木材一本账产量	立方米	179961	170000	计统科生产科
5. 乡镇企业产值	万元	2900	3900	乡企局	其中（1）主伐	立方米	136576	126145	计统科生产科
6. 个体产值	万元	2448	2545	工商局	内：短材	立方米	41044	41145	计统科生产科
内：职工家庭经济	万元		2714	工会	（2）抚育伐	立方米	43386	43855	计统科生产科
三、国内生产总值	万元	10297	12179	计委	9. 枝丫	立方米	45738	100000	计统科生产科
四、产品产量					内：木材生产	立方米	45738	50000	计统科生产科
1. 更新造林面积	公顷	2000	1712	营林公司					

1996 年主要经济技术指标一览表（二）

指标名称	计量单位	1995 年实际	1996 年计划	负责部门单位	指标名称	计量单位	1995 年实际	1996 年计划	负责部门单位
森林经营	立方米		50000	计统科林产工业科	5. 原木合格率	%	97	95	生产科检验科
10. 锯材	立方米	14731	15000	计统科林产工业科	6. 锯材等级合格率	%	95	97	林产公司
11. 箱板纸	吨	4259	9000	计统科	7. 锯材规格合格率	%	90.4	90	林产公司
12. 发电量	千瓦时	35640	49000	计统科机电科	8. 锯材一等品率	%	73	73	林产公司
13. 细木工板	立方米		1800	联企公司	七、消耗				
14. 卫生筷子	万箱		4.3	联企公司	1. 原条造材率	%	90	90	生产科
15. 农业播种面积	公顷	1303	1303	农委	2. 锯材出材率	%	66.7	45	林产公司
五、木材种类					3. 发电用标准煤耗	克／千瓦时	942	820	机电科
1. 特级原木	立方米	9746	10000	检验科林产公司	八、劳动工资				
2. 特选原木	立方米		5000	检验科林产公司	1. 全员价值效率	元／人年	7753	7112	劳动局
六、质量					2. 采运实物劳动效率	立方米／人年	98	85	劳动局
1. 造林当年成活率	%	93.5	95	营林公司	3. 锯材实物劳动效率	立方米／人年	90	128	劳动局
2. 造林三年保存率	%	97.8	95	营林公司	4. 职工人数	人	11702	9877	劳动局
3. 森林抚育合格率	%	100	95	营林公司	内：固定职工	人	7811	6827	劳动局
4. 伐区合格率	%	97.8	95	资源科生产科	合同职工	人	1790	1318	劳动局

1996 年主要经济技术指标一览表（三）

指标名称	计量单位	1995 年实际	1996 年计划	负责部门单位	指标名称	计量单位	1995 年实际	1996 年计划	负责部门单位
临时工	人	2101	532	劳动局	2. 原木平均售价	元 / 立方米	527.13	540	经销公司
委托用工	人		1200	劳动局	内：单利	元 / 立方米	208	273.68	经销公司
5. 职工工资总额	万元		3786	劳动局	3. 锯材平均售价	元 / 立方米	915.86	1000	经销公司林产公司
九、成本					内：单利	元 / 立方米	16.7	80	财务科
1. 木材单位成本	元 / 立方米		133.44	财务科	十一、利润				
2. 锯材单位成本	元 / 立方米	900.78	850	财务科	1. 局实现利润	万元	303	330	财务科
内：加工成本	元 / 立方米	181.54	150	财务科	十二、各项基金及费用支出			684.8	
3. 厚纸板单位成本	元 / 吨		3250	财务科纸板厂	1. 道路延伸费	万元		50	计统科
4. 营林生产作业成本	元 / 亩		490.81	营林公司	2. 营林三项费用	万元		273.8	营林公司
内：更新造林单位成本	元 / 亩		102.93	营林公司	3. 基本建设	万元		361	计统科
十、销售									
1. 销售收入	万元			财务科					
内：木材销售收入	万元	11797	9180	财务科					
锯材销售收入	万元	1241	1500	财务科					
纸板销售收入	万元	1494	3129.75	纸板厂					

1997 年主要经济技术指标一览表（一）

指标名称	计量单位	1996 年实际	1997 年计划	负责部门单位	指标名称	计量单位	1996 年实际	1997 年计划	负责部门单位
一、森林资源					2. 幼林抚育实际面积	公顷	8125	8142	营林公司
1. 木材采伐蓄积消耗	立方米	404200	318000	资源科	3. 人工成林抚育面积	公顷	5076	4300	营林公司
2. 森林蓄积出材率	%	63	63	资源科	其中：透光	公顷	4033	3667	营林公司
二、产值（90 年不变价）					间伐	公顷		633	营林公司
1. 全民工业产值	万元	9286.2	2170.7	计统科	4. 母树林培育面积	公顷	188	388	营林公司
2. 集体工业产值	万元	1541	2123.6	联企公司	5. 天然幼壮林抚育面积	公顷	1333	1667	营林公司
内：集体五厂	万元		1930.8	计统科	6. 育苗面积	公顷	21	16	营林公司
3. 多种经营产值	万元	30945	4341	多种经营局	7. 为下年整地	公顷	1355	1333	营林公司
4. 地方工业产值	万元	134	150	经委	8. 木材一本账产量	立方米	223999	170000	计统科生产科
5. 乡镇企业产值	万元	3900	4600	乡企局	其中（1）主伐	立方米	161703	119563	计统科生产科
6. 个体产值	万元	217	226	工商局	内：短材	立方米	61275	43466	计统科生产科
外：职工家庭经济	万元		3460	工会	（2）抚育伐	立方米	62287	50437	计统科生产科
三、国内生产总值	万元	12689	13323	计委	9. 枝丫	立方米	74265	45000	计统科生产科
四、产品产量					10. 锯材	立方米	9459	14300	计统科林产工业科
1. 更新造林面积	公顷	1712	1708	营林公司	11. 箱板纸	吨	6612	10900	计统科林产工业科

1997 年主要经济技术指标一览表（二）

指标名称	计量单位	1996 年实际	1997 年计划	负责部门单位	指标名称	计量单位	1996 年实际	1997 年计划	负责部门单位
12. 发电量	千瓦时	41510	49550	计统科机电科	8. 锯材一等品率	%	73	73	林产公司
13. 细木工板	立方米				七、消耗				
14. 卫生筷子	万箱	2.6	5	计统科林产工业科	1. 原条造材率	%	90	90	生产科
15. 农业播种面积	公顷	1303	1171	农委	2. 锯材出材率	%	59.6	73	林产公司
五、木材种类					3. 发电用标准煤耗	克 / 千瓦时	854	854	机电科
1. 特级原木	立方米	10083	10000	检验科林产公司	八、劳动工资				
2. 特选原木	立方米	16186	16000	检验科林产公司	1. 全员价值效率	元 / 人年	10433	10400	劳动局
六、质量					2. 采运实物劳动效率	立方米 / 人年	79.7	84	劳动局
1. 造林当年成活率	%	90.5	85	营林公司	3. 锯材实物劳动效率	立方米 / 人年	58	134	劳动局
2. 造林三年保存率	%	97.2	80	营林公司	4. 职工人数	人	11416	11058	劳动局
3. 森林抚育合格率	%	100	95	营林公司	内：固定职工	人	7780	6371	劳动局
4. 伐区合格率	%	98	95	资源科生产科	合同职工	人	1790	1418	劳动局
5. 原木合格率	%	96	95	生产科检验科	临时工	人	1846	598	劳动局
6. 锯材等级合格率	%	99.6	97	林产公司	委托用工	人		2671	劳动局
7. 锯材等级合格率	%	88.4	90	林产公司	分流人员	人		692	劳动局

1997 年主要经济技术指标一览表（三）

指标名称	计量单位	1996 年实际	1997 年计划	负责部门单位	指标名称	计量单位	1996 年实际	1997 年计划	负责部门单位
5. 职工工资总额	万元		4246	劳动局	2. 原木平均售价	元 / 立方米	493.76	480	经销公司
九. 成本					内：单利	元 / 立方米		225.48	经销公司
1. 木材单位成本	元 / 立方米	204.33	138.87	财务科	3. 锯材平均售价	元 / 立方米	714.54	847.55	经销公司林产公司
2. 锯材单位成本	元 / 立方米	859.08	732.47	财务科	内：单利	元 / 立方米			财务科
内：加工成本	元 / 立方米	152.76	201.82	财务科	十一、利润				
3. 厚纸板单位成本	元 / 吨	6502.17	3323.57	财务科纸板厂	1. 局实现利润	万元	338	340	财务科
4. 营林生产作业成本	元 / 亩		528.52	营林公司	十二、各项基金及费用支出				
内：更新造林单位成本	元 / 亩		102.86	营林公司	1. 道路延伸费	万元	50	136	计统科
十、销售					2. 营林三项费用	万元	273.8	349.6	营林公司
1. 销售收入	万元	15110	14397	财务科	3. 基本建设	万元	634.8	692.81	计统科
内：木材销售收入	万元	10337	8736	财务科					
锯材销售收入	万元	971	1212	财务科					
纸板销售收入	万元	1492	4449	纸板厂					

1998 年主要经济技术指标一览表（一）

指标名称	计量单位	1997 年实际	1998 年计划	负责部门单位	指标名称	计量单位	1997 年实际	1998 年计划	负责部门单位
一、森林资源					2. 幼林抚育实际面积	公顷	8142	9423	营林公司
1. 木材采伐蓄积消耗	立方米	309484	254000	资源科	3. 人工成林抚育面积	公顷	4309	4444	营林公司
2. 森林蓄积出材率	%	63	63	资源科	其中：透光	公顷	3675	4000	营林公司
二、产值（90年不变价）					间伐	公顷	634	444	营林公司
1. 全民工业产值	万元	11925	10987	计统科	4. 母树林培育面积	公顷	387	264	营林公司
2. 集体工业产值	万元	1907	2912	联企公司	5. 天然幼壮林抚育面积	公顷	1677	1333	营林公司
3. 多种经营产值	万元	4361	4687	农业办	6. 育苗面积	公顷	17	13	营林公司
4. 地方工业产值	万元	11	8	经贸委	7. 为下年整地	公顷	1378	1000	营林公司
5. 乡镇企业产值	万元	3934	4750	农业办	8. 木材一本账产量	立方米	194975	160000	计统科生产科
6. 个体产值	万元	201	300	工商局	9. 枝丫	立方米	18645	18450	计统科生产科
外：职工家庭经济	万元	3718	4851	工会	10. 锯材	立方米	20337	20000	计统科林产工业科
三、国内生产总值	万元	14497	21522	计统科	11. 箱板纸	吨	7040	10000	计统科林产工业科
四、产品产量					12. 发电量	千瓦时	45580	46000	计统科机电科
1. 更新造林面积	公顷	1709	1712	营林公司	13. 细木工板	立方米			计统科机电科

1998 年主要经济技术指标一览表（二）

指标名称	计量单位	1997 年实际	1998 年计划	负责部门单位	指标名称	计量单位	1997 年实际	1998 年计划	负责部门单位
14. 卫生筷子	万箱	2.8	2.5	计统科林产工业科	七、消耗				
15. 农业播种面积	公顷		1171	农业办	1. 原条造材率	%	75.3	90	生产科
五、木材种类					2. 锯材出材率	%	64.9	73	林产公司
1. 特级原木	立方米	6521	5360	检验科林产公司	3. 发电用标准煤耗	克 / 千瓦时	709	800	机电科
2. 特选原木	立方米	9027	7440	检验科林产公司	八、劳动工资				
六、质量					1. 全员价值效率	元 / 人年	11200	11487	劳动局
1. 造林当年成活率	%	91.5	85	营林公司	2. 采运实物劳动效率	立方米 / 人年	59	80	劳动局
2. 造林三年保存率	%	96.9	80	营林公司	3. 锯材实物劳动效率	立方米 / 人年	177	78	劳动局
3. 森林抚育合格率	%	100	95	营林公司	4. 职工人数	人	10492	9565	劳动局
4. 伐区合格率	%	97	95	资源科生产科	内：固定职工	人	7217	7284	劳动局
5. 原木合格率	%	95	95	生产科检验科	合同职工	人	1816	1418	劳动局
6. 锯材等级合格率	%	96.5	97	林产公司	临时工	人	1459	356	劳动局
7. 锯材规格合格率	%	90.8	90	林产公司	委托用工	人		1925	劳动局
8. 锯材一等品率	%	76.1	73	林产公司	分流人员	人	715	2166	劳动局

1998年主要经济技术指标一览表（三）

指标名称	计量单位	1997年实际	1998年计划	负责部门单位	指标名称	计量单位	1997年实际	1998年计划	负责部门单位
5. 职工工资总额	万元	3485	3176	劳动局	2. 原木平均售价	元/立方米	505	480	经销公司
九、成本					内：单利	元/立方米	246.85	220.86	经销公司
1. 木材单位成本	元/立方米	138.87	11034	财务科	3. 锯材平均售价	元/立方米	861	725	经销公司林产公司
2. 锯材单位成本	元/立方米	778.44	755.5	财务科	内：单利	元/立方米			财务科
内：加工成本	元/立方米	232.05		财务科	十一、利润				
3. 厚纸板单位成本	元/吨	2502.2	2500	财务科纸板厂	1. 局实现利润	万元	340.6	396	财务科
4. 更新造林单位成本	元/亩	101.9	90.12	营林公司					
十、销售									
1. 销售收入	万元	12.984	14006	财务科					
内：木材销售收入	万元	9235	7680	财务科					
锯材销售收入	万元	798	1450	财务科					
纸板销售收入	万元	2951	4876	纸板厂					

1999年主要经济技术指标一览表（一）

指标名称	计量单位	1998年实际	1999年计划	负责部门单位	指标名称	计量单位	1998年实际	1999年计划	负责部门单位
一、产值指标					12. 森林抚育	亩	159000	121365	天保办营林公司
1. 工农业总产值	万元	18011	20760	计统局	（1）公益林	亩	159000	82305	天保办营林公司
2. 国内生产总值	万元	16077	17449	计统局	（2）商品林	亩		39060	天保办营林公司
3. 国有经济工业产值	万元	11439	11653	计统局	13. 封山育林	亩	78000	20925	天保办营林公司
4. 林办集体工业产值	万元	1918	2308	集体企业公司	14. 育苗面积	亩	246	232.9	天保办营林公司
5. 多种经营产值	万元	5016	5767	集体企业公司	15. 为下年整地	亩	17829	45000	天保办营林公司
6. 地方工业产值	万元	103	113	经贸委	三、木材生产				
7. 乡镇企业产值	万元	1750	1870	农业办	16. 森林资源消耗	万立方米	30.2	20.7	资源科
8. 个体产值	万元	373	485	工商局	17. 木材一本账产量	万立方米	160000	150000	生产科
9. 职工家庭经济产值	万元	4851.8	7062	工会	18. 枝丫	吨	20000	18000	生产科
二、森林经营					19. 公路养护	公里	499.1	484.1	
10. 天保工程投资	万元	1222.6	2841.9	天保办	（1）重点养护	公里	232.6	244.5	运输公司
11. 更新造林	亩	11500	49755	天保办营林公司	（2）公路修复	公里	35.5	110	运输公司
（1）商品林	亩		39525	天保办营林公司	（3）营林防火路养护	公里	231	129.6	运输公司营林公司
（2）公益林	亩	11500	10230	天保办营林公司	四、林产工业				

1999 年主要经济技术指标一览表（二）

指标名称	计量单位	1998 年实际	1999 年计划	负责部门单位	指标名称	计量单位	1998 年实际	1999 年计划	负责部门单位
20. 锯材产量	立方米	12441	11800	林产公司	六、供热供电				
21. 纸和纸板产量	吨	7114	10000	造纸厂	28. 发电量	千瓦时	45070	44000	热电公司
22. 卫生筷子产量	箱	13802	8000	林产工业科	29. 供热面积	平方米	330000	330000	热电公司
23. 雪糕板产量	箱	87930	90000	林产工业科	30. 供气量	吨	3605.5	61000	热电公司
24. 木制品产量	件	8000	10000	林产工业科	七、物资消耗				供销公司
五、农牧业					31. 煤	吨	85000	85000	供销公司
25. 播种面积	亩	17565	17915	农业办	32. 油	吨	1565	2216	供销公司
26. 主要农作物产量	吨	14991	12894	农业办	八、劳动工资				
（1）蔬菜	吨	11016	8871	农业办	33. 职工人数	人	9266	10152	劳动局
（2）薯类	吨	2740	2541	农业办	34. 职工工资总额	万元	3006	3861.8	劳动局
（3）粮食	吨	1235	1482	农业办	（1）天保工程工资	万元		1545.4	劳动局
27. 畜牧业					（2）自费工资	万元		679	劳动局
（1）猪	头	6131	9000	农业办	（3）企业效益支出工资	万元		1637.4	劳动局
（2）牛	头	1093	1400	农业办	35. 工资分流	万元		221.9	劳动局
（3）禽	千只	80	82	农业办	36. 劳动力转移	人	1421	2224	劳动局

1999 年主要经济技术指标一览表（三）

指标名称	计量单位	1998 年实际	1999 年计划	负责部门单位	指标名称	计量单位	1998 年实际	1999 年计划	负责部门单位
（1）常年转移	人		661	劳动局	46. 制造费总额	万元	568.1	797	财政局
（2）季节转移	人	1421	120	劳动局	47. 管理费总额	万元	2883.1	1993.1	财政局
（3）创收人员	人		144.3	劳动局	48. 营业外支出总额	万元	703.6	637.5	财政局
（4）转移人员工资总额	万元		221.9	劳动局	49. 福利费收支差额	万元	59.6	182.8	财政局
九、营林支出					（1）应提福利费	万元	584.1	549	财政局
37. 商品林总成本	万元		713.3	营林公司	（2）福利费支出	万元	524.5	366.2	财政局
38. 公益林总成本	万元	1576.7	630.7	营林公司	50. 折旧费提取总额	万元	434.4	682.1	财政局
39. 育林费总支出	万元	1336.3	949.2	营林公司	51. 财务费用	万元	399.4	754.8	财政局
40. 更新造林单位成本	元	120.04	96.23	营林公司	52. 实现利润	万元	231	254.7	财政局
41. 促进更新单位成本	元	14.39	21.93	营林公司	53. 清欠回收额	万元		288.5	财政局
42. 森林抚育单位成本	元	44.59	63.17	营林公司	54. 林产工业战线上缴总额	万元		501.2	财政局
43. 封山育林单位成本	元	95	525	营林公司	55. 上交总局总额	万元	310	350	财政局
44. 育林费收支差额	万元	535.8	1478.1	营林公司	（1）上缴利润	万元	110	150	财政局
十、财务效益指标					（2）上缴管理费	万元	100	100	财政局
45. 木材生产单位成本	元	101.54	92.68	财政局	（3）上缴育林费	万元	100	100	财政局

1999年主要经济技术指标一览表（四）

指标名称	计量单位	1998年实际	1999年计划	负责部门单位	指标名称	计量单位	1998年实际	1999年计划	负责部门单位
（4）借资上缴					64. 商品林苗圃设施投资	万元		130.6	计统局营林公司
十一、财政补贴		627	1127	财政局	65. 非经营性项目	万元	130	96	计统局
56. 森林管理费	万元	86.8	86.8	财政局	66. 防火专项投资	万元	2	2	计统局
57. 政府经费	万元		500	财政局	67. 房舍设施大修	万元	103	100	财政局
58. 文教经费	万元	175	175	财政局	68. 设备大修	万元	194	150	财政局
59. 公检法司经费	万元	70.1	70.1	财政局	69. 折旧费投资	万元		100	计统局
60. 医疗卫生经费	万元	61.3	61.3	财政局	70. 造纸厂技改投资	万元	20	300	计统局
61. 劳保统筹经费	万元	233.8	233.8	财政局劳动局	68. 设备大修	万元	194	150	财政局
62. 转产项目贴息					69. 折旧费投资	万元		100	计统局
十二、基建大修					70. 造纸厂技改投资	万元	20	300	计统局
63. 营林三项费	万元	199.1	221.9	计统局营林公司					

2000年主要经济技术指标一览表（一）

指标名称	计量单位	1999年实际	2000年计划	负责部门单位	指标名称	计量单位	1999年实际	2000年计划	负责部门单位
一、产值指标					14. 木材一本账产量	万立方米	15.5	12.8	生产科
1. 工农业总产值	万元	21866.8	21305.1	计统局	15. 枝丫	吨	4446	11000	生产科
2. 国内生产总值	万元	17926	19270	计统局	16. 公路养护	公里	484.1	494	
3. 国有经济工业产值	万元	14288.1	14321.5	计统局	（1）重点养护	公里	244.5	322.5	生产科运输公司
4. 林办集体工业产值	万元	1400.9	1560.8	集体企业公司	（2）路面升级	公里	110	43	生产科运输公司
5. 多种经营产值	万元	5771	6636	集体企业公司	（3）营林防火路养护	公里	129.6	128.5	运输公司营林公司
6. 地方工业产值	万元	82.8	82.8	经贸委	四、林产工业				
7. 乡镇企业产值及个体产值	万元	2860	3000	农业办	17. 锯材产量	立方米	7917	17800	林产工业科
8. 职工家庭经济产值	万元	7062	6423.8	工会	18. 纸和纸板产量	吨	5384	12000	造纸厂
二、森林经营					19. 卫生筷子产量	箱	4515	4000	林产工业科
9. 人工更新造林	亩	38781	16155	营林公司	20. 雪糕板产量	箱	86456	12000	林产工业科
10. 森林抚育	亩	134810	116358	营林公司	21. 木制品产量	件	8300	90000	林产工业科
11. 育苗面积	亩	237.9	246.5	营林公司	五、农牧业				
12. 为下年整地	亩	16155	8164	营林公司	22. 播种面积	亩	17910	17909	农业办
三、木材生产				营林公司	23. 主要农作物产量	吨	12894	13950	农业办
13. 森林资源消耗	万立方米	29.4	25.1	资源科					

2000年主要经济技术指标一览表（二）

指标名称	计量单位	1999年实际	2000年计划	负责部门单位	指标名称	计量单位	1999年实际	2000年计划	负责部门单位
（1）蔬菜	吨	8871	9272	农业办	八、劳动工资				
（2）薯类	吨	2541	2617	农业办	30. 用工人数	人	10178	9539	劳动局
（3）粮食	吨	1482	2061	农业办	31. 职工工资总额	万元	3331	3211.1	劳动局
24. 畜牧业					九、营林支出				
（1）猪	头	6300	9620	农业办	32. 育林费总支出	万元	1203.2	1302.5	营林公司
（2）牛	头	1116	1344	农业办	33. 更新造林单位成本	元	93.13	94.08	营林公司
（3）禽	千只	80	78	农业办	34. 森林抚育单位成本	元	46.68	36.38	
六、供热供电					十、财务效益指标				
25. 发电量	千瓦时	40570	30000	热电公司	35. 木材生产单位成本	元	89.39	95.14	财政局
26. 供热面积	平方米	330000	331000	热电公司	36. 制造费总额	万元	648.5	607	财政局
27. 供气量	吨		60000	热电公司	37. 管理费总额	万元	1371.2	1447.7	财政局
七、物资消耗					38. 营业外支出总额	万元	801	490	财政局
28. 煤	吨	85000	70000	供销公司	39. 福利费收支差额	万元	108.5	75.3	财政局
29. 油	吨	2000	2084	供销公司	（1）应提福利费	万元	193.8	147.4	财政局

2000年主要经济技术指标一览表（三）

指标名称	计量单位	1999年实际	2000年计划	负责部门单位	指标名称	计量单位	1999年实际	2000年计划	负责部门单位
（2）福利费支出	万元	385.3	372.1	财政局	48. 公检法司经费	万元	146.4	146.4	财政局
40. 折旧费提取总额	万元	676.4	530	财政局	49. 医疗卫生经贯	万元	125.4	125.4	财政局
41. 财务费用	万元	700.8	574.5	财政局	50. 劳保统筹经费	万元	640	640	财政局劳动局
42. 实现利润	万元	307.1	0	财政局	十二、基建大修				
43. 清欠回收额	万元		498.8	财政局	51. 营林三项费	万元	204	180	计统局营林公司
44. 上交总局总额	万元	473	300	财政局	52. 非经营性项目	万元	103.5	150	计统局
十一、财政补贴					53. 防火专项投资	万元	3	2	计统局
45. 森林管理费	万元	172	172	财政局	54. 房舍设施大修	万元	100	50	财政局
46. 政府经费	万元	829.2	829.2	财政局	55. 设备大修	万元	150	150	财政局
47. 文教经费	万元	315.8	315.8	财政局					

2001 年主要经济技术指标一览表（一）

指标名称	计量单位	2000 年实际	2001 年计划	负责部门单位	指标名称	计量单位	2000 年实际	2001 年计划	负责部门单位
一、产值指标					四、林产工业				
1. 国内生产总值	万元	17523	18925	计统委	12. 纸和纸板产量	吨	7794	8000	造纸厂
其中：国有经济增加值	万元	9813	6624	计统委	13. 锯材产量	立方米	7280	12700	林产工业科
非国有及股份制经济增加值	万元	7710	12301	计统委	14. 卫生筷子产量	箱	9964	7300	林产工业科
2. 林产工业产值	万元	4342	5647	林产工业科	15. 冰勺产量	箱	19811	61500	林产工业科
3. 多种经营产值	万元	6641	7698	多种经营局	16. 雪糕板产量	箱	53583	50000	林产工业科
4. 职工家庭经济产值	万元	6423	7438	工会	17. 小木制品产量	件	35000	40000	林产工业科
二、森林经营					五、农牧业				
5. 人工更新造林	亩	27540	8381	营林处	18. 播种面积	亩	17910	17837	农业办
6. 森林抚育	亩	35895	40000	营林处	19. 主要农作物产量				农业办
7. 育苗面积	亩	245	236	营林处	（1）蔬菜	吨	9807	9435	农业办
8. 为下年整地	亩	5081	6000	营林处	（2）薯类	吨	1820	2262	农业办
三、木材生产					（3）粮食	吨	1650	2480	农业办
9. 森林资源消耗	万立方米	23.5	22.3	资源科	20. 畜牧业				
10. 木材预安排产量	万立方米	12.2	11.5	生产科	（1）猪	头	7100	9780	农业办
11. 林区公路基本养护	公里	340	168.7	生产科公路管理处	（2）牛	头	1214	1304	农业办

2001 年主要经济技术指标一览表（二）

指标名称	计量单位	2000 年实际	2001 年计划	负责部门单位	指标名称	计量单位	2000 年实际	2001 年计划	负责部门单位
（3）羊	只	1910	2278	农业办	29. 更新造林单位成本	元	94.58	150.13	营林处
（4）禽	千只	83.5	86	农业办	30. 森林抚育单位成本	元	35.78	32.92	营林处
六、供电供热					十、财务指标				
21. 发电量	千瓦时	34800	24000	热电公司	31. 木材生产单位成本	元	127.45	111.06	财政局
22. 供热面积	平方米	310000	3000000	热电公司	32. 制造费总额	万元	532	503	财政局
23. 供气量	吨	43000	45000	热电公司	33. 管理费总额	万元	1704	1342	财政局
七、劳动工资					34. 营业外支出总额	万元	304	272	财政局
24. 用工人数	人	7447	7390	劳动局	35. 福利费收支差额	万元	541	341.8	财政局
25. 工资总额	万元	3177	3100	劳动局	（1）应提福利费	万元	1251	865.5	财政局
八、管护经营					（2）福利费支出	万元	710	523.7	财政局
26. 户数	户		1307	资源科	36. 折旧费提取总额	万元	636.5	558.8	财政局
27. 面积	公顷		56544	资源科	37. 财务费用	万元	662.2	636.8	财政局
九、营林支出					38. 实现利润	万元	220	110	财政局
28. 育林费总额	万元	1261	1100	营林处					

2002年主要经济技术指标一览表（一）

指标名称	计量单位	2001年实际	2002年计划	负责部门单位	指标名称	计量单位	2001年实际	2002年计划	负责部门单位
一、产值指标					四、林产工业				
1. 国内生产总值	万元	31545	34384	计统局	12. 纸和纸板产量	吨	5576	8000	造纸厂
其中：国有经济增加值	万元	11020	10316	计统局	13. 锯材产量	立方米	12800	12200	非国有办
非国有及股份制经济增加值	万元	20525	24068	计统局	14. 雪糕板产量	箱	70539	72000	非国有办
2. 林产工业产值	万元	3822	5522	非国有办	15. 卫生筷子产量	箱	2682	14000	非国有办
3. 多种经营产值	万元	9994	11664	农业办	16. 小木制品产量	件套	38000	20000	非国有办
二、森林经营					17. 家具产量	件套	500	700	非国有办
4. 人工更新造林	亩	10034	7044	营林科	五、农牧业				
5、森林抚育	亩	58452	58000	营林科	18. 播种面积	亩	17825	17837	农业办
6. 育苗面积	亩	245.4	193.5	营林科	19. 主要农作物产量				
7. 为下年整地	亩	8045	5000	营林科	（1）蔬菜	吨	10085	9435	农业办
三、木材生产					（2）薯类	吨	2450	2262	农业办
8. 森林资源消耗	万立方米	21.8	20.3	资源科	（3）粮食	吨	1652	1653	农业办
9. 木材预安排产量	万立方米	11.3	10.5	生产科	20. 畜牧业				
10. 枝丫生产量	吨	16510	15000	生产科	（1）猪	头	7900	9295	农业办
11. 车立柱产量	立方米	914	260	生产科	（2）牛	头	1302	1304	农业办

2002年主要经济技术指标一览表（二）

指标名称	计量单位	2001年实际	2002年计划	负责部门单位	指标名称	计量单位	2001年实际	2002年计划	负责部门单位
（3）羊	只	1850	1829	农业办	29. 更新造林单位成本	元	132.38	163.5	营林科
（4）禽	只	86100	9400	农业办	30. 森林抚育单位成本	元	31.1	34.51	营林科
六、供电供热					十、财务指标				
21. 发电量	万度	2588	2300	热电公司	31. 木材平均售价	元	417.4	430	木材科
22. 供气量	吨	44077	40000	热电公司	32. 木材生产单位成本	元	116.91	107.12	财政局
七、劳动工资					33. 制造费总额	万元	363.9	300.6	财政局
23. 用工人数	人	5205	4880	劳动局	34. 管理费总额	万元	1774.8	1452.3	财政局
24. 工资总额	万元	2355.4	2123.7	劳动局	35. 营业外支出总额	万元	303.4	324.5	财政局
八、管护经营					36. 福利费提取	万元	313.5	304.3	财政局
25. 管护总面积	公顷	67194.5	75000	资源科	37. 折旧费提取总额	万元	309.1	338.7	财政局
26. 管护总户数	户	1502	1700	资源科	38. 财务费用	万元	493.1	606.3	财政局
27. 典型示范户数	户		108	资源科	39. 实现利润	万元	157	150	财政局
九、营林支出									
28. 育林费总额	万元	1491.6	1363.7	营林科					

2003 年主要经济技术指标一览表（一）

指标名称	计量单位	2002 年实际	2003 年计划	负责部门单位	指标名称	计量单位	2002 年实际	2003 年计划	负责部门单位
一、产值指标					四、林产化工				
1. 国内生产总值	万元	35054	38560	计统局	11. 纸和纸板产值	吨	5379	6200	造纸厂
其中：非国有及股份制经济增加值	万元	25063	28920	非国有办	12. 锯材产量	立方米	89000	88500	非国有办
2. 优势特色产业增加值	万元	7878	9060	计统局	13. 雪糕板产量	箱	101555	100000	非国有办
3. 林产工业产值	万元	7908	11995	非国有办	14. 小木制品产量	万件	103	160	非国有办
4. 多种经营产值	万元	12164	13989	农业办	五、农牧业				
其中：山上林场多种经营产值	万元	3402	5150	农业办	15. 播种面积	亩	17835	17889	农业办
二、森林经营					16. 主要农作物产量				
5. 人工更新造林	亩	7044	6209	营林科	（1）蔬菜	吨	9935	9405	农业办
6. 森林抚育	亩	55012	50000	营林科	（2）薯类	吨	2640	2255	农业办
7. 育苗面积	亩	240.6	195.1	营林科	（3）粮食	吨	1625	1580	农业办
8. 为下年整地	亩	5008	4000	营林科	17. 畜牧业				
三、木材生产					（1）猪	头	9400	11450	农业办
9. 木材预安排产量	万立方米	10.2	10.5	生产科	（2）牛	头	748	1280	农业办
10. 枝丫生产量	吨	7685	16000	生产科	（3）羊	只	1410	2085	农业办

2003 年主要经济技术指标一览表（二）

指标名称	计量单位	2002 年实际	2003 年计划	负责部门单位	指标名称	计量单位	2002 年实际	2003 年计划	负责部门单位
六、供电					九、财务指标				
18. 发电量	千瓦时	2933	2600	热电公司	25. 木材平均售价	元	455.79	430	木材科
19. 供气量	吨	29471	25000	热电公司	26. 木材生产单位成本	元	111.95	111.24	财政局
七、劳动工资					27. 制造费总额	万元	321.8	302.3	财政局
20. 用工人数	人	4579	4609	劳动局	28. 管理费总额	万元	1533.9	1383.5	财政局
21. 工资总额	万元	1892	1823	劳动局	29. 营业外支出总额	万元	381.4	339.8	财政局
八、营林支出					30. 福利费提取总额	万元	458.3	304.2	财政局
22. 育林费总额	万元	1145	1173.9	营林科	31. 折旧费提取总额	万元	266.3	235.6	财政局
23. 更新造林单位成本	元	145.37	149.32	营林科	32. 财务费用	万元	510.2	604.7	财政局
24. 森林抚育单位成本	元	31.76	35.92	营林科	33. 实现利润	万元	62.3	50	财政局

2004 年主要经济技术指标一览表（一）

指标名称	计量单位	2003 年实际	2004 年计划	负责部门单位	指标名称	计量单位	2003 年实际	2004 年计划	负责部门单位
一、产值指标					13. 纸板产量	吨	6998	7000	造纸厂
1. 全区生产总值	万元	39861	43850	计统局	14. 冰勺产量	箱	44794	46000	非国有办
2. 工业增加值	万元	16822	19000	计统局	15. 集成材产量	立方米	654	800	非国有办
3. 五大优势特色产业增加值	万元	9695	12620	计统局	16. 锯材产量	立方米	90490	95000	非国有办
4. 非国有经济增加值	万元	29709	33764	非国有办	五、农业				
5. 林产工业产值	万元	11304	24100	非国有办	17. 播种面积	公顷	1192	1192	农业办
6. 多种经营产值	万元	15549	21300	农业办	18. 主要农作物产量				农业办
二、森林经营					（1）蔬菜	吨	13089	12000	农业办
7. 人工更新造林	亩	6039	6008	营林科	（2）粮食	吨	1704	1558	农业办
8. 森林抚育	亩	49123	30000	营林科	19. 畜牧业				
9. 育苗面积	亩	142.2	146.3	营林科	（1）猪	头	10900	21000	农业办
10. 为下年整地	亩	3002	5000	营林科	（2）牛	头	820	4500	农业办
三、木材生产					（3）羊	只	1007	5200	农业办
11. 木材预安排产量	万立方米	10.1	10.5	生产科	（4）禽	只	165000	120000	农业办
12. 枝丫生产量	吨	15438	15000	生产科	六、供电				
四、林产工业					20. 发电量	万千瓦时	2834	3000	热电公司

2004 年主要经济技术指标一览表（二）

指标名称	计量单位	2003 年实际	2004 年计划	负责部门单位	指标名称	计量单位	2003 年实际	2004 年计划	负责部门单位
21. 供气量	吨	500185	550000	热电公司	28. 木材生产单位成本	元	114.6	99.6	财政局
七、劳动工资					29. 制造费总额	万元	319.3	318.6	财政局
22. 用工人数	人	4548	5423	劳动局	30. 管理费总额	万元	1369.5	1409.8	财政局
23. 工资总额	万元	1703	2168	劳动局	31. 营业外支出总额	万元	470.2	394.2	财政局
八、营林支出					32. 福利费提取总额	万元	319.3	316.1	财政局
24. 育林费总额	万元	1011	1119	营林科	33. 折旧费提取总额	万元	222.5	319	财政局
25. 更新造林单位成本	元	138.92	200.44	营林科	34. 财务费用	万元	284.8	555	财政局
26. 森林抚育单位成本	元	31.7	34.14	营林科	35. 实现利润	万元	171.1	50	财政局
九、财务指标									
27. 木材平均售价	元	411.6	410	木材科					

2005年国民经济和社会发展计划主要指标

项目	计量单位	2004年			2005年	
		计划	实际完成	同比增长（%）	计划	同比增长（%）
一、全区生产总值	万元	43850	45690	10.1	50260	10
第一产业	万元	6600	8255	5	8580	4
第二产业	万元	20290	19988	15.4	22500	13
其中：工业	万元	19008	19038	16.2	21700	14
第三产业	万元	16960	17447	10.8	19180	10
二、五大优势特色产业增加值	万元	12620	12726	27.2	15270	20
三、全社会固定资产投资	万元	3775	3817	17.3	4580	20
四、居民消费价格指数		1.02	1.03	2.9	1.04	1
五、社会消费品零售总额		10720	10858	10.4	11940	10
六、外贸进出口总额	万美元	10	12.64		550	4251.3
七、实际利用外资总额	万美元	15	22.6		30	32.7
八、招商引资总额	万元	2400	5420	190.6	6000	10.7
九、人民生活						
城镇居民人均可支配收入	元	4670	4540	8	4900	8
农民人均纯收入	元	2980	2963	6	3141	6
十、人口与就业						
人口自然增长率	‰	0.27	−2.2		−2	
城镇登记失业率	%	5.55	5.45		5.6	

首志勘误

一、关于西山头战斗

《带岭区志》首志中关于西山头战斗的叙述，由于年代久远，加之当时资料不足，所以叙述的不详尽，现记述如下：

（一）1936 年夏，日军干尼部队 300 多名进驻带岭西高丽屯（今绥佳铁路 191 公里，三共泽附近）。这支部队配有汽车、机枪、军犬等装备，以保护 150 名劳工修建绥佳铁路路基为名，不断讨伐抗日队伍。

据日文资料《三江省治安肃正工作综合报告书》记载：民国 25 年（1936 年）7 月 18 日，日本关东军干尼部队在汤原县带岭西山头与赵尚志、夏云杰的抗联三、六军相遇。从上午 8 时 12 分到 15 时 40 分，抗联部队 1000 余人与干尼部队 300 余人展开激烈战斗。最终日军全军尽殁，自干尼大佐以下死亡 307 人。抗联部队也牺牲 400 多人。关于干尼部队，经查证为日军独立守备第二十七大队第一中队。日军后来在带岭西山头、西大甸子道北山坡上修筑一座水泥碑“干尼部队殉难纪念碑”，解放初期被人砸碎。

（二）1938 年 8 月，以肥泥亦吉（曾任铁力日军守备队长）为首的 60 多名日军护路队，驻扎在带岭西山头东（绥佳铁路 193 ～ 194 公里处）。抗联将领冯仲云、朴志松等先派一些战士混入修铁路的劳工中，发现日军护路队每到中午吃饭时就把枪架起来，人枪分离。一天，冯仲云、朴志松率领一部抗联战士，埋伏在西山头密林里，中午时分率先开枪射击日军，这时混入劳工中抗联战士乘机夺取枪支，与敌战斗，击毙肥泥守备队长等多人，打伤数十人，缴获大量武器弹药。

关于此次战斗，日本友人萨苏在日本档案馆查到一条记录，证实日军指挥官为肥泥亦吉，军衔大尉，属于弘前部队。参加战斗的还有秋田部队和山形部队。从日军记录（陆军省公表情 00012100）来看，弘前部队死伤 21 人，其中轻伤 12 人，秋田部队死伤 13 人，山形部队死伤 4 人。

日军护路部队由于多次遭到我抗联部队袭击，搬到西山头南边河坎处搭起帐篷以作营房，我抗联三军某部马团长带领一支小分队，在一个深夜摸到敌营区，向帐篷内投掷了几颗手榴弹，紧接着一阵猛烈射击，把敌人打得乱作一团，而我军迅速转移到山里。

日军护路部队在南河遭夜袭后，搬迁到带岭火车站内，修筑了炮楼，20 世纪 70 年代带岭车站改建，这座炮楼才被拆掉。西山头为何发生多起战斗？缘于在绥佳铁路修建中，西山一余脉阻断通路，开山凿石，土石方量巨大，工程进行了好几年，才得以修通。

二、关于知识青年上山下乡人数

首志大事记 23 页中记载 1968 年秋有 3170 名知识青年上山下乡，此数字有误。1968 年，初中“老三届”毕业生，包括工读中学共有 18 个班 900 人，5 月 7 日去红星农场 10 个班 450 人，农场正式改名为“五七”农场。11 月 28 日去永兴、双兴等 4 个生产队插队落户 200 人。因此 1968 年上山下乡人数应为 650 人。其他毕业生中上高中 100 人，参军 50 人，上师范校 25 人，留用到区机关和其他单位、部门工作，自谋职业回乡务农等 70 余人。

首志补遗

一、上山下乡运动

带岭区的上山下乡运动始于1964年，由于初中毕业人数的逐年增多，每年除考入高中、大专院校和参军等，剩余大部分应届毕业生因无就业门路而在家赋闲。1964年6月，带岭局试行营林村试点，在红星、松海、美林等地方成立了营林村，安排了一部分知识青年。“文化大革命”开始后，营林村解体，这部分知青大部分返城或与营林村脱钩。坚持参加生产劳动的80多名青年，由革委会安排到环山反修农场劳动，72年转为工人。1965年1月19日在带岭南15公里的地方建立了一个红星青年农场，大批应届毕业生、知识青年来到这里参加劳动。1965年4月2日，首批知识青年72人到黑龙江省兰西县奋斗公社插队落户。后因生活、居住条件等原因于同年12月返回带岭，分别安置在营林村和乌伊岭西克林等地。1966年、1967年因“文化大革命”原因没有应届毕业生。1968年4月，根据毛主席的“五七”指示，带岭区“五七”农场在原红星青年农场基础上建立，第66届、67届中学毕业生共10个班走“五七”道路被安置在农场参加劳动。1968年10月，第68届应届毕业生200余人到带岭6个农业生产大队上山下乡，插队落户。同时根据省市的安排，有175名上海青年到带岭各林场上山下乡。这批上海青年于1971年已陆续返城回上海，只有几名因婚姻关系留在了带岭。1969年，区革委会成立了知青办公室，主管全区的知青安置工作，到1971年以后，又有一千多名初高中毕业生走出校门，被安排到农场，各农业大队和“五七”战校。1972年“五七”战校被撤销，青年被安置在各林场青年点参加劳动。这些上山下乡的知识青年，在1971年、1972年前后经几次选调，有的去了伊春商业，有的被录用为带岭局的林业工人。

上山下乡运动是解决青年就业的一项全国性运动，这项运动一直延续到了20世纪80年代中期，全区共有30多个青年点，有知识青年5000多名，他们在各林场、各单位的青年队，有的转为了林业集体所有制工人，有的则继续保留知青身份而去开辟新的就业门路。

1969年，还有一部分机关和各单位的干部被安排到农村插队落户，家搬到农村。其中有哈尔滨话剧院和伊春京剧团部分演职人员也被举家安排到带岭插队落户，1972年后逐渐返回。

二、“五七”干校与“五七”战校

1968年11月，带岭区“五七”干校在现秀水村，即河南苗圃建校。学员160人，均为区机关和公检法等部门的干部。当时条件比较艰苦，住木刻楞大棚，自己烧大铁炉子取暖，交通不便。粮食、菜、物资需渡船运到南岸，这些干部自己上山砍柴，参加林业劳动，夏天则开荒种地，有时猎些野物改善伙食。1969年秋，带岭“五七”干校从带岭河南苗圃迁到北沟32公里处（原美林营林村处）又新建一批简易宿舍，搭建七八座棉帐篷，在这里开荒种地。1970年秋，环山“反修”农场也迁到北32公里处，与“五七”干校合在一起。1971年8月，区“五七”战校在北沟32公里处成立，与原

“五七”干校合并。71 届初高中毕业生到战校参加劳动，由于当时“五七”战校的领导对战校的知识青年实行半军事化管理，对一些违纪的青年进行了严厉的处罚、批斗等，使一些青年身体、身心受到极大伤害。1972 年 5 月“五七”战校撤销，战校领导受到了相应的党政纪处分，青年被安置到各林场青年点参加劳动，“五七”干校搬迁到南沟秋丰村。1976 年粉碎“江青反革命集团”后，“五七”干校被撤销。

编纂始末

《伊春市带岭区志（1986—2005）》经过修志人员夙兴夜寐，几易其稿，终于付梓成书了。《伊春市带岭区志（1986—2005）》记述了改革开放20年间带岭的前进步伐，是带岭区人民政治文化生活中的一件大事，可喜可贺。

本志书的编纂工作始于2004年，根据《黑龙江省人民政府办公厅关于〈全面开展全省第二届三级地方志编纂工作〉的通知》精神，区委、区政府研究决定成立《伊春市带岭区志（1986—2005）》编审委员会，并将其办事机构地方志办公室由区档案局划归政府办公室管理。2004年3月，区政府办公室以带政办发〔2004〕5号文件，印发了《带岭区（局）续志工作规划》的通知，并聘请了四位专家进行编纂工作。

这次修志的断限，正是我国改革开放的头20年，其间经历了由计划经济到市场经济的转轨，经历了体制改革的逐步深化，各行各业都发生了翻天覆地的变化。在记述改革开放的伟大历程中，从形式到内容，从理论到方法，都与首志有较大的区别。为了切实搞好这次修志任务，在本志的编纂过程中，先后参加了省地方志在五大连池举办的续志培训班、市地方志工作会议。赴铁力、友好、金山屯、南岔等地进行了参观学习。参照广州、大庆、哈尔滨等地、市（区）志和"续志篇目建议"，结合本区实际情况，制定了工作规划和实施方案，并设计了篇目。在收集资料和撰写过程中，对不合理的篇目设计进行了多次较大的修改。在编纂过程中，市地方志曹永杰主任、周尧科长还亲临带岭进行检查指导，区（局）党政领导也多次过问，大力支持。并对本志最后总纂合成以及出版印刷等问题作了指示。

《伊春市带岭区志（1986—2005）》，编纂工作量大，历时时间较长，其间编委成员工作变化也很大，有的不能再担任编委工作。他们在担任编委和领导编写《带岭区志》中，从诸多方面给予支持。特别是尤永江、刘宝伦、岳维云、王建光、肖桂清、冯金库、薛加驹、肖卫东、杨贵安、李发胜、王志剑、陈进英等同志和人大、政协、党群部门及各科室单位，分别为编辑部提供材料，为本志成书做出了贡献。魏广慧、姚海东、黄跃清同志和宣传部、旅游局等单位为本志书提供了部分照片，对本志起了拾遗补阙之效。由于本轮修志地方志办公室没有配备照相机，很多照片是从各方面收集的，故有些照片质量欠佳，望读者见谅。

本志书的"概述""林业""科学实验""经济管理""政务管理"篇由李连君撰写，"自然环境""建置·区划""改革开放"篇由刘灿金、杨新文撰写，"工业""农业""财政·税务""金融""商贸业""交通·邮电""城镇建设·环境保护"篇由屈春阳撰写，"党派群团""政权政协""政法·军事""文体教育""卫生""社会生活"篇由付守礼撰写，"人物""附录"由李连君、杨新文撰写，全书由李连君总纂。

《伊春市带岭区志（1986—2005）》，历经多年艰辛耕耘，其成果来之不易。但由于资料和编写人员水平有限，虽谨慎以行，然错谬纰漏难免，敬请各位读者指正。

《伊春市带岭区志（1986—2005）》编辑部

2014年12月30日

出版说明

根据国务院办公厅颁发的《全国地方志事业发展规划纲要（2015—2020年）》规定，到2020年必须全面完成第二轮地方志书规划任务。为确保这一目标顺利实现，针对当前部分民族地区与贫困地区志书出版经费困难的情况，在中国地方志指导小组组长王伟光、常务副组长李培林的亲自倡议和领导下，自2015年8月起中国地方志指导小组办公室启动民族地区与贫困地区志书出版资助工程，对经国务院扶贫开发领导小组办公室认定的国家级贫困县（区、旗、县级市），中西部地区、少数民族边疆地区、经济欠发达地区存在出版经费困难的省市县三级综合志书进行出版资助。

民族地区与贫困地区志书出版资助工程既是地方志系统的政治工程，又是全国地方志事业协调发展的促进工程，对于推进第二轮地方志书规划任务按期完成，实现地方志事业区域发展平衡，促进民族地区与贫困地区基础文化建设，具有重要的政治意义和文化意义。2016年4月，该工程入选国家新闻出版广电总局实施的“十三五”国家重点图书、音像、电子出版物出版规划项目。

本书经民族地区与贫困地区志书出版资助工程领导小组批准，入选民族地区与贫困地区志书出版资助工程。

民族地区与贫困地区志书出版
资助工程领导小组办公室
2015年9月